Ausführliches Verzeichnis der

Guttentag'schen Sammlung

Deutscher Reichs- und Preußischer Gesetze

— Text-Ausgaben mit Anmerkungen; Taschenformat —

welche alle wichtigeren Gesetze in unbedingt zuverlässigen Gesetzestexten und in mustergültiger Weise erläutert enthält, befindet sich hinter dem Sachregister.

Guttentag'sche Sammlung
Nr. 12. Deutscher Reichsgesetze. Nr. 12.
Text-Ausgaben mit Anmerkungen.

Strafprozeßordnung

und

Gerichtsverfassungsgesetz

nebst den Gesetzen, betreffend

die Entschädigung der im Wiederaufnahmeverfahren freigesprochenen Personen und die Entschädigung für unschuldig erlittene Untersuchungshaft.

Text-Ausgabe mit Einleitung, Anmerkungen und Sachregister.

Von

Dr. A. Hellweg,
Reichsgerichtsrat.

Fünfzehnte Auflage.

Berlin 1908.
J. Guttentag, Verlagsbuchhandlung,
G. m. b. H.

Inhaltsverzeichnis.

I. Einleitung.

II. Gerichtsverfassungsgesetz mit Einführungsgesetz.

Gerichtsverfassungsgesetz.

III. Strafprozeßordnung mit Einführungsgesetz.

Strafprozeßordnung.

Erstes Buch.

Allgemeine Bestimmungen.

Seite

Zweites Buch.

Verfahren in erster Instanz.

Drittes Buch.

Rechtsmittel.

Viertes Buch.

Fünftes Buch.

Beteiligung des Verletzten bei dem Verfahren.

Abkürzungen.

a. A. oder A. A.	bedeutet	anderer Ansicht.
Abs.	"	Absatz.
A.E.	"	Allerhöchster Erlaß.
Anm.	"	Anmerkung.
Ausf.G.	"	Ausführungsgesetz.
B.G.B.	"	Bürgerliches Gesetzbuch.
B.G.Bl.	"	Bundes-Gesetzblatt
betr.	"	betreffend.
bzw.	"	beziehungsweise.
d. h. oder d. i.	"	das heißt oder das ist.
E.	"	Entscheidungen des Reichsgerichts in Strafsachen. Herausgegeben von den Mitgliedern des Gerichtshofes und (seit dem 19. Bande) der Reichsanwaltschaft.
E.G.	"	Einführungsgesetz.
G.	"	Gesetz.
G.K.G.	"	Gerichtskostengesetz.
G.O. f. G.	"	Gebührenordnung für Gerichtsvollzieher.
G.O. f. Z. u. S.	"	Gebührenordnung für Zeugen und Sachverständige.
G.S.	"	preuß. Gesetz-Sammlung.
G.V.G.	"	Gerichtsverfassungsgesetz.
i. f.	"	in fine.
J.M.B.	"	preuß. Justiz-Ministerial-Blatt.
J.V.	"	Verfügung des Justizministers.
K.O.	"	Kabinetts-Order.
M. oder Mot.	"	Motive des betr. Gesetzes.
M.V.	"	Ministerial-Verfügung.
M.St.G.O.	"	Militärstrafgerichtsordnung v. 1./12. 98.
Nr.	"	Nummer.

Prot.	bedeutet	Protokolle d. Justizkommission d. Reichstags.
R.	"	Rechtsprechung des Reichsgerichts in Strafsachen. Herausgegeben von den Mitgliedern der Reichsanwaltschaft.
R.A.O.	"	Rechtsanwaltsordnung.
R.C.Bl.	"	Centralblatt f. d. Deutsche Reich.
R.G.Bl.	"	Reichs-Gesetzblatt.
S. oder s.	"	Sieh' oder sieh'.
S. mit Zahl	"	Seite.
St.G.B.	"	Strafgesetzbuch f. d. Deutsche Reich.
St.P.O.	"	Strafprozeßordnung.
u.	"	und.
u. a.	"	und andere.
V.	"	Verordnung.
Vgl.	"	Vergleiche.
z. B.	"	zum Beispiel.
Z.P.O.	"	Zivilprozeßordnung.

Arabische Zahlen ohne Zusatz bezeichnen die Seite, römische den Band des zitierten Werkes.

Zu beachten:

Die infolge der späteren Gesetzgebung von dem ursprünglichen Text abweichenden oder später eingeschobenen Bestimmungen sind gesperrt gedruckt.

Die innerhalb der einzelnen Abschnitte über den einzelnen Paragraphen befindlichen Überschriften gehören nicht zum Gesetzestext, sondern sind zur leichteren Übersicht von dem Herausgeber eingefügt.

I.

Einleitung.

1. Geschichte der Strafprozeßordnung und des Gerichtsverfassungsgesetzes.

Die einheitliche Prozeßgesetzgebung Deutschlands hat ihre Grundlage und ihren Ausgangspunkt in dem demnächst in die Reichsverfassung übernommenen Art. 4 Nr. 13 der Verfassung des Norddeutschen Bundes, welcher das gerichtliche Verfahren der Bundesgesetzgebung überwies. Nachdem in Gemäßheit desselben zunächst und zwar bereits durch Beschluß des Bundesrats vom 2. Oktober 1867 die Ausarbeitung einer gemeinsamen Zivilprozeßordnung in Angriff genommen war, wurde am 18. April 1868 durch Beschluß des Reichstags des Norddeutschen Bundes der Bundeskanzler aufgefordert, auch die Vorbereitung der Entwürfe einer gemeinsamen Strafprozeßordnung und der dadurch bedingten Vorschriften der Gerichtsorganisation baldtunlichst zu veranlassen. Der Bundesrat trat diesem Beschlusse bei, und unter dem 12. Juli 1869 wurde darauf von dem Bundeskanzler der damalige preußische Justizminister mit der Aufstellung eines Entwurfs einer Strafprozeßordnung beauftragt, welcher seinerseits diese Aufgabe dem Geh. O.J.R. (späteren Justizminister) Dr. Friedberg übertrug. Der von diesem unter Mitwirkung dreier Hilfsarbeiter, des App.G.R. Löwe, des O.G.R. von Lenthe und des Ass. Erler, bereits Ende 1870 fertig gestellte Entwurf wurde im preußischen Justizministerium wiederholten Beratungen unterzogen, dann in der aus diesen Beratungen hervorgegangenen Gestalt dem Bundesrate vorgelegt und gleichzeitig, im Anfange des Jahres 1873, mit Motiven und einem Band Anlagen durch den Buchhandel (R. v. Decker) veröffentlicht (I. Entwurf).

Der Bundesrat beschloß in der Sitzung vom 13. März 1873, den Entwurf einer aus elf angesehenen Juristen zu bildenden Kommission zur Vorberatung zu überweisen. Diese Kommission: Präs. Dr. Friedberg, Geh. O.J.R. Dr. Förster, App.G.Vize-Präs. Mager, Prof. Dr. Zachariae, R.Anw. Wiener, App.G.R. Dr. Staudinger, Gen.St.Anw. Dr. v. Schwarze, O.Trib.R. v. Binder, M.R. Dr. Bingner, O.App.R. Dr. Zentgraf, O.St.Anw. Dr. Mittelstaedt, welcher als Schriftführer der App.G.R. Löwe und der K.R. Polenz zugewiesen waren, trat am 17. April 1873 in Berlin zusammen und erledigte unter dem ständigen Vorsitz des Präs. Dr. Friedberg ihre Aufgabe bis zum 3. Juli 1873. Die Kommission änderte den ihr vorgelegten Entwurf in Einzelheiten vielfach ab, ließ aber die Grundbestimmungen und das System desselben im wesentlichen unverändert. In der aus diesen Beratungen hervorgegangenen Form wurde der Entwurf alsbald dem Bundesrate wieder überreicht und auch wieder durch den Buchhandel (R. v. Decker) veröffentlicht (II. Entwurf).

Unterdessen war Ende 1869 der preußische Justizminister vom Bundeskanzler auch ersucht, die Ausarbeitung eines die nötigen Vorschriften über die Gerichtsverfassung enthaltenden Gesetzentwurfes zu veranlassen. Der preußische Justizminister beauftragte mit den Vorarbeiten zu diesem Entwurfe den Geh. O.J.R. Dr. Falk und nach dessen Ernennung zum Kultusminister den Geh. O.J.R. Dr. Förster. Von diesem wurde im Anschluß an die Falkschen Vorarbeiten im Jahre 1872 ein umfangreicher, die ganze Gerichtsverfassung umfassender Gesetzentwurf fertiggestellt. In den über diesen Entwurf im Herbste 1872 stattgefundenen Konferenzen der Justizminister der fünf größten deutschen Staaten fand derselbe bei der Mehrheit jedoch keine Billigung. Die Mehrheit ging davon aus, daß eine reichsgesetzliche Gestaltung der Gerichte nur soweit zuzulassen sei, als sie zur Einführung der in Beratung befindlichen Zivil- und Strafprozeßordnung erforderlich sei. Demgemäß wurde von dem Geh. O.J.R. Förster ein dieser Auffassung entsprechender neuer Entwurf ausgearbeitet, dieser dann noch wiederholten Beratungen der Kommissarien der Justizminister, ferner dieser selbst, dann noch der oben erwähnten Kommission zur Ausarbeitung des Entwurfs der Strafprozeßordnung und endlich noch einer eingehenden Beratung innerhalb des preußischen Justizministeriums unterzogen, der jedesmaligen Beratung entsprechend umgestaltet und endlich mittels Schreibens vom 6. November 1873 dem Reichskanzler überreicht. Eine Veröffentlichung dieser Entwürfe durch den Buchhandel ist nicht erfolgt.

Beide Entwürfe, der der Strafprozeßordnung und

der des Gerichtsverfassungsgesetzes, wurden dann zugleich mit dem inzwischen ebenfalls dem Bundesrate überreichten Entwurf einer Zivilprozeßordnung noch einer eingehenden Prüfung des Bundesrats und zwar zunächst durch den Justizausschuß desselben und dann durch den Bundesrat selbst unterworfen. Auch hierbei wurde die Strafprozeßordnung und ebenso auch der letzte Entwurf des Gerichtsverfassungsgesetzes in ihren Grundzügen nicht alteriert, außer mannigfachen Änderungen im einzelnen jedoch die wesentliche Änderung getroffen, daß als Landesstrafgerichte mittlerer und höchster Ordnung an Stelle der mittleren und großen Schöffengerichte die mit Berufsrichtern besetzten Strafkammern und die Schwurgerichte gesetzt wurden. In dieser Fassung gelangten die Entwürfe (III. Entwurf der Strafprozeßordnung) am 29. Oktober 1874 an den Reichstag. (Drucksachen des Reichtags 1874 II. Session Anlagen 5, 5 A, 5 B.)

Von dem Reichstage wurden die Vorlagen einer besonderen Kommission von 28 Mitgliedern, der sog. Reichstagsjustizkommission, überwiesen, welche, um die Sache rascher zu fördern, zunächst durch Ges. vom 23. Dezember 1874 und darauf wiederholt durch Ges. v. 1. Februar 1876 ermächtigt wurde, auch zwischen den Sessionen des Reichstags ihre Beratungen fortzusetzen.

Die Kommission, bestehend aus den Abgeordneten Dr. Miquel (Vors.), Dr. v. Schwarze (stellv. Vors.), Eysoldt (Schriftf.), Dr. Mayer (Schriftf.), Dr. Struckmann (Schriftf.), Thilo (Schriftf.), Dr. Baehr, Becker, Bernards, v. Forcade de Biaix, Gaupp, Dr. Gneist,

Dr. Grimm, Hauck, Herz, v. Jagow, Klotz, Dr. Krätzer, Dr. Lasker, Dr. Lieber, Dr. Marquardsen, Pfafferott, v. Puttkamer, Reichensperger, v. Schöning, Dr. Völk, Dr. Wolffson, Dr. Zinn, denen als Protokollführer die Assessoren Sydow, Dr. Seuffert und Dr. Schreber (zeitweilig Ege und Mettenleiter) beigegeben waren, konstituierte sich am 26. Januar 1875 und tagte mit Unterbrechungen in insgesamt 165 Sitzungen bis zum 28. Okt. 1876. Auch in dieser Kommission wurden die Grundzüge der Entwürfe der Strafprozeßordnung und des Gerichtsverfassungsgesetzes unverändert gelassen, in den Einzelbestimmungen aber sehr viele und erhebliche Änderungen getroffen, die wesentlichsten nach der Richtung, bei dem Widerstreit der staatlichen Interessen einer energischen Rechtsverfolgung mit der Wahrung der persönlichen Rechte des einzelnen die letzteren mehr hervorzukehren. Die Protokolle der Kommission sind fortlaufend gedruckt worden.

Inzwischen war bereits der Bundesrat in eine Beratung der Beschlüsse der Reichstagskommission eingetreten und hatte dabei eine Reihe derselben als unannehmbar abgelehnt. Der Reichskanzler teilte die Beschlüsse des Bundesrats durch Schreiben vom 3. November 1876 dem Reichstage mit. Der Reichstag billigte jedoch bei seiner zweiten Lesung im wesentlichen die Beschlüsse seiner Kommission. Durch die sog. Kompromißanträge gelang eine Ausgleichung dieser Differenzen, und wurden darauf sämtliche Entwürfe in einer auch dem Bundesrate genehmen Fassung am 21. Dezember 1876 vom Reichstage in dritter Lesung angenommen. Nach alsbald erfolgter Zustimmung des Bundesrats wurde das Gerichtsverfassungsgesetz unter dem 27. Januar, die Strafprozeßordnung unter dem 1. Februar 1877 vom Kaiser vollzogen und ersteres in Nr. 4, letztere in Nr. 8 des Reichs-Gesetzblatts 1877 publiziert.

Mit Rücksicht darauf, daß die praktische Einführung der Gesetze namentlich bei der ins Werk zu setzenden völligen Neuorganisation der Gerichte noch der mannigfachsten Vorbereitungen bedurfte, daß insbesondere auch eine Reihe der zur praktischen Durchführung der Prozeßordnungen noch nötigen Ergänzungsgesetze, speziell für die Neuordnung des Kostenwesens, noch der Erledigung harrte, wurde in § 1 des E.G. zum Gerichtsverfassungsgesetz und § 1 des E.G. zur Strafprozeßordnung der Geltungsanfang der Gesetze besonderer Kaiserlicher Verordnung vorbehalten, als äußerster Geltungsanfang aber der 1. Oktober 1879 bestimmt, und ist dann auch, da früher die noch nötigen Vorarbeiten nicht beendet waren, an diesem Tage die Neuordnung des gerichtlichen Verfahrens erst in Kraft getreten.

Eine erste Abänderung erlitt das Gerichtsverfassungsgesetz durch das Ges. v. 17. März 1886 (R.G.Bl. 61), durch welches in Umänderung des § 137 G.V.G. das Verfahren bei abweichender Rechtsauffassung verschiedener Senate des Reichsgerichts neu geregelt ist. Eine zweite Abänderung brachte das Ges. v. 5. April 1888 (R.G.Bl. 133), welches den aus den bisherigen Vorschriften über die Öffentlichkeit der Verhandlungen hergeleiteten Mißständen zu begegnen suchte und deshalb die §§ 173—176, 195 G.V.G. modifizierte. Eine weitere

Änderung ist sodann durch die Neuregulierung des bürgerlichen Rechts, das Bürgerliche Gesetzbuch, veranlaßt. Durch Art. 35 des E.G. zu demselben v. 18. August 1896 (R.G.Bl. 604) sind zunächst die §§ 11, 149 St.P.O. und durch das Ges., betr. Änderungen des G.V.G. und der St.P.O., v. 17. Mai 1898 (R.G.Bl. 252), sodann noch die §§ 22, 23, 74, 101, 102, 172, 202 G.V.G., die §§ 5, 9, 10 E.G. zum G.V.G., der § 71 St.P.O. und der § 4 E.G. zur St.P.O. geändert. Das Gerichtsverfassungsgesetz ist darauf vom Reichskanzler infolge der ihm durch Ges. v. 17. Mai 1898 (R.G.Bl. 342) hierzu erteilten Ermächtigung in seiner geänderten Fassung im R.G.Bl. 1898 Nr. 25 S. 371 ff. neu publiziert worden. Durch das Gesetz v. 13. Juni 1902 (R.G.Bl. 227) ist dann noch der § 7 St.P.O. abgeändert, und endlich sind durch die Ges. v. 12. Juni 1889 (R.G.Bl. 95), v. 22. Juni 1899 § 29 Abs. 2 (R.G.Bl. 319) und v. 19. April 1908 (R.G.Bl. 151) der § 12 E.G. zum G.V.G., § 74 Nr. 2 G.V.G. und § 6 Abs. 2 Nr. 2 E.G. zur St.P.O. aufgehoben und durch die Ges. v. 10. März 1905 (R.G.Bl. 179) und 5. Juni 1905 (R.G.Bl. 533) der (das Strafverfahren nicht berührende) § 113 G.V.G. und die §§ 27, 28, 75 G.V.G. zur Erweiterung der Zuständigkeit der Schöffengerichte abgeändert. Gewissermaßen Ergänzungen der St.P.O. haben endlich das Ges., betr. die Entschädigung der im Wiederaufnahmeverfahren freigesprochenen Personen, v. 20. Mai 1898 (R.G.Bl. 345) und das Ges., betr. die Entschädigung für unschuldig erlittene Untersuchungshaft, vom 14. Juli 1904 (R.G.Bl. 321) gebracht. Alle diese Änderungen betreffen aber nur unwichtiger Einzelheiten, welche die Grundprinzipien und die wesentliche Gestaltung des Verfahrens unberührt gelassen haben.

Außerdem ist bereits wiederholt sowohl von seiten der Regierungen, als auch der Volksvertretung eine umfassende Revision der Strafprozeßordnung und des Gerichtsverfassungsgesetzes ins Auge gefaßt, und sind auch die beabsichtigten Reformen bereits wiederholt in ausgearbeiteten Entwürfen in Vorschlag gebracht, wie auch gegenwärtig wieder ein neuer Entwurf einer St.P.O. sich in Vorbereitung befindet. Ob diesmal ein Ergebnis erzielt wird, kann nur die Zukunft lehren. Da über die wünschenswerten Abänderungen noch so wenig Übereinstimmung herrscht, daß die Reformbestrebungen sich noch immer vielfach gerade nach entgegengesetzten Richtungen bewegen, und da leider die politischen Interessen eine so große Rolle spielen, so ist ein alle befriedigendes Ergebnis von vornherein nicht zu erwarten. Der zurzeit noch geltenden Strafprozeßordnung ist aber doch, soviel sie auch geschmäht ist und so zweifellos sie in manchen ihrer Einzelbestimmungen verbessert werden kann, das Zeugnis auszustellen, daß sie sich im großen ganzen in nun neunundzwanzigjähriger Praxis keineswegs so schlecht bewährt hat, als vielfach glauben zu machen gesucht wird. Wer in dieser Zeit und vorher unbefangen in der Praxis gestanden hat, muß anerkennen, daß die Energie der Strafverfolgung nicht gelitten hat, und daß bei richtiger, dem Gesetz entsprechender Anwendung der Strafprozeßordnung dem Angeklagten größere Garantien gegen eine ungerechte Verurteilung geboten sind, als je zuvor.

2. Die Quellen des geltenden Strafprozeßrechts.

Schon die dargelegte geschichtliche Entwicklung weist auf den engen Zusammenhang der Strafprozeßordnung und des Gerichtsverfassungsgesetzes hin. Beide bilden für das Strafprozeßrecht ein untrennbares Ganzes. Jedes gerichtliche Verfahren muß sich naturgemäß an die bestehende Organisation der Gerichte anlehnen: die Gerichtsverfassung ist das vorausgesetzte Korrelat des gerichtlichen Verfahrens. Aus diesem Grunde ist daher auch die im Gerichtsverfassungsgesetz getroffene Einrichtung der Gerichte, der Staatsanwaltschaft und der Hilfsorgane dieser Behörden zugleich von strafprozessualer Bedeutung. Im Gerichtsverfassungsgesetze sind aber ferner auch die direkt den Strafprozeß betreffenden Vorschriften über die sachliche Zuständigkeit der Gerichte getroffen, und endlich haben, was seine Erklärung wesentlich in der oben dargelegten geschichtlichen Entstehung der Strafprozeßordnung und des Gerichtsverfassungsgesetzes zugleich mit der Zivilprozeßordnung findet, in dem Gerichtsverfassungsgesetz auch die das Verfahren selbst betreffenden Vorschriften über Öffentlichkeit, Sitzungspolizei, Gerichtssprache, Beratung und Abstimmung, sowie endlich über zu gewährende Rechtshilfe Aufnahme gefunden. Weil Zivilprozeßordnung, Strafprozeßordnung und Gerichtsverfassungsgesetz bei ihrer geschichtlichen Entstehung als ein zusammengehörendes Ganzes gedacht wurden, sind alle diejenigen Bestimmungen, die in gleicher Weise für Zivil- und Strafverfahren gelten, soweit eine Verbindung derselben mit der Gerichtseinrichtung möglich schien, zur Vermeidung von Wiederholungen dem Gerichtsverfassungsgesetz überwiesen.

Sind hiernach Strafprozeßordnung und Gerichtsverfassungsgesetz — selbstredend mit ihren Einführungsgesetzen und mit den späteren Abänderungsgesetzen (oben S. 17) — als die wesentlichen Quellen des geltenden Strafprozeßrechts anzusehen, und gehört zu einer Ausgabe der Strafprozeßordnung daher wesentlich auch das Gerichtsverfassungsgesetz, wenigstens soweit seine Bestimmungen nicht lediglich für den Zivilprozeß Bedeutung haben, so ist ferner auch die Zivilprozeßordnung insoweit als Quelle des geltenden Strafprozeßrechts zu betrachten, als in der Strafprozeßordnung wiederholt (vgl. die §§ 37, 122, 419, 495, 503 St.P.O.) Bestimmungen der Zivilprozeßordnung als auch für den Strafprozeß geltend in Bezug genommen sind.

Ferner sind Quellen des Strafprozeßrechts die verschiedenen zu den Prozeßordnungen erlassenen Ergänzungs- und Nebengesetze, die Rechtsanwaltsordnung vom 1. Juli 1878 (R.G.Bl. 177), und die Kostengesetze, das Gerichtskostengesetz v. 18. Juni 1878 (R.G.Bl. 141), die Gebührenordnung für Gerichtsvollzieher v. 24. Juni 1878 (R.G.Bl. 166), beide zunächst abgeändert durch das Ges. v. 29. Juni 1881 (R.G.Bl. 178), die Gebührenordnung für Zeugen und Sachverständige v. 30. Juni 1878 (R.G.Bl. 173), ergänzt durch das Ges. v. 11. Juni 1890 (R.G.Bl. 73), und die Gebührenordnung für Rechtsanwälte v. 7. Juli 1879 (R.G.Bl. 176), welche sämtlichen Kostengesetze sodann durch das E.G. zu dem Ges., betr. Änderungen der Z.P.O., v. 17. Mai 1898 (R.G.Bl. 332) weitere Änderungen erfahren haben und sodann in Gemäßheit des Ges., betr. die Ermächtigung des Reichskanzlers zur Bekanntmachung der Texte verschiedener Reichsgesetze, v. 17. Mai 1898 (R.G.Bl. 342) neu publiziert sind: R.G.Bl. 1898 Nr. 25 S. 659 ff., S. 683 ff., S. 689 ff., S. 692 ff. In gewisser Beziehung kann man endlich auch das Ges. über die Konsulargerichtsbarkeit früher v. 10. Juli 1879 (R.G.Bl. 197), jetzt v. 7. April 1900 (R.G.Bl. 136) und das Ges., betr. die Rechtsverhältnisse der deutschen Schutzgebiete, v. 17. April 1886 (R.G.Bl. 75), abgeändert durch die Ges. v. 15. März 1888 (R.G.Bl. 71), u. 25. Juli 1900 (R.G.Bl. 809) als Quellen des geltenden Strafprozeßrechts bezeichnen.

Weiter ist zu beachten, daß durch § 5 des E.G. zur St.P.O. die strafprozeßrechtlichen Vorschriften der früheren Reichsgesetze, in welcher Beziehung insbesondere auch das Strafgesetzbuch in Betracht kommt, aufrecht erhalten sind, daß die völkerrechtlichen Verträge des Norddeutschen Bundes und des Deutschen Reichs den Reichsgesetzen gleichstehen, und daß, soweit die Strafprozeßordnung sie ausdrücklich aufrecht erhält, auf sie verweist oder ausdrücklich oder stillschweigend eine Materie landesgesetzlicher Regelung überläßt (vgl. z. B. § 6 E.G. zur St.P.O., §§ 39, 420 St.P.O., vielfache Bestimmungen im G.V.G.), auch die Landesgesetze von strafprozessualer Bedeutung sind.

Endlich ist nicht zu übersehen, daß prinzipiell (vgl.

§ 3 E.G. zur St.P.O.) die Strafprozeßordnung nur das Verfahren in den Sachen regelt, welche vor die ordentlichen Gerichte gehören, für ein sonstiges Strafverfahren also die reichs- und landesgesetzlichen Vorschriften in vollem Umfange bestehen geblieben sind.

3. Literatur.

An die Emanation der neuen Strafprozeßordnung hat sich rasch eine reiche Literatur angeknüpft.

a) Textausgaben und Kommentare.

Neben der im Reichs-Gesetzblatt von 1877 S. 253—348 befindlichen offiziellen Ausgabe der St.P.O. und der daselbst S. 41—80, jetzt (neue Fassung) 1898 S. 371 bis 409 befindlichen offiziellen Ausgabe des Gerichtsverfassungsgesetzes ist eine kaum noch zu übersehende Reihe anderweiter Ausgaben teils ohne Erläuterungen, teils mit solchen und zwar teils in der Form knapper Anmerkungen, teils in der Form eines Kommentars erschienen. Unter den letzteren sind neben den Ausgaben von v. Aufseß, v. Bomhard und Koller, Dalcke, Daude, Dorendorf, Gneist, Hetzer, Hoppe, Isenbart und Samter, Kolisch, Krah, Mamroth, v. Neubronner, Olshausen, Puchelt, v. Schwarze, Siebdrat, Staudinger, Stiegele, Thilo, Traub, Voitus, Weissenbach, Wernecke, besonders hervorzuheben die Kommentare von John, fortgesetzt von v. Lilienthal, Bd. I, II, III, Heft 1. (Erlangen, Palm & Enke 1884—1889), Keller 2. Aufl. (Lahr, Schauenburg 1882), Stenglein 3. Aufl. (München, Beck 1898) und vor allem Löwe 12. (5. von Hellweg bearbeitete) Aufl. (Berlin, J. Guttentag 1907).

b) Systematische Darstellungen

des gesamten neuen Strafprozeßrechts enthalten die Grundrisse, Lehr- und Handbücher von

v. Bar, Systematik des deutschen Strafprozeßrechts (Berlin, Weidmann 1878),

Beling, Strafprozeß in v. Holtzendorffs Enzyklopädie der Rechtswissenschaft (Berlin, J. Guttentag 1904),

Bennecke, Lehrbuch des deutschen Reichs-Strafprozeßrechts (Freiburg, Mohr 1888—95),

Bennecke u. Beling, 2., von Beling zum großen Teil neubearbeitete Auflage des vorhergenannten Werkes (Breslau, Schletter 1900),

Binding, Grundriß des gemeinen deutsch. Strafprozeßrechts, 5. Aufl. (Leipzig, Duncker & Humblot 1904),

Birkmeyer, Deutsches Strafprozeßrecht (Berlin, H. W. Müller 1898),

Geyer, Lehrbuch des gemeinen deutschen Strafprozeßrechts (Leipzig, Fues 1880),

Glaser, Handbuch des Strafprozesses, 2 Bde. (Leipzig, Duncker & Humblot 1883—85) unvollendet,

Hellweg-Dochow, Der Reichsstrafprozeß, 4. v. Hellweg neubearbeitete Aufl. des früheren Dochowschen Werkes. (Berlin, J. Guttentag 1890), vergriffen,

v. Holtzendorff, Handbuch des deutschen Strafprozeßrechts. In Einzelbeiträgen von Dochow, Fuchs, Geyer, Glaser usw. 2 Bde. (Berlin, Habel 1879),

John, Deutsches Strafprozeßrecht in den Grundzügen dargestellt. 2. Aufl. (Leipzig, Duncker & Humblot 1883),

Kayser, Die Strafgerichtsverfassung und das Strafverfahren des Deutschen Reichs (Paderborn, Schöningh 1879),

v. Kries, Lehrbuch des deutschen Strafprozeßrechts (Freiburg, Mohr 1892),

v. Lilienthal, Strafprozeßrecht in Birkmeyers Enzyklopädie der Rechtswissenschaft (Berlin, Häring 1903),

Lüder, Grundriß des deutschen Strafprozeßrechts (Erlangen, Deichert 1881),

Meves, Das Strafverfahren nach der deutsch. Strafprozeßordnung. 3. Aufl. (Berlin, Heymann 1880),

Derselbe, Die Strafprozeßordnung f. d. Deutsche Reich (Breslau, Maruschke & Berendt 1882),

Quaritzsch, Kompendium des deutschen Strafprozesses, 11. Aufl. (Berlin, Weber 1907),

Rintelen, Systemat. Darstellung des gesamten neuen Prozeßrechts. 3 Bde., Strafprozeß hauptsächlich im 3. Bd. (Breslau, Maruschke & Berendt 1881—83),

Derselbe, Der Strafprozeß (Berlin, Liebmann 1891),

Rosenfeld, Der Reichsstrafprozeß, 2. Aufl. (Berlin, J. Guttentag 1904),

Stenglein, Lehrbuch des deutschen Strafprozeßrechts (Stuttgart, Enke 1887),

Ullmann, Lehrbuch des deutschen Strafprozeßrechts (München, Beck 1893).

Außerdem ist eine große Reihe von Monographien erschienen, die einzeln hier aufzuzählen der Raum verbietet; die meisten derselben in nachfolgenden

c) Zeitschriften.

Archiv für Strafrecht (Berlin, v. Decker), 1853 von Goltdammer begründet.

Der Gerichtssaal (Stuttgart, Enke), 1849 von Jagemann begründet.

Zeitschrift für die ges. Strafrechtswissenschaft (Berlin, Guttentag), 1881 von Dochow und v. Liszt begründet.

d) Spruchsammlungen

von strafprozessualen Entscheidungen enthalten, abgesehen von Mitteilungen in obigen Zeitschriften, hauptsächlich

Entscheidungen des Reichsgerichts in Strafsachen. Herausgegeben von Mitgliedern des Gerichtshofes und — seit dem 19. Bande — der Reichsanwaltschaft (Leipzig, Veit & Comp.). Bis jetzt 40 Bände, seit 1879.

Rechtsprechung des Reichsgerichts in Strafsachen. Herausgegeben von den Mitgliedern der Reichsanwaltschaft (München u. Leipzig, Oldenbourg). 10 Bände, 1879—1888.

Annalen des Reichsgerichts, herausgegeben von Braun und Blum (Leipzig, Duncker & Humblot). 10 Bände. 1879—1884.

Juristische Wochenschrift, herausgegeben früher von Haenle u. Kempner, jetzt von Neumann (Berlin, W. Moeser). Bis jetzt 37 Bände,

Jahrbuch für Entscheidungen des Kammergerichts, herausgegeben von Johow (Berlin, Vahlen), seit 1881.

Sammlung der Entsch. des O.L.G. München in Gegenständen des Strafrechts und Strafprozesses (Erlangen, Palm & Enke), seit 1880.

Annalen des sächsischen O.L.G. Dresden (Leipzig, Roßberg), seit 1880.

Endlich ist darauf aufmerksam zu machen, daß auf Veranlassung des Reichs-Justizamts die gesamten Materialien zu den Reichsjustizgesetzen von dem Geh.O.J.R. Hahn herausgegeben sind (Berlin, v. Decker). 2. von Stegemann besorgte Ausgabe 1884. Bd. 1 enthält die Materialien zum Gerichtsverfassungsgesetz und Bd. 3 diejenigen zur Strafprozeßordnung.

4. Grundprinzipien und systematische Übersicht.

Der Strafprozeß hat sich geschichtlich in zwei Grundformen entwickelt: in dem sog. Inquisitionsprozeß, der Untersuchung von richterlichen Amtswegen, in welchem die gesamte Prozeßtätigkeit sich wesentlich in einer einzigen Person, der des Richters, konzentrierte, und in dem sog. Anklageprozeß, in welchem das Verfahren in der Form eines vor den Richter gebrachten Streites zweier Parteien sich bewegt, dadurch die Parteiinteressen, und die Parteitätigkeit für die Zwecke des Prozesses, insbesondere für die Sammlung des Materials dienstbar gemacht werden und dem Richter eine vorwiegend urteilende Tätigkeit zufällt. Bei der Charakterisierung eines Strafprozeßrechts ist daher eine Beziehung auf diese historischen Gestaltungen des Strafprozesses naturgemäß. Die letzte gemeinrechtliche Gestaltung des deutschen Strafprozesses war der ausgebildete Inquisitionsprozeß. Aber gerade gegen die Grundgestaltung dieses Prozesses richteten sich seit Anfang dieses Jahrhunderts die täglich sich mehrenden Beschwerden; man verlangte eine Rückkehr zu den Grundlagen des altdeutschen Verfahrens, die im englischen und französischen Recht zur Entwicklung gebracht waren, ein in den schützenden Formen eines Rechtsstreits sich bewegendes Anklageverfahren, Öffentlichkeit und Mündlichkeit der Verhandlung und eine Mitwirkung der Volksgemeinde, des Laienelements. Die neue deutsche Strafprozeßordnung hat sich diesen Reformbestrebungen, die unterdessen auch in allen neueren Partikulargesetzgebungen mehr oder weniger Anerkennung gefunden hatten, in allen wesentlichen Punkten angeschlossen. Der neue deutsche Prozeß ist ein Anklageprozeß: Richteramt und Anklageamt sind getrennt, eine Parteistellung des Angeklagten ist anerkannt, das Verfahren bewegt sich in strenggeregelten prozessualen Formen. Der neue deutsche Prozeß hat auch die Forderung der Öffentlichkeit und Mündlichkeit erfüllt: die entscheidende Verhandlung, in welcher der ganze Prozeß sich schließlich konzentriert, ist öffentlich und mündlich. Eine Mitwirkung des Laienelementes ist — wenn auch in beschränktem Umfange — grundsätzlich adoptiert, und ganz allgemein dem Verlangen nach der sog. Kollegialität, einer Mehrzahl von Richtern bei allen entscheidenden Verhandlungen, Rechnung getragen. Endlich ist in scharfem Gegensatz zu den strengen Beweisregeln des früheren Prozesses der Grundsatz der freien Beweiswürdigung zur unbedingten Geltung erhoben.

Hinsichtlich aller dieser charakteristisch die neue Strafprozeßordnung von dem ehemaligen Inquisitionsprozeß unterscheidenden Merkmale pflegt man vielfach von Prinzipien, Grundprinzipien des neuen Strafprozeßrechts zu reden, und zwar insofern auch mit Recht, als diese Eigentümlichkeiten des neuen Prozesses nicht bloß ihn charakteristisch vom historischen Inquisitionsprozeß unterscheiden, sondern als sie auch — wenn schon in sehr verschiedenem Maße — auf die Gestaltung des gesamten Verfahrens einwirken und daher über die Bedeutung einer einzelnen Prozeßbestimmung hinausreichen, insofern aber mit Unrecht, als diese Ausdrucksweise zu dem Gedanken verleiten kann, daß sie um ihrer selbst willen eine Bedeutung hätten, oder daß sie das ganze Strafverfahren, den gesamten Prozeß in allen seinen verschiedenen Stadien beherrschten, oder auch nur, daß sie sämtlich dem Inquisitionsprozeß und dessen Grundgedanken fundamental widersprächen. Anklageprozeß und Inquisitionsprozeß sind nur verschiedene Wege des einen ein jedes Strafverfahren notwendig beherrschenden Zieles, die im Interesse des Gemeinwohls notwendige Reaktion gegen das Verbrechen herbeizuführen, das materielle Strafrecht zu einer sicheren und gerechten Anwendung zu bringen. Aus diesem Ziele des Strafprozesses lassen sich zwei Fundamentalsätze ableiten, die jeder entwickelte Strafprozeß, mag er als Anklage-, mag er als Inquisitionsprozeß sich darstellen, anerkennen muß: die Verfolgung der Verbrechen ist Recht und Pflicht des Staates, und innig damit verbunden: es handelt sich im Strafprozeß um materielle Wahrheit. Privatwillkür ist ausgeschlossen sowohl hinsichtlich der Strafverfolgung, als hinsichtlich der tatsächlichen Unterlagen des Urteils. Dieses Grundziel eines jeden Strafprozesses ist auch der die deutsche Strafprozeßordnung überall beherrschende leitende Gedanke, und wo daher in den einzelnen Stadien des Prozesses bei der Gestaltung der einzelnen Prozeßinstitute mit einem dem Inquisitionsprozeß entsprechenden Verfahren, mit einem aus diesem entnommenen Grundsatz dieses Ziel mehr gefördert erschien, da hat man die prozessualen Vorschriften aus den Maximen des Inquisitionsprozesses entnommen. Aus diesem Grunde beherrschen auch, wie bereits oben angedeutet, die hervorgehobenen charakteristischen Merkmale des neuen Verfahrens keineswegs den ganzen Prozeß und nur bei einer Darstellung im einzelnen können diese sog. Prinzipien des Strafprozeßrechts in ihrer Bedeutung erkannt und zum richtigen Verständnis gebracht werden.

Nach diesen Vorbemerkungen mag eine kurze Übersicht des geltenden Verfahrens unter Klarlegung seiner leitenden Gedanken hier Platz finden.

Die erste Voraussetzung eines jeden Verfahrens ist Schaffung der Organe, in deren Hände es gelegt ist. Im Einklange mit dem Satze, daß die Strafverfolgung als Recht und Pflicht des Staates sich darstellt, sind die Strafgerichte Staatsgerichte, und besteht neben diesen als Anklagebehörde die „Staats"anwaltschaft.

Als Strafgerichte fungieren die Amtsgerichte, die

Landgerichte, die Oberlandesgerichte und das Reichsgericht. Es sind dies jedoch nur die staatsrechtlichen Körper, aus welchen, bzw. bei welchen, zum Teil unter Zuziehung des Laienelementes, die mit der Ausübung der Strafgerichtsbarkeit betrauten Organe gebildet werden. Als erkennende Gerichte erster Instanz fungieren nämlich bei den Amtsgerichten die Schöffengerichte (§ 25 G.V.G.), bei den Landgerichten die Strafkammern (§§ 59, 72 ff. G.V.G.) und die Schwurgerichte (§ 79 G.V.G.) und bei dem Reichsgericht der vereinigte zweite und dritte Strafsenat (§§ 132, 136 Nr. 1, 138 Abs. 2 G.V.G.), als Gerichte höherer Instanz die Strafkammern der Landgerichte (§§ 72 Abs. 1, 76 G.V.G.), die Strafsenate der Oberlandesgerichte (§§ 120, 123 Nr. 2, 3, 5 G.V.G.) und die Strafsenate des Reichsgerichts (§§ 132, 136 Abs. 1 Nr. 2, Abs. 2). Das Laienelement hat, wie sich hieraus ergibt, nur bei den Gerichten erster Instanz Verwendung gefunden und hier wiederum in zwiefacher, ganz verschiedener Gestalt, indem bei den Schöffengerichten die Laienrichter (die Schöffen) in gleichberechtigter Stellung mit den rechtsgelehrten Richtern das Richteramt in vollem Umfange ausüben (§ 30 G.V.G.), bei den Schwurgerichten aber unter strenger Sonderung der Tätigkeit der Laienrichter (der Geschworenen) und der Berufsrichter erstere auf die Entscheidung der Schuldfrage beschränkt sind (§ 81 G.V.G.).

Für die Abgrenzung der Kompetenz, worüber im Gerichtsverfassungsgesetze sehr komplizierte Bestimmungen getroffen sind (§§ 27—29, 72—76, 80, 123, 136 G.V.G.), ist neben einer Reihe sonstiger Erwägungen im Allgemeinen die Schwere der in Frage stehenden Straftat bestimmend, wobei jedoch nicht allein die abstrakte, im Gesetze angedrohte Strafe, sondern vielfach auch die Beschaffenheit des konkreten Falles [Unerheblichkeit des Objekts (§ 27 Nr. 4—8 G.V.G.), mangelndes öffentliches Interesse (§ 27 Nr. 3 G.V.G.), Persönlichkeit des Täters (§ 73 Nr. 3, § 75 Nr. 14a G.V.G.)] berücksichtigt, namentlich eine Überweisung zahlreicher, an sich zur Kompetenz der Strafkammern gehörender Vergehen an die Schöffengerichte zulässig ist, wenn die zu erwartende Strafe eine gewisse Höhe nicht übersteigt (§ 75 G.V.G.). Auch ist die für die Dreiteilung der Straftaten in Übertretungen, Vergehen und Verbrechen im Strafgesetzbuch normierte Strafgrenze für die Kompetenzbegrenzung als maßgebend aufgegeben, indem grundsätzlich die Kompetenz der Schöffengerichte bis zu einer Strafe von 3 Monaten Gefängnis (§ 27 Nr. 2 G.V.G.), in Überweisungsfällen 6 Monaten (§ 75 Nr. 14 G.V.G.), die der Strafkammern bis zu 5 Jahren Zuchthaus (§ 73 Nr. 2 G.V.G.) ausgedehnt ist, welche Strafgrenze, abgesehen von den wenigen Ausnahmefällen in § 74 und § 73 Nr. 2 Satz 2 G.V.G., nur nach oben hin vielfach überschritten ist (§§ 27 Nr. 3—8, 73 Nr. 3—7 G.V.G.). Die erstinstanzliche Kompetenz des Reichsgerichts (§ 136 Nr. 1 G.V.G.) beruht auf der besonderen, als gegen das Reich gerichteten Natur der ihm zugewiesenen Verbrechen.

Hinsichtlich der örtlichen Zuständigkeit der Gerichte sind der Gerichtsstand der begangenen Tat und des

Wohnsitzes bzw. Aufenthaltsorts des Beschuldigten als gleichberechtigt anerkannt (§§ 7, 8, 12 St.P.O.), der Gerichtsstand der Ergreifung aber nur für besondere Fälle zugelassen (§ 9 St.P.O.).

Sämtliche Gerichte urteilen in kollegialer Besetzung (vgl. die unerhebliche Ausnahme in § 211 Abs. 2 St.P.O., auch § 447 St.P.O.); nur im Vorverfahren sind Einzelrichter tätig, im vorbereitenden Verfahren der Amtsrichter (§ 160 St.P.O.), in der Voruntersuchung der Untersuchungsrichter (§ 182 St.P.O.). Außerdem ist dem Vorsitzenden, soweit bloß vorbereitende oder prozeßleitende Maßnahmen und Beschlüsse in Frage stehen, vielfach eine selbständige Entscheidung gewährt (§§ 199, 212, 218, 220, 227, 230, 237–240, 247, 271, 273, 290, 300, 306 St.P.O.).

Neben den unabhängigen, nur dem Gesetze unterworfenen (§ 1 G.V.G.) Gerichten steht als Trägerin des Anklageamtes eine der Justizverwaltung unterstellte (§ 148 G.V.G.) Behörde, die Staatsanwaltschaft. Ihre Organisation bestimmen die §§ 142—148 G.V.G. Da die Strafverfolgung als Recht und Pflicht des Staates anerkannt wird, so hat die Staatsanwaltschaft einmal die Pflicht, wegen aller zu ihrer Kenntnis gekommenen Straftaten einzuschreiten, soweit nicht gesetzlich (vgl. insbesondere § 416 St.P.O., ferner § 4 Abs. 2, § 42 St.G.B., § 12 des G. gegen unlauteren Wettbewerb v. 27./5. 96 und vereinzelte Landesgesetze) ein anderes bestimmt ist (§ 152 St.P.O. — Sog. Legalitätsprinzip im Gegensatz zum Opportunitätsprinzip). Andererseits hat sie aber auch prinzipiell allein das Recht zur Anklage (sog. Anklagemonopol). Die Privatklage ist, abgesehen von der im § 464 St.P.O. den Verwaltungsbehörden für den Fall der Entziehung öffentlicher Abgaben und Gefälle eingeräumten Befugnis zur Anklageerhebung (vgl. auch § 459 St.P.O. Strafbescheid, § 453 St.P.O. Strafverfügung), als Korrelat zu den erwähnten Bestimmungen § 416 St.P.O. und § 12 des G. v. 27./5. 96 nur für Beleidigungen und Körperverletzungen, sowie Zuwiderhandlungen gegen das genannte Gesetz, soweit deren Verfolgung nur auf Antrag eintritt, zugelassen (§ 414 St.P.O., § 12 des G. v. 27./5. 96). Außerdem ist zur Wahrung der Rechte des Verletzten diesem in § 170 St.P.O. die Befugnis gegeben, über einen die Rechtsverfolgung ablehnenden Bescheid der Staatsanwaltschaft eine gerichtliche Entscheidung zu extrahieren, welcher die Staatsanwaltschaft nachzukommen verpflichtet ist, und kann der Verletzte alsdann, ebenso wie auch der zur selbständigen Privatklage Berechtigte und derjenige, welcher nach gesetzlichen Bestimmungen eine Buße beanspruchen darf, sich der von der Staatsanwaltschaft erhobenen Klage als Nebenkläger anschließen (§§ 435—446 St.P.O.).

Aus dem Wesen des geltenden Prozesses als eines Anklageprozesses folgt, daß eine gerichtliche Untersuchung durch die Erhebung einer Klage bedingt (§ 151 St.P.O.) und daß die Untersuchung und Entscheidung auf die in der Klage bezeichnete Person und Tat beschränkt ist (§ 153 Abs. 1 St.P.O.). Weiter aber sind mit Rücksicht auf die Grundziele des Strafprozesses die Konsequenzen der Anklageform des Prozesses nicht gezogen. Aus der Natur der Strafsache als einer Sache des öffentlichen Rechts, aus der Erwägung, daß es sich im Strafverfahren weder auf seiten des Anklägers, noch auf seiten des Angeklagten um verzichtbare Parteirechte, vielmehr um Ermittlung materieller Wahrheit handelt, ergibt sich, daß der Richter berechtigt und verpflichtet sein muß, die Wahrheit nötigenfalls auch durch andere Mittel, als durch die von dem Ankläger oder dem Angeklagten an die Hand gegebenen zu erforschen, daß er auch bei der rechtlichen Beurteilung des Falles und der Abmessung der Strafe an die Anträge der Staatsanwaltschaft nicht gebunden sein, und daß, wenn einmal die öffentliche Klage erhoben ist, der Fortgang der Sache nicht mehr von dem einseitigen Ermessen des Anklägers, der Staatsanwaltschaft, abhängig gemacht werden darf. Diese Grundsätze haben in den §§ 153 Abs. 2, 154 St.P.O. Ausdruck gefunden. Hiernach ist auch bei der gegenwärtigen Gestaltung des Prozesses das inquisitorische Prinzip selbst im Hauptverfahren nicht völlig beseitigt. Insofern es nämlich die Pflicht des Gerichts ist, den Ent- und Belastungsbeweisen ohne und sogar gegen den Antrag der Parteien selbständig nachzugehen, so vereinigt in gewisser Beziehung der Richter auch noch jetzt die Pflichten des Anklägers, des Verteidigers und des Richters in seiner Tätigkeit. Der Unterschied gegen den früheren Inquisitionsprozeß besteht darin, daß das heutige Verfahren für die Anklage wie für die Verteidigung eigene Organe mit besonderen Befugnissen geschaffen hat, daß daher in der Regel, weil Anklage und Verteidigung meist schon mit den erforderlichen Beweisen vollständig ausgerüstet in die Hauptverhandlung eintreten oder im Laufe derselben für die Ergänzung des Beweises durch Stellung geeigneter Anträge selbst tätig werden, für die inquisitorische Tätigkeit des erkennenden Gerichts nur ein geringer Raum bleibt und seine prüfende und urteilende Tätigkeit mehr in den Vordergrund tritt. In einem vorbereitenden Stadium des Prozesses dagegen, in der gerichtlichen Voruntersuchung (§§ 176—195 St.P.O.), ist das inquisitorische Prinzip in aller Reinheit beibehalten; hier ist der Untersuchungsrichter der Leiter und Träger des ganzen Verfahrens und nur bei Ausdehnung desselben auf eine andere Person oder Tat ist, von dringenden Fällen abgesehen, der Antrag der Staatsanwaltschaft abzuwarten (§ 189 St.P.O.).

Aber auch innerhalb der eigentlichen Sphäre der Anklage ist die Staatsanwaltschaft nicht völlig freigestellt. Man hat auch hier in entscheidenden Punkten dem Beschuldigten die Gewähr einer unparteiischen richterlichen Prüfung bieten zu müssen geglaubt. So ist zunächst die definitive Versetzung in den Anklagestand, die Überantwortung des Beschuldigten an das erkennende Gericht, nicht der Staatsanwaltschaft überlassen: die Eröffnung des Hauptverfahrens kann (von den Ausnahmefällen des § 211 St.P.O. abgesehen) nur durch gerichtlichen Beschluß erfolgen, so daß in jedem Falle eine richterliche Vorprüfung der Anklage stattzufinden hat (§§ 196, 197, 201 St.P.O.). Ferner sind auch innerhalb des der Staatsanwaltschaft überlassenen Vorbereitungsverfahrens Anordnungen, durch welche in die Freiheit und persönlichen Rechte des Beschuldigten, sowie auch dritter Personen in erheblicher Weise eingegriffen wird, wie Beschlagnahmen, Durchsuchungen, Verhaftungen, grundsätzlich (vgl. §§ 98, 105, 114, 124, 125, 128, 132 St.P.O.) gerichtlicher Entscheidung überlassen.

Aus der Anklageform des Prozesses folgt ferner die Parteistellung des Angeklagten. Im Gegensatz zum früheren Inquisitionsprozeß, welcher den Angeklagten lediglich als Beweismittel ansah, ist er der Staatsanwaltschaft als der andern, die Anklage vertretenden Partei mit wesentlich gleichen Rechten gegenübergestellt. Bei Beginn seiner ersten Vernehmung ist ihm zu eröffnen, welche strafbare Handlung ihm zur Last gelegt wird; die Vernehmung soll ihm Gelegenheit bieten, die gegen ihn sprechenden Verdachtsgründe zu beseitigen, die zu seinen Gunsten sprechenden Tatsachen geltend zu machen; er braucht auch, falls er nicht will, sich über die Anklage überhaupt nicht zu erklären (§ 136 St.P.O.). Er ist zur Stellung von Beweisanträgen, zur selbständigen Ladung von Zeugen und Sachverständigen befugt (§§ 218, 219 St.P.O.); ihm steht in gleicher Weise, wie der Staatsanwaltschaft, im Vorverfahren die Anwesenheit bei einzelnen Beweisaufnahmen zu (vgl. §§ 191, 167, andererseits aber auch §§ 192, 194 St.P.O.), und in der Hauptverhandlung ist er sowohl bei Erhebung der einzelnen Beweise, als am Schlusse der Verhandlung ebenso wie die Staatsanwaltschaft mit seinen Anträgen und Ausführungen zu hören (§§ 239 Abs. 2, 256, 257, 291, 299, 314 St.P.O.). Zur größeren Gleichstellung dem rechtsgelehrten und sachkundigen Staatsanwalt gegenüber ist ihm endlich in jeder Lage des Verfahrens, also auch schon im Vorverfahren, die Zuhilfenahme eines Verteidigers gestattet (§ 137 St.P.O.).

Wenn hiernach der Strafprozeß sich im großen ganzen in den Formen eines Rechtsstreits zwischen zwei sich gegenüberstehenden Parteien bewegt, so ist doch eine Analogie des Zivilverfahrens von der Hand zu weisen. Im Strafprozeß steht, wie bereits hervorgehoben, das Interesse des Gemeinwesens in Frage, seine Aufgabe besteht in der Ermittlung der materiellen Wahrheit. Daher kann zunächst von einer Dispositionsbefugnis der Parteien keine Rede sein; daher hat ferner die Staatsanwaltschaft nicht nur die zuungunsten, sondern auch die zugunsten des Beschuldigten sprechenden Umstände zu ermitteln (§ 158, vgl. auch § 338 Abs. 2 St.P.O.), und daher darf auch noch jetzt das Verhalten des Beschuldigten in dem Prozesse zur Ermittlung des wahren Sachverhaltes verwertet werden (§§ 253, 260 St.P.O.). Hieraus folgt, daß von einer uneingeschränkten Gleichstellung der Staatsanwaltschaft und des Angeklagten keine Rede sein kann, was auch schon aus dem Grunde sich verbietet, weil bei einem Angeklagten nicht ohne weiteres die Garantien für eine legale Benutzung etwaiger ihm eingeräumten Rechte vorausgesetzt werden können, wie bei einer staatlich eingesetzten Behörde (vgl. daher z. B. §§ 194, 147 St.P.O.).

Die Form der Verhandlung ist für den Schwerpunkt des Verfahrens, die Verhandlung vor dem erkennenden Gericht, die mündliche. Unter der Mündlichkeit der Verhandlung versteht man, daß nicht nur die Parteien, Ankläger und Angeklagter, mündlich in freier Rede und Gegenrede ihre Anträge stellen und begründen, sondern daß auch die Zeugen und Sachverständigen mündlich vor dem erkennenden Gericht in Gegenwart der Parteien gehört, daß das gesamte Beweismaterial nicht durch Vermittlung der Akten, sondern unmittelbar dem zur Entscheidung berufenen Richter vorgeführt wird. Hiernach ist mit der Mündlichkeit die noch wesentlichere Unmittelbarkeit des Verfahrens eng verbunden. Die Mündlichkeit bringt den Vorteil des belebenden Eindrucks der Wechselrede; die Mitwirkung der Parteien schützt vor Mißverständnissen und gewährt ihnen die Garantie, daß die erheblichen Umstände und Beweismittel auch sämtlich zur Kenntnis des Gerichtes gebracht werden; die Unmittelbarkeit aber gewährt dadurch, daß sie den Richter von den Auffassungen von Mittelspersonen befreit und ihn in den Stand setzt, die Beteiligten selbst zu sehen und zu hören, nach Möglichkeit eigene unmittelbare Wahrnehmungen zu machen, die denkbar größten Garantien einer sicheren Erforschung der Wahrheit. Dieser Bedeutung der Mündlichkeit haben auch die Einzelvorschriften der Strafprozeßordnung volle Rechnung getragen. Daher die Vorschrift, daß der erkennende Richter nur berücksichtigen darf, was ihm selbst in der entscheidenden Hauptverhandlung vorgeführt ist (§ 260 St.P.O.); was in den Akten oder sonst ermittelt ist, ist für ihn gleichgültig. Daher das Verbot, Zeugenaussagen zu verlesen, wenn die Möglichkeit vorhanden ist, die Zeugen persönlich zu hören (§§ 249—252 St.P.O.); daher die Notwendigkeit der persönlichen Anwesenheit des Angeklagten (§ 229 St.P.O.), von der nur geringfügige Ausnahmen zugelassen sind (§§ 230—232 St.P.O.), die prinzipielle Unzulässigkeit des Kontumazialverfahrens (§ 319 St.P.O.). Daher endlich auch die Notwendigkeit der ununterbrochenen Anwesenheit der zur Urteilsfindung berufenen Personen (§ 225 St.P.O.) und die Konzentrierung des gesamten Verfahrens in einer entscheidenden Hauptverhandlung (vgl. § 228 St.P.O.). Alles, was dieser Hauptverhandlung vorhergeht, ist nur vorbereitender, für die Entscheidung selbst unerheblicher Natur, und die Strafprozeßordnung hat noch besonders durch eine Reihe von Vorschriften dafür Sorge zu tragen gesucht, daß der Hauptverhandlung auch dieser ihr Charakter gewahrt und der Schwerpunkt des Prozesses nicht in das Vorverfahren verlegt werde. Darauf beruht die Vorschrift über die Ausdehnung der Voruntersuchung in § 188 St.P.O., darauf auch, um für die Hauptverhandlung die Unbefangenheit der Zeugen zu wahren, die Vorschrift, daß sie, und ebenso die Sachverständigen (§ 72 St.P.O.), prinzipiell nur in der Hauptverhandlung zu beeidigen sind (§ 65 St.P.O.). Aus ähnlichem Grunde, um durch die Vorermittlungen nicht das Urteil der erkennenden Richter zu beeinflussen, darf daher auch die die Ergebnisse der Vorverhandlungen zusammenstellende Anklageschrift nicht verlesen werden, sondern wird die Hauptverhandlung durch Verlesung des Eröffnungsbeschlusses, welcher nur die Angabe der dem Angeklagten zur Last gelegten Tat enthält, eingeleitet (§ 242 Abs. 2 St.P.O.), und endlich beruhen zum Teil darauf auch die Vorschriften, nach welchen die Personen, welche im Vorverfahren in erheblicher Weise tätig gewesen sind, von der Ausübung des Richteramtes in der Hauptverhandlung ausgeschlossen sind (vgl. §§ 22 Nr. 4, 23 Abs. 2, 3 St.P.O.).

Aus dem dargelegten Wesen der Mündlichkeit ergibt sich ferner, daß sie ihre eigentliche Bedeutung nur für die Hauptverhandlung hat. Allerdings macht auch der im Vorbereitungsverfahren tätige Amtsrichter und der Untersuchungsrichter unmittelbare Wahrnehmungen und verhandelt mündlich mit den in Betracht kommenden Personen. Für die Sache selbst ist aber nicht diese mündliche Verhandlung, sondern nur deren schriftliche Fixierung von Bedeutung, da diese Verhandlungen nicht um ihrer selbst willen, sondern nur als Vorbereitung der Hauptverhandlung Bedeutung haben. Um das ganze vorhandene Beweismaterial den erkennenden Richtern vorführen zu können, ist nämlich regelmäßig eine umfassende Vorbereitung dieser Hauptverhandlung nötig. Es gilt, die vorhandenen Beweise zu ermitteln und zu sichten; es gilt ferner, Umstände, welche nur im Augenblick festgestellt werden können, durch ihre Fixierung, sei es durch die Schrift, sei es durch graphische oder plastische Künste, auch dem erkennenden Gericht zugänglich zu machen. Hieraus folgt, daß das Vorverfahren nicht in einer konzentrierten Verhandlung bestehen kann, daß es vielmehr aus einer Reihe einzelner Handlungen bestehen muß, und daß, um diese überhaupt verwerten zu können, die Schriftlichkeit unumgänglich ist.

Nur für den Eröffnungsbeschluß (§§ 196 ff. St.P.O.) könnte an sich das Prinzip der Mündlichkeit, wie es für die Hauptverhandlung verwertet ist, überhaupt in Frage kommen. Das Gesetz hat jedoch auch hier der Mündlichkeit keinen Raum gegeben und die Entscheidung lediglich auf Grund der Akten treffen lassen in der Erwägung, daß dieser Beschluß doch eine wesentlich andere Bedeutung hat, als das Urteil in der Hauptverhandlung, daß bei Anwendung der Mündlichkeit auch auf dieses Verfahren eine zweifache Hauptverhandlung das Resultat sein und dadurch die wirkliche Hauptverhandlung in ihrer Bedeutung herabgedrückt werden würde.

Mit der Mündlichkeit steht die Öffentlichkeit des Verfahrens, die Öffentlichkeit in dem Sinne, daß zu den gerichtlichen Verhandlungen jedermann der Zutritt gestattet ist, in enger Beziehung; letztere ohne erstere würde ein leeres Wort bleiben. Ebenso wie die Mündlichkeit ist daher auch die Öffentlichkeit nur für die Hauptverhandlung vorgeschrieben (§ 170 G.V.G.). Die Öffentlichkeit schützt gegen Willkür, spannt die Geistestätigkeit aller Beteiligten unwillkürlich an und ist vor allem das sicherste Mittel, das Zutrauen des Volkes zur Rechtspflege zu kräftigen. Die Strafprozeßgesetzgebung hat daher auch auf dieselbe hohen Wert gelegt. Die Ausnahmen von dem die Öffentlichkeit für die Verhandlungen vor dem erkennenden Gericht allgemein gebietenden § 170 G.V.G. sind, abgesehen von § 176 G.V.G., eng dahin begrenzt, daß nur, wenn die Öffentlichkeit eine Gefährdung der öffentlichen Ordnung, insbesondere (Ges. v. 5. April 1888) der Staatssicherheit, oder der Sittlichkeit besorgen läßt, dieselbe ausgeschlossen werden darf (§ 173 G.V.G.). Diese Ausschließung bedarf dazu besonderer Verhandlung und Beschlußfassung (§ 175 G.V.G.), und jede Verletzung dieser Vorschriften ist unbedingter Revisionsgrund (§ 377 Nr. 6 St.P.O.). Für das Vorverfahren, welches, wie bereits hervorgehoben, seiner Natur nach ein Inquisitionsverfahren sein muß, ist, um die Untersuchungszwecke nicht zu gefährden, namentlich unberechtigte Einflüsse fernzuhalten, die Öffentlichkeit in diesem Sinne prinzipiell ausgeschlossen. Dagegen ist die sog. Parteien-Öffentlichkeit, worunter man versteht, daß die Vorgänge des Prozesses zur Kenntnis der Parteien gebracht werden, auch für das Vorverfahren insoweit vorgeschrieben, als die Zwecke der Verteidigung und andererseits einer sachgemäßen Strafverfolgung es erfordern (§§ 136 Abs. 1, 2, 147, 194, 199, 214 St.P.O.); und für diejenigen Verhandlungen, in welchen es sich um Beweisaufnahmen handelt, welche in der Hauptverhandlung überhaupt nicht oder nicht in vollem Maße reproduzierbar sind, ist auch eine persönliche Anwesenheit des Beschuldigten und der Staatsanwaltschaft zugelassen (§§ 167, 191, 223, 224 St.P.O.).

Mit der Mündlichkeit hängt endlich, insoweit als diese eine feste und meßbare Abgrenzung und Abwägung der einzelnen Beweismomente weniger gestattet, auch der Grundsatz der freien Beweiswürdigung einigermaßen zusammen, d. h. der Grundsatz, daß der Richter, ohne an gesetzliche Beweisregeln gebunden zu sein, nach seiner freien Überzeugung zu entscheiden hat, was er für bewiesen erachtet und was nicht. Dieser Grundsatz ist in der Strafprozeßordnung zur unbedingten Geltung erhoben (§ 260 St.P.O.). Es brauchen selbst die Urteilsgründe nicht zu ergeben, welche einzelnen Umstände für die richterliche Überzeugung maßgebend gewesen sind (vgl. § 266 St.P.O.). Als Gegengewicht gegen das hiernach vorwiegende subjektive Moment, zugleich allerdings auch gegen die Gefahr des Übersehens und Vergessens einzelner Beweismomente, welche Gefahr gerade die Mündlichkeit besonders mit sich führt, ist daher, wie schon oben näher dargelegt, ganz allgemein für die Entscheidung der Schuldfrage eine kollegiale Behörde, eine Mehrzahl von Richtern, und außerdem zum Schutz gegen die schwerwiegendste Gefahr einer ungerechten Verurteilung für eine jede dem Angeklagten nachteilige, die Schuldfrage betreffende Entscheidung eine Majorität von zwei Dritteilen der Stimmen erfordert (§ 262 St.P.O.). Die hiernach maßgebende subjektive Überzeugung soll aber nicht eine willkürliche, aus beliebigen Quellen geschöpfte sein, sondern sie hat eine Beweisaufnahme zur Voraussetzung und darf nur schöpfen aus dem Inbegriff der

Verhandlung (§ 260 cit.), und darum ist trotz des Grundsatzes der freien Beweiswürdigung auch noch jetzt die Aufgabe des Gesetzgebers, sich der Grundlagen, auf welchen diese Überzeugung erwachsen soll, zu versichern, sie zum Gegenstande rechtlicher Normierung zu machen, so daß auch in der Strafprozeßordnung über die Art der Beweiserhebung, sowie über die einzelnen Beweismittel noch eine Reihe von Vorschriften gegeben ist (vgl. §§ 237—256, 48—97 St.P.O.).

Auf diesen allgemeinen Grundlagen ist das Verfahren im einzelnen folgendermaßen gestaltet:

Da im Anklageprozeß jedes Strafverfahren durch das Auftreten eines Anklägers bedingt ist, so gebührt der erste Angriff der Staatsanwaltschaft. Die Anzeigen strafbarer Handlungen sind daher bei ihr anzubringen oder, wenn dieselben, was ebenfalls zulässig ist, bei der Polizei oder den Amtsgerichten gemacht werden, ihr zu übermitteln (§ 156 St.P.O.), und jede Untersuchungshandlung ist, soweit es sich nicht um bloße Vorermittlungen gemäß § 161 St.P.O. handelt oder Gefahr im Verzuge obwaltet (§ 163 St.P.O.), von ihrem Antrage abhängig. Sobald die Staatsanwaltschaft von einer strafbaren Handlung Kenntnis erhält, hat sie den Sachverhalt zu erforschen (§§ 158, 159 St.P.O.). Sie kann dabei, soweit sie eine richterliche Untersuchungshandlung für erforderlich erachtet, die Mitwirkung der Gerichte (der Amtsgerichte) in Anspruch nehmen (§ 160 St.P.O.). Bestätigt dies sog. „vorbereitende Verfahren“, bei welchem die Staatsanwaltschaft das ganze Verfahren völlig unabhängig in ihrer Hand behält, den aufgetauchten Verdacht nicht, so stellt sie das weitere Verfahren ein (§ 168 Abs. 2 St.P.O.). Andernfalls erhebt sie bei den Gerichten die öffentliche Klage und zwar entweder dadurch, daß sie die gerichtliche Voruntersuchung beantragt, oder daß sie direkt den Antrag auf Eröffnung des Hauptverfahrens stellt, was durch Einreichung einer Anklageschrift geschieht (§§ 168 Abs. 1, 177, 196, 197 St.P.O.). Auch die gerichtliche Voruntersuchung (§§ 176—195 St.P.O.) bezweckt lediglich die Vorbereitung der Hauptverhandlung, und insoweit steht das „vorbereitende Verfahren" und die „Voruntersuchung" als „Vorverfahren" dem „Hauptverfahren" gegenüber. Beide sind daher auch von denselben Prinzipien beherrscht, und die Zulassung der gerichtlichen Vorbereitung der Anklage in dem auf der Anklageform beruhenden Verfahren beruht im wesentlichen auf Erwägungen der Zweckmäßigkeit, nämlich daß man da, wo mit Rücksicht auf die Wichtigkeit, Schwierigkeit und Weitläufigkeit der Sache die Staatsanwaltschaft genötigt sein würde, das Gericht wiederholt mit Beweiserhebungen anzugehen, im Interesse der Einheitlichkeit und Beschleunigung des Verfahrens die Ermittlungen dem Gerichte, d. h. dem Untersuchungsrichter, gänzlich überläßt, zumal auch der Beschuldigte im Zweifel für die Wahrnehmung seiner Verteidigungsrechte dem Richter ein größeres Vertrauen, als der Staatsanwaltschaft entgegenbringen wird.

Nach Abschluß der Voruntersuchung, während welcher,

ebenso wie im vorbereitenden Verfahren die Staatsanwaltschaft, der Untersuchungsrichter der alleinige Träger und Leiter des Verfahrens ist, gehen die Verhandlungen an die Staatsanwaltschaft zur Stellung weiterer Anträge zurück (§ 195 St.P.O.). Während aber bei dem vorbereitenden Verfahren der Staatsanwaltschaft die Entscheidung über die Resultate desselben insoweit verbleibt, als sie, ohne eine gerichtliche Entscheidung erfordern zu müssen, das Verfahren einstellen kann, hat im Falle einer Voruntersuchung, da einmal die öffentliche Klage erhoben und das Gericht mit der Sache befaßt ist, auch das Gericht allein über die Ergebnisse der Voruntersuchung zu entscheiden und kann dasselbe, auch wenn die Staatsanwaltschaft die Einstellung des Verfahrens, die Außerverfolgsetzung des Angeschuldigten, beantragt, die Eröffnung des Hauptverfahrens beschließen (§ 196 St.P.O.). Der Antrag der Staatsanwaltschaft auf Eröffnung des Hauptverfahrens erfolgt auch bei geführter Voruntersuchung durch Einreichung einer Anklageschrift (§ 196 Abs. 2 St.P.O.); beschließt das Gericht die Eröffnung des Hauptverfahrens entgegen dem Antrage der Staatsanwaltschaft, so hat diese nachträglich eine dem gerichtlichen Beschlusse entsprechende Anklageschrift einzureichen (§ 206 St.P.O.). Vor dem Beschlusse des Gerichts, welcher über den Antrag der Staatsanwaltschaft auf Eröffnung des Hauptverfahrens entscheidet, muß der Angeschuldigte unter Mitteilung der Anklageschrift über den Antrag gehört werden (§ 199 St.P.O.). Eröffnet das Gericht das Hauptverfahren gegen den Antrag der Staatsanwaltschaft, so wird der Angeschuldigte zwar vorher darüber nicht gehört, die später eingehende Anklageschrift ist ihm aber sofort mitzuteilen, hier allerdings nur zum Zwecke seiner Orientierung für die Hauptverhandlung und etwaigen Antragstellung auf Vornahme einzelner Beweiserhebungen vor der Hauptverhandlung (§ 206 Abs. 2 St.P.O.). Ebenso wird der Beschluß über die Eröffnung des Hauptverfahrens dem Angeklagten in allen Fällen mitgeteilt (§ 214 St.P.O.).

Die Hauptverhandlung beginnt nach Aufruf der Zeugen und Sachverständigen und Vernehmung des Angeklagten zur Person mit Verlesung des Beschlusses über die Eröffnung des Hauptverfahrens (§ 242 Abs. 1, 2 St.P.O.); die Anklageschrift wird, wie bereits erwähnt, nicht verlesen. Sodann wird der Angeklagte zur Sache vernommen (§ 242 Abs. 3 St.P.O.), und daran schließt sich die Beweisaufnahme (§ 243 St.P.O.), welche der Regel nach in die Hände des Vorsitzenden gelegt ist (§§ 237—241 St.P.O.). Das sog. Kreuzverhör ist von dem übereinstimmenden Antrage der Staatsanwaltschaft und des Angeklagten abhängig gemacht (§ 238 St.P.O.). Die Beweisaufnahme muß auf die sämtlichen vorgeladenen Zeugen und Sachverständigen, sowie auf die andern herbeigeschafften Beweismittel erstreckt werden (§ 244 St.P.O.) und ist dadurch in Verbindung mit dem Recht der unmittelbaren Zeugen- und Sachverständigenladung (§§ 219, 213, 221 Abs. 2 St.P.O.) den Parteien die unbedingte Möglichkeit gegeben, alles ihnen erheblich Scheinende zur Kenntnis des erkennenden Gerichts zu bringen. Nach der Beweisaufnahme erhalten die Staatsanwaltschaft und der Angeklagte und sein Verteidiger zu ihren Anträgen und Ausführungen das Wort, wobei das letzte Wort dem Angeklagten gebührt (§ 257 St.P.O.). Die Verhandlung schließt mit Erlaß des Urteils (§ 259 St.P.O.), für welches die bereits erwähnte wesentliche Vorschrift gegeben ist, daß eine jede dem Angeklagten nachteilige Entscheidung, welche die Schuldfrage betrifft, einer Mehrheit von zwei Dritteilen der Stimmen bedarf (§ 262 St.P.O.). —

Grundsätzlich ist das Verfahren vor den sämtlichen Gerichten verschiedener Ordnung in der dargestellten Weise gleichartig geregelt. Im Vorverfahren ist nur in den zur Zuständigkeit der Schöffengerichte gehörigen Sachen (§ 27, nicht auch §§ 29, 75 G.V.G.) die Voruntersuchung ausgeschlossen, während sie in den zur Zuständigkeit des Reichsgerichts und der Schwurgerichte gehörigen Sachen notwendig, in den vor die Strafkammer gehörenden Sachen von dem Antrage der Staatsanwaltschaft und in bedingter Weise auch von dem Antrage des Angeschuldigten und einem besonderen Beschlusse des Gerichts abhängig ist (§§ 176, 200 St.P.O.). In den vor den Schöffengerichten zu verhandelnden Sachen (§ 27 und §§ 29, 75 G.V.G.) bedarf ferner die Anklageschrift nicht der Aufnahme der wesentlichen Ergebnisse der stattgehabten Ermittlungen (§ 198 St.P.O.) und findet das vorgängige Gehör des Angeschuldigten vor dem Beschlusse auf Eröffnung des

Hauptverfahrens nicht statt (§ 199 Abs. 4 St.P.O.), und ferner kann in einigen besonderen Fällen (§ 211 St.P.O.) vor den Schöffengerichten ohne Anklage und Eröffnungsbeschluß zur Hauptverhandlung geschritten werden. Endlich ist in Sachen, die vor dem Reichsgericht (in erster Instanz) und vor den Schwurgerichten zu verhandeln sind, die Mitwirkung eines Verteidigers stets, in den Strafkammersachen nur in besonderen Fällen und vor den Schöffengerichten niemals notwendig (§ 140 St.P.O.).

In der Hauptverhandlung findet sich hinsichtlich der Schöffengerichte, zusammenhängend mit dem Rechtsmittelsystem des Gesetzes, welches die Berufung nur gegen die Urteile der Schöffengerichte zuläßt, die Besonderheit, daß der unbedingte Zwang auf Erledigung der sämtlichen beigebrachten Beweismittel nicht besteht (§ 244 Abs. 2 St.P.O.), und daß das Protokoll über die Hauptverhandlung außer den Formalien auch die wesentlichen Ergebnisse der Vernehmungen enthalten soll (§ 273 Abs. 2 St.P.O.). Auch besteht hier im Fall des § 264 St.P.O. (vgl. Abs. 5 das.) kein Recht auf Aussetzung der Verhandlung. Ferner ergeben sich aus der Natur des schwurgerichtlichen Verfahrens für die Hauptverhandlung vor den Schwurgerichten verschiedene Besonderheiten insbesondere durch die Bildung der Geschworenen-Bank und durch die Fragestellung, welche Besonderheiten in einem besonderen Abschnitt (§§ 276—317 St.P.O.) behandelt sind. Hervorzuheben ist dabei noch, daß an Stelle des früheren Resümees des Vorsitzenden eine bloße Rechtsbelehrung getreten (§ 300 St.P.O.) und daß bei dem Spruch der Geschworenen jede Unterscheidung zwischen Tat- und Rechtsfrage aufgegeben ist (vgl. § 293 St.P.O.).

Das Rechtsmittelsystem der Strafprozeßordnung hängt mit dem von ihr adoptierten Grundsatz der Mündlichkeit zusammen. Wird nämlich das Hauptgewicht für eine richtige Ermittlung des wahren Sachverhalts auf die Unmittelbarkeit der Beweisverhandlungen vor dem erkennenden Gericht gelegt, so kann eine nochmalige Prüfung der Tatfrage auch nur bei einer Wiederholung der gesamten Verhandlung vor dem höheren Gericht erfolgen, und da eine solche Wiederholung nicht bloß praktisch kaum durchführbar, sondern auch innerlich kaum rationell erscheint, so hat auch die Strafprozeßordnung in den wichtigsten Sachen, den vor den Schwurgerichten und Strafkammern verhandelten (in den vor dem Reichsgericht zu verhandelnden Sachen ist bei der Stellung dieses Gerichtes jedes Rechtsmittel ausgeschlossen), nur eine Nachprüfung der Rechtsfrage durch das Rechtsmittel der Revision zugelassen. Hierbei ist nach den Vorschriften des Gesetzes (§§ 374—398 St.P.O.) die Aufgabe des höheren Richters auf die rechtliche Beurteilung der Sache beschränkt; bei Lösung dieser Aufgabe ist ihm aber im Gegensatz zu der partikularrechtlich vielfach nachgebildeten Kassation des französischen Rechts eine möglichst freie Bewegung gewährt und sind seiner Tätigkeit möglichst wenig formale Grenzen gezogen (vgl. insbesondere §§ 384, 392

Abs. 2 St.P.O.). In schöffengerichtlichen Sachen ist dagegen allerdings auch eine Nachprüfung der Tatfrage, die Berufung (§§ 354—373 St.P.O.), vorgesehen, diese aber auch grundsätzlich als judicium novum konstruiert und nur in den §§ 364, insbes. 366 St.P.O. die Unmittelbarkeit des Verfahrens einigen Einschränkungen unterworfen. Neben diesen gegen die Endentscheidung gerichteten Rechtsmitteln der Revision und Berufung hat als drittes Rechtsmittel die Strafprozeßordnung die Beschwerde gegen sonstige im Laufe des Verfahrens ergehende Beschlüsse und Verfügungen im weitesten Umfange (die Ausnahmen siehe in den §§ 346, 347 St.P.O.) aufgenommen (§§ 346—353 St.P.O.). Damit sind die „Rechtsmittel" im Sinne der Strafprozeßordnung, welche darunter nur diejenigen prozessualen Mittel versteht, durch welche eine Abänderung noch nicht rechtskräftiger Entscheidungen herbeigeführt werden soll, geschlossen. Die Wiedereinsetzung in den vorigen Stand (§§ 44 ff. St.P.O.), der Einspruch gegen einen amtsrichterlichen Strafbefehl (§§ 450 ff. St.P.O.), der Antrag auf gerichtliche Entscheidung gegen Strafverfügungen und Strafbescheide (§§ 454, 460 St.P.O.) und der Antrag auf Wiederaufnahme eines durch rechtskräftiges Urteil geschlossenen Verfahrens (§§ 309 ff. St.P.O.) sind nach dem Sprachgebrauch der Strafprozeßordnung keine Rechtsmittel.

Die Wiederaufnahme eines durch rechtskräftiges Urteil geschlossenen Verfahrens, welche in der Strafprozeßordnung ein besonderes Buch (§§ 399—413) ein=

nimmt, ist, entsprechend den Grundzielen des Strafprozesses, möglichst dem materiellen Recht zum Siege zu verhelfen, und zusammenhängend mit der Beschränkung der Rechtsmittel, zugunsten des Angeklagten im weitesten Umfange (vgl. insbesondere § 399 Nr. 5 St.P.O.) zugelassen, in begrenzterer Weise (§ 402 St.P.O.) aber auch zuungunsten des Angeklagten möglich.

Neben diesem regelmäßigen Verfahren ist für einzelne Verhältnisse ein besonderes Verfahren geordnet, indem für geringfügigere Fälle die Festsetzung einer Strafe durch Strafbefehl (§§ 447 ff. St.P.O.), durch Strafverfügung (§§ 453 ff. St.P.O.) und durch Strafbescheid (§§ 459 ff. St.P.O.) vorgesehen und indem ferner das Verfahren gegen Abwesende, welche sich der Wehrpflicht entzogen haben, und das Verfahren bei Einziehungen und Vermögensbeschlagnahmen besonders geregelt ist (§§ 470 ff. und §§ 477 ff. St.P.O.).

Endlich enthält die Strafprozeßordnung noch einige Vorschriften über die Strafvollstreckung und über die Kosten des Verfahrens. In beiden Richtungen sind die Vorschriften nicht erschöpfend. Ergänzende Vorschriften hinsichtlich der Strafvollstreckung enthält das Strafgesetzbuch, und die Einzelheiten sind landesgesetzlicher bzw. reglementärer Anordnung überlassen. Hervorzuheben ist, daß die Strafvollstreckung grundsätzlich, entsprechend der Tendenz, die Gerichte von allen Geschäften zu entlasten, welche außerhalb des Kreises ihrer eigentlichen Aufgabe, der Rechtsprechung, liegen, der

Staatsanwaltschaft übertragen ist (§ 483 Abs. 1 St.P.O.), wie in gleicher Weise auch die Herbeischaffung der Beweismittel, die Ladungen, Zustellungen der Staatsanwaltschaft zugewiesen sind (§§ 36, 213 St.P.O.). In den zur Zuständigkeit der Schöffengerichte gehörigen Sachen kann jedoch durch die Landesjustizverwaltung die Strafvollstreckung den Amtsgerichten übertragen werden (§ 483 Abs. 2 St.P.O.). Soweit es sich bei der Strafvollstreckung um Auslegungen, Entscheidungen handelt (§§ 490—493 St.P.O.), haben aber allgemein die Gerichte wieder einzutreten. Hinsichtlich der Kosten beschränkt sich die Strafprozeßordnung im wesentlichen auf Vorschriften über die Pflicht zur Kostentragung. Die ergänzenden Bestimmungen über die Höhe und Berechnung der Kosten enthalten die besonderen Kostengesetze.

Die Systematik des Gesetzes ist möglichst einfach gestaltet. Wie bereits bemerkt, sind die Organisation der Gerichte und Staatsanwaltschaft, die sachliche Zuständigkeit derselben, die Vorschriften über Rechtshilfe, Öffentlichkeit, Sitzungspolizei, Gerichtssprache, Beratung und Abstimmung dem Gerichtsverfassungsgesetz überwiesen. Die Strafprozeßordnung faßt sodann in ihrem ersten Buche alle diejenigen Bestimmungen als „allgemeine" zusammen, welche für alle Stadien des Prozesses ihre Bedeutung haben; das zweite Buch regelt, sich anschließend an den fortschreitenden Verlauf des Prozesses, den Gang des Verfahrens in erster Instanz. Das dritte Buch enthält die Vorschriften über die Rechtsmittel, das vierte über die Wiederaufnahme eines durch rechtskräftiges Urteil geschlossenen Verfahrens. In besonderen Büchern wird sodann zunächst im fünften die Beteiligung des Verletzten, soweit er als Prozeßsubjekt in Betracht kommt, behandelt; im sechsten werden die besonderen Arten des Verfahrens dargestellt und endlich im siebenten die Vorschriften über Strafvollstreckung und die Kosten des Verfahrens gegeben. Im einzelnen gibt das dieser Einleitung vorgedruckte Inhaltsverzeichnis nähere Auskunft; hier mag nur noch darauf hingewiesen werden, daß die Vorschriften über die einzelnen Untersuchungshandlungen, Vernehmung der Zeugen, Sachverständigen, des Beschuldigten, Augenscheinseinnahme, eben weil sie für alle Stadien des Verfahrens von Bedeutung sind, unter den allgemeinen Bestimmungen ihren Platz gefunden haben.

II.

Gerichtsverfassungsgesetz mit Einführungsgesetz.

Das Gerichtsverfassungsgesetz nebst Einführungsgesetz ist mit Anmerkungen nur soweit versehen, als es strafrechtlich von Bedeutung ist.

Einführungsgesetz zum Gerichtsverfassungsgesetze.

Vom 27. Januar 1877.

(R.G.Bl. von 1877, Nr. 4, S. 77—80.)

---

1. Das Gerichtsverfassungsgesetz tritt im ganzen Umfange des Reichs[1] an einem durch Kaiserliche Verordnung[2] mit Zustimmung des Bundesraths festzusetzenden Tage, spätestens am 1. Oktober 1879,[3] gleichzeitig mit der im §. 2 des Einführungsgesetzes der Civilprozeßordnung vorgesehenen Gebührenordnung[4] in Kraft.

[1] Über die Geltung in den Konsulargerichtsbezirken und Schutzgebieten vgl. Abschn. 2 des G. über die Konsulargerichtsbarkeit v. 7./4. 00 (R.G.Bl. 213) und §§ 2—4 G., betr. die Rechtsverh. der deutschen Schutzgebiete, v. 17./4. 86 (R.G.Bl. 75, neueste Fassung: R.G.Bl. 1900 S. 813) nebst der dazu ergangenen Kaiserl. V. v. 9./11. 00 (R.G.Bl. 1005), 18./1. 06 (R.G.Bl. 138), 28./9. 07 (R.G.Bl. 735) und 3./6. 08 (R.G.Bl. 397).

[2] Nicht erschienen; daher Geltungsanfang 1./10. 79.

[3] In Helgoland am 1. April 1891. Vgl. V. v. 22./3. 91 (R.G.Bl. 21).

[4] Vgl. Einleitung S. 16, 20, 21.

2. Die Vorschriften des Gerichtsverfassungsgesetzes finden nur auf die ordentliche[1] streitige Gerichtsbarkeit und deren Ausübung Anwendung.

[1] d. i. die den ordentlichen Gerichten (§ 12 G.V.G.) zugewiesene (§ 13 G.V.G.).

3. Die Gerichtsbarkeit in bürgerlichen Rechtsstreitigkeiten und Strafsachen, für welche besondere Gerichte zugelassen sind,[1] kann den ordentlichen Landesgerichten durch die Landesgesetzgebung übertragen werden.[2] Die Uebertragung darf nach anderen als den durch das Gerichtsverfassungsgesetz vorgeschriebenen Zuständigkeitsnormen erfolgen.[3]

Auch kann die Gerichtsbarkeit letzter Instanz in den vorerwähnten Sachen auf Antrag des betreffenden Bundesstaates mit Zustimmung des Bundesraths durch Kaiserliche Verordnung dem Reichsgerichte übertragen werden.

Insoweit für bürgerliche Rechtsstreitigkeiten ein von den Vorschriften der Civilprozeßordnung abweichendes Verfahren gestattet ist, kann die Zuständigkeit der ordentlichen Landesgerichte durch die Landesgesetzgebung nach anderen als den durch das Gerichtsverfassungsgesetz vorgeschriebenen Normen bestimmt werden.

[1] § 14 G.V.G. und §§ 5, 7 dieses E.G.

[2] Für Preußen vgl. in Strafsachen § 1 G. v. 8./3. 79 (G.S. 129), § 1 G. v. 9./3. 79 (G.S. 132) (Rheinschiffahrts- und Elbzollgerichte betr.).

[3] Vgl. auch E.G. zur St.P.O. § 3 Abs. 2.

4. Durch die Vorschriften des Gerichtsverfassungsgesetzes über die Zuständigkeit der Behörden wird die Landesgesetzgebung nicht gehindert, den betreffenden Landesbehörden jede andere Art der Gerichtsbarkeit, sowie Geschäfte der Justizverwaltung zu übertragen. Andere Gegenstände der Verwaltung dürfen den ordentlichen Gerichten nicht übertragen werden.

5. In Ansehung der Landesherren und der Mitglieder der landesherrlichen Familien, sowie der Mitglieder der Fürstlichen Familie Hohenzollern finden die Bestimmungen des Gerichtsverfassungsgesetzes nur insoweit Anwendung,[1] als nicht besondere Vorschriften der Hausverfassungen oder der Landesgesetze[2] abweichende Bestimmungen enthalten.[3] Das Gleiche gilt in Ansehung der Mitglieder des vormaligen Hannoverschen Königshauses, des vormaligen Kurhessischen und des vormaligen Herzoglich Nassauischen Fürstenhauses.[4] [5]

[1] d. h. innerhalb des Bundesstaates, in welchem die besonderen Vorschriften erlassen sind. M. 211.

[2] Preußen: § 18 Ausf.G. v. 24./4. 78 (G.S. 230) Art. III. G. v. 26./4. 51 (G.S. 181) und § 2 V. v. 26./9. 79 (R.G.Bl. 287).

[3] vgl. auch § 4 E.G. zur St.P.O.

[4] Der Schlußsatz ist zugefügt durch G. v. 17./5.98 (R.G.Bl. 252) Art. II.

[5] Jetzt auch in Ansehung der Mitglieder des Herzoglich Holsteinischen Fürstenhauses. G. v. 25./3. 04 (R.G.Bl. 149).

6. Unberührt bleiben die bestehenden landesgesetzlichen[1] Vorschriften über die Zuständigkeit der Schwurgerichte für die durch die Presse[2] begangenen strafbaren Handlungen.[3]

[1] Bayern: Art. 35 G. v. 23./2. 79 (Ges.- u. Verordn.-Bl. 278). — Württemberg: Art. 12 G. v. 24./1. 79 (Reg.-Bl. 3). — Baden:

§ 6 G. v. 8./3. 79 (Ges.- u. Verordn.Bl. 91). — Oldenburg: Art. 29 G. v. 10./4. 79 (G.Bl. 330).

[2] vgl. § 2 des Preßg. v. 7./5. 74 (R.G.Bl. 65) u. dazu E. XXXV. 375.

[3] § 136 Nr. 1 G.V.G. gilt jedoch allgemein.

7. Die Militärgerichtsbarkeit,[1] sowie das landesgesetzlich den Standesherren[2] gewährte Recht auf Austräge[3] werden durch das Gerichtsverfassungsgesetz nicht berührt.

[1] Beschränkt auf Strafsachen: § 39 Abs. 1 des Mil.G. v. 2./5. 74 (R.G.Bl. 45). Die Ausübung der Militärgerichtsbarkeit ist nunmehr für das ganze Reich durch die Militärstrafgerichtsordnung v. 1./12. 98 (R.G.Bl. 1189), in Kraft getreten seit 1./10. 1900 (V. v. 28./12. 99, R.G.Bl. 1900 S. 1), einheitlich geregelt. Vgl. dazu auch G., betr. Errichtung eines bayerischen Senats, v. 9./3. 99 (R.G.Bl. 135). Über die Grenzen der Militärgerichtsbarkeit gegenüber den Zivilgerichten vgl. §§ 1—11 der M.St.G.O. u. zu § 4 E. XXXV. 418.

[2] d. s. nur die Häupter, nicht auch die sonstigen Mitglieder der vormals reichsunmittelbaren Häuser. E. XXXVI. 176.

[3] Nur dieses; sonstige Privilegien namentlich auch hinsichtlich des Gerichtsstands sind beseitigt. Hinsichtlich der Austräge vgl. für Preußen: Instr. v. 30./5. 20 (G.S. 81) § 17, G. v. 10./6. 54 (G.S. 363) und V. v. 12./11. 55 (G.S. 688).

8. Durch die Gesetzgebung eines Bundesstaates, in welchem mehrere Oberlandesgerichte errichtet werden, kann die Verhandlung und Entscheidung der zur Zuständigkeit des Reichsgerichts gehörenden Revisionen und Beschwerden in bürgerlichen Rechtsstreitigkeiten einem obersten Landesgerichte zugewiesen werden.

Diese Vorschrift findet jedoch auf bürgerliche Rechtsstreitigkeiten, welche zur Zuständigkeit des Reichs-Oberhandelsgerichts gehören oder durch besondere Reichsgesetze dem Reichsgerichte zugewiesen werden, keine Anwendung.

9. Durch die Gesetzgebung eines Bundesstaates, in welchem mehrere Oberlandesgerichte errichtet werden, kann die Verhandlung und Entscheidung der zur Zuständigkeit der Oberlandesgerichte gehörenden Revisionen und Beschwerden[1] in Strafsachen ausschließlich einem der mehreren Oberlandesgerichte oder an Stelle eines solchen Oberlandesgerichts dem obersten Landesgerichte[2] zugewiesen werden.[3]

[1] Also nicht die Tätigkeit in den Fällen §§ 4, 12, 13, 14. 15, 19, 27, 170 St.P.O., § 160 G.V.G., sondern nur § 123 Nr. 2, 3, 5 G.V.G.

[2] Die gesperrt gedruckten Worte sind eingefügt durch G. v. 17./5. 98 (R.G.Bl. 252) Art. III.

[3] Geschehen in Preußen u. Bayern. Vgl. preuß. Ausf.G. zum G.V.G. v. 24./4. 78 (G.S. 230) § 60 (Kammergericht), bayr. Ausf.G. v. 23./2. 79 (G. u. V.Bl. 273) Art. 41 und jetzt bayr. Ausf.G. zum B.G.B. v. 9./6 99 (Beil. zu Nr. 28 des G. u. V.Bl. 66) Art. 167 XII (Oberstes Landesgericht).

10.[1] Die allgemeinen, sowie die in den §§. 126, 132, 133, 134, 183 Abs. 1 enthaltenen besonderen Vorschriften des Gerichtsverfassungsgesetzes finden auf die obersten Landesgerichte als Behörden der ordentlichen streitigen Gerichtsbarkeit entsprechende Anwendung. Das Gleiche gilt, sofern ein Civilsenat des obersten Landesgerichts von der Entscheidung eines anderen Civilsenats oder der vereinigten Civilsenate abweichen will, in Ansehung der Vorschriften der §§. 137, 139 des Gerichtsverfassungsgesetzes.

Die Besetzung der Senate bestimmt sich in Strafsachen nach §. 124, in bürgerlichen Rechtsstreitigkeiten nach §. 140 des Gerichtsverfassungsgesetzes.

Auf die Besetzung der Civilsenate des obersten Landesgerichts findet in Grundbuchsachen, sowie in den nach §. 199 des Gesetzes über die Angelegenheiten der freiwilligen Gerichtsbarkeit dem obersten Landesgerichte zugewiesenen Angelegenheiten der §. 124 des Gerichtsverfassungsgesetzes Anwendung.

[1] Fassung des G. v. 17./5. 98 (R.G.Bl. 252) Art. III.

11. Die landesgesetzlichen Bestimmungen, durch welche die strafrechtliche oder civilrechtliche Verfolgung öffentlicher Beamten[1] wegen der in Ausübung oder in Veranlassung der Ausübung ihres Amts vorgenommenen Handlungen an besondere Voraussetzungen gebunden ist, treten außer Kraft.

Unberührt bleiben die landesgesetzlichen Vorschriften,[2] durch welche die Verfolgung der Beamten entweder im Falle des Verlangens einer vorgesetzten Behörde oder unbedingt an die Vorentscheidung einer besonderen Behörde gebunden ist, mit der Maßgabe:

1. daß die Vorentscheidung auf die Feststellung beschränkt ist, ob der Beamte sich einer Ueberschreitung seiner Amtsbefugnisse oder der Unterlassung einer ihm obliegenden Amtshandlung schuldig gemacht habe;
2. daß in den Bundesstaaten, in welchen ein oberster Verwaltungsgerichtshof besteht, die Vorentscheidung

diesem,[2] in den anderen Bundesstaaten dem Reichsgerichte zusteht.

[1] Für die Reichsbeamten vgl. § 13 des Reichsbeamt.G. v. 31./3. 73, jetzt v. 17./5. 07 (R.G.Bl. 245), wonach für diese alle landesgesetzlich bestehenden Schranken der Verfolgbarkeit aufgehoben sind. E. XXXII. 322.

[2] Die bestehenden; Neueinführung unstatthaft. In Preußen G. v. 13./2. 54 (G.S. 86) u. G. v. 8./4. 47 (G.S. 170), welche jedoch durch die Modifikation dieses Paragraphen in beiden Richtungen betroffen sind. Die jetzt geltenden Vorschriften sind im J.M.Bl. 1888 S. 6 ff. zusammengestellt.

[3] In Preußen dem Oberverwaltungsgericht. Das Verfahren ist jetzt durch § 114 G. über d. allg. Landesverwaltung v. 30./7. 83 (G.S. 195) geregelt.

12. Die für Elsaß-Lothringen geltenden Bestimmungen über die Gerichtssprache werden durch die Vorschrift des §. 186 des Gerichtsverfassungsgesetzes nicht berührt.[1]

[1] § 12 ist aufgehoben durch das G. v. 12./6. 89 (R.G.Bl. 95).

13. Die Bestimmungen über das Richteramt im §. 8 des Gerichtsverfassungsgesetzes treten in denjenigen Staaten, in welchen Vorschriften für die richterliche Entscheidung über die Enthebung eines Richters vom Amte oder über die Versetzung eines Richters an eine andere Stelle oder in Ruhestand nicht bestehen, nur gleichzeitig mit der landesgesetzlichen Regelung der Disziplinarverhältnisse der Richter in Wirksamkeit.

Übergangsbestimmungen.

14. Die am Tage des Inkrafttretens des Gerichtsverfassungsgesetzes bei dem Reichs-Oberhandelsgerichte anhängigen Sachen gehen in der prozessualischen Lage, in welcher sie sich befinden, auf das Reichsgericht über.

15. Durch Kaiserliche Verordnung kann auf Antrag eines Bundesstaates und mit Zustimmung des Bundesraths die Verhandlung und Entscheidung derjenigen Sachen, welche nach den bisherigen Prozeßgesetzen von dem obersten Landesgerichte zu erledigen gewesen wären, dem Reichsgerichte zugewiesen werden.

16. Behufs Erledigung der nach Vorschrift des vorstehenden Paragraphen dem Reichsgerichte zugewiesenen Sachen können mit Zustimmung des Bundesraths durch Kaiserliche Verordnung bei dem Reichsgerichte Hülfssenate eingerichtet werden.

Der Reichskanzler bestimmt die Zusammensetzung der Hülfssenate und die Vertheilung der Geschäfte derselben.

Mit der Wahrnehmung der richterlichen Geschäfte in den Hülfssenaten können nur Mitglieder des Reichsgerichts und Mitglieder der früheren obersten Gerichte oder der Oberlandesgerichte beauftragt werden.

Die Anordnung ist für ein nicht zum Reichsgerichte gehörendes Mitglied bis zu dem Zeitpunkte unwiderruflich, in welchem die Wahrnehmung seiner Thätigkeit in dem Hülfssenate nicht mehr erforderlich ist.

17. Auf Antrag eines Bundesstaates und mit Zustimmung des Bundesraths kann durch Kaiserliche Verordnung die Verhandlung und Entscheidung der im §. 17 des Gerichtsverfassungsgesetzes bezeichneten Streitigkeiten dem Reichsgerichte zugewiesen werden.[1]

Für diejenigen Bundesstaaten, in denen die im §. 17 des Gerichtsverfassungsgesetzes bezeichneten Behörden bestehen und nach Maßgabe der Vorschriften im §. 17 Nr. 1—4 einer Veränderung ihrer Einrichtung und des Verfahrens bedürfen, kann die Veränderung, sofern sie nicht bis zum Inkrafttreten dieses Gesetzes landesgesetzlich getroffen ist, durch landesherrliche Verordnung eingeführt werden.[2]

[1] Bremen: V. v. 26./9. 79 (R.G.Bl. 298).

[2] Preußen: V. v. 1./8. 79 (G.S. 573).

18. Die am Tage des Inkrafttretens des Gerichtsverfassungsgesetzes bei den Landesgerichten anhängigen Sachen können den ordentlichen Landesgerichten ohne Rücksicht auf die im Gerichtsverfassungsgesetze bestimmten Grenzen der Zuständigkeit durch die Landesgesetzgebung zugewiesen werden.[1]

[1] Für Preußen vgl. Ausf.G. zum G.V.G. v. 24./4. 78 (G.S. 230) § 92, G., betr. die Übergangsbestimmungen zur deutschen Z.P.O. und St.P.O. v. 31./3. 79 (G.S. 332) §§ 85 ff.

19. Die Mitglieder des Reichs-Oberhandelsgerichts werden durch Kaiserliche Verfügung mit Beibehaltung ihrer Besoldung entweder bei dem Reichsgerichte angestellt oder in den Ruhestand versetzt.

20. Bei der ersten Einrichtung der Landgerichte, der Oberlandesgerichte und der bei einem Amtsgerichte gebildeten Strafkammern und während der Dauer des ersten Geschäftsjahres erfolgen die Geschäftsvertheilung und die Bestimmung der Mitglieder der Kammern und Senate sowie der regelmäßigen Vertreter der Mitglieder durch die Landesjustizverwaltung.

Bei der ersten Einrichtung des Reichsgerichts und während der Dauer des ersten Geschäftsjahres erfolgen die Geschäftsvertheilung und die Bestimmung der Mitglieder der Senate sowie der regelmäßigen Vertreter derselben durch den Reichskanzler.

21. Innerhalb zwei Jahren nach dem Inkrafttreten des Gerichtsverfassungsgesetzes kann die Landesjustizverwaltung bei nothwendiger Einziehung von Richterstellen die unfreiwillige Versetzung eines Richters an ein anderes Gericht von gleicher Ordnung unter Belassung des vollen Gehalts und Erstattung der Umzugskosten verfügen.

22. Die Bestimmungen des §. 2 des Gerichtsverfassungsgesetzes über die Fähigkeit zum Richteramte finden auf diejenigen, welche vor dem Inkrafttreten des Gesetzes die erste Prüfung in einem Bundesstaate zurückgelegt haben, nur insoweit Anwendung, als nicht in dem Bundesstaate abweichende Vorschriften bestehen.

Der für den Vorbereitungsdienst vorgeschriebene Zeitraum kann für die ersten vier Jahre nach dem Inkrafttreten des Gesetzes in den einzelnen Bundesstaaten bis auf zwei Jahre abgekürzt werden.

Gerichtsverfassungsgesetz.

Vom 27. Januar 1877.

(R.G.Bl. von 1877, Nr. 4, S. 41—76. Neue Fassung: R.G.Bl. 1898, Nr. 25, S. 371—409.)

Erster Titel.

Richteramt.

1. Die richterliche Gewalt wird durch unabhängige, nur dem Gesetze unterworfene Gerichte ausgeübt.

Befähigung.

2. Die Fähigkeit zum Richteramte wird durch die Ablegung zweier Prüfungen erlangt.

Der ersten Prüfung muß[1] ein dreijähriges Studium der Rechtswissenschaft auf einer Universität vorangehen. Von dem dreijährigen Zeitraume sind mindestens drei Halbjahre dem Studium auf einer deutschen[2] Universität zu widmen.

Zwischen der ersten und zweiten Prüfung muß ein Zeitraum von drei Jahren liegen, welcher im Dienste bei den Gerichten und bei den Rechtsanwälten zu verwenden ist, auch zum Theil bei der Staatsanwaltschaft verwendet werden kann.

In den einzelnen Bundesstaaten kann bestimmt werden, daß der für das Universitätsstudium oder für den Vorbereitungsdienst[3] bezeichnete Zeitraum verlängert wird, oder daß ein Theil des letzteren Zeitraums, jedoch höchstens ein Jahr, im Dienste bei Verwaltungsbehörden zu verwenden ist oder verwendet werden darf.[4]

[1] imperativ, im Gegensatz zum bloß instruktionellen „soll".

[2] d. h. des Deutschen Reichs.

[3] Vgl. z. B. preuß. Ausf.G. zum G.V.G. v. 24./4. 78 (G.S. 230) § 1, J.V. v. 1./5. 83 (J.M.Bl. 131), 3./11. 90 (J.M.Bl. 277), 21./3. 91 (J.M.Bl. 133).

[4] E.G. zum G.V.G. § 22.

3. Wer in einem Bundesstaate die erste Prüfung bestanden hat, kann in jedem anderen Bundesstaate zur Vorbereitung für den Justizdienst und zur zweiten Prüfung zugelassen werden.

Die in einem Bundesstaate auf die Vorbereitung verwendete Zeit kann in jedem anderen Bundesstaate angerechnet werden.

4. Zum Richteramte befähigt ist ferner jeder ordentliche öffentliche Lehrer des Rechts an einer deutschen[1] Universität.

[1] Vgl. Anm. 2 zu § 2.

5. Wer in einem Bundesstaate die Fähigkeit zum Richteramte erlangt hat, ist, soweit dieses Gesetz keine Ausnahme bestimmt,[1] zu jedem Richteramte innerhalb des Deutschen Reichs befähigt.[2]

[1] Vgl. § 127 Abs. 2.

[2] Landesgesetzliche Beschränkungen damit beseitigt.

Amt.

6. Die Ernennung der Richter erfolgt auf Lebenszeit.

7. Die Richter beziehen in ihrer richterlichen Eigenschaft ein festes Gehalt mit Ausschluß von Gebühren.

8. Richter können wider ihren Willen nur kraft richterlicher Entscheidung und nur aus den Gründen und unter den Formen, welche die Gesetze bestimmen, dauernd oder zeitweise ihres Amts enthoben oder an eine andere Stelle oder in Ruhestand versetzt werden.

Die vorläufige Amtsenthebung, welche kraft Gesetzes eintritt, wird hierdurch nicht berührt.

Bei einer Veränderung in der Organisation der Gerichte oder ihrer Bezirke können unfreiwillige Versetzungen an ein anderes Gericht oder Entfernungen vom Amte unter Belassung des vollen Gehalts durch die Landesjustizverwaltung verfügt werden.

9. Wegen vermögensrechtlicher Ansprüche der Richter aus ihrem Dienstverhältnisse, insbesondere auf Gehalt, Wartegeld oder Ruhegehalt darf der Rechtsweg nicht ausgeschlossen werden.

10. Die landesgesetzlichen Bestimmungen über die Befähigung zur zeitweiligen Wahrnehmung[1] richterlicher Geschäfte[2] bleiben unberührt.[3]

[1] Die §§ 2 ff. leiden hier nicht unbedingte Anwendung. E. III. 231, R. II. 508.

[2] Für Preußen: § 2 G. v. 24./4. 78 (G.S. 230), J.V. v. 9./12. 79 (J.M.Bl. 460).

[3] Vgl. aber die reichsgesetzlichen §§ 69, 122, 134, auch 152 G.V.G.

11. Auf Handelsrichter, Schöffen und Geschworene finden die Bestimmungen der §§. 2—9 keine Anwendung.

Zweiter Titel.
Gerichtsbarkeit.

Gerichte.

12. Die ordentliche streitige Gerichtsbarkeit wird durch Amtsgerichte und Landgerichte, durch Oberlandesgerichte und durch das Reichsgericht ausgeübt.[1]

[1] Die genannten Gerichte bilden den bleibenden Gerichtsorganismus, bei bzw. aus welchem die einzelnen mit der Ausübung der Rechtspflege betrauten Organe gebildet werden. Vgl. Einleitung S. 29, 30.

13. Vor die ordentlichen Gerichte gehören alle bürgerlichen Rechtsstreitigkeiten und Strafsachen,[1] für welche nicht entweder[2] die Zuständigkeit von Verwaltungsbehörden oder Verwaltungsgerichten begründet ist[3] oder reichsgesetzlich besondere Gerichte bestellt[4] oder zugelassen[5] sind.

[1] Vgl. über d. Begriff der Strafsachen Anm. 1 zu § 3 E.G. zur St.P.O.

[2] Reichs- oder landesgesetzlich, soweit reichsgesetzlich zugelassen; Beschränkungen der Landesgesetzgebung: §§ 453 ff., 459 ff. St.P.O.; § 11 E.G. zum G.V.G. Vgl. E. XV. 323, R. IX. 85.

[3] Verwaltungsstrafverfahren nach Reichsgesetzen vgl. Postg. v. 28./10. 71 (R.G.Bl. 347) §§ 34 ff.; Seemannsordn. v. 2./6. 02 (R.G.Bl. 175) §§ 122 ff. nebst V., betr. das Strafverfahren vor den Seemannsämtern, v. 13./3. 03 (R.G.Bl. 42); vgl. § 5 Abs. 2 E.G. zur St.P.O.; G. betr. Mitnahme heimzuschaffender Seeleute, v. 2./6. 02 (R.G.Bl. 212) § 8; G., betr. Stellenvermittl. für Schiffsleute v. 2./6. 02 (R.G.Bl. 215) § 9 Abs. 2; vgl. auch Vereinszollg. v. 1./7. 69 (B.G.Bl. 317) § 165 in Verbindung (für Preußen) mit G., betr. das Verwaltungsstrafverfahren bei Zuwiderhandlung gegen die Zollgesetze 2c., v. 26. Juli 97 (G.S. 237) nebst Ausführungsvorschriften v. 29./9. 97 (J.M.Bl. 249); G., betr. die Erhebung einer Abgabe von Salz, v. 12./10. 67 (B.G.Bl. 41) § 18; G., betr. die Besteuerung des Branntweins 2c., v. 8./7. 68 (B.G.Bl. 384) § 68; v. 24./6. 87 (R.G.Bl. 265; neue Fassung: R.G.Bl. 1895 S. 276; Abänderung: G. v. 7./7. 02 R.G.Bl. 243) §§ 36, 42

IV, 43d; G., betr. die Steuerfreiheit des Branntweins zu gewerblichen Zwecken, v. 19./7. 79 (R.G.Bl. 259) § 4; G. wegen Erhebung der Brausteuer v. 8./6. 06 (R.G.Bl. 675) § 53; G., betr. die Besteuerung des Tabaks, v. 16./7. 79 (R.G.Bl. 245) § 46; Zuckersteuerg. v. 27./5. 96 (R.G.Bl 117) § 62; G., betr. die Wechselstempelsteuer, v. 10./6. 69 (B.G.Bl. 193) § 18; G., betr. den Spielkartenstempel v. 3./7. 78 (R.G.Bl. 133) § 19; G., betr. die Statistik des Warenverkehrs rc., v. 7./2. 06 (R.G.Bl. 109) § 17; Reichsstempelges. v. 3./6. 06 (R.G.Bl. 695) § 73; Schaumweinsteuerges. v. 9./5. 02 (R.G.Bl. 155) § 27; Zigarettensteuerg. v. 3./6. 06 (R.G.Bl. 631) § 30; Erbschaftssteuerg. v. 3./6. 06 (R.G.Bl. 654) § 51; G., betr. Zollkartell mit Österr.-Ung. v. 9./6. 95 (R.G.Bl. 253) § 7. — Vgl. auch G. über den Beistand bei Einziehung von Abgaben u. Vollstr. von Vermögensstrafen v. 9./6. 95 (R.G.Bl. 256). — Vgl. noch § 17.

[4] Reichsgesetzlich bestellte Sondergerichte in Strafsachen sind:

a) Militärgerichte. Siehe § 7 E.G. und Anm. 1 daselbst.

b) Konsulargerichte und die Gerichte in deutschen Schutzgebieten. G. v. 7./4. 00 (R.G.Bl. 213), G. v. 17./4. 86 (R.G.Bl. 75, neueste Fassung: R.G.Bl. 1900 S. 813).

c) Vgl. § 16 und Anm.

[5] § 14, für Strafsachen Nr. 1. — Vgl. außerdem § 5 und § 7 (Austrägalgerichte) E.G. — Alle sonstigen Sondergerichte sind aufgehoben.

14. Als besondere Gerichte werden zugelassen:[1]

1. die auf Staatsverträgen beruhenden Rheinschiffahrts-[2] und Elbzollgerichte;[3]
2. Gerichte, welchen die Entscheidung von bürgerlichen Rechtsstreitigkeiten bei der Ablösung von Gerechtigkeiten oder Reallasten, bei Separationen, Konsolidationen, Verkoppelungen, gutsherrlich-bäuerlichen Auseinandersetzungen und dergleichen obliegt;
3. Gemeindegerichte, insoweit denselben die Entscheidung über vermögensrechtliche Ansprüche obliegt, deren Gegenstand in Geld oder Geldeswerth

die Summe von sechzig Mark nicht übersteigt, jedoch mit der Maßgabe, daß gegen die Entscheidung der Gemeindegerichte innerhalb einer gesetzlich zu bestimmenden Frist sowohl dem Kläger wie dem Beklagten die Berufung auf den ordentlichen Rechtsweg zusteht, und daß der Gerichtsbarkeit des Gemeindegerichts, als Kläger oder Beklagter, nur Personen unterworfen werden dürfen, welche in der Gemeinde den Wohnsitz, eine Niederlassung oder im Sinne der §§. 16, 20 der Civilprozeßordnung den Aufenthalt haben;

4. Gewerbegerichte.[4]

[1] Vgl. E.G. § 3, E.G. zur St.P.O. § 3 Abs. 2.

[2] Revid. Rheinschiffahrtsakte v. 17./10. 68 (Preuß. G.S. 1869 S. 814) Art. 33—40 nebst Zusatzartikel v. 18. Sept. 1895 (Preuß. G.S. 1898 S. 265) u. Abänderung v. 4. Juni 1898 (Preuß. G.S. 1900 S. 9). — Preußen: G. v. 8./3. 79 (G.S. 129), G. v. 9./3. 70 (G.S. 177), V. v. 1./9. 79 (G.S. 609), V. v. 20./8. 00 (G.S. 314), V. v. 28./9. 05 (G.S. 371) u. G. v. 8./6. 08 (G.S. 154).

[3] Elbschiffahrtsakte v. 23./6. 21 (Preuß. G.S. 1822 S. 20) Art. XXVI; Additionalsakte v. 13./4. 44 (Preuß. G.S. 468) §§ 46 ff., G. v. 11./6. 70 (B.G.Bl. 416). — Preußen: G. v. 9./3. 79 (G.S. 132).

[4] Nr. 2—4 sind strafrechtlich ohne Bedeutung. Vgl. aber ferner E.G. §§ 5, 7.

15. Die Gerichte sind Staatsgerichte.

Die Privatgerichtsbarkeit ist aufgehoben; an ihre Stelle tritt die Gerichtsbarkeit desjenigen Bundesstaates, in welchem sie ausgeübt wurde. Präsentationen für Anstellungen bei den Gerichten finden nicht statt.

Die Ausübung einer geistlichen Gerichtsbarkeit in

weltlichen Angelegenheiten ist ohne bürgerliche Wirkung. Dies gilt insbesondere bei Ehe- und Verlöbnißsachen.

16. Ausnahmegerichte sind unstatthaft. Niemand darf seinem gesetzlichen Richter entzogen werden. Die gesetzlichen Bestimmungen über Kriegsgerichte und Standrechte werden hiervon nicht berührt.[1]

[1] Vgl. Verf. des Deutschen Reichs Art. 68, preuß. G. v. 4./6. 51 (G.S. 451). Für Bayern vgl. B.G.Bl. 1871 S. 9.

17. Die Gerichte entscheiden über die Zulässigkeit des Rechtswegs.

Die Landesgesetzgebung[1] kann jedoch die Entscheidung von Streitigkeiten zwischen den Gerichten und den Verwaltungsbehörden oder Verwaltungsgerichten über die Zulässigkeit des Rechtswegs besonderen Behörden nach Maßgabe der folgenden Bestimmungen übertragen:

1. Die Mitglieder werden für die Dauer des zur Zeit ihrer Ernennung von ihnen bekleideten Amts oder, falls sie zu dieser Zeit ein Amt nicht bekleiden, auf Lebenszeit ernannt. Eine Enthebung vom Amte kann nur unter denselben Voraussetzungen wie bei den Mitgliedern des Reichsgerichts stattfinden.
2. Mindestens die Hälfte der Mitglieder muß dem Reichsgerichte oder dem obersten Landesgerichte oder einem Oberlandesgerichte angehören. Bei Entscheidungen dürfen Mitglieder nur in der gesetzlich bestimmten Anzahl mitwirken. Diese Anzahl muß eine ungerade sein und mindestens fünf betragen.
3. Das Verfahren ist gesetzlich zu regeln. Die Ent-

scheidung erfolgt in öffentlicher Sitzung nach Ladung der Parteien.

4. Sofern die Zulässigkeit des Rechtswegs durch rechtskräftiges Urtheil des Gerichts feststeht, ohne daß zuvor auf die Entscheidung der besonderen Behörde angetragen war, bleibt die Entscheidung des Gerichts maßgebend.

[1] E.G. zum G.V.G. § 17 Abs. 2.

Exterritoriale.

18. Die inländische Gerichtsbarkeit erstreckt sich nicht auf die Chefs[1] und Mitglieder der bei dem Deutschen Reiche beglaubigten Missionen. Sind diese Personen Staatsangehörige eines der Bundesstaaten, so sind sie nur insofern von der inländischen Gerichtsbarkeit befreit, als der Staat, dem sie angehören, sich der Gerichtsbarkeit über sie begeben hat.[2]

Die Chefs und Mitglieder der bei einem Bundesstaate beglaubigten Missionen sind der Gerichtsbarkeit dieses Staates nicht unterworfen. Dasselbe gilt von den Mitgliedern des Bundesraths, welche nicht von demjenigen Staate abgeordnet sind, in dessen Gebiete der Bundesrath seinen Sitz hat.[3]

[1] Über die Unzulässigkeit eines unmittelbaren Geschäftsverkehrs mit ihnen seitens der Gerichte und Staatsanwaltschaften vgl. preuß. J.V. v. 28./12. 80 (J.M.Bl. 369).

[2] Daher auch Zustellungen an sie, wie im Auslande; Befreiung vom Zeugnißzwang. M. 66. Vgl. auch preuß. J.V. v. 20./1. 93 (J.M.Bl. 37) und jetzt § 203 Abs. 3 Z.P.O. unten in Anm. 1 zu § 37 St.P.O.

[3] Art. 10 d. Reichsverfassung. — St.P.O. § 11.

19. Auf die Familienglieder, das Geschäftspersonal der im §. 18 erwähnten Personen und auf solche Bedienstete[1] derselben, welche nicht Deutsche sind[2], finden die vorstehenden Bestimmungen Anwendung.

[1] Vgl. dazu preuß. J.M.Bl. 1900 S. 579.

[2] Vgl. Ges. über die Erw. rc. der Bundes- und Staatsangehörigkeit v. 1./6. 70 (B.G.Bl. 355) §§ 1 ff.

20. Durch die Bestimmungen der §§. 18, 19 werden die Vorschriften über den ausschließlichen dinglichen Gerichtsstand in bürgerlichen Rechtsstreitigkeiten nicht berührt.

21. Die im Deutschen Reiche angestellten Konsuln[1] sind der inländischen Gerichtsbarkeit unterworfen, sofern[2] nicht in Verträgen[3] des Deutschen Reichs mit anderen Mächten Vereinbarungen über die Befreiung der Konsuln von der inländischen Gerichtsbarkeit getroffen sind.

[1] Ohne Unterschied, ob Berufs- oder Wahlkonsuln. E. XVII. 71, R. X. 83.

[2] und soweit. Vgl. E. XVII. 51, R. X. 83.

[3] Es bestehen zur Zeit folgende Konsularverträge des Deutschen Reichs: mit Italien v. 21./12. 68 (B.G.Bl. 1869 S. 113) und 7./2. 72 (R.G.Bl. 134); mit Spanien v. 22./2. 70 (B.G.Bl. 99) u. 12./1. 72 (R.G.Bl. 211); mit den Vereinigten Staaten von Nordamerika v. 11./12. 71 (R.G.Bl. 1872 S. 95); mit den Niederlanden v. 16./6. 56 bzw. 11./1. 72 (R.G.Bl. 67); mit Rußland v. 8./12. bzw. 26./11. 74 (R.G.Bl. 1875 S. 145); mit den Hawaiischen Inseln v. 25./3. 79 (R.G.Bl. 1880 S. 121); mit Griechenland v. 26./11. 81 (R.G.Bl. 1882 S. 101); mit Brasilien; v. 10./1. 82 (R.G.Bl. 69); mit Serbien v. 6./1. 83 (R.G.Bl. 62); mit Japan v. 4./4. 96 (R.G.Bl. 732); mit Peru v. 28./7. 97 (R.G.Bl. 1899 S. 662). — Entsprechende Bestimmungen enthalten auch die nachfolgenden Freundschafts-, Handels- und

Schiffahrtsvertr.; mit Portugal v. 2./3. 72 (R.G.Bl. 254); mit Persien v. 11./6. 73 (R.G.Bl. 351); mit Tonga v. 1./11. 76 (R.G.Bl. 1877 S. 517), vgl. aber auch G. v. 15./2. 00 (R.G.Bl. 37) u. V. v. 26./6. 02 (R.G.Bl. 261); mit China v. 31./3. 80 (R.G.Bl. 1881 S. 261); mit Marokko v. 3./7. 80 (R.G.Bl. 1881 S. 103); mit Österreich-Ungarn v. 23./5. 81 (R.G.Bl. 123); mit Mexiko v. 5./12. 82 (R.G.Bl. 1883 S. 247); mit Madagaskar v. 15./5. 83 (R.G.Bl. 1885 S. 166); mit Korea v. 26./11. 83 (R.G.Bl. 1884 S. 221); mit Ecuador v. 28./3. 87 (R.G.Bl. 1888 S. 136); mit Guatemala v. 20./9. 87 (R.G.Bl. 1888 S. 238); mit Honduras v. 12./12. 87 (R.G.Bl. 1888 S. 262); mit Columbien v. 23./7. 92 (R.G.Bl. 1894 S. 471); mit Uruguay v. 20./6. 92 (R.G.Bl. 1894 S. 505); mit Nikaragua v. 4./2. 96 (R.G.Bl. 1897 S. 171), mit Äthiopien v. 7./3. 05 (R.G.Bl. 1906 S. 470), mit Schweden v. 8./5. 06 (R.G.Bl. 739).

Dritter Titel.

Amtsgerichte.

22. Den Amtsgerichten[1] stehen Einzelrichter vor. Ist ein Amtsgericht mit mehreren Richtern[2] besetzt, so wird einem derselben[3] von der Landesjustizverwaltung[4] die allgemeine Dienstaufsicht übertragen; ist die Zahl der Richter höher als fünfzehn, so kann die Dienstaufsicht zwischen mehreren von ihnen getheilt werden.[5] Jeder Amtsrichter erledigt die ihm obliegenden Geschäfte als Einzelrichter.

[1] Ausführungsbestimmungen in Preußen: Ausf.G. v. 24./4. 78 (G.S. 230) §§ 21 ff., Abänd.G. v. 16./5. 87 (G.S. 135). — Sitze und Bezirke; V. v. 26./7. 78 (G.S. 275), V. v. 5./7. 79 (G.S. 393), beide vielfach abgeändert.

[2] Preußen: Geschäftsverteilung: Ausf.G. § 23, J.V. v. 21./7. 79 (J.M.Bl. 198, 212). — Vertretung: Ausf.G. § 24, J.V. v. 10./9. 79 (J.M.Bl. 340).

[3] Für das Amtsgericht I zu Berlin vgl. preuß. G. v. 10./4. 92 (G.S. 77).

[4] d. i. nicht bloß die Zentralstelle, sondern das nach den landesgesetzlichen Bestimmungen zuständige Organ der Justizverwaltung.

[5] Fassung des G. v. 17./5. 98 (R.G.Bl. 252).

23. Die Zuständigkeit der Amtsgerichte umfaßt in bürgerlichen Rechtsstreitigkeiten, soweit dieselben nicht ohne Rücksicht auf den Werth des Streitgegenstandes den Landgerichten zugewiesen sind:

1. Streitigkeiten über vermögensrechtliche Ansprüche, deren Gegenstand an Geld oder Geldeswerth die Summe von dreihundert Mark nicht übersteigt;
2. ohne Rücksicht auf den Werth des Streitgegenstandes:

   Streitigkeiten zwischen dem Vermiether und dem Miether oder Untermiether von Wohnräumen oder anderen Räumen oder zwischen dem Miether und dem Untermiether solcher Räume wegen Ueberlassung, Benutzung oder Räumung, sowie wegen Zurückhaltung der von dem Miether oder dem Untermiether in die Miethsräume eingebrachten Sachen;

   Streitigkeiten zwischen Dienstherrschaft und Gesinde, zwischen Arbeitgebern und Arbeitern hinsichtlich des Dienst- oder Arbeitsverhältnisses, sowie die im §. 3 Abs. 1 des Gesetzes, betreffend die Gewerbegerichte, vom 29. Juli 1890 bezeichneten Streitigkeiten, insofern dieselben während der Dauer des Dienst-, Arbeits- oder Lehrverhältnisses entstehen;

Streitigkeiten zwischen Reisenden und Wirthen, Fuhrleuten, Schiffern, Flößern oder Auswanderungsexpedienten in den Einschiffungshäfen, welche über Wirthszechen, Fuhrlohn, Ueberfahrtsgelder, Beförderung der Reisenden und ihrer Habe und über Verlust und Beschädigung der letzteren, sowie Streitigkeiten zwischen Reisenden und Handwerkern, welche aus Anlaß der Reise entstanden sind;

Streitigkeiten wegen Viehmängel;

Streitigkeiten wegen Wildschadens;

Ansprüche aus einem außerehelichen Beischlafe;

das Aufgebotsverfahren.

24. Im Uebrigen wird die Zuständigkeit und der Geschäftskreis der Amtsgerichte durch die Vorschriften dieses Gesetzes[1] und der Prozeßordnungen[2] bestimmt.

[1] In Strafsachen: §§ 25—57, 78, 85—89, 158.

[2] In Strafsachen: §§ 98 Abs. 2, 100 Abs. 3, 105, 125, 126, 128, 129, 132, 156, 157, 160, 163, 164, 171 Abs. 3, 183, 184, 197, 200, 211 Abs. 2, 447, 448, 455, 463 Abs. 2, 483 Abs. 3, 489 Abs. 3, 494, 501 St.P.O.

Vierter Titel.

Schöffengerichte.

25. Für die Verhandlung und Entscheidung von Strafsachen werden bei den Amtsgerichten Schöffengerichte[1] gebildet.[2] [3]

[1] Ausführungsbestimmungen in Preußen: Ausf.G. v. 24./4. 78 (G.S. 230) §§ 33 ff.

[2] Vgl. § 30. — Hauptverhandlung ohne Schöffen: St.P.O. § 211 Abs. 2, E.G. z. St.P.O. § 3 Abs. 3, Preuß. Forstdiebstahlsg. v. 15./4. 78 (G.S. 222) § 19, Preuß. Feld- und Forstpolizeig. v. 1./4. 80 (G.S. 230) § 53.

[3] Für Helgoland vgl. Art. II der V. v. 22./3. 91 (R.G.Bl. 21), Art. I des G. v. 4./6. 93 (R.G.Bl. 193).

1. Besetzung.

26. Die Schöffengerichte bestehen aus dem Amtsrichter als Vorsitzenden und zwei Schöffen.[1]

[1] Für Helgoland vgl. Art. II der V. v. 22./3. 91 (R.G.Bl. 21), Art. I des G. v. 4./6. 93 (R.G.Bl. 193).

2. Zuständigkeit.

27.[1] Die Schöffengerichte sind zuständig:

1. für alle Übertretungen;[2]
2. für diejenigen Vergehen, welche nur mit Gefängnis von höchstens drei Monaten oder Geldstrafe von höchstens sechshundert Mark, allein oder neben Haft oder in Verbindung miteinander oder in Verbindung mit Einziehung[3] bedroht sind,[4] mit Ausnahme der im § 320 des Strafgesetzbuchs und der im § 74 dieses Gesetzes bezeichneten Vergehen;[5]
3. für die nur auf Antrag zu verfolgenden Beleidigungen,[6] wenn die Verfolgung im Wege der Privatklage geschieht;[7]

3. a) für die nur auf Antrag zu verfolgenden Körperverletzungen;[8]

3. b) für das Vergehen des Hausfriedensbruchs im Falle des § 123 Abs. 3 des Strafgesetzbuchs;[9]

3. c) für das Vergehen der Bedrohung mit der Begehung eines Verbrechens im Falle des § 241 des Strafgesetzbuchs;

3. d) für das Vergehen des strafbaren Eigennutzes in den Fällen des § 286 Abs. 2, der §§ 290, 291 und 298 des Strafgesetzbuchs[10] sowie des § 93 Abs. 3 der Seemannsordnung vom 2. Juni 1902 (Reichs-Gesetzbl. S. 175);
4. für das Vergehen des Diebstahls im Falle des § 242 des Strafgesetzbuchs, wenn der Wert des Gestohlenen einhundertundfünfzig Mark nicht übersteigt;[11]
5. für das Vergehen der Unterschlagung im Falle des § 246 des Strafgesetzbuchs, wenn der Wert des Unterschlagenen einhundertundfünfzig Mark nicht übersteigt;[12]
6. für das Vergehen des Betrugs im Falle des § 263 des Strafgesetzbuchs, wenn der Schaden einhundertundfünfzig Mark nicht übersteigt;[13]
7. für das Vergehen der Sachbeschädigung im Falle des § 303 des Strafgesetzbuchs, wenn der Schaden einhundertundfünfzig Mark nicht übersteigt;[14]
8. für das Vergehen der Begünstigung[15] und für das Vergehen der Hehlerei in den Fällen des § 258 Nr. 1 und des § 259 des Strafgesetzbuchs, wenn die Handlung, auf welche sich die Begünstigung oder die Hehlerei bezieht, zur Zuständigkeit der Schöffengerichte gehört.[16][17]

[1] Fassung des G. v. 5./6. 05 (R.G.Bl. 533).

[2] St.G.B. §§ 360—370 und § 1 und demgemäß die entsprechenden Vorschriften in allen Reichs- oder Landesgesetzen.

[3] Verfallerklärung und dergl. steht gleich E. XII. 75, R. VII. 150.

[4] St.G.B. §§ 121 Abs. 2, 123 Abs. 1, 148, 276, 292, 299, außerdem andere Reichs- und Landesgesetze. Vgl. aus der Gewerbeordn. §§ 146a, 147, 153.

[5] Vgl. auch § 75 Nr. 14, 14a, 15.

[6] St.G.B. §§ 185—187, 189, 194; vgl. auch G.V.G. § 75 Nr. 4.

[7] St.P.O. § 416, Anm. 7 zu § 417.

[8] St.G.B. §§ 223, 230 Abs. 1, 232; hinsichtlich § 223a und § 230 Abs. 2 vgl. G.V.G. § 75 Nr. 5.
[9] Hinsichtlich St.G.B. § 123 Abs. 1 vgl. Anm. 4.
[10] Vgl. G.V.G. § 75 Nr. 11. [11] Vgl. § 28 und § 75 Nr. 6.
[12] Vgl. § 28 und § 75 Nr. 7. [13] Vgl. § 28 und § 75 Nr. 10.
[14] Vgl. § 28 und § 75 Nr. 12. [15] St.G.B. § 257.
[16] Nr. 1—8 dieses Paragraphen. — Vgl. auch § 75 Nr. 8, 9.
[17] Ferner ist das Schöffengericht zuständig für alle Vergehen gegen das G. zur Bekämpfung des unlauteren Wettbewerbs v. 27./5. 95 (R.G.Bl. 145) § 12, soweit die Verfolgung im Wege der Privatklage geschieht.

28.[1] Ist die Zuständigkeit des Schöffengerichts durch den Wert einer Sache oder den Betrag eines Schadens bedingt[2] und stellt sich in der Hauptverhandlung heraus, daß der Wert oder Schaden mehr als einhundertundfünfzig Mark beträgt, so hat das Gericht seine Unzuständigkeit nur dann auszusprechen, wenn aus anderen Gründen[3] die Aussetzung der Verhandlung geboten erscheint.[4]

[1] Fassung des G. v. 5./6. 05 (R.G.Bl. 533). [2] § 27 Nr. 4—8.
[3] §§ 145, 216, 245, 261, 264 St.P.O. [4] Vgl. § 270 St.P.O.

29. Vor die Schöffengerichte gehören auch diejenigen Strafsachen, deren Verhandlung und Entscheidung ihnen nach den Bestimmungen des fünften Titels von den Strafkammern der Landgerichte überwiesen wird.[1]

[1] § 75.

3. Amt der Schöffen.

30. Insoweit das Gesetz nicht Ausnahmen[1] bestimmt, üben die Schöffen während der Hauptverhandlung das Richteramt im vollen Umfange und mit gleichem Stimmrechte wie die Amtsrichter aus und nehmen auch an denjenigen, im Laufe einer Hauptverhandlung zu erlassenden Entscheidungen Theil, welche in keiner Beziehung zu der Urtheilsfällung stehen, und welche auch ohne vorgängige mündliche Verhandlung erlassen werden können.

Die außerhalb der Hauptverhandlung erforderlichen Entscheidungen werden von dem Amtsrichter erlassen

[1] Nur § 31 Abs. 2 St.P.O. — Vgl. jedoch §§ 52—56 G.V.G., auch Anm. 2 zu § 25.

31. Das Amt eines Schöffen ist ein Ehrenamt.[1] Dasselbe kann nur von einem Deutschen[2] versehen werden.[3]

[1] Vgl. jedoch § 55.

[2] G. über Erwerb u. Verl. d. Staatsangehör. v. 1./6. 70 (B.G.Bl. 355), Reichsverfassung Art. 3.

[3] Andernfalls Nichtigkeit. Prot. 218, St.P.O. § 377 Nr. 1. Vgl. auch Anm. 1 zu § 32.

Befähigung.

32. Unfähig[1] zu dem Amte eines Schöffen sind:

1. Personen, welche die Befähigung in Folge strafgerichtlicher Verurtheilung verloren haben;[2]
2. Personen, gegen welche das Hauptverfahren wegen eines Verbrechens oder Vergehens eröffnet ist,[3] das die Aberkennung der bürgerlichen Ehrenrechte oder der Fähigkeit zur Bekleidung öffentlicher Aemter zur Folge haben kann;[4]
3. Personen, welche in Folge gerichtlicher Anordnung in der Verfügung über ihr Vermögen beschränkt sind.[5]

[1] Mitwirkung Nichtigkeit — vgl. § 377 St.P.O. — vorausgesetzt, daß die Unfähigkeit zur Zeit der tatsächlichen Ausübung des Richteramts (nicht zur Zeit der Bildung der Listen) besteht. E. II. 241, XXI. 292, R. II. 225. — Vgl. auch § 52 Abs. 1 G.V.G.

[2] §§ 31, 33—35, 358 St.G.B.

[3] § 201, bzw. § 270 St.P.O. [4] §§ 31, 32 St.G.B.

[5] Verschwender und Gemeinschuldner, M. 79, aber auch alle wegen Geisteskrankheit, Geistesschwäche oder Trunksucht Entmündigten: §§ 6, 104, 114 B.G.B.

33. Zu dem Amte eines Schöffen sollen nicht berufen werden:[1]

1. Personen, welche zur Zeit der Aufstellung der Urliste[2] das dreißigste Lebensjahr noch nicht vollendet haben;
2. Personen, welche zur Zeit der Aufstellung der

Urliste[2] den Wohnsitz in der Gemeinde noch nicht zwei volle Jahre haben;
3. Personen, welche für sich oder ihre Familie Armenunterstützung aus öffentlichen Mitteln empfangen oder in den drei letzten Jahren, von Aufstellung der Urliste zurückgerechnet, empfangen haben;
4. Personen, welche wegen geistiger oder körperlicher Gebrechen zu dem Amte nicht geeignet sind;
5. Dienstboten.

[1] Mitwirkung keine Nichtigkeit. — Vgl. auch § 52 Abs. 2.
[2] §§ 36, 57.

34. Zu dem Amte eines Schöffen sollen ferner nicht berufen werden:[1]
1. Minister;
2. Mitglieder der Senate der freien Hansestädte;
3. Reichsbeamte, welche jederzeit einstweilig in den Ruhestand versetzt werden können;[2]
4. Staatsbeamte, welche auf Grund der Landesgesetze jederzeit einstweilig in den Ruhestand versetzt werden können;
5. richterliche Beamte[3] und Beamte der Staatsanwaltschaft;[4]
6. gerichtliche[5] und polizeiliche Vollstreckungsbeamte;
7. Religionsdiener;
8. Volksschullehrer;
9. dem aktiven[6] Heere oder der aktiven Marine angehörende Militärpersonen.[7]

Die Landesgesetze können außer den vorbezeichneten Beamten höhere Verwaltungsbeamte bezeichnen, welche zu dem Amte eines Schöffen nicht berufen werden sollen.[8]

[1] Vgl. Anm. 1 zu § 33.

[2] § 25 G. v. 31./3. 73 (R.G.Bl. 61), § 2 G. v. 27./6. 73 (R.G.Bl. 164).

[3] Auch Handelsrichter, vgl. § 116.

[4] Auch Amtsanwälte, vgl. § 143.

[5] § 155.

[6] § 38 Mil.G. v. 2./5. 75 (R.G.Bl. 45), vgl. auch §§ 2, 8, 12, 13, 25 G. v. 9./11. 67 (B.G.Bl. 131).

[7] § 4 des Militär-St.G.B. und das demselben beigefügte Verzeichnis (R.G.Bl. 1872 S. 173, 204). Militärbeamte: V. v. 13./8. 95 (R.G.Bl. 431). Nicht die Zivilbeamten der Militärverwaltung § 38 C. Mil.G. v. 2./5. 74 (R.G.Bl. 45).

[8] Preußen: Ausf.G. v. 24./4. 78 (G.S. 230) § 33.

Ablehnungsrecht.

35. Die Berufung zum Amte eines Schöffen dürfen ablehnen:[1]

1. Mitglieder einer deutschen gesetzgebenden Versammlung;
2. Personen, welche im letzten Geschäftsjahre[2] die Verpflichtung eines Geschworenen, oder an wenigstens fünf Sitzungstagen die Verpflichtung eines Schöffen erfüllt haben;
3. Aerzte;[3]
4. Apotheker, welche keine Gehülfen haben;
5. Personen, welche das fünfundsechzigste Lebensjahr zur Zeit der Aufstellung der Urliste[4] vollendet haben oder dasselbe bis zum Ablaufe des Geschäftsjahres vollenden würden;
6. Personen, welche glaubhaft machen, daß sie den

mit der Ausübung des Amts verbundenen Aufwand zu tragen nicht vermögen.

[1] Vgl. § 53.
[2] Preußen: = Kalenderjahre. J.V. v. 28./6. 79 (J.M.Bl. 209) § 1.
[3] Auch Zahn- und Tierärzte; vgl. § 29 Gewerbeordn.
[4] §§ 36, 57.

Urliste.

36. Der Vorsteher einer jeden Gemeinde oder eines landesgesetzlich der Gemeinde gleichstehenden Verbandes hat alljährlich[1] ein Verzeichniß der in der Gemeinde wohnhaften Personen, welche zu dem Schöffenamte berufen werden können, aufzustellen (Urliste).

Die Urliste ist in der Gemeinde eine Woche lang zu Jedermanns Einsicht auszulegen. Der Zeitpunkt der Auslegung ist vorher öffentlich bekannt zu machen.[2]

[1] § 57. [2] Vgl. § 39.

37. Gegen die Richtigkeit oder Vollständigkeit der Urliste kann innerhalb der einwöchigen Frist schriftlich oder zu Protokoll Einsprache erhoben werden.[1]

[1] Von jedermann. M. 82, Prot. 230.

38. Der Gemeindevorsteher sendet die Urliste nebst den erhobenen Einsprachen und den ihm erforderlich erscheinenden Bemerkungen an den Amtsrichter des Bezirks.

Wird nach Absendung der Urliste die Berichtigung derselben erforderlich, so hat der Gemeindevorsteher hiervon dem Amtsrichter Anzeige zu machen.

39. Der Amtsrichter stellt die Urlisten des Bezirks zusammen und bereitet den Beschluß über die Einsprachen gegen dieselben vor. Er hat die Beachtung der Vorschriften des §. 36 Abs. 2 zu prüfen und die Abstellung etwaiger Mängel zu veranlassen.[1]

[1] Vgl. für Preußen J.V. v. 22./7. 79 (J.M.Bl. 195).

40. Bei dem Amtsgerichte tritt alljährlich ein Ausschuß zusammen.

Der Ausschuß besteht aus dem Amtsrichter als Vorsitzenden und einem von der Landesregierung zu bestimmenden Staatsverwaltungsbeamten,[1] sowie sieben Vertrauensmännern als Beisitzern.

Die Vertrauensmänner werden aus den Einwohnern des Amtsgerichtsbezirks gewählt.

Die Wahl erfolgt nach näherer Bestimmung der Landesgesetze[2] durch die Vertretungen[3] der Kreise, Aemter, Gemeinden oder dergleichen Verbände; wenn solche Vertretungen nicht vorhanden sind, durch den Amtsrichter. Letzterer hat die Vertrauensmänner vornehmlich aus den Vorstehern der vorbezeichneten Verbände zu wählen.

Zur Beschlußfähigkeit des Ausschusses genügt die Anwesenheit des Vorsitzenden, des Staatsverwaltungsbeamten und dreier Vertrauensmänner. Der Ausschuß faßt seine Beschlüsse nach der absoluten Mehrheit der Stimmen. Bei Stimmengleichheit entscheidet die Stimme des Vorsitzenden.[4]

[1] Preußen: Ausf.G. v. 24./4. 78 (G.S. 230) § 34.

[2] Preußen: Ausf.G. § 35 und für die Provinz Hannover auch Kreisordnung v. 6./5. 84 (G.S. 181), für Helgoland V. v. 22./3. 91 (G.S. 39) § 1 II. 5.

[3] gewählte. Prot. 241.

[4] Für Helgoland vgl. Art. II der V. v. 22./3. 91 (R.G.Bl. 21), Art. I des G. v. 4./6. 93 (R.G.Bl. 193).

41. Der Ausschuß entscheidet über die gegen die Urliste erhobenen Einsprachen. Die Entscheidungen sind zu Protokoll zu vermerken. Beschwerde findet nicht statt.

Jahresliste.

42. Aus der berichtigten Urliste wählt[1] der Ausschuß für das nächste Geschäftsjahr:[2]

1. die erforderliche Zahl[3] von Schöffen;
2. die erforderliche Zahl derjenigen Personen, welche in der von dem Ausschusse festzusetzenden Reihenfolge an die Stelle wegfallender Schöffen treten (Hülfsschöffen).[4] Die Wahl ist auf Personen zu richten, welche am Sitze des Amtsgerichts oder in dessen nächster Umgebung wohnen.

[1] Dabei zu beachten § 87, § 97. [2] Anm. 2 zu § 35.
[3] § 43. [4] §§ 48 Abs. 2, 49.

43. Die für jedes Amtsgericht[1] erforderliche Zahl von Hauptschöffen und Hülfsschöffen wird durch die Landesjustizverwaltung bestimmt.[2]

Die Bestimmung der Zahl der Hauptschöffen erfolgt in der Art, daß voraussichtlich Jeder höchstens zu fünf ordentlichen Sitzungstagen im Jahre herangezogen wird.

[1] Für Helgoland vgl. Art. II der V. v. 22./3. 91 (R.G.Bl. 21), Art. I des G. v. 4./6. 93 (R.G.Bl. 193).
[2] Preußen: J.V. v. 22./7. 79 (J.M.Bl. 195) § 3.

44. Die Namen der erwählten Hauptschöffen und Hülfsschöffen werden bei jedem Amtsgerichte[1] in gesonderte Verzeichnisse aufgenommen (Jahreslisten).

[1] Für Helgoland vgl. Art. II der V. v. 22./3. 91 (R.G.Bl. 21), Art. I des G. v. 4./6. 93 (R.G.Bl. 193).

Bestimmung der Reihenfolge der Schöffen.

45. Die Tage der ordentlichen Sitzungen des Schöffen-

gerichts werden für das ganze Jahr im voraus festgestellt.[1]

Die Reihenfolge, in welcher die Hauptschöffen an den einzelnen ordentlichen Sitzungen des Jahres Theil nehmen, wird durch Auslosung in öffentlicher Sitzung des Amtsgerichts bestimmt.[2] Das Loos zieht der Amtsrichter.

Ueber die Auslosung wird von dem Gerichtsschreiber ein Protokoll aufgenommen.

[1] Preußen: J.B. v. 22./7. 79 (J.M.Bl. 195) § 6.

[2] Teilnahme der Staatsanwaltschaft nicht erforderlich. M. 87.

46. Der Amtsrichter setzt die Schöffen von ihrer Auslosung und von den Sitzungstagen, an welchen sie in Thätigkeit zu treten haben, unter Hinweis auf die gesetzlichen Folgen des Ausbleibens[1] in Kenntniß.[2]

In gleicher Weise werden die im Laufe des Geschäftsjahres einzuberufenden Schöffen benachrichtigt.

[1] § 56. [2] Vgl. preuß. J.B. v. 30./10. 82 (J.M.Bl. 324).

47. Eine Aenderung in der bestimmten Reihenfolge kann auf übereinstimmenden Antrag der betheiligten Schöffen von dem Amtsrichter bewilligt werden, sofern die in den betreffenden Sitzungen zu verhandelnden Sachen noch nicht bestimmt sind.[1] Der Antrag und die Bewilligung sind aktenkundig zu machen.

[1] Vgl. § 54.

48. Wenn die Geschäfte die Anberaumung außerordentlicher Sitzungen erforderlich machen, so werden die einzuberufenden Schöffen vor dem Sitzungstage in Gemäßheit des §. 45 ausgeloost.

Erscheint dies wegen Dringlichkeit unthunlich, so erfolgt die Ausloosung durch den Amtsrichter lediglich aus der Zahl der am Sitze des Gerichts wohnenden Hülfsschöffen. Die Umstände, welche den Amtsrichter hierzu veranlaßt haben, sind aktenkundig zu machen.

49. Wird zu einzelnen Sitzungen die Zuziehung anderer als der zunächst berufenen Schöffen erforderlich, so erfolgt dieselbe aus der Zahl der Hülfsschöffen nach der Reihenfolge der Jahresliste.

Würde durch die Berufung der letzteren eine Vertagung der Verhandlung oder eine erhebliche Verzögerung ihres Beginnes nothwendig, so sind die nicht am Sitze des Gerichts wohnenden Hülfsschöffen zu übergehen.

50. Erstreckt sich die Dauer einer Sitzung über die Zeit hinaus, für welche der Schöffe zunächst einberufen ist, so hat er bis zur Beendigung der Sitzung seine Amtsthätigkeit fortzusetzen.

Beeidigung.

51. Die Beeidigung der Schöffen erfolgt bei ihrer ersten Dienstleistung in öffentlicher Sitzung.[1] Sie gilt für die Dauer des Geschäftsjahres.

Der Vorsitzende richtet an die zu Beeidigenden die Worte:

„Sie schwören bei Gott dem Allmächtigen und Allwissenden, die Pflichten eines Schöffen getreulich zu erfüllen und Ihre Stimmen nach bestem Wissen und Gewissen abzugeben.“

Die Schöffen leisten den Eid, indem Jeder einzeln die Worte spricht:

„ich schwöre es, so wahr mir Gott helfe.“

Der Schwörende soll bei der Eidesleistung die rechte Hand erheben.

Ist ein Schöffe Mitglied einer Religionsgesellschaft, welcher das Gesetz den Gebrauch gewisser Betheuerungsformeln an Stelle des Eides gestattet,[2] so wird die Abgabe einer Erklärung unter der Betheuerungsformel dieser Religionsgesellschaft der Eidesleistung gleich geachtet.

Ueber die Beeidigung wird von dem Gerichtsschreiber ein Protokoll aufgenommen.

[1] Sie bildet nicht einen Teil der Hauptverhandlung der einzelnen Sachen, § 242 St.P.O.; anders beim Schwurgericht, § 278 St.P.O.

[2] Preußen: Mennoniten V. v. 11./3. 27 (G.S. 28). Philipponen K.O. v. 19./11. 36 (Jahrb. Bd. 49 S. 175).

Enthebung vom Dienste.

52. Wenn die Unfähigkeit[1] einer als Schöffe in die Jahresliste aufgenommenen Person eintritt oder bekannt wird, so ist der Name derselben von der Liste zu streichen.

Ein Schöffe, hinsichtlich dessen nach seiner Aufnahme in die Jahresliste andere Umstände eintreten oder bekannt werden,[2] bei deren Vorhandensein eine Berufung zum Schöffenamte nicht erfolgen soll, ist zur Dienstleistung ferner nicht heranzuziehen.[3] [4]

Die Entscheidung erfolgt durch den Amtsrichter nach Anhörung der Staatsanwaltschaft und des betheiligten Schöffen.

Beschwerde findet nicht statt.

[1] §§ 31, 32. [2] §§ 33, 34; vgl. auch § 97.

[3] Auch in diesem Falle gilt Abs. 3.

[4] Abs. 1 u. 2 auf Geschworene nicht anwendbar. E. XXXIX. 306.

53. Ablehnungsgründe[1] sind nur zu berücksichtigen, wenn sie innerhalb einer Woche, nachdem der betheiligte Schöffe von seiner Einberufung in Kenntniß gesetzt worden ist, von demselben geltend gemacht werden. Fällt ihre Entstehung oder Bekanntwerdung in eine spätere Zeit, so ist die Frist erst von diesem Zeitpunkte zu berechnen.

Der Amtsrichter entscheidet über das Gesuch nach Anhörung der Staatsanwaltschaft. Beschwerde findet nicht statt.

[1] § 35.

54. Der Amtsrichter kann einen Schöffen auf dessen Antrag wegen eingetretener Hinderungsgründe von der Dienstleistung an bestimmten Sitzungstagen entbinden.[1]

Die Entbindung des Schöffen von der Dienstleistung kann davon abhängig gemacht werden, daß ein anderer für das Dienstjahr bestimmter Schöffe für ihn eintritt.[2]

Der Antrag und die Bewilligung sind aktenkundig zu machen.

[1] Ohne Anhörung der Staatsanwaltschaft, Beschwerde in Konsequenz der §§ 52, 53 auch hier unzulässig. Mot.

[2] Vgl. § 47.

55. Die Schöffen und die Vertrauensmänner des Ausschusses erhalten Vergütung der Reisekosten.[1]

[1] Preußen: Ausf.G. v. 24./4. 78 (G.S. 230) § 36.

Folgen des Ausbleibens.

56. Schöffen und Vertrauensmänner des Ausschusses, welche ohne genügende Entschuldigung[1] zu den Sitzungen nicht rechtzeitig sich einfinden oder ihren Obliegenheiten in anderer Weise sich entziehen, sind zu einer Ordnungsstrafe von fünf bis zu eintausend Mark,[2] sowie in die verursachten Kosten zu verurtheilen.

Die Verurtheilung wird durch den Amtsrichter nach Anhörung der Staatsanwaltschaft ausgesprochen.[3] Erfolgt nachträglich genügende Entschuldigung, so kann die Verurtheilung ganz oder theilweise zurückgenommen werden. Gegen die Entscheidungen findet Beschwerde von Seiten des Verurtheilten nach den Vorschriften der Strafprozeßordnung[4] statt.

[1] Unwahre Entschuldigung: s. St.G.B. § 138 Abs. 1, 3.
[2] Umwandlung in Freiheitsstrafe unzulässig.
[3] durch Beschluß.
[4] §§ 346 ff. St.P.O. — Vgl. auch § 72 G.V.G.

57. Bis zu welchem Tage die Urlisten aufzustellen und dem Amtsrichter einzureichen sind, der Ausschuß zu berufen und die Ausloosung der Schöffen zu bewirken ist, wird durch die Landesjustizverwaltung bestimmt.[1]

[1] Preußen: J.V. v. 22./7. 79 (J.M.Bl. 195) § 5, M.V. v. 18./2. 82 (J.M.Bl. 18), J.V. v. 28./12. 84 (J.M.Bl. 280).

Fünfter Titel.

Landgerichte.

58. Die Landgerichte[1] werden mit einem Präsidenten und der erforderlichen Anzahl von Direktoren und Mitgliedern besetzt.

[1] Preußen: Ausf.G. v. 24./4. 78 (G.S. 230) §§ 37—43. Sitze und Bezirke: Preußen: G. v. 4./3. 78 (G.S. 109), G. v. 12./2. 84 (G.S. 63), G. v. 7./4. 85 (G.S. 107), G. v. 3./4. 88 (G.S. 51), G. v. 16./9. 99 (G.S. 391), G. v. 23./4. 06 (G.S. 173), G. v. 23./4. 06 (G.S. 174).

Geschäftsvertheilung.

59. Bei den Landgerichten werden Civil- und Strafkammern gebildet.[1]

[1] Preußen: J.V. v. 16./11. 79 (J.M.Bl. 454) § 2, v. 25./9. 80 (J.M.Bl. 221).

60. Bei den Landgerichten[1] sind Untersuchungsrichter nach Bedürfniß zu bestellen.

Die Bestellung erfolgt durch die Landesjustizverwaltung[2] auf die Dauer eines Geschäftsjahres.[3]

[1] Nicht bei der auswärtigen Strafkammer § 78, Prot. 368; vgl. § 184 St.P.O. beim Reichsgericht.

[2] Preußen: J.V. v. 16./11. 79 (J.M.Bl. 454) § 1, v. 25./9. 80 (J.M.Bl. 221). [3] Vgl. Anm. 2 zu § 35 (in Preußen: = Kalenderjahr).

61. Den Vorsitz im Plenum führt der Präsident, den Vorsitz in den Kammern führen der Präsident und die Direktoren.[1] Vor Beginn des Geschäftsjahres bestimmt der Präsident die Kammer, welcher er sich anschließt. Ueber die Vertheilung des Vorsitzes in den übrigen Kammern entscheiden der Präsident und die Direktoren nach Stimmenmehrheit; im Falle der Stimmengleichheit giebt die Stimme des Präsidenten den Ausschlag.

[1] Ständige Übertragung des Vorsitzes an einen anderen, als einen Direktor unzulässig. E. XVIII. 9. XXVII. 125, R. X. 432.

62. Vor Beginn des Geschäftsjahres werden auf die Dauer desselben die Geschäfte unter die Kammern derselben Art vertheilt und die ständigen Mitglieder der einzelnen Kammern sowie für den Fall ihrer Verhinderung die regelmäßigen Vertreter bestimmt.[1] Jeder Richter kann zum Mitgliede mehrerer Kammern bestimmt werden.

Die getroffene Anordnung kann im Laufe des Geschäftsjahres nur geändert werden, wenn dies wegen eingetretener Ueberlastung einer Kammer oder in Folge Wechsels oder dauernder[2] Verhinderung einzelner Mitglieder des Gerichts erforderlich wird.[3]

[1] Es ist nicht ausgeschlossen, daß der Vertreter eintritt, obwohl dadurch in seiner ständigen Kammer für ihn Vertretung erforderlich wird. E. II. 51, R. I. 327. — Für die Ferien vgl. G.V.G. § 203 u. E. XXXX. 84. J.M.Bl. 1907 S. 388.

[2] d. h. längere Zeit dauernder. Feststehender Nichtwiedereintritt nicht erforderlich. E. XX. 385.

[3] Das Reichsgericht hat anfangs mehrfach die Bestimmungen der §§ 62 ff. für Dienstvorschriften reglementärer Natur erachtet, deren Nichtbeachtung im einzelnen Falle nicht der Revision unterliege: E. II. 195. III. 8, 231. R. II. 173. 388. Vgl. aber dagegen richtiger E. I. 238. XVIII. 9. XIX. 230. XX. 385. R. I. 414. X. 432. Die Auslegung des Geschäftsverteilungsplans unterliegt aber der Revision nicht. E. XXXVI. 321.

63. Die im vorstehenden Paragraphen bezeichneten Anordnungen erfolgen durch das Präsidium.[1]

Das Präsidium wird durch den Präsidenten als Vorsitzenden, die Direktoren und das dem Dienstalter nach, bei gleichem Dienstalter das der Geburt nach älteste Mitglied gebildet. Das Präsidium entscheidet nach Stimmenmehrheit; im Falle der Stimmengleichheit giebt die Stimme des Präsidenten den Ausschlag.

[1] für die Zukunft; nachträgliche Genehmigung einer Anordnung des Präsidenten heilt nicht den inzwischen vorgekommenen Mangel. E. XXIII. 166.

64. Der Präsident kann bestimmen, daß einzelne Untersuchungen von dem Untersuchungsrichter, dessen

Bestellung mit dem Ablaufe des Geschäftsjahres erlischt, zu Ende geführt werden, sowie daß in einzelnen Sachen, in welchen während des Geschäftsjahres eine Verhandlung bereits stattgefunden hat, die Kammer in ihrer früheren Zusammensetzung auch nach Ablauf des Geschäftsjahres verhandle und entscheide.

65. Im Falle der Verhinderung des ordentlichen Vorsitzenden[1] führt den Vorsitz in der Kammer dasjenige Mitglied der Kammer,[2] welches dem Dienstalter nach und bei gleichem Dienstalter der Geburt nach das älteste ist.[3]

Der Präsident wird in seinen übrigen durch dieses Gesetz bestimmten Geschäften durch denjenigen Direktor vertreten, welcher dem Dienstalter nach und bei gleichem Dienstalter der Geburt nach der älteste ist.[4]

[1] Für jede Kammer ist nur ein ordentlicher Vorsitzender zulässig, es müßte denn die Kammer in mehrere selbständige Abteilungen (tatsächlich mehrere Kammern) zerfallen. E. II. 353. R. II. 357.

[2] Auch in dem Falle, wenn das zur Vertretung bestimmte Mitglied älter ist. E. I. 238. R. I. 414. Ein Hülfsrichter darf den Vorsitz niemals führen. E. XVIII. 307. R. X. 736.

[3] Ist auch dieser verhindert, so geht der Vorsitz auf das nächstälteste ständige Mitglied über. E. XXIII. 99.

[4] Der Vorsitzende kann Beisitzer sein, wenn er bloß an der Führung des Vorsitzes verhindert ist. E. X. 318; vgl. auch E. XVIII. 302.

66. Im Falle der Verhinderung des regelmäßigen Vertreters eines Mitgliedes wird ein zeitweiliger Vertreter durch den Präsidenten bestimmt.[1]

[1] Aus den Mitgliedern des Landgerichts. Sonst nur im Fall des § 69 Abs. 3. Vgl. E. XXVI. 94. XXXII. 283.

67. Die Bestimmungen der §§. 61—66 finden auf die Kammern für Handelssachen keine Anwendung.

68. Innerhalb der Kammer vertheilt der Vorsitzende die Geschäfte auf die Mitglieder.

69. Soweit die Vertretung eines Mitgliedes nicht durch ein Mitglied[1] desselben Gerichts möglich ist, erfolgt die Anordnung derselben[2] auf den Antrag des Präsidiums durch die Landesjustizverwaltung.[3]

Die Beiordnung[4] eines nicht ständigen Richters darf, wenn sie auf eine bestimmte Zeit erfolgte, vor Ablauf dieser Zeit, wenn sie auf unbestimmte Zeit erfolgte, solange das Bedürfniß, durch welches sie veranlaßt wurde, fortdauert, nicht widerrufen werden. Ist mit der Vertretung eine Entschädigung verbunden, so ist diese für die ganze Dauer im voraus festzustellen.

Unberührt bleiben diejenigen landesgesetzlichen Bestimmungen, nach welchen richterliche Geschäfte nur von ständig angestellten Richtern wahrgenommen werden können, sowie diejenigen, welche die Vertretung durch ständig angestellte Richter regeln.[5]

[1] einschließlich des Präsidenten und der Direktoren. E. XXXVI. 379.

[2] Die Zuweisung an das Gericht; seine Verwendung erfolgt sodann gemäß § 62 Abs. 2 durch das Präsidium. E. XXXVII. 801.

[3] Vgl. Abs. 3 und für Preußen: Ausf.G. v. 24./4. 78 (G.S. 230) § 38, ferner §§ 4, 5 das. und zu letzterem § E. XXII. 134. Nach Abs. 3 finden Abs. 1 u. 2 auf ständig angestellte Richter, welche nach Landesgesetz zur Aushülfe herangezogen werden, überhaupt keine Anwendung. E. XXVI. 94, J.M.Bl. 1894 S. 325, 1907 S. 388. Für nicht ständig angestellte Richter ist aber nur, auch im Fall der Vertretung für eine einzelne Sitzung, Abs. 1 u. 2 maßgebend. E. XXXII. 283.

[4] nicht bloß im Fall der Vertretung, sondern auch im Fall allgemeiner Aushülfe. E. XXII. 168. XXIII. 119.

[5] Bedürfnis ist für jeden Fall der Vertretung erforderlich. Vgl. E. III. 231. R. II. 508.

Zuständigkeit der Zivilkammern.

70. Vor die Civilkammern, einschließlich der Kammern für Handelssachen, gehören alle bürgerlichen Rechtsstreitigkeiten, welche nicht den Amtsgerichten zugewiesen sind.

Die Landgerichte sind ohne Rücksicht auf den Werth des Streitgegenstandes ausschließlich zuständig:

1. für die Ansprüche, welche auf Grund des Gesetzes vom 1. Juni 1870 über die Abgaben von der Flößerei oder auf Grund des Gesetzes über die Rechtsverhältnisse der Reichsbeamten vom 31. März 1873 gegen den Reichsfiskus erhoben werden;
2. für die Ansprüche gegen Reichsbeamte wegen Ueberschreitung ihrer amtlichen Befugnisse oder wegen pflichtwidriger Unterlassung von Amtshandlungen.

Der Landesgesetzgebung bleibt überlassen, Ansprüche der Staatsbeamten gegen den Staat aus ihrem Dienstverhältnisse, Ansprüche gegen den Staat wegen Verfügungen der Verwaltungsbehörden, wegen Verschuldung von Staatsbeamten und wegen Aufhebung von Privilegien, Ansprüche gegen Beamte wegen Ueberschreitung ihrer amtlichen Befugnisse oder wegen pflichtwidriger Unterlassung von Amtshandlungen, sowie Ansprüche in Betreff öffentlicher Abgaben ohne Rücksicht auf den Werth des Streitgegenstandes den Landgerichten ausschließlich zuzuweisen.

71. Die Civilkammern sind die Berufungs- und Beschwerdegerichte in den vor den Amtsgerichten verhandelten bürgerlichen Rechtsstreitigkeiten.

Zuständigkeit der Strafkammern.

72. Die Strafkammern sind zuständig[1] für diejenigen die Voruntersuchung und deren Ergebnisse betreffenden Entscheidungen, welche nach den Vorschriften der Strafprozeßordnung von dem Gerichte zu erlassen sind; sie entscheiden über Beschwerden gegen Verfügungen des Untersuchungsrichters und des Amtsrichters, sowie gegen Entscheidungen der Schöffengerichte.[2] Die Bestimmungen über die Zuständigkeit des Reichsgerichts[3] werden hierdurch nicht berührt.

Die Strafkammern erledigen außerdem die in der Strafprozeßordnung[4] den Landgerichten zugewiesenen Geschäfte.

[1] Als „beschließende“ Gerichte im Gegensatz zu §§ 73, 74, 76.
[2] Ausnahmen: § 160, § 183 G.V.G. [3] § 138 Abs. 1.
[4] Vgl. auch §§ 82, 98 Abs. 1 G.V.G., nicht aber §§ 89, 91 das. — Vgl. ferner § 4 G.K.G. und § 17 G.O. f. Z. u. S.

73. Die Strafkammern sind als erkennende[1] Gerichte zuständig:

1. für die Vergehen,[2] welche nicht zur Zuständigkeit der Schöffengerichte[3] gehören;
2. für diejenigen Verbrechen,[2] welche mit Zuchthaus von höchstens fünf Jahren, allein oder in Verbindung mit anderen Strafen bedroht sind.[4] Diese Bestimmung findet nicht Anwendung in den Fällen der §§. 86, 100 und 106 des Strafgesetzbuchs;
3. für die Verbrechen[2] der Personen, welche zur Zeit der That das achtzehnte Lebensjahr noch nicht vollendet hatten;[5]
4. für das Verbrechen[2] der Unzucht im Falle des §. 176 Nr. 3 des Strafgesetzbuchs;

5. für die Verbrechen[2] des Diebstahls in den Fällen der §§. 243 und 244 des Strafgesetzbuchs;[6]
6. für das Verbrechen[2] der Hehlerei in den Fällen der §§. 260 und 261 des Strafgesetzbuchs;[7]
7. für das Verbrechen[2] des Betruges im Falle des §. 264 des Strafgesetzbuchs.[8]

[1] Vgl. Anm. 1 zu § 72.
[2] St.G.B. § 1 Abs. 2 „Vergehen", Abs. 1 „Verbrechen".
[3] § 27 Nr. 2–8.
[4] St.G.B. §§ 159, 171, 173 Abs. 1, 174, 179, 181, 218, 224, 227 Abs. 2, 254, 258 Nr. 2, 268 Nr. 1, 321 Abs. 2 (im ersten Fall), 332, 336, 338, 343, 346, 347 Abs. 1, 356 Abs. 2. — Seemannsord. v. 2./6. 02 (R.G.Bl. 175) § 105 Abs. 2, G., betr. Rinderpest, v. 21./5. 78 (R.G.Bl. 95) § 2, G., betr. Verkehr mit Nahrungsmitteln 2c., v. 14./5. 79 (R.G.Bl. 145) § 12 Abs. 3, Sprengstoffges. v. 9./6. 84 (R.G.Bl. 61) § 8, Auswanderungsges. v. 9./6. 97 (R.G.Bl. 463) § 48.
[5] Vgl. St.G.B. §§ 56, 57. — § 136 Nr. 1. G.V.G. gilt jedoch allgemein. Vgl. auch §§ 2, 4 St.P.O.
[6] Vgl. Nr. 1 sowie § 27 Nr. 4, § 75 Nr. 6.
[7] Vgl. Nr. 1 sowie § 27 Nr. 8, § 75 Nr. 9.
[8] Vgl. Nr. 1 sowie § 27 Nr. 6, § 75 Nr. 10.

74.[1] Die Strafkammern sind als erkennende[2] Gerichte ausschließlich[3] zuständig:

1. für die nach §. 145a des Strafgesetzbuchs strafbaren Handlungen;
2. für Zuwiderhandlungen gegen das Gesetz vom 25. Oktober 1867, betreffend die Nationalität der Kauffahrteischiffe 2c.;[4]
3. für Zuwiderhandlungen gegen die Bestimmungen der §§. 1, 2 und 3 des Gesetzes vom 8. Juni 1871, betreffend die Inhaberpapiere mit Prämien;
4. für die nach §. 67 und §. 69 des Gesetzes vom 6. Februar 1875, betreffend die Beurkundung des Personenstandes 2c., strafbaren Handlungen;

5. für die nach § 59 des Bankgesetzes vom 14. März 1875 strafbaren Handlungen.

[1] Fassung des G. v. 17./5. 98 (R.G.Bl. 252).
[2] Vgl. Anm. 1 zu § 72.
[3] Gegenüber den Schöffengerichten. §§ 2, 4 St.P.O. sind nicht ausgeschlossen. Vgl. Prot. 610.
[4] Nr. 2 ist aufgehoben durch das G., betr. Flaggenrecht, v. 22./6. 99 (R.G.Bl. 319) § 29.

75.[1] Die Strafkammer[2] kann bei Eröffnung des Hauptverfahrens[3] wegen der Vergehen:

1. des Widerstandes gegen die Staatsgewalt in den Fällen der §§ 113, 114, 117 Abs. 1 und des § 120 des Strafgesetzbuchs;
2. wider die öffentliche Ordnung im Falle des § 137 des Strafgesetzbuchs;
3. wider die Sittlichkeit in den Fällen der §§ 180 und 183 des Strafgesetzbuchs;
4. der Beleidigung in den Fällen der nur auf Antrag eintretenden Verfolgung;[4]
5. der Körperverletzung in den Fällen des § 223a und des § 230 Abs. 2 des Strafgesetzbuchs;[5]

5. a) der Nötigung im Falle des § 240 des Strafgesetzbuchs;

6. des Diebstahls im Falle des § 242 des Strafgesetzbuchs;[6]
7. der Unterschlagung im Falle des § 246 des Strafgesetzbuchs;[7]
8. der Begünstigung;[8]
9. der Hehlerei in den Fällen des § 258 Nr. 1 und des § 259 des Strafgesetzbuchs;[9]
10. des Betrugs im Falle des § 263 des Strafgesetzbuchs;[10]
11. des strafbaren Eigennutzes in den Fällen des

§ 286 Abs. 1 und der §§ 288 und 289 des Strafgesetzbuchs;[11]

12. der Sachbeschädigung in den Fällen der §§ 303 und 304 des Strafgesetzbuchs;[12]

12.a) der Bestechung im Falle des § 333 des Strafgesetzbuchs

und

13. wegen der gemeingefährlichen Vergehen in den Fällen der §§ 309, 316, 318, 318a, des § 327 Abs. 1 und des § 328 Abs. 1 des Strafgesetzbuchs;

ferner

14. wegen derjenigen Vergehen, welche nur mit Gefängnisstrafe von höchstens sechs Monaten oder Geldstrafe von höchstens eintausendfünfhundert Mark, allein oder neben Haft oder in Verbindung miteinander oder in Verbindung mit Einziehung[13] bedroht sind,[14] mit Ausnahme der in den §§ 128, 271, 296a, 301, 320, 331 und 347 des Strafgesetzbuchs und der im § 74 dieses Gesetzes bezeichneten Vergehen;

14.a) wegen der Vergehen derjenigen Personen, welche zur Zeit der Tat das achtzehnte Lebensjahr noch nicht vollendet hatten;

sowie

15. wegen solcher Zuwiderhandlungen gegen die Vorschriften über die Erhebung öffentlicher Abgaben und Gefälle, deren Strafe in dem mehrfachen Betrag einer hinterzogenen Abgabe oder einer anderen Leistung besteht;[15 16]

auf Antrag der Staatsanwaltschaft die Verhandlung und Entscheidung dem Schöffengerichte, soweit dieses nicht schon zuständig ist,[17] überweisen, wenn nach den Umständen des Falles anzunehmen ist, daß wegen des

Vergehens auf keine andere und höhere Strafe, als auf eine Gefängnisstrafe von höchstens sechs Monaten oder eine Geldstrafe von höchstens eintausendfünfhundert Mark allein oder neben Haft oder in Verbindung miteinander oder in Verbindung mit Einziehung und auf keine höhere Buße als eintausendfünfhundert Mark zu erkennen sein werde.[18]

Beschwerde findet nicht statt.

Hat im Falle der Nr. 15 die Verwaltungsbehörde die öffentliche Klage erhoben, so steht ihr der Antrag auf Überweisung an das Schöffengericht in gleicher Weise wie der Staatsanwaltschaft zu.[19]

[1] Fassung des G. v. 5./6. 05 (R.G.Bl. 533).

[2] Auch der Strafsenat des O.L.G.; vgl. St.P.O. § 351 Abs. 2 in Verbindung mit § 209 das.

[3] §§ 201, 205 St.P.O.

[4] St.G.B. §§ 185 ff., ausgenommen nur § 197. Die §§ 103, 104 St.G.B. fallen nicht nur unter den Gesichtspunkt der Beleidigung, gehören daher nicht hierher. Für Fälle der Privatklage vgl. § 27 Nr. 3.

[5] Vgl. § 27 Nr. 3a.

[6] Vgl. § 27 Nr. 4.

[7] Vgl. § 27 Nr. 5.

[8] St.G.B. § 257; vgl. G.V.G. § 27 Nr. 8.

[9] Vgl. § 27 Nr. 8.

[10] Vgl. § 27 Nr. 6.

[11] Vgl. § 27 Nr. 3d.

[12] Vgl. § 27 Nr. 7.

[13] Verfallerklärung u. dgl. steht gleich E. XII. 75. R. VII. 150.

[14] Aus dem St.G.B. §§ 116, 134, 136, 145, 160, 172, 184, 241, 285, 293, 296, 300, 320. Außerdem andere Reichs- und Landesgesetze.

[15] Vgl. § 27 Nr. 1 und 2, wonach meistens diese Zuwiderhandlungen schon zur ursprünglichen Zuständigkeit der Schöffengerichte gehören.

[16] Hinzugekommen sind 16. die in § 146 und § 154a Abs. 2 der GewO. bedrohten Vergehen, Art. 6 Nr. 2, Art. 7 des G., betr. Abänd. d. GewO., v. 1./6. 91 (R.G.Bl. 261), und das Vergehen des § 23 des G., betr. Kinderarbeit in gewerblichen Betrieben, v. 30./3. 03 (R.G.Bl. 113).

[17] § 27. Liegt § 27 vor, so gilt St.P.O. § 207.

[18] Das Schöffengericht ist aber an diese Maximalhöhe nicht gebunden. Prot. 609. — Vgl. auch Anm. 3 zu St.P.O. § 198.

[19] § 464, nicht § 467 St.P.O.

76. Die Strafkammern sind als erkennende Gerichte ferner zuständig für die Verhandlung und Entscheidung über das Rechtsmittel der Berufung gegen die Urtheile der Schöffengerichte.[1]

[1] § 354 St.P.O.

Besetzung der Kammern.

77. Die Kammern entscheiden in der Besetzung von drei Mitgliedern mit Einschluß des Vorsitzenden. Die Strafkammern sind in der Hauptverhandlung[1] mit fünf Mitgliedern, in der Berufungsinstanz bei Uebertretungen[2] und in den Fällen der Privatklage[3] aber mit drei Mitgliedern einschließlich des Vorsitzenden zu besetzen.

[1] Daher auch nicht in den Fällen §§ 407, 492, 494 St.P.O.
[2] § 1 Abs. 3 St.G.B. [3] § 414 St.P.O.

Auswärtige Strafkammern.

78. Durch Anordnung der Landesjustizverwaltung[1] kann wegen großer Entfernung des Landgerichtssitzes bei einem Amtsgerichte für den Bezirk eines oder mehrerer Amtsgerichte eine Strafkammer gebildet und derselben für diesen Bezirk die gesammte Thätigkeit der Strafkammer des Landgerichts oder ein Theil dieser Thätigkeit zugewiesen werden.[2]

Die Besetzung einer solchen Strafkammer erfolgt aus Mitgliedern des Landgerichts oder Amtsrichtern[3] des Bezirks, für welchen die Kammer gebildet wird. Der Vorsitzende[4] wird ständig, die Amtsrichter werden auf die Dauer des Geschäftsjahres durch die Landesjustizverwaltung[5] berufen, die übrigen Mitglieder werden nach Maßgabe des §. 62 durch das Präsidium des Landgerichts bezeichnet.

[1] Preußen: J.V. v. 25./7. 79 (J.M.Bl. 207), J.V. v. 21./2, 19./8., 21./10. 82 (J.M.Bl. 31, 274, 321), v. 14./1., 2./7. 85 (J.M.Bl. 32, 230), v. 1./2. 89 (J.M.Bl. 46) und die nicht gedruckten J.V. v. 8./5. 80 (I. 2213) und v. 21./5. 81 (I. 1110).

[2] Ausgeschlossen ist die Tätigkeit gemäß §§ 82 ff. Mot. 101. — Die auswärtige Strafkammer bildet im übrigen zwar einen Teil des Landgerichts, so daß z. B. die Revision gegen ein Urteil derselben auch beim Landgericht angemeldet werden kann (R. II. 30. — vgl. E. I. 267. R. I. 444), für den örtlich ihr zugewiesenen Bezirk erscheint sie jedoch als selbständiges Gericht und müssen daher zwischen ihr und der Strafkammer des Landgerichts hinsichtlich der örtlichen Zuständigkeit die §§ 12, 13 Abs. 2, 14, 15 St.P.O. entsprechende Anwendung finden. Vgl. E. XVII. 230. R. X. 250.

[3] Der Vertreter eines Amtsrichters tritt nicht ohne weiteres auch in seine Funktion als Mitglied der Strafkammer. E. XXII. 203.

[4] Auch die Ernennung eines ständigen Vertreters durch die Landesjustizverwaltung ist zulässig. E. IX. 387. R. VI. 30.

[5] Preußen: J.V. v. 16./11. 79 (J.M.Bl. 454) § 3, v. 25./9. 80 (J.M.Bl. 221).

Sechster Titel.
Schwurgerichte.

79. Für die Verhandlung und Entscheidung von Strafsachen treten bei den Landgerichten[1] periodisch[2] Schwurgerichte[3] zusammen.

[1] Vgl. § 98, § 99.

[2] Preußen: J.V. v. 22./7. 79 (J.M.Bl. 195) § 2, v. 22./5. 82 (J.M.Bl. 146).

[3] Ausführungsbestimmungen in Preußen: G. v. 24/4. 78 (G.S. 230) §§ 44, 45; J.V. v. 22./7. 79 (J.M.Bl. 195).

1. Zuständigkeit.

80. Die Schwurgerichte sind zuständig für die Verbrechen,[1] welche nicht zur Zuständigkeit der Strafkammern[2] oder des Reichsgerichts[3] gehören.[4]

[1] St.G.B. § 1 Abs. 1. [2] § 73 Nr. 2—7. [3] § 136 Nr. 1 u. Anm. 5 das.
[4] Vgl. auch E.G. z. G.V.G. § 6 (Presse betr.).

2. Besetzung.

81. Die Schwurgerichte bestehen aus drei richterlichen Mitgliedern mit Einschluß des Vorsitzenden und aus zwölf zur Entscheidung der Schuldfrage[1] berufenen Geschworenen.

[1] § 262 insbes. Abs. 2, 3 und Anm. 2, 7, 8, §§ 293 ff., vgl. jedoch auch § 297 St.P.O.

82. Die Entscheidungen, welche nach den Vorschriften dieses Gesetzes[1] oder der Strafprozeßordnung[2] von dem erkennenden Gerichte zu erlassen sind, erfolgen in den bei den Schwurgerichten anhängigen[3] Sachen durch die richterlichen Mitglieder des Schwurgerichts. Werden diese Entscheidungen außerhalb der Dauer der Sitzungsperiode[4] erforderlich, so erfolgen sie durch die Strafkammern der Landgerichte.[5]

[1] § 96, §§ 178 ff.
[2] §§ 50, 69, 77, 222, 227 Abs. 1, 230 Abs. 2, 241, 243—246, 250 St.P.O.
[3] „anhängig", sobald der Beschluß gemäß § 205 St.P.O. gefaßt ist.
[4] Vgl. z. B. vorher § 222, nachher §§ 407, 494 St.P.O.
[5] Vgl. Anm. 2 zu § 78.

83. Der Vorsitzende des Schwurgerichts wird für jede Sitzungsperiode von dem Präsidenten des Oberlandesgerichts ernannt. Die Ernennung erfolgt aus der Zahl der Mitglieder des Oberlandesgerichts oder der zu dem Bezirke des Oberlandesgerichts gehörigen Landgerichte.

Der Stellvertreter[1] des Vorsitzenden und die übrigen richterlichen Mitglieder werden von dem Präsidenten des

Landgerichts aus der Zahl der Mitglieder des Landgerichts[2] bestimmt.

So lange die Ernennung des Vorsitzenden nicht erfolgt ist, erledigt der Vorsitzende der Strafkammer des Landgerichts die in der Strafprozeßordnung[3] dem Vorsitzenden des Gerichts zugewiesenen Geschäfte.

[1] Eventuell auch ein Vertreter für diesen. E. XXXX. 268.

[2] Die Direktoren sind nicht ausgeschlossen. E. III. 310. R. II. 776. Auch nicht die Hülfsrichter. R. I. 807. Vgl. auch E. XXVI. 94 (J.M.Bl. 1894 S. 325).

[3] §§ 124 Abs. 3, 144, 199, 212, 218—220 St.P.O.

3. Amt der Geschworenen.

84. Das Amt eines Geschworenen ist ein Ehrenamt. Dasselbe kann nur von einem Deutschen versehen werden.[1]

[1] Vgl. Anm. 2, 3 zu § 31, sowie den § 96.

Urliste. Befähigung.

85. Die Urliste für die Auswahl der Schöffen[1] dient zugleich als Urliste für die Auswahl der Geschworenen.

Die Vorschriften der §§. 32—35 über die Berufung zum Schöffenamte finden auch auf das Geschworenenamt Anwendung.

[1] §§ 36—41.

Vorschlagsliste.

86. Die Zahl der für jedes Schwurgericht erforderlichen[1] Geschworenen und die Vertheilung dieser Zahl auf die einzelnen Amtsgerichtsbezirke[2] wird durch die Landesjustizverwaltung[3] bestimmt.

[1] d. h. der in die Jahresliste (§ 90) aufzunehmenden. § 89 Abs. 2, § 87.

[2] Für Helgoland vgl. Art. II der V. v. 22./3. 91 (R.G.Bl. 21) Art. I des G. v. 4./6. 93 (R.G.Bl. 193).

[3] Preußen: J.V. v. 22./7. 79 (J.M.Bl. 195) § 4, v. 22./5. 82 (J.M.Bl. 146).

87. Der alljährlich bei dem Amtsgerichte für die Wahl der Schöffen zusammentretende Ausschuß (§. 40) hat gleichzeitig[1] diejenigen Personen aus der Urliste auszuwählen, welche er zu Geschworenen für das nächste Geschäftsjahr vorschlägt. Die Vorschläge sind nach dem dreifachen Betrage der auf den Amtsgerichtsbezirk vertheilten Zahl der Geschworenen zu bemessen.[2]

[1] § 42.

[2] Für Helgoland vgl. Art. II der V. v. 22./3. 91 (R.G.Bl. 21) Art. I des G. v. 4./6. 93 (R.G.Bl. 193).

88. Die Namen der zu Geschworenen vorgeschlagenen Personen werden in ein Verzeichniß aufgenommen (Vorschlagsliste).

Jahresliste.

89. Die Vorschlagsliste wird nebst den Einsprachen, welche sich auf die in dieselbe aufgenommenen Personen beziehen, dem Präsidenten des Landgerichts[1] übersendet.

Der Präsident bestimmt eine Sitzung[2] des Landgerichts, an welcher fünf Mitglieder mit Einschluß des Präsidenten und der Direktoren Theil nehmen. Das Landgericht entscheidet endgültig über die Einsprachen und wählt sodann aus der Vorschlagsliste[3] die für das Schwurgericht bestimmte Zahl[4] von Hauptgeschworenen und Hülfsgeschworenen.

Als Hülfsgeschworene[5] sind solche Personen zu wählen, welche an dem Sitzungsorte des Schwurgerichts oder in dessen nächster Umgebung wohnen.[6]

[1] Vgl. § 99 Abs. 2.

[2] Im Gegensatz zu § 91 nicht öffentlich und ohne Zuziehung der Staatsanwaltschaft und eines Gerichtsschreibers.

[3] Ohne Rücksicht auf die gemäß § 86 für den einzelnen Amtsgerichtsbezirk bestimmte Zahl. M. 107.

[4] § 86 u. Anm. 1 daselbst.

[5] Siehe § 280 St.P.O.

[6] Vgl. § 98 Abs. 2.

90. Die Namen der Haupt- und Hülfsgeschworenen werden in gesonderte Jahreslisten aufgenommen.

Spruchliste.

91. Spätestens zwei Wochen vor Beginn der Sitzungen des Schwurgerichts werden in öffentlicher Sitzung des Landgerichts, an welcher der Präsident und zwei Mitglieder Theil nehmen, in Gegenwart der Staatsanwaltschaft dreißig Hauptgeschworene ausgeloost. Das Loos wird von dem Präsidenten gezogen.

Auf Geschworene, welche in einer früheren Sitzungsperiode desselben[1] Geschäftsjahres[2] ihre Verpflichtung erfüllt[3] haben, erstreckt die Ausloosung sich nur dann, wenn dies von ihnen beantragt wird.

Ueber die Ausloosung wird von dem Gerichtsschreiber ein Protokoll aufgenommen.

[1] Vgl. jedoch auch § 85 Abs. 2 und § 35 Nr. 2. Dieselben Vorschriften gelten auch für die Hülfsgeschworenen. E. XII. 373. R. VII. 529.

[2] Anm. 2 zu § 35.

[3] d. h. der Einberufung Folge geleistet, wenn auch nicht in einer bestimmten Sache mitgewirkt haben.

92. Das Landgericht übersendet das Verzeichniß der ausgelooften Hauptgeschworenen (Spruchliste) dem ernannten Vorsitzenden des Schwurgerichts.

93. Die in der Spruchliste verzeichneten Geschworenen werden auf Anordnung des für das Schwurgericht ernannten Vorsitzenden zur Eröffnungssitzung des Schwurgerichts unter Hinweis auf die gesetzlichen Folgen des Ausbleibens[1] geladen.[2]

Zwischen der Zustellung der Ladung und der Eröffnungssitzung soll thunlichst die Frist von einer Woche, jedoch mindestens von drei Tagen liegen.

[1] § 96 Abs. 1, § 56.

[2] durch die Staatsanwaltschaft § 213 St.P.O.

94. Ueber die von Geschworenen geltend gemachten[1] Ablehnungs- und Hinderungsgründe[2] erfolgt die Entscheidung nach Anhörung der Staatsanwaltschaft durch die richterlichen Mitglieder und, solange das Schwurgericht nicht zusammengetreten ist, durch den ernannten Vorsitzenden des Schwurgerichts. Beschwerde findet nicht statt.

An Stelle der wegfallenden Geschworenen hat der Vorsitzende, wenn es noch geschehen kann,[3] aus der Jahresliste durch Auslosung andere Geschworene auf die Spruchliste zu bringen und deren Ladung[4] anzuordnen. Ueber die Auslosung wird von dem Gerichtsschreiber ein Protokoll aufgenommen.[5]

[1] Sowohl für die ganze Periode, als für eine einzelne Sitzung.

[2] §§ 84, 85, 32—35, 91 Abs. 2, 97, sowie auch tatsächliche Billigkeitsgründe. M. 109.

[3] d. h. vor Zusammentritt des Schwurgerichts; vgl. auch § 93 Abs. 2. Nachher gilt § 280 St.P.O.

[4] durch die Staatsanwaltschaft. § 213 St.P.O.

[5] Teilnahme zweier richterlicher Mitglieder und der Staatsanwaltschaft nicht erforderlich, Sitzung nicht öffentlich, wie der Gegensatz der Fassung zu § 91 Abs. 1 ergibt. E. II. 312. R. II 296.

Allgemeine Bestimmungen.

95. Erstreckt sich eine Sitzungsperiode des Schwurgerichts über den Endtermin des Geschäftsjahres hinaus, so bleiben die Geschworenen, welche zu derselben einberufen sind, bis zum Schlusse der Sitzungen zur Mitwirkung verpflichtet.

96. Die Bestimmungen der §§. 55, 56 finden auch auf Geschworene Anwendung.

Die im §. 56 bezeichneten Entscheidungen werden in Bezug auf Geschworene von den richterlichen Mitgliedern des Schwurgerichts erlassen.

97. Niemand soll für dasselbe Geschäftsjahr als Geschworener und als Schöffe bestimmt werden.

Ist dies dennoch geschehen, oder ist Jemand für dasselbe Geschäftsjahr in mehreren Bezirken zu diesen Aemtern bestimmt worden, so hat der Einberufene dasjenige Amt zu übernehmen, zu welchem er zuerst einberufen wird.

98. Die Strafkammer des Landgerichts kann bestimmen, daß einzelne Sitzungen des Schwurgerichts[1] nicht am Sitze des Landgerichts, sondern an einem anderen Orte innerhalb des Schwurgerichtsbezirks abzuhalten seien.[2]

In diesem Falle wird für diese Sitzungen von dem Landgerichte eine besondere Liste von Hülfsgeschworenen gebildet.[3]

[1] Übrigens auch eine einzelne Sitzung der Strafkammer. E. XI. 352. XXII. 396. R. VI. 749.

[2] Auch an anderer Stelle, als der Gerichtsstelle am Sitze des Gerichts. E. XXXIX. 348.

[3] § 89.

99. Die Landesjustizverwaltung[1] kann bestimmen, daß die Bezirke mehrerer Landgerichte zu einem Schwurgerichtsbezirke zusammengelegt und die Sitzungen des Schwurgerichts bei einem der Landgerichte abgehalten werden.

In diesem Falle hat das Landgericht, bei welchem die Sitzungen des Schwurgerichts abgehalten werden, und der Präsident desselben die ihnen in den §§. 82—98 zugewiesenen Geschäfte für den Umfang des Schwurgerichtsbezirks wahrzunehmen.

Die Mitglieder des Schwurgerichts mit Einschluß des Stellvertreters des Vorsitzenden können aus der Zahl der Mitglieder der im Bezirke des Schwurgerichts belegenen Landgerichte bestimmt werden.

[1] Preußen: J.V. v. 22./7. 79 (J.M.Bl. 195) § 1. — Preußen und die Thüringischen Staaten: Vertr. v. 11./11. 78 (preuß. G.S. 1879 S. 216) nebst Nachtrag v. 30./3. 89 (preuß. G.S. 197) u. v. 25./2. 98 (preuß. G.S. 343) und dazu J.V. v. 7./1. 99 (J.M.Bl. 12), 1./11. 01 (J.M.Bl. 259), 15./7. 04 (J.M.Bl. 186), 24./6. 05 (J.M.Bl. 194).

Siebenter Titel.

Kammern für Handelssachen.

100. Soweit die Landesjustizverwaltung ein Bedürfniß als vorhanden annimmt, können bei den Landgerichten für deren Bezirke oder für örtlich abgegrenzte Theile derselben Kammern für Handelssachen gebildet werden.

Solche Kammern können ihren Sitz innerhalb des Landgerichtsbezirks auch an Orten haben, an welchen das Landgericht seinen Sitz nicht hat.

101. Vor die Kammern für Handelssachen gehören nach Maßgabe der folgenden Vorschriften diejenigen den Landgerichten in erster Instanz zugewiesenen bürgerlichen Rechtsstreitigkeiten, in welchen durch die Klage ein Anspruch geltend gemacht wird:

1. gegen einen Kaufmann im Sinne des Handelsgesetzbuchs aus Geschäften, welche für beide Theile Handelsgeschäfte sind;
2. aus einem Wechsel im Sinne der Wechselordnung oder aus einer der im §. 363 des Handelsgesetzbuchs bezeichneten Urkunden;
3. aus einem der nachstehend bezeichneten Rechtsverhältnisse:

a) aus dem Rechtsverhältnisse zwischen den Mitgliedern einer Handelsgesellschaft oder zwischen dieser und ihren Mitgliedern oder zwischen dem stillen Gesellschafter und dem Inhaber des Handelsgeschäfts, sowohl während des Bestehens als auch nach Auflösung des Gesellschaftsverhältnisses, ingleichen aus dem Rechtsverhältnisse zwischen den Vorstehern oder den Liquidatoren einer Handelsgesellschaft und der Gesellschaft oder deren Mitgliedern;

b) aus dem Rechtsverhältnisse, welches das

Recht zum Gebrauche der Handelsfirma betrifft;

c) aus den Rechtsverhältnissen, welche sich auf den Schutz der Waarenbezeichnungen, Muster und Modelle beziehen;

d) aus dem Rechtsverhältnisse, welches durch den Erwerb eines bestehenden Handelsgeschäfts unter Lebenden zwischen dem bisherigen Inhaber und dem Erwerber entsteht;

e) aus dem Rechtsverhältnisse zwischen dem Prokuristen, Handlungsbevollmächtigten, Handlungsgehülfen oder Handlungslehrling und dem Inhaber des Handelsgeschäfts, sowie aus dem Rechtsverhältnisse zwischen einem Dritten und demjenigen, welcher wegen mangelnden Nachweises der Prokura oder Handlungsvollmacht haftet;

f) aus den Rechtsverhältnissen des Seerechts oder des Rechts der Binnenschifffahrt, insbesondere aus denjenigen, welche sich auf die Rhederei, auf die Rechte und Pflichten des Rheders oder Schiffseigners, des Korrespondentrheders und der Schiffsbesatzung, auf die Bodmerei und die Haverei, auf den Schadensersatz im Falle des Zusammenstoßes von

Schiffen, auf die Bergung und Hülfeleistung und auf die Ansprüche der Schiffsgläubiger beziehen.

102. Die Verhandlung des Rechtsstreits erfolgt vor der Kammer für Handelssachen, wenn der Kläger dies in der Klageschrift beantragt hat.

In den Fällen der §§. 505, 506 der Civilprozeßordnung hat der Kläger den Antrag auf Verhandlung vor der Kammer für Handelssachen in der mündlichen Verhandlung vor dem Amtsgerichte zu stellen.

103. Wird vor der Kammer für Handelssachen eine vor dieselbe nicht gehörige Klage zur Verhandlung gebracht, so ist der Rechtsstreit auf Antrag des Beklagten an die Civilkammer zu verweisen.

Gehört die Klage oder die im Falle des §. 506 der Civilprozeßordnung erhobene Widerklage als Klage nicht vor die Kammer für Handelssachen, so ist diese auch von Amtswegen befugt, den Rechtsstreit an die Civilkammer zu verweisen, solange nicht eine Verhandlung zur Hauptsache erfolgt und auf dieselbe ein Beschluß verkündet ist. Die Verweisung von Amtswegen kann nicht aus dem Grunde erfolgen, daß der Beklagte nicht Kaufmann ist.

104. Wird vor der Civilkammer eine vor die Kammer für Handelssachen gehörige Klage zur Verhandlung gebracht, so ist der Rechtsstreit auf Antrag des Beklagten an die Kammer für Handelssachen zu verweisen. Ein Beklagter, welcher nicht in das Handelsregister eingetragen ist, kann den Antrag nicht darauf stützen, daß er Kaufmann ist.

Der Antrag ist zurückzuweisen, wenn die im Falle des §. 506 der Civilprozeßordnung erhobene Widerklage als Klage vor die Kammer für Handelssachen nicht gehören würde.

Zu einer Verweisung von Amtswegen ist die Civilkammer nicht befugt.

Die Civilkammer ist zur Verwerfung des Antrags auch dann befugt, wenn der Kläger demselben zugestimmt hat.

105. Wird in einem bei der Kammer für Handelssachen anhängigen Rechtsstreite die Klage in Gemäßheit des §. 280 der Civilprozeßordnung durch den Antrag auf Feststellung eines Rechtsverhältnisses erweitert oder eine Widerklage erhoben und gehört die erweiterte Klage oder die Widerklage als Klage nicht vor die Kammer für Handelssachen, so ist der Rechtsstreit auf Antrag des Gegners an die Civilkammer zu verweisen.

Unter der Beschränkung des §. 103 Abs. 2 ist die Kammer zu der Verweisung auch von Amtswegen befugt. Diese Befugniß tritt auch dann ein, wenn durch eine Klagänderung ein Anspruch geltend gemacht wird, welcher nicht vor die Kammer für Handelssachen gehört.

106. Der Antrag auf Verweisung des Rechtsstreits an eine andere Kammer ist nur vor der Verhandlung des Antragstellers zur Sache zulässig.

Ueber den Antrag ist vorab zu verhandeln und zu entscheiden.

107. Gegen die Entscheidung über Verweisung eines Rechtsstreits an die Civilkammer oder an die Kammer für Handelssachen findet kein Rechtsmittel statt. Erfolgt die Verweisung an eine andere Kammer, so ist diese Entscheidung für die Kammer, an welche der Rechtsstreit verwiesen wird, bindend. Der Termin zur weiteren mündlichen Verhandlung wird von Amtswegen bestimmt und den Parteien bekannt gemacht.

108. Bei der Kammer für Handelssachen kann ein Anspruch in Gemäßheit des §. 64 der Civilprozeßordnung nur dann geltend gemacht werden, wenn der Rechtsstreit nach den Bestimmungen des §. 101 vor die Kammer für Handelssachen gehört.

109. Die Kammern für Handelssachen entscheiden in der Besetzung mit einem Mitgliede des Landgerichts als Vorsitzenden und zwei Handelsrichtern.

Sämmtliche Mitglieder der Kammer für Handelssachen haben gleiches Stimmrecht.

In Streitigkeiten, welche sich auf das Rechtsverhältniß zwischen Rheder oder Schiffer und Schiffsmannschaft beziehen, kann die Entscheidung durch den Vorsitzenden allein erfolgen.

110. Im Falle des §. 100 Abs. 2 kann ein Amtsrichter Vorsitzender der Kammer für Handelssachen sein.

111. Das Amt der Handelsrichter ist ein Ehrenamt.

112. Die Handelsrichter werden auf gutachtlichen Vorschlag des zur Vertretung des Handelsstandes berufenen Organs für die Dauer von drei Jahren ernannt; eine wiederholte Ernennung ist nicht ausgeschlossen.

113. Zum Handelsrichter kann jeder Deutsche

ernannt werden, welcher das dreißigste Lebensjahr vollendet hat und als Kaufmann, als Vorstand einer Aktiengesellschaft, als Geschäftsführer einer Gesellschaft mit beschränkter Haftung oder als Vorstand einer sonstigen juristischen Person in das Handelsregister eingetragen ist oder eingetragen war.

Zum Handelsrichter soll nur ernannt werden, wer in dem Bezirke der Kammer für Handelssachen wohnt oder, wenn er als Kaufmann in das Handelsregister eingetragen ist, dort eine Handelsniederlassung hat; bei Personen, die als Vorstand einer Aktiengesellschaft, als Geschäftsführer einer Gesellschaft mit beschränkter Haftung oder als Vorstand einer sonstigen juristischen Person in das Handelsregister eingetragen sind, genügt es, wenn die Gesellschaft oder juristische Person eine Niederlassung in dem Bezirke hat.

Personen, welche in Folge gerichtlicher Anordnung in der Verfügung über ihr Vermögen beschränkt sind, können nicht zu Handelsrichtern ernannt werden.

114. An Seeplätzen können Handelsrichter auch aus dem Kreise der Schiffahrtskundigen ernannt werden.

115. Die Handelsrichter sind vor ihrem Amtsantritte auf die Erfüllung der Obliegenheiten des ihnen übertragenen Amts eidlich zu verpflichten.

116. Die Handelsrichter haben während der Dauer ihres Amts in Beziehung auf dasselbe alle Rechte und Pflichten richterlicher Beamten.

117. Ein Handelsrichter ist seines Amts zu entheben, wenn er eine der für die Ernennung erforderlichen Eigenschaften nachträglich verliert.

Die Enthebung erfolgt durch den ersten Civilsenat des Oberlandesgerichts nach Anhörung des Betheiligten.

118. Ueber Gegenstände, zu deren Beurtheilung eine kaufmännische Begutachtung genügt, sowie über das Bestehen von Handelsgebräuchen kann die Kammer für Handelssachen auf Grund eigener Sachkunde und Wissenschaft entscheiden.

Achter Titel.

Oberlandesgerichte.

119. Die Oberlandesgerichte[1] werden mit einem Präsidenten und der erforderlichen Anzahl von Senatspräsidenten und Räthen besetzt.

[1] Ausführungsbestimmungen in Preußen: Ausf.G. v. 24./4. 78 (G.S. 230) §§ 47—57. Sitze und Bezirke: G. v. 4./3. 78 (G.S. 109), G. v. 2./1. 05 (G.S. 5).

Geschäftsverteilung.

120. Bei den Oberlandesgerichten werden Civil- und Strafsenate gebildet.

121. Die Bestimmungen der §§. 61—68 finden mit der Maßgabe Anwendung, daß zu dem Präsidium stets die beiden ältesten Mitglieder des Gerichts zuzuziehen sind.

122. Zu Hülfsrichtern dürfen nur ständig angestellte Richter berufen werden.[1]

[1] Preußen: Ausf.G. v. 24./4. 78 (G.S. 230) § 48.

Zuständigkeit.

123. Die Oberlandesgerichte sind zuständig[1] für die Verhandlung und Entscheidung über die Rechtsmittel:

1. der Berufung gegen die Endurtheile der Landgerichte in bürgerlichen Rechtsstreitigkeiten;
2. der Revision gegen Urtheile der Strafkammern in der Berufungsinstanz;[2]

3. der Revision gegen Urtheile der Strafkammern in erster Instanz, sofern die Revision ausschließlich[3] auf die Verletzung einer in den Landesgesetzen enthaltenen Rechtsnorm gestützt wird;[4]
4. der Beschwerde gegen Entscheidungen der Landgerichte in bürgerlichen Rechtsstreitigkeiten;
5. der Beschwerde gegen strafrichterliche Entscheidungen erster Instanz,[5] soweit nicht die Zuständigkeit der Strafkammer[6] begründet ist, und gegen Entscheidungen der Strafkammern in der Beschwerdeinstanz[7] und Berufungsinstanz.[8]

[1] Ferner: §§ 160, 183 G.V.G., § 170 St.P.O., unter Umständen auch §§ 4, 12–15, 19, 27 St.P.O.

[2] Ausnahme § 136 Abs. 2. — Bloß zum Schein gleichzeitig erhobene Rügen der Verletzung von Reichsrecht kommen nicht in Betracht. E. XXXX. 221. — Hat die Strafkammer in verbundenen Strafsachen teils als Gericht erster, teils als zweiter Instanz (vgl. Anm. 1 zu St.P.O. § 236) erkannt, und eine Gesamtstrafe ausgesprochen, so ist nur das Reichsgericht zuständig. E. XXXI. 125.

[3] Andernfalls § 136 Abs. 1 Nr. 2.

[4] Welche Straftat (ob nach Reichs- oder Landesrecht strafbar) in Frage steht, ist gleichgültig.

[5] §§ 346, 347 St.P.O. [6] § 72 G.V.G. [7] Nur § 352 St.P.O.

[8] d. h. innerhalb eines anhängigen Berufungsverfahrens.

Besetzung der Senate.

124. Die Senate der Oberlandesgerichte entscheiden in der Besetzung von fünf Mitgliedern mit Einschluß des Vorsitzenden.

Neunter Titel.

Reichsgericht.

125. Der Sitz des Reichsgerichts wird durch Gesetz[1] bestimmt.

[1] G. v. 11./4. 77 (R.G.Bl. 415) Leipzig.

126. Das Reichsgericht wird mit einem Präsidenten und der erforderlichen Anzahl von Senatspräsidenten und Räthen besetzt.

Anstellung und Dienstverhältnisse der Richter.

127. Der Präsident, die Senatspräsidenten und Räthe werden auf Vorschlag des Bundesraths von dem Kaiser ernannt.

Zum Mitgliede des Reichsgerichts kann nur ernannt werden, wer die Fähigkeit zum Richteramte in einem Bundesstaate erlangt und das fünfunddreißigste Lebensjahr vollendet hat.

128. Ist ein Mitglied zu einer Strafe wegen einer entehrenden Handlung oder zu einer Freiheitsstrafe von längerer als einjähriger Dauer rechtskräftig verurtheilt, so kann dasselbe durch Plenarbeschluß des Reichsgerichts seines Amts und seines Gehalts für verlustig erklärt werden.

Vor der Beschlußfassung sind das Mitglied und der Ober-Reichsanwalt zu hören.

129. Ist wegen eines Verbrechens oder Vergehens das Hauptverfahren gegen ein Mitglied eröffnet, so kann die vorläufige Enthebung desselben von seinem Amte nach Anhörung des Ober-Reichsanwalts durch Plenarbeschluß des Reichsgerichts ausgesprochen werden.

Wird gegen ein Mitglied die Untersuchungshaft verhängt, so tritt für die Dauer derselben die vorläufige Enthebung von Rechtswegen ein.

Durch die vorläufige Enthebung wird das Recht auf den Genuß des Gehalts nicht berührt.

130. Wenn ein Mitglied durch ein körperliches Gebrechen oder durch Schwäche seiner körperlichen oder geistigen Kräfte zur Erfüllung seiner Amtspflichten dauernd unfähig wird, so tritt seine Versetzung in den Ruhestand gegen Gewährung eines Ruhegehalts ein.

Das jährliche Ruhegehalt beträgt bis zur Vollendung des zehnten Dienstjahres $^{20}/_{60}$ des Gehalts; es erhöht sich mit der Vollendung eines jeden folgenden Dienstjahres und bis zur Vollendung des fünfzigsten Dienstjahres um je $^{1}/_{60}$ des Gehalts.

Bei Berechnung der Dienstzeit wird die Zeit mitgerechnet, während welcher das Mitglied sich im Dienste des Reichs oder im Staats- oder Gemeindedienste eines Bundesstaates befunden oder in einem Bundesstaate als Anwalt, Advokat, Notar, Patrimonialrichter oder als öffentlicher Lehrer des Rechts an einer deutschen Universität fungirt hat.

131. Wird die Versetzung eines Mitgliedes in den Ruhestand nicht beantragt, obgleich die Voraussetzungen derselben vorliegen, so hat der Präsident die Aufforderung zu erlassen, binnen einer bestimmten Frist den Antrag zu stellen. Wird dieser Aufforderung nicht Folge geleistet, so ist die Versetzung in den Ruhestand durch Plenarbeschluß des Reichsgerichts auszusprechen.

Vor der Beschlußfassung sind das Mitglied und der Ober-Reichsanwalt zu hören.

Geschäftsverteilung.

182. Bei dem Reichsgerichte werden Civil- und Strafsenate[1] gebildet. Die Zahl derselben bestimmt der Reichskanzler.

[1] Hinsichtlich des Untersuchungsrichters (vgl. § 136 Nr. 1) siehe § 184 St.P.O.

183. Die Bestimmungen der §§. 61—68 finden mit der Maßgabe Anwendung, daß zu dem Präsidium die vier ältesten Mitglieder des Gerichts zuzuziehen sind.

184. Die Zuziehung von Hülfsrichtern ist unzulässig.

Zuständigkeit:
a) in bürgerlichen Rechtsstreitigkeiten.

185. In bürgerlichen Rechtsstreitigkeiten ist das Reichsgericht zuständig für die Verhandlung und Entscheidung über die Rechtsmittel:

1. der Revision gegen die Endurtheile der Oberlandesgerichte;
2. der Beschwerde gegen Entscheidungen der Oberlandesgerichte.

b) in Strafsachen.

186. In Strafsachen ist das Reichsgericht zuständig:[1]

1. für die Untersuchung und Entscheidung in erster und letzter Instanz[2] in den Fällen des Hochverraths und des Landesverraths,[3] insofern diese Verbrechen gegen den Kaiser oder das Reich gerichtet sind;[4 5]
2. für die Verhandlung und Entscheidung über die Rechtsmittel der Revision gegen Urtheile der

Strafkammern in erster Instanz, insoweit nicht die Zuständigkeit der Oberlandesgerichte[6] begründet ist, und gegen Urtheile der Schwurgerichte.

In Strafsachen wegen Zuwiderhandlungen gegen die Vorschriften über die Erhebung öffentlicher in die Reichskasse fließender Abgaben und Gefälle ist das Reichsgericht auch für die Verhandlung und Entscheidung über das Rechtsmittel der Revision gegen Urtheile der Strafkammern in der Berufungsinstanz zuständig, sofern[7] die Entscheidung des Reichsgerichts von der Staatsanwaltschaft[8] bei der Einsendung der Akten an das Revisionsgericht beantragt wird.[9]

[1] Ferner: § 160 G.V.G., §§ 3 Abs. 2, 11, 17 E.G. z. G.V.G., §§ 4, 9, 12—15, 19, 27, 170 St.P.O., §§ 5, 14, 18, 55, 71 G., betr. Konsulargerichtsb., v. 7./4. 00 (R.G.Bl. 213), §§ 2—4 G., betr. Rechtsv. der deutschen Schutzgebiete, v. 17./4. 86 (R.G.Bl. 75, neueste Fassung: R.G.Bl. 1900 S. 813); s. auch Anm. 5.

[2] Besondere Vorschriften für diesen Fall: § 138 G.V.G., §§ 140, 170 Abs. 3, 176, 184 (Untersuchungsrichter), 198 Abs. 2, 207, 346 Abs. 3, 484, 485 (Begnadigung), 494 Abs. 3, 4, 506 (Kosten) St.P.O.

[3] d. s. §§ 80—93 St.G.B. In diesen Fällen ausschließlich; § 6 E.G. und § 73 Nr. 3 finden keine Anwendung; vgl. Art. 75 der Reichsverfassung. Dagegen wohl §§ 2—5 St.P.O.

[4] Andernfalls, d. h. gegen einen Bundesstaat oder Landesherrn, findet § 80, § 73 Nr. 2 Anwendung, wonach hier stets (Ausnahme § 73 Nr. 3) das Schwurgericht zuständig ist.

[5] ferner in den Fällen der Verbrechen §§ 1, 3 des G. gegen den Verrat militärischer Geheimnisse v. 3./7. 93 (R.G.Bl. 205).

[6] § 123 Nr. 3. [7] Andernfalls § 123 Nr. 2.

[8] nicht auch etwa der beteiligten Verwaltungsbehörde (§§ 464 ff. St.P.O.).

[9] Gleichgültig, von welcher Seite die Revision eingelegt ist, E. VII. 326. — Auch ist nicht erforderlich, daß die Sache bereits

vorher unter dem Gesichtspunkt einer Zuwiderhandlung gegen die bezeichneten Vorschriften gewürdigt war. E. XXXIII. 192.

187.[1] Will in einer Rechtsfrage ein Civilsenat von der Entscheidung[2] eines anderen Civilsenats oder der vereinigten Civilsenate, oder ein Strafsenat von der Entscheidung eines anderen Strafsenats oder der vereinigten Strafsenate[3] abweichen, so ist über die streitige Rechtsfrage im ersteren Falle eine Entscheidung der vereinigten Civilsenate, im letzteren Falle eine solche der vereinigten Strafsenate einzuholen.

Einer Entscheidung der Rechtsfrage durch das Plenum bedarf es, wenn ein Civilsenat von der Entscheidung eines Strafsenats oder der vereinigten Strafsenate, oder ein Strafsenat von der Entscheidung eines Civilsenats oder der vereinigten Civilsenate, oder ein Senat von der früher eingeholten Entscheidung des Plenums abweichen will.

Die Entscheidung der Rechtsfrage durch die vereinigten Senate oder das Plenum ist in der zu entscheidenden Sache bindend. Sie erfolgt in allen Fällen ohne vorgängige mündliche Verhandlung.

Vor der Entscheidung der vereinigten Strafsenate oder derjenigen des Plenums, sowie in Ehe- und Entmündigungssachen und in Rechtsstreitigkeiten, welche die Feststellung des Rechtsverhältnisses zwischen Eltern und Kindern oder die Anfechtung einer Todeserklärung zum Gegenstande haben, ist der Ober-Reichsanwalt mit seinen schriftlichen Anträgen zu hören.

Soweit die Entscheidung der Sache eine vorgängige mündliche Verhandlung erfordert, erfolgt dieselbe durch den erkennenden Senat auf Grund einer erneuten mündlichen Verhandlung, zu welcher die Prozeßbetheiligten von Amtswegen unter Mittheilung der ergangenen Entscheidung der Rechtsfrage zu laden sind.

[1] Fassung des G. v. 17./3. 86 (R.G.Bl. 61) und — hinsichtlich des Abs. 4 — des G. v. 17./5. 98 (R.G.Bl. 252).

[2] Nicht auch einer bloß nebenbei geäußerten Rechtsansicht.

[3] Von einer früheren Entscheidung desselben Senats ist ohne weiteres eine Abweichung zulässig. M. 152.

138. Der erste Strafsenat des Reichsgerichts hat bei den im §. 136 Nr. 1 bezeichneten Verbrechen diejenigen Geschäfte zu erledigen, welche im §. 72 Abs. 1 der Strafkammer des Landgerichts zugewiesen sind.

Das Hauptverfahren[1] findet vor dem vereinigten zweiten und dritten Strafsenate statt.

[1] Nicht bloß die Hauptverhandlung, sondern auch alle von dem erkennenden Gericht zu erlassenden Entscheidungen; vgl. z. B. §§ 222, 407 ff., 494 St.P.O.

Besetzung.

139. Zur Fassung von Plenarentscheidungen[1] und von Entscheidungen der vereinigten Civil- oder Strafsenate, sowie der beiden vereinigten Strafsenate ist die

Theilnahme von mindestens zwei Drittheilen aller Mitglieder mit Einschluß des Vorsitzenden erforderlich.

Die Zahl der Mitglieder, welche eine entscheidende Stimme führen, muß eine ungerade sein. Ist die Zahl der anwesenden Mitglieder eine gerade, so hat derjenige Rath, welcher zuletzt ernannt ist, und bei gleichem Dienstalter derjenige, welcher der Geburt nach der jüngere ist, oder, wenn dieser Berichterstatter ist, der nächst ältere kein Stimmrecht.

[1] Das Plenum entscheidet in den Fällen der §§ 128, 129, 131, 137 Abs. 2, 141.

140. Die Senate des Reichsgerichts entscheiden in der Besetzung von sieben Mitgliedern mit Einschluß des Vorsitzenden.

141. Der Geschäftsgang wird durch eine Geschäftsordnung geregelt, welche das Plenum auszuarbeiten und dem Bundesrath zur Bestätigung[1] vorzulegen hat.

[1] Bestätigung v. 5./4. 80 (R.C.Bl. 190), einer Abänderung v. 25./7. 86 (R.C.Bl. 300).

Zehnter Titel.

Staatsanwaltschaft.

Ausführungsbestimmungen in Preußen: Ausf.G. v. 24./4. 78 (G.S. 230) §§ 58—67.

142. Bei jedem Gerichte soll eine Staatsanwaltschaft[1] bestehen.[2]

[1] Der Ausdruck „Staatsanwaltschaft" umfaßt alle Organe derselben, der Ausdruck „Staatsanwalt" schließt den Amtsanwalt aus.

[2] Dies schließt jedoch die Bestellung Eines Staatsanwalts für mehrere Gerichte nicht aus. Vgl. f. Preußen Ausf.G. § 63.

Äußere Organisation.

143.[1] Das Amt der Staatsanwaltschaft wird ausgeübt:

1. bei dem Reichsgerichte durch einen Ober-Reichsanwalt und durch einen oder mehrere Reichsanwälte;
2. bei den Oberlandesgerichten, den Landgerichten[2] und den Schwurgerichten durch einen oder mehrere Staatsanwälte;
3. bei den Amtsgerichten und den Schöffengerichten durch einen oder mehrere Amtsanwälte.[3]

Die Zuständigkeit der Amtsanwälte erstreckt sich nicht auf das amtsrichterliche Verfahren zur Vorbereitung der öffentlichen Klage[4] in denjenigen Strafsachen, welche zur Zuständigkeit anderer Gerichte als der Schöffengerichte gehören.[5]

[1] § 143 regelt zugleich die sachliche Zuständigkeit im Anschluß an die Organisation der Gerichte. Vgl. jedoch Abs. 2 und § 146.

[2] Wozu auch die auswärtigen Strafkammern (§ 78) gehören.

[3] Preußen: Geschäftsanw. f. d. Amtsanw. v. 28./8. 79 (J.M.Bl. 261), Abänd. v. 28./11. 95 (J.M.Bl. 414), v. 16./12. 06 (J.M.Bl. 561).

[4] §§ 156 ff. St.P.O.

[5] In den Fällen des § 29, § 75 tritt die Zuständigkeit des Amtsanwalts vom Augenblicke der Überweisung an ein. M. 163.

144. Die örtliche Zuständigkeit der Beamten der Staatsanwaltschaft wird durch die örtliche Zuständigkeit des Gerichts bestimmt, für welches sie bestellt sind.[1]

Ein unzuständiger Beamter der Staatsanwaltschaft hat sich denjenigen innerhalb seines Bezirks vorzunehmenden Amtshandlungen zu unterziehen, in Ansehung welcher Gefahr im Verzuge obwaltet.

Können die Beamten der Staatsanwaltschaft verschiedener Bundesstaaten[2] sich nicht darüber einigen, wer von ihnen die Verfolgung zu übernehmen hat, so entscheidet der ihnen gemeinsam vorgesetzte Beamte[3] der Staatsanwaltschaft und in Ermangelung eines solchen der Ober-Reichsanwalt.

[1] Vgl. jedoch § 146.

[2] Für „desselben Bundesstaats" vgl. § 148.

[3] d. i. im Fall gemeinschaftlicher Gerichte.

Innere Organisation.

145. Besteht die Staatsanwaltschaft eines Gerichts aus mehreren Beamten, so handeln die dem ersten Beamten beigeordneten Personen als dessen Vertreter; sie sind, wenn sie für ihn auftreten, zu allen Amtsverrichtungen desselben ohne den Nachweis eines besonderen Auftrags berechtigt.

146. Die ersten Beamten der Staatsanwaltschaft bei den Oberlandesgerichten und den Landgerichten sind befugt, bei allen Gerichten ihres Bezirks die Amtsverrichtungen der Staatsanwaltschaft selbst zu übernehmen oder mit Wahrnehmung derselben einen anderen als den zunächst zuständigen Beamten zu beauftragen.

Amtsanwälte können das Amt der Staatsanwaltschaft nur bei den Amtsgerichten und den Schöffengerichten versehen.

147. Die Beamten der Staatsanwaltschaft haben den dienstlichen Anweisungen[1] ihres Vorgesetzten[2] nachzukommen.

In denjenigen Sachen, für welche das Reichsgericht in erster und letzter Instanz zuständig ist,[3] haben alle

Beamte der Staatsanwaltschaft den Anweisungen des Ober-Reichsanwalts Folge zu leisten.[4]

[1] Auch innerhalb der einzelnen anhängigen Sachen. M. 165.
[2] § 148. [3] § 136 Nr. 1 u. Anm. 5 das.
[4] Im übrigen ist der Ober-Reichsanwalt nicht Vorgesetzter. Vgl. jedoch noch § 144 Abs. 3.

148. Das Recht der Aufsicht und Leitung[1] steht zu:

1. dem Reichskanzler hinsichtlich des Ober-Reichsanwalts und der Reichsanwälte;
2. der Landesjustizverwaltung hinsichtlich aller staatsanwaltlichen Beamten des betreffenden Bundesstaates;
3. den ersten Beamten der Staatsanwaltschaft bei den Oberlandesgerichten und den Landgerichten hinsichtlich aller Beamten der Staatsanwaltschaft ihres Bezirks.

[1] Auch in den einzelnen Sachen. Gleichwohl sind die unteren staatsanwaltschaftlichen Behörden kraft eigenen Amtes und nicht als Vertreter ihrer vorgesetzten Behörden (etwa wie § 145) zu ihrer Tätigkeit berufen.

Befähigung und Ernennung.

149. Der Ober-Reichsanwalt und die Reichsanwälte sind nicht richterliche Beamte.[1]

Zu diesen Aemtern sowie den Aemtern der Staatsanwaltschaft bei den Oberlandesgerichten und den Landgerichten können nur zum Richteramte befähigte Beamte ernannt werden.

[1] Preußen: Ausf.G. v. 24./4. 78 (G.S. 230) § 61, § 63, vgl. aber auch § 66, § 67.

150. Der Ober-Reichsanwalt und die Reichsanwälte werden auf Vorschlag des Bundesraths vom Kaiser ernannt.

Dieselben können durch Kaiserliche Verfügung jederzeit mit Gewährung des gesetzlichen Wartegeldes einstweilig in den Ruhestand versetzt werden.

Verhältnis zu den Gerichten.

151. Die Staatsanwaltschaft ist in ihren Amtsverrichtungen von den Gerichten unabhängig.[1]

[1] Vgl. jedoch Anm. 3 zu § 177 G.V.G., §§ 173, 206 St.P.O., vgl. auch § 490 daselbst.

152. Die Staatsanwälte dürfen richterliche Geschäfte nicht wahrnehmen. Auch darf ihnen eine Dienstaufsicht über die Richter nicht übertragen werden.

Verhältnis zu den Beamten des Polizei- und Sicherheitsdienstes.

153. Die Beamten des Polizei- und Sicherheitsdienstes sind Hülfsbeamte der Staatsanwaltschaft und sind in dieser Eigenschaft verpflichtet, den Anordnungen[1] der Staatsanwälte bei dem Landgerichte ihres Bezirks und der diesen vorgesetzten Beamten[2] Folge zu leisten.[3]

Die nähere Bezeichnung derjenigen Beamtenklassen, auf welche diese Bestimmung Anwendung findet, erfolgt durch die Landesregierungen.[4]

[1] Sie sind also direkt der Staatsanwaltschaft unterstellt. Vgl. auch preuß. Ausf.G. v. 24./4. 78 (G.S. 230) § 81.

[2] Nicht aber der Amtsanwälte.

[3] Ihre örtliche Zuständigkeit erstreckt sich im Zweifel auf den ganzen Bezirk der ihnen übergeordneten Staatsanwaltschaft. E. XXXVII. 32, XXXVIII. 218; vgl. auch J.V. v. 25./4. 01 (J.M.Bl. 99).

[4] Preußen: M.V. v. 15./9. 79 (J.M.Bl. 349), die seitdem vielfach ergänzt ist. Die Gendarmen sind nicht mit aufgeführt (vgl. E. XL. 175). Vgl. für diese V. v. 30./12. 20 u. Instr. v. 30./12. 20 (G.S. 1821 S. 1, 10), V. v. 23./5. 67 (G.S. 777).

Elfter Titel.
Gerichtsschreiber.

154. Bei jedem Gerichte wird eine Gerichtsschreiberei eingerichtet. Die Geschäftseinrichtung bei dem Reichsgerichte wird durch den Reichskanzler, bei den Landesgerichten durch die Landesjustizverwaltung bestimmt.[1] [2]

[1] Ausführungsbestimmungen in Preußen: Ausf.G. v. 24./4. 78 (G.S. 230) §§ 68—72, G., betr. die Dienstverhältnisse d. Gerichtsschreiber, v. 3./3. 79 (G.S. 99). Gerichtsschreiberordnung v. 17./12. 99 (J.M.Bl. 849) nebst Abänderung v. 16./3. 03 (J.M.Bl. 56), 16./11. 06 (J.M.Bl. 540), 4./2. 07 (J.M.Bl. 23), 15./4. 07 (J.M.Bl. 341). — Geschäftsordnung für die Gerichtsschreibereien bzw. Sekretariate der Amtsgerichte v. 11./10. 06 (J.M.Bl. 304), der Landgerichte und der Oberlandesgerichte v. 22./10. 06 (J.M.Bl. 392), der Staatsanwaltschaften bei den Landgerichten und den Oberlandesgerichten v. 12./11. 06 (J.M.Bl. 484).

[2] Wieweit die Gerichtsschreiber zur Hülfeleistung in richterlichen Geschäften und die Sekretäre zu Geschäften des Staatsanwalts herangezogen werden dürfen, ist in Preußen durch J.V. v. 25./4. 06 (J.M.Bl. 112) u. 7./5. 06 (J.M.Bl. 139) bestimmt.

Zwölfter Titel.
Zustellungs- und Vollstreckungsbeamte.

155. Die Dienst- und Geschäftsverhältnisse der mit den Zustellungen, Ladungen und Vollstreckungen zu betrauenden Beamten (Gerichtsvollzieher) werden bei dem Reichsgerichte durch den Reichskanzler, bei den Landesgerichten durch die Landesjustizverwaltung bestimmt.[1]

[1] Ausführungsbestimmungen in Preußen: Ausf.G. v. 24./4. 78 (G.S. 230) §§ 73—76. — Gerichtsvollzieherordnung v. 31./3. 00 (J.M.Bl. 345) nebst Abänderung v. 6./1. 03 (J.M.Bl. 8), 18./4 05 (J.M.Bl. 127), 16./1. 06 (J.M.Bl. 9), 12./8. 07 (J.M.Bl. 492). Geschäftsanweisung v. 1./12. 99 (J.M.Bl. 629), J.V. v. 17./2. 00 (J.M.Bl. 59),

27./8. 02 (J.M.Bl. 226), 8./4. 03 (J.M.Bl. 82), 20./6. 04 (J.M.Bl. 155), 18./4. 05 (J.M.Bl. 127), 16./1. 06 (J.M.Bl. 9), v. 12./8. 07 (J.M.Bl. 492). — Die Gebühren sind reichsgesetzlich geregelt, vgl. G.O. für GV. v. 24./6. 78 (R.G.Bl. 166, neue Fassung: R.G.Bl. 1898 S. 683). Vgl. dazu die preuß. J.V. v. 16./2. 03 (J.M.Bl. 36).

156. Der Gerichtsvollzieher ist von der Ausübung seines Amts kraft Gesetzes ausgeschlossen:[1]

I. in bürgerlichen Rechtsstreitigkeiten:

1. wenn er selbst Partei oder gesetzlicher Vertreter einer Partei ist, oder zu einer Partei in dem Verhältnisse eines Mitberechtigten, Mitverpflichteten oder Schadensersatzpflichtigen steht;
2. wenn seine Ehefrau Partei ist, auch wenn die Ehe nicht mehr besteht;
3. wenn eine Person Partei ist, mit welcher er in gerader Linie verwandt, verschwägert oder durch Adoption verbunden, in der Seitenlinie bis zum dritten Grade verwandt oder bis zum zweiten Grade verschwägert ist, auch wenn die Ehe, durch welche die Schwägerschaft begründet ist, nicht mehr besteht;

II. in Strafsachen:[2]

1. wenn er selbst durch die strafbare Handlung verletzt ist;
2. wenn er der Ehemann der Beschuldigten oder Verletzten ist oder gewesen ist;
3. wenn er mit dem Beschuldigten oder Verletzten in dem vorstehend unter Nr. I 3 bezeichneten Verwandtschafts- oder Schwägerschaftsverhältnisse steht.[3]

[1] Seine Amtshandlungen sind daher nichtig. M. 188.

[2] Vgl. § 22 St.P.O.

[3] Hinsichtlich der Verwandtschaft und Schwägerschaft gelten nunmehr die Vorschriften des B.G.B. Vgl. Art. 33 des E.G. zum B.G.B. v. 18./8. 96 (R.G.Bl. 604).

Dreizehnter Titel.
Rechtshülfe.

Vgl. E.G. § 2. Das Rechtshülfe-G. v. 21./6. 69 (B.G.Bl. 305) gilt daher noch, sobald andere, als die ordentlichen Gerichte konkurrieren. Für die Konsulargerichtsbarkeit und in den Schutzgebieten gilt dieser Titel. G. v. 7./4. 00 (R.G.Bl. 213) § 18, G. v. 17./4. 86 (R.G.Bl. 75, neueste Fassung: R.G.Bl. 1900 S. 813) §§ 2—4. — Dagegen nicht in Disziplinarsachen. E. XIX. 438. — Für Gerichtskosten vgl. § 99 des G.K.G. v. 18./6. 78 (R.G.Bl. 141, neue Fassung: R.G.Bl. 1898 S. 659) nebst Anw. v. 23./4. 80 (R.C.Bl. 278, auch abgedruckt im preuß. J.M.Bl. 129) und preuß. V. v. 9./6. 80 (J.M.Bl. 145), v. 4./6. 87 (J.M.Bl. 158). — Für Rechtshülfe gegenüber den Militärgerichtsbehörden vgl. §§ 12, 13 E.G. zur M.St.G.O. v. 1./12. 98 (R.G.Bl. 1289). — Für das Verwaltungsstrafverfahren vgl. G. über den Beistand bei Einziehung von Abgaben u. Vollstreckung von Vermögensstrafen v. 9./6. 95 (R.G.Bl. 256), insbesondere auch § 8. — Für Rechtshülfe im Auslande vgl. für Preußen J.V. v. 29./5. 05 (J.M.Bl. 159) nebst den Berichtigungen J.M.Bl. 1906 S. 44, 1908 S. 221 und dazu das neueste Verzeichnis der zur Vernehmung von Zeugen ꝛc. zuständigen Konsuln, J.M.Bl. 1907 S. 377, ferner für Auslieferungen die nichtamtliche Darstellung J.M.Bl. 1889 S. 8 ff., 1892 S. 46, 1896 S. 8, 1899 S. 273, 1903 S. 54, 1905 S. 21, 177, 1906 S. 65; u. ferner die amtlichen J.Verf. im J.M.Bl. 1889 S. 194, 1891 S. 243, 1893 S. 124, 294, 1896 S. 332, 1897 S. 278, 1899 S. 250, 1900 S. 447, 1901 S. 92, 1902 S. 48, 236, 246, 1905 S. 197, 319, 1907 S. 402, R.G.Bl. 1897 S. 731, 747 u. gegenüber Ersuchen ausländischer Behörden J.M.Bl. 1844 S. 207 Nr. 8, G.S. 1867 S. 1264, J.M.Bl. 1897 S. 272, 1907 S. 48.

157. Die Gerichte[1] haben sich in bürgerlichen Rechtsstreitigkeiten und in Strafsachen Rechtshülfe[2] zu leisten.

[1] Für die Staatsanwaltschaften gilt dieser Titel (abgesehen von §§ 163, 164) im allgemeinen nicht. Vgl. jedoch § 147 und § 148 und gegenüber anderen Behörden § 153 G.V.G., § 159, § 160 St.P.O.

[2] d. h. im Sinne dieses Titels: stellvertretende Vornahme richterlicher Handlungen. Vgl. M. 190 auch E. XX. 101, wonach

z. B. im Fall des § 483 Abs. 3 St.P.O. diese Bestimmungen nicht Platz greifen. Vgl. E. XXVI. 338.

158. Das Ersuchen um Rechtshülfe ist an das Amtsgericht zu richten, in dessen Bezirke die Amtshandlung vorgenommen werden soll.

159. Das Ersuchen darf nicht abgelehnt werden.

Das Ersuchen eines nicht im Instanzenzuge vorgesetzten Gerichts[1] ist jedoch abzulehnen, wenn dem ersuchten Gerichte die örtliche Zuständigkeit mangelt, oder die vorzunehmende Handlung[2] nach dem Rechte des ersuchten Gerichts verboten ist.

[1] Das Ersuchen eines im Instanzenzuge vorgesetzten Gerichts (d. h. zu dessen Bezirk das ersuchte Amtsgericht gehört M. 191) darf auch dann nicht abgelehnt werden, wenn das ersuchende Gericht (Landgericht, Reichsgericht § 136 Nr. 1) in erster Instanz tätig ist. Vgl. M. 191. Einschränkung: § 183 St.P.O.

[2] An sich; ob im einzelnen Falle die Voraussetzungen ihrer Zulässigkeit vorliegen, unterliegt der Prüfung des ersuchenden Gerichts.

160. Wird das Ersuchen[1] abgelehnt,[2] oder wird der Vorschrift des §. 159 Abs. 2 zuwider dem Ersuchen stattgegeben, so entscheidet das Oberlandesgericht,[3] zu dessen Bezirke das ersuchte Gericht gehört. Eine Anfechtung dieser Entscheidung findet nur statt, wenn dieselbe die Rechtshülfe für unzulässig erklärt, und das ersuchende und das ersuchte Gericht den Bezirken verschiedener Oberlandesgerichte angehören. Ueber die Beschwerde[4] entscheidet das Reichsgericht.

Die Entscheidungen erfolgen auf Antrag der Betheiligten oder des ersuchenden Gerichts ohne vorgängige mündliche Verhandlung.

[1] d. h. eines nicht im Instanzenzuge vorgesetzten Gerichts. Andernfalls ist das Amtsgericht im Aufsichtswege anzuweisen. M. 192.

[2] Ganz oder teilweise; auch bei Differenzen hinsichtlich der Kosten. E. XXIV. 1.

[3] Abweichung von § 72.

[4] Die Vorschriften §§ 346 ff. St.P.O. finden dabei keine Anwendung. M. 192 i. f.

161. Die Herbeiführung der zum Zwecke von Vollstreckungen,[1] Ladungen und Zustellungen erforderlichen Handlungen erfolgt nach Vorschrift der Prozeßordnungen[2] ohne Rücksicht darauf, ob die Handlungen in dem Bundesstaate, welchem das Prozeßgericht angehört, oder in einem anderen Bundesstaate vorzunehmen sind.[3]

[1] Ausnahme Freiheitsstrafen §§ 163, 164; nicht aber Haft- oder Vorführungsbefehle.

[2] d. h. durch unmittelbares Angehen des Gerichtsvollziehers. §§ 37, 38, 495 St.P.O. Für dessen Gebühren vgl. für Preußen J.V. v. 23./10. 85 (J.M.Bl. 355).

[3] Rechtshülfe (§ 157 Anm. 2) ist daher nicht erforderlich; ein ersuchtes Gericht auch zur Ablehnung des Ersuchens berechtigt. E. XXVI. 338. Es ist dies Ausfluß des in den Reichsjustizgesetzen zur Anerkennung gelangten Grundgedankens, daß die Gerichtsgewalt eines jeden deutschen Gerichts sich auf die Einwohner aller deutschen Staaten erstreckt. M. 189, 193, 194.

162. Gerichte, Staatsanwaltschaften und Gerichtsschreiber können wegen Ertheilung eines Auftrags an einen Gerichtsvollzieher die Mitwirkung des Gerichtsschreibers des Amtsgerichts in Anspruch nehmen, in dessen Bezirke der Auftrag ausgeführt werden soll. Der von dem Gerichtsschreiber beauftragte Gerichtsvollzieher gilt als unmittelbar beauftragt.

163. Eine Freiheitsstrafe,[1] welche die Dauer von sechs Wochen nicht übersteigt, ist in demjenigen Bundesstaate zu vollstrecken,[2] in welchem der Verurtheilte sich befindet.[3][4]

[1] Hinsichtlich der Geldstrafen vgl. § 161 G.V.G., § 495 St.P.O.

[2] Durch Ersuchen der Staatsanwaltschaft gemäß § 164.

[3] d. h. sich augenblicklich befindet. Staatsangehörigkeit, Wohnsitz, gewöhnlicher Aufenthaltsort nicht erforderlich.

[4] Für Gesamtstrafen (§ 79 St.G.B., § 492 St.P.O.), bei welchen die Einzelstrafen in verschiedenen Bundesstaaten erkannt sind, vgl. Beschl. des Bundesrats v. 11./6. 85 (R.C.Bl. 270, preuß. J.M.Bl. 309) und dazu preuß. J.B. v. 22./5. 00 (J.M.Bl. 431) und v. 26./4. 01 (J.M.Bl. 99).

164. Soll eine Freiheitsstrafe in dem Bezirke eines anderen Gerichts vollstreckt oder ein in dem Bezirke eines anderen Gerichts befindlicher Verurtheilter zum Zwecke der Strafverbüßung ergriffen und abgeliefert werden, so ist die Staatsanwaltschaft[1] bei dem Landgerichte des Bezirks um die Ausführung zu ersuchen.[2]

[1] Auch in den Fällen der §§ 181, 182 G.V.G. und des § 483 Abs. 3 St.P.O. Vgl. jedoch auch preuß. J.B. v. 22./1. 80 (nicht gedruckt), wonach im Fall § 483 Abs. 3 auch direktes Ersuchen des Amtsgerichts zulässig sein soll.

[2] Beschwerde geht an die Aufsichtsbehörde. § 148. M. 195.

165. Im Falle der Rechtshülfe unter den Behörden verschiedener Bundesstaaten sind die baaren Auslagen, welche durch eine Ablieferung oder Strafvollstreckung entstehen, der ersuchten Behörde von der ersuchenden zu erstatten.

Im übrigen werden Kosten der Rechtshülfe von der ersuchenden Behörde[1] nicht erstattet.[2]

Ist eine zahlungspflichtige Partei[3] vorhanden, so sind die Kosten[4] von derselben durch die ersuchende Behörde einzuziehen und der eingezogene Betrag der ersuchten Behörde zu übersenden.

Stempel-, Einregistrirungsgebühren oder andere öffentliche Abgaben, welchen die von der ersuchenden

Behörde übersendeten Schriftstücke (Urkunden, Protokolle) nach dem Rechte der ersuchten Behörde unterliegen, bleiben außer Ansatz.

[1] d. h. aus der Staatskasse. Im übrigen gilt Abs. 3.

[2] Hinsichtlich der Erstattung der Kosten der Rechtshülfe sind nunmehr zwischen sämtlichen deutschen Bundesstaaten die vom 1./4. 07 ab zu beobachtenden Grundsätze vereinbart, welche in der J.V. v. 7./3. 07 (J.M.Bl. 55) mitgeteilt sind.

[3] d. i. im Strafverfahren der Verurteilte.

[4] nicht bloß die baren Auslagen. Vgl. Abs. 1.

166. Für die Höhe der den geladenen Zeugen und Sachverständigen gebührenden Beträge sind die Bestimmungen maßgebend, welche bei dem Gerichte gelten, vor welches die Ladung erfolgt.

Sind die Beträge nach dem Rechte des Aufenthaltsorts der geladenen Personen höher, so können die höheren Beträge gefordert werden.[1]

Bei weiterer Entfernung des Aufenthaltsorts der geladenen Personen ist denselben auf Antrag ein Vorschuß zu bewilligen.[2]

[1] Vgl. §§ 13, 14 G.O. f. Z. u. S. v. 30./6. 78 (R.G.Bl. 173, neue Fassung: R.G.Bl. 1898 S. 689).

[2] Gegebenenfalls auch innerhalb desselben Gerichtsbezirks. Prot. 680. Der § 166 ist eine allgemeine Ergänzung des § 70 St.P.O.

167. Ein Gericht darf Amtshandlungen außerhalb seines Bezirks[1] ohne Zustimmung des Amtsgerichts des Orts nur vornehmen, wenn Gefahr im Verzuge obwaltet. In diesem Falle ist dem Amtsgerichte des Orts Anzeige zu machen.

[1] Gleichgültig, ob innerhalb desselben oder eines anderen Bundesstaats.

168. Die Sicherheitsbeamten eines Bundesstaates sind ermächtigt, die Verfolgung eines Flüchtigen auf das Gebiet eines anderen Bundesstaates fortzusetzen[1] und den Flüchtigen daselbst zu ergreifen.[2]

Der Ergriffene ist unverzüglich an das nächste Gericht oder die nächste Polizeibehörde des Bundesstaates, in welchem er ergriffen wurde, abzuführen.[3]

[1] sog. Nacheile — nicht auf ein Folgen behufs Einholens beschränkt, sondern in weiterem Sinne aufzufassen. E. XXX. 386.

[2] Auf Durchsuchung u. Beschlagnahme nicht auszudehnen. E. XXVI. 211.

[3] Alsdann §§ 128 ff. St.P.O., sofern die Voraussetzungen des § 127 das. (nicht z. B. Flucht eines Strafgefangenen) vorliegen.

169. Die in einem Bundesstaate bestehenden Vorschriften über die Mittheilung von Akten einer öffentlichen Behörde an ein Gericht dieses Bundesstaates kommen auch dann zur Anwendung, wenn das ersuchende Gericht einem anderen Bundesstaate angehört.[1]

[1] Vgl. § 96 St.P.O.

Vierzehnter Titel.

Oeffentlichkeit und Sitzungspolizei.

Öffentlichkeit.

170. Die Verhandlung vor dem erkennenden Gerichte,[1] einschließlich der Verkündung der Urtheile und Beschlüsse desselben, erfolgt öffentlich.[2]

[1] „Hauptverhandlung" Buch 2 Abschn. 6 und 7 d. St.P.O.; auch in den höheren Instanzen. — Zugleich folgt daraus, daß die übrigen gerichtlichen Verhandlungen nicht öffentlich sind, namentlich nicht das Vorverfahren, die Fälle der §§ 222 ff., 407, 494 St.P.O. und ähnliche.

Ausdrücklich ist noch die Öffentlichkeit vorgeschrieben in den Fällen §§ 45, 91 G.V.G., §§ 280 Abs. 2, 281, 288 Abs. 2 St.P.O.

[3] Verletzung ist Revisionsgrund, § 377 Nr. 6 St.P.O., vgl. auch § 369 Abs. 2 das., und hinsichtlich der Beurkundung im Protokoll §§ 272 Nr. 5, 274 das. — Maßregeln gegen Überfüllung durch Zurückweisung über eine bestimmte Zahl, Einlaßkarten, falls an sich jedem zugänglich, u. dgl. sind dadurch nicht ausgeschlossen. Vgl. E. II. 301. R. II. 360. IV. 268.

171. In Ehesachen ist die Oeffentlichkeit auszuschließen, wenn eine der Parteien es beantragt.

172. In dem auf die Klage wegen Anfechtung oder Wiederaufhebung der Entmündigung einer Person wegen Geisteskrankheit oder wegen Geistesschwäche eingeleiteten Verfahren (§§. 664, 679 der Civilprozeßordnung) ist die Oeffentlichkeit während der Vernehmung des Entmündigten auszuschließen, auch kann auf Antrag einer der Parteien die Oeffentlichkeit der Verhandlung überhaupt ausgeschlossen werden.

Das Verfahren wegen Entmündigung oder Wiederaufhebung der Entmündigung (§§. 645—663, 675—678 der Civilprozeßordnung) ist nicht öffentlich.

173.[1] In allen Sachen kann durch das Gericht für die Verhandlung oder für einen Theil derselben[2] die Oeffentlichkeit[3] ausgeschlossen werden, wenn sie eine Gefährdung der öffentlichen Ordnung,[4] insbesondere der Staatssicherheit,[5] oder eine Gefährdung der Sittlichkeit[6] besorgen läßt.[7]

[1] Fassung des G. v. 5./4. 88 (R.G.Bl. 133).

[2] Vgl. jedoch §§ 174, 175 Abs. 1 G.V.G. und §§ 281, 288 Abs. 2 St.P.O.

[3] Öffentliche Verhandlung trotz entgegengesetzten Beschlusses kein Revisionsgrund. R. I. 324. IV. 286.

[4] Darunter kann auch die Erschwerung der Wahrheitsermittlung fallen. E. XXX. 244.

[5] Für diesen Fall vgl. die besonderen Vorschriften § 174 Abs. 2, § 175 Abs. 2, Art. II, III G. v. 5./4. 88 (R.G.Bl. 133) in Anm. 7 zu § 175.

[6] Für diesen Fall vgl. Art. IV d. G. v. 5./4. 88 (R.G.Bl. 133).

Art. IV. Zu § 184 des Strafgesetzbuchs für das Deutsche Reich wird folgender zweiter Absatz hinzugefügt: § 184 Abs. 2. Gleiche Strafe trifft denjenigen, welcher aus Gerichtsverhandlungen, für welche wegen Gefährdung der Sittlichkeit die Oeffentlichkeit ausgeschlossen war, oder aus den diesen Verhandlungen zugrunde liegenden amtlichen Schriftstücken öffentlich Mittheilungen macht, welche geeignet sind, Ärgernis zu erregen.

[7] Diese Begründung muß verkündet werden: § 175 Abs. 1. R. III. 677.

174.[1] Die Verkündung des Urtheils[2] erfolgt in jedem Falle öffentlich.[3]

Durch einen besonderen[4] Beschluß des Gerichts kann für die Verkündung der Urtheilsgründe oder eines Theiles derselben die Oeffentlichkeit ausgeschlossen werden, wenn sie eine Gefährdung der Staatssicherheit oder eine Gefährdung der Sittlichkeit besorgen läßt.

[1] Fassung des G. v. 5./4. 88 (R.G.Bl. 133).

[2] nicht sonstiger Entscheidungen mit Ausnahme § 175 Abs. 1 Satz 2.

[3] Verletzung Revisionsgrund nach § 377 Nr. 6 St.P.O. E. I. 90. R. I. 297.

[4] Der allgemeine Beschluß nach § 173 genügt also nicht. E. XX. 383. Auch für diesen besonderen Beschluß ist vorgängige Verhandlung (§ 175 Anm. 2) erforderlich. E. XXXV. 103.

175.[1] Die Verhandlung[2] über die Ausschließung der Oeffentlichkeit findet in nicht öffentlicher Sitzung statt, wenn ein Betheiligter es beantragt[3] oder das Gericht es für angemessen erachtet. Der Beschluß, welcher die Oeffentlichkeit ausschließt, muß öffentlich verkündet werden.[4] Bei der Verkündung ist anzugeben,[5] ob die Ausschließung wegen Gefährdung der öffentlichen Ordnung, insbesondere wegen Gefährdung der Staatssicherheit, oder ob sie wegen Gefährdung der Sittlichkeit erfolgt.[6]

Ist die Oeffentlichkeit wegen Gefährdung der Staatssicherheit ausgeschlossen, so kann das Gericht den anwesenden Personen die Geheimhaltung von Thatsachen, welche durch die Verhandlung, durch die Anklageschrift oder durch andere amtliche Schriftstücke des Prozesses zu ihrer Kenntniß gelangen, zur Pflicht machen.[7] Der Beschluß ist in das Sitzungsprotokoll aufzunehmen. Gegen denselben findet Beschwerde statt. Die Beschwerde hat keine aufschiebende Wirkung.

[1] Fassung des G. v. 5./4. 88 (R.G.Bl. 133).

[2] Die Beteiligten, Staatsanwalt, Angeklagter, Neben- und Privatkläger, sind also zu hören, selbst wenn ein Antrag auf Verhandlung nicht gestellt ist. Verletzung Revisionsgrund nach § 377 Nr. 6 St.P.O. E. I. 50. X. 92. XX. 21. 52. XXXVII. 437. R. I. 206. VI. 104.

[3] § 176 Abs. 2 gilt aber auch hier. E. XXXIII. 311.

[4] Verletzung Revisionsgrund nach § 377 Nr. 6 St.P.O., vgl. auch § 272 Nr. 5 und § 274 das.

[5] Gleichfalls bei Vermeidung der Nichtigkeit. E. XXV. 248.

[6] Ein Verstoß gegen diese Vorschriften kann durch eine ordnungs-

mäßige Wiederholung des betreffenden Teils der Verhandlung geheilt werden. E. XXXV. 353.

[7] Art. II und III des G. v. 5./4. 88 (R.G.Bl. 133) bestimmen:

Art. II. Wer die nach § 175 Absatz 2 des Gerichtsverfassungsgesetzes ihm auferlegte Pflicht der Geheimhaltung durch unbefugte Mittheilung verletzt, wird mit Geldstrafe bis zu eintausend Mark oder mit Haft oder mit Gefängniß bis zu sechs Monaten bestraft.

Art. III. Soweit bei einer Gerichtsverhandlung die Öffentlichkeit wegen Gefährdung der Staatssicherheit ausgeschlossen war, dürfen Berichte über die Verhandlung durch die Presse nicht veröffentlicht werden. Das Gleiche gilt auch nach der Beendigung des Verfahrens in betreff der Veröffentlichung der Anklageschrift oder anderer amtlicher Schriftstücke des Prozesses.

Zuwiderhandlungen unterliegen d. im Artikel II bestimmten Strafe.

176.[1] Der Zutritt zu öffentlichen Verhandlungen kann unerwachsenen und solchen Personen versagt werden, welche sich nicht im Besitze der bürgerlichen Ehrenrechte befinden, oder welche in einer der Würde des Gerichts nicht entsprechenden Weise erscheinen.[2]

Zu nicht öffentlichen Verhandlungen kann der Zutritt einzelnen Personen vom Gerichte gestattet werden. Einer Anhörung der Betheiligten bedarf es nicht.

Die Ausschließung der Oeffentlichkeit steht der Anwesenheit der die Dienstaufsicht führenden Beamten der Justizverwaltung bei den Verhandlungen[3] vor dem erkennenden Gerichte nicht entgegen.

[1] Fassung des G. v. 5./4. 88 (R.G.Bl. 133).

[2] Aus anderen Gründen nicht; vgl. E. XXX. 244.

[3] Für Beratung und Abstimmung vgl. § 195.

Sitzungspolizei.

177. Die Aufrechthaltung der Ordnung[1] in der Sitzung liegt dem Vorsitzenden[2] ob.[3]

[1] Durch Anordnungen, Unterbrechungen, Rügen u. dgl.; Strafbefugnisse (§§ 178—180) stehen nur dem Gericht zu.

[2] Eine Provokation auf Entscheidung des Gerichts ist unzulässig.

[3] Gegenüber allen in der Sitzung anwesenden Personen mit Einschluß der Staatsanwaltschaft. Prot. 29—38.

178. Parteien, Beschuldigte,[1] Zeugen, Sachverständige oder bei der Verhandlung nicht betheiligte Personen, welche den zur Aufrechthaltung der Ordnung erlassenen Befehlen nicht gehorchen, können auf Beschluß des Gerichts aus dem Sitzungszimmer entfernt, auch zur Haft abgeführt und während einer in dem Beschlusse zu bestimmenden Zeit, welche vierundzwanzig Stunden nicht übersteigen darf, festgehalten werden.[2]

[1] Vgl. auch § 246 St.P.O. und dazu E. XXXV. 433.

[2] Beschwerde ist ausgeschlossen. Vgl. § 183.

179. Das Gericht[1] kann gegen Parteien, Beschuldigte, Zeugen, Sachverständige oder bei der Verhandlung nicht betheiligte Personen, welche sich in der Sitzung einer Ungebühr schuldig machen, vorbehaltlich der strafgerichtlichen Verfolgung, eine Ordnungsstrafe bis zu einhundert Mark[2] oder bis zu drei Tagen Haft festsetzen und sofort vollstrecken lassen.[3]

[1] D. i. auch der einzelne Amtsrichter im Falle des § 211 Abs. 2 St.P.O. und entsprechenden Fällen, vgl. § 3 Abs. 3 E.G. z. St.P.O.

[2] § 29 St.G.B. findet nicht Anwendung.

[3] Beschwerde: § 183 ohne aufschiebende Wirkung.

180. Das Gericht kann gegen einen bei der Verhandlung betheiligten Rechtsanwalt oder Vertheidiger, der sich in der Sitzung einer Ungebühr schuldig macht, vorbehaltlich der strafgerichtlichen oder disziplinaren Verfolgung, eine Ordnungsstrafe bis zu einhundert Mark[1] festsetzen.[2]

[1] §§ 28, 29 St.G.B. finden nicht Anwendung.

[2] Beschwerde: § 183 mit aufschiebender Wirkung.

181. Die Vollstreckung der vorstehend bezeichneten Ordnungsstrafen hat der Vorsitzende unmittelbar[1] zu veranlassen.

[1] ohne Mitwirkung der Staatsanwaltschaft (vgl. § 36, § 483 St.P.O.).

182. Die in den §§. 177—181 bezeichneten Befugnisse stehen auch einem einzelnen Richter bei der Vornahme von Amtshandlungen außerhalb der Sitzung zu.[1]

[1] Beschwerde: § 183 mit aufschiebender Wirkung. Vgl. aber auch Anm. 1 und 3 zu § 179.

183. Ist in den Fällen der §§. 179, 180, 182[1] eine Ordnungsstrafe festgesetzt, so findet binnen der Frist von einer Woche nach der Bekanntmachung der Entscheidung Beschwerde statt, sofern die Entscheidung nicht von dem Reichsgerichte oder einem Oberlandesgerichte getroffen ist.

Die Beschwerde hat in dem Falle des §. 179 keine aufschiebende Wirkung,[2] in den Fällen des §. 180 und des §. 182 aufschiebende Wirkung.

Ueber die Beschwerde entscheidet das Oberlandesgericht.[3]

[1] Nicht aber im Fall des § 178.

[2] Die Vollstreckung beseitigt aber die Beschwerde nicht.

[3] Abweichung von § 72.

184. Ist eine Ordnungsstrafe wegen Ungebühr festgesetzt, oder eine Person zur Haft abgeführt, oder eine bei der Verhandlung betheiligte Person entfernt worden, so ist der Beschluß des Gerichts und dessen Veranlassung in das Protokoll aufzunehmen.

185. Wird eine strafbare Handlung in der Sitzung begangen, so hat das Gericht den Thatbestand festzustellen und der zuständigen Behörde[1] das darüber aufgenommene Protokoll mitzutheilen. In geeigneten Fällen ist die vorläufige Festnahme[2] des Thäters zu verfügen.

[1] D. i. in der Regel die Staatsanwaltschaft. § 152, §§ 156 ff. St.P.O. Vgl. aber auch § 161 Abs. 2 St.P.O.

[2] § 127 St.P.O.

Fünfzehnter Titel.
Gerichtssprache.

186. Die Gerichtssprache ist die deutsche.[1]

[1] Der § gilt auch für schriftliche Eingaben. Eingaben in fremder Sprache entbehren der Rechtswirkung. E. in Zivils. XXXI. 428.

187. Wird unter Betheiligung von Personen verhandelt,[1] welche der deutschen Sprache nicht mächtig sind,[2] so ist ein Dolmetscher[3] zuzuziehen.[4] Die Führung eines Nebenprotokolls in der fremden Sprache findet nicht statt; jedoch sollen Aussagen und Erklärungen in fremder Sprache, wenn und soweit der Richter dies mit Rücksicht auf die Wichtigkeit der Sache für erforderlich erachtet, auch in der fremden Sprache in das Protokoll oder in eine Anlage niedergeschrieben werden. In den dazu geeigneten Fällen soll dem Protokolle eine durch den Dolmetscher zu beglaubigende Uebersetzung beigefügt werden.

Die Zuziehung eines Dolmetschers kann unterbleiben, wenn die betheiligten Personen sämmtlich der fremden Sprache mächtig sind.

[1] oder soll eine in fremder Sprache abgefaßte Urkunde als Beweismittel benutzt werden. E. IX. 51. XXV. 353. XXVII. 161. R. V. 478; vgl. aber auch E. XXXVI. 371.

[2] Unterliegt dem freien tatsächlichen Ermessen des Gerichts, E. I. 137. R. I. 208.

[3] Vgl. für Preußen Dolmetscherordnung v. 18./12. 99 (J.M.Bl. 856) nebst Abänd. v. 16./6. 02 (J.M.Bl. 126).

[4] Alle wesentlichen Verhandlungsakte sind, soweit ein der deutschen Sprache nicht Mächtiger dabei beteiligt ist, zu übertragen; der § 258 St.P.O. ist als Einschränkung aufzufassen. Vgl. Prot. z. St.P.O. 399, 400. Es bedarf jedoch nicht hinsichtlich jedes einzelnen Aktes der Konstatierung im Protokoll. E. I. 137, 397. R. I. 208, 678.

188. Zur Verhandlung mit tauben oder stummen Personen[1] ist, sofern nicht eine schriftliche[2] Verständigung erfolgt, eine Person als Dolmetscher zuzuziehen, mit deren Hülfe die Verständigung[3] in anderer Weise erfolgen kann.[4]

[1] Auch in anderen Fällen, in welchen zur Vermittlung des Verständnisses die Zuziehung einer anderen Person erforderlich ist, kann diese einem Dolmetscher analog behandelt werden. E. XXXIII. 181.

[2] Auch einseitig schriftliche. E. XXXI. 315.

[3] Anm. 4 zu § 187 gilt auch hier. E. XXXVI. 355.

[4] Hinsichtlich der Eidesleistung vgl. § 63 St.P.O.

189. Ob einer Partei, welche taub ist, bei der mündlichen Verhandlung der Vortrag zu gestatten sei, bleibt dem Ermessen des Gerichts überlassen.

Dasselbe gilt in Anwaltsprozessen von einer Partei, die der deutschen Sprache nicht mächtig ist.

190. Personen, welche der deutschen Sprache nicht mächtig sind, leisten Eide in der ihnen geläufigen Sprache.[1]

[1] Vgl. Anm. 1 zu § 188 für Taube und Stumme.

191. Der Dolmetscher[1] hat einen Eid dahin zu leisten:

daß er treu und gewissenhaft übertragen werde.[2]

Ist der Dolmetscher für Uebertragungen der betreffenden Art im allgemeinen beeidigt,[3] so genügt die Berufung auf den geleisteten Eid.

[1] Der Dolmetscher wird in den Motiven allgemein einem Sachverständigen gleichgestellt. M. 201. Vgl. dagegen R. VIII. 203. § 244 St.P.O. gilt für ihn nicht. R. VIII. 97.

[2] Hinsichtlich der Förmlichkeiten des Eides vgl. §§ 62, 63, 72 St.P.O. — Auch § 66 das. ist analog für anwendbar zu erachten.

[3] Über die allgemeine Beeidigung vgl. für Preußen J.B. v. 5./2. 00 (J.M.Bl. 48) § 10, J.B. v. 5./3. 01 (J.M.Bl. 51).

192. Der Dienst des Dolmetschers kann von dem Gerichtsschreiber[1] wahrgenommen werden. Einer besonderen[2] Beeidigung bedarf es nicht.

[1] d. h. dem in der Sache fungierenden. Hinsichtlich eines anderen Gerichtsschreibers gelten die allgemeinen Bestimmungen, namentlich § 191. E. II. 372. R. II. 372.

[2] d. h. als Dolmetscher. Auch die Beeidigung gemäß § 191 Abs. 2 ist nicht erforderlich. E. I. 397. R. I. 678.

193. Auf den Dolmetscher finden die Bestimmungen über Ausschließung und Ablehnung der Sachverständigen[1] entsprechende Anwendung.[2] Die Entscheidung erfolgt durch das Gericht oder den Richter, von welchem der Dolmetscher zugezogen ist.

[1] § 74, §§ 22, 24 St.P.O. [2] Vgl. auch Anm. 1 zu § 191.

Sechzehnter Titel.

Berathung und Abstimmung.

194. Bei Entscheidungen dürfen Richter nur in der gesetzlich[1] bestimmten Anzahl mitwirken.

Bei Verhandlungen von längerer Dauer kann der Vorsitzende die Zuziehung von Ergänzungsrichtern anordnen, welche der Verhandlung[2] beizuwohnen[3] und im

Falle der Verhinderung[4] eines Richters für denselben einzutreten haben.[5]

Die vorstehenden Bestimmungen finden auch auf Schöffen[6] und Geschworene[7] Anwendung.

[1] §§ 22, 26, 77, 81, 69, 91, 124, 139, 140.

[2] Nicht auch der Beratung und Abstimmung.

[3] als Richter; daher auch Fragerecht gemäß § 239 Abs. 1 St.P.O. E. XXVII. 172.

[4] Ob Behinderung vorliegt, entscheidet das Gericht — E. XIII. 191. R. VII. 755; teilweise a. M. E. XXXVIII. 43 — nach freiem Ermessen; Ausbleiben bei Wiederbeginn der Sitzung genügt. E. XXX. 226. Auch rechtliche Behinderung, z. B. nachträgliches Bekanntwerden eines Ausschließungsgrundes, kann die Ersetzung veranlassen. E. XXXV. 372.

[5] Die Zuziehung eines nur als Zuhörer Anwesendgewesenen ist unstatthaft.

[6] Vgl. dazu § 49. [7] Vgl. § 285 St.P.O.

195.[1] Bei der Berathung und Abstimmung dürfen außer den zur Entscheidung berufenen Richtern nur[2] die bei demselben Gerichte zu ihrer juristischen Ausbildung beschäftigten Personen[3] zugegen sein, soweit der Vorsitzende deren Anwesenheit gestattet.[4]

[1] Fassung des G. v. 5./4. 88 (R.G.Bl. 133).

[2] Die Anwesenheit eines Aufsichtsbeamten ist damit jetzt ausgeschlossen; ebenso des Protokollführers, soweit er nicht zu den sonst zugelassenen Personen gehört. E. XVIII. 161. R. X. 549.

[3] Dazu gehören die zur unentgeltlichen Beschäftigung überwiesenen preuß. Gerichtsassessoren nicht. E. XXV. 237. Vgl. aber auch XXVI. 42 hinsichtlich der hessischen Gerichtsassessoren.

[4] Leise Beratung im Sitzungssaale damit nicht ausgeschlossen. E. XXII. 396.

196. Der Vorsitzende leitet die Berathung, stellt die Fragen und sammelt die Stimmen.[1]

Meinungsverschiedenheiten über den Gegenstand, die Fassung und die Reihenfolge der Fragen oder über das Ergebniß der Abstimmung entscheidet das Gericht.

[1] Hinsichtlich der Geschworenen vgl. §§ 304 ff. St.P.O.

197. Kein Richter, Schöffe oder Geschworener darf die Abstimmung über eine Frage verweigern, weil er bei der Abstimmung über eine vorhergegangene Frage in der Minderheit geblieben ist.

198. Die Entscheidungen erfolgen, soweit das Gesetz nicht ein Anderes[1] bestimmt, nach der absoluten Mehrheit der Stimmen.

Bilden sich in Beziehung auf Summen, über welche zu entscheiden ist, mehr als zwei Meinungen, deren keine die Mehrheit für sich hat, so werden die für die größte Summe abgegebenen Stimmen den für die zunächst geringere abgegebenen so lange hinzugerechnet, bis sich eine Mehrheit ergiebt.[2]

Bilden sich in einer Strafsache, von der Schuldfrage[3] abgesehen, mehr als zwei Meinungen, deren keine die Mehrheit für sich hat, so werden die dem Beschuldigten nachtheiligsten Stimmen den zunächst minder nachtheiligen so lange hinzugerechnet, bis sich eine Mehrheit ergiebt.

[1] §§ 262, 307, 317 St.P.O.

[2] Abs. 2 gilt nur für Zivilprozeßsachen. Prot. 68.

[3] § 262 St.P.O. Hinsichtlich der Beratung über die Schuldfrage vgl. E. VIII. 218. R. IV. 198, auch E. II. 379. V. 404. R. III. 797. IV. 83.

199. Die Reihenfolge bei der Abstimmung richtet sich nach dem Dienstalter, bei den Schöffengerichten und den Kammern für Handelssachen nach dem Lebensalter; der Jüngste stimmt zuerst, der Vorsitzende zuletzt. Wenn ein Berichterstatter ernannt ist, so giebt dieser seine Stimme zuerst ab.

Bei der Abstimmung der Geschworenen richtet sich die Reihenfolge nach der Auslosung. Der Obmann stimmt zuletzt.

200. Schöffen und Geschworene sind verpflichtet, über den Hergang bei der Berathung und Abstimmung Stillschweigen zu beobachten.[1]

[1] Bei den Richtern ist dies Amtspflicht. M. 207. — Daher insoweit auch keine Zeugnispflicht. E. XXVI. 202.

Siebenzehnter Titel.

Gerichtsferien.

201. Die Gerichtsferien beginnen am 15. Juli und endigen am 15. September.

202. Während der Ferien werden nur in Feriensachen Termine abgehalten und Entscheidungen erlassen.

Feriensachen sind:

1. Strafsachen;[1]
2. Arrestsachen und die eine einstweilige Verfügung betreffenden Sachen;
3. Meß- und Marktsachen;

4[a]. Streitigkeiten zwischen dem Vermiether und dem Miether oder Untermiether von Wohnräumen oder anderen Räumen oder zwischen dem Miether und dem Untermiether solcher Räume wegen Ueberlassung, Benutzung oder Räumung, sowie wegen Zurückhaltung der von dem Miether oder dem Untermiether in die Miethsräume eingebrachten Sachen;

4a. Streitigkeiten zwischen Dienstherrschaft und Gesinde, zwischen Arbeitgebern und Arbeitern hinsichtlich des Dienst- oder Arbeitsverhältnisses, sowie die im §. 3 Abs. 1 Nr. 1, 2 des Gesetzes, betreffend die Gewerbegerichte, vom 29. Juli 1890 bezeichneten Streitigkeiten;

5. Wechselsachen;

6. Bausachen, wenn über Fortsetzung eines angefangenen Baues gestritten wird.

Das Gericht kann auf Antrag auch andere Sachen, soweit sie besonderer Beschleunigung bedürfen, als Feriensachen bezeichnen. Die gleiche Befugniß hat vorbehaltlich der Entscheidung des Gerichts der Vorsitzende.

[1] Auch hinsichtlich der Fristen sind die Ferien in Strafsachen einflußlos. Vgl. §§ 42 ff. St.P.O. Die Ferien sind daher für Strafsachen überhaupt ohne Bedeutung. Vgl. nur § 203.

[2] Nr. 4 u. 4a Fassung des G. v. 17./5. 98 (R.G.Bl. 252).

203. Zur Erledigung der Feriensachen können bei den Landgerichten Ferienkammern, bei den Oberlandesgerichten und dem Reichsgerichte Feriensenate gebildet werden.[1]

[1] §§ 62, 63, 121, 133 sind analog anzuwenden. Verletzung Revisionsgrund. E. XXXVII. 59. J.M.Bl. 1904 S. 91; vgl. aber auch E. XXXX. 84. J.M.Bl. 1907 S. 388. Vgl. § 26 der Geschäftsord. des Reichsgerichts v. 8./4. 80 (R.C.Bl. 190).

204. Auf das Mahnverfahren, das Zwangsvollstreckungsverfahren und das Konkursverfahren sind die Ferien ohne Einfluß.

III.

Strafprozeßordnung
mit Einführungsgesetz.

Einführungsgesetz zur Strafprozeßordnung.
Vom 1. Februar 1877.
(R.G.Bl. von 1877, Nr. 8, S. 346—348.)

---

1. Die Strafprozeßordnung tritt im ganzen Umfange des Reichs[1] gleichzeitig mit dem Gerichtsverfassungsgesetze in Kraft.[2]

[1] Seit 1./4. 91 einschließlich Helgolands. Vgl. V. v. 22./3. 91 (R.G.Bl. 21). — Außerhalb des Reiches: vgl. G. über die Konsularg. v. 7./4. 00 (R.G.Bl. 213) § 19, §§ 52 ff., G., betr. d. Rechtsv. der deutschen Schutzgebiete, v. 17./4. 86 (R.G.Bl. 75, neueste Fassung: R.G.Bl. 1900 S. 813) §§ 2—4.

[2] Vgl. § 2 E.G. z. G.V.G.

2. Die erforderlichen Anordnungen, um die Jahreslisten der Schöffen und der Geschworenen bis zum Tage des Inkrafttretens der Strafprozeßordnung nach den Vorschriften des Gerichtsverfassungsgesetzes herzustellen, insbesondere die Bezeichnung der Behörden, welche hierbei die den Amtsrichtern und den Landgerichten zugewiesenen Geschäfte wahrzunehmen haben, erfolgen durch die Landesjustizverwaltung.[1] Dieselbe kann den Zeitraum, für welchen die in dieser Weise hergestellten Listen Geltung haben sollen, abweichend von dem Gerichtsverfassungsgesetze, jedoch nicht über das zweite Geschäftsjahr, bestimmen.

[1] Für Preußen: J.V. v. 22./7. 79 (J.M.Bl. 195) §§ 6 ff.

Geltungsgebiet.

3. Die Strafprozeßordnung findet auf alle Strafsachen[1] Anwendung, welche vor die ordentlichen Gerichte[2] gehören.[3]

Insoweit die Gerichtsbarkeit in Strafsachen, für welche besondere Gerichte zugelassen sind,[4] durch die Landesgesetzgebung den ordentlichen Gerichten übertragen wird, kann diese ein abweichendes Verfahren gestatten.[5]

Die Landesgesetze können anordnen, daß Forst- und Feldrügesachen durch die Amtsgerichte in einem besonderen Verfahren, sowie ohne Zuziehung von Schöffen verhandelt und entschieden werden.[6]

[1] d. h. Sachen, bei denen es sich um Verhängung krimineller Strafen (also nicht Ordnungs-, Exekutiv-, Disziplinarstrafen) handelt. Polizei-, Steuer- und dergl. Kontraventionen gehören zu den Strafsachen im Sinne des Gesetzes. Vgl. Buch 6 Abschn. 1–3 und St.G.B. §§ 360–370. M. 254, 255.

[2] § 12 G.V.G.

[3] § 13 G.V.G. und namentlich Anm. 4 u. 5 das.

[4] § 14 G.V.G. [5] Vgl. E.G. z. G.V.G. § 3 Abs. 1.

[6] Vgl. preuß. Forstdiebstahlsg. v. 15./4. 78 (G.S. 222) §§ 19 ff. und Feld- und Forstpolizeig. v. 1./4. 80 (G.S. 230) §§ 53 ff. Die Amtsgerichte gehören auch bei diesen Funktionen zu den ordentlichen Gerichten. E. III. 157. R. II. 693.

4. In Ansehung der Landesherren und der Mitglieder der landesherrlichen Familien sowie der Mitglieder der Fürstlichen Familie Hohenzollern[1] finden die Bestimmungen der Strafprozeßordnung nur insoweit Anwendung,[2] als nicht besondere Vorschriften der Hausverfassungen oder der Landesgesetze abweichende Bestimmungen enthalten.[3] Das Gleiche gilt in Ansehung der Mitglieder des vormaligen Hannoverschen Königshauses, des vormaligen Kurhessischen und des vormaligen Herzoglich Nassauischen Fürstenhauses.[4] [5]

[1] mögen sie als Beschuldigte oder sonst, z. B. als Zeugen, in Betracht kommen.

[2] d. h. innerhalb des Gebiets, in welchem die besonderen Vorschriften erlassen sind. Mot. z. G.V.G. 211.

[3] Vgl. noch § 5 E.G. z. G.V.G. und § 71 St.P.O.

[4] Der Schlußsatz ist zugefügt durch G. v. 17./5. 98 (R.G.Bl. 252).

[5] Jetzt auch in Ansehung der Mitglieder des Herzoglich Holsteinischen Fürstenhauses. G. v. 25./3. 04 (R.G.Bl. 141).

5. Die prozeßrechtlichen Vorschriften der Reichsgesetze[1] werden durch die Strafprozeßordnung nicht berührt.[2]

Wird in den Fällen des §. 101 der Seemannsordnung[3] gegen den Bescheid des Seemannsamtes auf gerichtliche Entscheidung angetragen, so finden auf das weitere Verfahren die §§. 455—458 der Strafprozeßordnung entsprechende Anwendung.[4]

[1] Dahin gehören auch die G. des Zollvereins und des Norddeutschen Bundes. Vgl. N. 256 Anm.*)

[2] Auch nicht der Staatsverträge des Reichs. § 7. Dahin gehören:
a) die Konsular- und Handels- und Schiffahrtsverträge (siehe dieselben Anm. 3 zu § 21 G.V.G.),
b) die Auslieferungsverträge (siehe dieselben Anm. 3 zu § 318 St.P.O.).

[3] Jetzt des § 122 der Seemannsordnung v. 2./6. 02 (R.G.Bl. 175); vgl. § 188 das.

[4] Auch in den Fällen des § 8 des G., betr. Mitnahme heimzuschaffender Seeleute, v. 2./6. 02 (R.G.Bl. 212), des § 9 Nr. 3, 4 des G., betr. Stellenvermittelung für Schiffsleute, v. 2./6. 02 (R.G.Bl. 215).

6. Die prozeßrechtlichen Vorschriften der Landesgesetze treten für alle Strafsachen, deren Entscheidung in Gemäßheit des §. 3 nach den Vorschriften der Strafprozeßordnung zu erfolgen hat,[1] außer Kraft,[2] insoweit nicht in der Strafprozeßordnung auf sie verwiesen ist.

Unberührt bleiben die landesgesetzlichen Bestimmungen:

1. über die Voraussetzungen, unter welchen gegen Mitglieder einer gesetzgebenden Versammlung während der Dauer einer Sitzungsperiode[3] eine Strafverfolgung eingeleitet oder fortgesetzt werden kann;[4]
2. über das Verfahren bei Zuwiderhandlungen gegen die Gesetze über das Vereins- und Versammlungsrecht;[5]
3. über das Verfahren im Verwaltungswege bei Uebertretungen, wegen deren die Polizeibehörden zum Erlaß einer Strafverfügung befugt sind,[6] und bei Zuwiderhandlungen gegen die Vorschriften über die Erhebung öffentlicher Abgaben und Gefälle,[7] insoweit nicht die §§. 453, 454, 455 und 459—463 der Strafprozeßordnung abändernde Bestimmungen treffen.

[1] Nicht also für andere Sachen.

[2] Selbst über solche Gegenstände, über welche in der St.P.O. Bestimmungen nicht gegeben sind.

[3] „Sitzungsperiode": E. XXII. 379.

[4] Preuß. Verf.Urk. Art. 84 Abs. 2, 4. — Art. 31 der Reichs-Verf. ist durch § 5 aufrecht erhalten. Nach Art. 31 ist jede Ein-

leitung einer neuen Untersuchung, auch das vorbereitende Verfahren an die Genehmigung des Reichstags gebunden. E. XXIV. 205, die Fortsetzung einer bereits eingeleiteten, aber nur auf Verlangen des Reichstags einzustellen. E. XXXVIII. 179.

[5] Aufgehoben durch § 23 des Vereinsg. v. 19./4. 08 (R.G.Bl. 151).

[6] Für Preußen G. v. 23./4. 83 (G.S. 65) und dazu J.V. v. 2./7. 83 (J.M.Bl. 223).

[7] Für Preußen G. v. 26./7. 97 (G.S. 237) nebst Ausf.Vorsch. v. 29./9. 97 (J.M.Bl. 249).

7. Gesetz im Sinne der Strafprozeßordnung und dieses Gesetzes ist jede Rechtsnorm.[1]

[1] Umfaßt also auch Gewohnheitsrecht und die aus dem Sinn und Zusammenhang der Gesetze sich ergebenden Grundsätze — M. 202, 203 —, nicht aber z. B. Beamteninstruktionen. Vgl. E. I. 125. R. I. 160.

Übergangsbestimmungen.

8. In den am Tage des Inkrafttretens der Strafprozeßordnung anhängigen Strafsachen sind für das weitere Verfahren die Vorschriften der Strafprozeßordnung maßgebend. Die Landesgesetzgebung kann die zur Ueberleitung des Verfahrens erforderlichen Bestimmungen treffen.[1]

War jedoch vor dem Tage des Inkrafttretens der Strafprozeßordnung ein Endurtheil erster Instanz ergangen, so finden auf die Erledigung der Sache bis zur rechtskräftigen Entscheidung die bisherigen Prozeßgesetze Anwendung.

[1] Preußen: G. v. 31./3. 79 (G.S. 332) §§ 35 ff.

9. Wird ein vor dem Tage des Inkrafttretens der Strafprozeßordnung ergangenes Endurtheil erster Instanz in der höheren Instanz aufgehoben und die Sache zur nochmaligen Verhandlung in die erste Instanz zurück-

gewiesen, so regelt sich das weitere Verfahren nach den Vorschriften der Strafprozeßordnung.

10. Für die Wiederaufnahme eines durch rechtskräftiges Urtheil geschlossenen Verfahrens sind die Vorschriften der Strafprozeßordnung[1] auch dann maßgebend, wenn das Urtheil vor dem Tage des Inkrafttretens der Strafprozeßordnung erlassen oder rechtskräftig geworden war.[2]

[1] §§ 399—413 St.P.O.

[2] Hinsichtlich der Zuständigkeit vgl. preuß. G. v. 31./3. 79 (G.S. 332) § 38.

11. Die Verfolgung von Beleidigungen und Körperverletzungen findet nur nach den Vorschriften der Strafprozeßordnung statt.[1]

Insoweit diese Verfolgung nach der Gesetzgebung eines Bundesstaates im Wege des Civilprozesses stattfand, richtet sich die Erledigung eines anhängigen Verfahrens nach den Vorschriften des Einführungsgesetzes zur Civilprozeßordnung.[2]

[1] Nach den allgemeinen Vorschriften und, wenn sie im Wege der Privatklage erfolgt, nach den §§ 414—434, 446 St.P.O.

[2] § 18 das.

12. Auf die Strafvollstreckung[1] finden die Vorschriften der Strafprozeßordnung[2] Anwendung, auch wenn die Strafe nach den bisherigen Vorschriften über das Strafverfahren erkannt ist.[3]

[1] Auch die bereits begonnene; aber nur auf den ferner zu vollstreckenden Teil namentlich hinsichtlich der §§ 482, 493. Preuß. J.V. v. 6./12. 79 (an die Oberstaatsanwälte, nicht publiziert).

[2] §§ 481—495 St.P.O.

[3] Hinsichtlich der Zuständigkeit der Gerichte vgl. preuß. G. v. 31./3. 79 (G.S. 332) § 40.

Strafprozeßordnung.

Vom 1. Februar 1877.

(R.G.Bl. von 1877, Nr. 8, S. 253—346.)

Erstes Buch.

Allgemeine Bestimmungen.

Erster Abschnitt.

Sachliche Zuständigkeit der Gerichte.

1. Die sachliche[1] Zuständigkeit der Gerichte wird durch das Gesetz über die Gerichtsverfassung[2] bestimmt.

[1] Hinsichtlich der örtlichen (Gerichtsstand) vgl. §§ 7 ff.

[2] §§ 27—29, 75, 158 Schöffen- bzw. Amtsgerichte — §§ 72—74, 76, 78, 82 Strafkammern — §§ 80, 82 (auch § 6 E.G.) Schwurgerichte — §§ 123, 160, 183 Abs. 3 Oberlandesgerichte — §§ 136, 138 Reichsgericht.

2. Zusammenhängende[1] Strafsachen, welche einzeln zur Zuständigkeit von Gerichten verschiedener Ordnung gehören würden, können[2] verbunden bei demjenigen Gericht anhängig gemacht werden, welchem die höhere Zuständigkeit beiwohnt.[3] [4]

Aus Gründen der Zweckmäßigkeit kann durch Beschluß dieses Gerichts die Trennung der verbundenen Strafsachen angeordnet werden.[5]

[1] § 3. [2] Ausnahme: § 424 Abs. 2.

[3] Auch bei Konkurrenz der Fälle des § 3 Abs. 3 E.G. — E. III. 157. R. II. 693.

[4] Vgl. § 13 hinsichtlich der örtlichen Zuständigkeit.

[5] Beschwerde: § 346.

3. Ein Zusammenhang ist vorhanden, wenn eine Person mehrerer strafbarer Handlungen beschuldigt wird, oder wenn bei einer strafbaren Handlung mehrere Personen als Thäter,[1] Theilnehmer, Begünstiger oder Hehler[2] beschuldigt werden.[3]

[1] Auch außer dem Fall des § 47 St.G.B. E. XXV. 15.

[2] §§ 47—49 a, 257—259 St.G.B.

[3] Vgl. noch §§ 236, 428, 471. — Vgl. auch § 7 E.G. z. G.V.G.; Die §§ 52, 53 Mil.Strafg.Ord. v. 3./4. 45 (preuß. G.S. 329, B.G.Bl. 1867 S. 229) sind in die neue M.St.G.O. nicht übernommen.

4. Eine Verbindung zusammenhängender oder eine Trennung verbundener Strafsachen kann auch nach Eröffnung der Untersuchung[1] auf Antrag der Staatsanwaltschaft oder des Angeschuldigten oder von Amtswegen durch gerichtlichen Beschluß[2] angeordnet werden.[3]

Zuständig für den Beschluß ist dasjenige Gericht, zu dessen Bezirk die übrigen Gerichte gehören.[4] In Ermangelung eines hiernach zuständigen Gerichts erfolgt die Beschlußfassung durch das gemeinschaftliche obere Gericht.[5]

[1] d. i. Eröffnung der Voruntersuchung oder, wenn diese nicht stattgefunden, des Hauptverfahrens, vgl. §§ 182, 201 in Verbindung mit §§ 151, 168.

[2] Eine Vereinbarung, wie sie § 13 gestattet, ist unzulässig.

[3] Vorausgesetzt ist, daß die Strafsachen einzeln zur Zuständigkeit von Gerichten verschiedener Ordnung gehören; andernfalls Beschluß im Sinne dieses § 4 (vgl. Abs. 2) nicht erforderlich. E. X. 10. — Vgl. § 13, § 236.

[4] Beschwerde zulässig, falls nicht das Reichsgericht den Beschluß erlassen hat. § 346.

[5] d. i. hier entweder Oberlandesgericht oder Reichsgericht. Beschwerde daher unzulässig. § 346 Abs. 3.

5. Für die Dauer der Verbindung ist der Straffall, welcher zur Zuständigkeit des Gerichts höherer Ordnung gehört, für das Verfahren maßgebend.[1]

[1] Auch z. B. hinsichtlich der Notwendigkeit der Verteidigung, der Voruntersuchung, hinsichtlich der Rechtsmittel.

6. Das Gericht hat seine sachliche[1] Zuständigkeit[2] in jeder Lage des Verfahrens von Amtswegen zu prüfen.[3]

[1] Nicht auch örtliche, vgl. § 18.
[2] unter Beachtung des § 269.
[3] §§ 270, 369 Abs. 3, 377 Nr. 4 in Verbindung mit § 392.

Zweiter Abschnitt.

Gerichtsstand.

Abweichende reichsgesetzl. Bestimmungen bleiben bestehen. E.G. § 5. Siehe auch § 471 St.P.O., ferner E.G. § 3 Abs. 2, 3 und preuß. Forstdiebstahlsg. v. 15./4. 78 (G.S. 222) § 21.

1. der begangenen Tat.

7. Der Gerichtsstand ist bei demjenigen Gerichte begründet, in dessen Bezirk die strafbare Handlung begangen ist.[1]

[2]Wird der Thatbestand der strafbaren Handlung durch den Inhalt einer im Inland erschienenen Druckschrift begründet,[3] so ist als das nach Abs. 1 zuständige Gericht nur dasjenige Gericht anzusehen, in dessen Bezirk die Druckschrift erschienen ist.[4] Jedoch ist in den Fällen der Beleidigung, sofern die Verfolgung im Wege der Privatklage[5] stattfindet, auch das Gericht, in dessen Bezirk die Druck-

schrift verbreitet worden ist, zuständig, wenn in diesem Bezirk die beleidigte Person ihren Wohnsitz oder gewöhnlichen Aufenthalt hat.

[1] Kommen die Tatbestandsakte an verschiedenen Orten zur Existenz, so ist die strafbare Handlung an jedem dieser Orte begangen. E. XV. 232. XX. 146. R. IX. 93. Vgl. E. I. 274. R. I. 460: beim verbotswidrigen schriftlichen Angebot von Losen ist der Ort, wo der Brief den Adressaten erreicht, der Tatort. — Der § 7 gilt ohne weiteres auch in den Konsulargerichtsbezirken. E. XXXX. 349.

[2] Abs. 2 ist zugefügt durch das G. v. 13./6. 02 (R.G.Bl. 227).

[3] Auch wenn zum Tatbestand die Verbreitung oder eine Ankündigung und Anpreisen gehört; vgl. E. XXXII. 69. XXXX. 354.

[4] vorausgesetzt, daß die betreffende Handlung hier überhaupt strafbar ist, — E. XXXVI. 257, 270, XXXVII. 19, preuß. J.M.Bl. 1903 S. 146 — und vorausgesetzt ferner, daß die gewöhnliche Verbreitung mittels der Post oder des Buchhandels in Frage steht. Dagegen nicht bei anderer Verbreitung, wo die bereits erschienene Druckschrift nur als Mittel zur Begehung einer neuen selbständigen Straftat benutzt wird. Mot. zum G. v. 13./6. 02.

[5] §§ 414 ff. Aber nicht im Fall des § 417 Abs. 2. Mot. zum G. v. 13./6. 02.

2. des Wohnsitzes oder Aufenthaltsortes.

8. Der Gerichtsstand ist auch[1] bei demjenigen Gerichte begründet, in dessen Bezirk der Angeschuldigte zur Zeit der Erhebung der Klage[2] seinen Wohnsitz[3] hat.

Hat der Angeschuldigte einen Wohnsitz im Deutschen Reich nicht, so wird der Gerichtsstand auch durch den gewöhnlichen Aufenthaltsort und, wenn ein solcher nicht bekannt ist, durch den letzten Wohnsitz bestimmt.

[1] Die Gerichtsstände §§ 7 und 8 sind also gleichberechtigt. Vgl. § 12.

[2] § 168 Abs. 1, § 421, § 447. Frühere oder spätere Änderung des Wohnsitzes ist gleichgültig.

[3] §§ 7—11 B.G.B.

3. der Ergreifung.

9. Wenn die strafbare Handlung im Auslande[1] begangen[2] und ein Gerichtsstand in Gemäßheit des §. 8 nicht begründet ist, so ist dasjenige Gericht zuständig, in dessen Bezirk die Ergreifung erfolgt. Hat eine Ergreifung nicht stattgefunden, so wird das zuständige Gericht vom Reichsgerichte bestimmt.

Gleiches gilt, wenn eine strafbare Handlung im Inlande begangen ist, jedoch weder der Gerichtsstand der begangenen That noch der Gerichtsstand des Wohnsitzes[3] ermittelt ist.

[1] Vgl. § 8 St.G.B. Derselbe gilt auch für Strafverfahren. R. I. 322.

[2] Die Fälle der Strafbarkeit im Auslande begangener Straftaten siehe St.G.B. §§ 4—6, 37, 102, 298, G., betr. Urheberr. an Mustern und Modellen v. 11./1. 76 (R.G.Bl. 11) § 14, in Verbindung mit den für dieses Gesetz noch geltenden §§ 22, 25 des G., betr. Urheberrecht v. 11./6. 70 (B.G.Bl. 339), Seemannsord. v. 2./6. 02 (R.G.Bl. 175) § 121, G., betr. Mitnahme heimzuschaffender Seeleute, v. 2./6. 02 (R.G.Bl. 212) §§ 1, 8, G., betr. Stellenvermittlung für Schiffsleute, v. 2./6. 02 (R.G.Bl. 215) § 9, Sprengstoffg. v. 9./6. 84 (R.G.Bl. 61) § 12, G. gegen Verrat mil. Geheimnisse v. 3./7. 93 (R.G.Bl. 205) § 10, G., betr. Sklavenraub, v. 28./7. 95 (R.G.Bl. 425) § 5, G., betr. Flaggenrecht, v. 22./6. 99 (R.G.Bl. 219) § 24, Vertr. mit Belgien v. 29./4. 85 (R.G.Bl. 251), Militär-St.G.B. §§ 7, 160, 161; siehe auch G. über die Konsularg. v. 7./4. 00 (R.G.Bl. 213) §§ 1, 2, 19, G., betr. die Rechtsv. der deutsch. Schutzgebiete, v. 17./4. 86 (R.G.Bl. 75, neueste Fassung: R.G.Bl. 1900 S. 813).

[3] Schließt auch Abs. 2 des § 8 in sich.

4. Ergänzungsbestimmungen.

10. Ist die strafbare Handlung auf einem deutschen Schiffe im Ausland oder in offener See begangen, so ist dasjenige Gericht zuständig,[1] in dessen Bezirk der Heimathshafen[2] oder derjenige deutsche Hafen liegt, welchen das Schiff nach der That zuerst erreicht.

[1] Neben dem Gerichtsstande des § 8.

[2] Hafen, von welchem aus die Seefahrt mit dem Schiff betrieben werden soll. (§ 480 Abs. 1 Handelsgesetzbuch. § 5 G. v. 25./10. 67 (B.G.Bl. 35).

11.[1] Deutsche, welche das Recht der Exterritorialität[2] genießen, sowie die im Ausland angestellten Beamten des Reichs oder eines Bundesstaates behalten in Ansehung des Gerichtsstandes den Wohnsitz, welchen sie in dem Heimathsstaate hatten. In Ermangelung eines solchen Wohnsitzes gilt die Hauptstadt des Heimathsstaats als ihr Wohnsitz; ist die Hauptstadt in mehrere Gerichtsbezirke getheilt, so wird der als Wohnsitz geltende Bezirk von der Landesjustizverwaltung durch allgemeine Anordnung[3] bestimmt. Gehört ein Deutscher einem Bundesstaate nicht an,[4] so gilt als sein Wohnsitz die Stadt Berlin; ist die Stadt Berlin in mehrere Gerichtsbezirke getheilt, so wird der als Wohnsitz geltende Bezirk von dem Reichskanzler durch allgemeine Anordnung bestimmt.[5]

Auf Wahlkonsuln[6] finden diese Bestimmungen keine Anwendung.

[1] Fassung des E.G. zum B.G.B. v. 18./8. 96 (R.G.Bl. 604).

[2] §§ 18, 19, 21 G.V.G.

[3] In Preußen: Berlin-Mitte. J.V. v. 24./4. 06 (J.M.Bl. 128).

[4] Vgl. § 9 des Schutzgebietsg. (neueste Fassung: R.G.Bl. 1900 S. 813).

[5] Jetzt Amtsgerichtsbezirk Berlin-Mitte. Bek. v. 21./4. 06 (R.G.Bl. 463).

[6] Wohl aber auf Berufskonsuln. G. v. 8./11. 67 (B.G.Bl. 137) §§ 7, 9.

5. **Zusammentreffen mehrerer Gerichtsstände.**

12. Unter mehreren nach den Vorschriften der §§. 7—11 zuständigen Gerichten gebührt demjenigen der Vorzug, welches die Untersuchung[1] zuerst eröffnet hat.

Jedoch kann die Untersuchung und Entscheidung einem anderen der zuständigen Gerichte durch das gemeinschaftliche obere Gericht übertragen werden.[2]

[1] Voruntersuchung oder Hauptverfahren. Vgl. Anm. 1 zu § 4.

[2] Durch Beschluß nach Anhörung der Staatsanwaltschaft (§ 33). Beschwerde erscheint nach § 346 Abs. 1, 3 ausgeschlossen. Nach Erlaß des Urteils erster Instanz ist eine Übertragung nicht mehr zulässig. E. XIII. 365.

6. **Gerichtsstand des Zusammenhangs.**

13. Für zusammenhängende[1] Strafsachen, welche einzeln nach den Vorschriften der §§. 7—11 zur Zuständigkeit verschiedener Gerichte gehören würden, ist ein Gerichtsstand bei jedem Gerichte begründet, welches für eine derselben zuständig ist.[2]

Sind mehrere zusammenhängende Strafsachen bei verschiedenen Gerichten anhängig gemacht worden, so können dieselben sämmtlich oder zum Theil durch eine den Anträgen[3] der Staatsanwaltschaft entsprechende Vereinbarung dieser Gerichte bei einem unter ihnen verbunden werden. Kommt eine solche Vereinbarung nicht zu Stande, so entscheidet, wenn die Staatsanwaltschaft oder ein Angeschuldigter hierauf anträgt,[4] das gemeinschaftliche obere Gericht darüber, ob und bei welchem der Gerichte die Verbindung einzutreten habe.[5]

In gleicher Weise kann die Verbindung wieder aufgehoben werden.[6]

[1] § 3.

[2] Die sachliche Zuständigkeit desselben für alle vorausgesetzt. Andernfalls sind §§ 2, 4 maßgebend, nicht § 13 Abs. 2, 3.

[3] der sämtlichen beteiligten Staatsanwaltschaften. Sind die Sachen aber noch nicht anhängig, so kann die einzelne Staatsanwaltschaft die Sachen in eine Klage zusammenfassen und dieselbe nach ihrer Wahl bei einem der Gerichte erheben. Die in § 2 Abs. 2 dem Gerichte gegebene Befugnis steht ihm hier nicht zu.

[4] Nicht auf Antrag eines der beteiligten Gerichte.

[5] Vgl. Anm. 2 zu § 12.

[6] Nicht beschränkt auf den Fall des Abs. 2. E. XXXI. 171.

7. Gerichtsstand durch Auftrag.

14. Besteht zwischen mehreren Gerichten Streit über die Zuständigkeit, so bestimmt das gemeinschaftliche obere Gericht[1] dasjenige Gericht, welches sich der Untersuchung und Entscheidung zu unterziehen hat.[2]

[1] Vgl. Anm. 2 zu § 12. [2] Vgl. § 19.

15. Ist das an sich zuständige Gericht in einem einzelnen Falle an der Ausübung des Richteramts rechtlich oder thatsächlich verhindert, oder ist von der Verhandlung vor diesem Gerichte eine Gefährdung der öffentlichen Sicherheit zu besorgen, so hat das zunächst obere Gericht[1] die Untersuchung und Entscheidung dem gleichstehenden Gericht eines anderen Bezirks zu übertragen.[2]

[1] Vgl. Anm. 2 zu § 12.

[2] Eine Nachprüfung der Voraussetzungen dieser Übertragung ist unzulässig. E. X. 381.

8. **Unzuständigkeit.**

16. Der Angeschuldigte muß den Einwand der Unzuständigkeit[1] bei Verlust desselben bis zum Schlusse der Voruntersuchung,[2] falls aber eine solche nicht stattgefunden hat, in[3] der Hauptverhandlung bis zur Verlesung des Beschlusses über die Eröffnung des Hauptverfahrens[4] geltend machen.[5]

[1] der örtlichen. Selbstredend gehört aber eine Verletzung der §§ 4 ff. St.G.B. nicht hierher.

[2] § 195, vorausgesetzt, daß auch die Eröffnung der V.U. gemäß § 190 bekannt gemacht ist. E. XXV. 15. — § 179 Abs. 2 schließt die Erhebung des Einwandes bis zum Schlusse der V.U. nicht aus.

[3] Auch schriftlich vor derselben, solange nicht das Hauptverfahren eröffnet ist; vgl. § 199 Abs. 3 u. E. XVII. 412.

[4] § 242 Abs. 2. — Die Geltendmachung bei der Vernehmung gemäß § 232 Abs. 2 genügt. E. XXXX. 354.

[5] Die Entscheidung erfolgt, auch im letzteren Fall (vgl. § 259 und den analog anzuwendenden § 270) durch Beschluß. Anders natürlich bei Aufhebung eines Urteils wegen Unzuständigkeit § 369 Abs. 3, § 395.

17. Durch eine Entscheidung,[1] welche die Zuständigkeit für die Voruntersuchung feststellt, wird die Zuständigkeit auch für das Hauptverfahren[2] festgestellt.[3]

[1] d. h. eine solche, welche auf eine eine ausdrückliche Entscheidung verlangende Behauptung erlassen ist. Hinsichtlich der Anfechtbarkeit einer solchen Entscheidung vgl. § 346 und die Spezialbestimmungen §§ 180, 181, 199, 209 Abs. 2, 347. Soweit § 346 anwendbar, ist auch § 348 Abs. 2 für anwendbar zu erachten.

[2] und damit definitiv. Vgl. M. 204 zu § 377 Nr. 4, welcher danach im Fall des § 17 nicht anwendbar ist.

[3] §§ 12, 13, 15 sind dadurch nicht ausgeschlossen. Auch nicht § 16 insoweit, als eine Entscheidung, bei welcher der Angeklagte nicht beteiligt gewesen ist, seinem Recht nicht präjudizieren kann.

18. Nach Eröffnung des Hauptverfahrens[1] darf das Gericht seine Unzuständigkeit nur auf Einwand[2] des[3] Angeklagten aussprechen.[4]

[1] § 201. — Vorher Prüfung von Amts wegen.

[2] d. h. rechtzeitig (§ 16) erhobenen. Im übrigen darf die Zuständigkeit des Gerichts namentlich auch von der Staatsanwaltschaft im Laufe des Verfahrens nicht mehr in Frage gestellt werden. E. III. 136. R. II. 538.

[3] Der Einwand eines genügt auch hinsichtlich der Mitangeklagten. E. XXIII. 155.

[4] Geschieht dies, so ist damit auch der Eröffnungsbeschluß beseitigt. Im übrigen vgl. § 20, auch M. 15.

19. Haben mehrere Gerichte, von denen eines das zuständige ist, durch Entscheidungen, welche nicht mehr anfechtbar sind, ihre Unzuständigkeit ausgesprochen, so bezeichnet das gemeinschaftliche obere Gericht[1] das zuständige Gericht.[2]

[1] Vgl. Anm. 2 zu § 12. [2] Vgl. § 14.

20. Die einzelnen Untersuchungshandlungen[1] eines unzuständigen Gerichts sind nicht schon dieser Unzuständigkeit wegen[2] ungültig.

[1] Z. B. Zeugen-, Sachverständigenvernehmung, Augenscheinseinnahme, Haftbefehle, Beschlagnahmen u. dgl.

[2] Es kann aber aus anderen Gründen (vgl. besonders §§ 225, 249) die Wiederholung notwendig sein.

21. Ein unzuständiges Gericht hat sich denjenigen innerhalb seines Bezirks vorzunehmenden Untersuchungshandlungen zu unterziehen, in Ansehung deren Gefahr im Verzug obwaltet.

Dritter Abschnitt.

Ausschließung und Ablehnung der Gerichtspersonen.

Ausschließung.

22. Ein Richter ist von der Ausübung des Richteramts[1] kraft Gesetzes ausgeschlossen:[2]

1. wenn er selbst[3] durch die strafbare Handlung verletzt[4] ist;
2. wenn er Ehemann oder Vormund[5] der beschuldigten oder der verletzten Person ist oder gewesen ist;
3. wenn er mit dem Beschuldigten oder mit dem Verletzten in gerader Linie verwandt,[6] verschwägert[6] oder durch Adoption verbunden, in der Seitenlinie bis zum dritten Grade verwandt oder bis zum zweiten Grade verschwägert ist, auch wenn die Ehe, durch welche die Schwägerschaft begründet ist, nicht mehr besteht;
4. wenn er in der Sache[7] als Beamter der Staatsanwaltschaft,[8] als Polizeibeamter,[9] als Anwalt des Verletzten oder als Vertheidiger thätig gewesen ist;
5. wenn er in der Sache[7] als Zeuge oder Sachverständiger vernommen ist.[10]

[1] Jeder Art richterlicher Tätigkeit, nicht bloß Mitwirkung bei der Entscheidung. E. XXX. 70.

[2] Seine Amtshandlungen sind nichtig, gleichgültig, ob ihm der Ausschließungsgrund bekannt war oder nicht. E. XXXIII. 309. § 29 findet daher keine Anwendung. Mitwirkung beim Urteil: § 377 Nr. 2.

[3] Vgl. E. XXIII. 361. XXIV. 342. XXV. 179.

[4] nachträgliche Befriedigung macht die einmal erfolgte Verletzung nicht ungeschehen. E. XXI. 291.

[5] Auch Gegenvormund. § 1792 B.G.B. Vgl. (für das frühere preuß. Recht) E. XL. 223.

[6] Für Verwandtschaft und Schwägerschaft sind jetzt maßgebend die Vorschriften des B.G.B., also namentlich §§ 1589, 1590 desselben. Art. 33 des E.G. zum B.G.B. Der Adoption steht jetzt die Annahme an Kindesstatt (B.G.B. §§ 1741 ff.) gleich.

[7] d. i. in der anhängigen Untersuchung, nicht in einer andern denselben Gegenstand behandelnden Rechtssache, M. 25, auch nicht in einer verbunden gewesenen Sache, wenn diese wieder getrennt ist. E. XVII. 173. R. X. 196.

[8] Auch bei einer Tätigkeit bloß formaler Natur. E. XXVIII. 53.

[9] Vgl. darüber E. XVII. 415. XXXVI. 208. R. X. 353.

[10] Der Antrag auf Vernehmung, auch die erfolgte Ladung genügt nicht, M. 24, auch nicht schriftliche amtliche Äußerung. E. XII. 180. R. VII. 266.

23. Ein Richter, welcher bei einer durch ein Rechtsmittel angefochtenen[1] Entscheidung mitgewirkt hat, ist von der Mitwirkung bei der Entscheidung in höherer Instanz kraft Gesetzes ausgeschlossen.

Der Untersuchungsrichter[2] darf[3] in denjenigen Sachen, in welchen er die Voruntersuchung geführt hat,[4] nicht Mitglied des erkennenden Gerichts sein, auch nicht bei einer außerhalb der Hauptverhandlung erfolgenden Entscheidung der Strafkammer mitwirken.

An dem Hauptverfahren vor der Strafkammer[5] dürfen[3] mehr als zwei von denjenigen Richtern, welche bei der Entscheidung über die Eröffnung des Hauptverfahrens[6] mitgewirkt haben, und namentlich der Richter, welcher Bericht über den Antrag der Staatsanwaltschaft erstattet hatte, nicht theilnehmen.

[1] Vgl. E. XXXI. 225.

[2] Auch § 183 Satz 1. Wird die Sache später dem Schöffengerichte überwiesen, so ist er ausgeschlossen. Nicht aber § 183 Satz 2, §§ 160, 163, 164.

[3] kraft Gesetzes bei Vermeidung der Nichtigkeit. E. I. 209. R. I. 753.

[4] oder — hinsichtlich der Beschlüsse außerhalb der Hauptverhandlung — noch führt, und zwar ganz oder teilweise. Vgl. N. 25 und § 72 G.V.G. E. XVIII. 269. — Untersuchungshandlungen, welche lediglich nicht mehr in Frage stehende Mitangeklagte betroffen haben, hindern nicht. E. II. 314. Ebensowenig bloße Eröffnung oder der bloße Schluß der V.U. sowie einzelne Untersuchungshandlungen des Stellvertreters lediglich formeller Natur ohne materielle Bedeutung. E. II. 314. IX. 285. XXI. 285. XXVIII. 358. R. II. 51. III. 155. V. 752. — Von einer Vernehmung gemäß § 222 ist der Untersuchungsrichter nicht ausgeschlossen. E. IV. 91. R. III. 159.

[5] Auch in der Berufungsinstanz. Nicht aber vor dem Schwurgericht und Schöffengericht, vor dem Oberlandesgericht und Reichsgericht. R. V. 423. VI. 64.

[6] Auch im Fall der §§ 202, 203, wenn demnächst durch das O.L.Gericht eröffnet ist. E. II. 209. R. I. 753, nicht aber im Fall des § 200. E. III. 81. R. II. 592.

Ablehnung.

24. Ein Richter[1] kann sowohl in den Fällen, in denen er von der Ausübung des Richteramts kraft Gesetzes ausgeschlossen ist, als auch wegen Besorgniß der Befangenheit abgelehnt werden.

Wegen Besorgniß der Befangenheit findet die Ablehnung statt, wenn ein Grund vorliegt, welcher geeignet ist, Mißtrauen gegen die Unparteilichkeit eines Richters zu rechtfertigen.

Das Ablehnungsrecht steht der Staatsanwaltschaft, dem Privatkläger[2] und dem Beschuldigten zu.[3] Den zur Ablehnung Berechtigten sind auf Verlangen die zur Mitwirkung bei der Entscheidung berufenen Gerichtspersonen namhaft zu machen.

[1] Die Ablehnung eines „Gerichts“ als solchen ist unzulässig. E. XXVII. 175.

[2] Auch dem Nebenkläger (§ 437) und der Verwaltungsbehörde in den Fällen § 464 (vgl. § 466) und § 467 (vgl. Abs. 2 das.).

[3] Vgl. auch § 30.

Verfahren.

25. Die Ablehnung eines Richters wegen Besorgniß der Befangenheit ist in der Hauptverhandlung erster Instanz nur bis zur Verlesung des Beschlusses über die Eröffnung des Hauptverfahrens,[1] in der Hauptverhandlung über die Berufung und die Revision nur bis zum Beginne der Berichterstattung[2] zulässig.[3]

[1] § 242 Abs. 2. Wohl aber wieder in einer neuen Hauptverhandlung. E. XIX. 333. [2] § 365, § 391.

[3] Auch wenn der Ablehnungsgrund erst später bekannt geworden. R. VIII. 356.

26. Das Ablehnungsgesuch ist bei dem Gerichte, welchem der Richter angehört,[1] anzubringen; es kann vor dem Gerichtsschreiber zu Protokoll erklärt werden.[2]

Der Ablehnungsgrund ist glaubhaft zu machen;[3] der Eid ist als Mittel der Glaubhaftmachung ausgeschlossen. Zur Glaubhaftmachung kann auf das Zeugniß[4] des abgelehnten Richters Bezug genommen werden.

Der abgelehnte Richter hat sich über den Ablehnungsgrund dienstlich zu äußern.[5]

[1] d. h. für den vorliegenden Fall, also bei der betreffenden Kammer, dem Schwurgericht rc., auch wenn der abgelehnte Richter (z. B. der Vorsitzende) sonst einem andern Gerichte angehört. E. XIX. 333.

[2] neben schriftlicher Anbringung und mündlicher Anbringung in der Hauptverhandlung. In letzterem Fall jedoch nicht Teil der Hauptverhandlung; §§ 225, 23 Abs. 3 finden daher keine Anwendung — E. XIII. 302. XXI. 250. R. VIII. 89 — und es kann die Strafkammer in der Besetzung von 3 Mitgliedern entscheiden. E. XXI. 250.

[3] Die „Glaubhaftmachung" unterscheidet sich von der früheren „Bescheinigung" durch das Vorwiegen des subjektiven Elementes

und die damit gegebene freiere Stellung des Richters. Vgl. auch E. XXVIII. 8.

[4] d. h. dienstliche Äußerung. Vgl. Abs. 3 und Prot. 164. Sitzung.

[5] Vgl. auch Anm. 7 zu § 27.

27. Ueber das Ablehnungsgesuch entscheidet das Gericht, welchem der Abgelehnte angehört;[1] wenn dasselbe durch Ausscheiden des abgelehnten Mitglieds beschlußunfähig wird,[2] das zunächst obere Gericht.[3]

Wird ein Untersuchungsrichter oder ein Amtsrichter[4] abgelehnt, so entscheidet das Landgericht.[5] Einer Entscheidung bedarf es nicht,[6] wenn der Abgelehnte das Ablehnungsgesuch für begründet hält.[7]

[1] Vgl. Anm. 1 zu § 26.

[2] § 194 G.V.G. gilt nämlich auch hier. M. 27. — Beschlußunfähigkeit so lange nicht vorhanden, als sie auf dem durch § 66 G.V.G. bestimmten Wege hergestellt werden kann. E. XXXX. 436.

[3] Vgl. § 15.

[4] auch im Schöffengericht; es tritt nicht etwa gemäß Abs. 1 sein Stellvertreter zur Entscheidung in das Gericht ein.

[5] d. h. die Strafkammer. § 72 Abs. 2 G.V.G.

[6] d. h. nur hinsichtlich des Untersuchungs- und Amtsrichters, wie aus dem Mangel eines Absatzes vor diesem Satze folgt. E. V. 437.

[7] Offenbar nicht ernstlich gemeinte, sondern lediglich zur Verschleppung der Sache angebrachte Ablehnungsgesuche können ohne weiteres Verfahren zurückgewiesen werden. E. XXX. 273.

28. Gegen den Beschluß, durch welchen das Ablehnungsgesuch für begründet erklärt wird, findet kein Rechtsmittel, gegen den Beschluß, durch welchen das Gesuch für unbegründet erklärt wird, findet sofortige Beschwerde[1] statt.

Der Beschluß, durch welchen ein gegen einen erkennenden Richter angebrachtes Ablehnungsgesuch für unbegründet erklärt wird, kann nicht für sich allein, sondern nur mit dem Urtheil[2] angefochten werden.[3]

[1] § 353. — § 346 Abs. 3 gilt aber auch hier. Prot. z. G.V.G. 719, 720.

[2] also nur durch Berufung oder Revision — entsprechend dem allgemeinen § 347.

[3] Gleichgültig, ob der Beschluß in oder vor der Hauptverhandlung erlassen ist. E. VII. 175. XXII. 135.

29. Ein abgelehnter Richter hat vor Erledigung des Ablehnungsgesuchs nur solche Handlungen vorzunehmen, welche keinen Aufschub gestatten.[1]

[1] Nicht aber ein kraft Gesetzes ausgeschlossener. Vgl. Anm. 1 zu § 22. — Ihm steht, sobald das Ablehnungsgesuch für begründet erklärt ist, der abgelehnte für fernere Handlungen gleich. Vgl. auch § 377 Nr. 3.

30. Das für die Erledigung eines Ablehnungsgesuchs zuständige Gericht[1] hat auch dann zu entscheiden, wenn ein solches Gesuch nicht angebracht ist, ein Richter aber von einem Verhältnisse Anzeige macht, welches seine Ablehnung rechtfertigen könnte, oder wenn aus anderer Veranlassung Zweifel darüber entstehen, ob ein Richter kraft Gesetzes[2] ausgeschlossen sei.[3]

[1] § 27. [2] §§ 22, 23.

[3] § 28 analog anwendbar; vgl. E. XXX. 123.

31. Die Bestimmungen dieses Abschnitts finden auf Schöffen und Gerichtsschreiber entsprechende Anwendung.[1]

Die Entscheidung über eine Ausschließung oder Ablehnung von Schöffen erfolgt durch den Amtsrichter. Ueber die Ausschließung oder Ablehnung eines Gerichtsschreibers entscheidet das Gericht oder der Richter, welchem derselbe beigegeben ist.

[1] Protokolle, die von einem nach § 22 ausgeschlossenen Gerichtsschreiber aufgenommen sind, gelten daher nicht als gerichtliche.

32. Die Bestimmungen des §. 22 finden auf Geschworene[1] Anwendung.[2]

[1] Vgl. für diese im übrigen §§ 279, 282—285. — § 24 ist auf diese nie anwendbar. E. XVIII. 238. R. X. 608.

[2] Ausschließung der Gerichtsvollzieher: § 156 G.V.G., der Dolmetscher: § 193 G.V.G., der Sachverständigen: § 74 St.P.O. Für die Staatsanwaltschaft sind entsprechende Vorschriften überhaupt nicht gegeben.

Vierter Abschnitt.

Gerichtliche Entscheidungen und deren Bekanntmachung.

1. Erlassung.

33. Die Entscheidungen[1] des Gerichts[2] werden, wenn sie im Laufe einer Hauptverhandlung ergehen, nach Anhörung der Betheiligten, wenn sie außerhalb einer Hauptverhandlung ergehen, nach erfolgter schriftlicher oder mündlicher Erklärung der Staatsanwaltschaft[3] erlassen.[4]

[1] d. s. Urteile, Beschlüsse, Verfügungen, einschließlich der bloß prozeßleitenden. M. 29.

[2] hier im Gegensatz zum einzelnen Richter, insbesondere dem Untersuchungsrichter und Amtsrichter im Vorverfahren. Vgl. Prot. 25, 27, 802, 803, 1121.

[3] Vgl. §§ 425, 437 hinsichtlich des Privat- und Nebenklägers.

[4] Hinsichtlich der Beurkundung und Unterschrift vgl. §§ 271, 273, 275 und Anm. 2, 3 zu § 275.

34. Die durch ein Rechtsmittel[1] anfechtbaren Entscheidungen sowie diejenigen, durch welche ein Antrag abgelehnt wird, sind mit Gründen[2] zu versehen.[3]

[1] Beschwerde, Berufung, Revision.

[2] Besondere Vorschriften: §§ 124 Abs. 2 (Haftbefehl), 202, 205 (Eröffnungsbeschlüsse), 266, 316 (Urteile).

[3] Verletzung begründet Revision nicht nur hinsichtlich des Urteils (§ 377 Nr. 7), sondern auch hinsichtlich anderer Beschlüsse, wenn das Urteil auf ihnen beruht. E. I. 32, 170, 366, 417. R. I. 266, 603, 612 u. a.

2. Bekanntmachung.

35. Entscheidungen,[1] welche in Anwesenheit der davon betroffenen Person ergehen, werden derselben durch Verkündung[2] bekannt gemacht. Auf Verlangen ist ihr eine Abschrift zu ertheilen.

Die Bekanntmachung anderer Entscheidungen erfolgt durch Zustellung.[3]

Dem nicht auf freiem Fuße Befindlichen ist das zugestellte[4] Schriftstück auf Verlangen vorzulesen.[5]

[1] Anm. 1 zu § 33. E. I. 345. R. I. 543.

[2] Seitens des Richters. M. 30 i. f.

[3] Vgl. § 170 Z.P.O. in Anm. 1 zu § 37.

[4] Durch die Vorlesung wird also die Zustellung nicht ersetzt. E. I. 345. R. I. 543.

[5] Vgl. für Preußen: § 15 der J.V. über die von Amts wegen zu bewirkenden Zustellungen v. 10./12. 99 (J.M.Bl. 728).

3. Zustellung (Vollstreckung).

36. Entscheidungen, die einer Zustellung oder Vollstreckung bedürfen, sind der Staatsanwaltschaft zu übergeben, welche das Erforderliche zu veranlassen hat.[1] Auf Entscheidungen, die lediglich den inneren Dienst der Gerichte oder die Ordnung in den Sitzungen betreffen, findet diese Bestimmung keine Anwendung.

Der Untersuchungsrichter und der Amtsrichter können Zustellungen aller Art sowie die Vollstreckung von Beschlüssen und Verfügungen unmittelbar veranlassen.[2]

[1] Siehe auch §§ 213, 221 Abs. 2. — Ausnahmen außer Satz 2 (§ 181 G.V.G.) und 3 dieses §: §§ 425 Abs. 2, 483 Abs. 3. — Der Satz ist übrigens nur instruktionell. E. VI. 179. R. VI. 323.

[2] Hinsichtlich des Amtsanwalts vgl. noch § 483 Abs. 2 und für Preußen: Geschäftsanw. v. 28./8. 79 (J.M.Bl. 261) Art. 24, jedoch auch J.V. v. 11./2. 80 (J.M.Bl. 33).

37. Auf das Verfahren bei Zustellungen finden die Vorschriften der Civilprozeßordnung über Zustellungen entsprechende Anwendung.[1]

[1] Z.P.O. §§ 166—213. Dieselben sind nachstehend abgedruckt. Soweit sie für das Strafverfahren (einschließlich der Privatklage) gänzlich unanwendbar erscheinen, sind die betreffenden Vorschriften mit Klammern versehen.

I. Zustellungen auf Betreiben der Parteien.

166. Die von den Parteien zu betreibenden Zustellungen erfolgen durch Gerichtsvollzieher.

(In dem Verfahren vor den Amtsgerichten kann die Partei den Gerichtsvollzieher unter Vermittelung des Gerichtsschreibers des Prozeßgerichts mit der Zustellung beauftragen. Das Gleiche gilt für Anwaltsprozesse in Ansehung der Zustellungen, durch welche eine Notfrist gewahrt werden soll.)

167. Die mündliche Erklärung einer Partei genügt, um den Gerichtsvollzieher zur Vornahme der Zustellung, den Gerichtsschreiber zur Beauftragung eines Gerichtsvollziehers mit der Zustellung zu ermächtigen.

Ist eine Zustellung durch einen Gerichtsvollzieher bewirkt, so wird bis zum Beweise des Gegentheils angenommen, daß dieselbe im Auftrage der Partei erfolgt sei.

168. (Insoweit eine Zustellung unter Vermittelung des Gerichtsschreibers zulässig ist, hat dieser einen Gerichtsvollzieher mit der erforderlichen Zustellung zu beauftragen, sofern nicht die Partei erklärt hat, daß sie selbst einen Gerichtsvollzieher beauftragen wolle; in Anwaltsprozessen ist die Erklärung nur zu berücksichtigen, wenn sie in dem zuzustellenden Schriftsatz enthalten ist.)

169. Die Partei hat dem Gerichtsvollzieher und, wenn unter Vermittelung des Gerichtsschreibers zuzustellen ist, diesem neben der Urschrift des zuzustellenden Schriftstücks eine der Zahl der Personen, welchen zuzustellen ist, entsprechende Zahl von Abschriften zu übergeben.

(Die Zeit der Uebergabe ist auf der Urschrift und den Abschriften zu vermerken und der Partei auf Verlangen zu bescheinigen.)

170. Die Zustellung besteht, wenn eine Ausfertigung zugestellt werden soll, in deren Uebergabe, in den übrigen Fällen in der Uebergabe einer beglaubigten Abschrift des zuzustellenden Schriftstücks.

Die Beglaubigung geschieht durch den Gerichtsvollzieher, bei den auf Betreiben von Rechtsanwälten (oder in Anwaltsprozessen) zuzustellenden Schriftstücken durch den Anwalt.

171. Die Zustellungen, welche an eine Partei bewirkt werden sollen, erfolgen für die nicht prozeßfähigen Personen an die gesetzlichen Vertreter derselben.[1]

Bei Behörden, Gemeinden und Korporationen, sowie bei Vereinen, welche als solche klagen und verklagt werden können, genügt die Zustellung an die Vorsteher.

Bei mehreren gesetzlichen Vertretern, sowie bei mehreren Vorstehern genügt die Zustellung an einen derselben.

[1] Gilt nicht für den Beschuldigten, hinsichtlich dessen der Begriff der Prozeßfähigkeit überhaupt keine Anwendung leidet (Prot. 803), wohl aber für den Privat- und Nebenkläger. § 414 Abs. 3, § 435.

172. Die Zustellung für einen Unteroffizier[1] oder einen Gemeinen des aktiven[2] Heeres oder der aktiven Marine erfolgt an den Chef der zunächst vorgesetzten Kommandobehörde (Chef der Kompagnie, Eskadron, Batterie usw.).

[1] Für Offiziere gelten die allgemeinen Vorschriften. S. jedoch § 48 Abs. 2, § 72.

[2] Vgl. Anm. 6 zu § 34 G.V.G.

173. (Die Zustellung erfolgt an den Generalbevollmächtigten, sowie in den durch den Betrieb eines Handelsgewerbes hervorgerufenen Rechtsstreitigkeiten an den Prokuristen mit gleicher Wirkung, wie an die Partei selbst.)

174. (Wohnt eine Partei weder am Orte des Prozeßgerichts noch innerhalb des Amtsgerichtsbezirks, in welchem das Prozeßgericht seinen Sitz hat, so kann das Gericht, falls sie nicht einen in diesem Orte oder Bezirke wohnhaften Prozeßbevollmächtigten bestellt hat, auf Antrag anordnen, daß sie eine daselbst wohnhafte Person zum Empfange der für sie bestimmten Schriftstücke bevollmächtige. Diese Anordnung kann ohne vorgängige mündliche Verhandlung erfolgen. Eine Anfechtung des Beschlusses findet nicht statt.

Wohnt die Partei nicht im Deutschen Reiche, so ist sie auch ohne vorgängige Anordnung des Gerichts zur Benennung eines Zustellungsbevollmächtigten verpflichtet, falls sie nicht einen in dem durch den ersten Absatz bezeichneten Orte oder Bezirke wohnhaften Prozeßbevollmächtigten bestellt hat.)

175. (Der Zustellungsbevollmächtigte ist bei der nächsten gerichtlichen Verhandlung oder, wenn die Partei vorher dem Gegner einen Schriftsatz zustellen läßt, in diesem zu benennen. Geschieht dies nicht, so können alle späteren Zustellungen bis zur nachträglichen Benennung in der Art bewirkt werden, daß der Gerichtsvollzieher das zu übergebende Schriftstück unter der Adresse der Partei nach ihrem Wohnorte zur Post giebt. Die Zustellung wird mit der Aufgabe zur Post als bewirkt angesehen, selbst wenn die Sendung als unbestellbar zurückkommt.

Die Postsendungen sind mit der Bezeichnung „Einschreiben“ zu versehen, wenn die Partei es verlangt und zur Zahlung der Mehrkosten sich bereit erklärt.)

176. (Zustellungen, welche in einem anhängigen Rechtsstreite geschehen sollen, müssen an den für die Instanz bestellten Prozeßbevollmächtigten erfolgen.[1])

[1] Vgl. für den Anwalt des Privatklägers eine entsprechende (jedoch „können“) Bestimmung in § 418, des Nebenklägers in § 437.

177. (Ist der Aufenthalt eines Prozeßbevollmächtigten unbekannt, so hat das Prozeßgericht auf Antrag die Zustellung an den Zustellungsbevollmächtigten, in Ermangelung eines solchen an den Gegner selbst zu bewilligen.

Die Entscheidung über den Antrag kann ohne vorgängige mündliche Verhandlung erlassen werden. Eine Anfechtung der die Zustellung bewilligenden Entscheidung findet nicht statt.)

178. (Als zu der Instanz gehörig sind im Sinne des § 176 auch diejenigen Prozeßhandlungen anzusehen, welche das Verfahren vor dem Instanzgerichte infolge eines Einspruchs, einer Aufhebung des Urteils des Instanzgerichts, einer Wiederaufnahme des Verfahrens oder eines neuen Vorbringens in der Zwangsvollstreckungsinstanz zum Gegenstande haben. Das Verfahren vor dem Vollstreckungsgerichte ist als zur ersten Instanz gehörig anzusehen.)

179. (Die Zustellung eines Schriftsatzes, durch welche ein Rechtsmittel eingelegt wird, erfolgt an den Prozeßbevollmächtigten derjenigen Instanz, deren Entscheidung angefochten wird, in Ermangelung eines solchen an den Prozeßbevollmächtigten erster Instanz. Ist von dem Gegner bereits ein Prozeßbevollmächtigter für die höhere, zur Verhandlung und Entscheidung über das Rechtsmittel zuständige Instanz bestellt, so kann die Zustellung auch an diesen Prozeßbevollmächtigten erfolgen.

Ist ein Prozeßbevollmächtigter, welchem nach Maßgabe des Abs. 1 zugestellt werden kann, nicht vorhanden, so erfolgt die Zustellung an den von dem Gegner, wenngleich nur für die erste Instanz, bestellten Zustellungsbevollmächtigten, in Ermangelung eines solchen an den Gegner selbst, und zwar an diesen durch Aufgabe zur Post, wenn er einen Zustellungsbevollmächtigten zu bestellen hatte, die Bestellung aber unterlassen hat.

Ist der Aufenthalt des Prozeßbevollmächtigten, welchem zuzustellen ist, unbekannt, so finden die Vorschriften des § 177 entsprechende Anwendung.)

180. Die Zustellungen können an jedem Orte erfolgen, wo die Person, welcher zugestellt werden soll, angetroffen wird.

Hat die Person an diesem Orte eine Wohnung oder ein Geschäftslokal, so ist die außerhalb der Wohnung oder des Geschäftslokals an sie erfolgte Zustellung nur gültig, wenn die Annahme nicht verweigert ist.

181. Wird die Person, welcher zugestellt werden soll, in ihrer Wohnung nicht angetroffen, so kann die Zustellung in der Wohnung an einen zu der Familie gehörenden erwachsenen Hausgenossen oder an eine in der Familie dienende erwachsene Person erfolgen.

Wird eine solche Person nicht angetroffen, so kann die

Zustellung an den in demselben Hause wohnenden Hauswirth oder Vermiether erfolgen, wenn diese zur Annahme des Schriftstücks bereit sind.[1]

[1] S. hier und zu §§ 182, 183 Z.P.O. den § 44 Satz 2.

182. Ist die Zustellung nach diesen Bestimmungen nicht ausführbar, so kann sie dadurch erfolgen, daß das zu übergebende Schriftstück auf der Gerichtsschreiberei des Amtsgerichts, in dessen Bezirke der Ort der Zustellung gelegen ist, oder an diesem Orte bei der Postanstalt oder dem Gemeindevorsteher oder dem Polizeivorsteher niedergelegt und die Niederlegung sowohl durch eine an der Thür der Wohnung zu befestigende schriftliche Anzeige, als auch, soweit thunlich, durch mündliche Mittheilung an zwei in der Nachbarschaft wohnende Personen bekannt gemacht wird.

183. Für Gewerbetreibende, welche ein besonderes Geschäftslokal haben, kann, wenn sie in dem Geschäftslokale nicht angetroffen werden, die Zustellung an einen darin anwesenden Gewerbegehülfen erfolgen.

Wird ein Rechtsanwalt, ein Notar oder ein Gerichtsvollzieher in seinem Geschäftslokale nicht angetroffen, so kann die Zustellung an einen darin anwesenden Gehülfen oder Schreiber erfolgen.

184. Wird der gesetzliche Vertreter oder der Vorsteher einer Behörde, einer Gemeinde, einer Korporation oder eines Vereins, welchem zugestellt werden soll, in dem Geschäftslokale während der gewöhnlichen Geschäftsstunden nicht angetroffen, oder ist er an der Annahme verhindert, so kann die Zustellung an einen anderen in dem Geschäftslokale anwesenden Beamten oder Bediensteten bewirkt werden.

Wird der gesetzliche Vertreter oder der Vorsteher in seiner Wohnung nicht angetroffen, so finden die Bestimmungen der §§. 181, 182 nur Anwendung, wenn ein besonderes Geschäftslokal nicht vorhanden ist.

185. Die Zustellung an eine der in den §§. 181, 183 und im §. 184 Abs. 1 bezeichneten Personen hat zu unterbleiben, wenn die Person an dem Rechtsstreit als Gegner der Partei, an welche die Zustellung erfolgen soll, betheiligt ist.

186. Wird die Annahme der Zustellung ohne gesetzlichen Grund verweigert, so ist das zu übergebende Schriftstück am Orte der Zustellung zurückzulassen.

187. Ergiebt sich aus den Erklärungen einer Partei, daß eine ihr unter Verletzung der Vorschriften der §§. 181—186 zugestellte Ladung in ihre Hände gelangt ist, so ist die Zustellung als mit dem Zeitpunkte bewirkt anzusehen, in welchem die Partei nach ihren Erklärungen die Ladung erhalten hat.

188. Zur Nachtzeit, sowie an Sonntagen und allgemeinen Feiertagen darf eine Zustellung, (sofern sie nicht durch Aufgabe zur Post bewirkt wird,) nur mit richterlicher[1] Erlaubniß erfolgen. Die Nachtzeit umfaßt in dem Zeitraume vom 1. April bis 30. September die Stunden von neun Uhr Abends bis vier Uhr Morgens und in dem Zeitraume vom 1. Oktober bis 31. März die Stunden von neun Uhr Abends bis sechs Uhr Morgens.

Die Erlaubniß wird von dem Vorsitzenden des Prozeßgerichts ertheilt; sie kann auch von dem Amtsrichter, in dessen Bezirke die Zustellung erfolgen soll, und in Angelegenheiten, welche durch einen beauftragten oder ersuchten Richter zu erledigen sind, von diesem ertheilt werden.

Die Verfügung, durch welche die Erlaubniß ertheilt wird, ist bei der Zustellung abschriftlich mitzutheilen.

Eine Zustellung, bei welcher die Bestimmungen dieses Paragraphen nicht beobachtet sind, ist gültig, wenn die Annahme nicht verweigert ist.

[1] Bei von der Staatsanwaltschaft veranlaßten Zustellungen tritt an die Stelle des Richters der Staatsanwalt neben dem Amtsrichter des Bezirks.

189. (Ist bei einer Zustellung an den Vertreter mehrerer Betheiligter oder an einen von mehreren Vertretern die Uebergabe der Ausfertigung oder Abschrift eines Schriftstücks erforderlich, so genügt die Uebergabe nur einer Ausfertigung oder Abschrift.

Einem Zustellungsbevollmächtigten mehrerer Betheiligter sind so viele Ausfertigungen oder Abschriften zu übergeben, als Betheiligte vorhanden sind.)

190. Ueber die Zustellung ist eine Urkunde aufzunehmen.

Dieselbe ist auf die Urschrift des zuzustellenden Schriftstücks oder auf einen mit derselben zu verbindenden Bogen zu setzen.

Eine durch den Gerichtsvollzieher beglaubigte Abschrift der Zustellungsurkunde ist auf das bei der Zustellung zu übergebende Schriftstück oder auf einen mit demselben zu verbindenden Bogen zu setzen.

Die Zustellungsurkunde ist der Partei, für welche die Zustellung erfolgt, zu übermitteln.

191. Die Zustellungsurkunde muß enthalten:

1. Ort und Zeit der Zustellung;
2. die Bezeichnung der Person, für welche zugestellt werden soll;
3. die Bezeichnung der Person, an welche zugestellt werden soll;
4. die Bezeichnung der Person, welcher zugestellt ist; in den Fällen der §§. 181, 183, 184 die Angabe des Grundes, durch welchen die Zustellung an die bezeichnete Person gerechtfertigt wird; wenn nach §. 182 verfahren ist, die Bemerkung, wie die darin enthaltenen Vorschriften befolgt sind;
5. im Falle der Verweigerung der Annahme die Erwähnung, daß die Annahme verweigert und das zu übergebende Schriftstück am Orte der Zustellung zurückgelassen ist;
6. die Bemerkung, daß eine Ausfertigung oder eine beglaubigte Abschrift des zuzustellenden Schriftstücks und daß eine beglaubigte Abschrift der Zustellungsurkunde übergeben ist;
7. die Unterschrift des die Zustellung vollziehenden Beamten.

192. (Ist die Zustellung durch Aufgabe zur Post (§. 175) erfolgt, so muß die Zustellungsurkunde den Bestimmungen des vorstehenden Paragraphen unter Nr. 2, 3, 7 entsprechen und außerdem ergeben, zu welcher Zeit, unter welcher Adresse und bei welcher Postanstalt die Aufgabe geschehen ist.)

193. Zustellungen können auch durch die Post erfolgen.

194. Wird durch die Post zugestellt, so hat der Gerichtsvollzieher einen durch sein Dienstsiegel verschlossenen, mit der Adresse der Person, an welche zugestellt werden soll, versehenen und mit einer Geschäftsnummer bezeichneten Briefumschlag, in welchem die zuzustellende Ausfertigung oder die beglaubigte Abschrift des zuzustellenden Schriftstücks enthalten ist, der Post mit dem Ersuchen zu übergeben, die Zustellung einem Postboten des Bestimmungsorts aufzutragen.

Der Gerichtsvollzieher hat auf dem bei der Zustellung zu übergebenden Schriftstücke zu vermerken, für welche Person er dasselbe der Post übergiebt, und auf der Urschrift des zuzustellenden Schriftstücks oder auf einem mit derselben zu verbindenden Bogen zu bezeugen, daß die Uebergabe in der im Abs. 1 bezeichneten Art und für wen sie geschehen ist.

195. Die Zustellung durch den Postboten erfolgt in Gemäßheit der Bestimmungen der §§. 180—186.

Ueber die Zustellung ist von dem Postboten eine Urkunde aufzunehmen, welche den Bestimmungen des §. 191 Nr. 1, 3—5, 7 entsprechen und außerdem die Uebergabe des seinem Verschlusse, seiner Adresse und seiner Geschäftsnummer nach bezeichneten Briefumschlags, sowie der Abschrift der Zustellungsurkunde bezeugen muß.

Die Urkunde ist von dem Postboten der Postanstalt und von dieser dem Gerichtsvollzieher zu überliefern, welcher mit derselben in Gemäßheit der Bestimmung des §. 190 Abs. 4 zu verfahren hat.

196. Insoweit eine Zustellung unter Vermittelung des Gerichtsschreibers zulässig ist, kann derselbe unmittelbar die Post um Bewirkung der Zustellung ersuchen. In diesem Falle finden die Vorschriften der §§. 194, 195 auf den Gerichtsschreiber entsprechende Anwendung; die erforderliche Beglaubigung erfolgt durch den Gerichtsschreiber.

197. Ist eine Zustellung durch einen Gerichtsvollzieher bewirkt, obgleich sie durch die Post hätte erfolgen können, so hat die zur Erstattung der Prozeßkosten verurtheilte Partei die Mehrkosten nicht zu tragen.

198. (Sind die Parteien durch Anwälte vertreten, so kann die Zustellung von Anwalt zu Anwalt erfolgen.

Zum Nachweise der Zustellung genügt das mit Datum und Unterschrift versehene schriftliche Empfangsbekenntniß des Anwalts, welchem zugestellt worden ist. Der Anwalt, welcher zustellt, hat dem anderen Anwalt auf Verlangen eine Bescheinigung über die Zustellung zu ertheilen.)

199. Eine im Auslande[1] zu bewirkende Zustellung erfolgt mittels Ersuchens der zuständigen Behörde des fremden Staates oder des in diesem Staate residirenden Konsuls oder Gesandten des Reichs.[2]

[1] Vgl. Anm. 1 zu § 9.

[2] Für Preußen vgl. J.V. v. 29./5. 05 (J.M.Bl. 159) nebst den Berichtigungen J.M.Bl. 1906 S. 44, 1908 S. 221 und dazu das neueste Verzeichnis der zur Vernehmung von Zeugen usw. zuständigen Konsuln J.M.Bl. 1907 S. 377.

200. Zustellungen an Deutsche, welche das Recht der Exterritorialität[1] genießen, erfolgen, wenn dieselben zur Mission des Reichs gehören, mittels Ersuchens des Reichskanzlers; wenn dieselben zur Mission eines Bundesstaates gehören, mittels Ersuchens des Ministers der auswärtigen Angelegenheiten dieses Bundesstaates.

Zustellungen an die Vorsteher der Reichskonsulate erfolgen mittels Ersuchens des Reichskanzlers.

[1] Vgl. Anm. zu § 11.

201. Zustellungen an Personen, welche zu einem im Auslande befindlichen oder zu einem mobilen Truppentheile oder zur Besatzung eines in Dienst gestellten Kriegsfahrzeuges gehören, können mittels Ersuchens der vorgesetzten Kommandobehörde erfolgen.

202. Die erforderlichen Ersuchungsschreiben werden von dem Vorsitzenden[1] des Prozeßgerichts erlassen.

Die Zustellung wird durch das schriftliche Zeugniß der ersuchten Behörden oder Beamten, daß die Zustellung erfolgt sei, nachgewiesen.

[1] bzw. dem Staatsanwalt.

203. Ist der Aufenthalt einer Partei unbekannt, so kann die Zustellung durch öffentliche Bekanntmachung erfolgen.[1]

Die öffentliche Zustellung ist auch dann zulässig, wenn bei einer im Auslande zu bewirkenden Zustellung die Befolgung der für diese bestehenden Vorschriften unausführbar ist oder keinen Erfolg verspricht.

Das Gleiche gilt, wenn die Zustellung aus dem Grunde nicht bewirkt werden kann, weil die Wohnung einer nach den §§. 18, 19 des Gerichtsverfassungsgesetzes der Gerichtsbarkeit nicht unterworfenen Person der Ort der Zustellung ist.

[1] Die §§ 203—206 gelten nicht für den Beschuldigten, für welchen § 40 St.P.O. besondere Vorschriften enthält, sondern nur für andere Beteiligte, z. B. Privatkläger, Bürgen des Beschuldigten u.s.w.

204. Die öffentliche Zustellung wird, nachdem sie auf ein Gesuch der Partei vom Prozeßgerichte bewilligt ist, durch den Gerichtsschreiber von Amtswegen besorgt. Die Entscheidung über das Gesuch kann ohne vorgängige mündliche Verhandlung erlassen werden.

Die öffentliche Zustellung erfolgt durch Anheftung der zuzustellenden Ausfertigung oder einer beglaubigten Abschrift des zuzustellenden Schriftstücks an die Gerichtstafel. Enthält das Schriftstück eine Ladung, so ist außerdem die zweimalige Einrückung eines Auszugs des Schriftstücks in dasjenige Blatt, welches für den Sitz des Prozeßgerichts zur Veröffentlichung der amtlichen Bekanntmachungen bestimmt ist, sowie die einmalige Einrückung des Auszugs in den Deutschen Reichsanzeiger erforderlich.

Das Prozeßgericht kann anordnen, daß der Auszug noch in andere Blätter und zu mehreren Malen eingerückt werde.

205. In dem Auszuge des Schriftstücks müssen das Prozeßgericht, die Parteien, der Gegenstand des Prozesses, der Antrag, der Zweck der Ladung und die Zeit, zu welcher der Geladene erscheinen soll, bezeichnet werden.

206. Das eine Ladung enthaltende Schriftstück gilt als an dem Tage zugestellt, an welchem seit der letzten Einrückung des Auszugs in die öffentlichen Blätter ein Monat verstrichen ist. Das Prozeßgericht kann bei Bewilligung der öffentlichen Zustellung den Ablauf einer längeren Frist für erforderlich erklären.

Enthält das Schriftstück keine Ladung, so ist dasselbe als zugestellt anzusehen, wenn seit der Anheftung des Schriftstücks an die Gerichtstafel zwei Wochen verstrichen sind.

Auf die Gültigkeit der Zustellung hat es keinen Einfluß, wenn das anzuheftende Schriftstück von dem Orte der Anheftung zu früh entfernt wird.

207. Wird auf ein Gesuch, welches die Zustellung eines demselben beigefügten Schriftstücks mittels Ersuchens anderer Behörden oder Beamten oder mittels öffentlicher Bekanntmachung betrifft, die Zustellung demnächst bewirkt, so treten, insoweit durch die Zustellung eine Frist gewahrt und der Lauf der Verjährung oder einer Frist unterbrochen wird, die Wirkungen der Zustellung bereits mit der Ueberreichung des Gesuchs ein.

(Wird ein Schriftsatz, dessen Zustellung unter Vermittelung des Gerichtsschreibers erfolgen soll, innerhalb einer Frist von zwei Wochen nach der Einreichung bei dem Gerichtsschreiber zugestellt, so tritt, sofern durch die Zustellung eine Nothfrist gewahrt wird, die Wirkung der Zustellung bereits mit der Einreichung ein.)

II. Zustellungen von Amtswegen.

208. Auf die von Amtswegen zu bewirkenden Zustellungen[1] finden die Vorschriften über die Zustellungen auf Betreiben der Parteien entsprechende Anwendung, soweit nicht aus den nachfolgenden Bestimmungen sich Abweichungen ergeben.

[1] Für Preußen vgl. J.V. v. 10./12. 99 (J.M.Bl. 728), v. 12./9. 00 (J.M.Bl. 564), v. 28./9. 00 (J.M.Bl. 585), v. 7./3. 06 (J.M.Bl. 69) u. v. 6./4. 06 (J.M.Bl. 99).

209. Für die Bewirkung der Zustellung hat der Gerichtsschreiber Sorge zu tragen.

210. Die Beglaubigung der bei der Zustellung zu übergebenden Abschrift geschieht durch den Gerichtsschreiber.

211. Der Gerichtsschreiber hat das zu übergebende Schriftstück in einem durch das Gerichtssiegel verschlossenen, mit der Adresse der Person, an welche zugestellt werden soll, versehenen und mit einer Geschäftsnummer[1] bezeichneten Briefumschlag einem Gerichtsdiener oder der Post zur Zustellung auszuhändigen. Auf den Briefumschlag ist der Vermerk zu setzen: Vereinfachte Zustellung.

Die auf dem Briefumschlag angegebene Geschäftsnummer ist in den Akten zu vermerken.

Die Vorschrift des §. 194 Abs. 2 findet keine Anwendung.

[1] Vgl. dazu E. XXXVII. 156.

212. Die Beurkundung der Zustellung durch den Gerichtsdiener oder den Postboten erfolgt nach den Vorschriften des §. 195 Abs. 2 mit der Maßgabe, daß eine Abschrift der Zustellungsurkunde nicht zu übergeben, der Tag der Zustellung jedoch auf dem Briefumschlage zu vermerken ist.

Die Zustellungsurkunde ist dem Gerichtsschreiber zu überliefern.

213. (Ist die Zustellung durch Aufgabe zur Post (§. 175) erfolgt, so hat der Gerichtsschreiber in den Akten zu vermerken, zu welcher Zeit und unter welcher Adresse die Aufgabe geschehen ist. Der Aufnahme einer Zustellungsurkunde bedarf es nicht.)

38. Die bei dem Strafverfahren betheiligten Personen, denen die Befugniß beigelegt ist, Zeugen und Sachverständige unmittelbar[1] zu laden, haben mit der Zustellung der Ladung den Gerichtsvollzieher zu beauftragen.

[1] §§ 193, 219, 364, 426, 437, 466, 467.

39. Für das die öffentliche Klage vorbereitende Verfahren, für die Voruntersuchung und für das Verfahren bei der Strafvollstreckung können durch Anordnung der Landesjustizverwaltung einfachere Formen für den Nachweis der Zustellung zugelassen werden.[1]

[1] Preußen: J.V. v. 16./7. 79 (J.M.Bl. 194), welche infolge der neuen Bestimmungen der Z.P.O. §§ 208—212 (Anm. zu § 37) nunmehr bezüglich der Vorschriften sub I. durch J.V. v. 10./12. 99 (J.M.Bl. 728) § 17 wieder aufgehoben ist.

40. Kann eine Zustellung an einen Beschuldigten,[1] welchem eine Ladung zur Hauptverhandlung[2] noch nicht zugestellt war, nicht in der vorgeschriebenen Weise im Deutschen Reich bewirkt werden, und erscheint die Befolgung der für Zustellungen im Auslande bestehenden Vorschriften[3] unausführbar oder voraussichtlich erfolglos, so gilt die Zustellung als erfolgt,[4] wenn der Inhalt des zuzustellenden Schriftstücks durch ein deutsches oder ausländisches Blatt bekannt gemacht worden ist und seit dem Erscheinen dieses Blattes zwei Wochen[5] verflossen sind. Die Auswahl des Blattes steht dem die Zustellung veranlassenden Beamten[6] zu.

War die Ladung zur Hauptverhandlung dem Angeklagten schon vorher zugestellt, so gilt eine weitere Zustellung[7] an denselben, wenn sie nicht in der vorgeschriebenen Weise im Deutschen Reich bewirkt werden kann, als erfolgt, sobald das zuzustellende Schriftstück zwei Wochen an der Gerichtstafel des Gerichts erster Instanz[8] angeheftet gewesen ist. Von Urtheilen und Beschlüssen wird nur der entscheidende Theil angeheftet.

[1] Vgl. Anm. 1 zu § 203 Z.P.O. (Anm. zu § 37).

[2] § 215, nicht etwa auch § 199, § 214. [3] §§ 199 ff. Z.P.O.

[4] Besondere Vorschriften s. in den §§ 320, 321, 473. — Abs. 2 dieses § gilt jedoch auch in diesen Fällen. Vgl. § 323, § 476.

[5] Vgl. § 43. [6] Staatsanwalt oder Richter (§ 36).

[7] Ohne Ausnahme. Daher auch eine Ladung zu einer etwaigen zweiten Hauptverhandlung.

[8] Sollte auch die Sache in höherer Instanz anhängig sein.

41. Zustellungen an die Staatsanwaltschaft erfolgen durch Vorlegung der Urschrift des zuzustellenden Schriftstücks. Wenn mit der Zustellung der Lauf einer Frist beginnt, so ist der Tag der Vorlegung von der Staatsanwaltschaft auf der Urschrift zu vermerken.

Fünfter Abschnitt.

Fristen und Wiedereinsetzung in den vorigen Stand.

Berechnung der Fristen.

42. Bei der Berechnung einer Frist, welche nach Tagen bestimmt ist, wird der Tag nicht mitgerechnet, auf welchen der Zeitpunkt oder das Ereigniß fällt, nach welchem der Anfang der Frist sich richten soll.[1]

[1] Vgl. den auch hier anwendbaren Abs. 2 des § 43. — Die Ferien sind einflußlos. §§ 201 ff. G.V.G.

43. Eine Frist, welche nach Wochen oder Monaten bestimmt ist, endigt mit Ablauf desjenigen Tages der letzten Woche oder des letzten Monats, welcher durch seine Benennung oder Zahl dem Tage entspricht, an welchem die Frist begonnen hat; fehlt dieser Tag in dem letzten Monate, so endigt die Frist mit Ablauf des letzten Tages dieses Monats.

Fällt das Ende einer Frist auf einen Sonntag oder allgemeinen Feiertag,[1] so endigt die Frist mit Ablauf des nächstfolgenden Werktages.

[1] Nach Landesrecht zu bestimmen. Vgl. E. IV. 240. XVII. 56. R. III. 365. Über den Begriff des allgemeinen Feiertags vgl. E. XXXI. 221. XXXIII. 438. Hinsichtlich des Karfreitags vgl. preuß. G. v. 2./9. 99 (G.S. 161).

Wiedereinsetzung in den vorigen Stand.

1. Zulässigkeit.

44. Gegen die Versäumung[1] einer Frist[2] kann die Wiedereinsetzung in den vorigen Stand[3] beansprucht werden,[4] wenn der Antragsteller durch Naturereignisse oder andere unabwendbare Zufälle[5] an der Einhaltung der Frist verhindert worden ist. Als unabwendbarer Zufall ist es anzusehen, wenn der Antragsteller von einer Zustellung ohne sein Verschulden keine Kenntniß erlangt hat.[6]

[1] Maßgebend ist der Zeitpunkt des Eingangs in die Hände eines zur Empfangnahme zuständigen Beamten, nicht etwa in einen im Gerichtsgebäude befindlichen Briefkasten. E. X. 74. XXII. 124. R. VI. 85. Vgl. auch R. VI. 63. Auf die Einhaltung der Dienststunden und ob die Empfangnahme im Gerichtsgebäude geschieht, kommt es nicht an, wenn nicht durch besondere Dienstvorschriften die Befugnis zum Empfang insoweit eingeschränkt ist. E. XXXI. 4.

[2] W. i. d. v. St. gegen Versäumung von Terminen siehe in den §§ 234, 370, 431, 452.

[3] Spezialbestimmungen siehe noch in den §§ 356, 382, 431, 452, 455, 461.

[4] Von jedem Beteiligten, daher auch z. B. der Staatsanwaltschaft, dem Bürgen im Fall des § 122 Abs. 2. — § 338 Abs. 2 findet aber keine Anwendung. E. XXII. 31.

[5] Dahin gehören namentlich auch Unregelmäßigkeiten im Geschäftsbetriebe, überhaupt Verschulden einer Behörde, vgl. E. II. 271. R. I. 179, E. XXXI. 19; dagegen in der Regel nicht des Verteidigers. E. X. 74. R. I. 689. VI. 85. VIII. 508 —, wohl aber dessen Geschäftspersonals. E. XXXV. 109; vgl. auch E. XXXX. 118.

[6] Mit Rücksicht auf §§ 181—184 Z.P.O. (Anm. zu § 37), aber auch § 203 das. und § 40 St.P.O.

2. **Verfahren.**

45. Das Gesuch um Wiedereinsetzung in den vorigen Stand muß binnen einer Woche[1] nach Beseitigung des Hindernisses bei demjenigen Gerichte, bei welchem die Frist wahrzunehmen gewesen wäre, unter Angabe und Glaubhaftmachung[2] der Versäumungsgründe angebracht werden.[3]

Mit dem Gesuch ist zugleich die versäumte Handlung selbst nachzuholen.

[1] § 43. [2] Vgl. Anm. 3 zu § 26.

[3] Eine besondere Form ist an sich nicht vorgeschrieben, sie kann jedoch nach Abs. 2 erforderlich sein und ist dann insoweit auch für Zulassung der Wiedereinsetzung notwendig.

46. Ueber das Gesuch entscheidet[1] dasjenige Gericht, welches bei rechtzeitig erfolgter Handlung zur Entscheidung in der Sache selbst berufen gewesen wäre.

Die dem Gesuche stattgebende Entscheidung unterliegt keiner Anfechtung.

Gegen die das Gesuch verwerfende Entscheidung findet sofortige Beschwerde[2] statt.[3]

[1] Durch Beschluß. Vgl. auch § 33.

[2] § 353. — § 346 Abs. 3 gilt aber auch hier. Vgl. Anm. 1 zu § 28.

[3] Hinsichtlich der Kosten s. § 505 Abs. 3 und G.K.G. § 66 Nr. 1.

47. Durch das Gesuch um Wiedereinsetzung in den vorigen Stand wird die Vollstreckung einer gerichtlichen Entscheidung nicht gehemmt.

Das Gericht[1] kann jedoch einen Aufschub der Vollstreckung anordnen.

[1] des § 46. Für eine einstweilige Aussetzung in dringenden Fällen wird jedoch auch das Gericht des § 45 und die Staatsanwaltschaft für befugt zu erachten sein. Vgl. auch § 349 Abs. 2 im Falle des § 46 Abs. 3.

Sechster Abschnitt.

Zeugen.

1. Ladung.

48. Die Ladung[1] der Zeugen[2] geschieht[3] unter Hinweis auf die gesetzlichen Folgen des Ausbleibens.[4]

Die Ladung[5] einer dem aktiven[6] Heere oder der aktiven[6] Marine angehörenden Person des Soldatenstandes[7] als Zeugen erfolgt durch Ersuchen der Militärbehörde.[8]

[1] Regelmäßig schriftliche; mündliche und telegraphische ist jedoch nicht ausgeschlossen. Vgl. E. XXXV. 232.

[2] Sind sie unmittelbare Staatsbeamte, so vgl. für Preußen auch J.V. v. 17./5. 83 (J.M.Bl. 155), v. 13./3. 84 (J.M.Bl. 54), 19./2. 95 (J.M.Bl. 56) u. 21./4. 06 (J.M.Bl. 112).

[3] § 36 und Anm. 1 das., direkte Ladung seitens des Gerichts jedoch nicht unzulässig. — S. auch § 38.

[4] § 50. — Im übrigen ist der Inhalt der Ladung nicht vorgeschrieben.

[5] Die Vernehmung erfolgt durch das Zivil- und nicht durch das Militärgericht auch im Fall auswärtiger Vernehmung.

[6] Anm. 6 zu § 34 G.V.G.

[1] G. v. 9./11. 67 (B.G.Bl. 131) §§ 6, 7, 15. — Militär-St.G.B. §§ 4—6 und Verzeichnis A. in der Beilage desselben. Militärbeamte gehören nicht zum Soldatenstande.

[2] Die betreffenden Militärbehörden sind bezeichnet R.C.Bl. 1880 Nr. 26, auch preuß. J.M.Bl. 1880 S. 157.

49. Der Reichskanzler, die Minister eines Bundesstaates, die Mitglieder der Senate der freien Hansestädte, die Vorstände der obersten Reichsbehörden[1] und die Vorstände der Ministerien sind an ihrem Amtssitze[2] oder, wenn sie sich außerhalb desselben aufhalten, an ihrem Aufenthaltsorte[3] zu vernehmen.

Die Mitglieder des Bundesraths sind während ihres Aufenthalts am Sitze des Bundesraths an diesem Sitze, und die Mitglieder einer deutschen gesetzgebenden Versammlung während der Sitzungsperiode[3] und ihres Aufenthalts am Orte der Versammlung an diesem Orte zu vernehmen.

Zu einer Abweichung von den vorstehenden Bestimmungen bedarf es:

in Betreff des Reichskanzlers der Genehmigung des Kaisers,

in Betreff der Minister und der Mitglieder des Bundesraths der Genehmigung des Landesherrn,

in Betreff der Mitglieder der Senate der freien Hansestädte der Genehmigung des Senats,

in Betreff der übrigen vorbezeichneten Beamten der Genehmigung ihres unmittelbaren Vorgesetzten,

in Betreff der Mitglieder einer gesetzgebenden Versammlung der Genehmigung der letzteren.[4]

[1] Verzeichnis I. zur V. v. 23./11. 74 (R.G.Bl. 136), ferner: Reichsbank-Direktorium V. v. 19./12. 75 (R.G.Bl. 378), Reichspostamt V. v. 22./12. 75 (R.G.Bl. 379), A.E. v. 23./2. 80 (R.G.Bl. 25), Reichsjustizamt-Etat pro 1877/78 (R.G.Bl. 446), Reichsamt f. d. Verw. d. Reichseisenbahnen A.E. v. 27./5. 78 (R.G.Bl. 1879 S. 193), Reichsschatzamt A.E. v. 14./7. 79 (R.G.Bl. 196), Reichsgericht (G.V.G. §§ 125 ff.), Reichsamt des Innern A.E. v. 24./12. 79 (R.G.Bl. 321), Reichs-Marine-Amt A.E. v. 30./3. 89 (R.G.Bl. 47), Reichsmilitärgericht (M.St.G.O. §§ 71 ff.; vgl. auch V. v. 14./5. 01 [R.G.Bl. 173], Reichs-Kolonialamt A.E. v. 17./5. 07 (R.G.Bl. 239).

[2] d. i. Ort (Ortschaft) des Amtssitzes oder Aufenthaltsortes, nicht am Orte des betreffenden Gerichtssitzes, andererseits aber auch nicht in der Wohnung.

[3] Hier (anders in § 6 E.G.) nicht die Zeit der Vertagung umfassend. E. XXVI. 254.

[4] Nicht bloß im Fall der Versagung der Genehmigung ist Verlesung in der Hauptverhandlung statthaft. E. XXVI. 254. — Die Nachsuchung der Genehmigung liegt dem die Ladung Veranlassenden ob.

2. Folgen des Ausbleibens.

50. Ein ordnungsmäßig[1] geladener Zeuge, welcher nicht erscheint, ist in die durch das Ausbleiben verursachten Kosten, sowie zu einer Geldstrafe bis zu dreihundert Mark, und für den Fall, daß diese nicht beigetrieben werden kann, zur Strafe der Haft bis zu sechs Wochen[2] zu verurtheilen.[3] Auch ist die zwangsweise Vorführung des Zeugen zulässig.[4] Im Falle wiederholten Ausbleibens kann die Strafe noch einmal[5] erkannt werden.[6]

Die Verurtheilung in Strafe und Kosten unterbleibt, wenn das Ausbleiben des Zeugen genügend entschuldigt ist.[7] Erfolgt nachträglich genügende Entschuldigung, so werden die gegen den Zeugen getroffenen Anordnungen wieder aufgehoben.

Die Befugniß zu diesen Maßregeln steht auch dem

Untersuchungsrichter, dem Amtsrichter im Vorverfahren,[8] sowie dem beauftragten und ersuchten Richter[9] zu.

Die Festsetzung und die Vollstreckung der Strafe gegen eine dem aktiven Heere oder der aktiven Marine angehörende Militärperson[10] erfolgt auf Ersuchen durch das Militärgericht,[11] die Vorführung einer solchen Person durch Ersuchen der Militärbehörde.[12] [13]

[1] unter Beobachtung der §§ 48, 49, 71. — Die Berechtigung zur Verweigerung des Zeugnisses (§§ 51—54) schließt die Pflicht zum Erscheinen nicht aus. — Übrigens gilt der § auch für unmittelbar geladene Zeugen. § 219.

[2] § 29 St.G.B. also nicht anwendbar.

[3] Durch Beschluß. Anhörung der Staatsanwaltschaft: § 33. Anfechtung: § 346. Vollstreckbarkeit: § 349.

[4] Fakultativ neben der Zwangsvorschrift Satz 1.

[5] Nur noch einmal, auch wenn die Maximalhöhe der Strafe nicht erreicht ist.

[6] Gebührenfrei. Vgl. G.K.G. § 47 Nr. 8, aber auch Abs. 3 das. für die Beschwerdeinstanz.

[7] Unwahre Entschuldigungsgründe: § 138 St.G.B.

[8] §§ 160, 163, 164, 183. — § 211 Abs. 2 fällt schon unter Abs. 1. Im Schöffengerichte nehmen die Schöffen teil. § 30 G.V.G.

[9] Der „beauftragte" Richter gehört dem mit der Sache befaßten, der „ersuchte" einem andern Gericht an.

[10] Nicht bloß Person des Soldatenstandes. Vgl. Anm. 7 zu § 34 G.V.G. und Anm. 7 zu § 48.

[11] Vgl. jetzt § 19 E.G. zur M.St.G.O., welcher die Festsetzung der Strafe dem Gerichtsherrn überweist.

[12] Anm. 8 zu § 48. [13] S. auch § 69.

3. Verweigerung des Zeugnisses.

51. Zur Verweigerung des Zeugnisses[1] sind berechtigt:

1. der Verlobte[2] des Beschuldigten;[3]
2. der Ehegatte des Beschuldigten,[3] auch wenn die Ehe nicht mehr besteht;

3. diejenigen, welche mit dem Beschuldigten[3] in gerader Linie verwandt,[4] verschwägert[4] oder durch Adoption verbunden, oder in der Seitenlinie bis zum dritten Grade verwandt oder bis zum zweiten Grade verschwägert sind, auch wenn die Ehe, durch welche die Schwägerschaft begründet ist, nicht mehr besteht.

Die bezeichneten Personen[5] sind vor jeder Vernehmung[6] über ihr Recht zur Verweigerung des Zeugnisses zu belehren.[7] Sie können den Verzicht auf dieses Recht auch während der Vernehmung widerrufen.[8 9]

[1] Beeidigung: § 57.

[2] Nur tatsächliches Verlöbnis, nicht auch etwaige gesetzliche Form (nach B.G.B. überhaupt formlos) erforderlich. E. X. 117. R. VI. 54. E. XXXX. 420. Vgl. auch § 55. Die Befreiung hört mit Auflösung des Verlöbnisses auf. E. XXXI. 142.

[3] Auch des Mitbeschuldigten, selbst wenn dieser bereits rechtskräftig verurteilt ist, E. I. 207. III. 161. XXVII. 270. R. I. 347. V. 239, vorausgesetzt, daß er derselben, nicht einer selbständigen andern Tat, beschuldigt ist. E. XVI. 154. Über den Begriff des „Beschuldigten“ im Sinne dieses § vgl. E. XXVII. 270; XXXII. 72, XXXIII. 350; a. A. XXVII. 312.

[4] Für Verwandtschaft und Schwägerschaft sind nunmehr die Vorschriften des B.G.B., insbesondere §§ 1589, 1590 maßgebend. Art. 33 des E.G. zum B.G.B. — Schwägerschaft ist nicht das Verhältnis des einen Ehegatten zu den Adoptivkindern des andern. E. XXX. 75.

[5] Auch wenn sie nach § 56 nur unbeeidigt vernommen werden können. E. II. 228. R. II. 208.

[6] Fortsetzung einer unterbrochenen Vernehmung ist dieselbe Vernehmung. E. XII. 403. R. VII. 512.

[7] Durch das Protokoll zu beurkunden. § 273. Verletzung Revisionsgrund, selbst wenn im Vorverfahren Belehrung erfolgt ist.

E. II. 192. R. II. 161, und auch gleichgültig, ob die Verwandtschaft ꝛc. bekannt war. R. VII. 346. IX. 127. A.A. E. XVI. 214. XXXII. 157. — Vgl. auch § 157 Nr. 2 St.G.B.

[8] Auch die Verweigerung des Zeugnisses ist widerruflich. E. II. 53. — Ausdrücklicher Verzicht übrigens nicht erforderlich. E. III. 32.

[9] Vgl. auch § 251.

52. Zur Verweigerung des Zeugnisses sind ferner[1] berechtigt:

1. Geistliche in Ansehung desjenigen, was ihnen bei Ausübung der Seelsorge anvertraut[2] ist;
2. Vertheidiger[3] des Beschuldigten in Ansehung desjenigen, was ihnen in dieser ihrer Eigenschaft anvertraut[2] ist;
3. Rechtsanwälte[4] und Aerzte[5] in Ansehung desjenigen, was ihnen bei Ausübung ihres Berufs anvertraut[2] ist.[6]

Die unter Nr. 2, 3 bezeichneten Personen dürfen das Zeugniß nicht verweigern, wenn sie von der Verpflichtung zur Verschwiegenheit entbunden sind.[7]

[1] Belehrung hier nicht vorgeschrieben. R. III. 350. Auch sind hinsichtlich der Beeidigung besonderer Vorschriften, wie in § 57 für § 51, hier nicht gegeben.

[2] = mitteilen. Von wem, ist gleichgültig, nicht bloß vom Beschuldigten. S. auch Anm. 7.

[3] §§ 138, 144. [4] Nicht Notare. Prot. 807.

[5] Einschließlich der Wund- und Zahnärzte, nicht aber der Apotheker oder Hebammen. Prot. 807.

[6] Vgl. § 300 St.G.B.

[7] Nur von dem, welcher die Mitteilung gemacht hat. S. Anm. 2.

53. Oeffentliche Beamte, auch wenn sie nicht mehr im Dienste sind, dürfen[1] über Umstände, auf welche sich ihre Pflicht zur Amtsverschwiegenheit bezieht,[2] als Zeugen nur mit Genehmigung ihrer vorgesetzten Dienstbehörde oder der ihnen zuletzt vorgesetzt gewesenen Dienstbehörde vernommen werden.[3] Für den Reichskanzler bedarf es der Genehmigung des Kaisers, für die Minister der Genehmigung des Landesherrn, für die Mitglieder der Senate der freien Hansestädte der Genehmigung des Senats.

Die Genehmigung darf nur versagt werden, wenn die Ablegung des Zeugnisses dem Wohle des Reichs oder eines Bundesstaates Nachtheil bereiten würde.[4]

[1] Vgl. für Preußen J.V. v. 24./5. 86 (J.M.Bl. 137). — Vgl. auch Anm. 2 zu § 48.

[2] Die Entscheidung hierüber steht der vorgesetzten Dienstbehörde zu. E. VII. 74. R. IX. 123.

[3] Im übrigen sind, z. B. hinsichtlich der Pflicht zum Erscheinen, der Beeidigung, besondere Bestimmungen nicht gegeben. Damit ist auch die Versicherung auf den Diensteid fortgefallen. Prot. 59 f., 819. S. jedoch E.G. § 3 Abs. 2, 3 und preuß. Forstdiebstahlsg. v. 15./4. 78 (G.S. 222) §§ 23 ff. Vgl. auch preuß. Feld- und Forstpolizeig. v. 1./4. 80 (G.S. 230) § 66.

[4] Über Beratung u. Abstimmung der richterlichen Personen ist Vernehmung überhaupt unstatthaft, daher auch Abs. 2 nicht anwendbar. E. XXVI. 202. XXXVI. 371.

54. Jeder Zeuge kann die Auskunft auf solche Fragen verweigern, deren Beantwortung ihm selbst oder einem der im §. 51 Nr. 1—3 bezeichneten Angehörigen die Gefahr strafgerichtlicher Verfolgung[1] zuziehen würde.[2] [3]

[1] disziplinargerichtliche genügt nicht. Prot. 1130. Ebensowenig die Gefahr der Unehre oder eines Vermögensnachteils, unbeschadet natürlich der richterlichen Verpflichtung, auf solche Umstände Rücksicht zu nehmen. Auch muß die „Verfolgung" noch möglich sein, verjährte Straftaten genügen daher nicht. Vgl. auch § 56 Nr. 3.

[2] Vgl. § 157 Nr. 1 St.G.B.

[3] Anm. 1 zu § 52 gilt auch hier. E. X. 154. R. III. 350.

55. Die Thatsache, auf welche der Zeuge die Verweigerung des Zeugnisses in den Fällen der §§. 51, 52, 54 stützt, ist auf Verlangen glaubhaft zu machen.[1] Es genügt die eidliche[2] Versicherung des Zeugen.

[1] Anm. 3 zu § 26.

[2] nicht eidesstattliche. Die §§ 64, 66 gelten auch hier, nicht aber § 65.

4. Vernehmung und Beeidigung.

56.[1] Unbeeidigt sind zu vernehmen:

1. Personen, welche zur Zeit der Vernehmung das sechzehnte Lebensjahr noch nicht vollendet[2] oder wegen mangelnder Verstandesreife oder wegen Verstandesschwäche[3] von dem Wesen und der Bedeutung des Eides keine genügende Vorstellung[4] haben;
2. Personen, welche nach den Bestimmungen der Strafgesetze unfähig sind, als Zeugen eidlich vernommen zu werden;[5]
3. Personen, welche hinsichtlich der den Gegenstand der Untersuchung bildenden That[6] als Theilnehmer,[7] Begünstiger oder Hehler[8] verdächtig oder bereits verurtheilt sind.[9] [10]

[1] In den §§ 56, 57 sind die Gründe der Nichtbeeidigung erschöpfend aufgeführt. Aus ihnen in Verbindung mit § 60 folgt, daß jedes andere Zeugnis beeidigt werden muß, mag es auch ohne Beeidigung völlig glaubhaft (R. I. 350) oder mit Beeidigung unglaubwürdig sein, oder mögen die Prozeßbeteiligten auf die Beeidigung verzichten (R. I. 400). Vgl. jedoch § 65. Verletzung des § 56 Revisionsgrund, auch wenn sie auf entschuldigtem Irrtum beruht. E. XX. 163. Stellt sich erst nach erfolgter Beeidigung die Unzulässigkeit derselben bei der Vernehmung heraus, so kann der Verstoß dadurch gehoben werden, daß die Aussage ausdrücklich als uneidliche gewürdigt wird. E. XXVIII. 111. — Die Nichtbeeidigung ist ebenso

wie die Beeidigung durch das Protokoll festzustellen. §§ 273, 274. R. I. 631. Ein Gerichtsbeschluß ist nur erforderlich, wenn die Anordnung des Vorsitzenden beanstandet wird. E. XIX. 354; vgl. auch E. XXXII. 339. Begründung: vgl. E. IV. 324. XX. 60. R. III. 422.

[2] Mit Beginn des betr. Geburtstages tritt die Eidesfähigkeit ein. B.G.B. § 187 Abs. 2. E. XXXV. 37.

[3] nicht aber z. B. wegen Trunkenheit. In solchem Falle wäre eventuell auszusetzen. E. XXXIV. 283.

[4] Sonstige Geistesschwäche, insbesondere Gedächtnisschwäche, rechtfertigt die Nichtbeeidigung nicht. E. XX. 60. Liegt eine genügende Vorstellung von der Bedeutung des Eides vor, dann hindert selbst eine wegen Geisteskrankheit erfolgte Entmündigung die Beeidigung nicht. E. XXXIII. 393.

[5] § 161 St.G.B. und für Verurteilungen aus früherer Zeit (vor Einführung des St.G.B.) die damals geltenden Landesgesetze. Vgl. für Preußen A.E. v. 28./2. 72 (G.S. 259), auch E. IV. 335.

[6] Umfassend den ganzen Vorfall, entsprechend § 263, wenn auch nicht das gleiche Delikt in Frage steht; nicht aber etwa die bloß gleichzeitige nicht zur Aburteilung stehende Straftat des Verletzten. E. VII. 331. XI. 300. XII. 190. XVII. 101. XXXII. 31. XXXVI. 310. R. I. 523. IV. 871. VI. 774. VII. 281. — Bei mehreren strafbaren Handlungen ist eine teils eidliche, teils uneidliche Vernehmung nicht ausgeschlossen. E. XI. 1. R. VI. 466. VII. 98.

[7] nicht bloß in dem engeren Sinn der §§ 47 ff. St.G.B.; es kommt auch eventuelle Alleintäterschaft in Betracht — E. VIII. 299. R. V. 341. IV. 237 — und auch wenn die Beteiligung wegen eines Strafausschließungsgrundes straflos sein sollte. E. XXII. 99. Bei von beiden Seiten behaupteter Körperverletzung vgl. E. VII. 331. XVII. 116. R. IV. 871. IX. 234, 312.

[8] §§ 257 ff. St.G.B. Vgl. auch E. II. 217. R. II. 177. Begünstigung durch die Aussage selbst kommt nicht in Betracht. E. XI. 29. R. VI. 510.

[9] Sollte selbst schon Freisprechung erfolgt sein, E. VIII. 382, andererseits hindert selbst ein noch anhängiges Verfahren nicht, die Personen für unverdächtig zu erklären. E. XVI. 209.

[10] Vgl. noch § 51 Abs. 2 nebst Anm. 5 das. — Ein Mit-

angeklagter in demselben Verfahren ist überhaupt nicht — auch nicht uneidlicher — Zeuge. E. VI. 279. R. IV. 455.

57. Stehen Personen zu dem Beschuldigten[1] in einem Verhältnisse, welches sie nach §. 51 zur Verweigerung des Zeugnisses berechtigt, so hängt es von dem richterlichen Ermessen[2] ab, ob sie unbeeidigt zu vernehmen[3] oder zu beeidigen sind.

Dieselben können auch nach der Vernehmung die Beeidigung des Zeugnisses verweigern und sind über dieses Recht zu belehren.[4]

[1] Anm. 3 zu § 51. [2] Zunächst des Vorsitzenden. Vgl. § 237. E. III. 46. R. II. 520. Begründung nicht erforderlich. R. I. 358, 631.

[3] Selbst wenn sie im Vorverfahren bereits eidlich vernommen sein sollten. R. I. 358.

[4] Nichtbeachtung Revisionsgrund. E. IX. 384. R. VII. 357. Promissorischer Eid jedoch nicht durchaus unstatthaft. E. XV. 358. Vgl. auch § 251.

58. Jeder Zeuge ist einzeln und in Abwesenheit der später abzuhörenden Zeugen zu vernehmen.[1] [2]

Eine Gegenüberstellung mit anderen Zeugen oder mit dem Beschuldigten findet im Vorverfahren[3] nur dann statt, wenn sie ohne Nachtheil für die Sache nicht bis zur Hauptverhandlung ausgesetzt bleiben kann.

[1] Seine Anwesenheit läßt jedoch seine spätere Vernehmung nicht unstatthaft erscheinen. E. I. 366. II. 53. R. I. 603.

[2] Hinsichtlich der Anwesenheit anderer Prozeßbeteiligter vgl. §§ 167, 191, 192, 223, 409 und für die Hauptverhandlung §§ 225, 230—232, 246, 319 ff.

[3] d. i. vorbereitendes Verfahren und Voruntersuchung.

59. Vor der Leistung des Eides hat der Richter den Zeugen in angemessener Weise auf die Bedeutung des Eides hinzuweisen.[1]

[1] Nur instruktionell. E. VI. 267.

60. Jeder Zeuge ist[1] einzeln und vor seiner Vernehmung[2] zu beeidigen. Die Beeidigung kann jedoch aus besonderen Gründen,[3] namentlich wenn Bedenken gegen ihre Zulässigkeit obwalten, bis nach Abschluß der Vernehmung[4] ausgesetzt werden.

[1] Vgl. Anm. 1 zu § 56.

[2] Zur Vernehmung gehören auch die Fragen § 67, soweit sie nicht zunächst bloß informatorisch behufs Prüfung der Zulässigkeit der Vernehmung gestellt sind. E. III. 79. XXII. 54. R. II. 585. Ebenso stehen sonstige etwaige Erklärungen, infolge deren auf die Vernehmung verzichtet wird, nicht unter dem Eideszwang. E. II. 267. R. II. 253.

[3] Ihre Verkündigung und Protokollierung ist nicht erforderlich. Ebensowenig besonderer Gerichtsbeschluß. Vgl. § 237. E. III. 370. XIX. 354.

[4] Schluß der Beweisaufnahme. E. II. 219.

61. Der vor der Vernehmung zu leistende Eid lautet:

daß Zeuge nach bestem Wissen die reine Wahrheit sagen, nichts verschweigen und nichts hinzusetzen werde;

der nach der Vernehmung zu leistende Eid lautet:

daß Zeuge nach bestem Wissen die reine Wahrheit gesagt, nichts verschwiegen und nichts hinzugesetzt habe.[1]

[1] Vgl. § 85.

62. Der Eid beginnt mit den Worten:

„Ich schwöre bei Gott dem Allmächtigen und Allwissenden"

und schließt mit den Worten:

„So wahr mir Gott helfe".[1]

[1] Konfessionelle Zusätze heben die Gültigkeit des Eides nicht auf. E. X. 181. R. VI. 44.

63. Der Eid wird mittels Nachsprechens oder Ablesens[1] der die Eidesnorm enthaltenden Eidesformel geleistet.[2] Der Schwörende[3] soll[4] bei der Eidesleistung die rechte Hand erheben.

Stumme, welche schreiben können, leisten den Eid mittels Abschreibens und Unterschreibens der die Eidesnorm enthaltenden Eidesformel.

Stumme, welche nicht schreiben können,[5] leisten den Eid mit Hülfe eines Dolmetschers durch Zeichen.[6]

[1] Freies Hersagen steht gleich. E. XXII. 106.
[2] S. § 190 G.V.G. [3] Mann oder Frau.
[4] Nur instruktionell. Bericht d. Reichstags-Kommission 20.
[5] Vgl. hier auch § 56 Nr. 1. [6] S. auch § 71 Abs. 2.

64. Der Eidesleistung wird gleichgeachtet, wenn ein Mitglied einer Religionsgesellschaft, welcher das Gesetz[1] den Gebrauch gewisser Betheuerungsformeln an Stelle des Eides gestattet, eine Erklärung unter der Betheuerungsformel dieser Religionsgesellschaft abgiebt.[2]

[1] Preußen: V. v. 11./3. 27 (G.S. 28) Mennoniten, K.O. v. 19./11. 36 (Jahrb. Bd. 49 S. 175) Philipponen. Bayern: vgl. E. XXXVI. 203.
[2] Vgl. auch § 155 Nr. 1 St.G.B.

65. Die Beeidigung der Zeugen erfolgt, vorbehaltlich der Bestimmungen des §. 222, in der Hauptverhandlung.[1]

Sie kann schon in der Voruntersuchung[2] erfolgen, wenn[3] voraussichtlich der Zeuge am Erscheinen in der Hauptverhandlung verhindert oder sein Erscheinen wegen großer Entfernung besonders erschwert sein wird, oder wenn die Beeidigung als Mittel zur Herbeiführung einer wahrheitsgemäßen Aussage erforderlich erscheint.

In dem vorbereitenden Verfahren[4] ist die Beeidigung

nur zulässig, wenn[5] Gefahr im Verzug obwaltet, oder wenn die Beeidigung als Mittel zur Herbeiführung einer wahrheitsgemäßen Aussage über eine Thatsache, von der die Erhebung der öffentlichen Klage abhängig ist, erforderlich erscheint.

Erfolgt die Beeidigung im Vorverfahren,[5] so ist der Grund in dem Protokoll anzugeben.

[1] S. jedoch § 328 Abs. 2. [2] §§ 176 ff.

[3] Die Entscheidung über die Voraussetzungen ist Sache des Richters, nicht der Staatsanwaltschaft. [4] §§ 156 ff.

[5] d. h. vorbereitendes Verfahren und Voruntersuchung.

66. Wird der Zeuge, nachdem er eidlich vernommen worden ist, in demselben Vorverfahren[1] oder in demselben Hauptverfahren[2] nochmals vernommen, so kann[3] der Richter statt der nochmaligen Beeidigung den Zeugen die Richtigkeit seiner Aussage unter Berufung auf den früher geleisteten Eid versichern[4] lassen.[5] [6]

[1] Anm. 5 zu § 65. — § 222 ist nicht mehr Vorverfahren. E. XII. 373. R. VII. 529.

[2] Nicht bloß Hauptverhandlung. R. I. 398. Also auch, wenn § 222 angewandt oder ein zweiter Hauptverhandlungstermin anberaumt ist. E. IV. 437. R. III. 490. „Dasselbe" Hauptverfahren umfaßt auch die in der Berufungsinstanz und die nach Aufhebung des ersten Urteils notwendig gewordene neue Hauptverhandlung. E. II. 234. R. VI. 29, nicht aber das Wiederaufnahmeverfahren, §§ 399 ff. E. XVIII. 417. [3] fakultativ.

[4] promissorisch oder assertorisch, gleichgültig, ob früher promissorisch oder assertorisch geschworen ist. E. VI. 145. — Vgl. auch die analog anwendbare Anm. 7 zu § 79.

[5] Bei einer wiederholten Vernehmung in demselben Termin und selbst bei einer Unterbrechung gemäß § 228 ist beim promissorischen Eide, falls die Vernehmung nicht bereits ausdrücklich für beendet erklärt war, auch diese Versicherung nicht nötig. E.

XIX. 27. R. I. 756. Anders beim assertorischen Eide. E. XIX. 84. R. I. 398. [6] S. auch § 155 Nr. 2 St.G.B.

67. Die Vernehmung beginnt damit, daß der Zeuge über Vornamen und Zunamen, Alter, Religionsbekenntniß, Stand oder Gewerbe und Wohnort befragt wird.[1] Erforderlichenfalls sind dem Zeugen Fragen über solche Umstände, welche seine Glaubwürdigkeit in der vorliegenden Sache betreffen, insbesondere über seine Beziehungen zu dem Beschuldigten oder dem Verletzten, vorzulegen.[2]

[1] Instruktionell. E. XXXX. 157.

[2] Die Frage nach Vorbestrafungen ist dem Ermessen des Richters überlassen. M. 51. Vgl. jedoch § 66 Nr. 2. Eine Notwendigkeit der Frage liegt aber auch dort nicht vor. E. III. 100.

68. Der Zeuge ist zu veranlassen, dasjenige, was ihm von dem Gegenstande seiner Vernehmung bekannt ist, im Zusammenhange anzugeben.[1] Vor seiner Vernehmung ist dem Zeugen der Gegenstand der Untersuchung und die Person des Beschuldigten, sofern ein solcher vorhanden ist, zu bezeichnen.[2]

Zur Aufklärung und zur Vervollständigung der Aussage sowie zur Erforschung des Grundes,[3] auf welchem die Wissenschaft des Zeugen beruht, sind nöthigenfalls weitere Fragen zu stellen.[4]

[1] mündlich; nicht durch Überreichung der vorher niedergeschriebenen Aussage. E. XXXVII. 330. Benutzung von Notizen nicht unzulässig. E. XX. 105. [2] Nur instruktionell. E. VI. 267.

[3] sog. Zeugen über Hörensagen nicht prinzipiell ausgeschlossen E. II. 160. R. VIII. 502.

[4] Verhandlung mit der deutschen Sprache nicht Mächtigen, Tauben, Stummen: §§ 187 ff. G.V.G. — Protokollierung: §§ 186, 166, 273. — Vernehmungsweise: §§ 237—241.

5. Folgen der Zeugnisverweigerung.

69.[1] Wird das Zeugniß[2] oder die Eidesleistung ohne

gesetzlichen Grund verweigert,[3] so ist der Zeuge in die durch die Weigerung verursachten Kosten sowie zu einer Geldstrafe bis zu dreihundert Mark und für den Fall, daß diese nicht beigetrieben werden kann, zur Strafe der Haft bis zu sechs Wochen[4] zu verurtheilen.[5]

Auch kann[6] zur Erzwingung des Zeugnisses[7] die Haft angeordnet werden,[5] jedoch nicht über die Zeit der Beendigung des Verfahrens in der Instanz, auch nicht über die Zeit von sechs Monaten, und bei Uebertretungen nicht über die Zeit von sechs Wochen hinaus.

Die Befugniß zu diesen Maßregeln steht auch dem Untersuchungsrichter, dem Amtsrichter im Vorverfahren, sowie dem beauftragten und ersuchten Richter[8] zu.[9]

Sind die Maßregeln erschöpft, so können sie in demselben oder in einem anderen Verfahren, welches dieselbe That[10] zum Gegenstande hat, nicht wiederholt werden.

Die Festsetzung und die Vollstreckung der Strafe gegen eine dem aktiven Heere oder der aktiven Marine angehörende Militärperson[11] erfolgt auf Ersuchen durch das Militärgericht.[12]

[1] Vgl. § 50.

[2] Die Duldung einer ärztlichen oder sonstigen Untersuchung des Körpers fällt nicht in das Gebiet des Zeugnisses. Vgl. aber § 103. E. XIV. 189. R. VIII. 454.

[3] Im Fall der Eidesweigerung kann auch die unbeeidigte Aussage verwertet werden. E. XXV. 134.

[4] Anm. 2 zu § 50.

[5] Anm. 3 zu § 50. — Die Verurteilung zur Strafe des Abs. 1 darf nur einmal stattfinden, auch wenn die Maximalhöhe nicht erreicht ist. Anders bei dem Zwangsmittel des Abs. 2, welches von neuem angewandt werden darf, bis die höchste Zeitdauer erschöpft ist.

[6] Anm. 4 zu § 50.

[7] hier zugleich die Beeidigung umfassend, wie sich aus Entw. § 61, Prot. 77, 828 ergibt.

[8] Anm. 9 zu § 50. [9] Anm. 6 zu § 50.

[10] d. i. denselben Vorfall, wenn auch ein anderes Delikt oder eine andere Person in Frage steht. [11] Anm. 10 zu § 50.

[12] Vgl. jetzt § 19 E.G. zur M.St.G.O., wonach für die Festsetzung der Strafe nunmehr der Gerichtsherr zuständig ist. — Die Vollstreckung erfolgt auch bei der Zwangshaft (Abs. 2) durch Ersuchen der Militärbehörde.

6. **Gebühren.**

70. Jeder von dem Richter oder der Staatsanwaltschaft geladene[1] Zeuge hat nach Maßgabe der Gebührenordnung[2] Anspruch auf Entschädigung aus der Staatskasse für Zeitversäumniß und, wenn sein Erscheinen eine Reise erforderlich macht, auf Erstattung der Kosten, welche durch die Reise und den Aufenthalt am Orte der Vernehmung verursacht werden.[3]

[1] Hinsichtlich der unmittelbar geladenen s. § 219.

[2] G.O. f. Z. u. S. v. 30./6. 78 (R.G.Bl. 173, neue Fassung: R.G.Bl. 1898 S. 689). [3] Vgl. auch § 166 G.V.G.

71. Die Landesherren und die Mitglieder der landesherrlichen Familien sowie die Mitglieder der Fürstlichen Familie Hohenzollern sind in ihrer Wohnung zu vernehmen. Das Gleiche gilt in Ansehung der Mitglieder des vormaligen Hannoverschen Königshauses, des vormaligen Kurhessischen und des vormaligen Herzoglich Nassauischen Fürstenhauses.[1] [2]

Den Eid leisten dieselben mittels Unterschreibens der die Eidesnorm enthaltenden Eidesformel.

Zur Hauptverhandlung werden sie nicht geladen. Das Protokoll über ihre gerichtliche Vernehmung ist in der Hauptverhandlung zu verlesen.[3]

[1] Satz 2 des Abs. 1 ist zugefügt durch G. v. 17./5. 98 (R.G.Bl. 252).
[2] Jetzt auch in Ansehung der Mitglieder des Herzoglich Holsteinischen Fürstenhauses. G. v. 25./3. 04 (R.G.Bl. 149).
[3] S. § 4 E.G. — Die Bestimmungen des § 71 sind daher für das jeweilige Geltungsgebiet der Hausverfassungen und Landesgesetze nur subsidiär.

Siebenter Abschnitt.
Sachverständige und Augenschein.

I. Sachverständige.

72. Auf Sachverständige finden die Vorschriften des sechsten Abschnitts über Zeugen entsprechende Anwendung,[1] insoweit nicht in den nachfolgenden Paragraphen abweichende Bestimmungen getroffen sind.

[1] § 58 findet keine Anwendung. E. II. 153.

1. Auswahl.

73. Die Auswahl der zuzuziehenden Sachverständigen und die Bestimmung ihrer Anzahl[1] erfolgt durch den Richter.[2]

Sind für gewisse Arten von Gutachten Sachverständige öffentlich bestellt[3], so sollen[4] andere Personen nur dann gewählt werden, wenn besondere Umstände es erfordern[5].

[1] Vgl. jedoch § 87 — auch (abgesehen von §§ 87, 91) die Bestimmung ihrer Notwendigkeit. E. III. 176.
[2] Vgl. jedoch §§ 193, 219 (426, 437, 466), 244.
[3] Für Preußen vgl. J.V. v. 5./2. 00 (J.M.Bl. 48) u. 25./3. 02 (J.M.Bl. 71).
[4] Instruktionell. E. V. 79. R. III. 658. Vgl. aber § 87. Vgl. auch preuß. J.V. v. 5./7. 82 (J.M.Bl. 199).
[5] Vgl. G., betr. Urheberrecht an Mustern und Modellen v. 11./1. 76 (R.G.Bl. 11) § 14 in Verbindung mit § 31 des insoweit noch geltenden G. v. 11./6. 70 (B.G.Bl. 339), G. betr. Urheberrecht v. 19./6. 01 (R.G.Bl. 227) § 49, G., betr. Urheberrecht an Werken der bildenden Künste u. Photographie v. 9./1. 07 (R.G.Bl. 7) § 46; vgl. insbesondere noch Abs. 4 das. — Instruktion der daselbst vorgesehenen Sachverständigenvereine, bzw. jetzt (G. v. 19./6. 01 § 49, G. v. 9./1. 07 § 46), Sachverständigenkammern: B.G.Bl. 1870 S. 621, R.C.Bl. 1876 S. 117, 1879 S. 490, preuß. J.M.Bl. 1879 S. 240, 1902 S. 3, 1907 S. 522, 542.

2. Ablehnung.

74. Ein Sachverständiger kann aus denselben Gründen, welche zur Ablehnung eines Richters berechtigen,[1] abgelehnt werden.[2] Ein Ablehnungsgrund kann jedoch nicht daraus entnommen werden, daß der Sachverständige als Zeuge[3] vernommen worden ist.

Das Ablehnungsrecht steht der Staatsanwaltschaft, dem Privatkläger[4] und dem Beschuldigten zu. Die ernannten Sachverständigen sind den zur Ablehnung Berechtigten namhaft zu machen,[5] wenn nicht besondere Umstände entgegenstehen.

Der Ablehnungsgrund ist glaubhaft zu machen;[6] der Eid ist als Mittel der Glaubhaftmachung ausgeschlossen.

[1] §§ 22, 24.

[2] Eine Ausschließung kraft Gesetzes findet nicht statt; daher ohne Ablehnung keine Nichtigkeit. R. VII. 501; vgl. jedoch § 87.

[3] oder als Sachverständiger. E. XXXIII. 198.

[4] S. auch §§ 437, 466. [5] Von Amts wegen. Prot. 84.

[6] Anm. 3 zu § 26.

3. Pflicht zur Erstattung von Gutachten.

75. Der zum Sachverständigen Ernannte hat der Ernennung Folge zu leisten, wenn er zur Erstattung von Gutachten der erforderten Art öffentlich bestellt ist, oder wenn er die Wissenschaft, die Kunst oder das Gewerbe, deren Kenntniß Voraussetzung der Begutachtung ist, öffentlich zum Erwerbe ausübt, oder wenn er zur Ausübung derselben öffentlich bestellt oder ermächtigt ist.[1]

Zur Erstattung des Gutachtens ist auch derjenige verpflichtet, welcher sich zu derselben vor Gericht bereit erklärt hat.

[1] Vgl. § 255 Abs. 2.

76. Dieselben Gründe, welche einen Zeugen berechtigen, das Zeugniß zu verweigern,[1] berechtigen einen Sachverständigen zur Verweigerung des Gutachtens. Auch aus anderen Gründen kann ein Sachverständiger von der Verpflichtung zur Erstattung des Gutachtens entbunden werden.[2]

Die Vernehmung eines öffentlichen Beamten als Sachverständigen findet nicht statt, wenn die vorgesetzte Behörde des Beamten erklärt, daß die Vernehmung den dienstlichen Interessen Nachtheil bereiten würde.[3]

[1] §§ 51–54.

[2] Vgl. § 138 Abs. 2 St.G.B. hinsichtlich unwahrer Entschuldigungsgründe.

[3] Für Preußen vgl. J.V. v. 17./5. 83 (J.M.Bl. 155), v. 13./3. 84 (J.M.Bl. 54). — Im Falle des § 53 bedarf es der besonderen Genehmigung.

4. Folgen des Nichterscheinens oder der Weigerung.

77. Im Falle des Nichterscheinens oder der Weigerung eines zur Erstattung des Gutachtens verpflichteten Sachverständigen wird dieser zum Ersatze der Kosten und zu einer Geldstrafe bis zu dreihundert Mark[1] verurtheilt. Im Falle wiederholten Ungehorsams kann noch einmal eine Geldstrafe bis zu sechshundert Mark[1] erkannt werden.[2] [3]

Die Festsetzung und die Vollstreckung der Strafe gegen eine dem aktiven Heere oder der aktiven Marine angehörende Militärperson[4] erfolgt auf Ersuchen durch das Militärgericht.[5]

[1] Umwandlung in Freiheitsstrafe sowie Zwangshaft sind nicht gestattet. § 28 St.G.B. findet, weil eine Ordnungsstrafe in Frage steht, nicht Anwendung.

[2] Gebührenfrei: vgl. G.K.G. § 47 Nr. 8, aber auch Abs. 3 daselbst für die Beschwerdeinstanz.

[3] S. auch § 50 Abs. 2, 3, § 69 Abs. 3, 4 in Verbindung mit § 72.

[4] Anm. 10 zu § 50.

[5] Vgl. jetzt § 19 E.G. zur M.St.G.O., wonach an Stelle des Militärgerichts der Gerichtsherr getreten ist.

5. **Abgabe des Gutachtens und Beeidigung.**

78. Der Richter hat, soweit ihm dies erforderlich erscheint, die Thätigkeit der Sachverständigen zu leiten.

79. Der Sachverständige hat[1] vor[2] Erstattung des Gutachtens[3] einen Eid dahin zu leisten:[4]

daß er das von ihm erforderte Gutachten unparteiisch und nach bestem Wissen und Gewissen erstatten werde.[5]

Ist der Sachverständige für die Erstattung von Gutachten der betreffenden Art im Allgemeinen beeidigt,[6] so genügt die Berufung[7] auf den geleisteten Eid.[8] [9] [10]

[1] §§ 56, 57 gelten aber auch hier. E. XXVII. 398.

[2] instruktionell. E. VIII. 359. R. V. 401.

[3] Nicht notwendig vor seiner Erklärung über seine Personalien, auf welche der Eid sich überhaupt nicht bezieht. E. XII. 128. XX. 235. R. VII. 212.

[4] In der Hauptverhandlung § 65, § 72, s. auch § 328 Abs. 2.

[5] §§ 60, 62, 63, 64, 66 in Verbindung mit § 72.

[6] Für Preußen vgl. J.V. v. 5./2. 00 (J.M.Bl. 48) nebst Abänd. v. 19./3. 91 (J.M.Bl. 72) und Ergänzung v. 25./3. 02 (J.M.Bl. 71). Vgl. dazu auch E. XXXVII. 364.

[7] die eigene des Sachverständigen. Ein Hinweis des Richters genügt nicht. E. III. 100, 326. R. II. 624. V. 250.

[8] promissorisch oder assertorisch. E. I. 349.

[9] S. auch § 155 Nr. 2 St.G.B.

[10] Sagt er zugleich über Tatsachen aus, so hat er auch den Zeugeneid zu leisten — E. I. 402. R. I. 698 — soweit er seine tatsächlichen Wahrnehmungen nicht eben in seiner Eigenschaft als Sachverständiger gemacht hat. E. II. 153, 389. IV. 231. R. II. 293. Umgekehrt umfaßt zur Not der Zeugeneid auch den Sachverständigeneid. E. III. 101. R. II. 624. VI. 154; a. A. E. in Zivils. VI. 1. Unter Umständen, d. h. wenn zu den Amtspflichten

auch die Erstattung von Gutachten gehört, wie bei dem früheren preuß. Kreisphysikus und Kreiswundarzt, jetzt seit dem G. v. 16./9. 99 (G.S. 172) dem Kreisarzt, genügt auch der Diensteid. · E. III. 321. VIII. 357. XXVIII. 41. Wird das Amt als öffentlich bestellter Sachverständiger niedergelegt, so verliert damit auch der allgemein geleistete Eid seine Bedeutung. E. XXIX. 300.

80. Dem Sachverständigen kann auf sein Verlangen zur Vorbereitung des Gutachtens durch Vernehmung von Zeugen oder des Beschuldigten weitere Aufklärung verschafft werden.

Zu demselben Zwecke kann ihm gestattet werden, die Akten einzusehen, der Vernehmung von Zeugen oder des Beschuldigten beizuwohnen und an dieselben unmittelbar Fragen zu stellen.

6. Gutachten über den Geisteszustand des Angeschuldigten.

81. Zur Vorbereitung eines Gutachtens über den Geisteszustand des Angeschuldigten[1] kann das Gericht[2] auf Antrag eines Sachverständigen[3] nach Anhörung des Vertheidigers anordnen, daß der Angeschuldigte in eine öffentliche Irrenanstalt gebracht und dort beobachtet werde.

Dem Angeschuldigten, welcher einen Vertheidiger nicht hat, ist ein solcher zu bestellen.[4]

Gegen den Beschluß findet[5] sofortige Beschwerde[6] statt. Dieselbe hat aufschiebende Wirkung.

Die Verwahrung in der Anstalt darf die Dauer von sechs Wochen nicht übersteigen.[7]

[1] § 155, also nicht während des vorbereitenden Verfahrens.

[2] Daher in der Voruntersuchung die Strafkammer, nicht der Untersuchungsrichter. Vgl. auch § 33.

[3] Also nicht der Staatsanwaltschaft oder des Verteidigers. Die Vorschriften über Beweisanträge finden keine Anwendung E. XX. 378.

[4] notwendiger Verteidiger im Sinne des § 140, auch für das

fernere Verfahren nach Beendigung der Beobachtung; daher auch § 217 auf ihn anwendbar. E. XXXVII. 21.

[5] Seitens der Staatsanwaltschaft, des Angeschuldigten und des Verteidigers. § 339 findet keine Anwendung; wohl aber § 347. E. XX. 378. [6] § 353.

[7] in keinem Falle; ist die Dauer erreicht, so ist auch Wiederholung im Fall des § 83 ausgeschlossen. E. XXIII. 209. Damit ist aber die Fortdauer der Untersuchungshaft behufs weiterer ärztlicher Beobachtung nicht ausgeschlossen. E. XXXIV. 306.

82. Im Vorverfahren[1] hängt es von der Anordnung des Richters ab, ob die Sachverständigen ihr Gutachten schriftlich oder mündlich zu erstatten haben.

[1] vorbereitenden Verfahren und Voruntersuchung. Hinsichtlich des Hauptverfahrens vgl. §§ 222, 249, 250, 252, 255.

83. Der Richter kann eine neue Begutachtung durch dieselben oder durch andere Sachverständige anordnen, wenn er das Gutachten für ungenügend erachtet.

Der Richter kann die Begutachtung durch einen anderen Sachverständigen anordnen, wenn ein Sachverständiger nach Erstattung des Gutachtens mit Erfolg abgelehnt ist.

In wichtigeren Fällen kann das Gutachten einer Fachbehörde eingeholt werden.[1]

[1] Vgl. § 255. — Für Preußen vgl. hinsichtlich der Wissenschaftlichen Deputation f. d. Medizinalwesen J.V. v. 6./7. 87 (J.M.Bl. 187), v. 17./2. 91 (J.M.Bl. 51).

7. Gebühren.

84. Der Sachverständige[1] hat nach Maßgabe der Gebührenordnung[2] Anspruch auf Entschädigung für Zeitversäumniß, auf Erstattung der ihm verursachten Kosten und außerdem auf angemessene Vergütung für seine Mühewaltung.[3]

[1] Hinsichtlich des unmittelbar Geladenen s. § 219 Abs. 2, 3.

[3] G.O. f. Z. u. S. v. 30./6. 78 (R.G.Bl. 173, neue Fassung: R.G.Bl. 1898 S. 689).

[4] Vgl. auch § 166 G.V.G. in Verbindung mit § 13 G.O. f. Z. u. S.

85. Insoweit zum Beweise vergangener Thatsachen oder Zustände, zu deren Wahrnehmung eine besondere Sachkunde erforderlich war, sachkundige Personen zu vernehmen sind, kommen die Vorschriften über den Zeugenbeweis[1] zur Anwendung.

[1] Und zwar lediglich diese. Zu unterscheiden ist aber der Fall, wenn ein Sachverständiger außer seinem Gutachten zugleich eigene Wahrnehmungen bekundet. Für diesen Fall vgl. Anm. 10 zu § 79.

II. Richterlicher Augenschein.

86. Findet die Einnahme eines richterlichen[1] Augenscheins statt,[2] so ist im Protokolle[3] der vorgefundene Sachbestand festzustellen und darüber Auskunft zu geben, welche Spuren oder Merkmale, deren Vorhandensein nach der besonderen Beschaffenheit des Falles vermuthet werden konnte, gefehlt haben.[4]

[1] § 248, die Wahrnehmungen müssen aber vom Richter und Protokollführer gemacht sein, E. XVI. 147; nicht richterlichen: § 249.

[2] Ob Augenschein einzunehmen, unterliegt, abgesehen von § 244, dem freien Ermessen des Gerichts in Gemäßheit des § 260. E. XIV. 276, modifiziert durch E. XXI. 225; vgl. auch E. XXXI. 137.

[3] §§ 186, 185, 166, nicht §§ 272 ff., welche letzteren jedoch für eine in der Hauptverhandlung stattfindende Augenscheinseinnahme gelten, und zwar auch dann, wenn das erkennende Gericht zu diesem Zweck das Gerichtslokal verläßt; in diesem Falle finden also die Vorschriften des § 86 nicht Anwendung. E. XXVI. 277.

[4] Anwesenheit der Parteien: §§ 167, 191, 193, 224, 223, 409, 425, 437, 466.

Leichenschau und Leichenöffnung.

87.[1] Die richterliche Leichenschau wird unter Zuziehung eines Arztes, die Leichenöffnung im Beisein des Richters von zwei Aerzten, unter welchen sich ein Gerichtsarzt[2] befinden muß, vorgenommen.[3] Demjenigen Arzte, welcher den Verstorbenen in der dem Tode unmittelbar vorausgegangenen Krankheit behandelt hat, ist die Leichenöffnung nicht zu übertragen. Derselbe kann jedoch aufgefordert werden, der Leichenöffnung anzuwohnen, um aus der Krankheitsgeschichte Aufschlüsse zu geben.

Die Zuziehung eines Arztes kann bei der Leichenschau unterbleiben, wenn sie nach dem Ermessen des Richters entbehrlich ist.

Behufs der Besichtigung oder Oeffnung einer schon beerdigten Leiche ist ihre Ausgrabung statthaft.[4]

[1] Vgl. § 157.

[2] Für Preußen vgl. § 9 des G. v 16./9. 99 (G.S. 172) und Dienstanweisung der Kreisärzte J.M.Bl. 1901 S. 111.

[3] Für Preußen: Vorschriften bei der gerichtlichen Untersuchung menschlicher Leichen v. 17./10. 04 (J.M.Bl. 1905 S. 44).

[4] Zuständigkeit der Militärbehörden und Notwendigkeit ihrer Zuziehung: §§ 154, 155 M.St.G.O. Auf Schiffen: § 126 der Seemannsordn. v. 2./6. 02 (R.G.Bl. 175).

88. Vor der Leichenöffnung ist, wenn nicht besondere Hindernisse entgegenstehen, die Persönlichkeit des Verstorbenen, insbesondere durch Befragung von Personen, welche den Verstorbenen gekannt haben, festzustellen. Ist ein Beschuldigter[1] vorhanden, so ist ihm die Leiche zur Anerkennung vorzuzeigen.[2]

[1] Vgl. § 155 Anm. 1.

[2] wenn nicht besondere Hindernisse entgegenstehen. S. auch §§ 191, 167.

89. Die Leichenöffnung muß sich, soweit der Zustand der Leiche dies gestattet, stets auf die Oeffnung der Kopf-, Brust- und Bauchhöhle erstrecken.[1]

[1] Anm. 3 zu § 87.

90. Bei Oeffnung der Leiche eines neugeborenen Kindes ist die Untersuchung insbesondere auch darauf zu richten, ob dasselbe nach oder während der Geburt gelebt habe, und ob es reif oder wenigstens fähig gewesen sei, das Leben außerhalb des Mutterleibes fortzusetzen.

91. Liegt der Verdacht einer Vergiftung[1] vor, so ist die Untersuchung der in der Leiche oder sonst gefundenen verdächtigen Stoffe durch einen Chemiker oder durch eine für solche Untersuchungen bestehende Fachbehörde vorzunehmen.

Der Richter kann anordnen, daß diese Untersuchung unter Mitwirkung oder Leitung eines Arztes stattzufinden habe.

[1] Auch in den Fällen §§ 229, 230, 324 St.G.B. S. auch § 367 Nr. 3, 5 daselbst und § 73 St.P.O.

Gutachten bei Münzverbrechen.

92. Bei Münzverbrechen und Münzvergehen[1] sind die Münzen oder Papiere erforderlichenfalls derjenigen Behörde vorzulegen, von welcher echte Münzen oder Papiere dieser Art in Umlauf gesetzt werden.[2] Das Gutachten dieser Behörde ist über die Unechtheit oder Verfälschung sowie darüber einzuholen, in welcher Art die Fälschung muthmaßlich begangen worden sei.

Handelt es sich um ausländische Münzen oder Papiere, so kann an Stelle des Gutachtens der ausländischen Behörde dasjenige einer deutschen erfordert werden.

[1] §§ 146—152 St.G.B.

[2] Behandlung gefälschter Reichsmünzen: Bek. v. 9./5. 76 (R.C.Bl. 260, preuß. J.M.Bl. 114), Reichskassenscheine: B. v. 6./6. 76 (R.An-

zeiger Nr. 234, preuß. J.M.Bl. 119), Reichsbanknoten: V. v. 20./3. 77 (preuß. J.M.Bl. 54). — Für Preußen vgl. ferner die J.V. v. 21./2. 44 (J.M.Bl. 51), v. 25./11. 46 (J.M.Bl. 208), v. 22./9. 55 (J.M.Bl. 310), v. 13./10. 55 (J.M.Bl. 338), v. 1./5. 61 (J.M.Bl. 92), v. 8./11. 65 (J.M.Bl. 262), v. 15./9. 68 (J.M.Bl. 305), v. 25./8. 79 (J.M.Bl. 251) Nr. 18, v. 11./4. 81 (J.M.Bl. 69), v. 29./4. 86 (J.M.Bl. 105).

Schriftvergleichung.

93. Zur Ermittelung der Echtheit oder Unechtheit eines Schriftstücks, sowie zur Ermittelung des Urhebers desselben kann eine Schriftvergleichung unter Zuziehung von Sachverständigen[1] vorgenommen werden.

[1] oder auch ohne. Vgl. M. 59.

Achter Abschnitt.

Beschlagnahme und Durchsuchung.

I. Beschlagnahme.

1. Gegenstände.

94. Gegenstände, welche als Beweismittel für die Untersuchung von Bedeutung sein können oder der Einziehung[1] unterliegen, sind in Verwahrung zu nehmen oder in anderer Weise sicher zu stellen.

Befinden sich die Gegenstände in dem Gewahrsam einer Person und werden dieselben nicht freiwillig herausgegeben, so bedarf es der Beschlagnahme.[2]

[1] Vgl. z. B. St.G.B. §§ 40—42, 152, 295, 360, 367, 369, G. v. 25./10. 67 (B.G.Bl. 35) § 18, G. v. 11./1. 76 (R.G.Bl. 11) § 14 in Verbindung mit dem insoweit noch geltenden G. v. 11./6. 70 (B.G.Bl. 339) §§ 21, 22, 25, 43, 45, G. v. 30./11. 74 (R.G.Bl. 143) § 17, G. v. 14./5. 79 (R.G.Bl. 145) § 15, G. v. 22./5. 81 (R.G.Bl. 97) § 8, G. v. 30./4. 84 (R.G.Bl. 48) § 2, G. v. 13./5. 84 (R.G.Bl. 49) § 3, G. v. 9./6. 84 (R.G.Bl. 61) § 11, G. v. 26./5. 85 (R.G.Bl. 165) § 3, G. v. 25./6. 87 (R.G.Bl. 273) § 6, G. v. 5./7. 87

(R.G.Bl. 277) § 13, G. v. 19./5. 91 (R.G.Bl. 109) § 9, G. v. 20./4. 92 (R.G.Bl. 597) § 9, G. v. 12./5. 94 (R.G.Bl. 448) § 17, G. v. 28./7. 95 (R.G.Bl. 425) § 3, G. v. 15./6. 97 (R.G.Bl. 475) § 19, G. v. 13./7. 99 (R.G.Bl. 463) § 187, G. v. 3./6. 00 (R.G.Bl. 547) § 28, G. v. 24./5. 01 (R.G.Bl. 175) § 18, G. v. 19./6. 01 (R.G.Bl. 227) §§ 42, 43, 46—48, G. v. 9./5. 02 (R.G.Bl. 155) § 15, G. v. 7./7. 02 (R.G.Bl. 253) § 9, G. v. 10./5. 03 (R.G.Bl. 217) § 2, G. v. 9./1. 07 (R.G.Bl. 7) § 43, G. v. 30./5. 08 (R.G.Bl. 314) § 7, G. v. 30./5. 08 (R.G.Bl. 349) § 22. Vgl. ferner die Spezialbestimmungen in Anm. 2, endlich auch § 5 des E.G. zum St.G.B.

[3] d. i. die ausdrückliche in der Regel (§ 98) dem Richter zustehende Anordnung der amtlichen Verwahrung oder Sicherstellung obiger Gegenstände. Auch der Ausführungsakt wird in der St.P.O. als Beschlagnahme bezeichnet. Formvorschriften sind für diesen nicht gegeben. Unter Umständen genügt ein amtliches Verbot der Verfügung oder Veränderung. E. XVIII. 71. R. X. 443. — Beschlagnahme eines ganzen Vermögens oder Teile desselben: §§ 325, 326, 333—335, 480. — Spezialvorschriften: Preßg. v. 7./5. 74 (R.G.Bl. 65) §§ 23 ff., Seemannsordn. v. 2./6. 02 (R.G.Bl. 175) § 127, V.Zollg. v. 1./7. 69 (B.G.Bl. 317) §§ 14, 157, 165 in Verb. mit preuß. G., betr. das Verwaltungsstrafverfahren zc., v. 26./5. 97 (G.S. 237) §§ 13 ff. nebst Ausführungsvorschriften v. 15./9. 97 (J.M.Bl. 249), sowie die im Anschluß hieran in Anm. 3 zu § 13 G.V.G. aufgeführten Gesetze. Die Rechte der Präventivpolizei sind durch die Bestimmungen dieses Abschnitts überhaupt nicht berührt. E. XIII. 44. XXI. 47. R. VII. 668.

2. Pflicht zur Herausgabe (Ausnahmen).

95. Wer einen Gegenstand der vorbezeichneten Art in seinem Gewahrsam hat, ist verpflichtet, denselben auf Erfordern vorzulegen und auszuliefern.

Er kann im Falle der Weigerung durch die im §. 69 bestimmten Zwangsmittel hierzu angehalten werden. Gegen Personen, welche zur Verweigerung des Zeugnisses berechtigt sind,[1] finden diese Zwangsmittel keine Anwendung.[2]

[1] §§ 51—54. Ebenso selbstverständlich nicht gegen den Beschuldigten.

[2] Der § spricht nur von dem positiven Tun der Herausgabe. Hinsichtlich der Duldung der Durchsuchung (§§ 102 ff.) und zwangsweisen Wegnahme sind die §§ 51—54 bezeichneten Personen nicht privilegiert.

96. Die Vorlegung oder Auslieferung von Akten oder anderen in amtlicher Verwahrung befindlichen Schriftstücken durch Behörden und öffentliche Beamte darf nicht gefordert werden, wenn[1] deren oberste Dienstbehörde erklärt, daß das Bekanntwerden des Inhalts dieser Akten oder Schriftstücke dem Wohle des Reichs oder eines Bundesstaates Nachtheil bereiten würde.[2]

[1] Also keine Berücksichtigung von Amts wegen, wie im § 53.

[2] S. auch § 169 G.V.G.

97. Schriftliche Mittheilungen zwischen dem Beschuldigten[1] und denjenigen Personen, die wegen ihres Verhältnisses zu ihm nach §§. 51, 52 zur Verweigerung des Zeugnisses berechtigt sind, unterliegen der Beschlagnahme nicht,[2] falls sie sich in den Händen der letzteren[3] Personen befinden und diese nicht einer Theilnahme, Begünstigung oder Hehlerei verdächtig sind.[4]

[1] hier im weitesten Sinne zu verstehen, auch wenn er noch nicht als solcher vernommen ist. Prot. 838. E. XX. 91.

[2] Benutzung gesetzwidrig beschlagnahmter Gegenstände — in irgend welcher Weise — begründet die Revision. E. XX. 91.

[3] d. h. zeugnisweigerungsberechtigten und zugleich an der Korrespondenz beteiligten. E. XXVIII. 285.

[4] Hinsichtlich der Korrespondenz mit dem Verteidiger vgl. § 148.

3. Anordnung von Beschlagnahmen.

98. Die Anordnung[1] von Beschlagnahmen steht dem Richter, bei Gefahr im Verzug[2] auch der Staatsanwaltschaft und denjenigen Polizei- und Sicherheitsbeamten zu, welche als Hülfsbeamte der Staatsanwaltschaft den Anordnungen derselben Folge zu leisten haben.[3]

Ist die Beschlagnahme ohne richterliche Anordnung erfolgt, so soll[4] der Beamte, welcher die Beschlagnahme angeordnet hat, binnen drei Tagen[5] die richterliche Bestätigung nachsuchen, wenn bei der Beschlagnahme weder der davon Betroffene noch ein erwachsener Angehöriger[6] anwesend war, oder wenn der Betroffene und im Falle seiner Abwesenheit ein erwachsener Angehöriger desselben gegen die Beschlagnahme ausdrücklichen Widerspruch erhoben hat. Der Betroffene kann jederzeit die richterliche Entscheidung nachsuchen. So lange die öffentliche Klage noch nicht erhoben ist,[7] erfolgt die Entscheidung durch den Amtsrichter, in dessen Bezirk die Beschlagnahme stattgefunden hat.

Ist nach erhobener öffentlicher Klage die Beschlagnahme durch die Staatsanwaltschaft oder einen Polizei- oder Sicherheitsbeamten erfolgt, so ist binnen drei Tagen[4] dem Richter von der Beschlagnahme Anzeige zu machen und sind demselben die in Beschlag genommenen Gegenstände zur Verfügung zu stellen.

Beschlagnahmen in militärischen Dienstgebäuden, zu welchen auch Kriegsfahrzeuge gehören, erfolgen durch Ersuchen der Militärbehörde,[8] und auf Verlangen der Civilbehörde (Richter, Staatsanwaltschaft) unter deren

Mitwirkung. Des Ersuchens der Militärbehörde bedarf es jedoch nicht, wenn die Beschlagnahme in Räumen vorzunehmen ist, welche in militärischen Dienstgebäuden ausschließlich von Civilpersonen[9] bewohnt werden.[10]

[1] Nicht auch die Ausführung.

[2] Ob dies der Fall, unterliegt lediglich der Prüfung der für diese Eilfälle berufenen Beamten. E. XXIII. 334.

[3] Anm. 3 zu § 153 G.V.G. In Preußen daher nicht den Gendarmen, soweit eine Beschlagnahme gemäß §§ 94 ff. in Frage steht. Vgl. aber Anm. 2 i. f. zu § 94, auch E. VIII. 288. XXI. 47. R. V. 194. Hinsichtlich der Forstbeamten vgl. E. XXXVII. 32.

[4] Instruktionell. Im Fall der Nichtbefolgung hört die Beschlagnahme nicht auf.

[5] Vgl. § 42. Als Anfangspunkt ist die tatsächliche Ausführung der Beschlagnahme anzusehen.

[6] Im weitesten Sinne; § 52 Abs. 2 St.G.B. nicht anwendbar.

[7] § 168. [8] Anm. 8 zu § 48.

[9] Dazu gehören auch die Zivilbeamten der Militärverwaltung. Mil.G. v. 2./5. 74 (R.G.Bl. 56) § 38 C.

[10] Spezialvorschriften: vgl. Anm. 2 zu § 94.

4. Beschlagnahme von Postsendungen und Telegrammen.

99. Zulässig ist die Beschlagnahme der an den Beschuldigten[1] gerichteten Briefe und Sendungen auf der Post sowie der an ihn gerichteten Telegramme auf den Telegraphenanstalten;[2] desgleichen ist zulässig an den bezeichneten Orten die Beschlagnahme solcher Briefe, Sendungen und Telegramme, in Betreff derer Thatsachen vorliegen, aus welchen zu schließen ist, daß sie von dem Beschuldigten herrühren oder für ihn bestimmt sind und daß ihr Inhalt für die Untersuchung Bedeutung habe.[3] [4]

[1] Anm. 1 zu § 97.

[2] die der in § 97 bezeichneten Personen nicht ausgeschlossen. Hinsichtlich des Vertheidigers s. § 148.

[3] Die Prüfung der Zulässigkeit ist Sache der ersuchenden (§ 100), nicht der Post- und Telegraphen-Behörde.

[4] Vgl. Postg. v. 28./10. 71 (R.G.Bl. 347) § 5, Telegraphenung. v. 6./4. 92 (R.G.Bl. 467) § 8. — St.G.B. §§ 354, 355.

100. Zu der Beschlagnahme (§. 99) ist nur der Richter, bei Gefahr im Verzug und, wenn die Untersuchung nicht blos eine Uebertretung betrifft, auch die Staatsanwaltschaft[1] befugt. Die letztere muß jedoch den ihr ausgelieferten Gegenstand sofort, und zwar Briefe und andere Postsendungen uneröffnet, dem Richter vorlegen.

Die von der Staatsanwaltschaft verfügte Beschlagnahme tritt, auch wenn sie eine Auslieferung noch nicht zur Folge gehabt hat, außer Kraft, wenn sie nicht binnen drei Tagen[2] von dem Richter bestätigt wird.

Die Entscheidung über eine von der Staatsanwaltschaft verfügte Beschlagnahme sowie über die Eröffnung eines ausgelieferten Briefes oder einer anderen Postsendung erfolgt durch den zuständigen Richter (§. 98).

[1] Einschließlich des Amtsanwalts (§ 143 G.V.G.), nicht aber der im § 153 G.V.G. bezeichneten Personen.

[2] vom Eingange des Ersuchens. S. auch § 42.

101. Von den getroffenen Maßregeln (§§. 99, 100) sind die Betheiligten zu benachrichtigen, sobald dies ohne Gefährdung des Untersuchungszweckes geschehen kann.

Sendungen, deren Eröffnung nicht angeordnet worden, sind den Betheiligten sofort auszuantworten. Dasselbe gilt, soweit nach der Eröffnung die Zurückbehaltung nicht erforderlich ist.

Derjenige Theil eines zurückbehaltenen Briefes, dessen Vorenthaltung nicht durch die Rücksicht auf die Untersuchung geboten erscheint, ist dem Empfangsberechtigten abschriftlich mitzutheilen.[1]

[1] Die Entscheidung hierüber (Abs. 1—3) steht als zur Beschlagnahme selbst gehörig dem Richter zu.

II. **Durchsuchung.**

1. **Zulässigkeit.**

102. Bei demjenigen, welcher als Thäter oder Theilnehmer einer strafbaren Handlung oder als Begünstiger oder Hehler verdächtig ist, kann eine Durchsuchung der Wohnung[1] und anderer Räume, sowie seiner Person und der ihm gehörigen Sachen, sowohl zum Zwecke seiner Ergreifung, als auch dann vorgenommen werden, wenn zu vermuthen ist, daß die Durchsuchung zur Auffindung von Beweismitteln führen werde.

[1] Hinsichtlich dieser sog. Haussuchung vgl. die bes. Bestimmungen §§ 104, 105 Abs. 2.

103. Bei anderen Personen sind Durchsuchungen[1] nur behufs der Ergreifung des Beschuldigten oder behufs der Verfolgung[2] von Spuren einer strafbaren Handlung oder behufs der Beschlagnahme bestimmter Gegenstände und nur dann zulässig, wenn Thatsachen vorliegen, aus denen zu schließen ist, daß die gesuchte Person, Spur oder Sache sich in den zu durchsuchenden Räumen befinde.[3]

Diese Beschränkung findet keine Anwendung auf die Räume, in welchen der Beschuldigte ergriffen worden ist, oder welche er während der Verfolgung betreten hat, oder in welchen eine unter Polizeiaufsicht stehende[4] Person wohnt oder sich aufhält.

[1] Auch der Personen selbst. E. XIV. 189. R. VIII. 454, auch der zur Zeugnißweigerung Berechtigten. E. XIX. 364.

[2] auch zum Zweck der Vertheidigung. E. XIV. 189. R. VIII. 454.

[3] § 97 gilt auch hier, nicht die Beschränkung § 95 Abs. 2.

[4] §§ 38, 39 St.G.B.

2. Beschränkung hinsichtlich der Zeit.

104. Zur Nachtzeit dürfen die Wohnung, die Geschäftsräume und das befriedete Besitzthum[1] nur bei Verfolgung auf frischer That oder bei Gefahr im Verzug oder dann durchsucht werden, wenn es sich um die Wiederergreifung eines entwichenen Gefangenen handelt.

Diese Beschränkung findet keine Anwendung auf Wohnungen von Personen, welche unter Polizeiaufsicht stehen, sowie auf Räume, welche zur Nachtzeit Jedermann zugänglich oder welche der Polizei als Herbergen oder Versammlungsorte bestrafter Personen, als Niederlagen von Sachen, welche mittels strafbarer Handlungen erlangt sind, oder als Schlupfwinkel des Glückspiels oder gewerbsmäßiger Unzucht bekannt sind.

Die Nachtzeit umfaßt in dem Zeitraume vom ersten April bis dreißigsten September die Stunden von neun Uhr Abends bis vier Uhr Morgens und in dem Zeitraume vom ersten Oktober bis einunddreißigsten März die Stunden von neun Uhr Abends bis sechs Uhr Morgens.[2]

[1] Vgl. § 123 St.G.B. E. XIII. 312. R. VIII. 82.

[2] Der § betrifft nur die sog. Haussuchung. Anm. 1 zu § 102. Die landesrechtlichen Vorschriften (z. B. preuß. G. v. 12./2. 50) sind

für die Strafverfolgung — jedoch auch nur für diese — außer Anwendung gesetzt. Vgl. E. I. 331. II. 262. R. I. 502. II. 248.

3. Verfahren.

105. Die Anordnung[1] von Durchsuchungen steht dem Richter, bei Gefahr im Verzug auch der Staatsanwaltschaft und denjenigen Polizei- und Sicherheitsbeamten zu, welche als Hülfsbeamte der Staatsanwaltschaft den Anordnungen derselben Folge zu leisten haben.[2]

Wenn eine Durchsuchung der Wohnung, der Geschäftsräume oder des befriedeten Besitzthums ohne Beisein des Richters oder des Staatsanwalts[3] stattfindet, so sind, wenn dies möglich,[4] ein Gemeindebeamter oder zwei Mitglieder der Gemeinde, in deren Bezirk die Durchsuchung erfolgt, zuzuziehen. Die als Gemeindemitglieder zugezogenen Personen dürfen nicht Polizei- oder Sicherheitsbeamte sein.[5]

Die in den vorstehenden Absätzen angeordneten Beschränkungen der Durchsuchung finden keine Anwendung auf die im §. 104 Abs. 2 bezeichneten Wohnungen und Räume.[6]

Durchsuchungen in militärischen Dienstgebäuden erfolgen durch Ersuchen der Militärbehörde,[7] und auf Verlangen der Civilbehörde (Richter, Staatsanwaltschaft) unter deren Mitwirkung. Des Ersuchens der Militärbehörde bedarf es jedoch nicht, wenn die Durchsuchung von Räumen vorzunehmen ist, welche in militärischen Dienstgebäuden ausschließlich von Civilpersonen[8] bewohnt werden.

[1] Nicht Ausführung. Hinsichtlich dieser s. auch § 187.
[2] Anm. 3 zu § 98.
[3] Der Amtsanwalt steht nicht gleich. Prot. 171. Sitzung S. 17. Anders in Abs. 1.
[4] absolute Unmöglichkeit damit nicht erfordert. R. IV. 366.
[5] Abs. 2 betrifft nur die Haussuchung. Anm. 1 zu § 102.
[6] Vgl. E. III. 185. [7] Anm. 8 zu § 48.
[8] Anm. 9 zu § 98.

106. Der Inhaber der zu durchsuchenden Räume oder Gegenstände darf der Durchsuchung beiwohnen. Ist er abwesend, so ist, wenn dies möglich, sein Vertreter oder ein erwachsener Angehöriger, Hausgenosse oder Nachbar zuzuziehen.[1]

Dem Inhaber oder der in dessen Abwesenheit zugezogenen Person ist in den Fällen des §. 103 Abs. 1 der Zweck der Durchsuchung vor deren Beginn bekannt zu machen. Diese Vorschrift findet keine Anwendung auf die Inhaber der im §. 104 Abs. 2 bezeichneten Räume.

[1] Abs. 1 gilt im Gegensatz zu Abs. 2 auch für den Fall des § 102. Der Beschuldigte „als solcher" hat (ebenso wie Verteidiger, Privatkläger, Nebenkläger) auf Anwesenheit keinen Anspruch.

107. Dem von der Durchsuchung Betroffenen ist nach deren Beendigung auf Verlangen eine schriftliche Mittheilung zu machen, welche den Grund der Durchsuchung (§§. 102, 103) sowie im Falle des §. 102 die strafbare Handlung bezeichnen muß. Auch ist demselben auf Verlangen ein Verzeichniß der in Verwahrung oder in Beschlag genommenen Gegenstände, falls aber nichts Verdächtiges gefunden wird, eine Bescheinigung hierüber zu geben.

108. Werden bei Gelegenheit einer Durchsuchung Gegenstände gefunden, welche zwar in keiner Beziehung zu der Untersuchung stehen, aber auf die erfolgte Verübung einer anderen strafbaren Handlung hindeuten, so sind dieselben einstweilen in Beschlag zu nehmen.[1] Der Staatsanwaltschaft ist hiervon Kenntniß zu geben.

[1] Modifikation von § 98 Abs. 1; Abs. 2 gilt jedoch auch hier.

109. Die in Verwahrung oder in Beschlag genommenen Gegenstände sind genau zu verzeichnen und zur Verhütung von Verwechselungen durch amtliche Siegel oder in sonst geeigneter Weise kenntlich zu machen.

4. Durchsicht der Papiere.

110. Eine Durchsicht der Papiere des von der Durchsuchung Betroffenen[1] steht nur dem Richter zu.[2]

Andere Beamte sind zur Durchsicht der aufgefundenen Papiere nur dann befugt, wenn der Inhaber derselben die Durchsicht genehmigt. Anderenfalls haben sie die Papiere, deren Durchsicht sie für geboten erachten, in einem Umschlage, welcher in Gegenwart des Inhabers mit dem Amtssiegel zu verschließen ist, an den Richter abzuliefern.

Dem Inhaber der Papiere oder dessen Vertreter ist die Beidrückung seines Siegels gestattet; auch ist er, falls demnächst die Entsiegelung und Durchsicht der Papiere angeordnet wird, wenn dies möglich, aufzufordern, derselben beizuwohnen.

Der Richter hat die zu einer strafbaren Handlung in Beziehung stehenden Papiere der Staatsanwaltschaft mitzutheilen.

[1] Gleichgültig, ob dieser der Beschuldigte oder ein Dritter ist.

[2] Die Zuziehung eines Sachverständigen, z. B. eines Dolmetschers, ist selbstverständlich nicht ausgeschlossen.

5. Zurückgabe der Gegenstände.

111. Gegenstände, welche durch die strafbare Handlung dem Verletzten entzogen wurden,[1] sind, falls nicht Ansprüche Dritter entgegenstehen, nach Beendigung der Untersuchung und geeignetenfalls schon vorher von Amtswegen dem Verletzten zurückzugeben, ohne daß es eines Urtheils hierüber bedarf.[2]

Dem Betheiligten bleibt die Geltendmachung seiner Rechte im Civilverfahren vorbehalten.

[1] Wenn auch nur fortgesetzt durch Hehlerei des Beschuldigten. E. XIX. 98. — Nicht aber auch diejenigen, welche mit diesen Gegenständen angeschafft sind. E. I. 144. R. I. 217.

[2] Vorausgesetzt, daß sie sich bei dem Beschuldigten befanden. Gegenüber Dritten hat der Strafrichter keine Bestimmung zu treffen. Ersterenfalls aber auch beim Widerspruch Dritter, die eventl. auf den Weg der einstweiligen Verfügung zu verweisen sind.

Neunter Abschnitt.

Verhaftung und vorläufige Festnahme.

Verhaftung ist Freiheitsentziehung auf Grund richterlicher Anordnung, vorläufige Festnahme Freiheitsentziehung ohne solche, beide zum Zwecke der Strafverfolgung. Von beiden ist zu scheiden die polizeiliche Sistierung und Festnahme auf Grund der den Polizeibehörden beigelegten Exekutivgewalt. Vgl. E. I. 331. II. 263. III. 185. IV. 101. R. I. 152. II. 248. Soweit es sich um Zwecke der Strafverfolgung handelt, sind allein die Vorschriften dieses Abschnitts maßgebend. E. XXXII. 269.

I. Verhaftung.

1. Zulässigkeit.

112. Der Angeschuldigte[1] darf nur dann in Untersuchungshaft[2] genommen werden,[3] wenn dringende Verdachtsgründe gegen ihn vorhanden sind und entweder er der Flucht verdächtig ist oder Thatsachen vorliegen, aus denen zu schließen ist, daß er Spuren der That vernichten oder daß er Zeugen oder Mitschuldige zu einer falschen Aussage oder Zeugen dazu verleiten werde, sich der Zeugnißpflicht zu entziehen. Diese Thatsachen sind aktenkundig zu machen.[4]

Der Verdacht der Flucht bedarf keiner weiteren Begründung:[5]

1. wenn ein Verbrechen[6] den Gegenstand der Untersuchung bildet;
2. wenn der Angeschuldigte ein Heimathloser oder Landstreicher[7] oder nicht im Stande ist, sich über seine Person auszuweisen;
3. wenn der Angeschuldigte ein Ausländer[8] ist und gegründeter Zweifel besteht, daß er sich auf Ladung vor Gericht stellen und dem Urtheile Folge leisten werde.[9]

[1] § 155. Siehe aber auch § 125.
[2] ohne Zeitgrenze der Dauer. Vgl. auch § 205 u. § 126.
[3] Auf Antrag oder von Amts wegen. Vgl. auch § 33.
[4] Fernerer Verhaftungsgrund: § 229 Abs. 2, § 235.
[5] Jedoch ist auch in diesen Fällen die Verhaftung nicht geboten, vielmehr Sache der Prüfung nach den konkreten Umständen.
[6] § 1 Abs. 1 St.G.B. [7] § 361 Nr. 3 St.G.B.
[8] Anm. 1 zu § 9. [9] Vgl. noch E.G. § 4, § 6 Nr. 1.

118. Ist die That nur mit Haft oder mit Geldstrafe bedroht,[1] so darf die Untersuchungshaft nur[2] wegen Verdachts der Flucht und nur dann verhängt werden, wenn der Angeschuldigte zu den im §. 112 Nr. 2 oder 3 bezeichneten Personen gehört, oder wenn derselbe unter Polizeiaufsicht[3] steht, oder wenn es sich um eine Uebertretung handelt, wegen deren die Ueberweisung an die Landespolizeibehörde[4] erkannt werden kann.

[1] Eventuelle und Nebenstrafen bleiben dabei unbeachtet. Vgl. Schluß des §.

[2] Abgesehen von den hier nicht in Betracht gezogenen Fällen der §§ 229 Abs. 2, 235.

[3] § 38 St.G.B.

[4] § 362, § 361 Nr. 3—8 St.G.B.

2. Haftbefehl.

114. Die Verhaftung erfolgt auf Grund eines schriftlichen[1] Haftbefehls des Richters.[2]

In dem Haftbefehl ist der Angeschuldigte genau zu bezeichnen und die ihm zur Last gelegte strafbare Handlung sowie der Grund[3] der Verhaftung anzugeben.

Dem Angeschuldigten ist der Haftbefehl bei der Verhaftung und, wenn dies nicht thunlich ist, spätestens am Tage nach seiner Einlieferung in das Gefängniß, nach Vorschrift des §. 35 bekannt zu machen und zu eröffnen, daß ihm das Rechtsmittel der Beschwerde[4] zustehe.[5] [6]

[1] Bei Verhandlungen genügt die Registrierung zu Protokoll.

[2] Zuständigkeit: § 124. Siehe aber auch § 125.

[3] §§ 112, 113. Die Angabe der Verdachtsgründe ist nicht erforderlich.

[4] §§ 346, 347, 352.

[5] Auch bei Verhaftungen in der Hauptverhandlung zu beachten.

[6] Vollstreckung: § 36 und G.V.G. § 161.

3. Verhör des Verhafteten.

115. Der Verhaftete muß spätestens am Tage nach seiner Einlieferung[1] in das Gefängniß durch einen Richter über den Gegenstand der Beschuldigung gehört[2] werden.

[1] Ohne Rücksicht auf Sonn- oder Festtage.
[2] nicht förmlich vernommen.

4. Vollstreckung der Untersuchungshaft.

116. Der Verhaftete soll, soweit möglich, von Anderen gesondert und nicht in demselben Raume mit Strafgefangenen verwahrt werden. Mit seiner Zustimmung kann von dieser Vorschrift abgesehen werden.

Dem Verhafteten dürfen nur solche Beschränkungen auferlegt werden, welche zur Sicherung des Zweckes der Haft oder zur Aufrechthaltung der Ordnung im Gefängnisse nothwendig sind.[1]

Bequemlichkeiten und Beschäftigungen, die dem Stande und den Vermögensverhältnissen des Verhafteten entsprechen, darf er sich auf seine Kosten verschaffen, soweit sie mit dem Zwecke der Haft vereinbar sind und weder die Ordnung im Gefängnisse stören, noch die Sicherheit gefährden.

Fesseln dürfen im Gefängnisse dem Verhafteten nur dann angelegt werden, wenn es wegen besonderer Gefährlichkeit seiner Person, namentlich zur Sicherung Anderer erforderlich erscheint, oder wenn er einen Selbstentleibungs- oder Entweichungsversuch gemacht oder vorbereitet hat. Bei der Hauptverhandlung soll er ungefesselt sein.

Die nach Maßgabe vorstehender Bestimmungen erforderlichen Verfügungen hat der Richter[2] zu treffen. Die in dringenden Fällen von anderen Beamten getroffenen Anordnungen unterliegen der Genehmigung des Richters.[3]

[1] Verkehr mit dem Vertheidiger: § 148.

[2] derjenige, welcher über die Haft selbst zu entscheiden hat. §§ 124, 125.

[3] Für Preußen vgl. Gefängnisordnung für die Justizverwaltung v. 21./12. 98 (Anl. zum J.M.Bl. Nr. 47), insbes. §§ 36, 91—95.

5. Freilassung gegen Sicherheitsleistung.

117. Ein Angeschuldigter, dessen Verhaftung lediglich wegen des Verdachts der Flucht angeordnet ist, kann gegen Sicherheitsleistung mit der Untersuchungshaft verschont werden.[1]

[1] Der Haftbefehl bleibt an sich bestehen. Vgl. § 123.

118. Die Sicherheitsleistung ist durch Hinterlegung in baarem Gelde oder in Werthpapieren oder durch Pfandbestellung oder mittels Bürgschaft geeigneter Personen zu bewirken.

Die Höhe und die Art der zu leistenden Sicherheit wird von dem Richter[1] nach freiem Ermessen festgesetzt.

[1] §§ 124, 125.

119. Der Angeschuldigte, welcher seine Freilassung gegen Sicherheitsleistung beantragt, ist, wenn er nicht im Deutschen Reich wohnt, verpflichtet, eine im Bezirk des zuständigen Gerichts wohnhafte Person zur Empfangnahme von Zustellungen zu bevollmächtigen.[1]

[1] Die Zustellung an den Bevollmächtigten steht der Zustellung an den Angeschuldigten selbst gleich. Es gelten auch für ersteren die §§ 181—183 Z.P.O. Vgl. dieselben in Anm. 1 zu § 37.

120. Der Sicherheitsleistung ungeachtet ist der Angeschuldigte zur Haft zu bringen, wenn er Anstalten zur Flucht trifft, wenn er auf ergangene Ladung ohne genügende Entschuldigung ausbleibt, oder wenn neu hervorgetretene Umstände seine Verhaftung erforderlich machen.[1]

[1] Und zwar durch den Richter unterer Instanz, wenn auch die Freilassung in höherer Instanz beschlossen war. M. 74.

121. Eine noch nicht verfallene[1] Sicherheit wird frei, wenn der Angeschuldigte zur Haft gebracht,[2] oder wenn der Haftbefehl aufgehoben worden ist, oder wenn der Antritt der erkannten Freiheitsstrafe erfolgt.

Diejenigen, welche für den Angeschuldigten Sicherheit geleistet haben, können ihre Befreiung dadurch herbeiführen, daß sie entweder binnen einer vom Gerichte zu bestimmenden Frist die Gestellung des Angeschuldigten bewirken,[3] oder von den Thatsachen, welche den Verdacht einer vom Angeschuldigten beabsichtigten Flucht begründen, rechtzeitig dergestalt Anzeige machen, daß die Verhaftung bewirkt werden kann.

[1] § 122. [2] d. h. in vorliegender Sache.
[3] In diesem Falle Einschränkung des § 122 Abs. 1. Vgl. M. 75.

122. Eine noch nicht frei gewordene Sicherheit verfällt der Staatskasse, wenn der Angeschuldigte sich der Untersuchung oder dem Antritt der erkannten Freiheitsstrafe entzieht.[1]

Vor der Entscheidung[2] sind der Angeschuldigte[3] sowie diejenigen, welche für den Angeschuldigten Sicherheit geleistet haben, zu einer Erklärung aufzufordern. Gegen die Entscheidung steht ihnen[4] nur die sofortige

Beschwerde[5] zu. Vor der Entscheidung über die Beschwerde ist den Betheiligten[6] und der Staatsanwaltschaft Gelegenheit zur mündlichen Begründung ihrer Anträge, sowie zur Erörterung über stattgehabte Ermittelungen zu geben.[7]

Die den Verfall aussprechende Entscheidung hat gegen diejenigen, welche für den Angeschuldigten Sicherheit geleistet haben,[8] die Wirkungen eines von dem Civilrichter erlassenen, für vorläufig vollstreckbar erklärten Endurtheils, und nach Ablauf der Beschwerdefrist die Wirkungen eines rechtskräftigen Civilendurtheils.[9]

[1] Anm. 3 zu § 121. Im übrigen wird selbst durch spätere Gestellung oder Freisprechung die einmal verfallene Sicherheit nicht wieder frei.

[2] Zuständigkeit: §§ 124, 125.

[3] Auch wenn die Sicherheit nicht von ihm bestellt ist; auch wenn er abwesend ist. Vgl. § 40.

[4] Auch der Staatsanwaltschaft. § 346. [5] § 353.

[6] § 329 dürfte auf die vorliegende Spezialbestimmung keine Anwendung leiden.

[7] Gebühren: § 78 Nr. 2c, § 45 G.K.G. Die angefochtene Entscheidung ergeht gebührenfrei.

[8] d. i. auch der Angeschuldigte selbst, wenn er die Sicherheit bestellt hat.

[9] §§ 704 ff. Z.P.O.

6. Aufhebung des Haftbefehls.

123. Der Haftbefehl ist aufzuheben, wenn der in demselben angegebene Grund der Verhaftung weggefallen ist, oder wenn der Angeschuldigte freigesprochen oder außer Verfolgung gesetzt wird.[1]

Durch Einlegung eines Rechtsmittels darf die Freilassung des Angeschuldigten nicht verzögert werden.[2]

[1] oder nur wegen eines geringeren Vergehens verurteilt wird und damit die Voraussetzungen des Haftbefehls (§§ 112, 113) weggefallen sind. — Siehe auch § 126.

[2] Wohl aber kann die Berufungsinstanz neuen Haftbefehl erlassen. Vgl. Anm. 1 zu § 124.

7. Zuständigkeit für die Entscheidungen.

124. Die auf die Untersuchungshaft, einschließlich der Sicherheitsleistung, bezüglichen Entscheidungen werden von dem zuständigen[1] Gericht[2] erlassen.[3]

In der Voruntersuchung ist der Untersuchungsrichter zur Erlassung des Haftbefehls und mit Zustimmung der Staatsanwaltschaft auch zur Aufhebung eines solchen sowie zur Freilassung des Angeschuldigten gegen Sicherheitsleistung befugt.[4] Versagt die Staatsanwaltschaft diese Zustimmung, so hat der Untersuchungsrichter, wenn er die beanstandete Maßregel anordnen will, unverzüglich, spätestens binnen vierundzwanzig Stunden, die Entscheidung des Gerichts nachzusuchen.

Die gleiche[5] Befugniß hat nach Eröffnung des Hauptverfahrens[6] in dringenden Fällen der Vorsitzende des erkennenden Gerichts.

[1] d. i. dem zurzeit mit der Sache befaßten, auch dem Berufungs-, nicht aber (§ 392) dem Revisionsgericht. E. III. 421. R. III. 141. IX. 352. Vgl. §§ 197, 205 Abs. 2 und G.V.G. §§ 30, 82. — Vgl. aber auch § 21.

[2] d. h. von dem Kollegium, unbeschadet § 30 Abs. 2 G.V.G., und soweit nicht Abs. 2 und 3 und § 125 Ausnahmen zulassen.

[3] Anhörung der Staatsanwaltschaft: § 33. Anfechtung: §§ 346, 347, 352.

[4] Er kann aber auch die Strafkammer entscheiden lassen. M. 76.

[5] Wie der Untersuchungsrichter. [6] § 201.

8. Haftbefehl vor Erhebung der öffentlichen Klage.

125. Auch vor Erhebung der öffentlichen Klage kann, wenn ein zur Erlassung eines Haftbefehls berechtigender Grund vorhanden ist,[1] vom Amtsrichter auf Antrag der Staatsanwaltschaft oder, bei Gefahr im Verzuge, von Amtswegen ein Haftbefehl erlassen werden.[2]

Zur Erlassung dieses Haftbefehls und der auf die Untersuchungshaft, einschließlich der Sicherheitsleistung, bezüglichen Entscheidungen ist jeder Amtsrichter befugt, in dessen Bezirk ein Gerichtsstand[3] für die Sache begründet ist oder der zu Verhaftende betroffen wird.

Die Bestimmungen der §§. 114—123 finden entsprechende Anwendung.

[1] §§ 112, 113. [2] Vgl. auch § 134. [3] §§ 7—13.

126. Der vor Erhebung der öffentlichen Klage erlassene Haftbefehl ist aufzuheben, wenn[1] die Staatsanwaltschaft es beantragt, oder wenn nicht binnen einer Woche[2] nach Vollstreckung[3] des Haftbefehls die öffentliche Klage erhoben und die Fortdauer der Haft von dem zuständigen Richter angeordnet, auch diese Anordnung zur Kenntniß des Amtsrichters gelangt ist.

Wenn zur Vorbereitung und Erhebung der öffentlichen Klage die Frist von einer Woche nicht genügt, so kann dieselbe auf Antrag der Staatsanwaltschaft vom Amtsrichter um eine Woche und, wenn es sich um ein Verbrechen oder Vergehen handelt, auf erneuten Antrag der Staatsanwaltschaft um fernere zwei Wochen verlängert werden

[1] Außerdem auch gemäß § 123, und zwar selbst gegen den Antrag der Staatsanwaltschaft. § 125 Abs. 3. [2] § 43.

[3] d. i. der tatsächlichen Festnahme, im Fall vorausgegangener vorläufiger Festnahme dem Erlaß des Haftbefehls.

II. Vorläufige Festnahme.

1. Zulässigkeit.

127. Wird Jemand auf frischer That[1] betroffen oder verfolgt,[2] so ist, wenn er der Flucht verdächtig ist oder seine Persönlichkeit nicht sofort festgestellt werden kann, Jedermann befugt, ihn auch ohne richterlichen Befehl vorläufig festzunehmen.[3]

Die Staatsanwaltschaft und die Polizei- und Sicherheitsbeamten sind[4] auch dann zur vorläufigen Festnahme befugt, wenn die Voraussetzungen eines Haftbefehls[5] vorliegen und Gefahr im Verzug obwaltet.[6] [7]

Bei strafbaren Handlungen, deren Verfolgung nur auf Antrag eintritt, ist die vorläufige Festnahme von der Stellung eines solchen Antrags nicht abhängig.[8]

[1] d. h. nicht nur bei der Ausführung derselben, sondern auch bei unmittelbar sich anschließender Verfolgung. Prot. 174, 868, 869. Übrigens kommt es auf die Beschaffenheit der Tat (§ 113) hier nicht an.

[2] Hinsichtlich des Begriffs des Verfolgens vgl. E. XXX. 386.

[3] auch ihm Sachen als Überführungsstücke ꝛc. wegzunehmen. E. VIII. 288. R. V. 194.

[4] Nicht bloß sofern sie Hilfsbeamte der Staatsanwaltschaft sind.

[5] §§ 112, 113.

[6] Jede Festnahme zum Zweck der Strafverfolgung ist nur unter den Voraussetzungen des Abs. 1 oder 2 zulässig. E. XXXII. 269. Vgl. aber auch die Anm. zur Überschrift dieses Abschnitts.

[7] Nacheile: § 168 G.V.G. Steckbrief: § 131 Abs. 2.

[8] § 130 tritt erst bei Erlaß des Haftbefehls ein.

2. Verfahren.

128.[1] Der Festgenommene ist unverzüglich, sofern er nicht wieder in Freiheit gesetzt wird, dem Amtsrichter des Bezirks, in welchem die Festnahme erfolgt ist, vorzuführen.[2] Der Amtsrichter hat ihn spätestens am Tage nach der Vorführung[3] zu vernehmen.

Hält der Amtsrichter die Festnahme nicht für gerechtfertigt oder die Gründe derselben für beseitigt, so verordnet er die Freilassung. Anderenfalls erläßt er einen Haftbefehl, auf welchen die Bestimmungen des §. 126 Anwendung finden.

[1] Vgl. § 129.

[2] Vgl. dazu für Preußen M.V. v. 11./7. 81 (J.M.Bl. 245).

[3] Anm. 1 zu § 115.

129. Ist gegen den Festgenommenen bereits die öffentliche Klage erhoben, so ist derselbe entweder sofort, oder auf Verfügung des Amtsrichters, welchem derselbe zunächst vorgeführt worden, dem zuständigen Gericht oder Untersuchungsrichter vorzuführen, und haben diese spätestens am Tage nach der Vorführung[1] über Freilassung oder Verhaftung des Festgenommenen zu entscheiden.

[1] Anm. 1 zu § 115.

130. Wird wegen Verdachts einer strafbaren Handlung, deren Verfolgung nur auf Antrag eintritt, ein Haftbefehl erlassen, bevor der Antrag gestellt ist, so ist der Antragsberechtigte, von mehreren wenigstens einer derselben, sofort von dem Erlaß des Haftbefehls in Kenntniß zu setzen. Auf den Haftbefehl finden die Bestimmungen des §. 126 gleichfalls Anwendung.

Steckbriefe.

131. Auf Grund eines Haftbefehls können von dem Richter sowie von der Staatsanwaltschaft[1] Steckbriefe erlassen werden, wenn der zu Verhaftende flüchtig ist oder sich verborgen hält.

Ohne vorgängigen Haftbefehl ist eine steckbriefliche Verfolgung nur dann statthaft, wenn ein Festgenommener aus dem Gefängnisse entweicht oder sonst sich der Bewachung entzieht. In diesem Falle sind auch die Polizeibehörden zur Erlassung des Steckbriefs befugt.

Der Steckbrief soll, soweit dies möglich, eine Beschreibung des zu Verhaftenden enthalten und die demselben zur Last gelegte strafbare Handlung[2] sowie das Gefängniß bezeichnen, in welches die Ablieferung zu erfolgen hat.[3]

[1] Je nachdem dem einen oder der andern die Vollstreckung des Haftbefehls obliegt. Vgl. § 36, auch § 489.

[2] Namentliche Bezeichnung derselben genügt. Verhaftungsgrund oder Verdachtsgründe sind nicht aufzunehmen.

[3] Vgl. auch betreffs der Benutzung der Strafregister zur Ermittlung steckbrieflich verfolgter Personen die V. des Bundesrats v. 16./6. 82 in der Fassung des Beschlusses v. 9./7. 96 (R.C.Bl. 426, J.M.Bl. 265) § 18a und dazu preuß. J.V. v. 7./9. 96 (J.M.Bl. 294), v. 13./4. 97 (J.M.Bl. 92), v. 30./11. 04 (J.M.Bl. 314), ferner über die Benutzung des Zentralpolizeiblattes J.V. v. 30./11. 82 (J.M.Bl. 377), v. 12./4. 84 (J.M.Bl. 74), des Internationalen Kriminalpolizeiblatts J.V. v. 10./2. 88 (J.M.Bl. 42), v. 16./6. 97 (J.M.Bl. 164) und des Deutschen Fahndungsblatts J.V. v. 21./3. 99 (J.M.Bl. 72). — Erneuerung der Steckbriefe: preuß. J.V. v. 22./11. 02 (J.M.Bl. 290).

Vorführung eines Ergriffenen.

132. Ist Jemand auf Grund eines Haftbefehls oder eines Steckbriefs ergriffen worden, und kann er nicht spätestens am Tage nach der Ergreifung[1] vor den zuständigen Richter gestellt werden, so ist er auf sein Verlangen sofort dem nächsten Amtsrichter vorzuführen.

Seine Vernehmung ist spätestens am Tage nach der

Ergreifung[1] zu bewirken. Weist er bei der Vernehmung nach, daß er nicht die verfolgte Person, oder daß die Verfolgung durch die zuständige Behörde wieder aufgehoben sei, so hat der Amtsrichter seine Freilassung zu verfügen.

[1] Anm. 1 zu § 115.

Zehnter Abschnitt.

Vernehmung des Beschuldigten.

1. Ladung.

133. Der Beschuldigte[1] ist zur Vernehmung[2] schriftlich[3] zu laden.

Die Ladung kann unter der Androhung geschehen, daß im Falle des Ausbleibens seine Vorführung erfolgen werde.[4]

[1] § 155.

[2] Notwendigkeit derselben in der Voruntersuchung § 190, nicht im Vorbereitungsverfahren, vgl. §§ 159, 160, 164.

[3] Nur erforderlich für den eventuellen Erlaß des Vorführungsbefehls, nicht für die Gültigkeit der Vernehmung.

[4] Entsprechende Vorschriften für die Hauptverhandlung: §§ 215, 229 Abs. 2, 231 Abs. 2.

2. Vorführung.

134. Die sofortige Vorführung des Beschuldigten kann verfügt werden, wenn Gründe vorliegen, welche die Erlassung eines Haftbefehls rechtfertigen würden.[1]

In dem Vorführungsbefehle ist der Beschuldigte genau zu bezeichnen und die ihm zur Last gelegte strafbare Handlung sowie der Grund der Vorführung anzugeben.

[1] §§ 112, 113. — Vgl. § 133 Abs. 2.

3. Vernehmung.

135. Der Vorgeführte ist sofort von dem Richter zu vernehmen. Ist dies nicht ausführbar, so kann er bis zu seiner Vernehmung, jedoch nicht über den nächstfolgenden Tag[1] hinaus, festgehalten werden.

[1] Anm. 1 zu § 115.

136. Bei Beginn der ersten Vernehmung[1] ist dem Beschuldigten zu eröffnen, welche strafbare Handlung ihm zur Last gelegt wird. Der Beschuldigte ist zu befragen, ob er etwas auf die Beschuldigung erwidern wolle.

Die Vernehmung soll dem Beschuldigten Gelegenheit zur Beseitigung der gegen ihn vorliegenden Verdachtsgründe und zur Geltendmachung der zu seinen Gunsten sprechenden Thatsachen geben.[2]

Bei der ersten Vernehmung des Beschuldigten ist zugleich auf die Ermittelung seiner persönlichen Verhältnisse[3] Bedacht zu nehmen.[4]

[1] Abwesenheit des Staatsanwalts und Verteidigers: §§ 190 Abs. 2, 167. — Zuziehung des Gerichtsschreibers und Protokollierung: §§ 185, 186, 166.

[2] Sie soll also ein Mittel zur Verteidigung, nicht zur Überführung sein. Vgl. aber § 253.

[3] Auch Militärverhältnisse. Für Preußen vgl. J.V. v. 23./7. 86 (J.M.Bl. 201) und hinsichtlich jugendlichen Angeschuldigten J.V. v. 1./6. 08 (J.M.Bl. 237). — Hinsichtlich der Ermittlung der Vorbestrafungen vgl. auch die § 275 Anm. 5 zitierten B. u. J.V. — Im Ermittlungsverfahren (Buch II. Abschn. 2) ist in Preußen seitens der Staatsanwaltschaft und der Polizeiorgane auch auf die Feststellung des gesetzlichen Vertreters (vgl. § 149 Anm. 4) Bedacht zu nehmen. J.V. v. 11./8. 02 (J.M.Bl. 223).

[4] Für den Fall der Weigerung vgl. § 112 Nr. 2.

Elfter Abschnitt.

Vertheidigung.

1. Zulässigkeit.

137. Der Beschuldigte[1] kann sich in jeder Lage[2] des Verfahrens des Beistandes[3] eines[4] Vertheidigers bedienen.[5]

Hat der Beschuldigte einen gesetzlichen Vertreter,[6] so kann auch dieser selbständig einen Vertheidiger wählen.[7]

[1] § 155 Anm. 1. [2] Einzige Ausnahme: § 190 Abs. 2, § 167.

[3] Der Verteidiger ist Vertreter des Beschuldigten nur so weit, als das Gesetz dies ausdrücklich zuläßt. Daß für denselben in seiner Gegenwart ohne Widerspruch abgegebene Erklärungen für ihn gelten, versteht sich von selbst. Vgl. E. I. 198. R. I. 335. Der Verteidiger ist aber auch nicht lediglich an den Willen des Beschuldigten gebunden; er kann z. B. selbst gegen seinen Widerspruch Beweisanträge stellen. E. XVII. 315. R. X. 368.

[4] Vgl. § 226, auch § 146. [5] Vgl. jedoch § 227 Abs. 2.

[6] Nach Zivilrecht zu beurteilen; vgl. B.G.B. §§ 1630, 1634, 1635, 1676—1680 (ehelicher Vater), 1684, 1685, 1696—1698 (eheliche Mutter — vgl. auch E. XXXIV. 315), 1793, 1897 (Vormund), 1915 (Pfleger). Seine Zuziehung im Strafverfahren überhaupt nicht erforderlich. R. VII. 377. Übrigens ist auch der gesetzliche Vertreter im Strafprozeß nicht Stellvertreter des Beschuldigten; er hat nur gewisse ihm ausdrücklich eingeräumte Befugnisse. Außer § 137 vgl. §§ 140, 149, 268, 340, 405.

[7] Vgl. auch § 328.

2. Befugnis zur Führung der Verteidigung.

138. Zu Vertheidigern können die bei einem deutschen Gerichte zugelassenen Rechtsanwälte[1] sowie die Rechtslehrer an deutschen Hochschulen gewählt[2] werden.[3]

Andere Personen können nur mit Genehmigung des Gerichts und, wenn der Fall einer nothwendigen Vertheidigung[4] vorliegt und der Gewählte nicht zu den Personen gehört, welche zu Vertheidigern bestellt werden dürfen,[5] nur in Gemeinschaft mit einer solchen als Wahlvertheidiger[6] zugelassen werden.[7]

[1] Vgl. dazu § 26 R.A.O., aber auch § 100, ferner §§ 30, 31 das.

[2] Die freie Wahl erleidet eine Einschränkung, wenn der Gewählte als Zeuge vernommen werden muß. E. XXIV. 104, 296.

[3] Hinsichtlich der „bestellten“ Verteidiger vgl. § 144.

[4] § 140. [5] § 144.

[6] Anderweite Bevollmächtigte als die Verteidiger erkennt die St.P.O. überhaupt nicht an. Auch für einzelne Akte, z. B. Einlegung von Rechtsmitteln, gelten daher dieselben Grundsätze. E. IX. 78.

[7] Eine besondere Form der Bevollmächtigung ist regelmäßig nicht vorgeschrieben, E. XXV. 152; vgl. aber §§ 233, 390, 427, 451, 457. — Die Vollmacht gilt ohne Widerruf bis zur Beendigung des Verfahrens, vgl. § 339.

139. Der als Vertheidiger gewählte[1] Rechtsanwalt kann mit Zustimmung des Angeklagten[2] die Vertheidigung einem Rechtskundigen, welcher die erste Prüfung für den Justizdienst bestanden hat und in demselben seit mindestens zwei Jahren beschäftigt ist,[3] übertragen.[4]

[1] nicht auch der bestellte, § 144. Ersterer aber auch im Fall des § 140. — Vgl. auch § 427 Abs. 2. [2] § 155.

[3] Im übrigen ist die Substitution an ausdrückliche Zustimmung des Angeklagten nicht gebunden. E. IX. 279. R. X. 591.

[4] Genehmigung des Gerichts nicht erforderlich.

3. Notwendige Verteidigung.

140. Die Vertheidigung ist nothwendig[1] in den Sachen, welche vor dem Reichsgericht in erster Instanz[2] oder vor dem Schwurgerichte[3] zu verhandeln sind.[4]

In Sachen, welche vor dem Landgericht in erster Instanz[5] zu verhandeln sind, ist die Vertheidigung nothwendig:

1. wenn der Angeschuldigte taub oder stumm ist oder das sechzehnte Lebensjahr noch nicht vollendet hat;[6]
2. wenn ein Verbrechen[7] den Gegenstand der Untersuchung bildet und der Beschuldigte oder sein gesetzlicher Vertreter die Bestellung eines Vertheidigers beantragt.

Diese Bestimmung findet nicht Anwendung, wenn die strafbare Handlung nur deshalb als ein Verbrechen sich darstellt, weil sie im Rückfall[8] begangen ist.

In den Fällen des Abs. 1 und des Abs. 2 Nr. 1 ist dem Angeschuldigten, welcher einen Vertheidiger noch nicht gewählt hat, ein solcher von Amtswegen zu bestellen, sobald[9] die im §. 199[10] vorgeschriebene Aufforderung stattgefunden hat.[11] In dem Falle des Abs. 2 Nr. 2 ist der Antrag binnen einer Frist von drei Tagen nach der Aufforderung[12] zu stellen.[13]

[1] außer § 81. [2] § 136 Nr. 1 G.V.G. u. Anm. 6 das.

[3] § 80 G.V.G., § 6 E.G. z. G.V.G.

[4] Auch wenn die Sachen nur infolge des Zusammenhangs (§§ 2—4) dorthin gelangen.

[5] §§ 73, 74 G.V.G., nicht im Fall der Überweisung gemäß § 75 G.V.G., wohl aber im Fall des § 369 Abs. 3. E. XXIX. 11.

[6] Entscheidend ist der Zeitpunkt des Abs. 3. R. VII. 467.

[7] § 1 Abs. 1 St.G.B., § 73 Nr. 2—7 G.V.G.

[8] §§ 244, 261, 264 St.G.B.

[9] Verspätung kein Revisionsgrund, falls sie nicht in der Hauptverhandlung gerügt und Aussetzung geweigert ist. E. VI. 441. R. V. 682. Eine erst bei Beginn der Hauptverhandlung erfolgte Bestellung, die eine vorherige Besprechung mit dem Angeklagten ausschließt, begründet die Revision. E. XX. 38.

[10] bzw. § 206 Abs. 2.

[11] Hinsichtlich des Endpunkts der Bestellung vgl. Anm. 1 zu § 143.

[12] Die Frist des § 199 muß daher in diesem Falle mindestens eine dreitägige sein. R. II. 406.

[13] Bei Versäumung der Frist gilt § 141. Die Versäumung wirkt auch im Wiederaufnahmeverfahren (§ 410 Abs. 2) fort. E. XXXV. 409. — Kommt das Vorliegen eines Verbrechens erst nach der Aufforderung in Frage, so wird sowohl bei jetzt, als auch bei früher gestelltem Antrage die Verteidigung notwendig; vgl. E. XXXIII. 302.

141. In anderen als den im §. 140 bezeichneten Fällen kann das Gericht[1] und bei vorhandener Dringlichkeit der Vorsitzende desselben auf Antrag oder von Amtswegen einen Vertheidiger bestellen.

[1] Hinsichtlich der Auswahl siehe aber § 144.

142. Die Bestellung des Vertheidigers kann schon während des Vorverfahrens[1] erfolgen.

[1] Vorbereitendes Verfahren (vgl. § 144 Satz 2) und Voruntersuchung (vgl. § 141 und § 144 Satz 1).

143. Die Bestellung ist zurückzunehmen, wenn demnächst ein anderer Vertheidiger gewählt wird und dieser die Wahl annimmt.[1]

[1] Sonst gilt die Bestellung für das ganze fernere Verfahren, auch nach Aufhebung des Urteils und Zurückverweisung der Sache, selbst an ein anderes Gericht — E. XXXX. 4 — und für das Wiederaufnahmeverfahren bis zu dem die Wiederaufnahme anordnenden Beschlusse § 410 Abs. 2. E. XXII. 97. XXIX. 278.

144. Die Auswahl des zu bestellenden Vertheidigers erfolgt durch den Vorsitzenden des Gerichts[1] aus der Zahl der am Sitze dieses Gerichts wohnhaften Rechtsanwälte.[2] Für das vorbereitende Verfahren erfolgt die Bestellung durch den Amtsrichter.

Auch Justizbeamte, welche nicht als Richter angestellt sind, sowie solche Rechtskundige, welche die vorgeschriebene erste Prüfung für den Justizdienst bestanden haben, können als Vertheidiger[3] bestellt werden.

[1] Für das Schwurgericht vgl. § 83 Abs. 3 G.V.G.
[2] modifiziert durch § 39 Abs. 2, 3 und § 100 Abs. 2 R.A.O.
[3] Reichsgerichts- u. Schwurgerichtssachen nicht ausgenommen. E. XXXIII. 330.

4. Folgen des Ausbleibens des Verteidigers.

145. Wenn in einem Falle, in welchem die Vertheidigung eine nothwendige[1] oder die Bestellung eines

Vertheidigers in Gemäßheit des §. 141 erfolgt ist,[2] der Vertheidiger in der Hauptverhandlung ausbleibt, sich unzeitig[3] entfernt oder sich weigert, die Vertheidigung zu führen, so hat der Vorsitzende dem Angeklagten[4] sogleich einen anderen Vertheidiger zu bestellen.[5] Das Gericht kann jedoch auch eine Aussetzung der Verhandlung beschließen.

Erklärt der neu bestellte[6] Vertheidiger, daß ihm die zur Vorbereitung der Vertheidigung erforderliche Zeit nicht verbleiben würde, so ist die Verhandlung zu unterbrechen oder auszusetzen.

Wird durch die Schuld des Vertheidigers eine Aussetzung erforderlich, so sind demselben, vorbehaltlich dienstlicher Ahndung, die hierdurch verursachten Kosten aufzuerlegen.[7]

[1] § 140. [2] Nur auf diese Fälle bezieht sich § 145. E. XXVIII. 413.

[3] Eine Entfernung während des im § 286, sowie des im § 314 Abs. 2 vorgesehenen Zeitpunkts, sowie überhaupt bei allen wesentlichen Vorgängen, z. B. der Vernehmung des Angeklagten, ist eine unzeitige. E. II. 104. XVIII. 361. XXXVIII. 216. R. II. 64.

[4] Dessen Verzicht, abgesehen von den Fällen §§ 141, 140 Nr. 2, unwirksam. E. II. 104. R. II. 64, 764.

[5] In solchen Fällen ist eine Informierung des neuen Verteidigers über den Verlauf der bisherigen Verhandlung durch den Vorsitzenden nicht ausgeschlossen. E. XXXIII. 330.

[6] Bei neuem Wahlverteidiger gilt nur Abs. 1. E. XVI. 32. R. IX. 243.

[7] Beschwerde: §§ 346, 348. — Hinsichtlich der Kosten der Entscheidung vgl. § 78 Nr. 1 und § 47 Abs. 1 Nr. 5 und Abs. 2, 3 G.K.G.

146. Die Vertheidigung mehrerer Beschuldigter kann, insofern dies der Aufgabe der Vertheidigung nicht widerstreitet,[1] durch einen gemeinschaftlichen Vertheidiger geführt werden.

[1] Von Amts wegen zu beachten. E. XXXV. 189.

5. Befugnisse des Verteidigers.

147. Der Vertheidiger[1] ist nach dem Schlusse der Voruntersuchung[2] und, wenn eine solche nicht stattgefunden hat, nach Einreichung der Anklageschrift bei dem Gerichte[3] zur Einsicht der dem Gerichte vorliegenden Akten befugt.[4]

Schon vor diesem Zeitpunkte ist ihm die Einsicht der gerichtlichen Untersuchungsakten insoweit zu gestatten, als dies ohne Gefährdung des Untersuchungszweckes geschehen kann.

Die Einsicht der Protokolle über die Vernehmung des Beschuldigten,[5] der Gutachten der Sachverständigen und der Protokolle über diejenigen gerichtlichen Handlungen, denen der Vertheidiger beizuwohnen befugt ist,[6] darf ihm keinenfalls verweigert werden.

Nach dem Ermessen des Vorsitzenden können die Akten, mit Ausnahme der Ueberführungsstücke, dem Vertheidiger in seine Wohnung verabfolgt werden.

[1] Nicht auch der Beschuldigte selbst, sein gesetzlicher Vertreter oder Beistand.

[2] § 195 u. Anm. 3 das. [3] § 197.

[4] Ohne jedoch ein jederzeitiges Bereithalten der Akten beanspruchen zu können. E. XXXIII. 168.

[5] §§ 136, 190. [6] §§ 191, 167 Abs. 2.

148. Dem verhafteten Beschuldigten ist schriftlicher und mündlicher Verkehr mit dem Vertheidiger gestattet.

So lange das Hauptverfahren nicht eröffnet ist,[1] kann der Richter schriftliche Mittheilungen zurückweisen, falls deren Einsicht ihm nicht gestattet wird.[2]

Bis zu demselben Zeitpunkte kann der Richter, sofern die Verhaftung nicht lediglich wegen Verdachts der Flucht gerechtfertigt ist, anordnen, daß den Unterredungen mit dem Vertheidiger eine Gerichtsperson beiwohne.[3]

[1] § 201.

[1] Eine Beschlagnahme bzw. zwangsweise Einsicht ist danach nicht gestattet. Vgl. Anm. 2 zu § 97.

[2] Weitere Beschränkungen dürfen auch die Gefängnisordnungen nicht treffen. E. XXXI. 128. — Für Preußen vgl. Gefängnisordnung v. 21./12. 98 (Anl. z. J.M.Bl. Nr. 47) §§ 79, 80.

6. Beistandspersonen.

149. Der Ehemann einer Angeklagten ist in der Hauptverhandlung[1] als Beistand derselben zuzulassen und auf sein Verlangen zu hören.[2]

[3] Dasselbe gilt von dem gesetzlichen Vertreter[4] eines Angeklagten.

In dem Vorverfahren[5] unterliegt die Zulassung solcher Beistände dem richterlichen Ermessen.

[1] einschließlich §§ 222—224.

[2] sollte er auch zugleich Zeuge sein. E. XXII. 198.

[3] Fassung des E.G. z. B.G.B. v. 18./8. 96 (R.G.Bl. 604).

[4] Vgl. Anm. 6 zu § 137. — In Preußen ist nach J.V. v. 11./8. 02 J.M.Bl. 223) dem bekannten gesetzlichen Vertreter von dem Termin Mitteilung zu machen. Vgl. dazu E. V. 50. XXXVIII. 106.

[5] Vorbereitendes Verfahren und Voruntersuchung. Vgl. auch § 400 Abs. 3.

7. Gebühren.

150. Dem zum Vertheidiger bestellten[1] Rechtsanwalte sind für die geführte Vertheidigung die Gebühren nach Maßgabe der Gebührenordnung[2] aus der Staatskasse zu bezahlen.[3]

Der Rückgriff an den in die Kosten verurtheilten Angeklagten bleibt vorbehalten.

[1] §§ 140 Abs. 3, 141.

[2] G.O. f. R.A. v. 7./7. 79 (R.G.Bl. 176), neue Fassung: (R.G.Bl. 1898 S. 692) §§ 63 ff., 8, und dazu § 39 Abs. 2 R.A.O.

[3] Verwaltungssache; Beschwerden daher im Aufsichtswege zu erledigen.

Zweites Buch.

Verfahren in erster Instanz.

Erster Abschnitt.

Oeffentliche Klage.

151. Die Eröffnung einer gerichtlichen Untersuchung ist durch die Erhebung einer Klage[1] bedingt.

[1] Öffentliche Klage § 152, Privatklage § 414. Erstere wird erhoben durch den Antrag auf Eröffnung der Voruntersuchung oder, falls diese nicht stattgefunden hat, durch Einreichung einer Anklageschrift zwecks Eröffnung des Hauptverfahrens (Erhebung der „Anklage") § 168.

152. Zur Erhebung der öffentlichen Klage ist die Staatsanwaltschaft berufen.

Dieselbe[1] ist, soweit nicht gesetzlich[2] ein Anderes bestimmt ist, verpflichtet, wegen aller gerichtlich strafbaren und verfolgbaren Handlungen einzuschreiten, sofern zureichende thatsächliche Anhaltspunkte vorliegen.

[1] d. h. die Staatsanwaltschaft als solche, gipfelnd in der obersten Aufsichtsbehörde. §§ 147, 148 G.V.G. Die letztere ist an Anweisungen an die unteren Organe nicht gehindert.

[2] Auch landesgesetzlich. Als derartige reichsgerichtliche Bestimmungen vgl. § 416, ferner St.G.B. § 4 Abs. 2, § 37, § 42, G. v. 27./5. 96 (R.G.Bl. 145) § 12.

153. Die Untersuchung und Entscheidung erstreckt sich nur auf die in der Klage bezeichnete That[1] und auf die durch die Klage beschuldigten Personen.[2]

Innerhalb dieser Grenzen sind die Gerichte zu einer selbständigen Thätigkeit berechtigt und verpflichtet;[3]

insbesondere sind sie bei Anwendung des Strafgesetzes an die gestellten Anträge nicht gebunden.

[1] Vgl. § 263, und namentlich Anm. 2 das.

[2] Konsequenz des § 151. Vgl. übrigens § 189 und § 265. — Die Bestimmung gilt trotz § 63 St.G.B. auch bei Antragsdelikten. E. XXIII. 202.

[3] Auch hinsichtlich der Benutzung oder Beschaffung des Beweismaterials (unbeschadet natürlich der §§ 36, 213) und zwar gleichmäßig zur Ent- als Belastung. E. VI. 135. XIII. 158.

154. Die öffentliche Klage kann nach Eröffnung der Untersuchung[1] nicht zurückgenommen werden.[2] [3]

[1] §§ 179, 201. — Die Zurücknahme ist also noch statthaft während des Verfahrens gemäß § 178 Abs. 2, §§ 199, 200.

[2] Ausnahme: § 451.

[3] Zurücknahme der Privat- und Nebenklage: §§ 431, 442, 444.

155. Im Sinne dieses Gesetzes ist:

Angeschuldigter der Beschuldigte[1], gegen welchen die öffentliche Klage erhoben ist,[2]

Angeklagter der Beschuldigte oder Angeschuldigte, gegen welchen die Eröffnung des Hauptverfahrens beschlossen ist.[3]

[1] „Beschuldigter" kein technischer Begriff; im weitesten Sinne Jeder, gegen den ein strafrechtliches Einschreiten in Antrag gebracht ist.

[2] § 168. [3] § 201.

Zweiter Abschnitt.

Vorbereitung der öffentlichen Klage.

1. Anzeige strafbarer Handlungen. Strafantrag.

156. Anzeigen strafbarer Handlungen oder Anträge auf Strafverfolgung können bei der Staatsanwaltschaft, den Behörden und Beamten des Polizei- und Sicherheitsdienstes und den Amtsgerichten mündlich oder schriftlich angebracht werden. Die mündliche Anzeige ist zu beurkunden.

Bei strafbaren Handlungen, deren Verfolgung nur auf Antrag eintritt,[1] muß der Antrag bei einem[2] Gericht[3] oder der Staatsanwaltschaft[4] schriftlich[5] oder zu Protokoll,[6] bei einer anderen Behörde[7] schriftlich[5] angebracht werden.[8]

[1] Vgl. §§ 61 ff. St.G.B. — Für die Ermächtigungsdelikte gilt Abs. 2 nicht. E. XVIII. 382.

[2] Zuständigkeit nicht erforderlich, auch nicht hinsichtlich der Rechtzeitigkeit.

[3] Nicht bloß Amtsgericht, wie in Abs. 1.

[4] Nicht auch den Hilfsbeamten (§ 153 G.V.G.) derselben. E. III. 55. R. II. 556.

[5] Auch durch Telegramm. R. VI. 624, nicht durch Telephon; vgl. E. XXXVIII. 282.

[6] Auch der Hauptverhandlung. E. XXXVIII. 89.

[7] In wieweit bei einem einzelnen Beamten derselben, darüber vgl. E. XXXIX. 358.

[8] Bei Unterschrift unter einem Protokoll oder einer Registratur liegt auch Schriftform vor. E. II. 125, 253. R. II. 128, 133. — Schriftlicher Antrag ohne Unterschrift genügt nicht. E. III. 442. R. III. 172. Unterkreuzung genügt. R. III. 281. Eigenhändige Niederschrift der Schrift, auch der Unterschrift, jedoch nicht erforderlich. E. VI. 69. — Nur der Antrag selbst, nicht auch etwaige Bevollmächtigung zum Antrag, bedarf der Schriftform. E. III. 425. XIX. 7. R. II. 625.

157. Sind Anhaltspunkte dafür vorhanden, daß Jemand eines nicht natürlichen Todes gestorben ist, oder wird der Leichnam eines Unbekannten gefunden, so sind die Polizei- und Gemeindebehörden zur sofortigen Anzeige an die Staatsanwaltschaft oder an den Amtsrichter verpflichtet.[1]

Die Beerdigung darf nur auf Grund einer schriftlichen Genehmigung der Staatsanwaltschaft oder des Amtsrichters erfolgen.[2]

[1] Vgl. § 87. Die dort behandelte förmliche Leichenschau (noch

viel weniger natürlich die Leichenöffnung) ist jedoch nicht unter allen Umständen erforderlich. — Hinsichtlich der Zuständigkeit einer Militärbehörde vgl. M.St.G.O. § 155.

[2] Vgl. § 367. Nr. 1 St.G.B.

2. Vorbereitungsverfahren.

158. Sobald die Staatsanwaltschaft durch eine Anzeige oder auf anderem Wege von dem Verdacht einer strafbaren Handlung Kenntniß erhält, hat sie[1] behufs ihrer Entschließung darüber, ob die öffentliche Klage zu erheben sei, den Sachverhalt zu erforschen.

Die Staatsanwaltschaft hat nicht blos die zur Belastung, sondern auch die zur Entlastung dienenden Umstände zu ermitteln und für die Erhebung derjenigen Beweise Sorge zu tragen, deren Verlust zu besorgen steht.[2]

[1] Hinsichtlich der Zuständigkeit vgl. §§ 143, 144 G.V.G. in Verbindung mit §§ 27, 73, 74, 80, 136 das. u. §§ 7 ff. St.P.O. Bei Gefahr im Verzug: § 144 Abs. 2 G.V.G.

[2] Vgl. auch § 338 Abs. 2.

159. Zu dem im vorstehenden Paragraphen bezeichneten Zwecke[1] kann die Staatsanwaltschaft von allen öffentlichen Behörden Auskunft verlangen und Ermittelungen jeder Art, mit Ausschluß eidlicher Vernehmungen, entweder selbst vornehmen oder durch die Behörden und Beamten des Polizei- und Sicherheitsdienstes vornehmen lassen.[2] Die Behörden und Beamten des Polizei- und Sicherheitsdienstes sind verpflichtet, dem Ersuchen oder Auftrage[3] der Staatsanwaltschaft zu genügen.[4]

[1] Dagegen nicht, um das Ergebnis als Beweismittel benutzen zu lassen.

[2] Vgl. Anm. 2 zu § 161.

[3] Je nachdem sie zu den in § 153 G.V.G. Behandelten nicht gehören oder gehören.

[4] Befugnisse der Staatsanwaltschaft hinsichtlich Beschlagnahme: §§ 98, 100, Durchsuchungen: § 105, vorläufiger Festnahmen: § 127.

160. Erachtet die Staatsanwaltschaft[1] die Vornahme einer richterlichen Untersuchungshandlung für erforderlich, so stellt sie ihre Anträge bei dem Amtsrichter des Bezirks, in welchem diese Handlung vorzunehmen ist.[2]

Der Amtsrichter hat zu prüfen, ob die beantragte Handlung nach den Umständen des Falles gesetzlich zulässig ist.[3] [4]

[1] Einschließlich des Amtsanwalts. Vgl. jedoch § 143 Abs. 2 G.V.G. und für Preußen: Art. 33 Abs. 2 Geschäftsanw. f. Amtsanwälte v. 28./8. 79 (J.M.Bl. 260).

[2] Gleichwohl bleibt die Staatsanwaltschaft Trägerin und Leiterin des Verfahrens. Eine aus eigener Entschließung hervorgehende Tätigkeit des Amtsrichters siehe in den §§ 163, 164. Siehe aber auch § 165.

[3] Nicht auch, ob sie zweckmäßig oder notwendig ist. Dies nur dann, wenn das Gesetz selbst die Maßregel nur unter diesen Voraussetzungen zuläßt. Vgl. §§ 57, 65, 98, 100, 105, 110, 125.

[4] Beschwerde: § 346.

161. Die Behörden und Beamten des Polizei- und Sicherheitsdienstes[1] haben strafbare Handlungen zu erforschen[2] und alle keinen Aufschub gestattenden Anordnungen zu treffen, um die Verdunkelung der Sache zu verhüten.[3]

Sie übersenden ihre Verhandlungen ohne Verzug der Staatsanwaltschaft. Erscheint die schleunige Vornahme richterlicher Untersuchungshandlungen erforderlich, so kann die Uebersendung unmittelbar an den Amtsrichter[4] erfolgen.

[1] Nicht beschränkt auf § 153 G.V.G.

[2] Eine Pflicht zur Vernehmlassung vor diesen Behörden ist damit nicht statuiert. E. IX. 433. R. V. 726. Für Preußen hat der Min. d. Innern im Einverständnis mit dem Just.-Min. den § 132 des G. v. 30./7. 83 (G.S. 195) für anwendbar erachtet. M.V. v. 21./5. 92 (M.Bl. für d. inn. Verw. 223).

[3] Daher nötigenfalls auch Zeugen zwangsweise zu sistieren. E. XIII. 426. R. VIII. 204. Spezialbefugnisse: §§ 98, 105, 127, 131, 162.

[4] Vgl. § 163.

162. Bei Amtshandlungen an Ort und Stelle[1] ist der Beamte,[2] welcher dieselben leitet, befugt, Personen, welche seine amtliche Thätigkeit vorsätzlich stören oder sich den von ihm innerhalb seiner Zuständigkeit getroffenen Anordnungen widersetzen,[3] festnehmen und bis zur Beendigung seiner Amtsverrichtungen, jedoch nicht über den nächstfolgenden Tag hinaus, festhalten zu lassen.

[1] Haussuchungen, Augenscheinseinnahmen u. dgl.; vgl. E. XXXIII. 251.

[2] Nicht bloß der richterliche. Für diesen vgl. auch §§ 177—184, insbesondere § 182 G.V.G.

[3] Vgl. § 113 St.G.B.

163. Wenn Gefahr im Verzug obwaltet, hat der Amtsrichter die erforderlichen Untersuchungshandlungen von Amtswegen vorzunehmen.[1]

[1] Vgl. § 165.

164. Wird der Beschuldigte von dem Amtsrichter vernommen[1] und beantragt er bei dieser Vernehmung zu seiner Entlastung einzelne Beweiserhebungen, so hat der Amtsrichter dieselben, soweit er sie für erheblich erachtet, vorzunehmen, wenn der Verlust der Beweise zu besorgen steht oder die Beweiserhebung die Freilassung des Beschuldigten begründen kann.

Der Richter kann, wenn die Beweiserhebung in einem anderen Amtsbezirke vorzunehmen ist, den Amtsrichter des letzteren um Vornahme derselben ersuchen.[2]

[1] §§ 160, 136, aber auch §§ 125 Abs. 3, 128.

[2] §§ 157 ff. G.V.G.

165. In den Fällen der §§. 163, 164 gebührt der Staatsanwaltschaft die weitere Verfügung.

166. Die Beurkundung der von dem Amtsrichter vorzunehmenden Untersuchungshandlungen und die Zuziehung eines Gerichtsschreibers erfolgt nach den für die Voruntersuchung geltenden Vorschriften.[1]

[1] §§ 185, 186.

3. Parteiöffentlichkeit.

167. Für die Theilnahme der Staatsanwaltschaft an den richterlichen[1] Verhandlungen kommen die für die Voruntersuchung geltenden Vorschriften zur Anwendung.[2]

Das Gleiche gilt hinsichtlich des Beschuldigten, seines Vertheidigers und der von ihm benannten Sachverständigen, wenn der Beschuldigte als solcher vom Richter vernommen ist oder sich in Untersuchungshaft befindet.

[1] Bei den nicht richterlichen (polizeilichen) steht nur der Staatsanwaltschaft, nicht aber dem Beschuldigten oder dem Verteidiger das Recht, zugegen zu sein, zu. Siehe aber § 106.

[2] §§ 191—193.

4. Ergebnis des Vorbereitungsverfahrens.

168. Bieten die angestellten Ermittelungen genügenden Anlaß zur Erhebung der öffentlichen Klage, so erhebt die Staatsanwaltschaft dieselbe entweder durch einen Antrag auf gerichtliche Voruntersuchung[1] oder durch Einreichung einer Anklageschrift[2] bei dem Gerichte.[3]

Anderenfalls verfügt die Staatsanwaltschaft die Einstellung des Verfahrens und setzt hiervon den Beschuldigten in Kenntniß, wenn er als solcher vom Richter vernommen oder ein Haftbefehl gegen ihn erlassen war.

[1] § 177. [2] § 197.

Außerordentliche Arten der Erhebung der öffentlichen Klage §§ 211, 265, 447, 477.

169. Giebt die Staatsanwaltschaft einem bei ihr angebrachten Antrage[1] auf Erhebung der öffentlichen Klage keine Folge, oder verfügt sie nach dem Abschlusse der Ermittelungen die Einstellung des Verfahrens, so hat sie den Antragsteller[2] unter Angabe der Gründe zu bescheiden.[3]

[1] Nicht bloß im Sinne des § 61 St.G.B.

[2] Auch wenn er nicht der Verletzte ist.

[3] Formelle Zustellung erforderlich wegen § 170.

5. Beschwerde und Antrag auf gerichtliche Entscheidung.

170. Ist der Antragsteller zugleich der Verletzte,[1] so steht ihm gegen diesen Bescheid binnen zwei Wochen[2] nach der Bekanntmachung die Beschwerde an den vorgesetzten Beamten der Staatsanwaltschaft[3] und gegen dessen ablehnenden Bescheid binnen einem Monate[2] nach der Bekanntmachung der Antrag auf gerichtliche Entscheidung[4] zu.

Der Antrag muß die Thatsachen, welche die Erhebung der öffentlichen Klage begründen sollen, und die Beweismittel angeben, auch von einem Rechtsanwalt unterzeichnet sein. Der Antrag ist bei dem für die Entscheidung zuständigen Gericht einzureichen.[5]

Zur Entscheidung ist in den vor das Reichsgericht gehörigen[6] Sachen das Reichsgericht, in anderen Sachen das Oberlandesgericht zuständig.

[1] Im weitesten Sinne: jeder, gegen dessen Rechtssphäre die Straftat in irgend welcher Weise gerichtet ist. Vgl. Sten.Ber. S. 851, 982. E. XXIII. 361. Auch der gesetzliche Vertreter des Verletzten. E. IX. 124. R. V. 596.

[2] § 43.

[3] In dieser Beziehung hat die Frist nur insofern Bedeutung, als nach Versäumung das Recht des Verletzten auf Prüfung und Bescheidung und ferner die Voraussetzung für den Antrag auf gerichtliche Entscheidung verloren geht. Die aus § 152 Abs. 2 folgende allgemeine Pflicht der Staatsanwaltschaft gibt ganz unabhängig von § 170 gegen jede Zurückweisung seitens einer untern Instanz der Staatsanwaltschaft die Berufung an die höhere und höchste. § 148 G.V.G.

[4] Die Ausnahmen § 152 Anm. 2 gelten auch hier.

[5] Der Antrag kann zurückgenommen werden; vgl. § 174 Abs. 2.

[6] d. h. in erster Instanz, § 136 Nr. 1 G.V.G. und Anm. 5 das. — R. I. 41. — Die erste Beschwerde geht in diesem Fall an den Reichskanzler. § 148 Nr. 1 G.V.G.

171. Auf Verlangen des Gerichts hat demselben die Staatsanwaltschaft die bisher von ihr geführten Verhandlungen vorzulegen.

Das Gericht kann den Antrag unter Bestimmung einer Frist dem Beschuldigten zur Erklärung mittheilen.[1]

Das Gericht kann zur Vorbereitung seiner Entscheidung Ermittelungen anordnen und mit deren Vornahme eines seiner Mitglieder, den Untersuchungsrichter oder den Amtsrichter beauftragen.

[1] Anhörung der Staatsanwaltschaft: § 33.

172. Ergiebt sich kein genügender Anlaß zur Erhebung der öffentlichen Klage, so verwirft das Gericht den Antrag und setzt den Antragsteller, die Staatsanwaltschaft und den Beschuldigten von der Verwerfung in Kenntniß.[1]

Ist der Antrag verworfen,[2] so kann die öffentliche Klage nur auf Grund neuer[3] Thatsachen oder Beweismittel erhoben werden.

[1] Beschwerde unzulässig. § 346 Abs. 3.

[2] d. h. materiell, nicht bloß aus formellen Gründen, vgl. § 170 Abs. 2.

[3] d. h. dem Gericht unbekannt gewesener.

173. Erachtet dagegen das Gericht den Antrag für begründet, so beschließt es die Erhebung der öffentlichen Klage. Die Durchführung dieses Beschlusses[1] liegt der Staatsanwaltschaft ob.[2]

[1] Gemäß § 168 Abs. 1. Weiter ist die Staatsanwaltschaft an den Beschluß nicht gebunden.

[2] Vgl. auch § 435 Abs. 2.

174. Dem Antragsteller kann vor der Entscheidung über den Antrag die Leistung einer Sicherheit für die durch das Verfahren über den Antrag und durch die Untersuchung der Staatskasse und dem Beschuldigten[1] voraussichtlich erwachsenden Kosten durch Beschluß des Gerichts auferlegt werden. Die Sicherheitsleistung ist durch Hinterlegung in baarem Gelde oder in Werthpapieren zu bewirken. Die Höhe der zu leistenden Sicherheit wird von dem Gerichte nach freiem Ermessen festgesetzt. Dasselbe hat zugleich eine Frist zu bestimmen, binnen welcher die Sicherheit zu leisten ist.

Wird die Sicherheit binnen der bestimmten Frist nicht geleistet, so hat das Gericht den Antrag für zurückgenommen zu erklären.[2]

[1] Vgl. § 504.

[2] Eine Erneuerung des Antrages innerhalb der Frist des § 170 wird nicht unzulässig sein.

175. Die durch das Verfahren über den Antrag veranlaßten Kosten sind in dem Falle des §. 172 und des §. 174 Abs. 2 dem Antragsteller aufzuerlegen.[1]

[1] § 69 G.K.G. und Auslagen. Im Fall des § 173 vgl. § 504.

Dritter Abschnitt.

Gerichtliche Voruntersuchung.

1. Notwendigkeit, Zulässigkeit, Unzulässigkeit.

176. Die Voruntersuchung findet in denjenigen Strafsachen statt, welche zur Zuständigkeit des Reichsgerichts[1] oder der Schwurgerichte[2] gehören.[3]

In denjenigen Strafsachen, welche zur Zuständigkeit der Landgerichte[4] gehören, findet die Voruntersuchung statt:

1. wenn die Staatsanwaltschaft dieselbe beantragt;[5]
2. wenn der Angeschuldigte dieselbe in Gemäßheit des §. 199 beantragt und erhebliche Gründe geltend macht, aus denen eine Voruntersuchung zur Vorbereitung seiner Vertheidigung erforderlich erscheint.[6] [7]

In den zur Zuständigkeit der Schöffengerichte[8] gehörigen Sachen ist, außer dem Falle der Verbindung in Folge eines Zusammenhanges (§. 5),[9] die Voruntersuchung unzulässig.

[1] § 136 Nr. 1 G.V.G. und Anm. 5 das.

[2] § 80 G.V.G., § 6 E.G. z. G.V.G.

[3] In diesen Fällen ist die U.V. notwendig, d. h. es darf ohne Vorausgang derselben das Hauptverfahren nicht eröffnet werden. Andernfalls Beschwerde gemäß § 199 Abs. 3, nicht Revision gegen das Urteil. R. III. 91. — Ausnahme: § 270. E. III. 311.

[4] §§ 73, 74 G.V.G.

[5] ohne daß dem Gericht eine Prüfung zusteht.

[6] Außerdem auch von Amts wegen: § 200.

[7] In den Fällen dieses Abs. 2 V.U. nicht notwendig für Mitbeschuldigte. E. IV. 364.

[8] § 27 G.V.G., nicht aber § 29, § 75 das.

[9] Im Fall der Verbindung mit reichs- oder schwurgerichtlichen Sachen notwendig. E. IV. 364.

2. Antrag auf Eröffnung.

177. Der Antrag der Staatsanwaltschaft auf Eröffnung[1] der Voruntersuchung muß den Beschuldigten und die ihm zur Last gelegte That bezeichnen.

[1] Gerichtet an den Untersuchungsrichter. § 182.

3. Ablehnung des Antrags.

178. Der Antrag[1] kann nur wegen Unzuständigkeit[2] des Gerichts oder wegen Unzulässigkeit der Strafverfolgung oder der Voruntersuchung (§. 176), oder weil die in dem Antrage bezeichnete[3] That unter kein Strafgesetz fällt, abgelehnt werden.[4] Hierzu bedarf es eines Beschlusses des Gerichts.[5] [6]

Der Angeschuldigte kann vor der Beschlußfassung gehört werden.

[1] der Staatsanwaltschaft. Anders im Fall des § 199.

[2] Sachliche und örtliche.

[3] Es kommt lediglich auf die Behauptungen der Staatsanwalt-

schaft an; nur aus rechtlichen, nicht aus tatsächlichen Gründen kann der Antrag zurückgewiesen werden. M. 103.

[4] Vorläufige Ablehnung im Fall der Nichtbeobachtung des § 177.

[5] § 72 G.V.G.

[6] Bei stattgehabter Untersuchungshaft ist zugleich wegen etwaiger Entschädigung Beschluß zu fassen. G. v. 14./7. 04 (R.G.Bl. 321), unten im Anhang unter 2.

4. Einwand gegen die Eröffnung.

179. Gegen die Verfügung, durch welche auf Antrag der Staatsanwaltschaft die Voruntersuchung eröffnet worden ist, kann der Angeschuldigte aus einem der im §. 178 Abs. 1 bezeichneten Gründe Einwand[1] erheben. Ueber den Einwand entscheidet das Gericht.

Diese Bestimmung findet nicht Anwendung, wenn die Voruntersuchung in Folge des Beschlusses des Gerichts eröffnet[2] und der Angeschuldigte vorher gehört[3] worden ist.

[1] Nicht Beschwerde: es entscheidet dasselbe Gericht, es ist gegen den darauf ergehenden Beschluß Beschwerde zulässig gemäß §§ 180, 181.

[2] § 178 Abs. 1 Satz 2 und § 200.

[3] § 178 Abs. 2.

5. Beschwerderecht.

180. Gegen den Beschluß des Gerichts, durch welchen der von dem Angeschuldigten in dem Falle des §. 178 Abs. 2 und in dem Falle des §. 179 Abs. 1 erhobene Einwand der Unzuständigkeit (§. 16) verworfen wird, steht dem Angeschuldigten die sofortige Beschwerde[1] zu.[2]

Im Uebrigen kann der Beschluß des Gerichts, durch welchen der Einwand des Angeschuldigten verworfen oder die Eröffnung der Voruntersuchung angeordnet ist, nicht angefochten werden.

[1] § 353. [2] mit Rücksicht auf § 17.

181. Gegen den Beschluß des Gerichts, durch welchen der Antrag der Staatsanwaltschaft oder des Angeschuldigten[1] auf Eröffnung der Voruntersuchung abgelehnt worden ist, findet sofortige Beschwerde[2] statt.

[1] § 176 Nr. 2.

[2] § 353. Im Fall der Verwerfung ist ein neuer Antrag (entsprechend § 210) nur auf Grund neuer Tatsachen zulässig.

6. Untersuchungsrichter.

182. Die Voruntersuchung wird von dem Untersuchungsrichter eröffnet[1] und geführt.[2]

[1] Durch förmliche Verfügung. § 190.

[2] Der Untersuchungsrichter ist Träger und Leiter des ganzen Verfahrens, wie im vorbereitenden Verfahren die Staatsanwaltschaft. § 160 Anm. 2. — Befugnisse der Staatsanwaltschaft: § 194.

183. Durch Beschluß des Landgerichts[1] kann auf Antrag der Staatsanwaltschaft die Führung der Voruntersuchung einem Amtsrichter übertragen werden. Um die Vornahme einzelner Untersuchungshandlungen kann der Untersuchungsrichter die Amtsrichter[2] ersuchen. Auf Amtsrichter, welche mit dem Untersuchungsrichter denselben Amtssitz haben, finden diese Bestimmungen keine Anwendung.

[1] Strafkammer des § 72 G.V.G.

[2] Auch die Polizeibeamten: § 187.

184. Bei dem Reichsgerichte[1] wird der Untersuchungsrichter für jede Strafsache aus der Zahl der Mitglieder durch den Präsidenten bestellt.

Der Präsident kann auch jedes Mitglied eines anderen deutschen Gerichts und jeden Amtsrichter zum Untersuchungsrichter, oder für einen Theil der Geschäfte des Untersuchungsrichters zum Vertreter desselben bestellen.

Der Untersuchungsrichter und dessen Vertreter können um die Vornahme einzelner Untersuchungshandlungen die Amtsrichter ersuchen.

[1] § 136 Nr. 1 G.V.G. u. Anm. 5 das., vgl. auch § 138 Abs. 1 das.

185. Bei der Vernehmung des Angeschuldigten, der Zeugen und Sachverständigen sowie bei der Einnahme des Augenscheins hat der Untersuchungsrichter einen Gerichtsschreiber zuzuziehen. In dringenden Fällen kann der Untersuchungsrichter eine von ihm zu beeidigende[1] Person als Gerichtsschreiber zuziehen.

[1] Wegen der Eidesnorm vgl. für Preußen G., betr. die Dienstverhältnisse der Gerichtsschreiber, v. 3./3. 79 (G.S. 99) § 9 Abs. 3.

7. Beurkundung von Untersuchungshandlungen.

186. Ueber jede Untersuchungshandlung ist ein Protokoll aufzunehmen.[1] Dasselbe ist von dem Untersuchungsrichter und dem zugezogenen Gerichtsschreiber zu unterschreiben.

Das Protokoll muß Ort und Tag der Verhandlung sowie die Namen der mitwirkenden oder betheiligten Personen angeben und ersehen lassen, ob die wesentlichen Förmlichkeiten[2] des Verfahrens beobachtet sind.[3]

Das Protokoll ist den bei der Verhandlung betheiligten[4] Personen, soweit es dieselben betrifft, behufs der Genehmigung vorzulesen oder zur eigenen Durchlesung vorzulegen. Die erfolgte Genehmigung ist zu vermerken, und das Protokoll von den Betheiligten entweder zu unterschreiben, oder in demselben anzugeben, weshalb die Unterschrift unterblieben ist.[5] [6]

[1] Ob durch Diktat oder selbständige Niederschrift des Gerichtsschreibers unter Kontrolle des Untersuchungsrichters, ist nicht vorgeschrieben.

[2] Vgl. Abs. 3, außerdem z. B. § 51 Abs. 2, § 136 Abs. 1.

[3] Vgl. auch § 65 Abs. 4, § 86.

[4] Bei der Augenscheinseinnahme z. B. auch dem anwesenden Angeklagten, Verteidiger und Sachverständigen. E. XXXI. 135.

[5] Bei Verstößen gegen Abs. 2 u. 3 freie Würdigung, ob und wieweit nach Beweiskraft. E. XXXI. 135. XXXIV. 396.

[6] Verhandlung mit der deutschen Sprache Unkundigen usw. §§ 187, 188 G.V.G. — Protokoll in der Hauptverhandlung: §§ 271—274.

8. **Mitwirkung der Polizei- und Sicherheitsbeamten.**

187. Die Behörden und Beamten des Polizei- und Sicherheitsdienstes sind verpflichtet, Ersuchen oder Aufträgen[1] des Untersuchungsrichters um Ausführung einzelner Maßregeln oder um Vornahme von Ermittelungen zu genügen.

[1] Anm. 3 zu § 159 gilt auch hier. Vgl. M. 104, 105.

9. **Grenzen der Voruntersuchung.**

188. Die Voruntersuchung ist nicht weiter auszudehnen[1], als erforderlich ist, um eine Entscheidung darüber zu begründen, ob das Hauptverfahren zu eröffnen oder der Angeschuldigte außer Verfolgung zu setzen sei.[2]

Auch sind Beweise, deren Verlust für die Hauptverhandlung zu besorgen steht, oder deren Aufnahme zur Vorbereitung der Vertheidigung des Angeschuldigten erforderlich erscheint, in der Voruntersuchung zu erheben.[3]

[1] Der Grundsatz des § 263 gilt selbstverständlich auch für die Voruntersuchung. Vgl. jedoch § 189.

[2] Ausdrückliche Einzel-Beschränkungen: § 58 Abs. 2, § 65 Abs. 2.

[3] Wiederholung der Beweiserhebungen des vorbereitenden Verfahrens ist nicht erforderlich. Vgl. aber § 190.

189. Ergiebt sich im Laufe der Voruntersuchung Anlaß zur Ausdehnung derselben auf eine in dem Antrage der Staatsanwaltschaft nicht bezeichnete Person oder That,[1] so hat der Untersuchungsrichter in dringenden Fällen die in dieser Beziehung erforderlichen Untersuchungshandlungen von Amtswegen vorzunehmen.

Die weitere Verfügung gebührt auch in solchen Fällen der Staatsanwaltschaft.

[1] §§ 177, 153.

10. Vernehmung des Angeschuldigten.

190. Der Angeschuldigte ist in der Voruntersuchung zu vernehmen,[1] auch wenn er schon vor deren Eröffnung vernommen worden ist. Demselben ist hierbei[2] die Verfügung, durch welche die Voruntersuchung eröffnet worden, bekannt zu machen.

Die Vernehmung[3] erfolgt in Abwesenheit der Staatsanwaltschaft und des Vertheidigers.

[1] Vgl. § 136.

[2] also durch Verkündung; Abweichung von § 35 Abs. 1, 2. Dies gilt jedoch nicht für den zugrunde liegenden Gerichtsbeschluß, was für den Beginn der Beschwerdefrist (§ 180 Abs. 1) von Bedeutung ist.

[3] Auch die zweite und fernere. Anwesenheit von Beiständen. § 149 Abs. 3.

11. Rechte der Staatsanwaltschaft u. des Angeschuldigten.

191. Findet die Einnahme eines Augenscheins[1] statt, so ist der Staatsanwaltschaft, dem Angeschuldigten und dem Vertheidiger die Anwesenheit bei der Verhandlung zu gestatten.

Dasselbe gilt, wenn ein Zeuge oder Sachverständiger vernommen werden soll, welcher voraussichtlich am Erscheinen in der Hauptverhandlung verhindert, oder dessen Erscheinen wegen großer Entfernung besonders erschwert[2] sein wird.[3]

Von den Terminen sind die zur Anwesenheit Berechtigten vorher zu benachrichtigen,[4] soweit dies ohne Aufenthalt für die Sache geschehen kann.

Einen Anspruch auf Anwesenheit hat der nicht auf freiem Fuße befindliche Angeschuldigte nur bei solchen Terminen, welche an der Gerichtsstelle des Orts abgehalten werden, wo er sich in Haft befindet.

Auf die Verlegung eines Termins wegen Verhinderung haben die zur Anwesenheit Berechtigten keinen Anspruch.

[1] Vgl. §§ 86, 87, 193. [2] Vgl. § 65 Abs. 2 u. § 250 Abs. 2.

[3] Aus den Spezialbestimmungen der Abs. 1 und 2 ergibt sich, daß in der Regel der Staatsanwaltschaft, dem Verteidiger und Angeschuldigten eine Anwesenheit bei den Beweiserhebungen der V.U. nicht zusteht. In betreff der Beistände vgl. § 149 Abs. 3.

[4] Der Angeschuldigte auch, wenn er nach Abs. 4 keinen Anspruch auf Anwesenheit hat. E. XXIII. 142.

192. Der Richter kann einen Angeschuldigten[1] von der Anwesenheit bei der Verhandlung ausschließen, wenn zu befürchten ist, daß ein Zeuge[2] in seiner Gegenwart die Wahrheit nicht sagen werde.

[1] nicht auch den Verteidiger.

[2] nicht auch ein Sachverständiger.

193. Findet die Einnahme eines Augenscheins unter Zuziehung von Sachverständigen statt, so kann der Angeschuldigte beantragen, daß die von ihm für die Hauptverhandlung in Vorschlag zu bringenden Sachverständigen zu dem Termine geladen werden und, wenn der Richter den Antrag ablehnt, sie selbst laden lassen.[1]

Den von dem Angeschuldigten benannten Sachverständigen ist die Theilnahme am Augenschein und an den erforderlichen Untersuchungen insoweit zu gestatten, als dadurch die Thätigkeit der vom Richter bestellten Sachverständigen nicht behindert wird.

[1] § 38. Vgl. § 219.

194. Die Staatsanwaltschaft kann stets, ohne daß jedoch das Verfahren dadurch aufgehalten werden darf, von dem Stande der Voruntersuchung durch Einsicht der Akten[1] Kenntniß nehmen und die ihr geeignet scheinenden Anträge stellen.[2]

[1] In betreff des Verteidigers vgl. § 147.

[2] Vgl. Anm. 2 zu § 182. Die Staatsanwaltschaft kann Bescheidung beanspruchen und hat die Beschwerde gemäß § 346. — Übrigens kann auch der Untersuchungsrichter von Amts wegen die Akten zu etwaiger Antragstellung der Staatsanwaltschaft vorlegen.

12. Abschluß der Voruntersuchung.

195. Erachtet der Untersuchungsrichter den Zweck der Voruntersuchung[1] für erreicht, so übersendet er die Akten der Staatsanwaltschaft zur Stellung ihrer Anträge.

Beantragt die Staatsanwaltschaft eine Ergänzung der Voruntersuchung, so hat der Untersuchungsrichter, wenn er dem Antrage nicht stattgeben will, die Entscheidung des Gerichts[2] einzuholen.

Von dem Schlusse der Voruntersuchung[3] ist der Angeschuldigte in Kenntniß zu setzen.[4]

[1] § 188. [2] § 72 G.V.G. Beschwerde dagegen: § 346.

[3] d. i., wie aus Abs. 2 sich ergibt, nicht der Zeitpunkt des Abs. 1, sondern des § 196 Abs. 2. E. XXXIII. 200.

[4] Unabhängig von den Vorschriften §§ 199, 202, 214. Vgl. § 147 Abs. 1.

Vierter Abschnitt.

Entscheidung über die Eröffnung des Hauptverfahrens.

1. Entscheidung über das Ergebnis der Voruntersuchung.

196. Hat eine Voruntersuchung stattgefunden, so entscheidet das Gericht,[1] ob das Hauptverfahren zu eröffnen[2] oder der Angeschuldigte außer Verfolgung zu setzen[3] oder das Verfahren vorläufig einzustellen[4] sei.[5]

Die Staatsanwaltschaft legt zu diesem Zwecke die Akten mit ihrem Antrage dem Gerichte vor.[6] Der Antrag auf Eröffnung des Hauptverfahrens erfolgt durch Einreichung einer Anklageschrift.[7]

[1] Die Entscheidung des Gerichts ist notwendig: § 154.

[2] § 201. [3] § 202.

[4] § 203. Vgl. auch § 208. [5] Vgl. auch § 200.

[6] Vgl. auch § 75 G.V.G., Überweisung an die Schöffengerichte betreffend. [7] § 198.

2. Antrag auf Eröffnung des Hauptverfahrens.

197. Erhebt die Staatsanwaltschaft, ohne daß eine Voruntersuchung stattgefunden, die Anklage,[1] so ist die Anklageschrift mit den Akten, wenn die Sache zur Zuständigkeit des Schöffengerichts gehört, bei dem Amtsrichter, anderenfalls bei dem Landgerichte einzureichen.

[1] Eine Entscheidung im Sinne der §§ 202, 203 braucht die Staatsanwaltschaft in diesem Falle nicht zu extrahieren. § 168 Abs. 2.

3. Anklageschrift.

198. Die Anklageschrift hat die dem Angeschuldigten zur Last gelegte That[1] unter Hervorhebung ihrer gesetzlichen Merkmale[1] und des anzuwendenden Strafgesetzes zu bezeichnen, sowie die Beweismittel[2] und das Gericht, vor welchem die Hauptverhandlung stattfinden soll, anzugeben.[3]

In den vor dem Reichsgerichte, den Schwurgerichten oder den Landgerichten zu verhandelnden[4] Strafsachen sind außerdem die wesentlichen Ergebnisse der stattgehabten Ermittelungen in die Anklageschrift aufzunehmen.[5]

[1] Nicht bloß die abstrakten gesetzlichen Tatbestandsmerkmale E. III. 406. R. V. 583.

[2] Vgl. § 221 Abs. 2, § 245.

[3] Hinsichtlich der Unterschrift vgl. E. XXXVII. 407.

[4] Daher auch für an sich schöffengerichtliche Sachen im Falle der §§ 2, 4; umgekehrt nicht im Falle des § 75 G.V.G. Wird aber in den Fällen des § 75 die Überweisung an das Schöffengericht abgelehnt, so ist dann die Anklageschrift zu vervollständigen. E. XXXI. 100.

[5] Mängel der Anklageschrift machen diese nicht ungültig, berechtigen aber das Gericht, die Eröffnung des Hauptverfahrens vorläufig abzulehnen. E. XVII. 249. XXXI. 100. R. X. 181.

199. Der Vorsitzende des Gerichts hat die Anklageschrift dem Angeschuldigten mitzutheilen[1] und ihn zugleich aufzufordern, sich innerhalb einer zu bestimmenden Frist zu erklären, ob er eine Voruntersuchung[2] oder die Vornahme einzelner Beweiserhebungen vor der Hauptverhandlung beantragen, oder Einwendungen gegen die Eröffnung des Hauptverfahrens vorbringen wolle.

Hat eine Voruntersuchung stattgefunden, so ist die Aufforderung entsprechend zu beschränken.

Ueber die Anträge und Einwendungen beschließt[3] das Gericht. Eine Anfechtung des Beschlusses findet nur nach Maßgabe der Bestimmungen im §. 180 Abs. 1 und §. 181 statt.[4]

Auf die vor den Schöffengerichten zu verhandelnden[5] Sachen finden die Bestimmungen dieses Paragraphen keine Anwendung.[6]

[1] Durch Zustellung gemäß § 35. E. I. 345. R. I. 543. II. 407.

[2] Vgl. § 176 Nr. 2.

[3] Ausdrücklich, nicht bloß stillschweigend durch Eröffnung des Hauptverfahrens. E. I. 170. R. I. 256. Wird der Beschluß mit dem auf Eröffnung des Hauptverfahrens verbunden, so tritt § 209 Abs. 1 nach Maßgabe dieses Abs. außer Geltung.

[4] Anfechtung in der Revisionsinstanz daher ausgeschlossen, E. II. 19. XXXIV. 215.

[5] Also auch im Falle des § 75 G.V.G. [6] Vgl. jedoch § 422.

4. Gerichtlicher Beschluß.

a) auf weitere Ermittelungen.

200. Zur besseren Aufklärung der Sache kann das Gericht eine Ergänzung der Voruntersuchung oder, falls eine Voruntersuchung nicht stattgefunden hat, die Eröffnung einer solchen oder einzelne Beweiserhebungen anordnen.[1] Die Anordnung einzelner Beweiserhebungen steht auch dem Amtsrichter zu.

Eine Anfechtung des Beschlusses findet nicht statt.

[1] Im Gegensatz zu § 199 von Amts wegen.

b) auf Eröffnung des Hauptverfahrens.

201. Das Gericht beschließt die Eröffnung des Hauptverfahrens,[1] wenn nach den Ergebnissen der Voruntersuchung oder, falls eine solche nicht stattgefunden hat, nach den Ergebnissen des vorbereitenden Verfahrens der Angeschuldigte einer strafbaren Handlung hinreichend verdächtig erscheint.

[1] § 205. — Anfechtung seitens des Angeklagten ausgeschlossen. § 209 Abs. 1. Siehe jedoch auch Anm. 1 das. Vgl. auch § 375 Anm. 2.

c) auf Nichteröffnung des Hauptverfahrens.

202. Beschließt das Gericht, das Hauptverfahren nicht zu eröffnen, so muß aus dem Beschlusse hervorgehen, ob derselbe auf thatsächlichen oder auf Rechtsgründen beruht.[1]

Hat eine Voruntersuchung stattgefunden, so ist auszusprechen, daß der Angeschuldigte außer Verfolgung zu setzen sei.[2]

Der Beschluß ist dem Angeschuldigten[3] bekannt zu machen.[4]

[1] Anfechtung: § 209 Abs. 2. Wirkung: § 210. Kosten: §§ 496, 499, 501, 502, 504 und G.K.G. § 69.

[2] Zugleich ist ein etwaiger Haftbefehl aufzuheben, § 123, und über etwaige Entschädigung für die erlittene Untersuchungshaft Beschluß zu fassen. G. v. 14./7. 04 (R.G.Bl. 321), unten im Anhang unter 2.

[3] Auch wenn er über die Anschuldigung noch nicht gehört sein sollte. § 155. [4] § 35.

d) auf vorläufige Einstellung des Verfahrens.

203. Vorläufige Einstellung des Verfahrens kann beschlossen werden, wenn dem weiteren Verfahren Abwesenheit[1] des Angeschuldigten oder der Umstand entgegensteht, daß derselbe nach der That in Geisteskrankheit[2] verfallen ist.[3]

[1] § 318. Zulässigkeit eines weitern Verfahrens: §§ 319, 327, 470.

[2] Partielle Geisteskrankheit schließt eine Weiterverfolgung und Hauptverhandlung nicht unbedingt aus. E. I. 149. XXIX. 324. R. I. 242. Der Geistesstörung ist Taubstummheit, bei welcher Verständigung durch einen Dolmetscher nicht gelingt, gleichzustellen. E. III. 29. R. II. 487.

[3] Vgl. auch § 208. — Der Beschluß gemäß § 203 unterbricht die Verjährung. E. XXI. 308. XXVII. 81.

204. Das Gericht ist bei der Beschlußfassung an die Anträge der Staatsanwaltschaft nicht gebunden.[1]

[1] Vgl. § 153 Abs. 2.

5. Beschluß auf Eröffnung des Hauptverfahrens im speziellen.

205. In dem Beschlusse, durch welchen das Hauptverfahren eröffnet wird, ist die dem Angeklagten zur Last gelegte That[1] unter Hervorhebung ihrer gesetzlichen Merkmale[1] und des anzuwendenden Strafgesetzes,[2] sowie das Gericht zu bezeichnen, vor welchem die Hauptverhandlung stattfinden soll.[3]

Das Gericht hat zugleich von Amtswegen über die Anordnung oder Fortdauer der Untersuchungshaft zu beschließen.[4]

[1] Die bloße Angabe der abstrakten gesetzlichen Tatbestandsmerkmale genügt nicht; es muß erkennbar gemacht sein, welche konkreten Vorgänge zum Gegenstande der Verhandlung gemacht werden sollen. E. III. 406. XXI. 64. R. V. 583. Eine Heranziehung der Anklageschrift zur Ergänzung und Erläuterung des Beschlusses ist nicht ausgeschlossen — E. III. 406. XXI. 64. R. VIII. 377 — der Vorsitzende auch in der Hauptverhandlung für befugt zu erachten, vorhandene Mängel durch Belehrung zu ergänzen. E. XXIV. 64.

[2] in der Hauptsache; nicht auch jedes nebenher in Betracht kommenden Strafgesetzes. Vgl. E. IV. 40. V. 137.

[3] Gründe sind, soweit nicht § 199 Abs. 3 und § 209 Abs. 2 in Frage kommen, nicht erforderlich. Anders: § 202.

[4] §§ 112 ff. und §§ 125 f.

206. Wenn von der Staatsanwaltschaft beantragt ist, den Angeschuldigten außer Verfolgung zu setzen,[1] von dem Gerichte aber die Eröffnung des Hauptverfahrens beschlossen wird, so hat die Staatsanwaltschaft eine dem Beschlusse entsprechende Anklageschrift einzureichen.[2]

Die Bestimmungen des §. 199 finden hier gleichfalls Anwendung; es ist jedoch die Aufforderung auf die Erklärung zu beschränken[3], ob der Angeklagte die Vornahme einzelner Beweiserhebungen[4] vor der Hauptverhandlung beantragen wolle.[5]

[1] §§ 196, 202.

[2] Beschwerde findet nicht statt: § 209 Abs. 2.

[3] Da das Hauptverfahren bereits endgültig eröffnet ist.

[4] Anwesenheit der Parteien: § 223, nicht § 191, da das Hauptverfahren eröffnet ist.

[5] In den Fällen §§ 203, 208 ist § 199 in vollem Umfange anzuwenden.

207. Das Landgericht kann das Hauptverfahren vor den erkennenden Gerichten jeder Ordnung,[1] nicht aber vor dem Reichsgericht eröffnen. Erachtet das Landgericht die Zuständigkeit des Reichsgerichts für begründet, so legt es die Akten durch Vermittelung der Staatsanwaltschaft diesem Gerichte zur Entscheidung vor.[2]

Ebenso hat der Amtsrichter, wenn er findet, daß eine bei ihm eingereichte Sache die Zuständigkeit des Schöffengerichts übersteige, die Akten durch Vermittelung der Staatsanwaltschaft dem Landgerichte zur Entscheidung[2] vorzulegen.[3] [4]

[1] Außer vor Schwurgericht und Strafkammer auch vor dem Schöffengericht, wofür regelmäßig der Amtsrichter zuständig ist. Vgl. § 197 (aber auch § 196) und G.V.G. § 30 Abs. 2. — In der Hauptverhandlung: § 270.

[2] Eine eigene Unzuständigkeitserklärung erfolgt also nicht; vgl. dazu E. XXXII. 50.

[3] Auch wenn die Anwendung des § 75 G.V.G. zu erwarten steht.

[4] Demnächstige Änderung der Anklageschrift: § 198 Abs. 2 und sodann § 199. R. IV. 767.

208. Betraf das Vorverfahren mehrere derselben Person zur Last gelegte strafbare Handlungen, und erscheint für die Strafzumessung die Feststellung des einen oder des anderen Straffalles unwesentlich, so kann das Gericht auf Antrag der Staatsanwaltschaft beschließen, daß in Ansehung eines solchen das Verfahren vorläufig einzustellen sei.

Die Aufhebung des Einstellungsbeschlusses kann binnen einer Frist von drei Monaten[1] nach Rechtskraft des Urtheils von der Staatsanwaltschaft beantragt werden, wenn nicht Verjährung[2] eingetreten ist.

[1] § 43. Im Falle der Versäumung der Frist ist die Strafklage erloschen.

[2] §§ 67—69 St.G.B. — Der Beschluß selbst unterbricht aber die Verjährung. E. XXI. 308.

6. Anfechtung von Eröffnungs- u. Einstellungsbeschlüssen.

209. Der Beschluß, durch welchen das Hauptverfahren eröffnet worden ist, kann von dem Angeklagten nicht angefochten werden.[1]

Gegen den Beschluß, durch welchen die Eröffnung des Hauptverfahrens abgelehnt oder abweichend von dem Antrage der Staatsanwaltschaft die Verweisung an ein Gericht niederer Ordnung ausgesprochen worden ist, steht der Staatsanwaltschaft[2] die sofortige Beschwerde[3] zu.[4]

[1] Unbeschadet der Bestimmung des § 199 Abs. 3 (vgl. Anm. 3 das.) und einer Anfechtung des Beschlusses aus § 205 Abs. 2.

[2] Nebenkläger: § 441 Abs. 1. [3] § 353.

[4] Das Beschwerdegericht hat sodann eventuell selbst das Hauptverfahren zu eröffnen. § 351 Abs. 2.

210. Ist die Eröffnung des Hauptverfahrens durch einen nicht mehr anfechtbaren Beschluß[1] abgelehnt, so kann die Klage nur auf Grund neuer Thatsachen oder Beweismittel wieder aufgenommen werden.[2]

[1] §§ 202, 209 Abs. 2.

[2] Im übrigen in der gewöhnlichen Form der §§ 168 ff. E. XIII. 295. XXII. 187. Ist demnächst das Hauptverfahren eröffnet, so steht dem erkennenden Gericht eine Nachprüfung der Voraussetzungen des § 210 nicht zu. E. XXII. 187.

7. **Besonderes Verfahren vor dem Schöffengerichte.**

211. Vor dem Schöffengerichte[1] kann ohne schriftlich erhobene Anklage und ohne eine Entscheidung über die Eröffnung des Hauptverfahrens zur Hauptverhandlung geschritten werden,[2] wenn der Beschuldigte entweder sich freiwillig stellt oder in Folge einer vorläufigen Festnahme[3] dem Gerichte vorgeführt oder nur wegen Uebertretung[4] verfolgt wird. Der wesentliche Inhalt der Anklage ist in den Fällen der freiwilligen Stellung oder der Vorführung in das Sitzungsprotokoll, anderenfalls in die Ladung des Beschuldigten aufzunehmen.[5]

Auch kann der Amtsrichter in dem Falle der Vorführung des Beschuldigten mit Zustimmung der Staatsanwaltschaft ohne Zuziehung von Schöffen[6] zur Hauptverhandlung schreiten, wenn der Beschuldigte nur wegen Uebertretung verfolgt wird und die ihm zur Last gelegte That eingesteht. Gegen die im Laufe der Hauptverhandlung ergehenden Entscheidungen und Urtheile des Amtsrichters finden dieselben Rechtsmittel statt, wie gegen die Entscheidungen und Urtheile des Schöffengerichts.[7]

[1] Jedoch nicht in Privatklagesachen: §§ 421 ff.

[2] Vgl. auch §§ 447 ff., § 456, § 462, auch § 265.

[3] §§ 127, 128. [4] § 1 Abs. 3 St.G.B.

[5] Vgl. preuß. Geschäftsanw. f. Amtsanwälte v. 28./8. 79 (J.M.Bl. 260) Art. 54–56.

[6] Vgl. ferner für Forst- und Feldrügesachen: § 3 Abs. 3 E.G. und Anm. 6 das.

[7] Gebühren: G.K.G. § 64 Abs. 2.

Fünfter Abschnitt.

Vorbereitung der Hauptverhandlung.

1. Anberaumung des Termins.

212. Der Termin zur Hauptverhandlung wird von dem Vorsitzenden des Gerichts anberaumt.[1]

[1] eventuell auch verlegt.

213. Die zur Hauptverhandlung erforderlichen Ladungen[1] und die Herbeischaffung der als Beweismittel dienenden Gegenstände bewirkt die Staatsanwaltschaft.[2] [3]

[1] Auch in den Fällen der §§ 218, 220.

[2] Damit ist aber eine gerichtsseitige Ladung nicht verboten. E. XXXV. 232.

[3] Vgl. § 36 und preuß. Geschäftsanw. f. Amtsanw. v. 28./8. 79 (J.M.Bl. 260) Art. 24. — Vgl. auch § 465 Abs. 2.

2. Ladungen.

214. Der Beschluß über die Eröffnung des Hauptverfahrens[1] ist dem Angeklagten spätestens mit der Ladung zuzustellen.[2]

[1] § 205. In schöffengerichtlichen Sachen (vgl. § 199 Abs. 4) unter Anschluß der Anklageschrift, was § 221 Abs. 2 erfordert.

[2] Nichtbeachtung Revisionsgrund nur, wenn in der Hauptverhandlung gerügt und einem Vertagungsantrage nicht entsprochen. R. III. 482.

215. Die Ladung eines auf freiem Fuße befindlichen Angeklagten geschieht schriftlich unter der Warnung, daß im Falle seines unentschuldigten Ausbleibens seine Verhaftung oder Vorführung erfolgen werde. Die Warnung kann in den Fällen des §. 231 unterbleiben.

Die Ladung des nicht auf freiem Fuße befindlichen Angeklagten erfolgt durch Bekanntmachung des Termins zur Hauptverhandlung in Gemäßheit des §. 35. Dabei ist der Angeklagte zu befragen,[1] ob und welche Anträge er in Bezug auf seine Vertheidigung für die Hauptverhandlung zu stellen habe.[2]

[1] Vgl. dazu für Preußen J.V. über die von Amts wegen zu bewirkenden Zustellungen und Bekanntmachungen v. 10./12. 99 (J.M.Bl. 728) § 15.

[2] Ladung abwesender Angeklagter: §§ 320, 321, 473.

216. Zwischen der Zustellung der Ladung (§. 215) und dem Tage der Hauptverhandlung muß eine Frist von mindestens einer Woche[1] liegen.[2]

Ist diese Frist nicht eingehalten worden, so kann der Angeklagte die Aussetzung der Verhandlung verlangen,[3] so lange mit der Verlesung des Beschlusses über die Eröffnung des Hauptverfahrens[4] nicht begonnen ist.

[1] § 43.

[2] Bei Aussetzung der Verhandlung wiederholte Einhaltung der Frist nicht erforderlich. E. XV. 113. R. III. 113.

[3] § 227 Abs. 3.

[4] § 242 Abs. 2.

217. Neben dem Angeklagten ist[1] der bestellte[2] Vertheidiger stets, der gewählte[3] Vertheidiger dann zu laden,[4] wenn die erfolgte Wahl dem Gerichte angezeigt[5] worden ist.

[1] Nichtbeachtung Revisionsgrund: E. I. 405. II. 233. XIX. 373, 436. XXI. 266. R. I. 696.

[2] §§ 140 Abs. 3, 141—144.

[3] §§ 137, 138. Auch der vom gesetzlichen Vertreter gewählte. E. XXXVI. 316.

[4] § 216 Abs. 1 hier nicht anwendbar.

[3] Falls nicht vom Angeklagten selbst, Vollmacht erforderlich. E. II. 375. R. III. 516. Seitens des Angeklagten genügt jede, auch stillschweigende, Willenserklärung. E. XXV. 152.

3. Unmittelbare Ladungen.

218. Verlangt der Angeklagte die Ladung von Zeugen oder Sachverständigen oder die Herbeischaffung anderer Beweismittel zur Hauptverhandlung, so hat er unter Angabe der Thatsachen, über welche der Beweis erhoben werden soll, seine Anträge bei dem Vorsitzenden des Gerichts[1] zu stellen. Die hierauf ergehende Verfügung ist ihm bekannt zu machen.[2]

Beweisanträge des Angeklagten sind, soweit ihnen stattgegeben ist, der Staatsanwaltschaft mitzutheilen.[3]

[1] Hinsichtlich schwurgerichtlicher Sachen vgl. § 83 Abs. 3 G.V.G.

[2] § 36. Beschwerde ist ausgeschlossen: § 347 und Anm. 1 das. Revision ebenfalls, wenn Anträge in der Hauptverhandlung nicht wiederholt. E. I. 106. R. I. 250. [3] Vgl. §§ 221, 245 und 213 Anm. 1.

219. Lehnt der Vorsitzende den Antrag auf Ladung einer Person ab, so kann der Angeklagte die letztere unmittelbar laden lassen.[1] Hierzu ist er auch ohne vorgängigen Antrag befugt.

Eine unmittelbar geladene Person ist nur dann zum Erscheinen verpflichtet,[2] wenn ihr bei der Ladung die gesetzliche Entschädigung für Reisekosten und Versäumniß baar dargeboten oder deren Hinterlegung bei dem Gerichtsschreiber[3] nachgewiesen wird.

Ergiebt sich in der Hauptverhandlung, daß die Vernehmung einer unmittelbar geladenen Person zur Aufklärung der Sache dienlich war, so hat das Gericht auf Antrag[4] anzuordnen, daß derselben die gesetzliche Entschädigung aus der Staatskasse[5] zu gewähren sei.

[1] § 38. Übrigens ist auch einfache Gestellung derselben zulässig; § 221. Vgl. jedoch § 244 u. Anm. 2 daselbst.

[2] §§ 50, 77.

[3] Für Preußen vgl. J.V. v. 10./6. 91 (J.M.Bl. 161) u. Geschäftsanw. f. Gerichtsvollzieher v. 1./12. 99 (J.M.Bl. 629) § 39.

[4] der betreffenden Person oder auch des Angeklagten.

[5] vorläufig; ohne Präjudiz für die definitive Kostentragung. E. XVI. 212. R. IX. 476.

220. Der Vorsitzende des Gerichts[1] kann auch von Amtswegen die Ladung von Zeugen und Sachverständigen sowie die Herbeischaffung anderer Beweismittel anordnen.[2]

[1] In der Hauptverhandlung dieses selbst: § 243 Abs. 3.

[2] Vgl. § 213 Anm. 1.

221. Der Angeklagte hat die von ihm unmittelbar geladenen oder zur Hauptverhandlung zu stellenden Zeugen und Sachverständigen rechtzeitig[1] der Staatsanwaltschaft namhaft zu machen und ihren Wohn- oder Aufenthaltsort anzugeben.

Dieselbe Verpflichtung hat die Staatsanwaltschaft gegenüber dem Angeklagten, wenn sie außer den in der Anklageschrift benannten oder auf Antrag des Angeklagten geladenen Zeugen oder Sachverständigen die Ladung noch anderer Personen, sei es auf Anordnung des Vorsitzenden (§. 220) oder aus eigener Entschließung, bewirkt.

[1] Vgl. § 245.

4. Kommissarische Vernehmung eines Zeugen oder Sachverständigen.

222. Wenn dem Erscheinen eines Zeugen oder Sachverständigen[1] in der Hauptverhandlung für eine längere oder ungewisse Zeit Krankheit oder Gebrechlichkeit oder andere nicht zu beseitigende Hindernisse[2] entgegenstehen, so kann das Gericht[3] die Vernehmung desselben durch einen beauftragten oder ersuchten Richter[4] anordnen.[5] Die Vernehmung erfolgt, soweit die Beeidigung zulässig ist,[6] eidlich.

Dasselbe gilt, wenn ein Zeuge oder Sachverständiger vernommen werden soll, dessen Erscheinen wegen großer Entfernung[7] besonders erschwert sein wird.[8]

[1] Nicht auch eines Mitbeschuldigten. E. XVI. 232.

[2] Vgl. z. B. § 49, jedoch auch Anm. 3 das.

[3] Nicht der Vorsitzende. E. I. 210. R. I. 362.

[4] Auch den Untersuchungsrichter; § 23 Abs. 2 trifft nicht zu. E. IV. 91. R. III. 159.

[5] Vgl. § 250 Abs. 2. Danach ist die kommissarische Vernehmung nur dann erforderlich, wenn nicht bereits im Vorverfahren eine Vernehmung unter Beobachtung der Vorschriften des § 191 erfolgt ist.

[6] Vgl. §§ 56, 57.

[7] Nach den konkreten Verhältnissen unter Berücksichtigung der vorhandenen Bahnverbindung, Persönlichkeit, Gebrechlichkeit des Zeugen rc. zu bemessen. Regelmäßig gilt eine Entfernung innerhalb des Landgerichtsbezirks für keine große. Vgl. E. IV. 173. XVIII. 261. XIX. 246. R. II. 204, 602. III. 301.

[8] Ein Fall kommissarischer Vernehmung des Angeklagten in § 232.

223. Von den zum Zwecke dieser Vernehmung anberaumten Terminen sind die Staatsanwaltschaft, der Angeklagte und der Vertheidiger vorher zu benachrichtigen, insoweit dies nicht wegen Gefahr im Verzug[1] unthunlich ist; ihrer Anwesenheit bei der Vernehmung bedarf es nicht.[2] Das aufgenommene Protokoll ist der Staatsanwaltschaft und dem Vertheidiger vorzulegen.[3]

Der nicht auf freiem Fuße befindliche Angeklagte hat einen Anspruch auf Anwesenheit nur bei solchen

Terminen, welche an der Gerichtsstelle des Orts abgehalten werden, wo er sich in Haft befindet.

[1] Bloßer Aufenthalt für die Sache genügt nicht. E. I. 210. R. I. 362.

[2] Im Falle ihrer Anwesenheit sind die §§ 239 Abs. 2, 246 anwendbar. [3] Wenn sie nicht anwesend waren. Prot. 343.

5. Kommissarische Augenscheinseinnahme.

224. Ist zur Vorbereitung der Hauptverhandlung[1] noch ein richterlicher Augenschein[2] einzunehmen, so finden die Bestimmungen des vorhergehenden Paragraphen[3] gleichfalls Anwendung.[4]

[1] Auch in derselben kann, wenn die Augenscheinseinnahme durch das gesamte Gericht nicht angezeigt erscheint, eine solche kommissarische Augenscheinseinnahme beschlossen werden. E. XX. 149.

[2] Vgl. §§ 86, 193.

[3] Übrigens wird auch hier (vgl. § 222 Anm. 3) nur das Gericht zur Anordnung der kommissarischen Augenscheinseinnahme befugt sein.

[4] Bei Nichtbeachtung ist die Verlesung (§ 248) gegen den Willen der Beteiligten nicht statthaft. E. I. 256. R. IV. 659.

Sechster Abschnitt.

Hauptverhandlung.

225. Die Hauptverhandlung[1] erfolgt[2] in ununterbrochener Gegenwart der zur Urtheilsfindung berufenen Personen sowie der Staatsanwaltschaft[3] und eines[4] Gerichtsschreibers.[5]

[1] Öffentlichkeit: §§ 170–176 G.V.G., Sitzungspolizei: §§ 177 bis 185 G.V.G., Ort: vgl. § 98 G.V.G. u. Anm. 1 das.

[2] § 377 Nr. 5. Vgl. auch Anm. 1 zu § 259, Anm. 1 zu § 306.

[3] nicht notwendig desselben Staatsanwalts. § 226.

[4] Auch ein Wechsel der Person des Gerichtsschreibers ist nicht ausgeschlossen.

[5] Anwesenheit des Angeklagten: §§ 229–232, 246, 319, 470,

des Verteidigers: § 145 Abs. 1 und § 227 Abs. 2, des Privatklägers: §§ 418, 425, 427, 431, des Nebenklägers: §§ 438, 440.

226. Es können mehrere Beamte der Staatsanwaltschaft und mehrere Vertheidiger in der Hauptverhandlung mitwirken[1] und ihre Verrichtungen unter sich theilen.

[1] Gleichzeitig und nach einander. E. XVI. 180. R. XI. 407.

1. Aussetzung und Unterbrechung.

227. Ueber Anträge auf Aussetzung einer Hauptverhandlung entscheidet das Gericht. Kürzere Unterbrechungen ordnet der Vorsitzende an.

Eine Verhinderung des Vertheidigers giebt, unbeschadet der Bestimmung des §. 145, dem Angeklagten kein Recht, die Aussetzung der Verhandlung zu verlangen.[1]

Ist die Frist des §. 216 Abs. 1 nicht eingehalten worden, so soll[2] der Vorsitzende den Angeklagten mit der Befugniß, Aussetzung der Verhandlung zu verlangen, bekannt machen.

[1] Auch nicht, wenn die anberaumte Terminsstunde nicht innegehalten wird. E. I. 235. XI. 173. R. I. 411.

[2] Nichtbeachtung kein Revisionsgrund: R. I. 299, 376, 743. E. XV. 113.

228. Eine unterbrochene Hauptverhandlung muß spätestens am vierten Tage[1] nach der Unterbrechung fortgesetzt werden,[2] widrigenfalls mit dem Verfahren von neuem zu beginnen ist.[3]

[1] § 42. Dagegen ist § 43 Abs. 2 nicht anwendbar.

[2] Hinsichtlich der Urteilsverkündigung vgl. § 267; aber nur dieser ein Hinweis aus § 264 ist z. B. nicht mehr zulässig. E. XXXVII. 365.

[3] Vgl. für das Schwurgericht auch § 287.

2. Ausbleiben des Angeklagten.

229. Gegen einen ausgebliebenen[1] Angeklagten findet eine Hauptverhandlung nicht statt.[2]

Ist das Ausbleiben des Angeklagten nicht genügend entschuldigt, so ist die Vorführung anzuordnen[3] oder ein Haftbefehl[4] zu erlassen.[5]

[1] Hinsichtlich eines abwesenden vgl. §§ 318 ff.

[2] Ausnahmen: §§ 231, 232. Vgl. auch § 230 Abs. 2. Außerdem allgemein in der Revisionsinstanz § 390. Für die Berufungsinstanz vgl. § 370.

[3] § 134.

[4] § 114. Die Voraussetzungen der §§ 112, 113 sind nicht erforderlich. — Nicht in Privatklagesachen: § 427 Abs. 3.

[5] Seitens des Gerichts, nicht des Vorsitzenden.

230. Der erschienene Angeklagte darf sich aus der Verhandlung nicht entfernen.[1] Der Vorsitzende kann die geeigneten Maßregeln treffen, um die Entfernung desselben zu verhindern; auch kann er ihn während einer Unterbrechung der Verhandlung in Gewahrsam halten lassen.

Entfernt der Angeklagte sich dennoch, oder bleibt er bei der Fortsetzung einer unterbrochenen Hauptverhandlung aus, so kann diese in seiner Abwesenheit zu Ende geführt werden, wenn seine Vernehmung über die Anklage schon erfolgt war[2] und das Gericht seine fernere Anwesenheit nicht für erforderlich erachtet.[3]

[1] Unfreiwillige Entfernung: § 246 u. G.V.G. § 178.

[2] § 242 Abs. 3.

[3] Anderenfalls Revision gemäß § 377 Nr. 5. E. XXXX. 230. — § 233 gilt auch hier. Prot. 345. — Die Anwendung des Abs. 2 setzt aber vorsätzliches Wegbleiben (nicht z. B. Krankheit) voraus. E. XXII. 247. XXIX. 294. XXXI. 398. — Im Falle des § 264 Fortsetzung ohne Anwesenheit nicht möglich. E. XXXII. 96.

231. Beim Ausbleiben[1] des Angeklagten kann[2] zur Hauptverhandlung geschritten werden, wenn die den Gegenstand der Untersuchung bildende That[3] nur mit Geldstrafe, Haft oder Einziehung, allein oder in Verbindung mit einander, bedroht ist.[4]

In solchen Fällen muß der Angeklagte in der Ladung auf die Zulässigkeit dieses Verfahrens ausdrücklich hingewiesen werden.

[1] Im Falle der Abwesenheit: § 319, vgl. auch § 470.

[2] Vgl. § 235. [3] § 264 gilt auch hier. E. XXXV. 65.

[4] Gefängnis für den Fall des Unvermögens schließt den § nicht aus, R. VII. 93; wohl aber etwaige andere Nebenstrafen, z. B. Überweisung an die Landespolizeibehörde.

232. Der Angeklagte kann auf seinen Antrag wegen großer Entfernung seines Aufenthaltsorts von der Verpflichtung zum Erscheinen in der Hauptverhandlung entbunden werden,[1] wenn nach dem Ermessen des Gerichts[2] voraussichtlich keine[3] andere Strafe als Freiheitsstrafe bis zu sechs Wochen oder Geldstrafe oder Einziehung, allein oder in Verbindung mit einander,[4] zu erwarten steht.[5]

In diesem Falle muß der Angeklagte, wenn seine richterliche Vernehmung nicht schon im Vorverfahren erfolgt ist,[6] durch einen beauftragten oder ersuchten Richter über die Anklage vernommen werden.

Von dem zum Zwecke der Vernehmung anberaumten Termine sind die Staatsanwaltschaft und der Vertheidiger vorher zu benachrichtigen; ihrer Anwesenheit bei der Vernehmung bedarf es nicht. Das Protokoll über die Vernehmung ist in der Hauptverhandlung zu verlesen.[7]

[1] Zustellung dieses Beschlusses erforderlich. E. XV. 202. XXIX. 69. R. IX. 96. Dazu muß gleichwohl auch die Ladung zum Termin bezw. die Mitteilung desselben erfolgen. R. IV. 230. E. XXI. 100.

[2] jedoch gebunden an die im Eröffnungsbeschlusse angenommene Qualifikation der Tat. E. XVII. 19.

[3] auch nicht Nebenstrafen. E. XXIX. 44. XXXV. 17.

[4] auch im Fall der Realkonkurrenz an diese Grenze gebunden. E. XXX. 277. XXXII. 61.

[5] Erachtet das erkennende Gericht eine höhere Strafe für angemessen, so ist das Erscheinen des Angeklagten nachträglich anzuordnen. M. 133. E. XV. 337. R. IX. 39.

[6] und Angeklagter nicht trotzdem nochmalige Vernehmung beantragt hat, E. XV. 202. R. IX. 96; sonst kann nach Ansicht des Reichsgerichts selbst seine frühere Vernehmung als Zeuge genügen. E. XIX. 246. (?)

[7] An Stelle des § 242 Abs. 3. Im Falle des § 264 nochmalige Vernehmung erforderlich. E. XII. 45. R. VII. 135. Ebenso wenn neue, d. h. in der Anklageschrift nicht enthaltene Tatsachen oder Beweismittel berücksichtigt werden sollen. E. XXI. 100. Bei der Vernehmung gestellte Anträge gelten als in der Hauptverhandlung gestellt. Der darauf gefaßte Beschluß bedarf aber keiner Zustellung an den Angeklagten. E. XIX. 249.

233. Insoweit die Hauptverhandlung ohne Anwesenheit des Angeklagten stattfinden kann,[1] ist letzterer befugt, sich durch einen mit schriftlicher Vollmacht versehenen Vertheidiger[2] vertreten zu lassen.[3]

[1] §§ 230 Abs. 2, 231, 232, auch § 370, falls die Staatsanwaltschaft Berufung eingelegt hat, außerdem §§ 390, 427, 451, 457.

[2] § 138. [3] Vgl. § 235.

234. Hat die Hauptverhandlung ohne Anwesenheit des Angeklagten stattgefunden, so kann derselbe gegen das Urtheil binnen einer Woche[1] nach der Zustellung die Wiedereinsetzung in den vorigen Stand unter gleichen Voraussetzungen wie gegen die Versäumung einer Frist nachsuchen.[2]

War jedoch der Angeklagte auf seinen Antrag von der Verpflichtung zum Erscheinen in der Hauptverhandlung entbunden worden, oder hatte derselbe von der Befugniß, sich vertreten zu lassen, Gebrauch gemacht, so findet eine Wiedereinsetzung in den vorigen Stand nicht statt.

[1] § 43. [2] §§ 44 ff. Gebühren: § 66 Nr. 1 G.K.G.

235. Das Gericht ist stets befugt, das persönliche Erscheinen des Angeklagten anzuordnen und dasselbe durch einen Vorführungsbefehl[1] oder Haftbefehl[2] zu erzwingen.

[1] § 134. [2] § 114.

3. Gleichzeitige Verhandlung mehrerer Strafsachen.

236. Das Gericht kann im Falle eines Zusammenhangs zwischen mehreren bei ihm anhängigen Strafsachen[1] die Verbindung derselben zum Zwecke gleichzeitiger Verhandlung anordnen, auch wenn dieser Zusammenhang nicht der im §. 3 bezeichnete ist.

[1] selbst wenn sie sich in einem verschiedenen Prozeßstadium z. B. die eine in erster, die andere in der Berufungsinstanz befinden. E. XX. 161. Für die Revision ist alsdann, wenn auf eine Gesamtstrafe erkannt ist, das Reichsgericht zuständig. E. XXXI. 125.

4. Amtsverrichtungen des Vorsitzenden.

237. Die Leitung[1] der Verhandlung, die Vernehmung des Angeklagten[2] und die Aufnahme des Beweises erfolgt durch den Vorsitzenden.[3]

Wird eine auf die Sachleitung bezügliche Anordnung des Vorsitzenden von einer bei der Verhandlung betheiligten[4] Person als unzulässig[5] beanstandet, so entscheidet das Gericht.

[1] Darin liegt auch die Befugnis, jeden Sprechenden zu unterbrechen und ihm einstweilen das Wort zu entziehen. E. XXX. 216. R. IV. 151. VIII. 271.

[2] Vgl. dazu Anm. 1 zu § 239.

[3] Soweit nicht die folgenden §§ Spezialbestimmungen enthalten. Vgl. auch § 177 G.V.G. — Unzulässigkeit der Übertragung einzelner dieser Funktionen an einen beisitzenden Richter: E. IX. 310. R. V. 653, nicht aber im Falle der Verhinderung die Abgabe des ganzen Vorsitzes und Funktionierung als Beisitzer. R. VI. 287.

[4] mit Einschluß der beisitzenden Richter.

[5] gesetzlich unzulässig, nicht als bloß unangemessen.

5. **Kreuzverhör.**

238. Die Vernehmung der von der Staatsanwaltschaft und dem Angeklagten benannten Zeugen und Sachverständigen ist der Staatsanwaltschaft und dem Vertheidiger[1] auf deren übereinstimmenden Antrag von dem Vorsitzenden zu überlassen.[2] Bei den von der Staatsanwaltschaft benannten Zeugen und Sachverständigen hat diese, bei den von dem Angeklagten benannten der Vertheidiger in erster Reihe das Recht zur Vernehmung.

Der Vorsitzende hat auch nach dieser Vernehmung die ihm zur weiteren Aufklärung der Sache erforderlich scheinenden Fragen an die Zeugen und Sachverständigen zu richten.

[1] Nicht auch dem Angeklagten selbst.

[2] Vgl. § 240 Abs. 1 und 2.

6. **Fragen der beisitzenden Richter usw.**

239. Der Vorsitzende hat den beisitzenden Richtern auf Verlangen zu gestatten, Fragen an die Zeugen und Sachverständigen[1] zu stellen.[2]

Dasselbe[3] hat der Vorsitzende der Staatsanwaltschaft, dem Angeklagten und dem Vertheidiger sowie den Geschworenen und den Schöffen zu gestatten.

[1] nicht auch an den Angeklagten. E. IX. 310. R. V. 653. Hier auch jede Einmischung des Verteidigers unzulässig. E. XXXII. 276.

[2] selbst zu stellen. Sie haben nicht das Recht, Fragen durch den Vorsitzenden stellen zu lassen. E. XXIX. 147.

[3] Vgl. jedoch § 240 Abs. 2.

240. Demjenigen, welcher im Falle des §. 238 Abs. 1 die Befugniß der Vernehmung mißbraucht, kann dieselbe von dem Vorsitzenden entzogen werden.

In den Fällen des §. 238 Abs. 1 und des §. 239

Abs. 2[1] kann der Vorsitzende ungeeignete oder nicht zur Sache gehörige[2] Fragen zurückweisen.[3]

[1] Im Falle des Abs. 1 des § 239 ist event. nur § 241 maßgebend; vgl. für letzteren aber auch noch E. X. 378. R. VI. 350.

[2] nicht auch anscheinend unerhebliche. E. VIII. 161. XXI. 236. R. VI. 167.

[3] Ein allgemeines Recht des Vorsitzenden auf vorherige Mitteilung der Fragen besteht nicht; im Falle des Mißbrauchs des Fragerechts hat er dieses Recht, nicht aber die Befugnis des Abs. 1. Vgl. E. XXXVIII. 57 gegen E. XVIII. 365.

241. Zweifel über die Zulässigkeit einer Frage entscheidet in allen Fällen das Gericht.

7. Beginn der Hauptverhandlung.

242. Die Hauptverhandlung beginnt[1] mit dem Aufrufe der Zeugen und Sachverständigen.[2]

Hieran schließt sich die Vernehmung des Angeklagten über seine persönlichen Verhältnisse und die Verlesung des Beschlusses über die Eröffnung des Hauptverfahrens.[3] Sodann erfolgt die weitere Vernehmung des Angeklagten nach Maßgabe des §. 136.[4]

Die Verlesung des Beschlusses und die Vernehmung des Angeklagten geschieht in Abwesenheit[5] der zu vernehmenden Zeugen.[6]

[1] Abgesehen von dem natürlich zunächst notwendigen Aufruf des Angeklagten selbst, bzw. seiner Vorführung. — Für das Schwurgericht vgl. auch § 278.

[2] Zum Zweck der Konstatierung ihrer Anwesenheit. Vgl. M. 136.

[3] § 205, eventuell § 270, der ihn völlig vertritt. Vgl. § 270 Abs. 2. E. X. 230. R. VII. 473. Der nach § 19 Abs. 3 und § 202 (bei teilweiser Eröffnung) mögliche Inhalt braucht nicht verlesen zu werden. — Anklageschrift wird nicht verlesen. Mündliche Erläuterung des Beschlusses durch den Vorsitzenden ist nicht ausgeschlossen. R. I. 269.

VI. 223; vgl. aber auch E. XXXII. 318. — Verlesung des Eröffnungsbeschlusses auch in der nach den §§ 369 Abs. 2, 3, 394 Abs. 2, 410 Abs. 2 nötigen neuen Hauptverhandlung. E. IV. 426. XXI. 436. R. III. 521.

[4] Vgl. dazu § 232 und § 253, auch Anm. 3 zu § 251, Anm. 1 zu § 239.

[5] Nichtbeachtung kein Revisionsgrund. E. I. 366. 409. R. I. 603. 740.

[6] Nicht auch Sachverständigen: § 80, selbst wenn diese zugleich als Zeugen geladen sein sollten. R. III. 496.

8. Beweisaufnahme.

243. Nach[1] der Vernehmung des Angeklagten folgt die Beweisaufnahme.[2]

Es bedarf eines Gerichtsbeschlusses, wenn ein Beweisantrag[3] abgelehnt werden soll,[4] oder wenn die Vornahme einer Beweishandlung eine Aussetzung der Hauptverhandlung erforderlich macht.[5]

Das Gericht kann auf Antrag und von Amtswegen die Ladung von Zeugen und Sachverständigen sowie die Herbeischaffung anderer Beweismittel[6] anordnen.[7]

[1] Diese Reihenfolge der Akte ist nicht absolut zwingend. E. XXIV. 60. R. VI. 714. VIII. 651; vgl. aber auch E. XXIII. 310.

[2] Soweit sie sich nicht durch ein „glaubwürdiges" Geständnis des Angeklagten erübrigt. Vgl. jedoch § 244.

[3] d. h. ein in der Hauptverhandlung gestellter. Das ist auch ein bei der Vernehmung gemäß § 232 gestellter. E. X. 135. R. VI. 79. Beweisanträge in Gemäßheit der §§ 199, 218 berühren dagegen das erkennende Gericht nicht. E. I. 32, 196. R. I. 250. — Beweisanträge des Verteidigers sind selbst beim Widerspruch des Angeklagten zu beachten. E. XVII. 315. R. X. 368. — Lediglich Wiederholungen bereits beschiedener Beweisanträge sind vom Vorsitzenden gemäß § 237 zurückzuweisen. E. XXXI. 62. — Hinsichtlich der Substantiierung der Beweisanträge vgl. E. XIII. 316. XXXVIII. 127.

[4] Der Gerichtsbeschluß bedarf der Begründung (§ 34), und zwar einer so vollständigen, daß in höherer Instanz eine Nachprüfung der etwaigen Rechtsgründe möglich ist. „Als tatsächlich unerheblich" oder „da die Sache bereits genügend aufgeklärt"

genügt z. B. nicht. E. I. 189. 417. R. I. 331. 612. Fälle zulässiger Ablehnung: vgl. E. XXIV. 404. XXIX. 368. XXXI. 137. XXXIV. 389. XXXIX. 231. 363. — Der Gerichtsbeschluß muß mit Gründen verkündet werden, und zwar vor dem Schluß der Beweisaufnahme, damit ein etwaiger weiterer Beweisantritt nicht abgeschnitten wird. E. I. 32. 34. 170. 366. R. I. 156. 256. 424. — Nur wenn der Beweisantrag bloß eventuell gestellt ist, genügt seine Berücksichtigung im Urteil. E. I. 394. III. 222. XX. 380. XXIX. 438. — Vgl. auch § 245 Abs. 1

[5] Im Übrigen ist, abgesehen von § 250, die Beweisaufnahme Sache des Vorsitzenden. Er kann daher selbständig auch neue Erhebungen veranlassen, wenn eine Aussetzung dadurch nicht erforderlich wird. E. II. 194. R. II. 156. 160.

[6] Als Beweismittel können auch Photographien benutzt werden. Beeidigung der Verfertiger derselben als Zeugen oder Sachverständige nicht unbedingt erforderlich. E. XXXVI. 55.

[7] Auch wenn dadurch von der Staatsanwaltschaft zu bewerkstelligende weitere Vorermittlungen erforderlich werden. E. XIII. 158. Eine Zurückweisung in die Voruntersuchung ist nicht zulässig. E. II. 33.

244. Die Beweisaufnahme ist[1] auf die sämmtlichen vorgeladenen[2] Zeugen und Sachverständigen sowie auf die anderen herbeigeschafften[3] Beweismittel[4] zu erstrecken. Von der Erhebung einzelner Beweise kann jedoch abgesehen werden,[5] wenn die Staatsanwaltschaft und[6] der Angeklagte[7] hiermit einverstanden[8] sind.

In den Verhandlungen vor den Schöffengerichten[9] und vor den Landgerichten in der Berufungsinstanz,[10] sofern die Verhandlung vor letzteren eine Uebertretung[11] betrifft oder auf erhobene Privatklage erfolgt,[12] bestimmt das Gericht den Umfang der Beweisaufnahme, ohne hierbei durch Anträge, Verzichte, oder frühere Beschlüsse gebunden zu sein.

[1] Auch im Falle der Unerheblichkeit. E. I. 225. R. I. 571. 660.

[2] Dagegen nicht mit Notwendigkeit auf die bloß gestellten. E. I. 198. 297. 383. R. I. 335. 356. — Auch nicht, wenn die Zeugen und Sachverständigen nicht erschienen oder, z. B. wegen Trunkenheit, nicht vernehmungsfähig sind. E. I. 175. 196. 315. XXXV. 398. R. I. 293. 333. 551. — Auch bei Zeugnisweigerung Anwendung der Befugnis § 69 Abs. 2 nicht notwendig. E. XXXVI. 92. — Ladung ist, wenn es sich um eine gemäß §§ 219, 38 erfolgte Ladung handelt, zu behaupten und auf Erfordern nachzuweisen. E. XVII. 440. XXIII. 400. XXXX. 138.

[3] in formeller Weise, nicht erst in der Sitzung übergebene. Vgl. E. I. 383. R. II. 122, aber auch E. I. 241. R. I. 418.

[4] Auch Augenscheinsobjekte. E. XXI. 225. Bei Akten, Handelsbüchern ꝛc. nur die beweiserheblichen Stellen. Zur Herbeischaffung gehört daher auch die Bezeichnung der letzteren. E. III. 250. XXI. 108.

[5] selbst nach Beginn der Erhebung; vgl. E. XXXVII. 194.

[6] Es genügt also nicht das Einverständnis dessen, der sich auf das Beweismittel bezogen. Die Bestimmung gilt auch für die vom Gericht von Amts wegen herbeigeschafften Beweise.

[7] bei Nichtwiderspruch des Angeklagten der Verteidiger; ausdrückliche Zustimmung des letzteren sonst nicht erforderlich. E. I. 198. XVI. 376. Bei mehreren Angeklagten genügt die Zustimmung der interessierten. E. X. 300. R. II. 71.

[8] Rein passives Verhalten genügt dazu nicht. E. IV. 398. R. III. 488.

[9] § 27 u. § 29, § 75 G.V.G. [10] § 76 G.V.G.

[11] § 1 Abs. 3 St.G.B. [12] §§ 414 ff.

245. Eine Beweiserhebung darf nicht deshalb abgelehnt werden, weil das Beweismittel oder die zu beweisende Thatsache zu spät vorgebracht worden sei.[1]

Ist jedoch ein zu vernehmender Zeuge oder Sachverständiger dem Gegner des Antragstellers so spät namhaft gemacht oder eine zu beweisende Thatsache so spät vorgebracht worden, daß es dem Gegner an der zur Einziehung von Erkundigungen erforderlichen Zeit gefehlt hat, so kann derselbe bis zum Schlusse der Beweisaufnahme die Aussetzung der Hauptverhandlung zum Zwecke der Erkundigung beantragen.

Dieselbe Befugniß haben die Staatsanwaltschaft und der Angeklagte in Betreff der auf Anordnung des Vorsitzenden oder des Gerichts geladenen Zeugen oder Sachverständigen.

Ueber die Anträge entscheidet das Gericht nach freiem Ermessen.

[1] Anders, wenn ein Antrag nur zum Zweck der Verschleppung der Sache vorgebracht wird. E. XII. 353. XIII. 151. R. VII. 427. X. 148.

246. Das Gericht[1] kann den Angeklagten, wenn zu befürchten ist, daß ein Mitangeklagter oder ein Zeuge[2] bei seiner Vernehmung in Gegenwart des Angeklagten die Wahrheit nicht sagen werde, während dieser Vernehmung[3] aus dem Sitzungszimmer abtreten lassen.[4] Der Vorsitzende hat jedoch den Angeklagten,[5] sobald dieser wieder vorgelassen worden,[6] von dem wesentlichen Inhalt[7] desjenigen zu unterrichten, was während seiner Abwesenheit ausgesagt oder sonst verhandelt worden ist.[8]

In gleicher Weise ist zu verfahren,[9] wenn das Gericht wegen ordnungswidrigen Benehmens des Angeklagten zeitweise dessen Entfernung aus dem Sitzungszimmer angeordnet hat.[10]

[1] Nicht der Vorsitzende. Vgl. auch §§ 33—35. E. XX. 273.

[2] Nicht auch ein Sachverständiger.

[3] einschließlich der Personalfragen. E. XXXVIII. 10; nicht aber bei der Beeidigung des Zeugen (E. XXXIX. 356) und bei anderen Verhandlungsakten, selbst wenn sie während der Vernehmung, z. B. Verlesung einer Urkunde, vorkommen. E. XXIX. 30.

[4] Eine nachträgliche Geltendmachung des Befragungsrechtes aus § 239 Abs. 2 wird dadurch nicht ausgeschlossen.

[5] in Gegenwart aller Angeklagten. E. XXXIV. 332.

[6] Vgl. E. XX. 123. XXXII. 120.

[7] Dazu gehören auch etwaige Anträge der Staatsanwaltschaft, nicht aber deren Begründung. E. XXXII. 88.

[8] Beurkundung durch das Protokoll: §§ 273, 274. — Nichtbeachtung Revisionsgrund. E. VIII. 49.

[9] vorausgesetzt, daß nicht auch dies durch das widerspenstige Verhalten des Angeklagten untunlich wird. E. XXXV. 433.

[10] § 178 G.V.G.

247. Die vernommenen Zeugen und Sachverständigen dürfen sich nur mit Genehmigung oder auf Anweisung des Vorsitzenden von der Gerichtsstelle entfernen.[1] Die Staatsanwaltschaft und der Angeklagte sind vorher zu hören.

[1] Bei Vermeidung der Folgen der §§ 50, 77.

9. Verlesung von Schriftstücken.

248. Urkunden und andere als Beweismittel dienende Schriftstücke[1] werden in der Hauptverhandlung verlesen.[2] Dies gilt insbesondere von früher ergangenen Strafurtheilen, von Straflisten und von Auszügen aus Kirchenbüchern und Personenstandsregistern und findet auch[3] Anwendung auf Protokolle über die Einnahme des richterlichen Augenscheins.[4]

[1] solche, welche selbst das Beweismittel darstellen, nicht bloß andere Beweismittel bezeugen, also soweit nicht § 249 entgegensteht. — Urkunden in fremder Sprache: E. IX. 51. R. V. 478. Der Begriff der „Verlesung“ wird durch die mündliche Übersetzung des Dolmetschers ersetzt. E. XXXII. 239.

[2] Ohne Gerichtsbeschluß. Eines solchen bedarf es nur, unbeschadet natürlich § 237 Abs. 2, in den Fällen des § 250. E. II. 194. 408. R. II. 156. — Bloße Konstatierung des Inhalts durch den Vorsitzenden ist nicht unbedingt ausgeschlossen. Vgl. darüber E. II. 408. III. 141. 161. 282. R. II. 452. 595. 608. 746. XXV. 125. XXVI. 32. XXXV. 198. — Protokollierung: 273.

[3] Andernfalls könnte hier § 249 für maßgebend erachtet werden.

[4] Dahin gehört auch das Protokoll über eine gerichtliche Leichenschau, nicht aber über das Ergebnis einer Leichenöffnung. E. II. 153.

R. IV. 699. Übrigens ist stets Erfordernis, daß das Protokoll so-wie die Augenscheinseinnahme den gesetzlichen Vorschriften entspricht. E. I. 256. XVIII. 186. Vgl. insbesondere auch Anm. 1 zu § 86. Verlesen werden dürfen auch diejenigen Stellen, worin zugezogene Personen die in Frage stehende Örtlichkeit bezeichnen. E. XII. 309.

249. Beruht der Beweis einer Thatsache auf der Wahrnehmung einer Person,[1] so ist die letztere in der Hauptverhandlung zu vernehmen.[2] Die Vernehmung darf nicht[3] durch Verlesung des über eine frühere Vernehmung aufgenommenen Protokolls oder einer schriftlichen Erklärung ersetzt[4] werden.[5]

[1] Vgl. E. XVII. 15.

[2] Gilt nur für den Beweis der Tat (Schuld- und Straffrage), also z. B. nicht für den Strafantrag und dessen Rechtzeitigkeit, E. VI. 161, überhaupt nicht, soweit es sich nur um die prozessuale Zulässigkeit der Verfolgung handelt (z. B. ne bis in idem). E. X. 253; vgl. auch E. XXXVIII. 323.

[3] Auch nicht bei Zustimmung aller Beteiligten. E. IX. 49. R. VII. 401.

[4] Die bloße Benutzung — auch durch Verlesung — bei der Vernehmung ist also zulässig. E. XX. 105. Vgl. auch E. XXXIII. 356.

[5] Ausnahmen: §§ 71, 250 (vgl. dazu § 49) u. § 255. Vgl. auch § 248 nebst Anm. 3 das.

250. Ist ein Zeuge, Sachverständiger oder Mitbeschuldigter verstorben oder in Geisteskrankheit verfallen,[1] oder ist sein Aufenthalt nicht zu ermitteln gewesen,[2] so kann das Protokoll[3] über seine frühere richterliche[4] Vernehmung[5] verlesen werden. Dasselbe gilt von dem bereits verurtheilten Mitschuldigen.

In den im §. 222 bezeichneten Fällen ist die Verlesung des Protokolls über die frühere Vernehmung statthaft, wenn letztere nach Eröffnung des Hauptverfahrens,[6] oder wenn sie in dem Vorverfahren unter Beobachtung der Vorschriften des §. 191 erfolgt ist.[7]

Die Verlesung kann nur durch Gerichtsbeschluß angeordnet,[8] auch muß der Grund derselben verkündet und bemerkt werden, ob die Beeidigung der vernommenen Personen stattgefunden hat.[9] An den Bestimmungen über die Nothwendigkeit der Beeidigung wird hierdurch für diejenigen Fälle, in denen die nochmalige Vernehmung ausführbar ist, nichts geändert.

[1] Völlige Vernehmungsunfähigkeit analog zu behandeln. E. XV. 409. R. IX. 213.

[2] Die bloße Nichtbestellbarkeit der Zustellung genügt nicht; es müssen Ermittlungen stattgefunden haben oder aussichtslos sein. E. I. 285. IX. 88. R. I. 520. Verschollenheit dagegen nicht erforderlich. E. III. 367. R. III. 105. Auch nicht eine geradezu absolute Unmöglichkeit, den Aufenthalt zu ermitteln. E. IV. 416.

[3] einschließlich der darin befindlichen Bekundungen der vernehmenden Beamten über den Gang der Verhandlungen und das Verhalten und den Eindruck der Zeugen. E. XXXVII. 212.

[4] auch uneidliche. Ein in dem richterlichen Protokoll in Bezug genommenes nicht richterliches Protokoll wird dadurch natürlich zu einem Teil des richterlichen — vgl. E. I. 391. R. I. 645 — und müssen die in Bezug genommenen Schriftstücke mitverlesen werden. E. XIV. 1. XXVI. 289. — Richterliche Protokolle sind auch militärgerichtliche. E. XXIX. 433.

[5] nicht bloß in der vorliegenden Sache. E. VII. 156. X. 29. R. IV. 800. VI. 22. Vgl. aber auch E. III. 307. IV. 173. — Mängel des Protokolls (vgl. § 186) schließen die Verlesung nicht aus. E. XXXIV. 396.

[6] § 201. Dies sind die Fälle § 222 und § 206 Abs. 2. Ist die Beobachtung des § 223 wegen der Prozeßgesetze des Auslandes unausführbar gewesen, so wird dadurch die Verlesung nicht ausgeschlossen. E. XI. 391. R. VII. 11. E. XXXX. 189.

[7] In Abs. 2 ist danach ebenfalls richterliche Vernehmung vorausgesetzt, zugleich aber auch eidliche, falls Beeidigung der Aussage überhaupt zulässig. Vgl. Abs. 3.

[8] Dieser Beschluß wird durch einen in Gemäßheit des § 222 erfolgten früheren Beschluß nicht ersetzt und ist unbedingt erforderlich. E. I. 118. 236. 242. R. I. 139. 412. II. 562.

[9] Beurkundung im Protokoll: §§ 273, 274. Unterlassung oder unrichtige Angabe Revisionsgrund. E. II. 237. R. I. 230. II. 223.

251. Die Aussage eines vor der Hauptverhandlung vernommenen Zeugen[1], welcher erst in der Hauptverhandlung von seinem Rechte, das Zeugniß zu verweigern,[2] Gebrauch macht, darf nicht verlesen[3] werden.[4]

[1] Wenn auch damals von ihm als Beschuldigten abgegeben. E. XXXV. 5.

[2] §§ 51—54.

[3] auch nicht im Wege der Vorhaltung an den Angeklagten (§ 242 Abs. 3) kundgemacht werden, E. XV. 100. XXXV. 164, und zwar selbst dann nicht, wenn von dem Zeugnisweigerungsrecht erst hinterher Gebrauch gemacht wird, so daß solchenfalls das Gericht sich zunächst hierüber zu vergewissern hat. E. XXVII. 29. — Vernehmung anderer Personen über die frühere Aussage (falls diese ordnungsmäßig zustande gekommen. R. V. 266) des Zeugnis Weigernden ist nach Ansicht des Reichsgerichts nicht verboten. R. II. 644. E. V. 142. R. III. 678. IX. 342. E. XIV. 266. XVI. 119 contra E. X. 374. R. VI. 337. Die Hingabe des früheren Protokolls zur Einsicht ist aber dabei nicht statthaft. E. VIII. 122. XXXV. 5. XXXIX. 433. R. V. 87.

[4] Die Benutzung anderer schriftlicher Mitteilungen dieser Personen ist aber, soweit nicht andere Vorschriften (insbesondere § 97, vgl. Anm. 2 das.) entgegenstehen, nicht ausgeschlossen. E. XXII. 51, auch nicht die Verlesung von Aussagen, die sie bei anderer Gelegenheit, als bei ihrer Vernehmung als Zeuge (vgl. jedoch Anm. 1) gemacht haben. E. XXXV. 247.

252. Erklärt ein Zeuge oder Sachverständiger, daß er sich einer Thatsache nicht mehr erinnert, so kann der hierauf bezügliche Theil des Protokolls[1] über seine frühere Vernehmung[2] zur Unterstützung seines[3] Gedächtnisses[4] verlesen[5] werden.[6]

Dasselbe kann geschehen, wenn ein in der Vernehmung hervortretender Widerspruch mit der früheren Aussage nicht auf andere Weise ohne Unterbrechung der Hauptverhandlung festgestellt oder gehoben werden kann.[7]

[1] Auch einer beglaubigten Abschrift desselben. E. XXXIV. 48.

[2] Nicht bloß richterliche, E. I. 409, nicht bloß in vorliegender Sache, E. X. 358. R. VI. 319, endlich auch, wenn er damals als Beschuldigter vernommen war. E. XII. 118.

[3] des früher Vernommenen, nicht auch einer andern Person, E. II. 235. R. II. 218; daher auch nur seiner eigenen Aussage. E. XVIII. 24. R. X. 374.

[4] Erinnert sich der Zeuge des früher Bekundeten gleichwohl nicht, so ist dennoch eine Berücksichtigung des Verlesenen gemäß § 260 statthaft. E. XX. 220.

[5] Auch Hingabe des Protokolls zur eigenen Durchsicht ist zulässig. E. XXXVI. 53. Ebenso bloße Vorhaltungen aus der früheren Aussage. R. IX. 123; vgl. auch E. XXIII. 58. Um aber eine Berücksichtigung der früheren Aussage (vgl. Anm. 3) zulässig zu machen, ist Verlesung erforderlich. E. XXVII. 163.

[6] Gerichtsbeschluß nicht erforderlich. Vgl. Anm. 2 zu § 248.

[7] Abs. 1 u. 2 erschöpfen die Fälle der bei der Vernehmung eines Zeugen zulässigen Verlesung; unzulässig ist sie insbesondere zum Zweck der Unterstützung der Glaubwürdigkeit der Aussage. E. XXXIII. 128. Vgl. aber auch E. XXXVII. 317.

258. Erklärungen des Angeklagten,[1] welche in einem richterlichen[2] Protokolle[3] enthalten sind, können zum Zwecke der Beweisaufnahme über ein Geständniß[4] verlesen werden.[5]

Dasselbe[6] kann geschehen, wenn ein in der Vernehmung hervortretender Widerspruch mit der früheren Aussage nicht auf andere Weise ohne Unterbrechung der Hauptverhandlung festgestellt oder gehoben werden kann.[7]

[1] Wenn auch damals von ihm als Zeugen abgegeben. E. IX. 174. R. IV. 427. V. 410.

[2] Ob darin in Bezug genommene nichtrichterliche Protokolle mit verlesen werden dürfen, darüber vgl. E. XXIV. 94. XXV. 31. J.M.Bl. 1894 S. 285 und besonders E. XXXX. 425.

[3] Auch in einem gemäß § 273 aufgenommenen Protokolle, wenn auch der Fall des Abs. 3 das. nicht vorliegt. E. XX. 23; vgl. auch E. XXXI. 69. Hinsichtlich sonstiger schriftlicher Zugeständnisse, bei denen es sich nicht um den Beweis eines vor einem Beamten oder einer Behörde abgegebenen Geständnisses handelt, gilt § 248. E. XXXV. 234.

[4] wenn auch zum weiteren Zweck der Überführung eines Mitangeklagten. E. IX. 88.

[5] Gerichtsbeschluß nicht erforderlich.

[6] Auch hier ist also ein richterliches Protokoll vorausgesetzt. Vgl. E. XIV. 258.

[7] Vgl. auch § 232, jedoch auch Anm. 5 das. — Vgl. die auch hier zutreffende Anm. 5 zu § 252.

254. In den Fällen der §§. 252, 253 ist die Verlesung[1] und der Grund derselben auf Antrag der Staatsanwaltschaft oder des Angeklagten im Protokolle zu erwähnen.

[1] Diese auch ohne Antrag, § 273 Abs. 1; a. M. E. XXXII. 315.

255. Die ein Zeugniß oder ein Gutachten enthaltenden Erklärungen[1] öffentlicher Behörden[2], mit Ausschluß von Leumundszeugnissen,[3] desgleichen ärztliche[4] Atteste[5] über Körperverletzungen, welche nicht zu den schweren[6] gehören,[7] können verlesen werden.[8]

Ist das Gutachten einer kollegialen Fachbehörde eingeholt worden, so kann das Gericht die Behörde ersuchen, eines ihrer Mitglieder mit der Vertretung des Gutachtens in der Hauptverhandlung zu beauftragen und dem Gerichte zu bezeichnen.[9]

[1] auch wenn sie die persönliche (wenn nur amtliche) Wahrnehmung des die Behörde darstellenden Beamten enthalten, E. IX. 88; auch wenn sie nicht auf Erfordern des Gerichts abgegeben sind. E. XIX. 264.

[2] einschließlich der Sachverständigenvereine, E. XXII. 258, nicht aber eines einzelnen eine Behörde nicht repräsentierenden Beamten, E. XXVI. 138. XXXII. 365, wohl aber eines einzelnen dazu berufenen Mitgliedes namens derselben. E. XXXVII. 166.

[3] Gleichgültig, ob sie den Angeklagten oder einen Zeugen betreffen. E. XXX. 439.

[4] Arzt im Sinne des § 29 G.O. E. XIV. 55. R. XIII. 231.

[5] Gleichgültig, ob sie ohne oder auf Veranlassung des Gerichts ausgestellt sind, E. XIX. 364, nicht aber auch ärztliche Erklärungen in Protokollen. E. VI. 254. R. IV. 435.

[6] „Schwere" § 224 St.G.B. — Im Falle des § 223a St.G.B. also Verlesung statthaft. E. I. 158. R. I. 320, ebenso bei allen fahrlässigen Körperverletzungen. E. XXXIX. 289.

[7] Eidliche Bestärkung nicht erforderlich.

[8] Gerichtsbeschluß nicht erforderlich. — Verlesung nur statthaft, wenn eine Körperverletzung als solche (also z. B. nicht eine Verletzung, die durch das Verbrechen § 176 Nr. 3 St.G.B. hervorgerufen ist) in Frage steht. E. XXVI. 38. Dagegen ist zur Verlesung nicht erforderlich, daß die bezügliche Körperverletzung den Gegenstand der Anklage bildet. E. XXXV. 162.

[9] Vgl. E. XXXIX. 140.

256. Nach der Vernehmung eines jeden Zeugen, Sachverständigen oder Mitangeklagten, sowie nach der Verlesung eines jeden Schriftstücks soll[1] der Angeklagte befragt werden, ob er etwas zu erklären habe.

[1] Nichtbeachtung kein Revisionsgrund. E. II. 202. R. I. 165, 230.

10. Schlußvorträge.

257. Nach dem Schlusse der Beweisaufnahme erhalten die Staatsanwaltschaft[1] und sodann der Angeklagte zu ihren Ausführungen und Anträgen das Wort.[2]

Der Staatsanwaltschaft steht das Recht der Erwiderung zu;[3] dem Angeklagten gebührt das letzte Wort.

Der Angeklagte ist, auch wenn ein Vertheidiger für ihn gesprochen hat, zu befragen, ob er selbst noch etwas zu seiner Vertheidigung anzuführen habe.[4]

[1] Im Falle der Nebenklage notwendig auch der Nebenkläger. E. XVI. 253.

[2] Ist die Verhandlung, wenn auch nur durch Stellung und Ablehnung eines Beweisantrags, wieder eröffnet, so ist nochmalige Worterteilung nötig. E. XXVI. 32.

[3] unbedingt nur einer einmaligen; für spätere Erwiderungen ist das Ermessen der gerichtl. Sachleitung maßgebend. E. XI. 135. R. VI. 599.

[4] Nichtbeachtung Revisionsgrund. E. IX. 69. Vgl. aber auch R. IV. 94. V. 749. E. XXIII. 319. Vgl. auch § 149.

11. Verdolmetschung der gestellten Anträge.

258. Einem der Gerichtssprache nicht mächtigen Angeklagten müssen aus den Schlußvorträgen[1] mindestens die Anträge der Staatsanwaltschaft und des Vertheidigers durch den Dolmetscher bekannt gemacht werden.

Dasselbe gilt von einem tauben Angeklagten, sofern nicht eine schriftliche Verständigung erfolgt.

[1] Im übrigen vgl. Anm. 4 zu § 187 G.V.G.

12. Urteilsfindung.

259. Die Hauptverhandlung schließt[1] mit der Erlassung des Urtheils.[2] Das Urtheil kann nur[3] auf Freisprechung,[4] Verurtheilung oder Einstellung des Verfahrens lauten.

Die Einstellung des Verfahrens ist auszusprechen, wenn bei einer nur auf Antrag zu verfolgenden strafbaren Handlung[5] sich ergiebt, daß der erforderliche Antrag nicht vorliegt, oder wenn der Antrag rechtzeitig zurückgenommen ist.

[1] Die Erlassung des Urteils ist sonach Teil der Hauptverhandlung, so daß auch auf sie § 225 Anwendung findet. E. III. 116. R. II. 631.

[2] Falls die Sache endgültig abgeschlossen ist. Andernfalls durch Beschluß; so z. B. in den Fällen § 227, § 243 Abs. 2, § 270, § 203. Vgl. E. III. 29. R. II. 487.

[3] Urteil auf Unzulässigkeit der Strafverfolgung u. dgl. damit nicht ausgeschlossen. E. VII. 355. IX. 14.

[4] Im Fall der Freisprechung ist, wenn Untersuchungshaft stattgefunden hat, zugleich wegen etwaiger Entschädigung Beschluß zu fassen. G. v. 14./7. 04 (R.G.Bl. 321), unten im Anhang unter 2.

[5] Vgl. §§ 61 ff. St.G.B. Bei Nachbringung des Antrags vgl. E. VII. 358, aber auch E. IV. 211. R. III. 350, 479.

260. Ueber das Ergebniß der Beweisaufnahme entscheidet das Gericht nach seiner freien, aus dem Inbegriffe[1] der Verhandlung[2] geschöpften Ueberzeugung.[3]

[1] Dazu gehören auch außer den Ergebnissen der vorgeführten Beweismittel die unmittelbaren, nicht von ihm aufgesuchten Wahr-

nehmungen und Eindrücke des Richters, über die auch das Protokoll keine Auskunft zu geben braucht. E. XXXIX. 303.

[2] Privatwissenschaft (anders Notorietät, vgl. darüber E. XVI. 327. XXVIII. 171. XXXI. 185) und Akteninhalt sind damit ausgeschlossen. Vgl. E. II. 76. R. I. 840. — Maßgebliche Schriftstücke sind daher auch dann zu verlesen, wenn ihr Inhalt dem Richter, der Staatsanwaltschaft und dem Angeklagten nach ihren Erklärungen bekannt ist. E. XXXX. 54.

[3] Ausnahmen: §§ 274. 475 und gemäß § 5 E.G. Beweisregeln anderer Reichsgesetze; hinsichtlich der in Landesgesetzen etwa enthaltenen vgl. E.G. § 6 und § 3 Abs. 2 u. 3.

13. Zivilrechtliche Vorfragen.

261. Hängt die Strafbarkeit einer Handlung von der Beurtheilung eines bürgerlichen Rechtsverhältnisses ab, so entscheidet das Strafgericht auch über dieses[1] nach den für das Verfahren und den Beweis in Strafsachen geltenden Vorschriften.[2]

Das Gericht ist jedoch befugt, die Untersuchung auszusetzen und einem der Betheiligten[3] zur Erhebung der Civilklage eine Frist zu bestimmen[4] oder das Urtheil des Civilgerichts abzuwarten.[5]

[1] Ohne die Einschränkung § 13 G.V.G. E. XVIII. 436; vgl. auch E. XXXII. 330.

[2] Damit in Verbindung mit § 6 des E.G. ist auch der das Stempelstrafverfahren betr. § 14 des preuß. G. v. 24./5. 61 (G.S. 241) beseitigt. E. VIII. 224. R. V. 277. Ebenso das preuß. G. v. 31./1. 45 (G.S. 95), die Zivileinreden bei Wald-, Feld-, Jagdfrevelsachen betr. Vgl. G. v. 15./4. 78 (G.S. 222) § 38 und v. 1./4. 80 (G.S. 230) § 55. — Zulässigkeit landesgesetzlicher Ausnahmen § 3 Abs. 2 E.G. — Rechtsbegründende Akte einer Verwaltungsbehörde (z. B. Erteilung eines Patents) werden durch § 261 überhaupt nicht betroffen. E. VII. 146. XVIII. 440. R. IV. 763.

[3] Nicht bloß den am Strafprozeß Beteiligten, sondern jedem bei dem bürgerlichen Rechtsverhältnisse Interessierten. Vgl. M. 149.

[4] Nur mit dem Präjudiz der Fortsetzung des Strafverfahrens. Die Nichterhebung der Klage wird jedoch häufig als Beweismoment zu verwerten sein.

[5] Bindend ist auch im Falle dieses Abs. 2 das Zivilurteil nicht, wiewohl andererseits, wenn der Strafrichter es materiell für begründet erachtet, er es ohne weiteres seiner Entscheidung zugrunde legen kann. Vgl. § 399 Nr. 4.

14. Erfordernis der Zweidrittel-Mehrheit.

262.[1] Zu einer jeden dem Angeklagten nachtheiligen Entscheidung, welche die Schuldfrage[2] betrifft, ist eine Mehrheit von zwei Drittheilen der Stimmen erforderlich.[3]

Die Schuldfrage begreift auch solche von dem Strafgesetze besonders vorgesehene Umstände, welche die Strafbarkeit ausschließen,[4] vermindern[5] oder erhöhen.[6]

Die Schuldfrage begreift nicht die Voraussetzungen des Rückfalles und der Verjährung.[7] [8]

[1] Vgl. §§ 194—200 G.V.G. Beratung und Abstimmung.

[2] d. h. die Frage, ob der Angeklagte einer bestimmten strafbaren Handlung überführt ist, einschließlich der gesetzlichen Charakterisierung dieser Straftat.

[3] Angabe des Stimmverhältnisses im Urteil, abgesehen von § 307, nicht erforderlich. R. I. 250. II. 70.

[4] z. B. §§ 51—55 St.G.B., aber auch z. B. §§ 163 Abs. 2, 199, 233, 310 das. Vgl. E. XVII. 346. XXXI. 347. R. X. 364.

[5] z. B. §§ 157, 158 St.G.B., nicht aber die Frage nach mildernden Umständen im allgemeinen, da hier „besonders" vorgesehene Umstände in Frage stehen. M. 152. Vgl. § 297 Abs. 2.

[6] z. B. St.G.B. § 243, auch § 249 im Verhältnis zu § 242.

[7] Auch nicht des Strafantrages, E. II. 221. R. II. 188, überhaupt nicht der prozessualen Voraussetzungen der Strafverfolgung, z. B. Trennung der Ehe im Falle des § 172 St.G.B. (wohl zu unterscheiden von den objektiven Bedingungen der Strafbarkeit, z. B. Gegenseitigkeit in § 102 Abs. 1 St.G.B., Nichterweisbarkeit in § 186 St.G.B.) E. XV. 122. R. VIII. 791. Hier, wie überall, wo

nicht Abs. 1 und 2 in Frage stehen, gilt die allgemeine Regel des § 198 Abs. 1 G.V.G. Hinsichtlich der Straffrage vgl. namentlich noch Abs. 3 des § 198 G.V.G.

[8] Die Feststellungen der Geschworenen hinsichtlich der Tat, insbesondere ihrer Zeit, bleiben aber auch hier maßgebend. E. XV. 107.

15. Gegenstand der Urteilsfindung.

263. Gegenstand der Urtheilsfindung ist die in der Anklage[1] bezeichnete That, wie sich dieselbe nach dem Ergebnisse der Verhandlung darstellt.[2]

Das Gericht ist an diejenige Beurtheilung der That, welche dem Beschlusse über die Eröffnung des Hauptverfahrens zu Grunde liegt, nicht gebunden.

[1] Gemeint ist der Eröffnungsbeschluß. E. IV. 192. R. III. 325.

[2] Damit ist, wie in Abs. 2 in rechtlicher (vgl. E. IV. 34), so auch in tatsächlicher Beziehung eine Abweichung vom Eröffnungsbeschlusse statthaft. Nur die Identität der Tat, d. h. aber hiernach die Identität des zur Anklage gestellten Vorfalles, des historischen Vorkommnisses, muß gewahrt bleiben. Vgl. E. II. 347. III. 95. 132. VIII. 135. R. I. 549. 681. II. 341, auch E. XII. 409. XIV. 78. XXI. 78. Dieselbe Grenze für: ne bis in idem. E. XV. 9. 237. R. IX. 99. Vorbehalt einer neuen Anklage wirkungslos. E. XV. 133. Versehentliches Übergehen eines Anklagepunktes konsumiert aber nicht. E. XIX. 227. Auch nur eine materielle Entscheidung der Sache. E. XXVI. 150. XXVII. 216.

16. Veränderung der Anklage.

264. Eine Verurtheilung des Angeklagten auf Grund eines anderen[1] als des in dem Beschlusse über die Eröffnung des Hauptverfahrens[2] angeführten[3] Strafgesetzes darf nicht erfolgen, ohne daß der Angeklagte zuvor auf die Veränderung des rechtlichen Gesichtspunktes[4] besonders hingewiesen[5] und ihm Gelegenheit zur Vertheidigung gegeben worden ist.[6]

In gleicher Weise ist zu verfahren, wenn erst in der

Verhandlung solche vom Strafgesetze besonders vorgesehene Umstände behauptet werden, welche die Strafbarkeit erhöhen.[7]

Bestreitet der Angeklagte, unter der Behauptung auf die Vertheidigung nicht genügend vorbereitet zu sein, neu hervorgetretene Umstände,[8] welche die Anwendung eines schwereren Strafgesetzes gegen den Angeklagten zulassen als des in dem Beschlusse über die Eröffnung des Hauptverfahrens angeführten, oder welche zu den im zweiten Absatze bezeichneten gehören, so ist[9] auf seinen Antrag die Hauptverhandlung auszusetzen.

Auch sonst hat das Gericht auf Antrag oder von Amtswegen die Hauptverhandlung auszusetzen, falls dies in Folge der veränderten Sachlage zur genügenden Vorbereitung der Anklage oder der Vertheidigung angemessen erscheint.

Auf die in §. 244 Abs. 2 bezeichneten Verhandlungen findet die Vorschrift des dritten Absatzes nicht Anwendung.

[1] Auch, falls ein in demselben § enthaltener anderer Tatbestand hervortritt, ist die Hinweisung notwendig, nicht aber, wenn es sich um ein gleichwertiges, im selben § enthaltenes Merkmal derselben Straftat handelt. Vgl. E. III. 417. VIII. 149. XII. 379. R. III. 87. 350. IV. 62. V. 212. XXI. 387. XXIV. 89. XXXVI. 266. XXXVII. 353. XXXIX. 107. XXXX. 114 und besonders E. XIX. 401. — Auch, wenn es sich nur um eine andere Form der Täterschaft (Versuch, Teilnahme, Konkurrenz), als im Eröff.-Beschluß angenommen, handelt: E. IX. 426. XVI. 437. XX. 226. XXII. 367. R. V. 23. 190. 536. VIII. 659; vgl. auch E. XXXIII. 166 für den Fall des § 57 St.G.B. — Endlich darf schon nach dem Wortlaut die Hinweisung nicht unterbleiben, wenn auch der anzuwendende § sich lediglich als minus zum angeführten verhält und sein Tatbestand in letzterem voll enthalten ist. E. XVII. 293. R. X. 291.

[2] Der Beschluß des § 270 steht auch in dieser Beziehung dem des § 205 gleich. E. XV. 286. R. IX. 144.

[3] inhaltlich, wenn auch mit mangelnder Paragraphenzahl. E. VI. 169. Daher namentlich auch Hinweisung auf §§, welche Nebenstrafen normieren oder nebenbei zu berücksichtigen sind (z. B. § 4 Nr. 3 St.G.B., § 20 Abs. 2 Preßg.) nicht erforderlich. E. V. 137. X. 139. XXIX. 21. R. VIII. 600.

[4] Spezielle Bezeichnung notwendig. E. II. 116. R. II. 99.

[5] Stellung eines Antrages auf Grund des anderen Gesetzes seitens der Staatsanwaltschaft genügt nicht, selbst wenn sich der Verteidiger darauf eingelassen hat. — E. I. 254. XX. 33. R. I. 440 — ob (beim Schwurgericht) eine dahingehende Hilfs- oder Nebenfrage, hängt von den Umständen ab. Vgl. E. II. 55. 92. 153. R. II. 55. IV. 242; dem Angeklagten muß die Veränderung erkennbar gemacht sein.

[6] Nichtbeobachtung Revisionsgrund: § 377 Nr. 8. R. I. 789. E. XXI. 272. XXV. 340. Im Falle des § 462 ist § 264 nicht anwendbar. E. IV. 116. Für den Fall des § 230 Abs. 2 vgl. Anm. 3 das. i. f.

[7] Auch dann, wenn sie in demselben §, welcher dem Eröff.-Beschlusse zugrunde liegt, vorgesehen sind. E. XXI. 372.

[8] Vgl. E. XXXIX. 17.

[9] Unbedingt und ohne daß die Behauptung, auf die Verteidigung nicht vorbereitet zu sein, einer Prüfung des Gerichts unterliegt, aber vorausgesetzt, daß der neu hervorgetretene Umstand für das Urteil von Bedeutung ist.

265. Wird der Angeklagte im Laufe der Hauptverhandlung noch einer anderen That beschuldigt, als wegen welcher das Hauptverfahren wider ihn eröffnet worden, so kann dieselbe auf Antrag der Staatsanwaltschaft[1] und mit Zustimmung des Angeklagten zum Gegenstande derselben Aburtheilung gemacht werden.[2]

Diese Bestimmung findet nicht Anwendung, wenn die That als ein Verbrechen[3] sich darstellt oder die Aburtheilung derselben die Zuständigkeit des Gerichts überschreitet.

[1] Im Schwurgericht durch Beantragung einer entsprechenden Frage. E. IV. 76. R. III. 225.

[2] Der gerichtliche Beschluß muß die Tat einem Eröffnungsbeschluß entsprechend bezeichnen. E. I. 432. R. I. 757.

[3] § 1 Abs. 1 St.G.B.

17. Urteilsgründe.

266. Wird der Angeklagte verurtheilt, so müssen die Urtheilsgründe[1] die für erwiesen erachteten Thatsachen angeben, in welchen die gesetzlichen Merkmale der strafbaren Handlung gefunden werden.[2] Insoweit der Beweis aus anderen Thatsachen gefolgert wird, sollen[3] auch diese Thatsachen[4] angegeben werden.

Waren in der Verhandlung solche vom Strafgesetze besonders vorgesehene Umstände behauptet worden, welche die Strafbarkeit ausschließen, vermindern oder erhöhen,[5] so müssen die Urtheilsgründe sich darüber aussprechen, ob diese Umstände für festgestellt oder für nicht festgestellt erachtet werden.

Die Gründe des Strafurtheils müssen ferner das zur Anwendung gebrachte Strafgesetz[6] bezeichnen und sollen[3] die Umstände anführen, welche für die Zumessung der Strafe bestimmend gewesen sind. Macht das Strafgesetz die Anwendung einer geringeren Strafe von dem Vorhandensein mildernder Umstände im Allgemeinen abhängig, so müssen die Urtheilsgründe die hierüber getroffene Entscheidung ergeben, sofern das Vorhandensein solcher Umstände angenommen, oder einem in der Verhandlung gestellten Antrage[7] entgegen verneint wird.

Wird der Angeklagte freigesprochen, so müssen die Urtheilsgründe ergeben, ob der Angeklagte für nicht überführt,[8] oder ob und aus welchen Gründen die für erwiesen angenommene That für nicht strafbar erachtet worden ist.[9] [10]

[1] Diese selbst; eine Ergänzung derselben durch Bezugnahme der Anklageschrift oder des Eröffnungsbeschlusses oder eines anderen Urteils ist unzulässig. E. IV. 137. 382. R. II. 299. E. XXX. 143.

[2] d. h. die konkreten Tatsachen, in welchen die einzelnen gesetzlichen Tatbestandsmerkmale gefunden werden. Eine bloße Feststellung nach dem Wortlaute des Strafgesetzes genügt nicht. Vgl. E. I. 152. 415. II. 419. R. I. 779. II. 112. 451. 543 und hinsichtlich der Grenzen der tatsächlichen Feststellung besonders E. III. 201.

[3] instruktionell.

[4] d. h. die einzelnen Indizien selbst, nicht aber der Inhalt der einzelnen Beweismittel und deren Würdigung; die Aufnahme letzterer ist nur unter Umständen angezeigt. Prot. 405 ff., 975 ff. E. III. 201. R. I. 532. 576.

[5] Vgl. Anm. 4—6 zu § 262. — Nicht dahin gehört eine behauptete andere Qualifikation der Tat (z. B. Beihilfe statt Mittäterschaft). E. XX. 351.

[6] einschließlich z. B. §§ 47, 43 St.G.B. E. XIX. 213. XXV. 418. XXXII. 351.

[7] wenn auch nur durch Beantragung der entsprechenden milderen Strafe. E XXIX. 418.

[8] Auch hier sind die Tatbestandsmomente, für welche der Beweis als nicht erbracht angesehen wird, speziell anzugeben. E. II. 90. R. I. 811. Es genügt jedoch die Feststellung, daß ein Tatbestandsmoment nicht vorliegt. E. V. 225.

[9] Vgl. § 263 Abs. 2. Nichtberücksichtigung (d. h. der Mangel eines ausdrücklichen Ausspruchs in den Gründen) anderer möglicher Gesichtspunkte jedoch nur dann Revisionsgrund, wenn bezüglicher Antrag gestellt. E. II. 15. 30. R. I. 639. 720. Vgl. aber auch E. IV. 34. VII. 229. R. VII. 164, wonach sachlich § 263 unbedingt zu berücksichtigen. — Erschöpfung des Eröffnungsbeschlusses hinsichtlich jeder erheblichen Tatsache und selbstredend jeder Straftat unbedingtes Erfordernis. Vgl. E. II. 360. III. 147. R. II. 352.

[10] Für schwurgerichtliche Urteile vgl. die Spezialbestimmungen des § 316. — Vgl. allgemein § 377 Nr. 7.

18. Verkündung des Urteils.

267. Die Verkündung des Urtheils erfolgt durch

Verlesung[1] der Urtheilsformel[2] und Eröffnung der Urtheilsgründe[3] am Schlusse der Verhandlung oder[4] spätestens[5] mit Ablauf einer Woche nach dem Schlusse der Verhandlung.[6] Die Eröffnung der Urtheilsgründe geschieht durch Verlesung oder durch mündliche Mittheilung ihres wesentlichen Inhalts.[7]

War die Verkündung des Urtheils ausgesetzt, so sind die Urtheilsgründe vor derselben schriftlich festzustellen.[8]

[1] Mündliche Eröffnung kein Revisionsgrund. E. III. 131. R. IV. 398.

[2] Offensichtliche Schreibfehler dürfen noch später berichtigt — E. XIII. 267 — ein aus Versehen nicht mitverkündigter Teil des Urteils nachträglich, mindestens bis zum Ablauf der Woche verkündet werden. E. XV. 271. R. IX. 132 — nachträgliche sachliche Berichtigung oder Vervollständigung ist aber unzulässig. E. XXVIII. 81. 247. — Vgl. auch E. V. 178. R. III. 723.

[3] Nichtübereinstimmung der mündlichen und späteren schriftlichen Gründe kein Revisionsgrund. E. IV. 382. R. IV. 210. Ebenso nicht der Mangel mündlicher Gründe überhaupt. E. II. 207. R. I. 249. 467 — aber Beginn der Rechtsmittelfristen dann erst von der Zustellung. E. I. 192. R. I. 323. — Vgl. auch § 274.

[4] Nicht im schwurgerichtlichen Verfahren. § 315.

[5] Verletzung Revisionsgrund. E. XXVII. 116.

[6] Unter Anwesenheit derselben Richter. §§ 225, 259 Anm. 1. Der Angeklagte ist zu dem Verkündungstermine zu laden, bzw. vorzuführen. E. XXXI. 398.

[7] Ist der Angeklagte nicht anwesend, so ist, auch wenn ein Vertreter vorhanden war, Zustellung erforderlich. Vgl. § 355 Abs. 2, § 381 Abs. 2.

[8] Verletzung Revisionsgrund. E. XXXI. 140.

268. Urtheile, durch welche die Unterbringung des Angeklagten in eine Erziehungs- oder Besserungsanstalt angeordnet wird,[1] sind auch dessen gesetzlichem Vertreter zuzustellen,[2] sofern nicht der letztere in der Hauptverhandlung als Beistand des Angeklagten aufgetreten und bei der Verkündung des Urtheils gegenwärtig gewesen ist.

[1] § 56 St.G.B.

[2] Vgl. § 340. In diesem Falle wird jedoch, vorausgesetzt, daß der gesetzliche Vertreter nicht bei der Verkündung anwesend gewesen ist, die Frist erst von der Zustellung laufen können.

19. Entscheidungen über die sachliche Zuständigkeit des Gerichts.

269. Das Gericht darf sich nicht für unzuständig erklären, weil die Sache vor ein Gericht niederer Ordnung gehöre.

270. Stellt sich nach dem Ergebnisse der Verhandlung die dem Angeklagten zur Last gelegte That als eine solche dar, welche die Zuständigkeit[1] des Gerichts überschreitet, so spricht es durch Beschluß seine Unzuständigkeit aus und verweist die Sache an das zuständige Gericht.[2]

Dieser Beschluß hat die Wirkung eines das Hauptverfahren eröffnenden Beschlusses[3] und muß den Erfordernissen eines solchen[4] entsprechen.

Die Anfechtbarkeit des Beschlusses bestimmt sich nach den Vorschriften des §. 209.

Ist der Beschluß von einem Schöffengerichte ergangen, so kann der Angeklagte innerhalb einer bei der Bekanntmachung[5] des Beschlusses zu bestimmenden Frist die Vornahme einzelner Beweiserhebungen vor der Hauptverhandlung beantragen. Ueber den Antrag entscheidet der Vorsitzende des Gerichts, an welches die Sache verwiesen ist.

[1] die sachliche. Hinsichtlich der örtlichen vgl. § 18.

[2] Freisprechung von dem in der Anklage charakterisierten Vergehen unzulässig. E. III. 4. 70. R. II. 301. 571.

[3] Dadurch wird § 176 (Notwendigkeit einer Voruntersuchung) modifiziert. E. III. 311. R. III. 91.

[4] § 205. [5] § 35. E. IV. 373.

20. Protokoll.

271. Ueber die Hauptverhandlung ist ein[1] Protokoll aufzunehmen und von dem Vorsitzenden und dem Gerichtsschreiber zu unterschreiben.[2] [3]

Ist der Vorsitzende verhindert, so unterschreibt für ihn der älteste beisitzende Richter. Im Falle der Verhinderung des Amtsrichters genügt die Unterschrift des Gerichtsschreibers.

[1] Auch bei mehrtägiger Verhandlung genügt eins. E. XXX. 205.

[2] Marginalnotizen des Vorsitzenden ohne Unterschrift des Gerichtsschreibers gelten nicht als Teil des Protokolls. E. I. 242. XX. 425. XXII. 244. R. I. 418. Protokollanlagen sind in gleicher Weise zu vollziehen. E. II. 33.

[3] Eine Berichtigung oder Vervollständigung des Protokolls, selbst durch besondere Nachtragsschrift, nachdem es einmal formgültig zu den Akten gekommen, ist nicht unbedingt unzulässig (jetzt E. XIX. 367. XXI. 200, gegen früher E. VIII. 141. XVII. 346. R. V. 170. X. 364), aber unstatthaft, wenn bereits auf Grund desselben ein Rechtsmittel eingelegt ist. E. II. 76. R. I. 840. V. 451. — Dagegen auch nach eingelegter Revision noch statthaft, wenn die Berichtigung den gerügten Mangel bestätigt. E. XXI. 323. Vgl. Anm. 7 zu § 273.

272. Das Protokoll über die Hauptverhandlung enthält:

1. den Ort und den Tag der Verhandlung;
2. die Namen der Richter, Geschworenen und Schöffen, des Beamten der Staatsanwaltschaft, des Gerichtsschreibers und des zugezogenen Dolmetschers;
3. die Bezeichnung der strafbaren Handlung nach der Anklage;[1]

4. die Namen der Angeklagten, ihrer Vertheidiger, der Privatkläger, Nebenkläger, gesetzlichen Vertreter, Bevollmächtigten und Beistände;
5. die Angabe, daß öffentlich verhandelt oder die Oeffentlichkeit ausgeschlossen ist.[2]

[1] Gemeint ist der Eröffnungsbeschluß, vgl. § 263 Anm. 1.

[2] §§ 170, 173—175 G.V.G.

273. Das Protokoll muß den Gang und die Ergebnisse[1] der Hauptverhandlung im Wesentlichen wiedergeben und die Beobachtung aller wesentlichen Förmlichkeiten ersichtlich machen,[2] auch die Bezeichnung der verlesenen Schriftstücke,[3] sowie die im Laufe der Verhandlung gestellten Anträge,[4] die ergangenen Entscheidungen und die Urtheilsformel[5] enthalten.

Aus der Hauptverhandlung vor dem Schöffengerichte sind außerdem die wesentlichen Ergebnisse der Vernehmungen in das Protokoll aufzunehmen.

Kommt es auf die Feststellung eines Vorgangs in der Hauptverhandlung oder des Wortlauts einer Aussage oder einer Aeußerung an, so hat der Vorsitzende die vollständige Niederschreibung und Verlesung[6] anzuordnen. In dem Protokoll ist zu bemerken, daß die Verlesung geschehen und die Genehmigung erfolgt ist, oder welche Einwendungen erhoben sind.[7]

[1] Dazu gehört nicht der Inhalt der Zeugenaussagen, wie Abs. 2 ergibt. E. I. 199. R. I. 327. — Vgl. jedoch preuß. J.V. v. 7./12. 82 (J.M.Bl. 381), v. 2./11. 85 (J.M.Bl. 359). Entscheidend sind aber jedenfalls die Feststellungen im Urteil und nicht das Protokoll. R. IX. 379.

[2] § 274. [3] Vgl. auch §§ 250 u. 254.

[4] Nicht auch deren Begründung. Auch die Prozeßbeteiligten können diese Protokollierung nicht verlangen. E. XXXII. 239.

[5] Verweisung hinsichtlich derselben auf das anliegende Urteil genügt nicht. R. V. 451.

[6] Im übrigen findet eine Verlesung des Protokolls nicht statt. Eine Unterschreibung findet niemals statt. Anders bei Protokollen außerhalb der Hauptverhandlung: §§ 186 Abs. 3, 166.

[7] Abgelehnte Anträge auf Berichtigung des Protokolls sind im Beschwerdewege zu verfolgen, soweit die Ablehnung etwa aus Rechtsgründen erfolgt sein sollte. Der materielle Inhalt die Bezeugung dessen, was die als Urkundspersonen Fungierenden wahrgenommen haben, ist naturgemäß einer Beschwerde entzogen. Vgl. E. III. 47. Vgl. Anm. 3 zu § 271.

274. Die Beobachtung der für die Hauptverhandlung vorgeschriebenen Förmlichkeiten[1] kann nur[2] durch das Protokoll bewiesen werden. Gegen den diese Förmlichkeiten betreffenden Inhalt desselben ist nur der Nachweis der Fälschung[3] zulässig.[4]

[1] d. s. alle Vorgänge, welche für die Rechtsbeständigkeit des Verfahrens von Bedeutung sein können, also auch Stellung von Anträgen und dergl. Vgl. E. XX. 166.

[2] selbst in dem Falle, wenn ein ordnungsmäßiges Protokoll überhaupt nicht vorliegt.

[3] d. i. bewußt unrichtiger Anfertigung. E. V. 44. XX. 166. R. III. 587.

[4] Vgl. jedoch auch Anm. 3 zu § 271, auch Anm. 7 zu § 273.

21. Beurkundung des Urteils.

275. Das Urtheil mit den Gründen ist binnen drei Tagen[1] nach der Verkündung zu den Akten zu bringen, falls es nicht bereits vollständig in das Protokoll aufgenommen worden ist.

Es ist von den Richtern, welche bei der Entscheidung mitgewirkt haben, zu unterschreiben.[2] [3] Ist ein Richter verhindert, seine Unterschrift beizufügen, so wird dies unter Angabe des Verhinderungsgrundes von dem Vorsitzenden und bei dessen Verhinderung von dem ältesten beisitzenden Richter unter dem Urtheile bemerkt. Der Unterschrift der Schöffen bedarf es nicht.

Die Bezeichnung des Tages der Sitzung, sowie die Namen der Richter, der Schöffen, des Beamten der Staatsanwaltschaft und des Gerichtsschreibers, welche an der Sitzung Theil genommen haben, sind in das Urtheil aufzunehmen.[4]

Die Ausfertigungen und Auszüge der Urtheile sind von dem Gerichtsschreiber zu unterschreiben und mit dem Gerichtssiegel zu versehen.[5]

[1] Nur instruktionell. E. II. 378. XXXI. 348. R. III. 378.

[2] Auch wenn es in das Protokoll aufgenommen ist. Frist nicht vorgeschrieben. R. IX. 480. Die Unterzeichnung bloß der unter das abgeschlossene Urteil gesetzten Gründe ist ungehörig. E. XIX. 233. — Auch nachträgliche Änderungen bedürfen zu ihrer Gültigkeit der besonderen Unterzeichnung durch sämtliche Richter. E. XXIII. 261. J.M.Bl. 1892 S. 359; vgl. E. XXIV. 118. XXVIII. 55.

[3] Für Beschlüsse ist eine gleiche Vorschrift nicht gegeben. E. I. 402. R. I. 697.

[4] In Preußen die Personalien des Angeklagten in die Urteilsformel. J.V. v. 7./7. 81 (J.M.Bl. 152), v. 10./1. 88 (J.M.Bl. 10).

[5] Vgl. auch V. des Bundesrats v. 16./6. 82, abgeändert 9./7. 96, betr. die Einrichtung von Strafregistern und die wechselseitige Mitteilung der Strafurteile (R.C.Bl. 1896 S. 426, preuß. J.M.Bl. 1896 S. 265) nebst der preuß. J.V. v. 7./9. 96 (J.M.Bl. 294), v. 13./4.. 97 (J.M.Bl. 92) und Nachweisung der zur Registerführung bestimmten Behörden (R.C.Bl. 1882 S. 447, 1883 S. 244).

Siebenter Abschnitt.

Hauptverhandlung vor den Schwurgerichten.

276. Die Bestimmungen der beiden vorhergehenden Abschnitte finden auf das Verfahren vor den Schwurgerichten[1] insoweit Anwendung, als nicht in diesem Abschnitt ein Anderes bestimmt ist.

[1] Vgl. §§ 79—99 G.V.G.

277. Vor dem Tage, an welchem die Hauptverhandlung beginnen soll, muß die Spruchliste[1] der Geschworenen dem Angeklagten, wenn er sich nicht auf freiem Fuße befindet, zugestellt, für den auf freiem Fuße befindlichen Angeklagten auf der Gerichtsschreiberei zur Einsicht niedergelegt werden.

Die Namen später auf die Spruchliste gebrachter Geschworener[2] sind dem Angeklagten bis zum Beginne der Hauptverhandlung mitzutheilen.[3]

[1] § 92 G.V.G. Vgl. Abs. 2 u. § 279 Abs. 2.

[2] nicht auch der wieder ausgeschiedenen. E. XXXV. 216.

[3] § 94 Abs. 2 G.V.G. u. § 280 Abs. 3. — Nichtbeachtung, falls nicht ein darauf gestützter Aussetzungsantrag verworfen, kein Revisionsgrund. E. VIII. 233.

1. Bildung der Geschworenenbank.

278. Die Hauptverhandlung beginnt[1] mit der Bildung der Geschworenenbank[2] durch Ausloosung der Geschworenen.[3] [4]

[1] Abgesehen von dem natürlich zunächst notwendigen Aufruf des Angeklagten bzw. seiner Vorführung. — Vgl. übrigens auch § 286; von diesem Falle abgesehen — vgl. E. XXIX. 337 — ist also die Bildung der Geschworenenbank Teil der Hauptverhandlung, so daß z. B. auch § 226 darauf Anwendung findet.

[2] §§ 279—285 u. dazu § 274.

[3] Vgl. jedoch Anm. 3 zu § 393.

[4] Hat bei Bildung der Geschworenenbank ein die Nichtigkeit nach sich ziehendes Versehen stattgefunden, so kann alsbald zur Bildung einer neuen Geschworenenbank geschritten werden. E. XXXII. 378. XXXIII. 75. R. IX. 522.

279. Vor der Ausloosung sind, außer den zum

Geschworenenamte Unfähigen,[1] solche Geschworene auszuscheiden, welche von der Ausübung des Amts in der zu verhandelnden Sache kraft Gesetzes ausgeschlossen sind.[2] Die erschienenen Geschworenen sind zur Anzeige etwaiger Ausschließungsgründe aufzufordern.

Die Entscheidung über das Ausscheiden eines Geschworenen erfolgt nach Anhörung desselben durch das Gericht. Beschwerde findet nicht statt.[3] Ein für unfähig Erklärter ist in der Spruchliste zu streichen.

[1] §§ 84, 32, 85 Abs. 2 G.V.G. — Vgl. § 377 Nr. 1.

[2] §§ 22, 32. — Vgl. § 377 Nr. 2.

[3] Wohl aber eine Anfechtung im Wege der Revision. E. XVII. 173. R. X. 196.

280. Zur Bildung der Geschworenenbank kann geschritten werden, wenn die Zahl der Geschworenen, welche erschienen und nicht in Gemäßheit des vorhergehenden Paragraphen ausgeschieden worden sind, mindestens vierundzwanzig beträgt. Anderenfalls ist die Zahl aus der Liste der Hülfsgeschworenen[1] auf dreißig zu ergänzen.

Die Ergänzung geschieht mittels Loosziehung durch den Vorsitzenden in öffentlicher Sitzung. Sie gilt für alle in der Sitzungsperiode noch zu verhandelnden Sachen.

Die ausgeloosten Hülfsgeschworenen werden unter Hinweis auf die gesetzlichen Folgen des Ausbleibens geladen.[2] Ihre Namen sind in die Spruchliste aufzunehmen.[3]

Es kann zur Bildung der Geschworenenbank schon dann geschritten werden, wenn in Folge des Erscheinens von Hülfsgeschworenen die Zahl von vierundzwanzig Geschworenen erfüllt ist.

Erscheinen zu einer späteren Hauptverhandlung mehr als dreißig Geschworene, so treten die überzähligen Hülfsgeschworenen in der umgekehrten Reihenfolge ihrer Auslosung zurück.[4]

[1] §§ 89 Abs. 2, 3, 90 G.V.G. [2] §§ 56, 96 G.V.G.
[3] § 277 Abs. 2.
[4] Für die ganze Periode; ihre Namen sind in der Spruchliste wieder zu streichen. E. VI. 170 entscheidet diese Frage nicht.

281. Die Bildung der Geschworenenbank erfolgt in öffentlicher Sitzung. Das Loos wird von dem Vorsitzenden gezogen.

282. Von den ausgeloosten Geschworenen können so viele abgelehnt werden,[1] als Namen über zwölf[2] in der Urne sich befinden.

Die eine Hälfte der Ablehnungen steht der Staatsanwaltschaft,[3] die andere dem Angeklagten[4] zu. Dem Angeklagten gebührt eine Ablehnung mehr, wenn die Gesammtzahl der Ablehnungen eine ungerade ist.

[1] § 24 ist hinsichtlich der Geschworenen unanwendbar.
[2] Vgl. jedoch § 285.
[3] Der Nebenkläger nimmt an der Ablehnung nicht teil. § 437 Abs. 2. [4] Vgl. § 284.

283. Sobald ein Name gezogen und aufgerufen ist, hat die Staatsanwaltschaft und sodann der Angeklagte durch die Worte „angenommen" oder „abgelehnt" die Annahme oder Ablehnung zu erklären. Die Angabe von Gründen ist unzulässig.

Wird eine Erklärung nicht abgegeben, so gilt dies als Annahme.

Die Erklärung kann nicht zurückgenommen werden,

sobald ein fernerer Name gezogen, oder die gesammte Ziehung für beendet erklärt ist.[1]

[1] Also nicht schon durch die Annahmeerklärung des Angeklagten. E. XXXVII. 421.

284. Sind bei einer Hauptverhandlung mehrere Angeklagte betheiligt, so haben sie das Ablehnungsrecht gemeinschaftlich auszuüben.

Insoweit eine Vereinigung nicht zu Stande kommt, werden die Ablehnungen gleichmäßig vertheilt; über die Ausübung derjenigen Ablehnungen, welche sich nicht gleichmäßig vertheilen lassen, sowie über die Reihenfolge der Erklärungen entscheidet das Loos.

285. Ist die Zuziehung von Ergänzungsgeschworenen[1] angeordnet worden, so vermindert sich die Zahl der zulässigen Ablehnungen um die Zahl der Ergänzungsgeschworenen.

Sind mehrere Ergänzungsgeschworene zugezogen worden, so treten sie in der Reihenfolge der Auslosung ein.[2]

[1] § 194 G.V.G. Anordnung und Zurücknahme der Anordnung nur bis zum Beginn der Auslosung statthaft. E. XIV. 206. XXVI. 1. XXXIV. 335.

[2] Auf Anordnung des Gerichts, nicht bloß des Vorsitzenden. E. XIII. 191. R. VII. 755.

286. Stehen an demselben Tage mehrere Verhandlungen an, so verbleibt die für eine derselben gebildete Geschworenenbank für die folgende Verhandlung oder für mehrere folgende Verhandlungen, wenn die dabei betheiligten Angeklagten[1] und die Staatsanwaltschaft sich damit vor der Beeidigung der Geschworenen einverstanden erklärt haben.[2]

[1] In Gegenwart ihrer Verteidiger. E. XVIII. 361.

[2] Eine gleichzeitige Bildung der Geschworenenbank für mehrere Verhandlungen ist unzulässig.

287. Muß nach Unterbrechung einer Hauptverhandlung mit dem Verfahren von neuem begonnen werden,[1] so ist auch die Geschworenenbank von neuem zu bilden.

[1] Vgl. § 228.

288. Nach Bildung der Geschworenenbank werden die Geschworenen[1] in Gegenwart der Angeklagten, über welche sie richten sollen, beeidigt.

Die Beeidigung erfolgt in öffentlicher Sitzung.

Der Vorsitzende richtet an die zu Beeidigenden die Worte:

„Sie schwören bei Gott, dem Allmächtigen und Allwissenden, in der Anklagesache (den Anklagesachen)[2] wider N. N. die Pflichten eines Geschworenen getreulich zu erfüllen und Ihre Stimme nach bestem Wissen und Gewissen abzugeben."

Die Geschworenen leisten den Eid, indem jeder einzeln die Worte spricht:

„ich schwöre es, so wahr mir Gott helfe."

Der Schwörende soll bei der Eidesleistung die rechte Hand erheben.

Ist ein Geschworener Mitglied einer Religionsgesellschaft, welcher das Gesetz den Gebrauch gewisser Betheuerungsformeln an Stelle des Eides gestattet, so wird die Abgabe einer Erklärung unter der Betheuerungsformel dieser Religionsgesellschaft der Eidesleistung gleichgeachtet.[3]

[1] Einschließlich der Ergänzungsgeschworenen.

[2] § 286. [3] Vgl. Anm. 1 zu § 64.

289. Nach der Beeidigung der Geschworenen erfolgt die Verhandlung in der Sache selbst.[1]

[1] In Gemäßheit der §§ 242—256. Vgl. auch §§ 237—241.

2. Feststellung der Fragen.

290. Die den Geschworenen zur Beantwortung vorzulegenden Fragen[1] werden von dem Vorsitzenden[2] entworfen.[3]

Nach dem Schlusse der Beweisaufnahme werden die entworfenen Fragen verlesen.[4] Der Vorsitzende kann sie den Geschworenen, der Staatsanwaltschaft und dem Angeklagten in Abschrift mittheilen und soll einem hierauf gerichteten Antrage entsprechen.

Auf Verlangen der Staatsanwaltschaft oder des Angeklagten oder eines der Geschworenen ist behufs Prüfung der Fragen die Verhandlung auf kurze Zeit zu unterbrechen.

[1] § 81 G.V.G. und dazu § 262 Anm. 2, 7, 8 u. Abs. 2 u. 3, ferner §§ 293 ff., aber auch § 297.

[2] Vgl. jedoch § 291, namentlich Abs. 2.

[3] Auch im Falle des Geständnisses des Angeklagten; eine Mitwirkung der Geschworenen wird dadurch nicht ausgeschlossen.

[4] Auf die Verlesung kann nicht verzichtet werden. E. X. 436. R. VI. 440. — Hat nach der Verlesung noch eine Wiedereröffnung der Beweisaufnahme stattgefunden, so wird dadurch, wenn die Fragen unverändert bleiben, eine nochmalige Verlesung derselben nicht erforderlich. E. XXII. 138.

291. Die Staatsanwaltschaft und der Angeklagte, sowie jeder Geschworene ist befugt, auf Mängel in der Fragestellung aufmerksam zu machen, sowie auf Abänderung und Ergänzung[1] der Fragen anzutragen.

Das Gericht stellt, wenn Einwendungen erhoben oder Anträge angebracht werden, oder wenn einer der

Richter es verlangt, die Fragen fest.[2] Die festgestellten Fragen sind zu verlesen.[3]

[1] Vgl. §§ 296 u. 297. Vgl. auch Anm. 2 zu § 306.

[2] Vgl. §§ 34 u. 296. Soweit es sich aber bloß um die Fassung der Fragen handelt, Begründung nicht nötig. E. XXVII. 67. Protokollierung: § 273 Abs. 1, spätere Abänderung: § 306 Abs. 2 u. § 311 Abs. 2

[3] Bei jeder Änderung derselben nochmals. E. XXVI. 336.

292. Die Fragen sind so zu stellen, daß sie mit Ja oder mit Nein sich beantworten lassen.[1]

Wenn eine nachfolgende Frage nur für den Fall zu beantworten ist, daß eine vorausgehende in einem gewissen Sinne erledigt werde, so ist dies bemerklich zu machen.

Bei einer Mehrzahl von Angeklagten oder von strafbaren Handlungen müssen die Fragen für jeden Angeklagten und für jede strafbare Handlung[2] besonders gestellt werden.[3]

[1] Alternative Fragen sind danach soweit zulässig, als eine alternative Feststellung zur Urteilsfällung genügt; letzteres aber setzt voraus, daß es sich nur um Modalitäten einer und derselben Tat, nicht aber um verschiedene selbständige Tatbestände handelt. Vgl. E. V. 241. XII. 347. XXVIII. 98. XXXII. 85. XXXVII. 215. R. III. 93. 814. — Vgl. auch § 305 Abs. 2.

[2] Auch im Fall völliger Gleichartigkeit derselben. Also nicht z. B.: „durch verschiedene selbständige Handlungen", „zu wiederholten Malen" u. dgl. Vgl. E. II. 227. XXIX. 327. R. II. 202. Nicht auch bei Idealkonkurrenz. E. IV. 287; vgl. auch E. XXI. 405.

[3] Eine Bezugnahme auf eine Vorfrage ist nicht ausgeschlossen, jedoch nur dann, wenn die zweite Frage mit der in Bezug genommenen in untrennbarer Verbindung steht. Vgl. E. II. 134. R. I. 497.

3. Arten der Fragen.

a) Hauptfragen.

293. Die Hauptfrage beginnt mit den Worten: „Ist

der Angeklagte schuldig?"[1] Sie muß die dem Angeklagten zur Last gelegte[2] That nach ihren gesetzlichen Merkmalen und unter Hervorhebung der zu ihrer Unterscheidung erforderlichen Umstände[3] bezeichnen[4].

[1] d. h. im Sinne des Gesetzes schuldig. Damit ist einmal jede Unterscheidung zwischen Tat- (bzw. Beweis-) u. Rechtsfrage aufgegeben. Vgl. M. 173. Prot. 447 ff. Dann liegt aber auch darin ausgesprochen, daß ein die Schuld ausschließender Umstand (vgl. St.G.B. §§ 51—54, auch 59, auch 193. E. IX. 105. R. V. 550; hinsichtlich St.G.B. §§ 56 u. 58 vgl. jedoch § 298) nicht zum Gegenstand einer besonderen Frage gemacht werden darf, vielmehr darüber durch die Beantwortung der Hauptfrage mitentschieden wird. Prot. 460 ff., 997. E. I. 70. IV. 400. XI. 277. R. III. 437. IV. 773. Hinsichtlich der die Schuld wieder aufhebenden Umstände vgl. § 295 Abs. 2.

[2] § 205. Die §§ 263—265 finden analoge Anwendung (vgl. § 294), der Eröffnungsbeschluß ist aber in der Fragestellung stets zu erschöpfen, d. h. zum Inhalt einer Frage zu machen, wenn auch die Verhandlung die Tat anders charakterisiert hat. Vgl. § 294.

[3] Lediglich zum Zweck der Feststellung der Identität der Tat, nicht zur Kontrolle des Spruches hinsichtlich darin etwa enthaltener Irrtümer, so daß es der Aufnahme der konkreten Tatsachen, worin die gesetzlichen Merkmale zu finden, nicht bedarf. M. 174. E. I. 391. II. 136. 138. 279. III. 51. 250. R. I. 556. 645 u. a. Die Spezialisierung darf nicht soweit gehen, daß die Geschworenen dadurch in der Beurteilung der Schuldfrage im Sinne des Gesetzes eingeengt werden. Vgl. E. VIII. 233.

[4] Vgl. auch Anm. 1 zu § 290.

b) Hülfsfragen.

294. Hat die Verhandlung Umstände ergeben, nach welchen eine von dem Beschlusse über die Eröffnung des Hauptverfahrens abweichende Beurtheilung[1] der dem Angeklagten zur Last gelegten That in Betracht kommt,[2] so ist[3] eine hierauf gerichtete Frage zu stellen (Hülfsfrage).

Diese ist der dem Beschluß entsprechenden Frage voranzustellen, wenn die abweichende Beurtheilung eine erhöhte Strafbarkeit begründet.[4]

[1] Hinsichtlich neu hervortretender strafmindernder oder straferhöhender Umstände ist § 295 maßgebend, und zwar auch dann, wenn sie zur Normierung einer besonderen Straftat benutzt sind, (z. B. § 249 im Verhältnis zu § 242; § 217 im Verhältnis zu § 211, § 212 St.G.B.). E. XX. 171; vgl. aber auch E. XIII. 344.

[2] Vgl. §§ 263 u. 264 nebst Anm.

[3] Soweit nicht die abweichende Beurteilung durch teilweise Verneinung der Hauptfrage zum Ausdruck gebracht werden kann. In letzterem Falle entscheiden Zweckmäßigkeitsgründe, ob Hülfsfrage angebracht. E. XXXI. 253.

[4] Gilt nicht für den Fall der Idealkonkurrenz. E. XXIV. 280.

c) Nebenfragen.

295. Ueber solche vom Strafgesetze besonders vorgesehene Umstände, welche die Strafbarkeit vermindern[1] oder erhöhen,[2] [3] sind geeignetenfalls[4] den Geschworenen besondere Fragen vorzulegen (Nebenfragen).

Eine Nebenfrage kann auch auf solche vom Strafgesetze besonders vorgesehene Umstände gerichtet werden, durch welche die Strafbarkeit wieder aufgehoben wird.[5]

[1] z. B. §§ 157, 158 St.G.B.

[2] z. B. § 243 im Verhältnis zu § 242 St.G.B. — In solchen Fällen ist § 264 zu beachten.

[3] Nicht aber über Umstände, welche für die Zumessung der Strafe, wenn auch absolut, bestimmend sind. E. XII. 150. R. VII. 234.

[4] Eine Aufnahme derselben in die Hauptfrage ist demnach nicht unzulässig. E. I. 63. R. I. 225. 759.

[5] z. B. § 163, § 204 St.G.B. — Hinsichtlich der die Schuld ausschließenden Umstände vgl. Anm. 1 zu § 293.

296. Wird die Vorlegung von Hülfs- oder Nebenfragen beantragt,[1] so kann sie nur aus Rechtsgründen[2] abgelehnt werden.

[1] Von der Staatsanwaltschaft und dem Angeklagten, aber auch von einem Geschworenen. Prot. 464. E. III. 67. R. II. 569. Hinsichtlich der Richter gilt nur § 291 Abs. 2. Zulässig ist der Antrag bis zur Kundgebung des Spruchs der Geschworenen (§ 308). E. XXX. 403.

[2] und soweit dadurch nicht in die Beurteilung der Schuldfrage eingegriffen wird. E. I. 423. R. I. 674. Die Rechtsgründe sind auch nur aus der Frage selbst, nicht aus der Begründung derselben durch den Antragsteller zu entnehmen. E. VIII. 222. R. V. 268. Vgl. auch R. IV. 484. Beispiele der Unzulässigkeit: E. I. 70. V. 327. XII. 409. XVIII. 337. 400. XXIII. 327. XXXVII. 412. R. IV. 524. IX. 226. X. 734.

297. Wenn das Gesetz beim Vorhandensein mildernder Umstände eine geringere Strafe androht, so ist[1] eine darauf gerichtete Nebenfrage[2] zu stellen,[3] wenn es von der Staatsanwaltschaft oder dem Angeklagten[4] beantragt oder von Amtswegen für angemessen erachtet wird.

Zur Verneinung der Frage nach dem Vorhandensein mildernder Umstände bedarf es einer Mehrheit von mindestens sieben Stimmen.

[1] Auch bei Rückfallverbrechen, wenngleich die Entscheidung über den Rückfall dem Gericht zusteht. E. XXXIX. 97.

[2] Im Falle der Idealkonkurrenz nur eine. E. XIV. 8. R. VIII. 239.

[3] Ausnahme von § 81 G.V.G., wonach die Geschworenen nur über die Schuld-, nicht auch über die Straffrage entscheiden sollen.

[4] Nicht auch von einem Geschworenen.

298. Hatte ein Angeklagter zur Zeit der That noch nicht das achtzehnte Lebensjahr vollendet, so muß die Nebenfrage gestellt werden,[1] ob er bei Begehung der That die zur Erkenntniß ihrer Strafbarkeit erforderliche Einsicht besessen habe.

Dasselbe gilt, wenn ein Angeklagter taubstumm ist.[2]

[1] Abweichung von dem Anm. 1 zu § 293 Bemerkten mit Rücksicht auf § 56 Abs. 1 St.G.B.

[2] Vgl. § 58 St.G.B.

4. Plaidoyer.

299. An die Fragestellung schließen sich die Ausführungen und Anträge der Staatsanwaltschaft und des Angeklagten zur Schuldfrage.[1]

[1] Vgl. § 257, insbesondere Abs. 2 u. 3, die auch hier gelten. E. XXXII. 321. Werden die Fragen nachträglich geändert, so ist eine nochmalige Worterteilung notwendig. E. XXIV. 102. — Hinsichtlich der Straffrage: § 314 Abs. 2.

5. Belehrung des Vorsitzenden.

300. Der Vorsitzende belehrt, ohne in eine Würdigung der Beweise einzugehen, die Geschworenen über die rechtlichen Gesichtspunkte, welche sie bei Lösung der ihnen gestellten Aufgabe in Betracht zu ziehen haben.

Die Belehrung des Vorsitzenden darf von keiner Seite einer Erörterung unterzogen werden.[1]

[1] Danach ist auch ein Antrag auf Protokollierung einer Belehrung (behufs Begründung einer darauf zu stützenden Revision) unzulässig. E. I. 85. R. I. 284.

6. Beratung der Geschworenen.

301. Die Fragen werden vom Vorsitzenden unterzeichnet und den Geschworenen übergeben. Die Geschworenen[1] ziehen sich in das Berathungszimmer zurück. Der Angeklagte wird aus dem Sitzungszimmer entfernt.

[1] Nicht auch die Ergänzungsgeschworenen. E. III. 266. R. II. 675.

302. Gegenstände, welche in der Verhandlung den Geschworenen zur Besichtigung vorgelegt[1] wurden, können ihnen in das Berathungszimmer verabfolgt werden.

[1] Nicht bloß in der Verhandlung vorlagen. E. XXXVII. 253. Anderenfalls, z. B. Aktenstücke, Revisionsgrund. E. X. 115. XXII. 368. R. V. 773. — Während der Beweiserhebung können aber beglaubigte Abschriften verlesener Urkunden den Geschworenen eingehändigt werden. E. XX. 382.

303. Zwischen den im Berathungszimmer versammelten Geschworenen und anderen Personen darf keinerlei Verkehr stattfinden.[1]

Der Vorsitzende sorgt dafür, daß ohne seine Erlaubniß kein Geschworener das Berathungszimmer verlasse und keine dritte Person in dasselbe eintrete.

[1] Nichtbeachtung Revisionsgrund nur dann, wenn die Selbständigkeit der Beratung der Geschworenen dadurch gefährdet erscheint. E. I. 207. III. 266. R. I. 347. II. 675.

304. Die Geschworenen wählen ihren Obmann mittels schriftlicher Abstimmung nach Mehrheit der Stimmen.[1] Bei Stimmengleichheit entscheidet das höhere Lebensalter.

Der Obmann leitet die Berathung und Abstimmung.[2]

[1] Verletzung kein Revisionsgrund. E. II. 257. R. II. 222.

[2] Vgl. §§ 197, 199 Abs. 2 G.V.G. — Die Tätigkeit der Geschworenen innerhalb des Beratungszimmers ist den Revisionsangriffen entzogen. R. III. 495.

305. Die Geschworenen haben die ihnen vorgelegten Fragen mit Ja oder mit Nein zu beantworten.[1]

Sie sind berechtigt, eine Frage theilweise zu bejahen und theilweise zu verneinen.[2]

[1] Einfache Bejahung genügt auch dann, wenn besondere Straferhöhungsgründe in die Hauptfrage mit aufgenommen sind. E. I. 63. R. I. 225.

[2] Wird durch eine teilweise Verneinung ein Moment ausgeschieden, ohne welches eine strafbare Handlung überhaupt nicht vorliegt, so greift darum nicht § 309 Platz, sondern es hat Freisprechung zu erfolgen. E. II. 95. R. III. 556. Vgl. aber auch E. II. 361. R. II. 332.

306. Glauben die Geschworenen vor Abgabe ihres Spruchs einer weiteren Belehrung zu bedürfen, so wird diese auf ihren Antrag durch den Vorsitzenden ertheilt, nachdem sie zu dem Zweck in das Sitzungszimmer zurückgekehrt sind.[1]

Ergiebt sich Anlaß zur Aenderung oder Ergänzung

der Fragen,[2] so muß der Angeklagte zur Verhandlung zugezogen werden.

[1] § 300 gilt auch hier. E. XVII. 231. R. X. 260. Ebenso § 225, da eine Fortsetzung der Hauptverhandlung vorliegt. E. IX. 271. R. III. 535. V. 787.

[2] Vor Abgabe des Spruches; nachher nur noch im Falle des § 309 zulässig. E. II. 361. VII. 345. R. II. 332.

307. Der Spruch ist von dem Obmann neben den Fragen niederzuschreiben und von ihm zu unterzeichnen.[1]

Bei jeder dem Angeklagten nachtheiligen Entscheidung ist anzugeben,[2] daß dieselbe mit mehr als sieben Stimmen,[3] bei Verneinung der mildernden Umstände, daß dieselbe mit mehr als sechs Stimmen[4] gefaßt worden ist.[5] Im Uebrigen darf das Stimmenverhältniß nicht ausgedrückt werden.

[1] Einmalige Unterzeichnung am Schluß genügt. E. II. 201. R. II. 674; vgl. auch E. XXXX. 197. Zufügung des Wortes „Obmann" nicht erforderlich. E. XXVI. 274.

[2] Vgl. Anm. 1 zu § 311. [3] Konsequenz aus § 262 Abs. 1.

[4] Konsequenz aus § 297 Abs. 2.

[5] Verletzung Revisionsgrund. E. XXI. 70.

7. Verkündung des Spruchs.

308. Der Spruch ist im Sitzungszimmer von dem Obmann kund zu geben.[1] Der Obmann spricht die Worte:

„Auf Ehre und Gewissen bezeuge ich als den Spruch der Geschworenen"

und verliest die gestellten Fragen mit den darauf abgegebenen Antworten.[2]

Der verlesene Spruch ist von dem Vorsitzenden und dem Gerichtsschreiber zu unterzeichnen.

[1] In Abwesenheit des Angeklagten. §§ 301, 313.

[2] in einem ununterbrochenen Akte. E. XII. 373. R. VII. 529; vgl. jedoch E. XXXVII. 248.

8. **Berichtigungsverfahren.**

309. Erachtet das Gericht,[1] daß der Spruch in der Form nicht vorschriftsmäßig oder in der Sache undeutlich, unvollständig oder sich widersprechend[2] sei,[3] so werden die Geschworenen von dem Vorsitzenden aufgefordert, sich in das Berathungszimmer zurückzubegeben, um dem gerügten Mangel abzuhelfen.[4]

Diese Anordnung ist zulässig, so lange das Gericht noch nicht auf Grund des Spruchs das Urtheil verkündet hat.

[1] Nicht bloß der Vorsitzende. E. XXII. 373. R. VII. 529. Förmlicher Beschluß des Gerichts jedoch nicht erforderlich. E. XXXIX. 245.

[2] Sei es in der einzelnen Antwort oder durch Vergleichung der einzelnen Antworten zu einander. E. IV. 277. IX. 107. XI. 418. XXXVII. 417. R. III. 379. VI. 438. Vgl. aber auch Anm. 2 zu § 305. Ebenso enthält die durch Beantwortung einer Hauptfrage überflüssig gewordene Beantwortung einer Nebenfrage noch keinen Widerspruch. E. II. 95. R. III. 556. Der Widerspruch darf auch nur aus dem Inhalt des Spruches selbst abgeleitet werden. E. VI. 317. R. IV. 401.

[3] nur aus diesen Gründen; insb. also auch nicht, wenn sich aus späteren Vorgängen oder Erklärungen ergibt, daß der Spruch auf einem Irrtum der Geschworenen beruht. E. XXXIII. 285.

[4] Die Stellung neuer Fragen nach Abgabe eines korrekten Spruches ist absolut unzulässig. E. XI. 168. XVI. 126. XXXIII. 139. R. VI. 537. IX. 340. Anm. 2 zu § 306. Zulässig aber, wenn auch der Spruch nur infolge der mangelhaften ursprünglichen Fragen inkorrekt ist. E. XIII. 229. XXI. 405. R. VIII. 51.

310. Sind nur Mängel in der Form des Spruchs zu berichtigen, so darf eine sachliche Aenderung nicht vorgenommen werden.

311. Sind sachliche Mängel[1] des Spruchs zu berichtigen, so sind die Geschworenen bei ihrer erneuten Berathung an keinen Theil[2] ihres früheren Spruchs gebunden.

Ergiebt sich bei der Erörterung solcher Mängel Anlaß

zur Aenderung oder Ergänzung der Fragen,[3] so muß der Angeklagte zur Verhandlung zugezogen werden.

[1] Dahin gehört auch die Nichtangabe des Stimmenverhältnisses, sowie eine Nichtbeachtung des § 262 Abs. 1. E. IV. 122. 277. X. 315. XXIII. 402. R. III. 257. 379.

[2] Auch nicht den eine andere selbständige Tat betreffenden. R. IX. 287. E. XX. 188. [3] Vgl. § 291.

312. Der berichtigte Spruch ist in der Weise niederzuschreiben,[1] daß der frühere erkennbar bleibt.[2]

[1] Auch durch Streichungen. E. XXXIX. 277.

[2] Behufs Prüfung in der Revisionsinstanz, ob eine Berichtigung erforderlich gewesen. M. 183.

313. Der Spruch der Geschworenen wird dem Angeklagten, nachdem er in das Sitzungszimmer wieder eingetreten ist, durch Verlesung verkündet.

9. Schluß der Verhandlung.

314. Ist der Angeklagte von den Geschworenen für nicht schuldig erklärt worden, so spricht das Gericht ihn frei.

Anderenfalls müssen, bevor das Urtheil erlassen wird, die Staatsanwaltschaft und der Angeklagte mit ihren Ausführungen und Anträgen gehört[1] werden.[2]

[1] Über die Anwendung des Gesetzes auf den — selbst nicht mehr (abgesehen von §§ 309 ff.) angreifbaren — Spruch. E. XXI. 243.

[2] § 257 Abs. 2 u. 3 gilt auch hier. — Vgl. auch Anm. 3 zu § 145.

315. Die Verkündung des Urtheils erfolgt am Schlusse der Verhandlung.[1]

[1] Eine Aussetzung der Verkündung gemäß § 267 ist daher ausgeschlossen.

316. In den Gründen des Urtheils[1] ist auf den Spruch der Geschworenen Bezug zu nehmen. Die Urschrift des Spruchs ist dem niedergeschriebenen Urtheil anzufügen.[2]

[1] Vgl. § 266.

[2] Vgl. auch § 275. Die Namen der Geschworenen sind nicht mit aufzunehmen.

10. Verweisung an ein neues Schwurgericht.

317. Ist das Gericht einstimmig der Ansicht, daß die Geschworenen sich in der Hauptsache zum Nachtheile[1] des Angeklagten geirrt haben, so verweist es durch Beschluß ohne Begründung seiner Ansicht die Sache zur neuen Verhandlung[2] vor das Schwurgericht der nächsten Sitzungsperiode. Die Verweisung ist nur von Amtswegen und bis zur Verkündung des Urtheils zulässig.

Betrifft das Verfahren mehrere selbständige strafbare Handlungen oder mehrere Angeklagte, so erfolgt die Verweisung nur in Ansehung derjenigen Handlung oder Person, in Bezug auf welche die Geschworenen sich nach Ansicht des Gerichts geirrt haben.

An der neuen Verhandlung darf kein Geschworener Theil nehmen, welcher bei dem früheren Spruche mitgewirkt hat.

Auf Grund des neuen Spruchs ist stets das Urtheil zu erlassen.

[1] also nicht, wenn das Gericht den Angeklagten zwar nicht der ihm zur Last gelegten, aber einer gleich schwer wiegenden Qualifikation der Tat für schuldig hält. E. XVII. 31. Anders, wenn zu Unrecht eine idealkonkurrierende Straftat festgestellt ist, selbst wenn diese die Strafzumessung nicht beeinflußt. E. XXXI. 241.

[2] völlig freien, so daß auch ein dem Angeklagten ungünstigeres Urteil erfolgen kann. E. XXXIII. 94.

Achter Abschnitt.
Verfahren gegen Abwesende.

1. Zulässigkeit der Hauptverhandlung.

318. Ein Beschuldigter gilt als abwesend[1], wenn sein Aufenthalt unbekannt ist oder, wenn er sich im Ausland[2] aufhält und seine Gestellung vor das zuständige Gericht nicht ausführbar[3] oder nicht angemessen erscheint.[4]

[1] Hinsichtlich des „ausgebliebenen“ vgl. §§ 229 ff.

[2] § 8 St.G.B. und Anm. 1 zu § 9.

[3] Auslieferungsverträge des Deutschen Reichs bestehen mit den Vereinigten Staaten von Amerika v. 16./6. 52 bezw. 22./2. 68 (B.G.Bl. 1868 S. 228, 231), auch für die Philippinen anwendbar; vgl. J.V. v. 19./7. 05 (J.M.Bl. 285) — Italien v. 31./10. 71 (R.G.Bl. 446) und dazu mit der Schweiz v. 25./7. 73 (R.C.Bl. 271, Preuß. J.M.Bl. 1878 S. 18) — Großbritannien v. 14./5. 72 (R.G.Bl. 299, s. auch R.C.Bl. 1874 S. 101, 1875 S. 430) nebst Ergänzung v. 5./5. 94 (R.G.Bl. 535) — Schweiz v. 24./1. 74 (R.G.Bl. 113) — Belgien v. 24./12. 74 (R.G.Bl. 1875 S. 73, s. auch 1879 S. 2, 1901 S. 203) — Luxemburg v. 9./3. 76 (R.G.Bl. 223) — Brasilien v. 17./9. 77 (R.G.Bl. 1878 S. 293) — Schweden u. Norwegen v. 19./1. 78 (R.G.Bl. 110) und dazu, Norwegen betr., v. 7./3. 07 (R.G.Bl. 239) — Spanien v. 2./5. 78 (R.G.Bl. 213) — Uruguay v. 12./2. 80 (R.G.Bl. 1883 S. 287) — Serbien v. 6./1. 83 (R.G.Bl. 70) Art. XXV — Niederlanden v. 31./12. 96 (R.G.Bl. 1897 S. 731) — deren Kolonien v. 21./9. 97 (R.G.Bl. 747) — Griechenland v. 12./3., 27./2. 07 (R.G.Bl. 545), 17. 30./5. 07 (R.G.Bl. 558). Vgl. auch Vertrag für Elsaß-Lothringen mit Frankreich v. 11./12. 71 (R.G.Bl. 1872 S. 7, Art. 18 Abs. 4). — Außerdem gelten auch noch die von den einzelnen deutschen Staaten abgeschlossenen Auslieferungsverträge, soweit nicht das Reich selbst mit dem betreffenden auswärtigen Staate einen Ausl.-Vertrag abgeschlossen hat.

[4] Verfahren bei Auslieferungen: vgl. die in der Anm. zum 13. Titel des G.V.G. aufgeführten, im preuß. J.M.Bl. veröffentlichten nichtamtlichen Darstellungen über das Verfahren bei Auslieferungen und die ergangenen J.V. daselbst.

319. Gegen einen Abwesenden kann eine Hauptverhandlung nur dann[1] stattfinden, wenn die den Gegenstand der Untersuchung bildende That nur mit Geldstrafe[2] oder Einziehung, allein oder in Verbindung miteinander, bedroht ist.

Für das Verfahren kommen die Vorschriften der §§. 320—326 zur Anwendung.[3]

[1] Außerdem § 470. — Im übrigen vgl. § 327.

[2] wenn auch für den Unvermögensfall Freiheitsstrafe angedroht ist. E. XX. 290.

[3] Soweit diese nichts bestimmen, gelten die allg. Vorschriften.

1. Ladung des Abwesenden.

320. Die Ladung des Angeklagten zur Hauptverhandlung ist im Falle, daß sein Aufenthalt unbekannt ist oder die Befolgung der für Zustellungen im Auslande[1] bestehenden Vorschriften unausführbar oder voraussichtlich erfolglos[2] erscheint, in einer beglaubigten Abschrift an die Gerichtstafel bis zum Tage der Hauptverhandlung anzuheften. Außerdem ist ein Auszug der Ladung in das für amtliche Bekanntmachungen des betreffenden Bezirks[3] bestimmte Blatt und nach Ermessen des Gerichts[4] auch in ein anderes Blatt dreimal einzurücken. Zwischen dem Tage der letzten Bekanntmachung und dem Tage der Hauptverhandlung muß eine Frist von mindestens einem Monate liegen.

[1] §§ 199—202 Z.P.O. in Anm. 1 zu § 37.

[2] Vgl. E. XXXII. 336.

[3] Des Sitzes des Gerichts, nicht etwa des letzten Wohnsitzes des Angeklagten. E. XXXIX. 20.

[4] Die Ausführung der Ladung erfolgt durch die Staatsanwaltschaft. § 123.

321. Die Ladung muß enthalten:

die Angabe des Namens und, soweit dies bekannt, des Vornamens, Alters, Standes, Gewerbes und Wohnorts oder Aufenthaltsorts des Angeklagten,

die Bezeichnung der dem Angeklagten zur Last gelegten strafbaren Handlung, sowie die Angabe des Tages und der Stunde der Hauptverhandlung.

Zugleich ist die Warnung hinzuzufügen, daß bei unentschuldigtem Ausbleiben des Angeklagten zur Hauptverhandlung werde geschritten werden.

2. Vertheidigung des Abwesenden.

322. In der Hauptverhandlung kann für den Angeklagten ein Vertheidiger auftreten. Auch Angehörige[1] des ersteren sind, ohne daß sie einer Vollmacht bedürfen, als Vertreter zuzulassen.

[1] im weitesten Sinne; nicht bloß die St.G.B. § 52 Genannten.

3. Zustellung des Urtheils.

323. Die Zustellung des Urtheils erfolgt nach Maßgabe der Bestimmungen des §. 40 Abs. 2.[1]

[1] Stets: auch wenn anderweite Zustellung ausführbar wäre.

4. Rechtsmittel.

324. Die im §. 322 bezeichneten Personen können von den dem Beschuldigten zustehenden Rechtsmitteln Gebrauch machen.[1]

[1] Soweit sie nicht zu den § 340 bezeichneten Personen gehören, nur auf Grund vermuteter Vollmacht, nicht selbständig.

5. Beschlagnahme des Vermögens.

325. Insoweit es nach dem Ermessen des Richters zur Deckung[1] der den Angeschuldigten[2] möglicherweise treffenden höchsten Geldstrafe und der Kosten des Verfahrens erforderlich ist, können einzelne zum Vermögen des Angeschuldigten gehörige Gegenstände mit Beschlag belegt werden. Auf diese Beschlagnahme finden die Bestimmungen der Civilprozeßordnung über die Vollziehung und die Wirkungen des dinglichen Arrestes[3] entsprechende Anwendung. Die Beschlagnahme ist aufzuheben, wenn der Grund derselben weggefallen ist.

[1] Während die Beschlagnahme der §§ 325, 326 die Sicherung der

Exekution im Falle der Verurteilung bezweckt, soll die Beschlagnahme der §§ 332 ff. ein Zwangsmittel zur Gestellung des Angeschuldigten sein. Bericht der Reichstags-Justiz-Komm. S. 82. Ml. 191. — Vgl. auch § 480.

[2] § 155. Die öffentliche Klage muß also erhoben sein.

[3] §§ 928—932 in Verbindung mit §§ 803 ff. Z.P.O.

326. Insoweit eine Deckung in Gemäßheit der vorstehenden Bestimmung nicht ausführbar erscheint, kann durch Beschluß des Gerichts das im Deutschen Reich befindliche Vermögen des Angeschuldigten mit Beschlag belegt werden. Der Beschluß ist durch den Deutschen Reichsanzeiger und nach Ermessen des Gerichts auch durch andere Blätter zu veröffentlichen.

Verfügungen, welche der Angeschuldigte über sein mit Beschlag belegtes Vermögen nach der ersten durch den Deutschen Reichsanzeiger bewirkten Veröffentlichung des Beschlusses vornimmt, sind der Staatskasse gegenüber nichtig.

Die Beschlagnahme des Vermögens ist aufzuheben, sobald der Grund derselben weggefallen oder die Deckung der Staatskasse durch eine Beschlagnahme in Gemäßheit des §. 325 bewirkt ist.

Die Aufhebung der Beschlagnahme ist durch dieselben Blätter bekannt zu machen, durch welche die Beschlagnahme veröffentlicht worden ist.

II. Zulässigkeit des Verfahrens zur Sicherung der Beweise.

327. In anderen als den im §. 319 bezeichneten Fällen findet gegen einen Abwesenden eine Hauptverhandlung nicht statt.[1] Das gegen den Abwesenden eingeleitete Verfahren hat die Aufgabe, für den Fall seiner künftigen Gestellung die Beweise zu sichern.

Für dieses Verfahren gelten die Bestimmungen der §§. 328—336.

[1] Vgl. jedoch Anm. 1 zu § 319.

1. Vertheidigung des Abwesenden.

328. Die Zulassung eines Vertheidigers[1] wird durch die Abwesenheit des Beschuldigten nicht ausgeschlossen. Zur Wahl eines Vertheidigers sind auch Angehörige[2] des Beschuldigten befugt.[3]

Zeugen und Sachverständige sind eidlich[4] zu vernehmen.

[1] Derselbe hat sich jedoch den allgemeinen Vorschriften entsprechend zu legitimieren. [2] Anm. 1 zu § 322.

[3] Darauf beschränkt sich im Gegensatz zu § 322 ihr Recht.

[4] Modifikation des § 65, nicht aber natürlich der §§ 56, 57.

2. Benachrichtigung.

329. Dem abwesenden Beschuldigten steht ein Anspruch auf Benachrichtigung über den Fortgang des Verfahrens[1] nicht zu.[2]

Der Richter ist jedoch befugt, einem Abwesenden, dessen Aufenthalt bekannt ist, Benachrichtigungen zugehen zu lassen.

[1] Vgl. z. B. §§ 167, 191, 195 Abs. 3.

[2] Wohl aber dem etwa bestellten Vertheidiger. § 328.

330. Der Abwesende, dessen Aufenthalt unbekannt ist, kann in öffentlichen Blättern zum Erscheinen vor Gericht oder zur Anzeige seines Aufenthaltsorts aufgefordert werden.

3. Beweisaufnahme.

331. Stellt sich erst nach Eröffnung des Hauptverfahrens die Abwesenheit des Angeklagten heraus, so erfolgen die noch erforderlichen Beweisaufnahmen durch einen beauftragten oder ersuchten Richter.[1]

[1] Nicht etwa in der bereits anberaumten Hauptverhandlung. Vgl. § 203, der auch nach Eröffnung des Hauptverfahrens anwendbar bleibt. Vgl. dazu § 336 Abs. 2.

III. Maßregeln behufs Gestellung des Abwesenden.

1. Beschlagnahme des Vermögens.

332.[1] Liegen gegen den Abwesenden, gegen welchen die öffentliche Klage erhoben ist, Verdachtsgründe vor, welche die Erlassung eines Haftbefehls rechtfertigen würden,[2] so kann sein im Deutschen Reich befindliches Vermögen durch Beschluß des Gerichts mit Beschlag belegt werden.

Die im vorstehenden Absatze bezeichnete Beschlagnahme findet in Sachen, welche zur Zuständigkeit der Schöffengerichte gehören,[3] nicht statt.

[1] Vgl. Anm. 1 zu § 325.

[2] §§ 112, 113. Daß der Haftbefehl erlassen, ist nicht erforderlich.

[3] § 27 u. (vgl. Prot. 1091 ff.) § 29 G.V.G.

333. Der die Beschlagnahme verhängende Beschluß ist durch den Deutschen Reichsanzeiger bekannt zu machen und kann nach dem Ermessen des Gerichts auch durch andere Blätter veröffentlicht werden.

334. Mit dem Zeitpunkte der ersten Bekanntmachung in dem Deutschen Reichsanzeiger verliert der Angeschuldigte das Recht, über das in Beschlag genommene Vermögen unter Lebenden zu verfügen.

Der die Beschlagnahme verhängende Beschluß ist derjenigen Behörde mitzutheilen, welche für die Einleitung einer Vormundschaft[1] über Abwesende zuständig ist.[2] Diese Behörde hat eine Güterpflege einzuleiten.

[1] jetzt Pflegschaft § 1911 B.G.B.

[2] §§ 35, 39 des G. über freiw. Gerichtsbarkeit v. 17./5. 98 (R.G.Bl. 189 — neue Fassung: S. 771).

335. Die Beschlagnahme ist aufzuheben, wenn die Gründe[1] derselben weggefallen sind.

Die Aufhebung der Beschlagnahme ist durch dieselben Blätter bekannt zu machen, durch welche die Beschlagnahme selbst veröffentlicht worden war.

[1] §§ 318, 332.

336. Auf das nach Erhebung der öffentlichen Klage eintretende Verfahren finden im Uebrigen die Vorschriften über die Voruntersuchung entsprechende Anwendung.[1]

In dem nach Beendigung dieses Verfahrens ergehenden Beschlusse (§. 196) ist zugleich über die Fortdauer oder Aufhebung der Beschlagnahme zu entscheiden.[2]

[1] Im Fall einer Vermögensbeschlagnahme, die hier vorausgesetzt wird, ist also die Voruntersuchung über den im § 327 bezeichneten Zweck auszudehnen mit Rücksicht auf die mögliche Anwendbarkeit des § 202.

[2] Auch im Fall, daß § 203 Anwendung findet.

3. Sicheres Geleit.

337. Das Gericht[1] kann einem abwesenden Beschuldigten sicheres Geleit ertheilen; es kann diese Ertheilung an Bedingungen knüpfen.

Das sichere Geleit gewährt Befreiung von der Untersuchungshaft, jedoch nur in Ansehung derjenigen strafbaren Handlung, für welche dasselbe ertheilt ist.

Es erlischt, wenn ein auf Freiheitsstrafe lautendes Urtheil ergeht, wenn der Beschuldigte Anstalten zur Flucht trifft, oder wenn er die Bedingungen nicht erfüllt, unter welchen ihm das sichere Geleit ertheilt worden ist.

[1] Die Strafkammer, nicht der Untersuchungsrichter. Vgl. § 124.

Drittes Buch.

Rechtsmittel.

Erster Abschnitt.

Allgemeine Bestimmungen.

Befugnis zur Einlegung eines Rechtsmittels.

338. Die zulässigen Rechtsmittel [1] gegen gerichtliche Entscheidungen [2] stehen sowohl der Staatsanwaltschaft als dem Beschuldigten [3] zu.[4]

Die Staatsanwaltschaft [5] kann von denselben [6] auch zu Gunsten des Beschuldigten Gebrauch machen.[7]

[1] Nach dem Sprachgebrauch der St.P.O. nur: Beschwerde, Berufung und Revision.

[2] Für die Frage, welches das zulässige Rechtsmittel ist, ist die Form, nicht der Inhalt der Entscheidung maßgebend. E. XXIII. 156. XXXII. 92. R. IV. 322.

[3] soweit er nicht freigesprochen ist. E. IV. 355. XIII. 324. R. III. 380.

[4] Außerdem: §§ 340, 346 Abs. 2, 430, 441, 466, 479. Vgl. auch §§ 324, 339. Ferner E. VII. 410. XIII. 211.

[5] Auch der Privatkläger, der Nebenkläger und die Verwaltungsbehörde und zwar sowohl im Fall des § 464 als des § 467. E. XXII. 400.

[6] Nicht auch von dem Antrag auf Wiedereinsetzung i. d. v. St.; vgl. Anm. 1. E. XXII. 31.

[7] Innerhalb der für sie laufenden Frist. Vgl. auch R. IV. 889.

339. Für den Beschuldigten kann der Vertheidiger,[1] jedoch nicht gegen dessen ausdrücklichen Willen, Rechtsmittel einlegen.[2]

[1] Nicht auch ein anderer Rechtsanwalt (d. h. ohne Vollmacht). E. I. 71. R. I. 237. Vollmacht nach Ablauf der Rechtsmittelfrist genügt nicht, aber der Nachweis, die Vorlegung der Vollmacht

kann auch nach Ablauf der Frist erfolgen. E. XXI. 125. Als Verteidiger muß er früher aufgetreten oder jetzt legitimiert sein. Vgl. E. XVIII. 346. XXVIII. 430.

[3] Ohne Vollmacht. — Vgl. auch § 344 Abs. 2.

340. Der gesetzliche Vertreter[1] eines Beschuldigten, desgleichen der Ehemann einer beschuldigten Frau können binnen der für den Beschuldigten laufenden Frist[2] selbstständig[3] von den zulässigen Rechtsmitteln[4] Gebrauch machen.

Auf ein solches Rechtsmittel und auf das Verfahren finden die über die Rechtsmittel des Beschuldigten geltenden Vorschriften entsprechende Anwendung.

[1] Vgl. Anm. 6 zu § 137. [2] Vgl. jedoch Anm. 2 zu § 268.

[3] Also auch gegen den Willen und nach Verzicht des Beschuldigten. E. V. 50. R. III. 607. [4] Nicht auch § 386 Abs. 2. E. XXXVIII. 9.

341. Der nicht auf freiem Fuße befindliche Beschuldigte kann die Erklärungen, welche sich auf Rechtsmittel beziehen, zu Protokoll des Gerichtsschreibers desjenigen Gerichts geben, in dessen Gefängniß er sich befindet, und falls das Gefängniß kein gerichtliches ist, desjenigen Amtsgerichts, in dessen Bezirke das Gefängniß liegt.[1]

Zur Wahrung einer Frist genügt es, wenn innerhalb derselben das Protokoll aufgenommen wird.

[1] Abweichung von § 355 Abs. 1, § 385 Abs. 2.

342. Ein Irrthum in der Bezeichnung des zulässigen Rechtsmittels ist unschädlich.

343. Jedes von der Staatsanwaltschaft[1] eingelegte Rechtsmittel hat die Wirkung, daß die angefochtene Entscheidung auch zu Gunsten des Beschuldigten abgeändert oder aufgehoben werden kann.[2]

[1] Auch vom Privatkläger. § 430. Dasselbe muß vom Nebenkläger und der strafverfolgenden Verwaltungsbehörde (vgl. § 466) gelten.

[2] Unter Beachtung der §§ 368, 392. Ein nachträglicher Anschluß an die Revision der Staatsanwaltschaft ist nicht zulässig. E. I. 194.

Zurücknahme eines Rechtsmittels und Verzicht.

344. Die Zurücknahme eines Rechtsmittels[1] sowie der Verzicht[2] auf die Einlegung eines Rechtsmittels kann auch vor Ablauf[3] der Frist zur Einlegung desselben wirksam[4] erfolgen.[5] Ein von der Staatsanwaltschaft zu Gunsten des Beschuldigten eingelegtes Rechtsmittel kann jedoch ohne dessen Zustimmung nicht zurückgenommen werden.

Der Vertheidiger bedarf zur Zurücknahme einer ausdrücklichen Ermächtigung.[6]

[1] Bedingte Erklärungen über Rechtsmittel sind wirkungslos. R. III. 490.

[2] Zur Wirksamkeit derselben ist erforderlich, daß die Erklärungen dem Gerichte gegenüber erfolgt bzw. an dasselbe gelangt sind. E. I. 92. R. I. 301. Vgl. auch R. VI. 63.

[3] Aber nicht vor Beginn der Frist, d. h. vor ordnungsmäßiger Publikation bzw. Zustellung des Urteils. E. I. 192. II. 78. R. I. 323. II. 3.

[4] Widerruf ist daher auch innerhalb der Frist nicht statthaft. E. II. 78. R. II. 3.

[5] Auch zu dem Protokoll über die Hauptverhandlung, auf welchem Vermerk die Vermutung des § 274 übrigens nicht Platz greift. E. XXXX. 133.

[6] Kosten der Zurücknahme: § 505 u. G.K.G. § 76.

345. Wenn die Entscheidung über das Rechtsmittel auf Grund mündlicher Verhandlung stattzufinden hat, so kann die Zurücknahme nach Beginn der Hauptverhandlung[1] nur mit Zustimmung des Gegners erfolgen.

[1] §§ 365, 391.

Zweiter Abschnitt.

Beschwerde.

1. Zulässigkeit der Beschwerde.

346. Die Beschwerde ist gegen alle von den Gerichten in erster Instanz oder in der Berufungsinstanz[1] erlassenen Beschlüsse[2] und gegen die Verfügungen des Vorsitzenden, des Untersuchungsrichters, des Amtsrichters und eines beauftragten oder ersuchten Richters zulässig, soweit das Gesetz dieselben nicht ausdrücklich einer Anfechtung entzieht.[3]

Auch Zeugen, Sachverständige und andere Personen können gegen Beschlüsse und Verfügungen,[4] durch welche sie betroffen werden, Beschwerde erheben.

Gegen Beschlüsse und Verfügungen der Oberlandesgerichte[5] und des Reichsgerichts findet eine Beschwerde nicht statt.[6] [7]

[1] d. h. während eine Berufung schwebt, von dem Berufungsgericht.

[2] Formeller Beschluß nicht erforderlich; jede Maßnahme.

[3] G.V.G. §§ 41, 52 Abs. 4, 53 Abs. 2, 75 Abs. 2, 94 Abs. 1. — St.P.O. §§ 28 Abs. 1, 2, 46 Abs. 2, 180 Abs. 2, 199 Abs. 3, 200 Abs. 2, 209 Abs. 1, 270 Abs. 3, 279 Abs. 2, 388 Abs. 2. — Preßg. § 25. — Vgl. auch Abs. 3 dieses § 346, § 347 u. § 352.

[4] Gegen Urteile nur Berufung bezw. Revision.

[5] Ausnahme: § 160 G.V.G.

[6] Auch wenn das Oberlandesgericht unzuständig gewesen sein sollte. E. XXXII. 89.

[7] Gebühren: §§ 66, 67, 68 G.K.G.

347. Entscheidungen der erkennenden Gerichte,[1] welche der Urtheilsfällung vorausgehen, unterliegen nicht der Beschwerde. Ausgenommen sind Entscheidungen über Verhaftungen,[2] Beschlagnahmen oder Straffestsetzungen, sowie alle Entscheidungen, durch welche dritte Personen betroffen werden.

[1] d. s. die nach Eröffnung des Hauptverfahrens (§ 201) erlassenen, einschließlich derjenigen, welche der Vorsitzende an Stelle des erkennenden Gerichts (§§ 218—220) erläßt. Vgl. N. 198.

[2] Nicht aber die Maßregel des § 81; vgl. Anm. 5 a. E. das.

Verfahren.

348. Die Beschwerde wird bei demjenigen Gerichte, von welchem oder von dessen Vorsitzenden die angefochtene Entscheidung erlassen ist, zu Protokoll des Gerichtsschreibers oder schriftlich[1] eingelegt.[2] Sie kann in dringenden Fällen auch bei dem Beschwerdegericht[3] eingelegt werden.[4]

Erachtet das Gericht oder der Vorsitzende, dessen Entscheidung angefochten wird, die Beschwerde für begründet, so haben sie derselben abzuhelfen; anderenfalls ist die Beschwerde sofort, spätestens vor Ablauf von drei Tagen[5], dem Beschwerdegerichte vorzulegen.[6]

Die vorstehenden Bestimmungen finden auch auf die Entscheidungen des Amtsrichters im Vorverfahren, des beauftragten oder ersuchten Richters und des Untersuchungsrichters Anwendung.

[1] d. i. auch durch Telegramm. E. IX. 38. R. V. 480. Vgl. auch E. VIII. 92. R. V. 161. Nicht durch Telephon. Vgl. E. XXXVIII. 282.

[2] Sie kann auf rechtliche, wie auf tatsächliche Gründe gestützt werden. Neues ist nicht ausgeschlossen.

[3] Strafkammer des Landgerichts: G.V.G. § 72 (vgl. § 77: drei Mitglieder), Strafsenat des Oberlandesgerichts: § 123 Nr. 5, s. auch G.V.G. § 183 Abs. 3 u. preuß. Ausf.G. v. 24./4. 78 (G.S. 230) § 50 Kammergericht.

[4] Eine Frist gilt nur für § 353.

[5] Instruktionell.

[6] Auch im Fall der Unzulässigkeit der Beschwerde. Anm. 3 zu § 346.

349. Durch Einlegung der Beschwerde wird der Vollzug der angefochtenen Entscheidung nicht gehemmt.[1]

Jedoch kann das Gericht, der Vorsitzende oder der Richter, dessen Entscheidung angefochten wird, sowie auch das Beschwerdegericht anordnen, daß die Vollziehung der angefochtenen Entscheidung auszusetzen sei.[2]

[1] Ausnahmen: § 81 u. G.V.G. § 193 Abs. 2.

[2] S. jedoch § 123 Abs. 2.

350. Das Beschwerdegericht kann dem Gegner des Beschwerdeführers die Beschwerde zur schriftlichen Gegenerklärung mittheilen; es kann etwa erforderliche Ermittelungen anordnen oder selbst vornehmen.

351. Die Entscheidung über die Beschwerde erfolgt ohne vorgängige mündliche Verhandlung,[1] in geeigneten Fällen nach Anhörung der Staatsanwaltschaft.[2]

Wird die Beschwerde für begründet erachtet, so erläßt das Beschwerdegericht zugleich die in der Sache erforderliche Entscheidung.[3]

[1] S. jedoch § 122 Abs. 2.

[2] des Beschwerdegerichts.

[3] Vgl. jedoch E. XIX. 333, insb. 337.

2. Weitere Beschwerde.

352. Beschlüsse, welche von dem Landgericht in der Beschwerdeinstanz[1] erlassen sind, können, insofern sie Verhaftungen[2] betreffen, durch weitere Beschwerde angefochten werden.

Im Uebrigen findet eine weitere Anfechtung der in der Beschwerdeinstanz ergangenen Entscheidungen nicht statt.

[1] § 72 G.V.G.

[2] §§ 112—132.

3. Sofortige Beschwerde.

353. Für die Fälle der sofortigen Beschwerde[1] gelten die nachfolgenden besonderen Bestimmungen.[2]

Die Beschwerde ist binnen der Frist von einer Woche,[3] welche mit der Bekanntmachung (§. 35) der Entscheidung beginnt, einzulegen.[4] Die Einlegung bei dem Beschwerdegerichte genügt zur Wahrung der Frist, auch wenn der Fall für dringlich nicht erachtet wird.[5]

Das Gericht ist zu einer Abänderung seiner durch Beschwerde angefochtenen[6] Entscheidung nicht befugt.[7]

[1] §§ 28, 46, 81, 122, 180, 181, 199, 209, 270, 363, 412, 455, 461, 463, 494, 501. Vgl. auch § 183 G.V.G.

[2] Im übrigen die sonstigen Bestimmungen dieses Abschnitts.

[3] § 43.

[4] Auch bei Nichteinhaltung der Frist ist die Beschwerde dem Beschwerdegericht vorzulegen. Vgl. Anm. 6 zu § 348.

[5] Vgl. auch § 341. [6] bezw. anfechtbaren. M. 200.

[7] Vgl. jedoch E. XXXVII. 112, wo die Wiederaufhebung eines von einem sachlich unzuständigen Gericht erlassenen Beschlusses durch dasselbe Gericht für zulässig erachtet ist.

Dritter Abschnitt.

Berufung.

1. Zulässigkeit.

354. Die Berufung findet statt gegen die Urtheile der Schöffengerichte.[1]

[1] Auch gegen die Urteile des Amtsrichters ohne Zuziehung von Schöffen: § 211 Abs. 2. Preuß. Forstdiebstahlsg. v. 15./4. 78 (G.S. 222) §§ 19, 20, 31.

2. Einlegung.

355. Die Berufung muß bei dem Gerichte erster Instanz[1] binnen einer Woche[2] nach Verkündung des Urtheils zu Protokoll des Gerichtsschreibers[3] oder schriftlich[4] eingelegt[5] werden.[6]

Hat die Verkündung des Urtheils nicht in Anwesenheit des Angeklagten stattgefunden,[7] so beginnt für diesen die Frist mit der Zustellung.[8]

[1] zu Händen des zur Präsentation zuständigen Beamten innerhalb der Frist. E. X. 74. XXII. 124. Vgl. auch Anm. 1 zu § 44.

[2] § 43.

[3] Begriff: E. XXXII. 277. Sieh' aber auch das. l. c. u. R. II. 662. — Eine in der Sitzung nach Verkündigung des Urteils erklärte Einlegung der Berufung braucht der Gerichtsschreiber nicht aufzunehmen. E. XXIV. 355.

[4] d. i. auch durch Telegramm. E. IX. 38. R. V. 480. Vgl. auch E. VIII. 92. R. V. 161. Dagegen früher R. I. 266. III. 201, auch E. IV. 59. Aber nicht durch Telephon. E. XXXVIII. 282.

[5] Falls die Einlegung durch dritte, wenn auch durch einen Rechtsanwalt, erfolgt, Vollmacht erforderlich; Nachweis der Vollmacht auch nach Ablauf der Frist noch zulässig. E. XXI. 125. XXIX. 257.

[6] Vgl. § 341 hinsichtlich des verhafteten Angeklagten.

[7] Gleichgültig, ob ein Vertreter desselben anwesend war.

[8] Zustellung also in diesem Falle unumgänglich behufs Eintritts der Rechtskraft. Verzicht unzulässig. Zustellung an den Verteidiger genügt nicht. E. XIX. 390.

356. Der Beginn der Frist zur Einlegung der Berufung wird dadurch nicht ausgeschlossen, daß gegen ein auf Ausbleiben des Angeklagten ergangenes Urtheil eine Wiedereinsetzung in den vorigen Stand nachgesucht werden kann.[1]

Stellt der Angeklagte ein Gesuch um Wiedereinsetzung in den vorigen Stand, so wird die Berufung dadurch gewahrt, daß sie sofort für den Fall der Verwerfung jenes Gesuchs rechtzeitig eingelegt wird. Die weitere Verfügung in Bezug auf die Berufung bleibt dann bis zur Erledigung des Gesuchs um Wiedereinsetzung in den vorigen Stand ausgesetzt.

Die Einlegung der Berufung ohne Verbindung mit dem Gesuch um Wiedereinsetzung in den vorigen Stand gilt als Verzicht auf die letztere.

[1] §§ 234, 44 ff.

357. Durch rechtzeitige Einlegung der Berufung wird

die Rechtskraft des Urtheils, soweit dasselbe angefochten ist,[1] gehemmt.[2]

Dem Beschwerdeführer,[3] welchem das Urtheil mit den Gründen[4] noch nicht zugestellt war, ist dasselbe nach Einlegung der Berufung sofort zuzustellen.[5]

[1] §§ 359, 368. [2] Vgl. jedoch § 123 Abs. 2.

[3] d. i. der Angeklagte selbst, auch wenn der Verteidiger die Berufung einlegt; nur auf ausdrücklichen, auch von letzterem selbst gestellten Antrag ist diesem zuzustellen. Gleichwohl bleibt auch die Zustellung an den Angeklagten selbst gültig. E. VI. 93. R. IV. 830. VI. 32.

[4] Daher auch im Fall des § 40 Schlußsatz noch erneute Zustellung erforderlich. [5] Zustellung an die Staatsanwaltschaft: § 41.

3. Rechtfertigung.

358. Die Berufung kann[1] binnen einer weiteren Woche[2] nach Ablauf der Frist zur Einlegung des Rechtsmittels oder, wenn zu dieser Zeit das Urtheil noch nicht zugestellt war, nach dessen Zustellung bei dem Gericht erster Instanz zu Protokoll des Gerichtsschreibers oder in einer Beschwerdeschrift gerechtfertigt werden.

[1] Also nicht notwendig, vgl. § 359.

[2] Die Nichtbeachtung der Frist hat eine Präklusion nicht zur Folge; es müssen auch verspätete Eingaben geprüft werden.

359. Die Berufung kann auf bestimmte Beschwerdepunkte beschränkt werden.[1] Ist dies nicht geschehen oder eine Rechtfertigung überhaupt nicht erfolgt, so gilt der ganze Inhalt des Urtheils als angefochten.[2]

[1] Auch nachträglich. Vgl. § 344. [2] Vgl. § 368.

360. Ist die Berufung verspätet eingelegt, so hat das Gericht erster Instanz[1] das Rechtsmittel als unzulässig zu verwerfen.[2]

Der Beschwerdeführer kann binnen einer Woche nach

Zustellung des Beschlusses auf die Entscheidung des Berufungsgerichts[3] antragen.[4] In diesem Falle sind die Akten an das Berufungsgericht einzusenden; die Vollstreckung des Urtheils wird jedoch hierdurch nicht gehemmt.

[1] Der Amtsrichter. § 30 Abs. 2 G.V.G.

[2] Gebühren: § 66 Nr. 2 G.K.G.

[3] Strafkammer des Landgerichts. § 76 G.V.G.

[4] Da dieser Antrag nicht als Beschwerde gilt, so ist Beschwerde gegen den darauf ergehenden Beschluß zulässig, und zwar sofortige, vgl. § 363.

361. Ist die Berufung rechtzeitig eingelegt, so hat nach Ablauf der Frist zur Rechtfertigung der Gerichtsschreiber ohne Rücksicht darauf, ob eine Rechtfertigung stattgefunden hat oder nicht, die Akten der Staatsanwaltschaft vorzulegen. Diese[1] stellt, wenn die Berufung von ihr eingelegt ist, dem Angeklagten die Schriftstücke über Einlegung und Rechtfertigung der Berufung zu.[2]

[1] Preuß. J.V. v. 11./2. 80 (J.M.Bl. 33): einschließlich der Amtsanwaltschaft. [2] Vgl. § 430 Abs. 3 für die Privatklagen.

362. Die Staatsanwaltschaft übersendet die Akten an die Staatsanwaltschaft bei dem Berufungsgerichte. Diese übergiebt[1] die Akten binnen einer Woche[2] dem Vorsitzenden des Gerichts.

[1] Falls nicht sie die Berufung zurücknimmt. Vgl. § 146 G.V.G.

[2] Instruktionell.

4. Verfahren vor dem Berufungsgericht.

363. Erachtet das Berufungsgericht die Bestimmungen über die Einlegung der Berufung nicht für beobachtet, so kann es das Rechtsmittel durch Beschluß[1] als unzulässig verwerfen.[2] Anderenfalls entscheidet es über dasselbe durch Urtheil.

Der Beschluß kann durch sofortige Beschwerde[3] angefochten werden.

[1] in beratender Sitzung; in der Hauptverhandlung nur durch Urteil.

[2] Gebühren: § 66 Nr. 2 G.K.G. [3] § 353.

364. Auf die Vorbereitung der Hauptverhandlung finden die Vorschriften der §§. 213, 215—224 Anwendung.[1] In der Ladung ist der Angeklagte auf die Folgen des Ausbleibens[2] ausdrücklich hinzuweisen.

Die Ladung der in erster Instanz vernommenen Zeugen und Sachverständigen kann nur dann unterbleiben, wenn deren wiederholte Vernehmung[3] zur Aufklärung der Sache nicht erforderlich erscheint.

Neue Beweismittel[4] sind zulässig.

Bei der Auswahl der zu ladenden Zeugen und Sachverständigen ist auf die von dem Angeklagten zur Rechtfertigung der Berufung benannten Personen Rücksicht zu nehmen.

[1] Wie die §§ 364—373 ergeben, ist die Berufung grundsätzlich judicium novum. Der Berufungsrichter hat aus eigener Überzeugung selbständig auch über die Schuldfrage zu entscheiden, nur eingeschränkt durch § 368.

[2] § 370, s. auch § 371. [3] Vgl. § 366.

[4] und Tatsachen. Vgl. Anm. 1.

365. Nachdem die Hauptverhandlung nach Vorschrift des §. 242 Abs. 1 begonnen hat, hält ein Berichterstatter in Abwesenheit der Zeugen einen Vortrag über die Ergebnisse des bisherigen Verfahrens.[1] Das Urtheil erster Instanz ist stets zu verlesen.

Sodann erfolgt die Vernehmung des Angeklagten[2] und die Beweisaufnahme.[3]

[1] nicht bloß der schöffengerichtlichen Hauptverhandlung.

[2] Nach Maßgabe des § 242 Abs. 2, 3 (§ 373).

[3] Nach Maßgabe der §§ 243 ff., soweit nicht § 366 Abänderungen aufstellt (§ 373).

366. Bei der Berichterstattung und der Beweisaufnahme können Schriftstücke verlesen werden;[1] Protokolle über Aussagen der in der Hauptverhandlung erster Instanz vernommenen Zeugen und Sachverständigen dürfen, abgesehen von den Fällen der §§. 250, 252 ohne die Zustimmung der Staatsanwaltschaft und des Angeklagten nicht verlesen werden, wenn die wiederholte Vorladung der Zeugen oder Sachverständigen erfolgt ist oder von dem Angeklagten rechtzeitig[2] vor der Hauptverhandlung beantragt worden war.

[1] Nur innerhalb der Grenzen der §§ 248—255, soweit nicht die fernere Bestimmung dieses § eine Erweiterung statuiert.

[2] d. h. so, daß die Ladung noch ausführbar war.

367. Nach dem Schlusse der Beweisaufnahme werden die Staatsanwaltschaft sowie der Angeklagte und sein Vertheidiger mit ihren Ausführungen und Anträgen, und zwar der Beschwerdeführer zuerst, gehört. Dem Angeklagten gebührt das letzte Wort.

368. Der Prüfung des Gerichts unterliegt das Urtheil nur, soweit dasselbe angefochten ist.[1]

[1] §§ 357 Abs. 1, 359.

369. Insoweit die Berufung für begründet befunden wird,[1] hat das Berufungsgericht unter Aufhebung des Urtheils in der Sache selbst zu erkennen.

Leidet das Urtheil an einem Mangel, welcher die Revision wegen Verletzung einer Rechtsnorm über das

Verfahren[2] begründen würde, so kann das Berufungsgericht unter Aufhebung des Urtheils die Sache, wenn die Umstände des Falles es erfordern, zur Entscheidung an die erste Instanz zurückverweisen.

Hat das Gericht erster Instanz mit Unrecht seine Zuständigkeit angenommen, so hat das Berufungsgericht unter Aufhebung des Urtheils die Sache an das zuständige Gericht zu verweisen[3] oder, wenn es selbst in erster Instanz zuständig ist, zu erkennen.[4] [5]

[1] Vgl. § 262. [2] § 377, aber auch § 376. Vgl. auch § 378.

[3] Durch Urteil im Gegensatze zu § 270.

[4] sollten für diesen Fall auch zwei weitere Richter (vgl. § 77 G.V.G.) zugezogen werden müssen. E. VI. 309. Das Verfahren alsdann erster Instanz, so daß die besonderen Vorschriften der §§ 364 ff., auch des § 370 und § 380 unanwendbar, E. IX. 282. XX. 390. R. V. 731, auch für die Revision natürlich das Reichsgericht zuständig ist. Entsch. d. Kammergerichts III. 231. E. XX. 390. XXII. 113.

[5] Gebühren für die Berufung: § 65 G.K.G.

370. Ist bei dem Beginne der Hauptverhandlung weder der Angeklagte, noch in den Fällen, wo solches zulässig,[1] ein Vertreter desselben erschienen und das Ausbleiben nicht genügend entschuldigt,[2] so ist, insoweit der Angeklagte die Berufung eingelegt hat, dieselbe sofort zu verwerfen[3], insoweit die Staatsanwaltschaft die Berufung eingelegt hat, über diese zu verhandeln oder die Vorführung oder Verhaftung des Angeklagten anzuordnen.

Der Angeklagte kann binnen einer Woche nach der Zustellung des Urtheils die Wiedereinsetzung in den vorigen Stand unter den in den §§. 44, 45 bezeichneten Voraussetzungen beanspruchen.

[1] § 233 und Anm. 1 u. 3 daselbst.

[2] Vgl. den auch hier anwendbaren (§ 373) § 232.

[3] Gebühren: § 65 Abs. 3 G.K.G.

371. Ist von einer der im §. 340 bezeichneten Personen die Berufung eingelegt worden, so hat das Gericht auch den Angeklagten zu der Hauptverhandlung vorzuladen und kann ihn bei seinem Ausbleiben zu derselben zwangsweise vorführen lassen.

5. Verbot der reformatio in pejus.

372. War das Urtheil nur von dem Angeklagten oder zu Gunsten desselben von der Staatsanwaltschaft oder von einer der im §. 340 bezeichneten Personen angefochten worden, so darf das Urtheil nicht zum Nachtheile des Angeklagten abgeändert werden.[1]

[1] Nur in Beziehung auf die Strafe (Buße ist keine Strafe E. XV. 439. R. IX. 279), nicht auch auf die Qualifizierung der Tat, und auch in ersterer Beziehung nur insoweit, daß nicht als Schlußresultat eine höhere Strafe verhängt werden darf. Es kann daher bei einer auf Grund des § 74 St.G.B. verhängten Gesamtstrafe verbleiben, obwohl von einer Straftat freigesprochen wird; allerdings dürfen die Einzelstrafen nicht erhöht werden. Vgl. E. II. 202. XXV. 244. XXVI. 167. R. II. 186. Vgl. auch E. II. 205. III. 319. IX. 324. R. V. 696.

373. Im Uebrigen finden die im sechsten Abschnitte des zweiten Buchs über die Hauptverhandlung gegebenen Vorschriften Anwendung.

Vierter Abschnitt.

Revision.

1. Zulässigkeit.

374. Die Revision findet statt gegen die Urtheile der Landgerichte[1] und der Schwurgerichte.[2]

[1] In erster und zweiter Instanz. §§ 73, 74 u. 76 G.V.G.

[2] § 80 G.V.G.

375. Der Beurtheilung des Revisionsgerichts[1] unterliegen auch diejenigen Entscheidungen, welche dem Urtheile vorausgegangen sind,[2] sofern dasselbe auf ihnen beruht.[3]

[1] Vgl. Anm. 5 zu § 386.

[2] Selbst des Vorverfahrens. Vgl. Prot. 1018. Insbesondere der Eröffnungsbeschluß. E. X. 56. XXXII. 79.

[3] d. h. sofern sie auf das Urteil haben von Einfluß sein können. Vgl. z. B. E. I. 32. 66. 210. R. I. 362. 412 und andererseits E. II. 19. 120. R. II. 104. Eröffnungsbeschluß: E. X. 56. R. VI. 61.

2. Begründung.

376. Die Revision kann nur[1] darauf gestützt werden, daß das Urtheil auf einer Verletzung des Gesetzes[2] beruhe.[3]

Das Gesetz ist verletzt, wenn eine Rechtsnorm nicht oder nicht richtig angewendet worden ist.

[1] Eine Beurteilung des Rechtsfalls in tatsächlicher Beziehung ist damit ausgeschlossen. — Bei prozessualen Mängeln ist jedoch eine Prüfung der tatsächlichen Voraussetzungen nicht ausgeschlossen. Vgl. E. IV. 388. VI. 161. VII. 340. XI. 261. XII. 125. XXXI. 232. XXXV. 367. R. III. 481. VI. 331. VII. 198. 259.

[2] Vgl. § 7 E.G. u. Anm. 1 das. Ob das Gesetz materielles Recht oder Prozeßrecht enthält, ist gleichgültig; auch ob es ein inländisches oder ausländisches Gesetz ist. E. X. 385. R. VI. 142. Vgl. jedoch § 380.

[3] Die Gesetzesverletzung muß also mit der Entscheidung in (mindestens möglichem) Zusammenhang stehen. Vgl. z. B. E. I. 32. 210. R. I. 362. V. 653.

377. Ein Urtheil ist stets[1] als auf einer Verletzung des Gesetzes beruhend anzusehen:

1. wenn das erkennende Gericht oder die Geschworenenbank nicht vorschriftsmäßig besetzt[2] war;
2. wenn bei dem Urtheile ein Richter, Geschworener oder Schöffe mitgewirkt hat, welcher von der Ausübung des Richteramts kraft des Gesetzes ausgeschlossen war;[3]

3. wenn bei dem Urtheile ein Richter oder Schöffe mitgewirkt hat, nachdem derselbe wegen Besorgniß der Befangenheit abgelehnt war, und das Ablehnungsgesuch entweder für begründet erklärt war oder mit Unrecht verworfen worden ist;[4]
4. wenn das Gericht seine Zuständigkeit[5] mit Unrecht angenommen hat;
5. wenn die Hauptverhandlung in Abwesenheit der Staatsanwaltschaft oder einer Person, deren Anwesenheit das Gesetz vorschreibt, stattgefunden hat;[6]
6. wenn das Urtheil auf Grund einer mündlichen Verhandlung ergangen ist, bei welcher die Vorschriften über die Oeffentlichkeit des Verfahrens verletzt sind;[7]
7. wenn das Urtheil keine Entscheidungsgründe enthält;[8]
8. wenn die Vertheidigung in einem für die Entscheidung wesentlichen Punkte durch einen Beschluß des Gerichts unzulässig beschränkt worden ist.[9]

[1] Vgl. jedoch §§ 378, 379, 380.

[2] Verletzung der §§ 77, 81, 82 G.V.G., wobei die zum Richter- oder Geschworenenamte absolut Unfähigen (vgl. §§ 2, 10, 84, 85, 32 G.V.G.) nicht mitzählen, ferner auch Verletzung der §§ 87—94 G.V.G., der §§ 280—288 St.P.O. E. V. 21. R. III. 530. — Hinsichtlich der §§ 62—66 G.V.G. vgl. E. I. 238. II. 195. III. 8. 231. XVIII. 9. XIX. 230. XX. 385. R. I. 414. II. 173. 338. 508. X. 432. — Nicht hierher gehört bloße Unaufmerksamkeit, Schlafen oder dergleichen eines Geschworenen oder Richters. E. XXII. 106. XXX. 399 XXXX. 48.

[3] §§ 22, 23, 31, 32.

[4] §§ 24, 31, soweit nicht nach § 28 Abs. 1 sofortige Beschwerde gegeben ist. E. VII. 175. — Prüfung auch in tatsächlicher Beziehung durch das Revisionsgericht. E. VII. 340. XXII. 135. R. IV. 854.

[5] örtliche (vgl. jedoch §§ 16—18 nebst Anm.) und sachliche (vgl. jedoch § 269. E. XVI. 89).

[6] § 225 und Anm. 5 das.

[7] §§ 170, 173—175 G.V.G. nebst Anm. §§ 281, 288 St.P.O.

[8] §§ 266, 316, insbes. auch Anm. 1, 2, 6, 7, 8 zu § 266. E. III. 147. — Vgl. auch Anm. 3 zu § 34.

[9] Vgl. z. B. E. I. 51. 61. 106. R. I. 105. 154 u. a.

378. Die Verletzung von Rechtsnormen, welche lediglich[1] zu Gunsten des Angeklagten gegeben sind,[2] kann von der Staatsanwaltschaft nicht zu dem Zwecke geltend gemacht werden, um eine Aufhebung des Urtheils zum Nachtheile des Angeklagten herbeizuführen.

[1] § 377 Nr. 6 nicht lediglich zugunsten des Angeklagten. E. I. 90. R. I. 297. Hinsichtlich Nr. 5 vgl. E. XXIX. 44.

[2] Prozessualische Befugnisse des Angeklagten, nicht Grundsätze des materiellen Prozeßrechts. E. III. 384. R. III. 100.

379. Wenn der Angeklagte von den Geschworenen für nichtschuldig[1] erklärt worden ist,[2] so steht der Staatsanwaltschaft die Revision nur in den Fällen zu, in welchen dieselbe durch die Bestimmungen des §. 377 Nr. 1, 2, 3, 5 oder durch die Stellung oder Nichtstellung von Fragen[3] begründet wird.

[1] Bei teilweisem Nichtschuldig gilt der § für diesen Teil. E. X. 410. R. VI. 381.

[2] Durch gesetzmäßigen Spruch, welcher bei Nichtanwendung des § 309 bzw. bei unstatthafter Anwendung desselben nicht vorliegt. E. II. 95. R. II. 60.

[3] Einschließlich der Fehlerhaftigkeit einer Frage. Vgl. §§ 292—298.

380. Gegen die in der Berufungsinstanz erlassenen Urtheile der Landgerichte kann die Revision wegen Verletzung einer Rechtsnorm über das Verfahren nur auf Verletzung der Vorschrift des §. 398 gestützt werden.[1]

[1] also auch nicht auf Mängel des § 377.

3. Einlegung.

381. Die Revision muß bei dem Gerichte, dessen Urtheil angefochten wird, binnen einer Woche nach Verkündung des Urtheils zu Protokoll des Gerichtsschreibers oder schriftlich eingelegt werden.

Hat die Verkündung des Urtheils nicht in Anwesenheit des Angeklagten stattgefunden, so beginnt für diesen die Frist mit der Zustellung.[1]

[1] Vgl. die Anm. zu § 355.

382. Der Beginn der Frist zur Einlegung der Revision wird dadurch nicht ausgeschlossen, daß gegen ein auf Ausbleiben des Angeklagten ergangenes Urtheil eine Wiedereinsetzung in den vorigen Stand nachgesucht werden kann.[1]

Stellt der Angeklagte ein Gesuch um Wiedereinsetzung in den vorigen Stand, so wird die Revision dadurch gewahrt, daß sie sofort für den Fall der Verwerfung jenes Gesuchs rechtzeitig eingelegt und begründet wird. Die weitere Verfügung in Bezug auf die Revision bleibt dann bis zur Erledigung des Gesuchs um Wiedereinsetzung in den vorigen Stand ausgesetzt.

Die Einlegung der Revision ohne Verbindung mit dem Gesuch um Wiedereinsetzung in den vorigen Stand gilt als Verzicht auf die letztere.

[1] §§ 234, 44 ff.

383. Durch rechtzeitige Einlegung der Revision wird die Rechtskraft des Urtheils, soweit dasselbe angefochten ist,[1] gehemmt.

Dem Beschwerdeführer, welchem das Urtheil mit den Gründen noch nicht zugestellt war, ist dasselbe nach Einlegung der Revision zuzustellen.[2]

[1] §§ 384, 392. [2] Vgl. die Anm. 2—5 zu § 357.

4. Revisionsanträge.

384. Der Beschwerdeführer hat[1] die Erklärung abzugeben, inwieweit er das Urtheil anfechte und dessen Aufhebung beantrage (Revisionsanträge),[2] und die Anträge zu begründen.

Aus der Begründung[3] muß[1] hervorgehen, ob das Urtheil wegen Verletzung einer Rechtsnorm über das Verfahren oder wegen Verletzung einer anderen Rechtsnorm angefochten wird.[4] Ersterenfalls müssen[1] die den Mangel enthaltenden Thatsachen angegeben werden.[5]

[1] Notwendig: §§ 386, 389.

[2] Werden bei unbeschränkter Einlegung der Revision die Revisionsanträge auf bestimmte Teile des Urteils beschränkt, so gilt die Revision im übrigen als zurückgenommen. E. XXXIX. 393.

[3] dieser selbst; Bezugnahme anderer Schriftstücke genügt nicht — E. XVIII. 95. XXIX. 411. R. X. 512 — auch nicht, wenn sie abschriftlich beigefügt sind. E. XX. 42.

[4] Bezeichnung der Rechtsnorm nicht erforderlich, unrichtige Bezeichnung nicht schädlich. Vgl. § 392 Abs. 2.

[5] Vgl. § 392 Abs. 1.

5. Verfahren bis zur Hauptverhandlung.

385. Die Revisionsanträge und deren Begründung sind spätestens[1] binnen einer weiteren Woche[2] nach Ablauf der Frist zur Einlegung des Rechtsmittels oder, wenn zu dieser Zeit das Urtheil noch nicht zugestellt war, nach dessen Zustellung bei dem Gerichte, dessen Urtheil angefochten wird, anzubringen.

Seitens des Angeklagten[3] kann dies nur in einer von dem[4] Vertheidiger oder einem Rechtsanwalt[5] unterzeichneten[6] Schrift[7] oder zu Protokoll[8] des Gerichtsschreibers[9] geschehen.[10]

[1] Frühere, auch mit der Einlegung verbundene Rechtfertigung ist danach nicht ausgeschlossen.

[2] § 43, Anm. 1 zu § 44. Vgl. auch § 341 hinsichtlich des verhafteten Angeklagten.

[3] Ebenso in den Fällen §§ 324, 340, 478 Abs. 2, 3 bzw. 479.

[4] ohne Vollmacht nur von dem der Vorinstanz. E. III. 222. XXVIII. 430.

[5] Ausdrückliche Vollmacht nicht erforderlich. E. XV. 226. R. IV. 355. IX. 90. Contra: E. VI. 81. R. IV. 236.

[6] mit dem vollen Familiennamen. E. XXXVII. 81. Bloße Legalisation genügt nicht, vgl. E. XIV. 348. XVIII. 103. XIX. 95. 115. XXI. 159. R. X. 542. Unterstempelung genügt nicht. Vgl. E. XXXIV. 358.

[7] Auch durch Telegramm. E. X. 166. VIII. 92. IX. 38. R. V. 161. 480, nicht durch Telephon. E. XXXVIII. 282.

[8] materiell, nicht bloß formell, vgl. E. II. 358. 444. IV. 7. XXVII. 211. R. II. 215, auch nur persönlich, oder durch einen gemäß § 138 zulässigen Vertheidiger. E. IX. 78.

[9] des Gerichts, dessen Urteil angefochten. E. VII. 174. R. III. 51. Vgl. jedoch § 341.

[10] Seitens der Staatsanwaltschaft durch einen an das Gericht gerichteten, von dem zuständigen Staatsanwalt unterzeichneten Schriftsatz. E. XXXIV. 137.

386. Ist die Revision verspätet eingelegt, oder sind die Revisionsanträge nicht rechtzeitig oder nicht in der im §. 385 Abs. 2 vorgeschriebenen Form[1] angebracht worden, so hat das Gericht, dessen Urtheil angefochten wird,[2] das Rechtsmittel durch Beschluß[3] als unzulässig zu verwerfen.[4]

Der Beschwerdeführer kann binnen einer Woche nach Zustellung des Beschlusses auf die Entscheidung des Revisionsgerichts[5] antragen.[6] In diesem Falle sind die Akten an das Revisionsgericht einzusenden; die Vollstreckung des Urtheils wird jedoch hierdurch nicht gehemmt.

[1] Die Prüfung der Beobachtung des § 384 und der Form des § 381, sowie etwaigen Verzichts oder Widerrufs (§ 344) ist lediglich Sache des Revisionsgerichts. Vgl. R. I. 266. VIII. 469.

[2] Für schwurgerichtliche Sachen vgl. § 82 G.V.G.
[3] Drei Mitglieder § 77 G.V.G.
[4] Gebühren: § 66 Nr. 2 G.K.G.
[5] Reichsgericht gegen alle Urteile der Schwurgerichte, gegen die Urteile der Landgerichte in erster Instanz mit Ausnahme des § 123 Nr. 3 G.V.G. und gegen Urteile der Landgerichte in zweiter Instanz in dem Spezialfalle § 136 Abs. 2 das. — Oberlandesgerichte gegen die Urteile der Landgerichte in der Berufungsinstanz mit der Ausnahme des § 136 Abs. 2, und gegen die Urteile der Landgerichte in erster Instanz in dem Ausnahmefalle des § 123 Nr. 3. — An Stelle der Oberlandesgerichte tritt in Preußen in dem Falle des § 123 Nr. 3 stets und in dem Falle des § 123 Nr. 2, wenn eine nach Landesrecht strafbare Handlung in Frage steht, das Kammergericht. Preuß. Ausf.G. v. 24./4. 78 (G.S. 230) § 50.
[6] Ist die Frist verstrichen, dann ist der Beschluß rechtskräftig und kann auch, von der Wiedereinsetzung abgesehen, vom Gericht nicht wieder aufgehoben werden. E. XXXVII. 292. Eine Wiederaufhebung des Beschlusses durch das beschließende Gericht selbst ist überhaupt nicht zulässig. E. XXXVIII. 157.

387. Ist die Revision rechtzeitig eingelegt, und sind die Revisionsanträge rechtzeitig und in der vorgeschriebenen Form angebracht, so ist die Revisionsschrift dem Gegner des Beschwerdeführers zuzustellen.[1] Diesem steht frei, binnen einer Woche eine schriftliche Gegenerklärung[2] einzureichen. Der Angeklagte kann letztere auch zu Protokoll des Gerichtsschreibers abgeben.

Nach Eingang der Gegenerklärung oder nach Ablauf der Frist erfolgt durch die Staatsanwaltschaft[3] die Einsendung der Akten an das Revisionsgericht.

[1] Zustellung an die Staatsanwaltschaft: § 41.
[2] Form des § 385 Abs. 2 nicht erforderlich.
[3] Von Staatsanwaltschaft zu Staatsanwaltschaft.

388. Findet das Gericht, an welches die Einsendung der Akten erfolgt ist, daß die Verhandlung und Entscheidung über das Rechtsmittel zur Zuständigkeit eines anderen Gerichts[1] gehöre, so hat es durch Beschluß seine Unzuständigkeit auszusprechen.[2]

Dieser Beschluß, in welchem das zuständige Revisionsgericht zu bezeichnen ist, unterliegt einer Anfechtung nicht und ist für das in demselben bezeichnete Gericht bindend.[3]

Die Abgabe der Akten erfolgt durch die Staatsanwaltschaft.

[1] Vgl. Anm. 5 zu § 386.

[2] Erachtet es sich irrig als zuständig, so erlangt das von ihm ausgesprochene Revisionsurteil, weil an sich unanfechtbar, die Rechtskraft. E. XXII. 113. [3] inwieweit: vgl. R. VI. 298. E. XXXV. 157.

6. Verfahren vor dem Revisionsgericht.

389. Erachtet das Revisionsgericht die Bestimmungen über die Einlegung der Revision[1] oder diejenigen über die Anbringung der Revisionsanträge[2] nicht für beobachtet, so kann es das Rechtsmittel durch Beschluß als unzulässig verwerfen.[3]

Anderenfalls entscheidet es über dasselbe durch Urtheil.[4]

[1] § 381.

[2] § 385, aber auch § 384 Abs. 1 u. 2. E. I. 257. R. I. 126.

[3] Gebühren: § 66 Nr. 2 G.K.G. [4] Gebühren: § 65 Abs. 1 G.K.G.

390. Der Angeklagte oder auf dessen Verlangen der Vertheidiger ist von dem Tage der Hauptverhandlung zu benachrichtigen. Der Angeklagte kann[1] in dieser erscheinen oder sich durch einen mit schriftlicher Vollmacht versehenen Vertheidiger vertreten lassen.

Der nicht auf freiem Fuße befindliche Angeklagte hat keinen Anspruch auf Anwesenheit.

[1] Anwesenheit also nicht erforderlich.

391. Die Hauptverhandlung beginnt mit dem Vortrage eines Berichterstatters.

Hierauf werden die Staatsanwaltschaft sowie der Angeklagte und sein Vertheidiger mit ihren Ausführungen und Anträgen, und zwar der Beschwerdeführer zuerst, gehört. Dem Angeklagten gebührt das letzte Wort.

392. Der Prüfung des Revisionsgerichts unterliegen nur die gestellten Revisionsanträge[1] und, insoweit die Revision auf Mängel des Verfahrens gestützt wird, nur diejenigen Thatsachen,[2] welche bei Anbringung der Revisionsanträge bezeichnet worden sind.

Eine weitere Begründung der Revisionsanträge, als die im §. 384 Abs. 2 vorgeschriebene, ist nicht erforderlich und, wenn sie unrichtig ist, unschädlich.

[1] § 384, ihre Rechtzeitigkeit (§ 385) vorausgesetzt.

[2] Freie Würdigung derselben seitens des Revisionsrichters. Vgl. E. IV. 388. R. III. 481.

7. Entscheidung des Revisionsgerichts.

393. Insoweit die Revision für begründet erachtet wird, ist das angefochtene Urtheil aufzuheben.[1]

Gleichzeitig sind die dem Urtheile zu Grund liegenden Feststellungen[2] aufzuheben, sofern sie durch die Gesetzesverletzung betroffen werden, wegen deren die Aufhebung des Urtheils erfolgt.[3]

[1] Kosten: § 505.

[2] Von aufrecht erhaltenen Feststellungen sind Strafzumessungsgründe (einschließlich — soweit Strafkammersachen in Frage stehen — mildernder Umstände E. IX. 98) nicht mit betroffen. E. III. 319. R. III. 14. Hinsichtlich dieser gelten auch in der neuen Verhandlung für das Beweisverfahren die §§ 243, 244, 245. E. XX. 411. Ist bei mehreren Straftaten nur bezüglich einer die Feststellung aufgehoben, so bleiben bezüglich der anderen auch die Einsatzstrafen, falls sie nicht ausdrücklich aufgehoben sind, bestehen. E. IV. 140. XXV. 297.

[3] Bleiben die Feststellungen aufrecht erhalten, so findet bei der

erneuten Verhandlung im schwurgerichtlichen Verfahren eine Mitwirkung der Geschworenen nicht statt. E. XXI. 388.

394. Erfolgt die Aufhebung des Urtheils nur wegen Gesetzesverletzung bei Anwendung des Gesetzes auf die dem Urtheile zu Grund liegenden Feststellungen, so hat das Revisionsgericht in der Sache selbst zu entscheiden, sofern ohne weitere thatsächliche Erörterungen nur auf Freisprechung oder auf Einstellung oder auf eine absolut bestimmte Strafe zu erkennen ist, oder das Revisionsgericht in Uebereinstimmung mit dem Antrage der Staatsanwaltschaft die gesetzlich niedrigste Strafe[1] für angemessen erachtet.

In anderen Fällen ist die Sache zur anderweiten Verhandlung[2] und Entscheidung an das Gericht, dessen Urtheil aufgehoben ist, oder an ein, demselben Bundesstaate angehöriges, benachbartes Gericht gleicher Ordnung zurückzuverweisen.

Die Zurückverweisung kann an ein Gericht niederer Ordnung erfolgen, wenn die noch in Frage kommende strafbare Handlung zu dessen Zuständigkeit gehört.

[1] Ist diese von dem Vorhandensein mildernder Umstände abhängig, so kann das Revisionsgericht nur dann erkennen, wenn dieselben von dem Instanzgericht festgestellt sind. E. II. 354. R. II. 353.

[2] vollständigen, nicht bloß Verbesserung des vorgekommenen Mangels. Die frühere Verhandlung existiert nicht mehr, soweit sie die aufgehobene Feststellung betrifft. E. II. 289. R. I. 767. II. 137.

395. Wird ein Urtheil aufgehoben, weil das Gericht der vorigen Instanz sich mit Unrecht für zuständig[1] erachtet hat,[2] so verweist das Revisionsgericht gleichzeitig die Sache an das zuständige Gericht.

[1] Örtlich oder sachlich. E. XXXX. 251.

[2] § 377 Nr. 4, aber auch § 380.

396. Die Verkündung des Urtheils erfolgt nach Maßgabe des §. 267.

397. Erfolgt zu Gunsten eines Angeklagten die Aufhebung des Urtheils wegen Gesetzesverletzung bei Anwendung des Strafgesetzes,[1] und erstreckt sich das Urtheil, soweit es aufgehoben wird,[2] noch auf andere Angeklagte, welche die Revision nicht eingelegt haben, so ist zu erkennen, als ob sie gleichfalls die Revision eingelegt hätten.[3]

[1] Also wegen Verletzung einer materiellen Rechtsnorm. Prot. 615. 616. Vgl. auch E. XVI. 417.

[2] Gleichgültig, ob eine Rückverweisung oder eine Endentscheidung ergeht. Prot. 1032. 1033. E. I. 152. R. V. 156.

[3] Vorausgesetzt, daß sie materiell verletzt erscheinen. E. III. 283.

3. Bindende Kraft des Rev.-Urteils. Verbot der reformatio in pejus.

398. Das Gericht, an welches die Sache zur anderweiten Verhandlung und Entscheidung verwiesen ist,[1] hat die rechtliche Beurtheilung, welche der Aufhebung des Urtheils zu Grund gelegt ist, auch seiner Entscheidung zu Grund zu legen.[2]

War das Urtheil nur von dem Angeklagten oder zu Gunsten desselben von der Staatsanwaltschaft oder von einer der im §. 340 bezeichneten Personen angefochten worden, so darf das neue Urtheil eine härtere[3] Strafe, als die in dem ersteren erkannte, nicht verhängen.[4]

[1] Auch das etwa demnächst noch erkennende Revisionsgericht. E. VI. 357. XXII. 156. R. IV. 506.

[2] Eine Verlesung des Revisionsurteils in der Verhandlung nicht nötig. E. XXI. 436.

[3] Unter Berücksichtigung des § 21 St.G.B. E. XXXX. 411.

[4] Vgl. Anm. 1 zu § 372.

Viertes Buch.

Wiederaufnahme eines durch rechtskräftiges Urtheil geschlossenen Verfahrens.

1. Wiederaufnahme zu Gunsten des Verurteilten.

399. Die Wiederaufnahme eines durch rechtskräftiges Urtheil geschlossenen Verfahrens[1] zu Gunsten des Verurtheilten findet statt:[2]

1. wenn eine in der Hauptverhandlung zu seinen Ungunsten als echt vorgebrachte[3] Urkunde fälschlich angefertigt oder verfälscht war;[4]
2. wenn durch Beeidigung eines zu seinen Ungunsten abgelegten[3] Zeugnisses oder abgegebenen Gutachtens der Zeuge oder Sachverständige sich einer vorsätzlichen oder fahrlässigen Verletzung der Eidespflicht schuldig gemacht hat;[5]
3. wenn bei dem Urtheil ein Richter, Geschworener oder Schöffe mitgewirkt hat, welcher sich in Beziehung auf die Sache einer Verletzung seiner Amtspflichten schuldig gemacht hat, sofern diese Verletzung mit einer im Wege des gerichtlichen Strafverfahrens zu verhängenden öffentlichen Strafe bedroht und nicht vom Verurtheilten selbst veranlaßt ist;
4. wenn ein civilgerichtliches Urtheil, auf welches das Strafurtheil gegründet ist, durch ein anderes rechtskräftig gewordenes Urtheil aufgehoben ist;[6]

5. wenn neue Thatsachen oder Beweismittel beigebracht sind, welche allein oder in Verbindung mit den früher erhobenen Beweisen die Freisprechung[7] des Angeklagten oder in Anwendung eines milderen Strafgesetzes eine geringere Bestrafung zu begründen geeignet sind.[8] In den vor den Schöffengerichten verhandelten Sachen können nur solche Thatsachen oder Beweismittel beigebracht werden, welche der Verurtheilte in dem früheren Verfahren einschließlich der Berufungsinstanz nicht gekannt hatte oder ohne Verschulden nicht geltend machen konnte.

[1] Wegen mangelhafter Beweisunterlagen, nicht wegen rechtlicher Fehler; vgl. E. XIX. 321.
[2] Ohne Zeitgrenze. § 401. [3] Vgl. dazu § 410 Abs. 1.
[4] Der Tatbestand der §§ 267 ff. St.G.B. wird nicht erfordert.
[5] §§ 154, 163 St.G.B. [6] Vgl. § 261.
[7] Der Fall des § 55 St.G.B. steht gleich. Vgl. E. XX. 46.
[8] Vgl. § 403.

400. Durch den Antrag auf Wiederaufnahme des Verfahrens wird die Vollstreckung des Urtheils nicht gehemmt.

Das Gericht[1] kann jedoch einen Aufschub sowie eine Unterbrechung der Vollstreckung anordnen.[2]

[1] § 407.
[2] Gegen die Entscheidung sofortige Beschwerde: § 412.

401. Der Antrag auf Wiederaufnahme des Verfahrens wird weder durch die erfolgte Strafvollstreckung noch durch den Tod des Verurtheilten ausgeschlossen.

Im Falle des Todes[1] sind der Ehegatte, die Verwandten[2] auf- und absteigender Linie sowie die Geschwister des Verstorbenen zu dem Antrage befugt.

[1] Bei Lebzeiten gelten die §§ 338—340. Vgl. § 405.

[2] § 1589 B.G.B.

2. Wiederaufnahme zu Ungunsten des Angeklagten.

402. Die Wiederaufnahme eines durch rechtskräftiges Urtheil geschlossenen Verfahrens zu Ungunsten des Angeklagten findet statt:[1]

1. wenn eine in der Hauptverhandlung zu seinen Gunsten als echt vorgebrachte[2] Urkunde fälschlich angefertigt oder verfälscht war;[3]
2. wenn durch Beeidigung eines zu seinen Gunsten abgelegten[2] Zeugnisses oder abgegebenen Gutachtens der Zeuge oder Sachverständige sich einer vorsätzlichen oder fahrlässigen Verletzung der Eidespflicht schuldig gemacht hat;[4]
3. wenn bei dem Urtheil ein Richter, Geschworener oder Schöffe mitgewirkt hat, welcher sich in Beziehung auf die Sache einer Verletzung seiner Amtspflichten schuldig gemacht hat, sofern diese Verletzung mit einer im Wege des gerichtlichen Strafverfahrens zu verhängenden öffentlichen Strafe bedroht ist;
4. wenn von dem Freigesprochenen[5] vor Gericht oder außergerichtlich ein glaubwürdiges Geständniß der strafbaren Handlung abgelegt wird.[6]

[1] Die Zeitgrenze bildet die Verjährung. § 67 St.G.B.

[2] Vgl. dazu § 410 Abs. 1.

[3] Der Tatbestand der §§ 267 ff. St.G.B. wird nicht erfordert.

[4] §§ 154, 163 St.G.B. [5] Also nach erfolgter Freisprechung.

[6] Vgl. allgemein § 403. Auch wenn wegen einer minder schweren

Tat Verurteilung erfolgt ist, ist danach § 402 nicht ausgeschlossen. Ausnahme: Nr. 4 „Freigesprochen". E. III. 399. R. III. 118.

3. Unzulässigkeit der Wiederaufnahme.

403. Eine Wiederaufnahme des Verfahrens zum Zwecke der Aenderung der Strafe innerhalb des durch dasselbe Gesetz[1] bestimmten Strafmaßes findet nicht statt.[2]

[1] Bestimmungen, welche für erschwerende Umstände eine besondere Strafe normieren, selbst innerhalb desselben § (z. B. § 220 Abs. 2 St.G.B.), gelten als besonderes Gesetz im Sinne dieses §.

[2] Gilt für § 399 und § 402.

404. Ein Antrag auf Wiederaufnahme des Verfahrens, welcher auf die Behauptung einer strafbaren Handlung gegründet werden soll,[1] ist nur dann zulässig, wenn wegen dieser Handlung eine rechtskräftige Verurtheilung ergangen ist, oder wenn die Einleitung oder Durchführung eines Strafverfahrens aus anderen Gründen als wegen Mangels an Beweis[2] nicht erfolgen kann.

[1] § 399 Nr. 1—3, § 402 Nr. 1—3. Vgl. jedoch Anm. 4 zu § 399, Anm. 3 zu § 402.

[2] Z. B. Tod, Abwesenheit, Verjährung. Mot. 218.

405. Die allgemeinen Bestimmungen über Rechtsmittel[1] finden auch bei dem Antrag auf Wiederaufnahme des Verfahrens Anwendung.

[1] §§ 338—345.

4. Begründung.

406. In dem Antrage müssen der gesetzliche Grund der Wiederaufnahme des Verfahrens sowie die Beweismittel angegeben werden.

Von dem Angeklagten und den im §. 401 Abs. 2 bezeichneten Personen kann der Antrag nur mittels einer von dem Vertheidiger oder einem Rechtsanwalt unterzeichneten Schrift oder zu Protokoll des Gerichtsschreibers angebracht werden.[1]

[1] Vgl. § 385 Abs. 2 nebst Anm.

5. Zuständigkeit für den Antrag auf Wiederaufnahme.

407. Ueber die Zulassung des Antrags auf Wiederaufnahme des Verfahrens entscheidet das Gericht, dessen Urtheil mit dem Antrag angefochten wird.[1] Wird ein in der Revisionsinstanz erlassenes Urtheil aus anderen Gründen als auf Grund des §. 399 Nr. 3 oder des §. 402 Nr. 3 angefochten, so entscheidet das Gericht, gegen dessen Urtheil die Revision eingelegt war.

Die Entscheidung erfolgt ohne mündliche Verhandlung.[2]

[1] Besetzung des Gerichts: § 30 Abs. 2, § 77, § 82, § 124, § 140 (§ 139) G.V.G.

[2] Vgl. § 33.

6. Verfahren.

408. Ist der Antrag nicht in der vorgeschriebenen Form[1] angebracht, oder ist darin kein gesetzlicher Grund[2] der Wiederaufnahme geltend gemacht oder kein geeignetes Beweismittel angeführt, so ist der Antrag als unzulässig zu verwerfen.[3] [4]

Anderenfalls ist derselbe dem Gegner des Antragstellers unter Bestimmung einer Frist zur Erklärung zuzustellen.[5]

[1] § 406 Abs. 2.

[2] §§ 399, 402. Vgl. auch § 404.

[3] Anfechtung: § 412 sofortige Beschwerde.

[4] Gebühren: § 66 Nr. 3 G.K.G.

[5] Der § 408 behandelt diejenige Entscheidung, welche über die Zulässigkeit des Antrages ergeht, wogegen in § 410 von der über das Begründet sein des Antrags, also über die Wieder aufnahme selbst ergehenden Entscheidung die Rede ist. Beide Beschlüsse für das neue Urteil notwendig. E. XXXV. 351.

409. Wird der Antrag an sich für zulässig befunden, so beauftragt das Gericht mit Aufnahme der angetretenen Beweise, soweit diese erforderlich ist, einen Richter.

Dem Ermessen des Gerichts bleibt es überlassen, ob die Zeugen und Sachverständigen eidlich vernommen werden sollen.[1]

Hinsichtlich der Berechtigung der Betheiligten zur Anwesenheit bei der Beweisaufnahme kommen die für die Voruntersuchung gegebenen Vorschriften zur Anwendung.[2]

Nach Schluß der Beweisaufnahme sind die Staatsanwaltschaft und der Angeklagte unter Bestimmung einer Frist zur ferneren Erklärung aufzufordern.

[1] In dem dem Vorverfahren entsprechenden Wiederaufnahmeverfahren; nicht in den Fällen § 411 Abs. 1, 2, § 413 E. XXIX. 64

[2] §§ 191, 192.

410. Der Antrag auf Wiederaufnahme des Verfahrens wird ohne mündliche Verhandlung als unbegründet verworfen,[1] wenn die darin aufgestellten Behauptungen keine genügende Bestätigung gefunden haben, oder wenn in den Fällen des §. 399 Nr. 1, 2 oder des §. 402 Nr. 1, 2 nach Lage der Sache die Annahme ausgeschlossen ist, daß die in diesen Bestimmungen bezeichnete Handlung auf die Entscheidung Einfluß gehabt hat.[2]

Anderenfalls verordnet das Gericht die Wiederaufnahme des Verfahrens und die Erneuerung der Hauptverhandlung.[1 3 4]

[1] Sofortige Beschwerde: § 412. [2] Gebühren: § 67 G.K.G.

[3] nicht notwendig vor einem Gericht derselben Ordnung. E. IX. 34. R. V. 482.

[4] Gebühren: § 77 G.K.G.

411. Ist der Verurtheilte bereits verstorben, so hat ohne Erneuerung der Hauptverhandlung[1] das Gericht nach Aufnahme des etwa noch erforderlichen Beweises entweder die Freisprechung zu erkennen[2] oder den Antrag auf Wiederaufnahme abzulehnen.[3]

Auch in anderen Fällen kann das Gericht, bei öffentlichen Klagen jedoch nur mit Zustimmung der Staatsanwaltschaft, den Verurtheilten sofort freisprechen, wenn dazu genügende Beweise bereits vorliegen.[4]

Mit der Freisprechung ist die Aufhebung des früheren Urtheils zu verbinden.[5] [6]

Die Aufhebung ist auf Verlangen des Antragstellers durch den Deutschen Reichsanzeiger bekannt zu machen, und kann nach dem Ermessen des Gerichts auch durch andere Blätter veröffentlicht werden.

[1] auch wenn für noch lebende Mitverurteilte eine Erneuerung der H.V. stattfindet. E. X. 423.

[2] durch Urteil. E. XXVIII. 146, preuß. J.M.Bl. 1897 S. 66.

[3] Nur diese beiden Alternativen, dagegen nicht eine andere Qualifikation der Tat, sind zulässig. Prot. 625. — Gebühren der Ablehnung: § 67 G.K.G.

[4] Ohne erneute Hauptverhandlung und daher in der Anm. 1 zu § 407 zitierten Besetzung des Gerichts.

[5] und in Gemäßheit des G., betr. die Entschädigung der im Wiederaufnahmeverfahren freigesproch. Pers., v. 20./5. 98 (R.G.Bl. 345, unten im Anhang) § 4 über die etwaige Entschädigungspflicht Beschluß zu fassen.

[6] Gegen die freisprechenden Urteile dieses § finden die gewöhnlichen Rechtsmittel (nicht § 412) Anwendung. E. XXVIII. 146.

412. Alle Entscheidungen,[1] welche aus Anlaß eines Antrags auf Wiederaufnahme des Verfahrens von dem

Gericht in[2] erster Instanz erlassen werden, können mit der sofortigen Beschwerde[3] angefochten werden.[4]

[1] Ausschließlich der Urteile. Vgl. § 413, auch Anm. 4 zu § 411. Vgl. die zit. §§ in den Mot. S. 221. Auch ausschließlich des Anm. 5 zu § 411 u. Anm. 4 zu § 413 gedachten Beschlusses.

[2] d. h. von dem mit dem Wiederaufnahmeverfahren in erster Instanz befaßten Gericht, also auch von dem früheren Berufungsgericht. Für die höheren Gerichte vgl. § 346 Abs. 3.

[3] § 353.

[4] Dagegen nicht mit anderen Rechtsbehelfen, insbesondere nicht (trotz § 375) mit der Revision in dem erneuten Verfahren. E. XX. 46. XXII. 97.

7. Erneute Hauptverhandlung.
Verbot der reformatio in pejus.

418. In der erneuten[1] Hauptverhandlung ist entweder das frühere Urtheil aufrecht zu erhalten oder unter Aufhebung desselben[2] anderweit in der Sache[3] zu erkennen.[4]

Ist die Wiederaufnahme des Verfahrens nur von dem Verurtheilten oder zu Gunsten desselben von der Staatsanwaltschaft oder von einer der im §. 340 bezeichneten Personen beantragt worden, so darf das neue Urtheil eine härtere Strafe als die in dem früheren erkannte nicht verhängen.[5]

[1] vollständig selbständigen und von der früheren Verhandlung unabhängigen. E. II. 323. XXX. 421. R. II. 315. Der frühere Eröffnungsbeschluß, nicht etwa bloß der Beschluß § 410 Abs. 2 ist zu verlesen. E. IV. 426. R. III. 521.

[2] Abs. 4 des § 411 gilt hier an sich nicht. E. XV. 183. R. IX. 62.

[3] Eine Nachprüfung der Zulässigkeit der Wiederaufnahme steht dem erkennenden Gerichte nicht zu. E. IV. 402. R. III. 447.

[4] und dabei über die etwaige Entschädigungspflicht des Staates in Gemäßheit des G. v. 20./5. 98 (unten im Anhang) § 4 Beschluß zu fassen.

[5] Vgl. Anm. 1 zu § 372.

Fünftes Buch.
Betheiligung des Verletzten bei dem Verfahren.

Erster Abschnitt.
Privatklage.

1. Zulässigkeit.

414. Beleidigungen und Körperverletzungen können, soweit die Verfolgung nur auf Antrag eintritt,[1] von dem Verletzten im Wege der Privatklage verfolgt werden, ohne daß es einer vorgängigen Anrufung der Staatsanwaltschaft bedarf.[2]

Die gleiche Befugniß steht denjenigen zu, welchen in den Strafgesetzen das Recht, selbständig[3] auf Bestrafung anzutragen, beigelegt ist.

Hat der Verletzte einen gesetzlichen Vertreter,[4] so wird die Befugniß zur Erhebung der Privatklage durch diesen[5] und, wenn Korporationen, Gesellschaften und andere Personenvereine, welche als solche in bürgerlichen Rechtsstreitigkeiten klagen können, die Verletzten sind, durch dieselben Personen wahrgenommen, durch welche sie in bürgerlichen Rechtsstreitigkeiten vertreten werden.

[1] §§ 185—187, 189 (vgl. § 194), §§ 223, 230 Abs. 1 (vgl. § 232) St.G.B. Dagegen nicht §§ 103, 104 (Prot. 1048) u. § 223a St.G.B. R. I. 442. Hinzugekommen sind die auf Antrag verfolgbaren Zuwiderhandlungen gegen das G. zur Bekämpfung des unlauteren Wettbewerbs v. 27./5. 96 (R.G.Bl. 145). S. § 12 das. Vgl. auch noch § 47 Abs. 2 des G., betr. Urheberrecht, v. 19./6. 01 (R.G.Bl. 227).

[2] Vgl. noch § 420.

[3] d. h. unabhängig vom Verletzten. §§ 189, 195, 196, 232 Abs. 3 St.G.B.

[4] Anm. 6 zu § 137.

[5] Die Fähigkeit, Strafantrag zu stellen (§§ 65, 195 St.G.B.), genügt nicht zur Erhebung der Privatklage. M. 224. Es entscheiden hier die allgemeinen Grundsätze über Prozeßfähigkeit. Vgl. §§ 51 ff. Z.P.O., auch R. I. 650.

415. Sind wegen derselben strafbaren Handlung mehrere Personen zur Privatklage berechtigt, so ist bei Ausübung dieses Rechts ein Jeder von dem Anderen unabhängig.

Hat jedoch einer der Berechtigten die Privatklage erhoben, so steht den übrigen[1] nur der Beitritt zu dem eingeleiteten Verfahren, und zwar in der Lage zu, in welcher sich dasselbe zur Zeit der Beitrittserklärung befindet.[2]

Jede in der Sache selbst ergangene Entscheidung äußert zu Gunsten des Beschuldigten ihre Wirkung auch gegenüber solchen Berechtigten,[3] welche die Privatklage nicht erhoben haben.

[1] Vorausgesetzt, daß die Frist ihrer Antragsberechtigung (§§ 61, 62 St.G.B.) noch nicht abgelaufen ist.

[2] Auch der Staatsanwaltschaft steht daneben eine selbständige Erhebung der Klage (vgl. § 417) nicht zu. E. III. 362. 385. R. III. 47. 100.

[3] Und zwar auch den selbst Verletzten, nicht bloß den gemäß §§ 189, 195, 196, 232 Abs. 3 St.G.B. Antragsberechtigten. E. III. 362. 385. R. III. 74. 100.

2. **Stellung der Staatsanwaltschaft.**

416. Die öffentliche Klage wird wegen der im §. 414 bezeichneten strafbaren Handlungen von der Staatsanwaltschaft nur dann erhoben,[1] wenn dies im öffentlichen Interesse liegt.[2]

[1] einmal erhoben, Zurücknahme unzulässig. E. VI. 310 i. f.

[2] § 170 ist also ausgeschlossen.

417. In dem Verfahren[1] auf erhobene Privatklage ist die Staatsanwaltschaft[2] zu einer Mitwirkung nicht verpflichtet;[3] es ist ihr jedoch der zur Hauptverhandlung bestimmte Termin bekannt zu machen.[4]

Auch kann die Staatsanwaltschaft in jeder Lage der Sache bis zum Eintritt der Rechtskraft des Urtheils[5] durch eine ausdrückliche Erklärung die Verfolgung übernehmen. In der Einlegung eines Rechtsmittels ist die Uebernahme der Verfolgung enthalten.

Uebernimmt die Staatsanwaltschaft die Verfolgung,[6] so richtet sich das weitere Verfahren[7] nach den Bestimmungen, welche im zweiten Abschnitte dieses Buchs für den Anschluß des Verletzten als Nebenkläger gegeben sind.[8]

[1] Zuständig für die Privatklage ist stets das Schöffengericht. § 27 Nr. 3 G.V.G.

[2] d. i., solange die Sache bei dem Schöffengericht schwebt, der Amtsanwalt, § 143 Nr. 3, vgl. jedoch auch § 146 G.V.G. Für Preußen vgl. auch Geschäftsanw. v. 28./8. 79 (J.M.Bl. 261) Art. 90.

[3] Vgl. § 425 Abs. 2, aber auch § 430 Abs. 3.

[4] Vgl. außerdem § 422.

[5] oder sonstiger Beendigung der Privatklage (§§ 431, 433). E. XVI. 421.

[6] Alsdann kommt es auf die Beibringung des Sühneattestes (§ 420) nicht weiter an. E. III. 373.

[7] Das Schöffengericht ist alsdann nicht mehr zuständig (§ 27 Nr. 3 G.V.G.) und das Privatklageverfahren analog § 429 einzustellen, E. X. 237. R. VI. 200, auch wenn das Verfahren bereits in höherer Instanz schwebt. E. XXIX. 422. XXXVI. 5.

[8] §§ 435 ff. Der Privatkläger gilt alsdann ohne weiteres als Nebenkläger. E. VII. 437. R. V. 40.

3. Vertretung des Privatklägers.

418. Der Privatkläger kann im Beistand eines Rechtsanwalts[1] erscheinen oder sich durch einen mit schriftlicher Vollmacht versehenen Rechtsanwalt[1] vertreten lassen.[2] Im letzteren Falle können die Zustellungen an den Privatkläger mit rechtlicher Wirkung an den Anwalt erfolgen.[3]

[1] Die sonst noch als Vertheidiger zugelassenen Personen (§ 138) sind hier ausgeschlossen. S. aber § 427 Abs. 2.

[2] Vgl. jedoch § 427 Abs. 3 u. § 431 Abs. 2, 3.

[3] Eine entsprechende Bestimmung ist für den Vertreter des Angeklagten (§ 427 Abs. 1) nicht getroffen.

4. Sicherheitsleistung.

419. Der Privatkläger hat für die der Staatskasse und dem Beschuldigten voraussichtlich erwachsenden Kosten unter denselben Voraussetzungen Sicherheit zu leisten, unter welchen in bürgerlichen Rechtsstreitigkeiten der Kläger auf Verlangen des Beklagten Sicherheit wegen der Prozeßkosten zu leisten hat.[1]

Die Sicherheitsleistung ist durch Hinterlegung in baarem Gelde oder in Werthpapieren zu bewirken.

Für die Höhe der Sicherheit und die Frist zur Leistung derselben, sowie für die Bewilligung[2] des Armenrechts[3] gelten dieselben Bestimmungen wie in bürgerlichen Rechtsstreitigkeiten.[4] [5]

[1] §§ 110, 111 Z.P.O. Dieselben lauten:

110. Ausländer, welche als Kläger auftreten, haben dem Beklagten auf dessen Verlangen wegen der Prozeßkosten Sicherheit zu leisten.

Diese Verpflichtung tritt nicht ein:

1. wenn nach den Gesetzen des Staates, welchem der Kläger angehört, ein Deutscher in gleichem Falle zur Sicherheitsleistung nicht verpflichtet ist;
2. im Urkunden- oder Wechselprozesse;
3. bei Widerklagen;
4. bei Klagen, welche in Folge einer öffentlichen Aufforderung angestellt werden;

5. bei Klagen aus Rechten, welche im Grundbuch eingetragen sind.

111. Der Beklagte kann auch dann Sicherheitsleistung verlangen, wenn im Laufe des Rechtsstreits der Kläger die Eigenschaft eines Deutschen verliert oder die Voraussetzung, unter welcher der Ausländer von der Sicherheitsleistung befreit war, wegfällt und nicht ein zur Deckung ausreichender Theil des erhobenen Anspruchs unbestritten ist.

[2] Im übrigen, z. B. hinsichtlich der Beschwerde, gelten auch hier die Bestimmungen der St.P.O. E. XXX. 143. Die zitierten Bestimmungen gelten aber vollständig. E. XXXII. 252.

[3] An den Privatkläger. Für den Beschuldigten ist ein Armenrecht nicht vorgesehen.

[4] §§ 112, 113 u. 114—127 Z.P.O. Dieselben lauten:

112. Die Höhe der zu leistenden Sicherheit wird von dem Gerichte nach freiem Ermessen festgesetzt.

Bei der Festsetzung ist derjenige Betrag der Prozeßkosten zu Grunde zu legen, welchen der Beklagte wahrscheinlich aufzuwenden haben wird. Die dem Beklagten durch eine Widerklage erwachsenden Kosten sind hierbei nicht zu berücksichtigen.

Ergiebt sich im Laufe des Rechtsstreits, daß die geleistete Sicherheit nicht hinreicht, so kann der Beklagte die Leistung einer weiteren Sicherheit verlangen, sofern nicht ein zur Deckung ausreichender Theil des erhobenen Anspruchs unbestritten ist.

113. Das Gericht hat dem Kläger bei Anordnung der Sicherheitsleistung eine Frist zu bestimmen, binnen welcher die Sicherheit zu leisten sei. Nach Ablauf der Frist ist auf Antrag des Beklagten, wenn die Sicherheit bis zur Entscheidung nicht geleistet ist, die Klage für zurückgenommen zu erklären oder, wenn über ein Rechtsmittel des Klägers zu verhandeln ist, dasselbe zu verwerfen.

114. Wer außer Stande ist, ohne Beeinträchtigung des für ihn und seine Familie nothwendigen Unterhalts die Kosten des Prozesses zu bestreiten, hat auf Bewilligung des Armenrechts Anspruch, wenn die beabsichtigte Rechtsverfolgung oder Rechtsvertheidigung nicht muthwillig oder aussichtslos erscheint.

Ausländer haben auf das Armenrecht nur insoweit Anspruch, als die Gegenseitigkeit verbürgt ist.

115. Durch die Bewilligung des Armenrechts erlangt die Partei:
1. die einstweilige Befreiung von der Berichtigung der rückständigen und künftig erwachsenden Gerichtskosten, einschließlich der Gebühren der Beamten, der den Zeugen und den Sachverständigen zu gewährenden Vergütung und der sonstigen baaren Auslagen, sowie der Stempelsteuer;
2. die Befreiung von der Sicherheitsleistung für die Prozeßkosten;
3. das Recht, daß ihr zur vorläufig unentgeltlichen Bewirkung von Zustellungen und von Vollstreckungshandlungen ein Gerichtsvollzieher und, insoweit eine Vertretung durch Anwälte geboten ist, zur vorläufig unentgeltlichen Wahrnehmung ihrer Rechte ein Rechtsanwalt beigeordnet werde.

116. Insoweit nicht eine Vertretung durch Anwälte geboten oder ein Anwalt gemäß §. 34 der Rechtsanwaltsordnung beigeordnet ist, kann einer armen Partei, welche nicht im Bezirke des Prozeßgerichts wohnt, zur unentgeltlichen Wahrnehmung ihrer Rechte in der mündlichen Verhandlung ein Justizbeamter, der nicht als Richter angestellt ist, oder ein Rechtskundiger, der die vorgeschriebene erste Prüfung für den Justizdienst bestanden hat, auf Antrag beigeordnet werden. Die in Folge dessen erwachsenden baaren Auslagen werden von der Staatskasse bestritten und als Gerichtskosten in Ansatz gebracht.

117. Die Bewilligung des Armenrechts hat auf die Verpflichtung zur Erstattung der dem Gegner erwachsenden Kosten keinen Einfluß.

118. Das Gesuch um Bewilligung des Armenrechts ist bei dem Prozeßgericht anzubringen; es kann vor dem Gerichtsschreiber zu Protokoll erklärt werden.

Dem Gesuch ist ein von der obrigkeitlichen Behörde der Partei ausgestelltes Zeugniß beizufügen, in welchem unter Angabe des Standes oder Gewerbes, der Vermögens- und Familienverhältnisse der Partei sowie des Betrags der von dieser zu entrichtenden direkten Staatssteuern das Unvermögen zur Bestreitung der Prozeßkosten ausdrücklich bezeugt wird. Für Personen, welche unter Vormundschaft oder Kuratel stehen, kann das Zeugniß auch von der vormundschaftlichen Behörde ausgestellt werden.

In dem Gesuche ist das Streitverhältniß unter Angabe der Beweismittel darzulegen.

119. Die Bewilligung des Armenrechts erfolgt für jede Instanz besonders, für die erste Instanz einschließlich der Zwangsvollstreckung.

In der höheren Instanz bedarf es des Nachweises des Unvermögens nicht, wenn das Armenrecht in der vorherigen Instanz bewilligt war. Hat der Gegner das Rechtsmittel eingelegt, so ist in der höheren Instanz nicht zu prüfen, ob die Rechtsverfolgung oder Rechtsvertheidigung der Partei muthwillig oder aussichtslos erscheint.

120. Die Bewilligung des Armenrechts für den Kläger, den Berufungskläger und den Revisionskläger hat zugleich für den Gegner die einstweilige Befreiung von den im §. 115 Nr. 1 bezeichneten Kosten zur Folge.

121. Das Armenrecht kann zu jeder Zeit entzogen werden, wenn sich ergiebt, daß eine Voraussetzung der Bewilligung nicht vorhanden war oder nicht mehr vorhanden ist.

122. Das Armenrecht erlischt mit dem Tode der Person, welcher es bewilligt ist.

123. Die Gerichtskosten, von deren Berichtigung die arme Partei einstweilen befreit ist, können von dem in die Prozeßkosten verurtheilten Gegner nach Maßgabe der für die Beitreibung rückständiger Gerichtskosten geltenden Vorschriften eingezogen werden.

Die Gerichtskosten, von deren Berichtigung der Gegner der armen Partei einstweilen befreit ist, sind von demselben einzuziehen, soweit er in die Prozeßkosten verurtheilt oder der Rechtsstreit ohne Urtheil über die Kosten beendigt ist.

124. Die für die arme Partei bestellten Gerichtsvollzieher und Rechtsanwälte sind berechtigt, ihre Gebühren und Auslagen von dem in die Prozeßkosten verurtheilten Gegner beizutreiben.

Eine Einrede aus der Person der armen Partei ist nur insoweit zulässig, als die Aufrechnung von Kosten verlangt wird, welche nach der in demselben Rechtsstreite über die Kosten erlassenen Entscheidung von der armen Partei zu erstatten sind.

125. Die zum Armenrechte zugelassene Partei ist zur Nachzahlung der Beträge, von deren Berichtigung sie einstweilen befreit war, verpflichtet, sobald sie ohne Beeinträchtigung des für sie und ihre Familie nothwendigen Unterhalts dazu im Stande ist.

Dasselbe gilt in Betreff derjenigen Beträge, von deren Berichtigung der Gegner einstweilen befreit war, soweit die arme Partei in die Prozeßkosten verurtheilt ist.

126. Ueber das Gesuch um Bewilligung des Armenrechts, über die Entziehung desselben und über die Verpflichtung zur Nachzahlung der Beträge, von deren Berichtigung die zum Armenrechte zugelassene Partei oder der Gegner einstweilen befreit ist, kann ohne vorgängige mündliche Verhandlung entschieden werden.

127. Gegen den Beschluß, durch welchen das Armenrecht bewilligt wird, findet kein Rechtsmittel; gegen den Beschluß, durch welchen das Armenrecht verweigert oder entzogen oder die Nachzahlung von Kosten angeordnet wird, findet die Beschwerde statt.

[8] Hinsichtlich der allgemein vorgeschriebenen Vorschußpflicht des Privatklägers vgl. §§ 83, 84 G.K.G.

5. Sühnetermin.

420. Wegen Beleidigungen[1] ist, insofern nicht einer der im §. 196 des Strafgesetzbuchs bezeichneten Fälle vorliegt, die Erhebung der Klage erst zulässig, nachdem von einer durch die Landesjustizverwaltung zu bezeichnenden Vergleichsbehörde die Sühne erfolglos versucht worden ist. Der Kläger hat die Bescheinigung hierüber mit der Klage einzureichen.[2]

Diese Bestimmung findet keine Anwendung, wenn die Parteien nicht in demselben Gemeindebezirke wohnen.

[1] Nicht auch Körperverletzungen.

[2] Preußen: Schiedsmannsord. v. 29./3. 79 (G.S. 321) §§ 33—39.

6. Erhebung der Privatklage.

421. Die Erhebung der Klage geschieht zu Protokoll des Gerichtsschreibers oder durch Einreichung einer Anklageschrift. Die Klage muß den im §. 198 Abs. 1 bezeichneten Erfordernissen entsprechen.[1] Mit der Anklageschrift sind zwei Abschriften derselben einzureichen.[2]

[1] Formvorschriften sind nicht gegeben. — Antrag auf Buße §§ 444–446.

[2] Gebühren: §§ 70–73. Vorschuß: §§ 83–85 G.K.G.

7. Verfahren.

422. Ist die Klage vorschriftsmäßig[1] erhoben, so theilt das Gericht[2] dieselbe dem Beschuldigten unter Bestimmung einer Frist zur Erklärung und der Staatsanwaltschaft[3] zur Kenntnißnahme mit.

[1] §§ 420, 421. [2] der Amtsrichter. § 30 Abs. 2 G.V.G.

[3] des Landgerichts. Vgl. § 90 der preuß. Geschäftsanw. f. Amtsanwälte v. 28./8. 79 (J.M.Bl. 261).

423. Nach Eingang der Erklärung des Beschuldigten oder Ablauf der Frist entscheidet das Gericht[1] darüber, ob das Hauptverfahren zu eröffnen oder die Klage zurückzuweisen sei, nach Maßgabe der Bestimmungen, welche bei einer von der Staatsanwaltschaft unmittelbar erhobenen Anklage Anwendung finden.[2]

[1] der Amtsrichter. § 30 Abs. 2 G.V.G.

[2] §§ 200, 201, 202, 204, 205, 209, 210.

424. Das weitere Verfahren richtet sich nach den Bestimmungen, welche für das Verfahren auf erhobene öffentliche Klage gegeben sind.

Vor dem Schwurgerichte kann eine Privatklagesache nicht gleichzeitig mit einer auf öffentliche Klage anhängig gemachten Sache verhandelt werden.

425. Insoweit in dem Verfahren auf erhobene öffentliche Klage die Staatsanwaltschaft zuzuziehen und zu hören ist, wird in dem Verfahren auf erhobene Privatklage der Privatkläger zugezogen und gehört.[1] Desgleichen sind alle Entscheidungen, welche dort der

Staatsanwaltschaft bekannt gemacht werden, hier dem Privatkläger bekannt zu machen.

Es werden jedoch die auf richterliche Anordnung ergehenden Ladungen nicht durch die Staatsanwaltschaft, sondern durch den Gerichtsschreiber bewirkt.

Zwischen der Zustellung der Ladung des Privatklägers zur Hauptverhandlung und dem Tage der letzteren muß eine Frist von mindestens einer Woche liegen.

Das Recht der Akteneinsicht kann der Privatkläger nur durch seinen Anwalt ausüben.

[1] Aber nicht als Zeuge. R. II. 174.

426. Der Vorsitzende des Gerichts bestimmt, welche Personen als Zeugen oder Sachverständige zur Hauptverhandlung geladen werden sollen.

Dem Privatkläger wie dem Angeklagten steht das Recht der unmittelbaren Ladung zu.[1]

[1] § 219.

3. Vertretung des Angeklagten.

427. In der Hauptverhandlung kann auch der Angeklagte im Beistand eines Rechtsanwalts erscheinen oder sich auf Grund einer schriftlichen Vollmacht durch solchen vertreten lassen.[1]

Die Bestimmung des §. 139 findet auf den Anwalt des Klägers wie auf den des Angeklagten Anwendung.

Das Gericht ist befugt, das persönliche Erscheinen des Klägers sowie des Angeklagten anzuordnen, auch den Angeklagten vorführen zu lassen.[2]

[1] Vgl. Anm. 3 zu § 418.

[2] Hinsichtlich des ausgebliebenen Klägers vgl. § 431 Abs. 2, 3.

9. Widerklage.

428. Bei wechselseitigen[1] Beleidigungen oder Körperverletzungen kann der Beschuldigte bis zur Beendigung der Schlußvorträge (§. 257) in erster Instanz mittels einer Widerklage[2] die Bestrafung des Klägers beantragen.[3]

Ueber Klage und Widerklage ist gleichzeitig zu erkennen.[4]

Die Zurücknahme der Klage ist auf das Verfahren über die Widerklage ohne Einfluß.

[1] Zeitlicher oder sachlicher Zusammenhang ist nicht erforderlich. Vgl. §§ 198, 232 Abs. 3 St.G.B. E. II. 87.

[2] § 420 findet keine Anwendung, § 421 nur dann, wenn die Widerklage außerhalb der Hauptverhandlung erhoben wird.

[3] Falls nicht die Staatsanwaltschaft die Verfolgung übernimmt. E. V. 134. R. III. 628.

[4] Kosten: §§ 500, 503. Gebühren: § 70 insb. Abs. 3 G.K.G.

10. Einstellung des Verfahrens.

429. Findet das Gericht nach verhandelter Sache, daß die für festgestellt zu erachtenden Thatsachen eine solche strafbare Handlung darstellen, auf welche das in diesem Abschnitte vorgeschriebene Verfahren keine Anwendung erleidet, so hat es durch Urtheil, welches diese Thatsachen hervorheben muß, die Einstellung des Verfahrens auszusprechen.[1]

Die Verhandlungen sind in diesem Falle der Staatsanwaltschaft mitzutheilen.[2]

[1] nicht etwa die Sache (analog § 270) an das zuständige Gericht zu verweisen. Würde dies geschehen, so hätte sich auch das dadurch mit der Sache befaßte Gericht auf den Ausspruch der Folgen des § 429 zu beschränken. E. XXIII. 416. — Wird aber zu Unrecht in der Sache rechtskräftig erkannt, so tritt auch Konsumtion der Strafklage ein. E. IX. 14. 324. R. V. 696.

[2] § 429 ist nicht auf die erste Instanz beschränkt; in der Be-

rufungsinstanz greift daher, auch wenn die Staatsanwaltschaft die Verfolgung übernimmt, § 369 Abs. 3 nicht Platz. E. XXIX. 422.

11. **Rechtsmittel.**

480. Dem Privatkläger stehen diejenigen Rechtsmittel zu, welche in dem Verfahren auf erhobene öffentliche Klage der Staatsanwaltschaft zustehen. Dasselbe gilt von dem Antrage auf Wiederaufnahme des Verfahrens in den Fällen des §. 402. Die Bestimmung des §. 343[1] findet auf das Rechtsmittel des Privatklägers Anwendung.

Revisionsanträge[2] und Anträge auf Wiederaufnahme des durch ein rechtskräftiges Urtheil geschlossenen Verfahrens[3] kann der Privatkläger nur mittels einer von einem Rechtsanwalt unterzeichneten Schrift anbringen.[4]

Die in den §§. 361, 362, 387 angeordnete Vorlage und Einsendung der Akten erfolgt wie im Verfahren auf erhobene öffentliche Klage an und durch die Staatsanwaltschaft. Die Zustellung der Berufungs- und Revisionsschriften an den Gegner des Beschwerdeführers wird durch den Gerichtsschreiber bewirkt.

[1] Auch des § 338 Abs. 2. E. XXII. 400.

[2] § 384. [3] § 406.

[4] Also nicht zu Protokoll des Gerichtsschreibers. Anders der Angeklagte: § 385 Abs. 2. — Anm. 6 zu § 385 gilt auch hier. Vgl. E. XIX. 115.

12. **Zurücknahme der Privatklage.**

481. Die Privatklage kann bis zur Verkündung des Urtheils erster Instanz und, soweit zulässige Berufung eingelegt ist, bis zur Verkündung des Urtheils zweiter Instanz zurückgenommen werden.[1 2]

Als Zurücknahme gilt es im Verfahren erster und, soweit der Angeklagte die Berufung eingelegt hat, im

Verfahren zweiter Instanz, wenn der Privatkläger in der Hauptverhandlung weder erscheint noch durch einen Rechtsanwalt vertreten wird, oder in der Hauptverhandlung oder einem anderen Termine ausbleibt, obwohl das Gericht sein persönliches Erscheinen angeordnet hatte, oder eine Frist nicht einhält, welche ihm unter Androhung der Einstellung des Verfahrens gesetzt war.[3]

Soweit der Privatkläger die Berufung eingelegt hat, ist dieselbe im Falle der vorbezeichneten Versäumungen unbeschadet der Bestimmung des §. 343 sofort zu verwerfen.[4]

Der Privatkläger kann binnen einer Woche nach der Versäumung die Wiedereinsetzung in den vorigen Stand unter den in den §§. 44, 45 bezeichneten Voraussetzungen beanspruchen.

[1] Anders die Zurücknahme des Strafantrags: §§ 64, 194, 232 Abs. 2 St.G.B. Zurücknahme der Privatklage für den Strafantrag an sich bedeutungslos. Vgl. E. VIII. 207. R. V. 272.

[2] Gebühren: §§ 72, 70 G.K.G.

[3] Die Einstellung ist durch Beschluß auszusprechen, auch in zweiter Instanz; das Urteil erster Instanz wird von selbst hinfällig, ohne daß es einer ausdrücklichen Aufhebung bedarf.

[4] Gebühren: § 70 Nr. 2 G.K.G.

432. Die zurückgenommene Privatklage kann nicht von neuem erhoben werden.[1]

[1] Vgl. jedoch § 415 Abs. 1. Auch die öffentliche Klage kann noch erhoben werden. E. XIX. 284.

13. Unvererblichkeit der Privatklage (Ausnahme).

433. Der Tod des Privatklägers hat die Einstellung des Verfahrens zur Folge.

War jedoch die Privatklage darauf gestützt, daß der Beschuldigte wider besseres Wissen in Beziehung auf den Anderen eine unwahre Thatsache behauptet oder verbreitet habe, welche denselben verächtlich zu machen oder in der öffentlichen Meinung herabzuwürdigen geeignet ist,[1] so kann die Klage nach dem Tode des Klägers von den Eltern, den Kindern oder dem Ehegatten des letzteren fortgesetzt werden.[2]

Die Fortsetzung ist von dem Berechtigten bei Verlust des Rechts binnen zwei Monaten, vom Tode des Privatklägers an gerechnet, bei Gericht zu erklären.

[1] § 187 St.G.B. mit Ausschluß der Kreditgefährdung.
[2] Vgl. § 189 St.G.B.

434. Die Zurücknahme der Privatklage und der Tod des Privatklägers, sowie die Fortsetzung der Privatklage sind dem Beschuldigten bekannt zu machen.

Zweiter Abschnitt.
Nebenklage.

1. Zulässigkeit.

435. Wer nach Maßgabe der Bestimmung des §. 414 als Privatkläger aufzutreten berechtigt ist,[1] kann sich der erhobenen öffentlichen Klage[2] in jeder Lage des Verfahrens als Nebenkläger anschließen.[3] Der Anschluß kann behufs Einlegung von Rechtsmitteln auch nach ergangenem Urtheile geschehen.[4]

Die gleiche Befugniß[5] steht demjenigen zu, welcher durch einen Antrag auf gerichtliche Entscheidung (§. 170) die Erhebung der öffentlichen Klage herbeigeführt hat, wenn die strafbare Handlung gegen sein Leben, seine Gesundheit, seine Freiheit, seinen Personenstand oder seine Vermögensrechte gerichtet war.[6]

[1] Anm. 5 zu § 414 gilt auch hier; Prozeßfähigkeit erforderlich. E. IX. 125. XXXVII. 63. R. V. 596.

[2] Sollte auch diese von einem anderen Gesichtspunkte (Idealkonkurrenz) erhoben sein. E. VII. 437. R. V. 40. IX. 524.

[3] Sollte er auch in demselben Verfahren Mitangeklagter sein. E. XXII. 421.

[4] Die Einlegung eines Rechtsmittels schließt die Anschlußerklärung in sich. E. V. 334. R. IV. 42.

[5] Vgl. eine fernere Befugnis in § 443 u. § 467.

[6] Der Anschluß ist, abgesehen von § 441 (vgl. § 74 G.K.G.), gebührenfrei.

436. Die Anschlußerklärung ist bei dem Gerichte schriftlich[1] einzureichen.

Das letztere[2] hat über die Berechtigung des Nebenklägers zum Anschlusse nach Anhörung der Staatsanwaltschaft zu entscheiden.[3]

Zu einer Sicherheitsleistung ist der Nebenkläger nicht verpflichtet.

[1] Nicht auch zu gerichtlichem Protokoll. E. I. 285. XXXVI. 246. R. I. 520; ist das Protokoll jedoch vom Nebenkläger unterschrieben, genügt es. E. VI. 189. R. IV. 273. Auch durch Telegramm. E. XXIV. 283.

[2] Im Fall des Satzes 2 des § 435 das zur Entscheidung über das Rechtsmittel berufene Gericht. E. VI. 139. R. IV. 273.

[3] Ausdrücklich, R. VIII. 532, und alsbald vor weiterer Veränderung der Prozeßlage. E. XXV. 186. Durch den Beschluß des Landgerichts wird aber eine wiederholte Prüfung seitens des Revisionsgerichts nicht ausgeschlossen. E. XXXV. 25.

2. Rechte des Nebenklägers.

437. Der Nebenkläger hat nach erfolgtem Anschlusse die Rechte des Privatklägers.[1]

An den Erklärungen über Annahme oder Ablehnung der Geschworenen nimmt der Nebenkläger nicht Theil.[2]

[1] Vgl. insbesondere §§ 418, 425 (Ladung des Nebenklägers jedoch

durch die Staatsanwaltschaft. E. VII. 220), 426 Abs. 2, aber auch § 430 Abs. 2, auch — vgl. E. VI. 237. R. IV. 338 — § 503 Abs. 1, 5. — Seine Vernehmung als Zeuge ist nicht ausgeschlossen. E. II. 384. R. II. 381. Alsdann gelten hinsichtlich seiner Beeidigung die allgemeinen Vorschriften; vgl. E. III. 47. Die Anwesenheit bei der ganzen Verhandlung darf ihm aber nicht versagt werden. E. XXV. 177. Seine Anwesenheit und Beteiligung ist aber nicht weiter erforderlich, als es sein Wille ist. E. XXXI. 37. § 430 Abs. 2 gilt auch für ihn. E. XXXVI. 75. — Eine Widerklage gegen ihn ist nicht zulässig E. XXIX. 116. [3] Es gilt aber § 24 Abs. 3 auch für ihn.

438. Der Fortgang des Verfahrens wird durch den Anschluß nicht aufgehalten.

Die bereits anberaumte Hauptverhandlung sowie andere Termine finden an den bestimmten Tagen statt, auch wenn der Nebenkläger wegen Kürze der Zeit nicht mehr geladen oder benachrichtigt werden konnte.

439. Entscheidungen, welche schon vor dem Anschluß ergangen und der Staatsanwaltschaft bekannt gemacht waren, bedürfen keiner Bekanntmachung an den Nebenkläger.[1]

Die Anfechtung solcher[2] Entscheidungen steht auch dem Nebenkläger nicht mehr zu, wenn für die Staatsanwaltschaft die Frist zur Anfechtung abgelaufen ist.

[1] Anders im Fall des § 468. Vgl. Anm. 2 das.

[2] anderer: § 441 Abs. 1 in Verbindung mit § 440.

440. Ist in der Hauptverhandlung weder der Nebenkläger noch ein Anwalt desselben erschienen,[1] so wird das Urtheil dem ersteren zugestellt.[2]

[1] Zur Zeit der Urteilsverkündung. E. VI. 28. R. IV. 155.

[2] § 431 Abs. 2 findet nicht Anwendung; vgl. § 442. E. VII. 376. R. V. 11.

441. Der Rechtsmittel[1] kann sich der Nebenkläger unabhängig von der Staatsanwaltschaft bedienen.[2] [3]

Wird auf ein nur von dem Nebenkläger eingelegtes Rechtsmittel die angefochtene Entscheidung aufgehoben, so liegt der Betrieb der Sache wiederum[1] der Staatsanwaltschaft ob.

[1] Beschwerde, Berufung, Revision. Bei der Berufung findet § 431 Abs. 3, bei der Revision § 430 Abs. 2, allgemein § 343 Anwendung.
[2] mit eigenen Fristen (abgesehen von § 439 Abs. 2). E. VI. 28. R. IV. 155. [3] Gebühren und Vorschuß: §§ 74, 83, 84 G.K.G.

442. Die Anschlußerklärung[1] verliert durch Widerruf sowie durch den Tod des Nebenklägers ihre Wirkung.[2]

[1] Erneuter Anschluß (abgesehen von § 444 Abs. 3) nicht ausgeschlossen. E. VIII. 384. R. V. 454.
[2] § 431 Abs. 2 u. § 334 Abs. 2 finden keine Anwendung.

3. Verfahren bei Anträgen auf Zuerkennung einer Buße.

443. Die Befugniß, sich einer öffentlichen Klage nach den Bestimmungen der §§. 435—442 als Nebenkläger anzuschließen, steht auch demjenigen zu, welcher berechtigt ist, die Zuerkennung einer Buße[1] zu verlangen.[2]

Wer die Zuerkennung einer Buße in einem auf erhobene öffentliche Klage anhängigen Verfahren beantragen will, muß sich zu diesem Zwecke der Klage[3] als Nebenkläger anschließen.[4]

[1] St.G.B. §§ 188, 231, G. betr. Urheberrecht an Mustern u. Modellen, v. 11./1. 76 (R.G.Bl. 11) § 14 in Verbindung mit den für dieses Gesetz noch gültigen §§ 18, 43, 45 d. G., betr. Urheberrecht, v. 11./6. 70 (B.G.Bl. 339), Patentg. v. 7./4. 91 (R.G.Bl. 79) § 37, G., betr. Gebrauchsmuster, v. 1./6. 91 (R.G.Bl. 290) § 11, G. zum Schutz der Warenbezeichnungen v. 12./5. 94 (R.G.Bl. 441) § 18, G. zur Bekämpfung des unlauteren Wettbewerbs v. 27./5. 96 (R.G.Bl. 145) § 14, G., betr. Urheberrecht, v. 19./6. 01 (R.G.Bl. 227) § 40, G., betr. Urheberr. an Werken der bildenden Künste u. Photographie, v. 9./1. 07 (R.G.Bl. 7) § 35.
[2] Auch wenn er sie nicht verlangt; für den bloßen Anschluß ist dann auch § 444 Abs. 1 unanwendbar. E. V. 334. R. IV. 42.

[3] Also nicht vor dem Zeitpunkt der §§ 177, 197. E. XXI. 156.

[4] Sein Erscheinen in der Hauptverhandlung nicht erforderlich. E. IX. 223. R. V. 734. Vgl. auch E. XIII. 186. XXI. 156. XXXII. 346. R. VII. 749.

444. Der Antrag auf Zuerkennung einer Buße kann bis zur Verkündung des Urtheils erster Instanz gestellt werden.[1]

Der Antrag kann bis zur Verkündung des Urtheils zurückgenommen, ein zurückgenommener Antrag[2] nicht erneuert werden.

Wird der Angeklagte freigesprochen oder das Verfahren eingestellt, oder die Sache ohne Urtheil erledigt, so gilt auch der Antrag ohne weitere Entscheidung für erledigt.[3]

Der Anspruch auf Buße kann von den Erben des Verletzten nicht erhoben oder fortgesetzt werden.[4]

[1] Es ist ihm jedoch nur stattzugeben, wenn bereits ausreichende Unterlagen dafür vorhanden; lediglich zur Beschaffung letzterer erscheint Aussetzung der Verhandlung nicht statthaft. Strikter Nachweis des Schadens jedoch keineswegs erforderlich. Vgl. E. VI. 398. R. IV. 223. 590.

[2] Vorausgesetzt, daß der Anschluß an sich rechtsgültig, insbesondere formgerecht war. E. I. 285. R. I. 520. Der Antrag selbst ist formfrei. E. XIII. 186. R. VII. 749.

[3] Einlegung eines Rechtsmittels seitens des Nebenklägers dadurch nicht ausgeschlossen. E. XI. 90. R. VI. 547.

[4] Die Erhebung einer Entschädigungsforderung im Wege des Zivilprozesses seitens der Erben ist damit nicht ausgeschlossen.

445. Der Nebenkläger hat den Betrag, welchen er als Buße verlangt, anzugeben.

Auf einen höheren Betrag der Buße als den beantragten darf nicht erkannt werden.

446. Die Bestimmungen der §§. 444, 445 finden auf den Fall entsprechende Anwendung, daß von dem die Buße Beanspruchenden die Privatklage erhoben wird.

Sechstes Buch.

Besondere Arten des Verfahrens.

Erster Abschnitt.

Verfahren bei amtsrichterlichen Strafbefehlen.

447. In den zur Zuständigkeit der Schöffengerichte gehörigen Sachen, mit Ausnahme der im §. 27 Nr. 3 bis 8 des Gerichtsverfassungsgesetzes bezeichneten Vergehen,[1] kann durch schriftlichen Strafbefehl des Amtsrichters ohne vorgängige Verhandlung eine Strafe festgesetzt werden, wenn die Staatsanwaltschaft schriftlich hierauf anträgt.

Durch einen Strafbefehl darf jedoch keine andere Strafe[2] als Geldstrafe von höchstens einhundertfünfzig Mark oder Freiheitsstrafe von höchstens sechs Wochen, sowie eine etwa verwirkte Einziehung festgesetzt werden.

Die Ueberweisung des Beschuldigten an die Landespolizeibehörde[3] darf in einem Strafbefehle nicht ausgesprochen werden.

[1] Nur § 27 Nr. 1, 2, nicht § 29 G.V.G.

[2] Auch nicht im Fall einer Gesamtstrafe. [3] § 362 St.G.B.

448. Der Antrag ist auf eine bestimmte Strafe zu richten.[1] Der Amtsrichter hat demselben zu entsprechen, wenn der Erlassung des Strafbefehls Bedenken nicht entgegenstehen.

Findet der Amtsrichter Bedenken, die Strafe ohne Hauptverhandlung festzusetzen, so ist die Sache zur

Hauptverhandlung zu bringen.[2] Dasselbe gilt, wenn der Amtsrichter eine andere als die beantragte Strafe festsetzen will und die Staatsanwaltschaft bei ihrem Antrage beharrt.

[1] Im übrigen hat er den Vorschriften § 198 Abs. 1 zu entsprechen und ist mit den bisherigen Verhandlungen einzureichen.

[2] §§ 201, 212. Vgl. jedoch auch § 211. Beschwerde ist ausgeschlossen. Erscheint die Klage selbst unbegründet, so findet § 202, alsdann aber auch § 209 Abs. 2 (sofortige Beschwerde) Anwendung.

449. Der Strafbefehl muß außer der Festsetzung der Strafe die strafbare Handlung,[1] das angewendete Strafgesetz und die Beweismittel bezeichnen, auch die Eröffnung enthalten, daß er vollstreckbar werde, wenn der Beschuldigte nicht binnen einer Woche[2] nach der Zustellung bei dem Amtsgerichte schriftlich oder zu Protokoll des Gerichtsschreibers Einspruch erhebe.[3]

Auf den Einspruch kann vor Ablauf der Frist verzichtet werden.

[1] Konkret zu bezeichnen. [2] § 43.

[3] Auch die Kostenpflicht: § 496 Abs. 1.

450. Ein Strafbefehl, gegen welchen nicht rechtzeitig[1] Einspruch erhoben worden ist, erlangt die Wirkung eines rechtskräftigen Urtheils.[2] [3]

[1] § 449 Abs. 1. Vgl. auch §§ 44 ff.

[2] Abgesehen von der Konsumtion der Strafklage (ne bis in idem gilt nicht). E. IV. 243. R. III. 367, vorausgesetzt natürlich, daß ein anderer rechtlicher Gesichtspunkt hervortritt. E. XIV. 358. XXXIV. 165. R. VIII. 606. — Wiederaufnahme (IV) ausgeschlossen. E. IV. 243. R. III. 367 i. f.

[3] Gebühren: § 63 Abs. 1 G.K.G.

451. Bei rechtzeitigem Einspruche wird zur Hauptverhandlung vor dem Schöffengerichte geschritten,[1] sofern nicht bis zum Beginn derselben die Staatsanwaltschaft die Klage fallen läßt[2] oder der Einspruch zurückgenommen wird.

Der Angeklagte kann sich in der Hauptverhandlung durch einen mit schriftlicher Vollmacht versehenen Vertheidiger vertreten lassen.[3]

Bei der Urtheilsfällung ist das Schöffengericht an den in dem Strafbefehle enthaltenen Ausspruch nicht gebunden.[4]

[1] Ohne Eröffnungsbeschluß. Ist der Einspruch unzulässig, so wird er durch Beschluß verworfen. Gebühren: § 66 Nr. 4 G.K.G.

[2] Abweichung von § 154.

[3] § 235 gilt aber auch hier. Ebenso § 232.

[4] Derselbe gilt für das Schöffengericht, soweit er nicht den Eröffnungsbeschluß vertritt, als nicht vorhanden.

452. Bleibt der Angeklagte ohne genügende Entschuldigung in der Hauptverhandlung aus, und wird er auch nicht durch einen Vertheidiger vertreten, so wird der Einspruch ohne Beweisaufnahme durch Urtheil verworfen.[1] [2]

Ein Angeklagter, welchem gegen den Ablauf der Einspruchsfrist Wiedereinsetzung in den vorigen Stand gewährt worden war, kann die letztere nicht mehr gegen das Urtheil beanspruchen.

[1] Anders im Fall des § 457. Vgl. Anm. 1 das.

[2] Gebühren: § 63 Abs. 2 G.K.G. Vgl. auch § 65 Abs. 3 das.

Zweiter Abschnitt.

Verfahren nach vorangegangener polizeilicher Strafverfügung.

453. Wo nach den Bestimmungen der Landesgesetze[1] die Polizeibehörden befugt sind, eine in den Strafgesetzen[2] angedrohte Strafe durch Verfügung festzusetzen, erstreckt sich diese Befugniß nur auf Uebertretungen.[3]

Auch kann die Polizeibehörde keine andere Strafe als Haft bis zu vierzehn Tagen oder Geldstrafe[4] und diejenige Haft, welche für den Fall, daß die Geldstrafe nicht beigetrieben werden kann, an die Stelle der letzteren tritt,[5] sowie eine etwa verwirkte Einziehung verhängen.

Die Strafverfügung muß außer der Festsetzung der Strafe die strafbare Handlung, das angewendete Strafgesetz und die Beweismittel bezeichnen, auch die Eröffnung enthalten, daß der Beschuldigte, sofern er nicht eine nach den Gesetzen zugelassene[6] Beschwerde an die höhere Polizeibehörde ergreife, gegen die Strafverfügung binnen einer Woche nach der Bekanntmachung bei der Polizeibehörde, welche diese Verfügung erlassen hat, oder bei dem zuständigen Amtsgericht auf gerichtliche Entscheidung antragen könne.

Die Strafverfügung wirkt in Betreff der Unterbrechung der Verjährung wie eine richterliche Handlung.[7] [8]

[1] Vgl. § 6 Nr. 3 E.G. — Preußen: G. v. 23./4. 83 (G.S. 65), Abänderungsg. v. 22./6. 07 (G.S. 145) und dazu J.B. v. 2./7. 83 nebst Anweis. v. 8./6. 83 (J.M.Bl. 223), J.B. v. 4./12. 07 nebst M.B. v. 17./7. 07 (J.M.Bl. 601), u. hinsichtlich der Rechtshülfe G. v. 9./6. 95 (R.G.Bl. 256).

[2] Polizeiliche Exekutivstrafen kommen daher hier nicht in Betracht.

[3] § 1 Abs. 3 St.G.B.

[4] In Preußen nur Geldstrafe bis zu 30 Mark oder Haft bis zu 8 Tagen. § 1 G. v. 23./4. 83.

[5] In Gemäßheit des § 29 St.G.B.

[6] In Preußen nicht zugelassen.

[7] Vgl. § 68 St.G.B.

[8] Konsumtion der Strafklage findet, vorausgesetzt, daß ein anderer rechtlicher Gesichtspunkt hervortritt, nicht statt. Vgl. Anm. 2 zu § 450. E. III. 211. XXXIV. 165. R. II. 18.

454. Der Antrag auf gerichtliche Entscheidung kann bei der Polizeibehörde schriftlich[1] oder mündlich, bei dem Amtsgerichte schriftlich[1] oder zu Protokoll des Gerichtsschreibers angebracht werden.

Die Polizeibehörde übersendet, falls sie[2] nicht die Strafverfügung zurücknimmt, die Akten an die zuständige Staatsanwaltschaft, welche sie dem Amtsrichter vorlegt.

[1] telegraphisch steht gleich. E. VIII. 92. R. V. 161.

[2] Die Staatsanwaltschaft ist dazu nicht befugt.

455. Gegen die Versäumung der Antragsfrist ist unter den in den §§. 44, 45 bezeichneten Voraussetzungen Wiedereinsetzung in den vorigen Stand zulässig. Das Gesuch ist bei einer der im §. 454 Abs. 1 genannten Behörden anzubringen.

Ueber das Gesuch entscheidet der Amtsrichter.

Die Bestimmungen des §. 46 Abs. 2, 3 finden hier gleichfalls Anwendung.

456. Ist der Antrag rechtzeitig[1] angebracht, so wird zur Hauptverhandlung vor dem Schöffengerichte geschritten, ohne daß es der Einreichung einer Anklageschrift oder einer Entscheidung über die Eröffnung des Hauptverfahrens bedarf.

Bis zum Beginne der Hauptverhandlung kann der Antrag zurückgenommen werden.[2]

[1] §§ 453 Abs. 3, 43. — Vgl. auch § 455.

[2] Gebühren: §§ 76, 66 Nr. 4 G.K.G.

457. Das Verfahren vor dem Schöffengericht ist dasselbe wie im Falle einer von der Staatsanwaltschaft erhobenen und zur Hauptverhandlung verwiesenen Anklage.[1]

Der Angeklagte kann sich durch einen mit schriftlicher Vollmacht versehenen Vertheidiger vertreten lassen.[2]

Bei der Urtheilsfällung ist das Gericht an den Ausspruch der Polizeibehörde nicht gebunden.[3]

[1] Die Bestimmung § 452 Abs. 1 gilt hier nicht, vielmehr §§ 231 ff. [2] § 235 gilt auch hier.

[3] Eine härtere Strafe ist daher nicht ausgeschlossen.

458. Stellt sich nach dem Ergebnisse der Hauptverhandlung die That des Angeklagten als eine solche dar, bei welcher die Polizeibehörde zum Erlaß einer Strafverfügung nicht befugt war, so hat das Gericht die letztere durch Urtheil aufzuheben, ohne in der Sache selbst zu entscheiden.[1]

[1] Selbst wenn die Zuständigkeit des Schöffengerichts begründet sein sollte. Vgl. auch E. V. 243. R. V. 691. Auch in der Berufungsinstanz; § 369 Abs. 3 findet nicht statt. E. XIX. 166.

Dritter Abschnitt.

Verfahren bei Zuwiderhandlungen gegen die Vorschriften über die Erhebung öffentlicher Abgaben und Gefälle.

Administratives Verfahren.

459.[1] Strafbescheide der Verwaltungsbehörden wegen Zuwiderhandlungen gegen die Vorschriften über die Erhebung öffentlicher Abgaben und Gefälle dürfen nur Geldstrafen[2] sowie eine etwa verwirkte Einziehung festsetzen.

Der Strafbescheid muß außerdem die strafbare Handlung, das angewendete Strafgesetz und die Beweismittel bezeichnen, auch die Eröffnung enthalten, daß der Beschuldigte, sofern er nicht eine nach den Gesetzen zugelassene Beschwerde an die höhere Verwaltungsbehörde ergreife, gegen den Strafbescheid binnen einer Woche nach der Bekanntmachung bei der Verwaltungsbehörde, welche denselben erlassen, oder bei derjenigen, welche ihn bekannt gemacht hat,[3] auf gerichtliche Entscheidung[4] antragen könne.[5]

Der Strafbescheid wirkt in Betreff der Unterbrechung der Verjährung wie eine richterliche Handlung.[6]

[1] Vgl. §§ 5, 6 Nr. 3 E.G. Hinsichtlich der Rechtshülfe vgl. G. v. 19./6. 95 (R.G.Bl. 256). Für Preußen: G. betr. das Verwaltungsstrafverfahren 2c., v. 26./7. 97 (G.S. 237) nebst Ausf.-Vorschr. v. 29./9. 97 (J.M.Bl. 249) mit Abänd. (J.M.Bl. 1899 S. 123), ferner G., betr. Verkehrsabgaben v. 2./5. 00 (G.S. 123).

[2] Freiheitsstrafen auch nicht subsidiär. Vgl. § 463.

[3] Nicht bei Gericht.

[4] Hinsichtlich der ausgesprochenen Strafe. Der Ausspruch auf Nachzahlung der Abgaben unterliegt nicht der gerichtlichen Entscheidung. E. XXXII. 304.

[5] Formmängel des Bescheides berechtigen das Gericht nicht, ohne Entscheidung in der Sache selbst den Bescheid aufzuheben oder das Verfahren einzustellen. E. XVII. 249. R. X. 181.

[6] Vgl. § 68 St.G.B.

Gerichtliches Verfahren.

460. Wird auf gerichtliche Entscheidung angetragen,[1] so übersendet die Verwaltungsbehörde, falls sie nicht den Strafbescheid zurücknimmt,[2] die Akten an die zuständige Staatsanwaltschaft, welche sie dem Gerichte vorlegt.

[1] schriftlich oder mündlich, persönlich oder durch einen Vertreter. E. XXXVI. 90.

[2] Die Staatsanwaltschaft ist dazu nicht befugt.

461. In Betreff der Wiedereinsetzung in den vorigen Stand finden die Bestimmungen des §. 455 entsprechende Anwendung.

462. Ist der Antrag rechtzeitig[1] angebracht, so wird zur Hauptverhandlung[2] vor dem zuständigen[3] Gerichte geschritten, ohne daß es der Einreichung einer Anklageschrift oder einer Entscheidung über die Eröffnung des Hauptverfahrens bedarf.[4] [5]

Bis zum Beginn der Hauptverhandlung kann der Antrag zurückgenommen werden.[6]

[1] § 459 Abs. 2, 43. — Vgl. auch § 461.

[2] Die zuvorige Einleitung eines Vorverfahrens ist nicht ausgeschlossen. E. XVII. 249. R. X. 181.

[3] Vgl. §§ 27 Nr. 1, 2, 73 Nr. 1 G.V.G. — § 75 Nr. 14, 15 das. erscheint nicht anwendbar, da eine „Eröffnung des Hauptverfahrens" nicht stattfindet.

[4] Im übrigen gelten die allgemeinen Vorschriften. Anwesenheit des Beschuldigten: §§ 231—236.

[5] Das Gericht ist auch hier an die Strafhöhe des Bescheides nicht gebunden. Vgl. E. VII. 220.

[6] Gebühren: §§ 76, 66 Nr. 4 G.K.G.

463. Ist die in einem vollstreckbaren Strafbescheide festgesetzte Geldstrafe von dem Beschuldigten nicht beizutreiben und deshalb ihre Umwandlung in eine Freiheitsstrafe erforderlich, so ist diese Umwandlung[1] nach Anhörung der Staatsanwaltschaft und des Beschuldigten durch gerichtliche Entscheidung auszusprechen, ohne daß der Strafbescheid einer Prüfung des Gerichts unterliegt.

Die Entscheidung über die Umwandlung erfolgt, wenn für eine Urtheilsfällung das Schöffengericht zuständig gewesen wäre, durch Verfügung des Amtsrichters, in den übrigen Fällen durch Beschluß des Landgerichts.

Gegen die Entscheidung findet sofortige Beschwerde[2] statt.

[1] In Gemäßheit der §§ 28, 29 St.G.B., soweit nicht in den Spezialgesetzen besondere Vorschriften gegeben sind.

[2] § 353.

Befugnis der Verwaltungsbehörde zur Anklageerhebung.

464. Hat die Verwaltungsbehörde einen Strafbescheid nicht erlassen[1] und lehnt die Staatsanwaltschaft den an sie gerichteten Antrag auf Verfolgung ab,[2] so ist die Verwaltungsbehörde befugt, selbst die Anklage zu erheben.[3]

In einem solchen Falle hat sie einen Beamten ihres Verwaltungszweiges oder einen Rechtsanwalt als ihren Vertreter zu bestellen und in der Anklage namhaft zu machen.

[1] Die Zulässigkeit eines Strafbescheides ist jedoch nicht Voraussetzung für die Befugnisse der §§ 464, 467. Es genügt vielmehr, daß nur eins der in diesem Abschnitt behandelten in der Überschrift genannten Delikte in Frage steht. E. XIII. 30. R. VII. 618.

[2] § 152 Abs. 2 gilt übrigens auch hier.

[3] §§ 197, 198. Ein Antrag auf Voruntersuchung steht ihr nicht zu.

465. Die Staatsanwaltschaft ist zu einer Mitwirkung in jeder Lage des Verfahrens berechtigt.

Bei der Hauptverhandlung muß sie vertreten sein; auch hat sie die gerichtlich[1] angeordneten Ladungen zu derselben zu bewirken.

Alle im Laufe des Verfahrens ergehenden Entscheidungen sind ihr bekannt zu machen.

[1] Die von dem Gesetz ein für allemal vorgeschriebenen auch dann, wenn eine ausdrückliche Ladung nicht angeordnet sein sollte.

466. Im Uebrigen regelt sich das Verfahren auf die von der Verwaltungsbehörde erhobene Anklage nach den für die Privatklage gegebenen Bestimmungen.[1]

[1] Vgl. §§ 417 ff., hinsichtlich der Gebühren jedoch § 70 Abs. 4 G.K.G. Ladung des Klägers durch die Staatsanwaltschaft; förmliche Zustellung jedoch nicht erforderlich. E. VII. 220. Insbes. gilt § 430 Abs. 1, 3 auch hier. E. XXII. 214.

Anschließung der Verwaltungsbehörde an die Strafverfolgung.

467. Hat der Beschuldigte gegen einen Strafbescheid auf gerichtliche Untersuchung angetragen, oder hat die Staatsanwaltschaft die Anklage erhoben, so kann die Verwaltungsbehörde sich der Verfolgung anschließen,[1] und sie hat alsdann gleichwie bei einer von ihr erhobenen Anklage einen Vertreter zu bestellen.[2]

In diesem Falle kommen die für den Anschluß des Verletzten als Nebenkläger gegebenen Bestimmungen[3] zur Anwendung.

[1] soweit eben eine Steuerkontravention in Frage steht, nicht bezüglich der konkurrierenden Delikte. E. XXII. 400. XXXVI. 83.

[2] § 464 Abs. 2. Vgl. auch Anm. 1 das.

[3] §§ 435 ff., soweit nicht die §§ 468, 469 Sondervorschriften enthalten. Vgl. preuß. J.M.Bl. 1892 S. 66.

Zustellung der Entscheidungen.

468. Wenn die Verwaltungsbehörde die Anklage erhoben oder sich der Verfolgung angeschlossen hat, so sind ihr[1] das Urtheil und alle sonstigen Entscheidungen zuzustellen, auch wenn sie bei deren Verkündung vertreten gewesen ist.[2]

[1] Nicht etwa gemäß § 418 ihrem Vertreter.

[2] Auch wenn sie erst nach Erlaß des Urteils (jedoch vor Rechtskraft) sich angeschlossen hat. E. XVI. 130. R. IX. 349.

Fristen bei Rechtsmitteln.

469. Die Fristen zur Einlegung von Rechtsmitteln beginnen für die Verwaltungsbehörde erst mit der Zustellung.

Zur Anbringung von Revisionsanträgen[1] und zur Gegenerklärung auf solche[2] steht der Verwaltungsbehörde eine Frist von einem Monate[3] zu.

[1] § 384 (nicht auch § 358). [2] § 387. [3] 43.

Vierter Abschnitt.

Verfahren gegen Abwesende, welche sich der Wehrpflicht entzogen haben.

470. Bei Untersuchungen gegen

Wehrpflichtige, welche in der Absicht, sich dem Eintritt in den Dienst des stehenden Heeres oder der Flotte zu entziehen, ohne Erlaubniß das Bundesgebiet verlassen haben oder nach erreichtem militärpflichtigen Alter sich außerhalb des Bundesgebietes aufhalten (§. 140 Abs. 1 Nr. 1 des Strafgesetzbuchs),

Offiziere und im Offizierrange stehende Aerzte des Beurlaubtenstandes, sowie beurlaubte Reservisten und Wehrmänner der Land- oder Seewehr, welche ohne Erlaubniß ausgewandert sind (§. 140 Abs. 1 Nr. 2 und §. 360 Nr. 3 des Strafgesetzbuchs), Ersatzreservisten erster Klasse, welche ausgewandert sind, ohne der Militärbehörde vorher Anzeige gemacht zu haben (§. 360 Nr. 3 des Strafgesetzbuchs),[1] und

Wehrpflichtige, welche nach öffentlicher Bekanntmachung einer vom Kaiser für die Zeit eines Krieges oder einer Kriegsgefahr erlassenen besonderen Anordnung im Widerspruch mit derselben ausgewandert sind (§. 140 Abs. 1 Nr. 3 des Strafgesetzbuchs)[2]

findet in Abwesenheit[3] des Angeklagten eine Hauptverhandlung nach Maßgabe der folgenden Bestimmungen statt.[4]

[1] Die Fassung des zweiten Abs. entspricht seit dem G., betr. Änderungen der Wehrpflicht, v. 11./2. 88 (R.G.Bl. 11) nicht mehr den geltenden Vorschriften des materiellen Strafrechts, indem nach § 19 das. die Einteilung in Ersatzreserve erster und zweiter Klasse aufgehoben und die Ersatzreservisten allgemein den für die Reserve und Landwehr gültigen Bestimmungen unterworfen sind, andererseits die Land- und Seewehr in die Land- und Seewehr ersten und zweiten Aufgebots zerfällt (§§ 1, 20, 21 das.), und die Land- und Seewehr zweiten Aufgebots einer Erlaubnis zur Auswanderung nicht mehr bedarf, sondern nur von ihrer bevorstehenden Auswanderung der Militärbehörde Anzeige zu machen hat, und die Unterlassung dieser Anzeige mit der in § 360 St.G.B. angedrohten Strafe belegt ist (§§ 4, 21 das.). Da jedoch die §§ 470 ff. sämtliche in den §§ 140, 360 Nr. 3 St.G.B. aufgeführten Straftaten umfassen wollen, so finden sie auch jetzt noch auf die entsprechenden Vergehen bzw. Übertretungen der Ersatzreservisten und Wehrmänner zweiten Aufgebots sinngemäße Anwendung. Vgl. § 472 Anm. 4.

[2] Nur in diesen Fällen; nicht z. B. im Falle des § 33 Militär-G. v. 2./5. 74 (R.G.Bl. 45). [3] § 318.

[4] Bezüglich der in § 140 St.G.B. vorgesehenen Beschlagnahme vgl. § 480.

471. Für das Verfahren ist dasjenige Gericht zuständig,[1] in dessen Bezirk der Angeklagte seinen letzten Wohnsitz oder gewöhnlichen Aufenthalt[2] im Deutschen Reich gehabt hat.

Das Verfahren kann gleichzeitig gegen mehrere Personen gerichtet werden und die Verhandlung und Entscheidung ungetrennt erfolgen.[3]

[1] § 18 gilt auch hier. E. IV. 232. R. III. 311.

[2] Falls kein anderer bekannt, gilt dafür der Geburtsort.

[3] Vgl. jedoch § 475 Abs. 2.

472. Die Erhebung der Anklage und die Eröffnung der Untersuchung erfolgt auf Grund[1] einer Erklärung der mit der Kontrole der Wehrpflichtigen beauftragten Behörde.[2]

Diese Erklärung ist in den Fällen des §. 140 Abs. 1 Nr. 1 des Strafgesetzbuchs dahin auszustellen:

daß der Wehrpflichtige sich zu den angeordneten Revisionen nicht gestellt,

daß der Aufenthalt desselben im Deutschen Reich nicht ermittelt worden, und

daß der angestellten Erkundigungen ungeachtet sich keine Umstände ergeben haben, welche die Annahme ausschließen, daß der Wehrpflichtige, um sich dem Eintritt in den Dienst des stehenden Heeres oder der Flotte zu entziehen, ohne Erlaubniß entweder das Bundesgebiet verlassen habe oder nach erreichtem militärpflichtigen Alter im Auslande verblieben sei.

In den Fällen des §. 140 Abs. 1 Nr. 2 des Strafgesetzbuchs, sowie bei Untersuchungen gegen beurlaubte Reservisten und Wehrmänner[8] wegen Auswanderns ohne Erlaubniß (§. 360 Nr. 3 des Strafgesetzbuchs) ist die Erklärung dahin zu fassen:

daß der Aufenthalt des Offiziers, des Arztes, des Reservisten oder Wehrmannes im Deutschen Reich nicht ermittelt,

daß ihm eine Erlaubniß zur Auswanderung nicht ertheilt worden, und

daß der angestellten Erkundigungen ungeachtet sich keine Umstände ergeben haben, welche die Annahme ausschließen, daß er ausgewandert sei.

Bei Untersuchungen gegen Ersatzreservisten erster Klasse wegen Auswanderns ohne Anzeige bei der Militärbehörde (§. 360 Nr. 3 des Strafgesetzbuchs) ist die Erklärung dahin zu fassen:

daß der Aufenthalt des Ersatzreservisten im Deutschen Reich nicht ermittelt worden sei,

daß er von einer bevorstehenden Auswanderung der Militärbehörde eine Anzeige nicht gemacht habe, und

daß der angestellten Erkundigungen ungeachtet sich keine Umstände ergeben haben, welche die Annahme ausschließen, daß er ausgewandert sei.[4]

In den Fällen des §. 140 Abs. 1 Nr. 3 des Strafgesetzbuchs ist die Erklärung dahin zu fassen:

daß der Aufenthalt des Wehrpflichtigen im Deutschen Reich nicht ermittelt worden, und daß der angestellten Ermittelungen ungeachtet sich keine Umstände ergeben haben, welche die Annahme ausschließen, daß er nach öffentlicher Bekanntmachung der betreffenden Kaiserlichen Anordnung ausgewandert sei.

[1] Es ist also nur zu prüfen, ob die Erklärung den Vorschriften dieses § 472 entspricht. Ist dies nicht der Fall, so ist das Verfahren einzustellen. E. XXXV. 147.

[2] In Preußen in den Fällen des § 140 Nr. 1 u. 2 des Zivilvorsitzenden der Ersatzkommission, in den Fällen des § 140 Nr. 2 und des § 360 Nr. 3 des Landwehr-Bezirks-Kommandos. J.V. v. 6./4. 80 (J.M.Bl. 72).

[3] ersten Aufgebots sowie der Ersatzreservisten. Vgl. Anm. 1 zu § 470.

[4] Die Bestimmung dieses Abs. 4 ist für die Ersatzreservisten gegenstandslos geworden, nachdem — vgl. Anm. 1 zu § 470 — die Ersatzreservisten jetzt den für die Reserve und Landwehr gegebenen Bestimmungen unterliegen (Anm. 3). Dagegen gilt die Bestimmung

jetzt entsprechend für die Wehrmänner der Land- und Seewehr zweiten Aufgebots.

473. Die Ladung des Angeklagten zur Hauptverhandlung erfolgt nach Vorschrift der §§. 320, 321 Abs. 1.

Die Ladung muß im Falle der öffentlichen Zustellung auch die Angabe des letzten deutschen Wohnorts oder Aufenthaltsorts des Angeklagten enthalten.

Der Ladung ist in jedem Falle die Warnung beizufügen, daß bei unentschuldigtem Ausbleiben der Angeklagte auf Grund der in §. 472 bezeichneten Erklärung werde verurtheilt werden.

474. Für die Hauptverhandlung findet die Bestimmung des §. 322 Anwendung.

475. Sind die vorgeschriebenen Förmlichkeiten beobachtet, so erfolgt die Verurtheilung des abwesenden[1] Angeklagten auf Grund der im §. 472 bezeichneten Erklärung,[2] wenn sich nicht Umstände ergeben, welche dieser Erklärung entgegenstehen.

Bedarf es in Ansehung eines Angeklagten einer Beweisaufnahme, so ist die Sache von den übrigen zu trennen und gesondert zum Abschlusse zu bringen.

[1] § 318. E. XXXVI. 242.

[2] Insoweit tritt der § 260 außer Geltung, der jedoch für die Prüfung der Umstände, welche der Erklärung entgegenstehen, bestehen bleibt. Diese Umstände müssen aber für bewiesen, nicht bloß als möglich, erachtet werden, um die gesetzliche Beweisregel auszuschließen. Vgl. M. 247. E. II. 351. X. 152. XX. 200. XXXVI. 242. R. VI. 786. VII. 254.

476. Die Zustellung des Urtheils erfolgt nach Maßgabe der Bestimmungen des §. 40 Abs. 2.[1]

[1] In betreff der Rechtsmittel gelten die allgemeinen Vorschriften, insbesondere auch § 324. E. XXXVI. 82.

Fünfter Abschnitt.

Verfahren bei Einziehungen und Vermögensbeschlagnahmen.

477. In den Fällen, in welchen nach §. 42 des Strafgesetzbuchs oder nach anderweiten gesetzlichen Bestimmungen auf Einziehung, Vernichtung oder Unbrauchbarmachung von Gegenständen selbständig erkannt[1] werden kann, ist der Antrag,[2] sofern die Entscheidung nicht in Verbindung mit einem Urtheil in der Hauptsache erfolgt[3], seitens der Staatsanwaltschaft oder des Privatklägers[4] bei demjenigen Gerichte zu stellen, welches für den Fall der Verfolgung einer bestimmten Person zuständig sein würde.[5]

An die Stelle des Schwurgerichts tritt die an dessen Sitzungsorte bestehende Strafkammer.

[1] Das betr. Gesetz muß selbst eben das objektive Strafverfahren gestatten. E. XIX. 45. XXI. 431.

[2] Analog §§ 197, 198. — Ein Eröffnungsbeschluß findet nicht statt; es wird sofort (wie sich aus Abs. 2 und § 478 ergibt) Termin zur Hauptverhandlung anberaumt. R. VI. 611.

[3] Andernfalls sind die §§ 477 ff. auch dann nicht anwendbar, wenn neben Freisprechung des Beschuldigten selbständig auf die Einziehung 2c. erkannt ist. E. XXXIV. 388.

[4] Vgl. § 43 G., betr. Urheberrecht an Werken der bildenden Künste u. Photographie v. 9./1. 07 (R.G.Bl. 7).

[5] Vgl. für die Zuständigkeit E. XV. 235. R. IX. 96.

478. Die Verhandlung und Entscheidung erfolgt in einem Termine, auf welchen die Bestimmungen über die Hauptverhandlung entsprechende[1] Anwendung finden.[2]

Personen, welche einen rechtlichen Anspruch auf den Gegenstand[3] der Einziehung, Vernichtung oder Unbrauchbarmachung haben,[4] sind, soweit dies ausführbar erscheint, zu dem Termine zu laden.[5]

Dieselben[4] können alle Befugnisse ausüben, welche einem Angeklagten zustehen, sich auch durch einen mit schriftlicher Vollmacht versehenen Vertheidiger vertreten lassen. Durch ihr Nichterscheinen wird das Verfahren und die Urtheilsfällung nicht aufgehalten.[6] [7]

[1] nicht unbedingt; die Interessenten stehen dem Angeklagten nicht unbedingt gleich; § 264 nicht anwendbar. E. XXXVII. 270.

[2] Das Urteil lautet entweder auf Einziehung der Gegenstände oder auf Zurückweisung des Antrags.

[3] Nicht auf die Einziehung; die, welche ein Interesse gegen, nicht an der Einziehung haben, sind zu laden. E. XVIII. 299. — Staatsanwaltschaft, Privat- und Nebenkläger sind selbstverständlich zu laden.

[4] In der Geschäftsfähigkeit beschränkte Personen nur durch ihren gesetzlichen Vertreter. E. XXIX. 52.

[5] Auf Verlangen ist auch der Antrag der Staatsanwaltschaft mitzuteilen. E. XXIV. 197.

[6] Das Urteil ist ihnen alsdann, vorausgesetzt, daß auch ihr Vertreter nicht anwesend war, zuzustellen. Vgl. § 479, auch E. XI. 414. XXXIV. 331. R. VII. 52.

[7] Gebühren: § 75 G.K.G.

479. Die Rechtsmittel gegen das Urtheil stehen der Staatsanwaltschaft, dem Privatkläger und den im §. 478 bezeichneten Personen[1] zu.[2]

[1] Sollten sie auch in erster Instanz nicht beteiligt gewesen sein. Die Rechtsmittelfrist beginnt alsdann mit der Verkündung des Urteils. E. XI. 414. R. VII. 52. Die Kosten erster Instanz (für die höheren Instanzen vgl. § 505) können ihnen nicht auferlegt werden. E. XII. 198. R. VII. 297.

[2] Gebühren: § 75 G.K.G.

480. Auf die im §. 93 des Strafgesetzbuchs vorgesehene Beschlagnahme des Vermögens eines Angeschuldigten finden die Bestimmungen der §§. 333—335 und auf die im §. 140 des Strafgesetzbuchs vorgesehene Beschlagnahme die Bestimmungen der §§. 325, 326 entsprechende Anwendung.

Siebentes Buch.

Strafvollstreckung und Kosten des Verfahrens.

Erster Abschnitt.

Strafvollstreckung.

Vgl. Beschluß des Bundesrats v. 28./10. 97 (R.C.Bl. 308) u. dazu für Preußen J.V. v. 20./3. 99 (J.M.Bl. 72).

Voraussetzung der Strafvollstreckung.

481. Strafurtheile[1] sind nicht vollstreckbar, bevor sie rechtskräftig[2] geworden sind.[3]

[1] § 259 und was ihnen gleichgestellt ist; vgl. §§ 450, 463, 491, 492, 494; Entscheidungen, wodurch kriminelle Strafen im Geltungsgebiet der St.P.O. (§ 3 E.G.) verhängt werden.

[2] Die Rechtskraft tritt ein mit dem Erlaß (nicht Zustellung an den nicht anwesenden Angeklagten) einer durch Rechtsmittel nicht mehr anfechtbaren Entscheidung (vgl. jedoch § 360 Abs. 2, § 386 Abs. 2), mit dem Ablauf der Rechtsmittelfrist, Verzicht auf das Rechtsmittel und Zurücknahme desselben.

[3] Rechtskräftig nicht nur auf seiten des Angeklagten, sondern auch der Staatsanwaltschaft, des Privat- und Nebenklägers. Vgl. aber § 482.

Anrechnung der Untersuchungshaft.

482. Auf die zu vollstreckende Freiheitsstrafe[1] ist unverkürzt diejenige Untersuchungshaft[2] anzurechnen, welche der Angeklagte erlitten hat, seit er auf Einlegung eines Rechtsmittels verzichtet oder das eingelegte Rechtsmittel zurückgenommen hat, oder seitdem die Einlegungsfrist abgelaufen ist, ohne daß er eine Erklärung abgegeben hat.[3, 4]

[1] Gleichgültig, ob Zuchthausstrafe, Gefängnisstrafe, Festungshaft oder Haft; ohne Anwendung des § 21 St.G.B.

[2] in derselben Sache. R. II. 256. Vgl. auch E. XXXI. 244.

[3] In diesem Falle nicht, wie früher in Preußen, vom Erlaß des Urteils ab.

[4] Bezüglich der vor dem Urteil erlittenen Untersuchungshaft vgl. § 60 St.G.B. und dazu E. XXIX. 75.

Strafvollstreckende Behörde.

483. Die Strafvollstreckung[1] erfolgt durch die Staatsanwaltschaft[2] auf Grund einer von dem Gerichtsschreiber zu ertheilenden, mit der Bescheinigung der Vollstreckbarkeit versehenen, beglaubigten Abschrift der Urtheilsformel.[3]

Den Amtsanwälten steht die Strafvollstreckung nicht zu.

Für die zur Zuständigkeit der Schöffengerichte gehörigen Sachen[4] kann durch Anordnung der Landesjustizverwaltung die Strafvollstreckung den Amtsrichtern übertragen werden.[5]

[1] einschließlich des Verweises. E.XXIII. 403. Für den schriftlichen Verweis vgl. E. XXXI. 282. — Die ganze Strafvollstreckung, nicht bloß die Herbeiführung des Beginns; vgl. E. XXX. 135, aber auch V. 332.

[2] Im Falle des § 394 Abs. 2 durch die des ursprünglich zuständigen Gerichts. J.V. v. 26./5. 87 (J.M.Bl. 135).

[3] Strafvollstreckung gegen Militärpersonen: § 15 Militär-St.G.B., §§ 2, 454 M.St.G.O., § 15 E.G. zur M.St.G.O.

[4] d. h. in denen die Schöffengerichte erkannt haben, also einschließlich § 29 G.V.G.

[5] So in Preußen. Vgl. J.V. v. 14./8. 79 (J.M.Bl. 237). — Rechtshülfe: §§ 163—165 G.V.G. — Bei der Strafvollstreckung notwendige Entscheidungen: §§ 490—494. — Vgl. auch Anm. 2 zu § 157 G.V.G.

Begnadigungsrecht des Kaisers.

484. In Sachen, in denen das Reichsgericht in erster Instanz erkannt hat,[1] steht das Begnadigungsrecht dem Kaiser zu.[2]

[1] § 136 Nr. 1 G.V.G. u. Anm. 5 das.

[2] Außerdem in Elsaß-Lothringen: G. v. 9./6. 71 (R.G.Bl. 212) § 3, und in den Konsulargerichts- und Schutzgebieten: G. v. 7./4. 00 (R.G.Bl. 213) § 72, G. v. 17./4. 86 (R.G.Bl. 75, neuste Fassung: R.G.Bl. 1900 S. 813) § 2.

Vollstreckung der Todesurteile.

485. Todesurtheile bedürfen zu ihrer Vollstreckung keiner Bestätigung. Die Vollstreckung ist jedoch erst zulässig, wenn die Entschließung des Staatsoberhauptes und in Sachen, in denen das Reichsgericht in erster Instanz erkannt hat, die Entschließung des Kaisers ergangen ist, von dem Begnadigungsrechte keinen Gebrauch machen zu wollen.

An schwangeren oder geisteskranken Personen darf ein Todesurtheil nicht vollstreckt werden.

486. Die Vollstreckung der Todesstrafe[1] erfolgt in einem umschlossenen Raume.

Bei der Vollstreckung müssen zwei Mitglieder des Gerichts erster Instanz,[2] ein Beamter der Staatsanwaltschaft, ein Gerichtsschreiber und ein Gefängnißbeamter zugegen sein. Der Gemeindevorstand des Orts, wo die Hinrichtung stattfindet, ist aufzufordern, zwölf Personen aus den Vertretern oder aus anderen achtbaren Mitgliedern der Gemeinde abzuordnen, um der Hinrichtung beizuwohnen.

Außerdem ist einem Geistlichen von dem Religionsbekenntnisse des Verurtheilten und dem Vertheidiger und nach dem Ermessen des die Vollstreckung leitenden Beamten auch anderen Personen der Zutritt zu gestatten.

Ueber den Hergang ist ein Protokoll aufzunehmen, welches von dem Beamten der Staatsanwaltschaft und dem Gerichtsschreiber zu unterzeichnen ist.

Der Leichnam des Hingerichteten ist den Angehörigen desselben auf ihr Verlangen zur einfachen, ohne Feierlichkeiten vorzunehmenden Beerdigung zu verabfolgen.

[1] § 13 St.G.B. [2] Des mit der Sache befaßt gewesenen.

Aufschub der Strafvollstreckung.

487.[1] Die Vollstreckung einer Freiheitsstrafe ist aufzuschieben,[2] wenn der Verurtheilte in Geisteskrankheit verfällt.

Dasselbe gilt bei anderen Krankheiten, wenn von der Vollstreckung eine nahe Lebensgefahr für den Verurtheilten zu besorgen steht.

Die Strafvollstreckung kann auch dann aufgeschoben werden, wenn sich der Verurtheilte in einem körperlichen Zustande befindet,[3] bei welchem eine sofortige Vollstreckung mit der Einrichtung der Strafanstalt unverträglich ist.

[1] Der § 487 behandelt im Gegensatz zu § 488 den Aufschub von Amts wegen und unter Zulassung gerichtlicher Entscheidung. Vgl. § 490 Abs. 2.

[2] Für die Unterbrechung einer Strafe sind (abgesehen von §§ 400 Abs. 2, 490 Abs. 3) reichsgesetzliche Vorschriften nicht gegeben. Es gelten daher die landesgesetzlichen bzw. reglementären Vorschriften. Für Preußen vgl. die insoweit noch anwendbare K.O. v. 26./6. 34 mit den Instr. v. 30./6. 34 (Jahrb. Bd. 52 S. 233, J.M.Bl. 1839 S. 27), v. 14./8. 46 (J.M.Bl. 151), v. 23./11. 53 (J.M.Bl. 410),

J.V. v. 14./8. 79 (J.M.Bl. 237) II, v. 25./10. 82 (J.M.Bl. 325). — Über Aufschub im Fall der Einreichung eines Gnadengesuchs vgl. A.E. vom 16./3. 78 (J.M.Bl. 55) u. allgemein mit Rücksicht auf mögliche Begnadigung A.E. v. 23./10. 95 (J.M.Bl. 348).

[3] Schwangere in Preußen: Gefängnisordnung v. 21./12. 98 (J.M.Bl. 293) § 28 Abs. 2, § 85 Abs. 5, M.V. v. 18./5. 83 (J.M.Bl. 195).

488.[1] Auf Antrag des Verurtheilten kann die Vollstreckung aufgeschoben werden, sofern durch die sofortige Vollstreckung dem Verurtheilten oder der Familie desselben erhebliche, außerhalb des Strafzwecks liegende Nachtheile erwachsen.

Der Strafaufschub darf den Zeitraum von vier Monaten nicht übersteigen.

Die Bewilligung desselben kann an eine Sicherheitsleistung[2] oder andere Bedingungen geknüpft werden.

[1] Vgl. Anm. 1 zu § 487. In den Fällen dieses § 488 ist nur Beschwerde an die vorgesetzten Instanzen zulässig. In Preußen ist auch im Falle des § 483 Abs. 3 nur die Staatsanwaltschaft zuständig. J.V. v. 14./8. 79 (J.M.Bl. 237) II.

[2] Vgl. §§ 118 ff.

489. Die Staatsanwaltschaft ist befugt, behufs Vollstreckung einer Freiheitsstrafe einen Vorführungs-[1] oder Haftbefehl[2] zu erlassen, wenn der Verurtheilte auf die an ihn ergangene Ladung zum Antritt der Strafe sich nicht gestellt hat oder der Flucht verdächtig ist.

Auch kann von der Staatsanwaltschaft zu demselben Zwecke ein Steckbrief[3] erlassen werden, wenn der Verurtheilte flüchtig ist oder sich verborgen hält.

Diese Befugnisse stehen im Falle des §. 483 Abs. 3 auch dem Amtsrichter zu.

[1] § 134 Abs. 2. [2] § 114 Abs. 2.

[3] § 131 Abs. 3, vgl. auch Abs. 2.

Gerichtliche Entscheidungen in bezug auf die Strafvollstreckung.

490. Wenn über die Auslegung eines Strafurtheils oder über die Berechnung der erkannten Strafe Zweifel entstehen, oder wenn Einwendungen gegen die Zulässigkeit der Strafvollstreckung erhoben werden, so ist die Entscheidung des Gerichts herbeizuführen.[1]

Dasselbe gilt, wenn nach Maßgabe des §. 487 Einwendungen gegen die Ablehnung eines Antrags auf Aufschub der Strafvollstreckung erhoben werden.

Der Fortgang der Vollstreckung wird hierdurch nicht gehemmt; das Gericht kann jedoch einen Aufschub oder eine Unterbrechung der Vollstreckung anordnen.

[1] § 494.

491. Kann eine verhängte Geldstrafe nicht beigetrieben werden und ist die Festsetzung der für diesen Fall eintretenden Freiheitsstrafe[1] unterlassen worden, so ist die Geldstrafe nachträglich von dem Gericht in die entsprechende Freiheitsstrafe umzuwandeln.[2]

[1] §§ 28, 29 St.G.B. [2] § 494.

492. Ist Jemand durch verschiedene rechtskräftige Urtheile zu Strafen verurtheilt worden, und sind dabei die Vorschriften über die Zuerkennung einer Gesammtstrafe (§. 79 des Strafgesetzbuchs) außer Betracht geblieben,[1] so sind[2] die erkannten Strafen durch eine nachträgliche gerichtliche Entscheidung[3] auf eine Gesammtstrafe zurückzuführen.[4]

[1] Unabsichtlich und, soweit die Nichtanwendung nach der Sachlage gerechtfertigt, auch absichtlich. E. XXXIV. 267. Beruht aber die Nichtanwendung auf Rechtsirrtum, so sind nur die Rechtsmittel zulässig.

M. 250, 251. E. VII. 62. R. V. 130. Auch die eventuelle Umwandlung der früheren Strafe soll schon in dem spätern Urteil, und nicht erst gemäß § 492 erfolgen; Nichtbeachtung jedoch kein Revisionsgrund. E. II. 198.

[2] Von Amts wegen. E. V, 1. R. III. 468. [3] § 494.

[4] Für die Vollstreckung, falls verschiedene Bundesstaaten beteiligt sind, vgl. Beschluß des Bundesrats v. 11./6. 85 (R.C.Bl. 270, preuß. J.M.Bl. 309) u. dazu preuß. J.V. v. 22./5. 00 (J.M.Bl. 431).

[5] Gebührenberechnung: E. XXXVII. 169.

493. Ist der Verurtheilte nach Beginn der Strafvollstreckung wegen Krankheit[1] in eine von der Strafanstalt getrennte Krankenanstalt gebracht worden,[2] so ist die Dauer des Aufenthalts in der Krankenanstalt in die Strafzeit einzurechnen, wenn nicht der Verurtheilte mit der Absicht,[3] die Strafvollstreckung zu unterbrechen, die Krankheit herbeigeführt hat.

Die Staatsanwaltschaft hat im letzteren Falle eine Entscheidung des Gerichts herbeizuführen.

[1] Auch Geisteskrankheit.

[2] Damit ist nicht ausgeschlossen, daß wegen Krankheit die Vollstreckung unterbrochen werden kann; vgl. Anm. 2 zu § 487.

[3] Bloße Verschuldung der Krankheit genügt nicht.

494. Die bei der Strafvollstreckung nothwendig werdenden gerichtlichen Entscheidungen (§§. 490—493) werden von dem Gericht erster Instanz[1] ohne mündliche Verhandlung erlassen.[2]

Vor der Entscheidung ist der Staatsanwaltschaft und dem Verurtheilten Gelegenheit zu geben, Anträge zu stellen und zu begründen.

Kommt es auf die Festsetzung einer Gesammtstrafe

an (§. 492), und waren die verschiedenen hierdurch abzuändernden Urtheile von verschiedenen Gerichten erlassen, so steht die Entscheidung demjenigen Gerichte zu, welches die schwerste Strafart oder bei Strafen gleicher Art die höchste Strafe[3] erkannt hat, falls hiernach aber mehrere Gerichte zuständig sein würden, demjenigen, dessen Urtheil zuletzt ergangen ist. War das hiernach maßgebende Urtheil von einem Gerichte höherer Instanz erlassen, so setzt das Gericht erster Instanz, und war eines der Strafurtheile von dem Reichsgericht in erster Instanz erlassen, das Reichsgericht die Gesammtstrafe fest.[4]

Gegen diese Entscheidungen[5] findet, insofern sie nicht von dem Reichsgericht erlassen sind, sofortige Beschwerde[6] statt.[7]

[1] Amtsrichter ohne Schöffen: § 30 Abs. 2 G.V.G. — Strafkammern von 3 Mitgliedern, auch in schwurgerichtlichen Sachen §§ 77, 82 G.V.G. — Zweiter und dritter Strafsenat des Reichsgerichts: § 138 Abs. 2 G.V.G. — Auch im Falle des § 483 Abs. 3 entscheidet der Amtsrichter.

[2] Gebührenfrei: Mot. zum G.K.G. 102.

[3] bei bereits vorliegenden Gesamtstrafen die höchste Einsatzstrafe. E. XXXIII. 23.

[4] Gebührenfrei: § 60 Abs. 2 G.K.G.

[5] soweit sie eine materielle Erledigung der beantragten Festsetzung einer Gesamtstrafe enthalten. Wird wegen Unzuständigkeit die Entscheidung abgelehnt, einfache Beschwerde. E. XXXII. 234.

[6] § 353. [7] Gebühren: § 68 G.K.G.

Vollstreckung der Vermögensstrafen und Bußen.

495. Die Vollstreckung der über eine Vermögensstrafe oder eine Buße ergangenen Entscheidung erfolgt nach den Vorschriften[1] über die Vollstreckung der Urtheile der Civilgerichte.[2]

[1] Vgl. §§ 704 ff. Z.P.O., soweit sie nicht naturgemäß für das Strafverfahren unanwendbar sind. Vgl. Entsch. d. R.G. in Zivilsachen. I. 233 und andererseits preuß. Geschäftsanw. f. Gerichtsvollzieher v. 1./12. 99 (J.M.Bl. 629) § 90 Abs. 1.

[2] Gebühren: § 78 Nr. 2b, § 35 G.K.G.

Zweiter Abschnitt.

Kosten des Verfahrens.

Dieser Abschnitt enthält im wesentlichen nur die Vorschriften über die Pflicht zur Kostentragung. Die ergänzenden Bestimmungen, insbesondere über Höhe und Berechnung der Kosten enthalten die besonderen Kostengesetze. Vgl. Einleitung S. 53, 20, 21.

496. Jedes Urtheil, jeder Strafbefehl und jede eine Untersuchung einstellende[1] Entscheidung muß darüber Bestimmung treffen,[2] von wem die Kosten des Verfahrens zu tragen sind.[3]

Wenn über die Höhe der Kosten oder über die Nothwendigkeit[4] der unter ihnen begriffenen Auslagen[5] Streit entsteht,[6] so erfolgt hierüber besondere Entscheidung.[7]

[1] Vgl. dazu §§ 501, 502, 503.

[2] Falls kein anderer haftet, ist also die Staatskasse zu benennen (vgl. auch § 506). Auslagen des Angeschuldigten: § 499 Abs. 2.

[3] Die Entscheidung ist auch wegen der Kosten allein mit den in der Sache selbst zulässigen Rechtsmitteln anfechtbar. E. VI. 237. R. IV. 322, 388.

[4] Vgl. dazu E. VI. 429. R. IV. 635.

[5] Auslagen: §§ 79, 80 G.K.G.

[6] Die Festsetzung erfolgt für jede Instanz besonders von dem Gericht der Instanz.

[7] Gebührenfrei: § 4 Abs. 1 G.K.G., soweit nicht § 78 Nr. 2 a, b zutrifft. — Beschwerde zulässig: § 4 Abs. 2 G.K.G.; § 346 Abs. 3 und § 352 Abs. 2 gelten auch hier. R. V. 527.

Pflicht zur Kostentragung.

497. Die Kosten,[1] mit Einschluß der durch die Vorbereitung der öffentlichen Klage und die Strafvollstreckung entstandenen, hat der Angeklagte zu tragen, wenn er zu Strafe verurtheilt wird.[2]

Stirbt ein Verurtheilter vor eingetretener Rechtskraft des Urtheils, so haftet sein Nachlaß nicht für die Kosten.

[1] Die gesamten Kosten, auch die der Vorinstanz, in welcher Angeklagter freigesprochen, und der Rechtsmittelinstanz, soweit nicht § 505 ein anderes bestimmt, sowie auch die durch Verschulden Dritter veranlaßten, soweit nicht hinsichtlich der Gebühren § 6 G.K.G. eine Ausnahme gestattet und soweit sie nicht einem Dritten zur Last gelegt sind (vgl. §§ 50, 69, 77, 145). E. I. 334. XVIII. 347. R. I. 507. VII. 710. Andererseits aber nur die Kosten der eigenen Untersuchung, nicht auch der der Mitangeklagten. E. XXX. 287. Vgl. § 498 Abs. 2.

[2] Also nicht, wenn er straffrei gelassen wird, sollte er auch für schuldig erklärt werden. Vgl. jedoch § 500, auch § 499 Abs. 1.

498. Wenn ein Angeklagter in einer Untersuchung, welche mehrere strafbare Handlungen[1] umfaßt, nur in Ansehung eines Theils derselben verurtheilt wird, durch die Verhandlung der übrigen Straffälle aber besondere Kosten entstanden sind, so ist er von deren[2] Tragung zu entbinden.

Mitangeklagte, welche in Bezug auf dieselbe That[3] zu Strafe verurtheilt sind, haften für die Auslagen[4] als Gesammtschuldner.[5] Dies gilt nicht von den durch die Strafvollstreckung oder die Untersuchungshaft entstandenen Kosten.

[1] Nur bei wirklicher realer Konkurrenz; vgl. E. XV. 105. XXIX. 106.

[2] Vgl. § 499 Abs. 1 und Anm. 1 das., sowie E. III. 343. Von dem erkennenden Gericht ist nur das Prinzip auszusprechen, ohne daß es einer Prüfung bedarf, ob besondere Kosten entstanden sind. E. XXIV. 384.

[3] wenn auch nur als Begünstiger oder Hehler. E. XII. 226. R. VII. 834. IX. 457, vgl. auch E. XXI. 164.

[4] Bezüglich der Gebühren vgl. § 61 G.K.G., auch R. IX. 457. E. XXI. 61.

[5] Bedarf keines ausdrücklichen Ausspruchs im Urteil, da es sich nach dem Gesetz von selbst versteht. E. I. 93. R. I. 309. — Eine Verurteilung nach Bruchteilen kennt die St.P.O. überhaupt nicht. E. XXXIII. 33.

499. Einem freigesprochenen[1] oder außer Verfolgung gesetzten[2] Angeschuldigten sind nur solche Kosten aufzuerlegen, welche er durch eine schuldbare Versäumniß[3] verursacht hat.

Die dem Angeschuldigten[4] erwachsenen nothwendigen[5] Auslagen können der Staatskasse auferlegt werden.[6]

[1] Einschließlich der Fälle der Einstellung des Verfahrens, der Unzulässigkeit der Strafverfolgung u. dgl. E. XX. 118.

[2] Vgl. § 202.

[3] Nicht auch durch sonstiges Verschulden, z. B. frivole Beweisanträge u. dgl.

[4] und den gemäß §§ 324, 340, 401 für ihn einzutreten berechtigten Personen: E. XXVIII. 146, nicht aber auch Einziehungsinteressenten (§ 478 Abs. 2): E. XXII. 351.

[5] Vgl. § 496 Abs. 2 und Anm. 4 das.

[6] auch teilweise. E. X. 33. — Revision ausgeschlossen. E. XVI. 421. R. VI. 533. 760. — Über das Verfahren bei Feststellung dieser Auslagen vgl. für Preußen J.V. v. 15./3. 92 (J.M.Bl. 109) u. 30/4. 02 (J.M.Bl. 92).

500. Bei wechselseitigen Beleidigungen oder Körperverletzungen wird die Verurtheilung eines oder beider Theile in die Kosten dadurch nicht ausgeschlossen, daß einer derselben oder beide für straffrei[1] erklärt werden.[2]

[1] §§ 199, 233 St.G.B.

[2] Gilt auch, falls nur gegen einen die öffentliche Klage erhoben ist, aber alsdann natürlich nur für diesen. E. XIII. 421.

R. VIII. 211. Vgl. M. 252. Für jeden die gewöhnlichen Rechtsmittel. E. XIII. 211. R. VIII. 11.

501. Ist ein, wenn auch nur außergerichtliches Verfahren durch eine wider besseres Wissen gemachte oder auf grober Fahrlässigkeit beruhende Anzeige veranlaßt worden, so kann das Gericht dem Anzeigenden, nachdem derselbe gehört worden, die der Staatskasse und dem Beschuldigten erwachsenen Kosten auferlegen.[1 2]

War noch kein Gericht mit der Sache befaßt, so erfolgt die Entscheidung auf den Antrag der Staatsanwaltschaft durch dasjenige Gericht, welches für die Eröffnung des Hauptverfahrens zuständig gewesen wäre.

Gegen die Entscheidung findet sofortige Beschwerde[3] statt.

[1] Durch besonderen Beschluß, auch wenn die Entscheidung gleichzeitig mit dem freisprechenden Urteil ergeht. Vgl. Abs. 3, auch E. VII. 232.

[2] Gebühren: § 69 Abs. 1, 2 G.K.G. [3] § 353.

502. Erfolgt eine Einstellung[1] des Verfahrens wegen Zurücknahme desjenigen Antrags, durch welchen dasselbe bedingt war, so hat[2] der Antragsteller die Kosten zu tragen.[3 4]

[1] Nicht bloß § 259; auch wenn ein gerichtliches Verfahren noch nicht stattgefunden hat.

[2] unbedingt. E. XXIII. 197.

[3] Die Bestimmungen des § 501 sind analog zur Anwendung zu bringen; es finden jedoch die gewöhnlichen Rechtsmittel statt. E. VII. 409. R. V. 623.

[4] Gebühren: § 69 Abs. 3 G.K.G.

503.[1] In einem Verfahren auf erhobene Privatklage[2] hat der Verurtheilte auch die dem Privatkläger erwachsenen nothwendigen Auslagen zu erstatten.[3]

Wird der Beschuldigte außer Verfolgung gesetzt oder

freigesprochen, oder wird das Verfahren eingestellt,[4] so fallen dem Privatkläger die Kosten des Verfahrens, sowie die dem Beschuldigten erwachsenen nothwendigen Auslagen zur Last.[4]

Ist den Anträgen des Privatklägers nur zum Theil entsprochen worden, so kann das Gericht die Kosten angemessen vertheilen.[5]

Mehrere Privatkläger und mehrere Angeklagte haften als Gesammtschuldner.[6]

Unter den nach den Bestimmungen dieses Paragraphen zu erstattenden Auslagen sind, wenn sich der Gegner der erstattungspflichtigen Partei eines Rechtsanwalts bedient, die Gebühren und Auslagen des Anwalts insoweit inbegriffen, als solche nach der Bestimmung des §. 87 der Civilprozeßordnung[7] die unterliegende Partei der obsiegenden zu erstatten hat.[8]

[1] Im übrigen gelten die allgemeinen Vorschriften §§ 496 ff., insbesondere auch § 497 Abs. 2 und § 500.

[2] Gebühren: §§ 70—73 G.K.G.

[3] ex lege. Daher ausdrücklicher Ausspruch dieser Verpflichtung nicht unbedingt erforderlich. E. X. 113. R. VI. 153.

[4] § 259 Abs. 2, aber auch in den Fällen §§ 429, 433 Abs. 1, vgl. aber auch Abs. 2.

[5] Widerklage: vgl. § 70 Abs. 3 G.K.G., auch § 500.

[6] Nicht Privatkläger und Angeklagter, falls sie beide zu Kosten verurteilt sind.

[7] Jetzt — gemäß § 1 Abs. 2 G. v. 17./5. 98 (R.G.Bl. 342) — § 91 Z.P.O. Derselbe lautet:

91. Die unterliegende Partei hat die Kosten des Rechtsstreits zu tragen, insbesondere die dem Gegner erwachsenen Kosten zu erstatten, soweit dieselben nach freiem Ermessen des Gerichts zur zweckentsprechenden Rechtsverfolgung oder Rechtsvertheidigung noth-

wendig waren. Die Kostenerstattung umfaßt auch die Entschädigung des Gegners für die durch nothwendige Reisen oder durch die nothwendige Wahrnehmung von Terminen entstandene Zeitversäumniß; die für die Entschädigung von Zeugen geltenden Vorschriften finden entsprechende Anwendung.

Die Gebühren und Auslagen des Rechtsanwalts der obsiegenden Partei sind in allen Prozessen zu erstatten, Reisekosten eines auswärtigen Rechtsanwalts jedoch nur insoweit, als die Zuziehung nach dem Ermessen des Gerichts zur zweckentsprechenden Rechtsverfolgung oder Rechtsvertheidigung nothwendig war. Die Kosten mehrerer Rechtsanwälte sind nur insoweit zu erstatten, als sie die Kosten eines Rechtsanwalts nicht übersteigen, oder als in der Person des Rechtsanwalts ein Wechsel eintreten mußte.

[5] Kosten der Nebenklage im Fall der Verurteilung: §§ 437 Abs. 1, 503; im Falle der Freisprechung besonderer Ausspruch im Urteil aber nicht erforderlich. E. XV. 190. R. IX. 37. Für Rechtsmittel gilt aber § 505 allgemein. Vgl. Anm. 2 das.

504. Wird in dem Falle des §. 173 der Angeschuldigte außer Verfolgung gesetzt oder freigesprochen, oder das Verfahren eingestellt, so finden auf den Antragsteller die Bestimmungen des §. 503 Abs. 2, 3, 4, 5 entsprechende Anwendung. Das Gericht kann jedoch nach Befinden der Umstände den Antragsteller von der Tragung der Kosten ganz oder theilweise entbinden.[1]

Vor der Entscheidung über den Kostenpunkt ist der Antragsteller zu hören, sofern er nicht als Nebenkläger aufzutreten berechtigt war.[2]

[1] Gebühren: § 69 G.K.G. [2] § 435 Abs. 2.

505. Die Kosten eines zurückgenommenen oder erfolglos eingelegten Rechtsmittels[1] treffen denjenigen, der dasselbe eingelegt hat.[2] War das Rechtsmittel von der Staatsanwaltschaft eingelegt, so können die dem

Beschuldigten erwachsenen nothwendigen Auslagen[3] der Staatskasse auferlegt werden.[4] Hatte das Rechtsmittel theilweisen Erfolg,[5] so kann das Gericht die Kosten angemessen vertheilen.[6]

Dasselbe gilt von den Kosten, welche durch einen Antrag auf Wiederaufnahme des durch ein rechtskräftiges Urtheil geschlossenen Verfahrens verursacht worden sind.[7]

Die Kosten der Wiedereinsetzung in den vorigen Stand[8] fallen dem Antragsteller zur Last, soweit sie nicht durch einen unbegründeten Widerspruch des Gegners entstanden sind.

[1] Gebühren: §§ 65 ff. G.K.G.

[2] Im Fall des § 340 also die dort erwähnten Personen; im Fall des § 441 Abs. 1 den Nebenkläger, R. VI. 197, im Fall des § 338 Abs. 2 die Staatskasse. E. XXIX. 21. Ist das Rechtsmittel von mehreren erfolglos eingelegt, so treffen jeden die Kosten seines Rechtsmittels. E. XXXV. 188.

[3] Andere Kosten können in diesem Falle den Angeklagten überhaupt nicht treffen. E. XXXI. 21.

[4] Über das Verfahren bei Feststellung dieser Auslagen vgl. für Preußen J.V. v. 16./3. 92 (J.M.Bl. 109) u. 30./4. 02 (J.M.Bl. 92).

[5] Im Fall der Aufhebung und Zurückverweisung nach der späteren Endentscheidung zu beurteilen. E. XVIII. 347. XXX. 128.

[6] Bei mehreren Straftaten gilt § 498 Abs. 1.

[7] Gebühren: §§ 66 Nr. 3, 67 G.K.G. Vgl. auch § 77 das. Zu entscheiden ist über die Kosten erst bei definitiver Erledigung der Wiederaufnahme. E. XX. 115.

[8] Gebühren: § 66 Nr. 1 G.K.G.

506. In den zur Zuständigkeit des Reichsgerichts in erster Instanz gehörigen Sachen[1] sind die von der Staatskasse zu tragenden Kosten der Reichskasse aufzuerlegen.

[1] § 136 Nr. 1 G.V.G. u. Anm. 5 das.

IV.

Anhang.

1. Gesetz, betreffend die Entschädigung der im Wiederaufnahmeverfahren freigesprochenen Personen.

Vom 20. Mai 1898.

(R.G.Bl. von 1898, Nr. 22, S. 345, 346).

1. Personen, welche im Wiederaufnahmeverfahren[1] freigesprochen[2] oder in Anwendung eines milderen Strafgesetzes mit einer geringeren Strafe belegt werden, können Entschädigung aus der Staatskasse verlangen, wenn die früher erkannte Strafe ganz oder theilweise gegen sie vollstreckt worden ist.[3] Das Wiederaufnahmeverfahren muß die Unschuld des Verurtheilten bezüglich der ihm zur Last gelegten That oder bezüglich eines die Anwendung eines schwereren Strafgesetzes begründenden Umstandes ergeben oder doch dargethan haben, daß ein begründeter Verdacht gegen den Angeklagten nicht mehr vorliegt.

Außer dem Verurtheilten haben diejenigen, denen gegenüber er kraft Gesetzes unterhaltspflichtig war,[4] Anspruch auf Entschädigung.

Der Anspruch auf Entschädigung ist ausgeschlossen, wenn der Verurtheilte die frühere Verurtheilung vorsätzlich herbeigeführt oder durch grobe Fahrlässigkeit[5] verschuldet hat.

Die Versäumung der Einlegung eines Rechtsmittels ist nicht als eine Fahrlässigkeit zu erachten.

[1] St.P.O. §§ 399—413, also nicht im Fall des § 397.

[2] wenn auch nur aus Rechtsgründen. Einstellung des Verfahrens u. dgl. (außer im Fall des § 55 St.G.B.) genügt aber nicht.

[3] Nicht auf Freiheitsstrafen beschränkt. Gezahlte Geldstrafen sind indes im Fall der Freisprechung stets (auch ohne den in § 4 vorgesehenen Beschluß) zu erstatten.

[4] Vgl. B.G.B. § 1360 (auch §§ 1351, 1578, 1583), §§ 1601 ff., 1703, 1705 (auch §§ 1736, 1739, 1766), § 1708, E.G. zum B.G.B. Art. 199, 209, 208.

[5] z. B. in der Regel, wenn die Verurteilung im Kontumazialverfahren (St.P.O. §§ 230, 231) erfolgt ist. Mot.

2. Gegenstand des dem Verurtheilten zu leistenden Ersatzes ist der für ihn durch die Strafvollstreckung[1] entstandene Vermögensschaden.

Unterhaltsberechtigten[2] ist insoweit Ersatz zu leisten, als ihnen durch die Strafvollstreckung der Unterhalt entzogen worden ist.

[1] Nicht überhaupt durch die Strafverfolgung.

[2] Vgl. Anm. 4 zu § 1.

3. Die Entschädigung wird aus der Kasse desjenigen Bundesstaats gezahlt, bei dessen Gerichte das Strafverfahren in erster Instanz anhängig war.

Bis zum Betrage der geleisteten Entschädigung tritt die Kasse in die Rechte ein, welche dem Entschädigten gegen Dritte um deswillen zustehen, weil durch deren rechtswidrige Handlungen seine Verurtheilung herbeigeführt war.[1]

[1] Vgl. St.P.O. § 399 Nr. 1—3.

4. Ueber die Verpflichtung der Staatskasse zur Entschädigung wird durch besonderen Beschluß des im

Wiederaufnahmeverfahren erkennenden Gerichts Bestimmung getroffen.[1]

Der Beschluß ist von dem Gerichte gleichzeitig mit dem Urtheile[2] zu fassen,[3] aber nicht zu verkünden, sondern durch Zustellung bekannt zu machen.[4] Der Beschluß[5] unterliegt nicht der Anfechtung durch Rechtsmittel. Er tritt außer Kraft, wenn das Urtheil aufgehoben wird.

[1] Von Amts wegen, und zwar notwendig in jedem Falle, in welchem auf Freisprechung oder auf eine geringere Strafe in Anwendung eines milderen Strafgesetzes erkannt und die Strafe vollstreckt ist. Damit aber ein die Entschädigung bewilligender Beschluß gefaßt werden kann, müssen die weiteren Voraussetzungen vorliegen, daß der Verdacht beseitigt ist und die Verurteilung nicht vorsätzlich oder grobfahrlässig herbeigeführt war.

[2] von diesem gesondert. [3] einfache Majorität.

[4] Daher schriftlich zu fassen. Die Zustellung muß auch dann erfolgen, wenn durch den Beschluß eine Entschädigungspflicht verneint wird. Eine Begründung desselben ist nicht erforderlich; vgl. St.P.O. § 34. In das Protokoll ist der Beschluß nicht aufzunehmen. Die Zustellung erfolgt an den Angeklagten (bzw. im Falle des § 401 Abs. 2 an den Antragsteller), nicht auch an die Alimentationsberechtigten. E. in Zivilsachen LV. 399.

[5] wohl aber die Unterlassung des Beschlusses. Komm.Ber. 8.

5. Wer auf Grund des die Verpflichtung der Staatskasse zur Entschädigung aussprechenden Beschlusses einen Anspruch geltend macht, hat diesen Anspruch bei Vermeidung des Verlustes binnen drei Monaten nach Zustellung des Beschlusses[1] durch Antrag bei der Staatsanwaltschaft zu verfolgen. Der Antrag ist bei der Staatsanwaltschaft desjenigen Landgerichts zu stellen, in dessen Bezirke das Urtheil ergangen ist.[2]

Ueber den Antrag entscheidet die oberste Behörde

der Landesjustizverwaltung. Eine Ausfertigung der Entscheidung ist dem Antragsteller nach den Vorschriften der Civilprozeßordnung zuzustellen.

Gegen die Entscheidung ist die Berufung auf den Rechtsweg zulässig. Die Klage ist binnen einer Ausschlußfrist von drei Monaten nach Zustellung der Entscheidung zu erheben. Für die Ansprüche auf Entschädigung sind die Civilkammern der Landgerichte[3] ohne Rücksicht auf den Werth des Streitgegenstandes ausschließlich zuständig.

Bis zur endgültigen Entscheidung über den Antrag ist der Anspruch weder übertragbar, noch der Pfändung unterworfen.

[1] Sollte auch die Sache in höherer Instanz noch schweben und daher nach § 4 Schlußsatz der Beschluß noch außer Kraft treten können.

[2] Über das weitere Verfahren vgl. für Preußen J.V. v. 22./11. 98 (J.M.Bl. 280).

[3] Hinsichtlich der örtlichen Zuständigkeit vgl. §§ 18, 19 Z.P.O.

6. In den zur Zuständigkeit des Reichsgerichts in erster Instanz gehörigen Sachen[1] ist statt der Staatskasse die Reichskasse ersatzpflichtig.

In diesen Fällen tritt an die Stelle der Staatsanwaltschaft des Landgerichts die Staatsanwaltschaft bei dem Reichsgericht, an die Stelle der obersten Behörde der Landesjustizverwaltung der Reichskanzler.

[1] G.V.G. § 136 Nr. 1 u. Anm. 5 das.

2. Gesetz, betreffend die Entschädigung für unschuldig erlittene Untersuchungshaft.

Vom 14. Juli 1904.

(R.G.Bl. von 1904, Nr. 35, S. 321—324.)

1. Personen, die im Strafverfahren freigesprochen[1] oder durch Beschluß des Gerichts außer Verfolgung gesetzt sind,[2] können für erlittene Untersuchungshaft Entschädigung aus der Staatskasse verlangen, wenn das Verfahren ihre Unschuld ergeben oder dargetan hat, daß gegen sie ein begründeter Verdacht nicht vorliegt.[3]

Außer dem Verhafteten haben diejenigen, denen gegenüber er kraft Gesetzes unterhaltspflichtig war,[4] Anspruch auf Entschädigung.

[1] § 259 St.P.O.

[2] § 202 St.P.O., auch wenn eine Voruntersuchung nicht stattgefunden hat, und § 178 St.P.O. Mot. 8.

[3] Daher nicht, wenn die Freisprechung oder Außerverfolgsetzung wegen bloßer Strafausschließungsgründe (im Gegensatze zu Schuldausschließungsgründen) oder wegen Mangels an Voraussetzungen oder Bedingungen der Strafverfolgung erfolgt.

[4] Vgl. B.G.B. § 1360 (auch §§ 1351, 1578, 1583), §§ 1601 ff., 1703, 1705 (auch §§ 1736, 1739, 1766), § 1708, E.G. zum B.G.B. Art. 199, 209, 208.

2. Der Anspruch auf Entschädigung ist ausgeschlossen, wenn der Verhaftete die Untersuchungshaft vorsätzlich herbeigeführt oder durch grobe Fahrlässigkeit verschuldet hat.[1] Die Versäumung der Einlegung eines Rechtsmittels ist nicht als eine Fahrlässigkeit zu erachten.

Der Anspruch kann ausgeschlossen werden, wenn die zur Untersuchung gezogene Tat des Verhafteten eine grobe Unredlichkeit oder Unsittlichkeit in sich geschlossen hat oder in einem die freie Willensbestimmung ausschließenden Trunkenheitszustande begangen worden ist oder wenn aus den Tatumständen erhellt, daß der Verhaftete die Verübung eines Verbrechens oder Vergehens vorbereitet hatte.

Der Anspruch kann auch dann ausgeschlossen werden, wenn der Verhaftete zur Zeit der Verhaftung sich nicht im Besitze der bürgerlichen Ehrenrechte befand oder unter Polizeiaufsicht stand oder wenn gegen den Verhafteten auf Grund des §. 181a oder des §. 362 des Strafgesetzbuchs innerhalb der letzten zwei Jahre auf Überweisung an die Landes-Polizeibehörde rechtskräftig erkannt worden ist. Das Gleiche gilt, wenn der Verhaftete mit Zuchthaus bestraft worden ist und seit der Verbüßung der Strafe drei Jahre noch nicht verflossen sind.

[1] Fällt dem Verhafteten Vorsatz oder grobe Fahrlässigkeit nur in Beziehung auf einen Teil der Untersuchungshaft zur Last, nur hinsichtlich dieses Teils. Mot. 9.

3. Gegenstand des dem Verhafteten zu leistenden Ersatzes ist der für ihn durch die Untersuchungshaft[1] entstandene Vermögensschaden. Hat vor dem Erlasse des Haftbefehls eine Vorführung[2] oder eine vorläufige Festnahme[3] stattgefunden, so erstreckt sich der Entschädigungsanspruch auch auf die dem Haftbefehle[4] vorausgegangene Zeit der Haft.

Unterhaltsberechtigten[5] ist insoweit Ersatz zu leisten,

als ihnen durch die Verhaftung der Unterhalt entzogen worden ist.

[1] Nicht überhaupt durch die Strafverfolgung.

[2] § 134 St.P.O.; vgl. auch §§ 229, 235, 370 das.

[3] §§ 127 ff. St.P.O.

[4] Ohne daß dieser nachfolgt, niemals Entschädigung.

[5] Vgl. Anm. 4 zu § 1.

4. Über die Verpflichtung der Staatskasse zur Entschädigung wird von dem Gerichte[1] gleichzeitig mit seinem den Verhafteten freisprechenden Urteile durch besonderen Beschluß Bestimmung getroffen.[2]

Wird auf ein gegen das Urteil eingelegtes Rechtsmittel von neuem auf Freisprechung erkannt,[3] so ist von dem erkennenden Gerichte nach Maßgabe des Abs. 1 von neuem Beschluß zu fassen.[4]

Der Beschluß ist nicht zu verkünden, sondern durch Zustellung bekannt zu machen,[5] sobald das freisprechende Urteil rechtskräftig geworden ist. Er unterliegt nicht der Anfechtung durch Rechtsmittel. Wird die Entschädigungsverpflichtung der Staatskasse ausgesprochen, so soll[6] der Beschluß auch den Unterhaltsberechtigten,[7] die nicht dem Hausstande des Verhafteten angehören, mitgeteilt werden, sofern ihr Aufenthalt dem Gerichte bekannt ist.

Diese Vorschriften finden entsprechende Anwendung, wenn der Verhaftete durch Beschluß des Gerichts außer Verfolgung gesetzt wird.[8]

[1] Außer dem Revisionsgericht. E. XXXIX. 291.

[2] Von Amts wegen. Eine Begründung des Beschlusses ist nicht erforderlich; vgl. § 34 St.P.O. In das Protokoll ist der Beschluß nicht aufzunehmen. Der Beschluß bleibt, wenn nicht das Urteil sofort rechtskräftig ist, zunächst ruhig bei den Akten; vgl. Abs. 2, 3.

[3] Also nicht, wenn bloß das Rechtsmittel als unzulässig verworfen oder die Revision zurückgewiesen wird.

[4] Damit ist der frühere Beschluß (Abs. 1) beseitigt.

[5] Auch wenn die Entschädigungspflicht verneint wird.

[6] instruktionell; auch für den Fristenlauf (§ 6) ohne Bedeutung.

[7] Vgl. Anm. 4 zu § 1.

[8] § 202, § 178 St.P.O.; der Beschluß ist erst zuzustellen nach Ablauf der Beschwerdefrist § 209, § 181 St.P.O.

5. Der die Entschädigungsverpflichtung der Staatskasse aussprechende Beschluß tritt außer Kraft, wenn zu Ungunsten des Freigesprochenen die Wiederaufnahme des Verfahrens angeordnet[1] oder wenn gegen den außer Verfolgung Gesetzten nach Wiederaufnahme der Klage das Hauptverfahren eröffnet wird.[2] War die Entschädigung schon gezahlt, so kann das Gezahlte[3] zurückgefordert werden.[4]

[1] § 410 Abs. 2 St.P.O. [2] Vgl. § 210 St.P.O.

[3] ohne Zinsen — Komm.Ber. 22.

[4] In Preußen auf Anordnung des Justizministers. J.V. v. 27./8. 04 (J.M.Bl. 239).

6. Wer auf Grund des die Entschädigungsverpflichtung der Staatskasse aussprechenden Beschlusses einen Anspruch geltend macht, hat diesen Anspruch bei Vermeidung des Verlustes binnen sechs Monaten nach Zustellung des Beschlusses durch Antrag bei der Staatsanwaltschaft des Landgerichts[1] zu verfolgen, in dessen Bezirke das Verfahren in erster Instanz anhängig war.[2] Über den Antrag entscheidet die oberste Behörde der Landes-Justizverwaltung. Eine Ausfertigung der Entscheidung ist dem Antragsteller nach den Vorschriften der Zivilprozeßordnung zuzustellen.

Gegen die Entscheidung ist die Berufung auf den Rechtsweg zulässig. Die Klage ist binnen einer Ausschlußfrist von drei Monaten nach Zustellung der Entscheidung zu erheben. Für die Ansprüche auf Entschädigung sind die Zivilkammern der Landgerichte[3] ohne Rücksicht auf den Wert des Streitgegenstandes ausschließlich zuständig.[4]

Bis zur rechtskräftigen Entscheidung über den Antrag ist der Anspruch nicht übertragbar.

[1] S. auch § 9 Abs. 2.

[2] Über das weitere Verfahren vgl. für Preußen J.V. v. 27./8. 04 (J M.Bl. 239).

[3] auch in den Fällen des § 9. Komm.Ber. 22.

[4] Hinsichtlich der örtlichen Zuständigkeit vgl. §§ 18, 19 Z.P.O.

7. Die Entschädigung wird aus der Kasse des Bundesstaats[1] gezahlt, bei dessen Gerichte das Strafverfahren in erster Instanz anhängig war.

Bis zum Betrage der geleisteten Entschädigung tritt die Kasse in die Rechte ein, welche dem Entschädigten gegen Dritte um deswillen zustehen, weil durch deren rechtswidrige Handlungen die Untersuchungshaft herbeigeführt war.

[1] Vgl. aber §§ 9, 10.

8. Ist zu Ungunsten des Freigesprochenen die Wiederaufnahme des Verfahrens beantragt[1] oder gegen den außer Verfolgung Gesetzten die Klage wieder aufgenommen worden,[2] so kann die Entscheidung der obersten Behörde der Landes-Justizverwaltung (§ 6 Abs. 2) sowie die Zahlung der Entschädigung (§ 7 Abs. 1) ausgesetzt werden.[3]

[1] § 408 St.P.O. [2] § 210 St.P.O.
[3] Für Preußen vgl. J.V. v. 27./8. 04 (J.M.Bl. 239) Abs. 3.

9. In den zur Zuständigkeit des Reichsgerichts in erster Instanz gehörigen Sachen[1] ist statt der Staatskasse die Reichskasse ersatzpflichtig.

In diesen Fällen tritt an die Stelle der Staatsanwaltschaft des Landgerichts die Staatsanwaltschaft bei dem Reichsgericht, an die Stelle der obersten Behörde der Landes-Justizverwaltung der Reichskanzler.

[1] G.V.G. § 136 Nr. 1 und Anm. 5 das.

10. Dieses Gesetz findet auf die im militärgerichtlichen Verfahren[1] freigesprochenen Personen entsprechende Anwendung. An die Stelle der Staatskasse tritt im Heere die Kasse desjenigen Kontingents, bei dessen Gerichte das Strafverfahren in erster Instanz anhängig war, in der Marine die Reichskasse. Statt der Staatsanwaltschaft des Landgerichts ist der Gerichtsherr erster Instanz, statt der obersten Behörde der Landes-Justizverwaltung die oberste Militär- oder Marine-Justizverwaltungsbehörde zuständig.

[1] Auch bei den Schutztruppen. V. v. 9./11. 04 (R.G.Bl. 441).

11. In den zur Zuständigkeit der Konsulargerichte gehörigen Sachen findet dieses Gesetz mit folgenden Maßgaben Anwendung:

An die Stelle der Staatsanwaltschaft des Landgerichts tritt der Konsul. Für die Ansprüche auf Entschädigung ist das Reichsgericht in erster und letzter Instanz zuständig.

12. Die Vorschriften dieses Gesetzes finden auf Angehörige eines auswärtigen Staates nur insoweit Anwendung, als nach einer im Reichs-Gesetzblatt enthaltenen Bekanntmachung durch die Gesetzgebung dieses Staates oder durch Staatsvertrag die Gegenseitigkeit verbürgt ist.[1]

[1] Im übrigen findet das Gesetz auf alle Sachen Anwendung, in denen das freisprechende Urteil oder der Beschluß über die Außerverfolgsetzung nach dem Inkrafttreten des Gesetzes ergeht. Komm.Ber. 23. Das Gesetz, publiziert am 29. Juli 1904, ist gemäß Art. 2 der Reichsverfassung am 12. August 1904 in Kraft getreten.

Sach-Register.

Die mit G. bezeichneten Zahlen bezeichnen die Paragraphen des G.V.G., von dem nur die auf die St.P.O. sich beziehenden berücksichtigt sind, die mit St. bezeichneten die Paragraphen der St.P.O., die mit A. 1. A. 2. bezeichneten die des Anhangs.

C.

(Siehe auch unter K u. Z.)

D.

G.

P.

S.

W.

Z.

Herrosé & Ziemsen, G. m. b. H., Wittenberg.

Verzeichnis

der

Guttentag'schen Sammlung Deutscher Reichs- und Preussischer Gesetze

Text-Ausgaben

mit Anmerkungen u. Sachregister

Guttentag'sche Sammlung

Deutscher Reichsgesetze.

Text-Ausgaben mit Anmerkungen. Taschenformat.

1. **Verfassung** des Deutschen Reichs. Von Dr. **L. von Rönne.** Neunte Auflage von Landrat **Paul von Rönne.** 1904. 2 M. 40 Pf.
2. **Strafgesetzbuch** für das Deutsche Reich. Nebst den gebräuchlichsten Reichs-Strafgesetzen. Von Dr. **H. Rüdorff.** Zweiundzwanzigste Auflage von Dr. **H. Appelius,** Kammergerichtsrat. 1907. 1 M. 50 Pf.

   Die §§ 95—101, geändert durch Gesetz vom 17. Februar 1908, in neuer Fassung.
3. **Militärstrafgerichtsordnung** von Senatspräsident Dr. **Paul Herz.** 1902. Dritte Auflage. Aus dem Handel gezogen; — dafür Text-Ausgaben ohne Anmerkungen auf S. 24. 1 M. 50 Pf.
4. **Handelsgesetzbuch vom 10. Mai 1897** unter Ausschluß des Seerechts. Mit den ergänzenden Vorschriften des Bürgerlichen Gesetzbuchs und Erläuterungen von **F. Litthauer,** Justizrat. Dreizehnte Auflage herausgegeben von Geh. Justizrat Prof. Dr. **A. Mosse.** 1905. 3 M.
5. Allgemeine Deutsche **Wechselordnung.** Neunte Auflage von Justizrat Dr. **J. Stranz** und Rechtsanwalt Dr. **M. Stranz,** und das Reichsgesetz über die **Wechselstempelsteuer.***) Von Regierungsrat **P. Loeck.** Achte Auflage. 1906. Mit Nachtrag: Gesetz betr. Erleichterung d. Wechselprotestes v. 30. Mai 1908. 3 M.

*) Ist auch einzeln zu haben. Preis 1 M. 25 Pf.

6. **Gewerbeordnung** für das Deutsche Reich nebst allen Ausführungsbestimmungen. Ursprünglich herausgegeben von **T. Ph. Berger** und Dr. **L. Wilhelmi.** Siebzehnte Auflage bearbeitet von Oberverwaltungsgerichtsrat **H. Spangenberg.** 1907. 3 M.

   Nachtragsband: enthaltend Novelle **„Kleiner Befähigungsnachweis"** von Geh. Ober-Regierungsrat **Spielhagen.** 1908.

   Ergänzungsband: **Preußische Ausführungsanweisung.** 1904. 2 M.

7. Die deutsche **Post- und Telegraphen-Gesetzgebung.** Nebst dem Weltpostvertrag und dem internationalen Telegraphenvertrag. Von Wirkl. Geh. Rat Dr. **Fischer.** Sechste Auflage bearbeitet von Geh. Ober-Postrat Dr. **M. König.** 1908. 4 M.

8. Die Reichsgesetze über den **Unterstützungswohnsitz** in der Fassung der Novelle vom 30. Mai 1908, **die Freizügigkeit, den Erwerb und Verlust der Bundes- und Staatsangehörigkeit,** nebst allen landesgesetzlichen Bestimmungen. Von Geheimrat Dr. **J. Krech,** Mitglied des Bundesamtes für das Heimatwesen. Siebente Auflage. 1908. 3 M.

9. Sammlung **kleinerer strafrechtlicher Reichsgesetze.** Mit den Entscheidungen des Reichsgerichts, bearbeitet von **M. Werner,** Geh. Ober-Regierungsrat. Zweite Auflage. 1903. 3 M.
   (Inhalt ca. 25 verschiedene Gesetze.)

10. **Das Reichsbeamtengesetz** und seine Ergänzungen. Erläutert von **J. Pieper.** Zweite Auflage. 1901. 4 M. 50 Pf.
— In der Fassung von 1907 siehe Nr. 82.

11. **Zivilprozeßordnung mit Gerichtsverfassungsgesetz** in den neuesten Fassungen. Herausgegeben zunächst von **R. Sydow,** Staatssekretär im Reichsschatzamt, weiter bearbeitet von **L. Busch,** Reichsgerichtsrat. Zehnte Auflage. (In größerem Oktav-Format.) 1905. 6 M.

12. **Strafprozeßordnung und Gerichtsverfassungsgesetz** nebst den Gesetzen, betreffend die Entschädigung der im Wiederaufnahmeverfahren freigesprochenen Personen und die Entschädigung für unschuldig erlittene Untersuchungshaft. Von Dr. **A. Hellweg,** Reichsgerichtsrat. Fünfzehnte Auflage. 1908. 2 M.

13. **Konkursordnung und Anfechtungsgesetz.** Von **R. Sydow.** Weiter bearbeitet von **L. Busch.** Zehnte Auflage. 1906. 2 M. 25 Pf.

14. **Gerichtsverfassungsgesetz** mit Einführungsgesetz. Herausgegeben von **R. Sydow** und **L. Busch.** Neunte Auflage. 1905. 1 M. 50 Pf.

15. **Das Deutsche Gerichtskostengesetz** nebst den Gebührenordnungen für Gerichtsvollzieher, Zeugen und Sachverständige. Herausgegeben mit Kosten-

tabellen von **R. Sydow.** Weiter bearbeitet von **L. Busch.** Achte Auflage. 1907. 2 M.

16. **Rechtsanwaltsordnung.** Von **R. Sydow.** Sechste Auflage von Justizrat **M. Jacobsohn.** 1907. 1 M. 20 Pf.

17. Die **Deutsche Gebührenordnung für Rechtsanwälte und das Preußische Gebührengesetz** vom 27. September / 6. Oktober 1899. Von **R. Sydow** und **L. Busch.** Siebente Auflage. 1903. 1 M. 60 Pf.

18. **Reichsstempelgesetz (Börsensteuer, Frachturkunde, Kraftfahrzeuge, Personenfahrkarte, Tantieme für Aufsichtsratsmitglieder).** Vom 3. Juni 1906. Nebst Ausführungsbestimmungen und Entscheidungen. Neunte Auflage von **P. Loeck,** Regierungsrat. (In größerem Oktav-Format.) 1906. 4 M. 50 Pf.

19. Die **Seegesetzgebung.** Von Dr. **W. E. Knitschky.** Vierte Auflage bearbeitet von Oberlandesgerichtsrat **Otto Rudorff** in Hamburg. 1908. 6 M.

20. **Krankenversicherungsgesetz.** Von weil. Dr. **E. von Woedtke,** Direktor im Reichsamte des Innern. Elfte Auflage bearbeitet von Dr. **G. Eucken-Addenhausen,** Geh. Reg.-Rat und vortr. Rat im Reichsamte des Innern. 1905. 3 M.

21. Die **Konsulargesetzgebung.** Von Professor Dr **Ph. Zorn.** Zweite Auflage. 1901. 3 M.

22. **Patentgesetz.** Nebst Ausführungsbestimmungen, völkerrechtlichen Verträgen und der Patentanwalts-Ordnung unter eingehender Berücksichtigung der Rechtsprechung des Reichsgerichts und der Praxis des Patentamts. Bisher von Prof. Dr. **R. Stephan** herausgegeben. Siebente Auflage von **R. Lutter,** Geh. Reg.-Rat im Kaiserl. Patentamt 1908. 2 M. 80 Pf.

Gesetz zum **Schutz der Warenbezeichnungen.** Nebst Ausführungsbestimmungen. Siehe Seite 16 Nr. 87.

23. **Gewerbe-Unfallversicherungsgesetz.** Von weil. Dr. **E. v. Woedtke.** Neunte neubearbeitete Auflage von **Franz Caspar,** Direktor im Reichsamt des Innern. 1907. 2 M. 50 Pf.

24. **Aktiengesellschaft und Kommanditgesellschaften auf Aktien.** (Handelsgesetzbuch, II. Buch, Abschnitt 3 und 4). Mit Anmerkungen von Justizrat Dr. **H. Veit Simon** und Amtsrichter **L. Keyssner.** 1908. Sechste Auflage. Im Druck.

25. **Brausteuergesetz** vom 3. Juni 1906 mit Ausführungsvorschriften. Von **A. Düffe,** Obersteuerkontrolleur. 1907. 3 M.

26. Die Reichsgesetzgebung über **Münz- und Notenbankwesen,** Papiergeld, Prämienpapiere und Reichsschulden. Von Dr jur. **R. Koch,** Präsident des Reichsbankdirektoriums. Fünfte Auflage. 1905. 3 M.

27. Die Gesetzgebung, betr. das **Gesundheitswesen** im Deutschen Reich für Behörden, Aerzte 2c. Von Dr. jur. **C. Goesch** und Dr. med. **J. Karsten.** 1888. 1 M. 60 Pf.

28. **Bau-Unfallversicherungsgesetz.** Vom 30. Juni 1900. Von **R. Chrzescinski,** Kaiserl. Regierungsrat. Dritte Auflage. 1900. 2 M.

29. Reichsgesetz, betr. die **Erwerbs- und Wirtschaftsgenossenschaften.** Von **L. Parisius** und Dr. **H. Crüger.** Zwölfte Auflage bearbeitet von Dr. **H. Crüger.** 1907. 1 M. 50 Pf.

30. **Invalidenversicherungsgesetz** vom 13. Juli 1899. Von weil. Dr. **E. v. Woedtke.** Zehnte Auflage von Regierungsrat **H. Follmann.** 1906. 4 M.

31. **Gewerbegerichtsgesetz.** Von Stadtrat **L. Mugdan.** Sechste Auflage bearbeitet von **W. Cuno,** Erstem Bürgermeister zu Hagen i. W. 1906. 2 M. 20 Pf.

32. Reichsgesetz, betr. die **Gesellschaften mit beschränkter Haftung.** Von **L. Parisius** und Dr. **H. Crüger.** Neunte Auflage von Dr. **H. Crüger.** 1907. 1,40 M.

33. **Vereins- und Versammlungsrecht** in Deutschland. Von Dr. **E. Ball.** Zweite Aufl. von Dr. **F. Friedenthal.** 1907. 2 M. 50 Pf.

Anm. Das neue Vereinsgesetz vom 19. April 1908 vide Nr. 88 — Seite 16.

34. Reichsgesetz, betreffend die **Abzahlungsgeschäfte.** Vom 16. Mai 1894. Von **J. Hoffmann.** Zweite vermehrte Auflage besorgt von Dr. **E. Wilke,** Landgerichtsrat. 1901. 1 M. 20 Pf.

35. Die **Reichs-Eisenbahngesetzgebung.** Von **W. Coermann,** Kaiserl. Amtsrichter. 1895. 2 M. 25 Pf.

36. Gesetze, betr. die **privatrechtlichen Verhältnisse der Binnenschiffahrt und der Flößerei.** Dritte Auflage von **E. Löwe,** Landgerichtsrat. 1903. 3 M.

37. Gesetz zur **Bekämpfung des unlauteren Wettbewerbes.** Vom 27. Mai 1896. Von Dr. **R. Stephan,** Geh. Regierungsrat. Dritte Auflage. 1903. 1 M.

38/39. **Bürgerliches Gesetzbuch nebst Einführungsgesetz.** Nach dem Tode des ursprünglichen Herausgebers Reichsgerichtsrats a. D. Dr. **A. Achilles** in Verbindung mit Professor Dr. **André,** Kammergerichtsrat **Ritgen,** Ober-Landesgerichtsrat **Strecker,** Ober-Regierungsrat Dr. **Unzner** herausgegeben von Geh. Ober-Justizrat **Greiff.** Fünfte Auflage. (In größerem Oktav-Format) 1906. 6 M. 50 Pf.

40. Gesetz, betr. die **Pflichten der Kaufleute bei Aufbewahrung fremder Wertpapiere (Depotgesetz).** Mit Erläuterungen. Von **F. Lusensky,** Geh. Ober-Regierungsrat. Zweite Auflage. 1905. 1 M.

41. **Börsengesetz.** In der Fassung der Novelle vom 8. Mai 1908 nebst Ausführungsbestimmungen von **A. Wermuth** und **H. Brendel.** Zweite Auflage. Neu bearbeitet von Wirkl. Geh. Ob.-Regierungsrat. **Th. Hemptenmacher,** Staatskommissar an der Berliner Börse. 1908. 2 M.

42. **Grundbuchordnung** nebst den preußischen Ausführungsbestimmungen. Mit Einleitung. Von Prof. Dr. **O. Fischer.** Vierte Auflage. 1906. 2 M.

43. Die Gesetzgebung, betr. die **Zwangsvollstreckung in das unbewegliche Vermögen** im Reiche und in Preußen. Mit Einleitung, Kosten- und Gebührentabellen. Von Dr. **J. Krech,** Kaiserl. Geh. Regierungsrat und Professor Dr. **O. Fischer.** Fünfte Auflage. 1907. 2 M.

44. Das Reichsgesetz über das **Auswanderungswesen** vom 9. Juni 1897 nebst Ausführungsverordnungen und Anlagen. Unter Benutzung amtlicher Quellen. Von Professor Dr. **Felix Stoerk.** 1899. 2 M. 25 Pf.

45. Das **Entmündigungsrecht** unter Berücksichtigung der für Preußen geltenden Vorschriften nebst der preußischen Justiz-Ministerial-Verfügung vom 28. November 1899. Text der zivil- und prozeßrechtlichen Bestimmungen mit Erläuterungen von Landgerichtsrat Dr. **P. Koll** in Cöln. 1900. 1 M. 50 Pf.

46. Die Gesetze des Reiches und Preußens über die **freiwillige Gerichtsbarkeit.** Mit Einleitung von **Herm. Jastrow,** Amtsgerichtsrat. Vierte Auflage. 1906. 3 M.

47. Das **deutsche Vormundschaftsrecht** und das preuß. Gesetz über die Fürsorgeerziehung Minderjähriger nebst den dazu gehörigen preußischen Nebengesetzen. Von **Max Schultzenstein,** Oberverwaltungsgerichtsrat und Amtsgerichtsrat Dr. **Paul Köhne.** Zweite Auflage. 1901. 3 M.

48. Gesetze und Verordnungen, betr. den **Drogen-, Gift- und Farbenhandel** außerhalb der Apotheken. Von Dr. **Broh,** Rechtsanwalt. 1899. 1 M. 25 Pf.

49. Deutsche **Kolonialgesetzgebung.** Von Professor Dr. **Philipp Zorn.** 1901. 4 M. 50 Pf.

50. Der **Viehkauf** (Viehgewährschaft) nach dem Bürgerlichen Gesetzbuche. Nebst Verordn. betr. die Hauptmängel und Gewährsfristen beim Viehhandel. Von Rechtsanwalt Dr. **H. Stölzle** und **H. Weiskopf,** Königl. Kreistierarzt in Augsburg. Vierte wesentlich verbesserte Auflage. 1908. Im Druck.

51. **Hypothekenbankgesetz** vom 13. Juli 1899. Von Dr. **H. Göppert,** Gerichts-Assessor. 1900. 1 M. 80 Pf.

52. Gesetz, betreffend die gemeinsamen **Rechte der Besitzer von Schuldverschreibungen.** Von Dr. **Heinrich Göppert,** Gerichts-Assessor. 1900. 2 M.

53. **Reichspreßgesetz** vom 7. Mai 1874 nebst den einschlägigen Bestimmungen des Strafgesetzbuchs, der Gewerbeordnung ꝛc. Kommentar von **A. Born,** Polizeiassessor. 1900. 1 M. 50 Pf.

54. Die Reichsgesetzgebung über den Verkehr mit **Nahrungsmitteln, Genußmitteln** und **Gebrauchsgegenständen.** Von Dr. **Georg Lebbin,** Nahrungsmittelchemiker. 1900. 2 M. 25 Pf.

55. Das Recht der **Beschlagnahme von Lohn- und Gehaltsforderungen.** Auf Grundlage der Reichsgesetze vom 21. Juni 1869 u. 29. März 1897 und der Zivilprozeßordnung. Von Justizrat **Georg Meyer.** Dritte Auflage. 1908. 2 M. 50 Pf.

56. Gesetz, betr. die **Bekämpfung gemeingefährlicher Krankheiten.** Nebst Ausführungsbestimmungen. Von Dr. **Bruno Burkhardt,** Regierungsrat, Mitglied des Kais. Gesundheitsamts. 1900. 1 M. 40 Pf.

57. **See-Unfallversicherungsgesetz.** Von **Dr. Max Mittelstein,** Oberlandesgerichtsrat in Hamburg. 1901. 2 M.

58. **Das Recht der unehelichen Kinder** nach dem BGB. Von **Hermann Jastrow,** Amtsg.-Rat. 1901. 1 M. 80 Pf.

59. Reichsgesetz über die **Beurkundung des Personenstandes und die Eheschließung.** Von Dr. **F. Fidler,** Amtgerichtsrat. 1901. 1 M. 80 Pf.

60. Gesetz, betreffend das **Urheberrecht an Werken der Literatur und der Tonkunst.** Von Landrichter **Otto Lindemann.** Zweite Auflage. 1907. 1 M. 60 Pf.

61. Gesetz über das **Verlagsrecht.** Von Justizrat **Ernst Heinitz.** 1901. 1 M. 50 Pf.

62. Gesetz über die **privaten Versicherungsunternehmungen.** Von **H. Könige,** Reichsgerichtsrat. 2. Auflage in Bearbeitung.

63. **Gesetzestafel des Deutschen Reichsrechts.** Systematisch geordnete Nachweisung des z. Z. geltenden Reichsrechts. Ergänzungsband zu der Guttentag'schen Sammlung Deutscher Reichsgesetze. Von **Hugo Bruhns,** Syndikus. 1902. 8°. 2 M. 50 Pf.

64. Gesetzsammlung betr. den **Handel mit Drogen und Giften.** Reichsgesetzl. Bestimmungen und Anhang mit den landesgesetzl. Verordnungen sämtlicher Bundesstaaten. Von Rechtsanwalt **H. Sonnenfeld,** Syndik. d. Berl. Drogisten-Innung. 1902. 3 M.

65. Das **Weingesetz** vom 24. Mai 1901. Mit Ausführungsbestimmungen von Dr. **Georg Lebbin,** Handels- u. Gerichtschemiker. 1902. 1 M. 50 Pf.

66. Die **Eisenbahn-Gesetzgebung.** Von **W. Pietsch,** Geh. exp. Sekretär im Reichs-Eisenbahn-Amt. 1902. 5 M.

67. **Militär-Strafgesetzbuch** von Senats-Präsident Dr. **Paul Herz** und Kriegsgerichtsrat Dr. **Georg Ernst.** 1903. Aus dem Handel gezogen; — dafür Text-Ausgaben ohne Anmerkungen Seite 24. 1 M.

68. Das **Fleischbeschaugesetz.** Vom 3. Juni 1900. Mit Ausführungsges. u. Verordnungen im Reiche und in Preußen. Von Dr. **Georg Lebbin,** Gerichtschemiker und Rechtsanwalt Dr. **Georg Baum.** 1903. 4 M.

69. Reichsgesetz über die **Naturalleistungen der bewaffneten Macht im Frieden** nebst den zugehörigen in Preußen geltenden Bestimmungen. Von Regierungsassessor Dr. **Walter v. Hippel.** 1903. 1 M. 25 Pf.

70. Das **Reichs-Haftpflichtgesetz,** betr. die Verbindlichkeit zum Schadensersatz für die bei dem Betriebe von Eisenbahnen, Bergwerken, Steinbrüchen, Gräbereien und Fabriken herbeigeführten Tötungen und Körperverletzungen, vom 7. Juni 1871. Von Regierungsrat Dr. **G. Eger.** 1903. Preis 3 M.

71. **Kinderarbeit in gewerblichen Betrieben,** v. 30. März 1903. Nebst der Preuß. Ausführ.-Anw. v. 30. Nov. u. d. Bek. des Reichskanzlers v. 17. Dez. 1903. Von **H. Spangenberg,** Oberverwaltungsgerichtsrat Zweite vermehrte Auflage. 1904. 1 M. 60 Pf.

72. **Unfallversicherungsgesetz für Land- und Forstwirtschaft** vom Wirkl. Geh. Rat Dr. **E. von Woedtke,**

fortgesetzt von Dr. **Alfred Radtke,** Geh. Regierungsrat und Senatspräs. im Reichsversicherungsamt. Zweite Auflage. 1904. 4 M. 50 Pf.

73. **Entschädigung für unschuldig erlittene Verhaftung und Bestrafung.** Nebst Anhang, enth. die dazu gehörigen Nebengesetze über Schadensersatz. Von Dr. jur. **A. Romen,** Geh. Kriegsrat und vortr. Rat im Kriegsministerium. 1904. 2 M.

74. Die **Kaufmannsgerichte** nebst den preuß. Ausführungsbestimmungen. Von Dr. **Max Apt,** Syndikus der Korporation der Berliner Kaufmannschaft. Dritte Auflage. 1905. 2 M.

75. Reichsgesetz über die **Konsulargerichtsbarkeit.** Erläutert von Dr. jur. **A. F. Vorwerk,** Rechtsanwalt in Schanghai. Zweite Ausgabe, mit dem Schutzgebietsgesetz und der Ausführungsverordnung, betreffend die Rechtsverhältnisse in den deutschen Schutzgebieten. 1908. 2 M.

76. **Die Rechtshilfe im Verkehr mit den ordentlichen Gerichten nach deutschem Reichsrecht.** Zusammenstellung aller in Betracht kommenden Gesetzesstellen. Von Landrichter Dr. **A. Friedländer.** 1906. 1 M. 80 Pf.

77. **Das Reichserbschaftssteuergesetz.** Vom 3. Juni 1906. Von **Ulrich Hoffmann,** Geh. Registrator im Kgl. Preuß. Finanzministerium. 1906. 2 M. 60 Pf.

78. **Zigarettensteuergesetz.** Vom 3. Juni 1906. Von Dr. **Cuno,** Gerichtsassessor. 1906. 1 M. 80 Pf.

79. **Die Militärpensionsgesetze** vom 31. Mai 1906 nebst Ausführungsbestimmungen. Zum Gebrauch für Heer, Marine und Schutztruppe von Dr. jur. **A. Romen,** Wirklicher Geheimer Kriegsrat.
    a) I. Teil: Offizierpensionsgesetz. 1907. 3 M. 50 Pf.
    b) II. Teil: Mannschaftsversorgungsgesetz. 1908. 3 M. 50 Pf.
    Jeder Teil ist einzeln käuflich.

80. Reichsgesetzgebung über **gerichtliche Registerführung.** Textausgabe der einschlägigen Gesetzesbestimmungen mit Anmerkungen und Sachregister von **Otto Lindemann,** Landrichter. 1906. 3 M.

81. Gesetz, betr. **Urheberrecht an Werken der bildenden Künste und der Photographie.** Von Dr. **Ludw. Fuld,** Rechtsanwalt. 1907. 1 M.

82. **Reichsbeamtengesetz** in der Fassung vom 18. Mai 1907 und seine Ergänzungen von Prof. Dr. **Ad. Arndt.** 1908. 3 M.

83. **Reichsgesetz über den Versicherungsvertrag** nebst Einführungsgesetz mit Einleitung und ausführlicher Erläuterung von Dr. **Paul Hager** und Dr. **R. Behrend,** Regierungsräte im Kaiserl. Aufsichtsamt f. Privatversicherung. 1908. 5 M.

84. **Sammlung kleinerer privatrechtlicher Reichsgesetze** von Landrichter **Georg Müller.** 1908. 6 M. 50 Pf.

Enthält eine Fülle von Gesetzen, die anderweit fast garnicht oder nur schwer zu beschaffen sind.

85. **Scheckgesetz** mit Einleitung usw. Von Prof. Dr. **Max Apt.** Vierter Abdruck. 1908. 1 M. 50 Pf.

86. **Die Auslieferungsverträge des Deutschen Reiches** von Landrichter **A. Cohn.** 1908. 4 M.

87. Gesetz zum **Schutz der Warenbezeichnungen.** Nebst Ausführungsbestimmungen. Von Geh. Reg.-Rat, Mitglied des Patentamts Dr. **Freund** und Rechtsanwalt **Magnus.** Fünfte Auflage. 1908. Im Druck.

88. **Vereinsgesetz** vom 19. April 1908. Unter Benutzung der amtlichen Quellen. Nebst einem Anhang, enth. die Vorschriften des BGB. über die Vereine. Bearbeitet von Dr. jur. **A. Romen,** Wirkl. Geh. Kriegsrat im Königl. Preuß. Kriegsministerium. 2. Auflage. 1908. 1 M. 50 Pf.

89. Deutsches **Vogelschutzgesetz** vom 30. Mai 1908 nebst den das Flugwild betreffenden Bestimmungen der Preußischen Jagdordnung von Dr. jur. **Leo von Boxberger.** 1908. ca. 1 M.

90. Zusammenstellung der Gesetze über das **Internationale Privatrecht** von Dr. **G. A. E. Bogeng.** 1908. Im Druck.

Guttentag'sche Sammlung

Preußischer Gesetze.

Text-Ausgaben mit Anmerkungen. Taschenformat.

1. Die **Verfassungs-Urkunde** für den Preußischen Staat. Mit Einleitung, vollständigem Kommentar. Von Prof. Dr. **Adolf Arndt.** Sechste Auflage. 1907. 3 M.

2. Preußische **Beamten-Gesetzgebung.** Enthaltend die wichtigsten Beamtengesetze in Preußen. Von **C. Pfafferoth.** Vierte, neubearb. Auflage. 1905. Mit Anhang: Abänderung vom 27. Mai 1907. 2 M.

3. **Die Aufnahme des Nottestaments** durch die bestellten besonderen Urkundspersonen. Anweisung vom 15. März 1904. Erläutert mit Musterbeispielen und einem Abriß des Erbrechts von Amtsgerichtsrat **C. Kurtz.** 1904. 1 M. 50 Pf.

4. **Gebührenordnung** für **Notare** vom 25. Juni 1895 nebst den einschlägigen Vorschriften des Preußischen Gerichtskostengesetzes. Von **R. Sydow.** Dritte Auflage bearbeitet von Justizrat Dr. **Rausnitz.** 1908. 1 M. 60 Pf.

5. **Gesetz vom 24. April 1854 (betr. die außerehel. Schwängerung).** Von Dr. **Schulze.** 1873. 75 Pf.
   Gültiges Recht siehe: Reichsgesetze Nr. 58.

6. Die Preuß. **Ausführungsgesetze und Verordnungen zu den Reichs-Justizgesetzen.** Von **R. Sydow.** Dritte vermehrte Auflage. 1895. 2 M. 40 Pf.
   Siehe Seite 23, Busch, Ausführungsgesetze.

7. Allg. **Gerichtsordnung** vom 6. Juli 1793 und Preuß. **Konkursordnung** vom 8. Mai 1885. Von **F. Vierhaus**, Geh. Ober-Justizrat. Vergriffen.

8. **Vormundschaftsordnung**. Von **F. Schultzenstein.** Gültiges Recht siehe: Reichsgesetze Nr. 47.

9. Die Preußische **Grundbuchgesetzgebung**. Von Prof. Dr. **Fischer.** Vergriffen. Siehe: Reichsgesetze Nr. 42.

10. **Einkommensteuergesetz**. Von **A. Fernow,** Geh. Ober-Finanzrat. Siebente Auflage. 1908. 3 M. 25 Pf.

11. **Gewerbesteuergesetz**. Von **A. Fernow,** Geh. Ober-Finanzrat. Vierte, vermehrte Auflage. 1905. 2 M.

12. **Allgemeines Berggesetz** für die Preußischen Staaten vom 24. Juni 1865 nebst den preußischen Berggesetznovellen, den einschläg. Nebengesetzen u. Ausführungsbestimmungen. Mit Einleitung, Erläuterungen und Sachregister bearbeitet von **W. Westhoff** und **W. Schlüter.** Zweite Auflage. 1907. 5 M.

13. **Ergänzungssteuergesetz** (Vermögenssteuergesetz). Von **A. Fernow,** Geh. Ober-Finanzrat. Vierte vermehrte Auflage. 1907. 2 M. 40 Pf.

14. **Kommunalabgabengesetz**. Vom 14. Juli 1893 und Gesetz wegen Aufhebung direkter Staatssteuern. Von Dr. **F. Adickes,** Oberbürgermeister. Vierte Auflage. 1906. 1 M. 50 Pf.

15. Die **Kreisordnungen** für den Preußischen Staat. Von **O. Kolisch,** Landgerichtsrat. 1894. 4 M.

16. **Konzessionierung gewerblicher Anlagen.** Preuß. Ausführungs-Anweisung zu §§. 16 u. ff. der Gewerbe-Ordnung. Von Dr. **W. v. Rüdiger,** Geh. Regierungs- u. Gewerberat. Zweite Auflage. 1901. 2 M.

17. Preußisches **Gerichtskostengesetz.** Mit Kostentabellen. Von Dr. **P. Siméon,** Landgerichtsrat. Fünfte Auflage. 1908. 2 M. 60 Pf.

18. Preußisches **Stempelsteuergesetz vom** 31. Juli 1895. Mit den gesamten Ausführungsbestimmungen und vollständigen Tabellen. Von **P. Loeck,** Regierungsrat. Sechste Auflage. (In größerem Oktav-Format.) 1907. 6 M.

19. Das **Jagdscheingesetz.** Mit ausführlichen Erläuterungen. Von **F. Kunze,** Wirklichem Geh. Ober-Regierungsrat. Zweite Auflage. 1899. 2 M.

20. Die **preußischen Erbschaftssteuergesetze.** Unter Berücksichtigung der Novelle vom 31. Juli 1895. Von **U. Hoffmann,** Geh. Registrator im Königl. preuß. Finanzministerium. 1905. 4 M. (**Reichs**-Erbschaftssteuergesetz s. Reichsgesetze Nr. 77).

21. Gesetz über die **Handelskammern.** Vom 19. August 1897. Mit Erläuterungen von **F. Lusensky,** Geh. Regierungsrat. 1897. 3 M.

22. Gesetz, betr. **Anstellung und Versorgung der Kommunalbeamten.** Mit Ausführungsanweisung. Von Dr. **W. Ledermann,** Magistratsassessor zu Berlin. 1899. 1 M. 25 Pf.

23. **Ausführungsgesetz zum Bürgerlichen Gesetzbuche.** Von Landrichter Dr. **P. Siméon.** 2. Aufl. 1905. 1 M. 80 Pf.

24. Die **Hinterlegungsordnung** in der Fassung des Ausführungsgesetzes z. BGB. v. 20. Sept. 1899 nebst Ausführungsbestimmungen. Von Regierungsrat Dr. **Georg Bartels.** 2. Aufl. 1908. 2 M.

25. **Preußische Kommunalbeamtengesetzgebung.** Von Magistr.-Assess. Dr. **Fr. Kremski,** Berlin. 1901. 3 M.

26. Gesetze über das **Diensteinkommen der Lehrer und Lehrerinnen, Ruhegehalt und Fürsorge für Hinterbliebene.** Tabelle zur Berechnung der Ruhegehalts-, Witwen- u. Waisenbezüge. Von Dr. **Ed. Cremer,** Beigeordneter. 1900. 2 M. 40 Pf.

27. Gesetz, betreffend die **Warenhaussteuer.** Von Geh. Ober-Finanzrat Dr. **G. Strutz.** 1900. 1 M. 20 Pf.

28. Gesetz über die **Fürsorgeerziehung Minderjähriger.** Nebst Ausführungsbestimmungen. Von Landgerichtsdirektor Dr. **P. F. Aschrott.** Zweite umgearbeitete Auflage. 1907. 2 M. 80 Pf.

29. Gesetz, betr. **die ärztlichen Ehrengerichte, das Umlagerecht und die Kassen der Aerztekammern.** Von Amtsgerichtsrat Dr. **Fidler.** 1901. 1 M. 50 Pf.

30. Die das **Preußische Staatsschuldbuch** und **Reichsschuldbuch** betr. Gesetze nebst Ausführungsbestimmungen. Von Wirkl. Geh. Ober-Finanzrat **J. Mücke,** Mitglied der Staatsschuldenverwaltung. 1902. 2 M.

31a. **Die geltenden Preußischen Gesindeordnungen.** Herausgegeben in zwei Bänden von **Stephan Gerhard,** Rechtsanwalt in Berlin. 1902.

Band I: Gesindeordnung für die altpreußischen Provinzen vom 8. XI. 1810, mit Erläuterungen unter Berücksichtigung der Ergänzungsgesetze und der Rechtsverhältnisse der Gesindevermieter, sowie die Gesindeordnungen für Neuvorpommern und Rügen und für die Rheinprovinz. 2 M. 50 Pf.

31b. **Band II:** Gesindeordnungen für Hannover, Schleswig-Holstein, Hessen-Nassau und den Regierungsbezirk Hohenzollern. 2 M. 50 Pf. Siehe auch Seite 32: Ratgeber von Grieben.

32. **Die Städteordnung für die sechs östlichen Provinzen Preußens vom 30. Mai 1853 nebst ihren gesetzlichen Ergänzungen.** Von **Dr. jur. Walter Ledermann,** Magistrats-Assessor zu Berlin. (In größerem Oktav-Format.) 1902. 6 M.

33. **Rentenguts- und Anerbenrechts-Gesetzgebung in Preußen.** Von Landgerichtsrat **M. Peltasohn** und Rechtsanwalt **Bruno Peltasohn.** 1903. 3 M.

34. Sammlung der wichtigsten **preußischen Strafgesetze** nebst Anhang: Gesetz betr. polizeiliche Strafverfügungen vom 23. April 1883. Von **Otto Lindemann,** Amtsrichter. 1903. 2 M. 50 Pf.

Inhalt: Mobiliar-Feuerversicherung — Chausseegeld — Jagdpolizei — Jagdschein — Wild-Schonzeit — Fischerei — Versammlungs- u. Vereinigungsrecht — Belagerungszustand — Gesindedienstpflichten — Mineraliengewinnung und -Aneignung — Schlachthäuser — Dampfkesselbetrieb — Wandergewerbebetrieb — Reblausverbreitung — Forstdiebstahl — Wald- u. Wassergenossenschaften — Feld- u. Forstpolizei — Lotteriespiel — Verkehrsabgaben — Landestrauer.

35. **Geschäftsordnung für Gerichtsvollzieher.** Gerichtsvollzieherordnung und Gebührensätze von Amtsgerichtssekretär a. D. **Emil Exner.** 1904. 3 M. 50 Pf.

36. Die Gesetzgebung über **Polizeiverordnungen in Preußen** von **Otto Lindemann,** Amtsrichter in Köslin. 1904. 1 M. 50 Pf.

37. Gesetz über die **Enteignung von Grundeigentum** vom 11. Juni 1874. Von Landrichter **O. Meyer.** 1905. 2 M.

38. **Kreis- und Provinzial-Abgabengesetz.** Vom 23. April 1906. Von **Fr. Schmidt,** Gemeindevorsteher. 1906. 1 M. 25 Pf.

39. Gesetz betr. die **Unterhaltung der öff. Volksschulen.** Vom 28. Juli 1906. Von **Dr. A. Marcks,** Regierungsrat. 1906. 2 M.

40. Gesetz betr. das **Verwaltungsstrafverfahren** bei Zuwiderhandlungen gegen die Zollgesetze und die sonstigen Vorschriften über indirekte Reichs- und Landesabgaben, sowie die Bestimmungen über die Schlacht- und Wildpretsteuer vom 26. Juli 1897. Von **Dr. Richard Katzenstein,** Gerichtsassessor. 1907. 3 M. 60 Pf.

41. Die **preußischen Jagdpolizeigesetze.** Von **Fr. Kunze,** Wirkl. Geh. Oberregierungsrat und **R. Kühnemann,** Rechtsanwalt. Zweite gänzlich veränderte und verbesserte Auflage. 1908. 3 M. 60 Pf.

42. Die Gesetzgebung über die **Allgemeine Landesverwaltung** und über die **Zuständigkeit der Verwaltungs- und Verwaltungsgerichtsbehörden.** Von Rechtsanwalt **Dr. Karl Friedrichs** in Düsseldorf. 1908. 3 M.

43. Gesetz betr. die **Zulassung einer Verschuldungsgrenze** für land- und forstwirtschaftlich benutzte Grundstücke v. 20. August 1906 nebst Ausführungsvorschriften. Von Dr. jur. **R. Leweck,** Syndikus der Ostpreuß. Landschaft. 1908. Im Druck.

Guttentag'sche Sammlung von Text-Ausgaben mit Sachregister ohne Anmerkungen.

Taschenformat, elegant in Leinen gebunden.

Reichs-Justizgesetze:

Gerichtsverfassungsgesetz. Zivilprozeßordnung. Konkursordnung. Strafprozeßordnung.

2. Auflage. In einem Bande gebunden 3 M. 80 Pf.

Zivilprozeßordnung mit **Gerichtsverfassungsgesetz** und **Einführungsgesetzen** in den neuesten Fassungen. 2 M.

Konkursordnung mit **Einführungsgesetz.** 80 Pf.

Bürgerliches Gesetzbuch nebst **Einführungsgesetz.** Zehnter Abdruck. 2 M. 50 Pf.

Handelsgesetzbuch nebst **Einführungsgesetz** u. **Seerecht.** Siebenter Abdruck. 1 M. 80 Pf.

Ausführungsanweisung zur Gewerbeordnung vom 1. Mai 1904 nebst der preuß. technischen Anleitung. 2 M.

Militärstrafgerichtsordnung nebst **Einführungsgesetz** u. Ges., betr. Dienstvergehen der richterlichen Militärjustizbeamten u. unfreiwillige Versetzung derselben usw. **Militär-Strafgesetzbuch***) mit Abdruck der entsprechenden Bestimmungen des Reichs-Strafgesetzbuchs. Zweite Auflage. 1 M. 50 Pf.

*) Ist auch einzeln zu haben. Preis 1 Mk.

Wechselordnung in der Fassung der Bekanntmachung v. 3. Juni 1908. Mit Anhang: **Wechselprozeß- und Ausführungsanweisung.** Text-Ausgabe mit Einleitung und Sachregister. 1908. 1 M.

Guttentag'sche Sammlung von Text-Ausgaben mit Sachregister ohne Anmerkungen.

Die Preußischen Ausführungsgesetze, Verordnungen und ministeriellen Verfügungen zu dem Bürgerlichen Gesetzbuche und den Reichs-Justizgesetzen nebst anderen zugehörigen Gesetzen. Textausgabe, nach Materien geordnet, mit Sachregister von **L. Busch.** Zweite Auflage von Gerichtsassessor **O. Eylau.** 8°. Preis geb. 4 M. 50 Pf.

Die Preußischen Ausführungsgesetze zum Bürgerlichen Gesetzbuche und Nebengesetze. Text-Ausgabe ohne Anmerkungen. Fünfte Auflage. Taschenformat. Preis geb. in ganz Leinen 1 M. 80 Pf.

Handbuch des Testamentrechts mit zahlreichen Beispielen und Formularen. Dargestellt von **Heinrich Peiser,** Landgerichtsrat. gr. 8° (496 S.). Zweite Auflage. Preis 9 M., gebunden 10 M.

Bürgerliches Rechts-Lexikon.

Nach dem Bürgerlichen Gesetzbuch, dem Handelsgesetzbuch und sonstigen Reichs- und Landesgesetzen

bearbeitet von

E. Christiani, Amtsgerichtsrat.

Dritte, wesentlich vermehrte und verbesserte Auflage.

1908. Lex. 8°. Geb. in ganz Leinen Preis 11 M. 20 Pf.

Erbenhaftung und Nachlaßkonkurs im neuen Reichsrecht. Von Professor Dr. Ernst Jaeger. 1898. gr. 8°. (117 S.) 3 M.

Fluchtliniengesetz. — Das Gesetz, betreffend die **Anlegung** und **Veränderung** von Straßen und Plätzen in Städten und ländlichen Ortschaften vom 2. Juli 1875. Des Kommentars von weil. Oberverwaltungsgerichtsrat R. Friedrichs sechste, völlig neubearbeitete Auflage. Von Senatspräsident Dr. jur. Hugo von Strauß und Torney. 1908. Im Druck.

Die **freiwillige Gerichtsbarkeit** im Reiche und in Preußen. Ein Leitfaden von Dr. A. Nußbaum. 1900. 8°. (268 S.) Geb. in Leinen 4 M.

Gewerberecht und **Arbeiterschutz.** Führer für Arbeitgeber und Arbeiter durch die Gewerbe- und Arbeiterschutzgesetze. Von G. Laurisch, Kgl. Gewerbeinspektor. 1901. 8°. (210 S.) Kart. 1 M. 80 Pf.

Die **Gläubigeranfechtung außerhalb des Konkurses.** Auf Grundlage des Gesetzes v. 21. Juli 1879. Von Prof. Dr. Ernst Jaeger. 1905. (356 S.) 9 M., geb. 10 M.

Die **Grundbuchordnung** nebst den preußischen Ausführungsbestimmungen mit Kommentar und systematischer Uebersicht über das materielle Grundbuchrecht. Von Reichsgerichtsrat Dr. Alex Achilles und Landrichter O. Strecker. 1901. Lex. 8°. (960 S.) 12 M., geb. in Halbfr. 14 M.

Die **Verfügungen in Grundbuchsachen.** Leitfaden für Grundbuchbeamte, Notare und Referendare. Von Amtsgerichtsrat Max Löwenherz. 1904. (115 S.) gr. 8°. 2 M., geb. in Leinen 2 M. 50 Pf.

Die **Haftpflicht der Beamten.** Nach Reichsrecht und dem Recht der deutschen Bundesstaaten unter Berücksichtigung der Haftpflicht des Staates (Gemeindeverbandes usw.). Von Landrichter Dr. H. Delius. 1901. 8°. (147 S.) Kart. 2 M.

Das Recht der Handlungsgehilfen und Handlungslehrlinge auf Grund des Handelsgesetzbuches, der Reichs-Gewerbeordnung, der Reichs-Versicherungsgesetze und des bürgerlichen Rechts dargestellt für Juristen und Kaufleute. Von Rechtsanwalt Hugo Horrwitz. 2. vollständig neubearbeitete Auflage. 1905. (203 S.) Geb. in Leinen 3 M.

Handelsgesetzbuch vom 10. Mai 1897 nebst Abdruck des Gesetzes über die Angelegenheiten der freiwilligen Gerichtsbarkeit und Gerichtsverfassungsgesetz (Titel 7, Kammern für Handelssachen). Zu praktischem Gebrauch dargestellt von Oberlandesgerichtsrat H. Könige. 1899. 8°. (410 S.) Geb. in Leinen 4 M. 50 Pf.

Das **Kommunalabgabengesetz** vom 14. Juli 1893. Für den praktischen Gebrauch mit einer geschichtlichen Einleitung und Erläuterungen versehen, sowie mit einem die Ausführungsanweisung berücksichtigenden Nachtrag. Kommentar von Oberbürgermeister Dr. Franz Adickes. 1894. 8°. (417 S.) Kart. 6 M.

Das **Absonderungsrecht im Konkurse** mit besonderer Berücksichtigung des preußischen und gemeinen Rechts, systematisch dargestellt von Oberlandesgerichtsrat Dr. Th. Wolff. 1892. gr. 8°. (542 S.) 10 M.

Konkursordnung mit Einführungsgesetz, Nebengesetzen und Ergänzungen in der Fassung des Gesetzes vom 17. Mai 1898. Kommentar von Oberlandesgerichtsrat Dr. Th. Wolff. 1900. gr. 8°. (555 S.) 11 M., geb. in Leinen 12 M.

Die Kurtaxe. Betrachtungen über ihre rechtliche Natur. Von Professor J. Kohler. 1902. gr. 8°. (52 S.) 1 M.

Das **Wohnungsmietrecht** nach dem Bürgerlichen Gesetzbuch. Zum praktischen Gebrauch für Juristen, Hausbesitzer und Mieter bearbeitet von Rechtsanwalt und Notar Th. Loomann. 1900. 8°. (144 S.) 2 M.

Der Raritätenbetrug. Von Dr. Hanns Gross, Universitäts-Professor. 1901. gr. 8°. (296 S.) 6 M.

Polizei und Publikum. Eine Darstellung der beiderseitigen Rechte und Pflichten an der Hand der grundlegenden Bestimmungen für die Ausübung der örtlichen allgemeinen Verwaltungspolizei in Preußen. Von Bürgermeister M. Koehne. 1897. 8°. (144 S.) Geb. in Leinen 2 M. 75 Pf.

Patentgesetz und Gesetz, betreffend den **Schutz von Gebrauchsmustern.** Von Justizrat Dr. A. Seligsohn. 2. Auflage. 1901. gr. 8°. (557 S.) 12 M., geb. in Leinen 13 M.

Die **Tätigkeit der Polizei in Strafsachen** auf Grund der Reichsjustizgesetze und des Preußischen Rechts für Polizeiverwalter und Polizeibeamte. Von Oberverwaltungsgerichtsrat St. Genzmer. 4. Auflage. 1900. 16°. (117 S.) Kart. 90 Pf.

Beschwerde und **Klage** sowie sonstige **Rechtsmittel** gegen polizeiliche Verfügungen und Zwangsmaßregeln. Gemeinverständlich dargestellt und durch Beispiele erläutert von Oberverwaltungsgerichtsrat B. von Kamptz. 1894. 12°. (93 S.) Kart. 1 M. 20 Pf.

Dienstunterricht für Polizei-Exekutiv-Beamte. 1. Teil. Strafgesetzgebung (Gerichtsverfassung, Strafprozeßordnung, Strafgesetzbuch). Von Polizeiinspektor K. Segger. 1900. 8°. (308 S.) Kart. 2 M.

Die Registratur. 2. Auflage. 1906. Von Hermann Kollrack, Kgl. Polizeisekretär am Berliner Polizeipräsidium. 8°. (84 S.) Kart. 1 M. 40 Pf.

Rechtsbrevier für deutsche Ehefrauen. 52 Merksprüche aus dem Bürgerl. Gesetzbuch mit Erläuterungen. Von Dr. jur. Emilie Kempin. 8°. (62 S.) Kart. 1 M.

Verwaltungs-Hygiene. Ein Handbuch der öffentlichen Gesundheitspflege für Verwaltungsbeamte. Von Dr. A. Pfeiffer. 1895. gr. 8°. (228 S.) 5 M., geb. in Leinen 6 M.

Handbuch des Vormundschaftsrechts. Unter Berücksichtigung der Ausführungsgesetze der deutschen Bundesstaaten. Von H. Schultetus, Landgerichtsrat in Rostock. 1899. 8°. (261 S.) 4 M., geb. in Leinen 4 M. 60 Pf.

Die Pflichten des Waisenrates. Ein praktischer Leitfaden für Waisenräte und Verwaltungsbeamte. Von F. Baum, Geh. Justizrat und Vormundschaftsrichter. Achte vermehrte und verbesserte Auflage. 1906. 8°. (46 S.) 60 Pf.

Wechselstempelsteuer und ihre Reform. Eine kritische Studie. Von Dr. jur. Eug. Jacobsohn. 1906. gr. 8°. (47 S.) 1 M.

Der Vormund, Gegenvormund, Pfleger u. Familienrat. Nach dem Bürgerlichen Gesetzbuch, dem Reichsgesetz über die Angelegenheiten der freiwilligen Gerichtsbarkeit und dem Ausführungsgesetz zum BGB. Ein praktischer Leitfaden. Von F. Baum, Geh. Justizrat und Vormundschaftsrichter. 1899. 8°. (64 S.) 50 Pf.

Gesetz zum **Schutz der Warenbezeichnungen** vom 12. Mai 1894, nebst Ausführungsbestimmungen. 2. Auflage, bearbeitet von Dr A. Seligsohn in Gemeinschaft mit Rechtsanwalt Martin Seligsohn. 1905. gr. 8°. (353 S.) 7 M., geb. 8 M.

Anleitung zur **Bildung öffentlicher Genossenschaften zur Ent- und Bewässerung** von Grundstücken für Zwecke der Landeskultur in den preuß. Provinzen nebst den in Betracht kommenden Gesetzen und Ministerialerlassen. Zugleich ein Handbuch des landwirtschaftlichen Wasserrechts für jedermann. Von Regierungsrat Dr. Bernh. Webdige. 1887. 8°. (300 S.) 4 M. 50 Pf.

Das **Wildschadengesetz.** Vom 11. Juli 1891. Kommentar von Dr. A. Holtgreven u. Dr. Th. Wolff. Vierte vermehrte und verbesserte Auflage. 1902. 8°. (224 S.) 4 M., geb. in Leinen 4 M. 50 Pf.

Belehrung über den Wucher. Ein Schutz gegen Schädigung mit Fingerzeigen für jedermann. Nach dem neuen Wuchergesetz bearbeitet von Carl Pfafferoth, Geh. Kanzleirat im Reichsjustizamt. 1893. 8°. (38 S.) 50 Pf.

Das **Reichsgesetz zur Bekämpfung des unlauteren Wettbewerbs** nebst den ergänzenden Bestimmungen des Bürgerlichen Gesetzbuchs. Kommentar von Justizrat Albert Pinner, 1903. gr. 8°. (189 S.) 5 M., geb. in Leinen 6 M.

Verfassung des Deutschen Reichs. Mit Einleitung und Kommentar. Dritte, stark vermehrte und verbesserte Auflage. Von Prof. Dr. A. Arndt. 1907. 8°. (436 S.) 4 M., geb. in Leinen 5 M.

Das **Preußische Versammlungs- und Vereinsrecht.** Systematisch dargestellt. Von Staatsanwaltschaftsrat Dr. Paul Caspar. 1894. 8°. (130 S.) 2 M.

Handbuch für Vereine bei Aufstellung, Beratung und Änderung der Vereinssatzung auf Grund der §§ 21—79 des Bürgerlichen Gesetzbuches. Mit erläuternden Anmerkungen, einer sachlichen Einleitung sowie einem Satzungsentwurf versehen von Paul Behrens. 1899. 8°. (57 S.) kart. 1 M.

Die **Rechtsverhältnisse der geschlossenen Gesellschaften und Vereine** nach preußischem Recht unter besonderer Berücksichtigung der Befugnisse der Polizeibehörden. Von Dr. H. Delius, Landrichter. 1902. 8°. (85 S.) kart. 1 M. 60 Pf.

Wie leitet man eine Versammlung? Geschäftlicher Handweiser für Vorsitzende. Von einem Mitgliede des deutschen Reichstages und des preußischen Abgeordnetenhauses. Zweite Auflage. 1908. 12°. (93 S.) kart. ca. 1 M.

Handbuch zum Verfahren der Zwangsversteigerung und Zwangsverwaltung nach dem Reichsgesetz v. 24. März 1897 (Fassung vom 20. Mai 1898). Ein Hilfsbuch für die Praxis und ein Lehrbuch für jüngere Juristen von Amtsgerichtsrat M. R. Samter. 1904. gr. 8°. (392 S.) 8 M. 50 Pf., geb. in Halbfr. 10 M.

Praktischer Ratgeber für Dienstherrschaften nach dem Preuß. Gesinderecht unter Berücksichtigung den neueren Entscheidungen bearbeit von H. Grieber, Verwaltungsdirektor a. D. und Bürgermeister. 1908. Im Druck.

Schlagwort-Register.

R. = Nummer der Sammlung Deutscher **Reichs**gesetze.
P. = Nummer der Sammlung **Preußischer** Gesetze.
S. = Seite.

FSC
www.fsc.org
MIX
Papier | Fördert gute Waldnutzung
FSC® C083411

Kolibri 360 GmbH
Ferdinand-Jühlke-Straße 7
99095 Erfurt, Deutschland
produktsicherheit@kolibri360.de

Hamann's

Schriften.

Erster Theil.

Verleger:
G. Reimer in Berlin.

Commissionär
für die am 30. November 1820 geschlossene Subscription:
Riegel und Wießner in Nürnberg.

Inhalt.

Hamann's Schriften.

Herausgegeben

von

Friedrich Roth.

Erster Theil.

Berlin,
bey G. Reimer 1821.

Vorbericht.

Johann Georg Hamann, geboren zu Königsberg in Preussen 1730, gestorben zu Münster in Westphalen 1788, hat sein Leben bis an sein dreissigstes Jahr selbst beschrieben in den Gedanken über seinen Lebenslauf, die hier zum ersten male ans Licht treten. Eine Fortsetzung dieser Bekenntnisse, fast ohne Unterbrechung bis zu seinem Ende, liefern seine vertrauten Briefe, deren lange Reihe in diesem ersten Bande seiner Schriften eröffnet wird. Hat man einmal diese Briefe vor sich, so wird man eine Lebensbeschreibung Hamann's nicht vermissen. Da indessen gegenwärtige Sammlung seiner Schriften vielleicht erst nach drey Jahren vollständig seyn wird, und da über seine Lebensumstände bis jetzt überall nur kärgliche und zum Theil unrichtige Angaben vorhanden sind, so glaube ich hierüber einiges vorausschicken zu müssen.

Wie er auf der Universität Königsberg zuerst die Theologie, dann auch die Jurisprudenz versucht, bald aber den sogenannten Brodtwissenschaften entsagt, und, in der Absicht die Welt zu sehen, eine Hofmeister-Stelle in Liefland, bald nachher eine in Curland angenommen, hierauf durch Johann Christoph Berens in Riga, einen seiner Jugendfreunde, in Verbindung mit dem Handelshause dieses Namens gekommen, in Geschäften desselben eine Reise nach London gethan, dort sich umgetrieben, gehärmt, endlich an der heiligen Schrift wieder aufgerichtet, wie er nach Riga zurückgekehrt und sich dem Hause Berens ganz gewidmet, dieß ist von ihm in seinem Lebenslaufe umständlich erzählt. Zu Anfang des Jahres 1759 rief ihn sein damals kranker Vater, den nach seinem Umgange verlangte, nach Königsberg zurück, und die enge Verbindung mit dem Hause Berens löste sich um diese Zeit auf, da sie eben durch Hamann's Vermählung mit einer Tochter desselben auf immer befestigt werden sollte. Die Ursachen dieser Trennung sind in Hamann's handschriftlichem Nachlasse nirgends angegeben, nur hie und da, z. B. in den Briefen 36 und 56 dieser Sammlung, leicht angedeutet. Er lebte nun vier Jahre zwanglos und vergnügt in seines Vaters Hause. „In diesen glücklichen Jahren", sagt er in einem Briefe von 1787, „lernte ich erst studiren, und „von der damaligen Erndte habe ich „lange gelebt." Da aber das Alter und die Kränklichkeit seines Vaters ihn an die Nothwendigkeit erinnerte, sich nach Erwerbsmitteln für die Zukunft umzusehen, nahm er 1763 zuerst bey dem Magistrate, dann bey der Kammer zu Königsberg Dienst in der Kanzley. Diese Probe hielt er nur ein halbes Jahr aus; er fand unmöglich, daß er je ein guter Copist würde. Friedrich Carl von Moser hatte ihm 1763 eine vortheilhafte Anstellung in Darmstadt angeboten; er war darauf nicht eingegangen. Jetzt unternahm er eine Reise zu seinem Gönner; da er aber diesen nicht in Frankfurt traf, denn er war unvermuthet nach Holland gereist, so kehrte Hamann sogleich nach Königsberg zurück. Im Jahre 1765 begab er sich nach Mietau, um sich in Geschäften bey dem Hofrathe Tottien zu üben; er begleitete diesen auf seinen Geschäftsreisen nach Warschau. Zu Anfang 1767, auf die Nachricht von dem Tode seines Vaters, kam er nach Königsberg zurück, und erlangte bald nachher, durch Kant's und eines anderen Freundes Empfehlung, die Stelle eines Schreibers und Uebersetzers bey der Accisedirection. „Ich lebe, schrieb er an Herder, „den ganzen Tag wie im Pfluge, und „habe einen schweren Beruf, den „mir aber ich weiß nicht was für ein „guter Instinct versüßt.“ Nach zehen Jahren des beschwerlichsten Dienstes erreichte er seinen höchsten Wunsch, da ihm das gemächliche Amt eines Packhofverwalters (garde-magazin) mit einem Gehalte von 300 Thlr. freyer Wohnung und einigen Nebeneinkünften verliehen wurde. Allein den größten Theil dieser Nebeneinkünfte entzog ihm 1782 ein Machtspruch der General-Accise-Administration. Er war nun mit vier Kindern in Dürftigkeit. Ein wohlhabender Jüngling zu Münster in Westphalen, Franz Bucholz, Herr von Welbergen, erhielt durch Lavater Kenntniß von Hamann's Verdienst und von seiner Noth; er schenkte ihm zu Ende des Jahres 1784 ein ansehnliches Capital. Von hier an ist Hamann's Leben bekannt genug aus seinem Briefwechsel mit Jacobi. Nachdem er bey seinen Freunden in Münster, Düsseldorf und Welbergen die zweite Hälfte des Jahres 1787 und die erste von 1788 verlebt hatte, stand er im Begriffe, nach Königsberg zurückzureisen, als er am 20ten Junius, dem zur

Abreise festgesetzten Tage, in eine plötzliche Entkräftung fiel, worin er den folgenden Tag verschieden ist.

So verborgen und in so niedriger Gestalt, wie sein Stand und Leben, war auch seine schriftstellerische Thätigkeit, die er seine Autorschaft zu nennen und mit der Vaterschaft zusammenzustellen pflegte. Seine Druckschriften, aus drey kleinen Zeiträumen, 1759 — 63, 1772 — 76 und 1779 — 84, sind zahlreich, aber keine über fünf, die meisten nicht über zwey Bogen stark. Alle waren durch besondere Veranlassungen hervorgerufen, keineswegs aus eigener Bewegung, noch weniger um Erwerbs willen unternommen; wahre Gelegenheitsschriften, voll Persönlichkeit und Oertlichkeit, voll Beziehung auf gleichzeitige Erscheinungen und Erfahrungen, zugleich aber voll Anspielungen auf die Bücherwelt, in der er lebte und gelebt hatte. Da sie überdieß dem herrschenden Geschmack nicht schmeichelten, sondern scharf widersprachen, so wurden sie nur von einer kleinen Zahl schon damals mit Achtung und Bewunderung, von den meisten, als ungenießbar, mit Gleichgültigkeit, oder, als Werke eines Schwärmers, mit der Verachtung aufgenommen, welche die Führer der öffentlichen Meynung, aufgebracht über Hamann's Originalität und Selbständigkeit, ihm zuerkannten. Er selbst hat in der letzten seiner Schriften, die noch nicht gedruckt ist, Absicht und Schicksal seiner Autorschaft so geschildert:

— Jerusalem — sie ist eines großen Königes Stadt. Diesem Könige, dessen Name, wie sein Ruhm, groß und unbekannt ist, ergoß sich der kleine Bach meiner Autorschaft, verachtet wie das Wasser zu Siloah, das stille geht. Kunstrichterlicher Ernst verfolgte den dürren Halm und jedes fliegende Blatt meiner Muse, weil der dürre Halm mit den Kindlein, die am Markte sitzen, spielend pfiff, und das fliegende Blatt taumelte und schwindelte vom Ideal eines Königs, der mit der größten Sanftmuth und Demuth des Herzens von sich rühmen konnte: Hier ist mehr denn Salomo! Wie ein lieber Buhle mit dem Namen seines lieben Buhlen das willige Echo ermüdet, und keinen jungen Baum des Gartens noch Waldes mit den Schriftzügen und Mahlzeichen des markinnigen Namens verschont; so war das Gedächtniß des Schönsten unter den Menschenkindern, mitten unter den Feinden des Königs, eine ausgeschüttete Magdalenen Salbe, und floß wie der köstliche Balsam vom Haupt Aarons hinab in seinen ganzen Bart, hinab in sein Kleid. Das Haus Simonis des Aussätzigen ward voll vom Geruche der evangelischen Salbung; einige barmherzige Brüder und Kunstrichter aber waren unwillig über den Unrath und hatten ihre Nase nur vom Leichengeruche voll.

Seine Zuversicht aber, daß ihm ein späteres Geschlecht würde Gerechtigkeit widerfahren lassen, erhellt aus mehreren Stellen seiner Schriften, vornehmlich aus folgender von 1762 in der Vorrede seiner Kreuzzüge:

> Man überwindet leicht das doppelte Herzeleid, von seinen Zeitverwandten nicht verstanden und dafür gemißhandelt zu werden, durch den Geschmack an den Kräften einer besseren Nachwelt.

Eine Weissagung, mit welcher nur eine andere von Göthe verglichen werden kann, der in einem Briefe aus Italien, nachdem er von dem Werke J. B. Vico's gesprochen, hinzufügt:

> Es ist gar schön, wenn ein Volk solch einen Aeltervater hat. Den Deutschen wird einst Hamann ein ähnlicher Codex werden.

Gegen das Ende seines Lebens, da Herder's und Jacobi's Zeugnisse von Hamann auf das Publicum zu wirken anfingen, wurde er selbst vielfältig aufgefordert, eine Sammlung seiner Schriften, welche damals schon äußerst selten waren, zu veranstalten. Man wird in seinen Briefen an Herder und an Scheffner sehen, wie geneigt er dazu war, wie aber die von ihm selbst anerkannte Unmöglichkeit, alles dunkle darin aufzuhellen, ihn zurückhielt. Er gestand seinen Freunden, daß er von der Absicht mancher Stelle, so klar sie ihm, da er schrieb, gewesen, keine Rechenschaft mehr zu geben wisse. Was von dem Verfasser gefordert werden mochte, dieser selbst aber nicht leisten konnte, das war von einem andern Herausgeber offenbar nicht zu begehren. Gleichwohl hat am meisten die Scheu vor dieser Forderung den verewigten Jacobi an der Ausführung des Vorsatzes, den er bald nach Hamann's Tode gefaßt, desselben Schriften zu ordnen und herauszugeben, gehindert. Erst in seinen letzten Jahren dachte er muthiger daran, nachdem er von neuem diese Schriften fast alle nach der Zeitfolge durchgangen hatte. Da ich ihm dabey behülflich gewesen war, so wählte er mich zum Gehülfen der Herausgabe, woran er gehen wollte, so bald die Sammlung seiner eigenen Werke vollendet wäre. Leider hat er selbst dieses nicht erlebt. Nächst ihm hatte wohl niemand so viel Beruf, Hamann's Schriften herauszugeben, als desselben jüngster Freund, Ludwig Nicolovius, jetzt wirkl. Geh. Oberregierungsrath zu Berlin, dessen Hamann in einem Briefe an Jacobi (Jac. Werke. B. IV. Abth. 3. S. 101 — 3) auf eine so einnehmende Weise gedacht hat. Nur in Folge der bestimmtesten Aufforderung dieses Mannes habe ich das Geschäft auf mich genommen; übrigens mit Freuden, da ich gewiß bin, mich einer gemeinnützigen und meinen Zeitgenossen erwünschten Arbeit unterzogen zu haben.

Der Erfolg der Ankündigung dieses Unternehmens, welche nicht nur in besonderen Abdrücken, sondern auch durch drey Litteratur-Zeitungen verbreitet wurde, ist nicht unbefriedigend, jedoch geringer, als zu erwarten stand, gewesen. Es ist auf 481 Exemplare unterzeichnet worden; darunter sind für

Berlin 82. Bonn 16. Breslau 14. Danzig 14. Dresden 4. Düsseldorf 21. Frankfurt a. M. 4. Göttingen 4. Halle 8. Hamburg 58. Königsberg 24. Leipzig 18. Marienwerder 26. München 14. Münster 17. Nürnberg 19. Riga 5. Stralsund 12. Tübingen 10. Weimar 3. Wien 19.

Dagegen hat mich als Herausgeber das Glück ausnehmend begünstigt. Zwar ist Hamann's eigener handschriftlicher Nachlaß, der großentheils schon in diesem ersten Bande erscheint, verhältnißmäßig eben nicht beträchtlich. Die Sorgfalt aber, womit einige seiner Freunde auch die kleinsten Briefe von ihm aufbewahrt, und die Bereitwilligkeit, womit sie oder ihre Erben diese Briefe mir überlassen haben, verschafft der gegenwärtigen Sammlung eine, über alle Erwartung reiche, Ausstattung. Ich rechnete, da ich die Ausgabe ankündigte, auf ungefähr fünf Alphabet; jetzt ist dieses Maß durch den Zuwachs an schätzbarem Vorrathe fast verdoppelt. Man wird nun, ich hoffe nicht ungern, anstatt fünf, acht Bände erhalten, deren erster Hamann's Arbeiten und Briefe bis zum Ende des Jahres 1759 liefert. Der andere wird seine Schriften von 1760 bis 1763 enthalten; der dritte seine Briefe von 1760 bis 1770 und seine Aufsätze in der Königsberger Zeitung aus demselben Zeitraume; der vierte seine Schriften von 1772 bis 1776; der fünfte seine Briefe und Zeitungsblätter aus den Jahren 1770 bis 1778; der sechste die Schriften und Aufsätze von 1779 bis an sein Ende; der siebente die Briefe aus derselben Zeit; der achte Erläuterungen, zum Theil von Hamann selbst, vielleicht Nachträge von Briefen, und ein Register. Die strenge

Ordnung der Schriften nach der Zeitfolge, wovon nur mit der von Hamann selbst veranstalteten Sammlung: Kreuzzüge des Philologen, eine Ausnahme zu machen ist, hauptsächlich aber die Umgebung der Druckschriften und die Ausfüllung der großen Zwischenräume, woraus keine vorhanden sind, mit vielen gehaltreichen und meist auf seine Autorschaft bezüglichen Briefen, wird das Verständniß dieser Schriften mehr erleichtern, als die Erläuterungen, die im achten Bande folgen und nur eine sehr mäßige Erwartung vielleicht befriedigen werden. In jedem Falle wird die Fülle des Vortrefflichen, das jedem Unterrichteten und Nachdenkenden faßlich seyn wird, entschädigen für die freylich nicht seltnen Stellen, wofür kein anderer Rath seyn dürfte, als, den einst Hamann selbst, nur in Beziehung auf seine oft unleserliche Handschrift, seinem Freunde Scheffner gab: Imaginez et sautez.

Gegenwärtiger erster Theil beginnt mit einem staatswirthschaftlichen Aufsatze, den Hamann seiner Uebersetzung des Buches von Dangeuil beygefügt hat. Da weder dieses Buch selbst von besonderem Werthe, noch die Uebersetzung für sich von Bedeutung ist, so habe ich geglaubt, nur diesen Anhang, welcher Hamann's eigene Gedanken enthält, aufnehmen zu müssen. Man sehe darüber den Brief 10 dieser Sammlung.

Das zweite Stück: Biblische Betrachtungen, ist ein Auszug aus der von Hamann unter diesem Titel hinterlassenen Handschrift. Einen kleineren Auszug daraus habe ich schon 1816 in dem Werke: die Weisheit Dr. M. Luther's, mitgetheilt. Nach Hamann's eigenem Urtheile, das man in einem seiner

Briefe an J. G. Lindner, im dritten Theile, finden wird, eignete sich nicht die ganze Handschrift zur Bekanntmachung, wozu sie von ihm selbst auch nicht bestimmt war. Vieles darin ist, wie leicht zu erachten, nur flüchtig und nachläßig hingeworfen. Ich schmeichle mir nichts Wesentliches übergangen zu haben. Die häufigen —— bedeuten übrigens hier, wie in dem Lebenslaufe und den Briefen, nicht Auslassungen, sondern sie sind von Hamann selbst. Was S. 50 steht, ist nicht aus den Betrachtungen, sondern aus einem wahrscheinlich gleichzeitigen Blatte von Hamann's Hand. Ich habe diese Stelle vorangesetzt, als den Kern der Betrachtungen, und als Gegenstück und Auslegung eines der Lieblingssprüche Hamann's: Πάντα θεῖα καὶ ἀνθρώπινα πάντα.

Die hierauf folgenden Brocken, welche Jacobi vor einigen Jahren in einer Zeitschrift mitgetheilt hat, nachdem er schon früher in Allwill's Briefsammlung (Brief XV.) aufmerksam darauf gemacht, sind nach Hamann's Handschrift ganz abgedruckt.

Ebenso die Gedanken über seinen Lebenslauf, die ich zwar ehehin Willens war abzukürzen, nun aber, auf einstimmigen Rath achtbarer Männer, denen ich sie gezeigt, und deren Ansicht ich jetzt selbst beypflichte, unverändert gelassen habe. Neben der Rücksicht auf den ausdrücklichen oder vermuthlichen Wunsch des Publicums, muß ohne Zweifel für jeden Herausgeber ungedruckter Schriften die Gesinnung des Verfassers derselben die erste Richtschnur seines Verfahrens seyn. Hamann erschien gern der er war, und scheute sich nicht, sich bloß zu geben; eine Wirkung von Selbstvertrauen und von Demuth zugleich, oder, was dasselbe ist, von jener Vereinigung des antiken Sinnes mit dem christlichen, die in ihm vielleicht vollendeter als bey irgend einem Neueren, und das Innerste seiner Eigenthümlichkeit war. Es darf daher zuversichtlich angenommen werden, daß Hamann selbst die Aufnahme seines Lebenslaufes in eine vollständige Sammlung seiner Schriften gebilligt haben würde.

Dasselbe Verfahren habe ich, in eben dieser Rücksicht, mit den Briefen beobachtet, und in der Regel nur ausgelassen, was entweder alltäglich, oder bloße Wiederholung, oder, wegen unbekannter Beziehungen, durchaus unverständlich ist. Zuweilen werden die Personen, an welche Hamann schreibt, etwas hart angelassen, auch andere, deren er erwähnt, unsanft berührt; es ist aber darin nichts arges, noch für das Andenken jener Personen, welche alle längst nicht mehr unter den Lebenden sind, nachtheiliges. Zuweilen überschreitet Leidenschaft und Laune die insgemein angenommenen Grenzen des Schicklichen, aber keinesweges auffallender als in Hamann's Druckschriften. Jene Grenzen übrigens haben wir uns durch die Franzosen setzen lassen, die indessen in ihrer Umgangssprache, die dem Briefstyl am nächsten steht, weit mehr Freyheiten behalten haben, als wir in der unsrigen. Da Hamann nie den Anspruch gehabt, ein Muster, noch für jedermann, auch Weiber und Kinder mitbegriffen, empfehlenswerth zu seyn, so mag ihm wegen seiner Derbheit und der, besonders in diesem ersten Theile häufigen, Anglicismen und anderer Sprachfehler, so wie seiner Dunkelheit wegen, der Rang eines Classikers streitig gemacht oder abgesprochen werden.

Er hat dennoch sicherer, als mancher *legitime*, seinen Platz unter Deutschlands grossen Schriftstellern. Ich will jedoch nicht verhehlen, daß ich einige Briefe abgekürzt habe

ἑκὼν ἀέκοντί γε θυμῷ,

wegen des Anstoßes, den ihre Nacktheit geben, und noch mehr wegen des Mißbrauches, dem sie ausgesetzt seyn könnte. Das Wesentliche ist jedoch überall, z. B. S. 451, wenigstens in sehr bestimmten Andeutungen geblieben, aus welchen es den Kundigen leicht seyn wird, auf das nicht mitgetheilte, welches nur Ausführung ist, zu schliessen. Was von den Personen zu wissen ist, an welche die Briefe gerichtet sind, ergiebt sich meist aus diesen selbst. Hamann's Bruder, ihm sehr unähnlich, gab 1760 sein Schulamt zu Riga auf, und lebte von da an bis 1778 zu Königsberg in dumpfem Müßiggange, zuletzt blödsinnig. *Johann Gotthelf Lindner*, aus Königsberg gebürtig, war von 1755 bis 1765 Rector der Domschule zu Riga; er starb als Professor zu Königsberg 1776. Die an ihn gerichteten Briefe sind, nächst denen an *Kant*, die wichtigsten in diesem Bande, und können als Einleitung, nicht nur zu den *Socratischen Denkwürdigkeiten*, welche durch sie erst verständlich werden, sondern zu allen Schriften Hamann's, wenigstens aus dem ersten Zeitraume, dienen. Aus diesem Grunde sind nicht nur die zwey Briefe an Kant, sondern auch die meisten an J. G. Lindner ganz mitgetheilt, indem die Wiederholungen, die man in einigen der letzteren finden wird, nicht ohne Abwechslung sind, aus diesen mehrfältigen Darstellungen derselben Sache aber die richtigste Vorkenntniß von Hamann's Eigenthümlichkeit zu schöpfen ist. Der

Brief

Brief 40 z. B. konnte nicht mehr abgekürzt werden, ohne daß die überaus treffende Bezeichnung und Rechtfertigung seines Styls S. 380 ihre Anschaulichkeit verlor. Gottlob Emanuel Lindner, des ersterwähnten jüngster Bruder, ist derjenige, welcher Hamann nach Münster begleitet hat, und in seinen Briefen an Jacobi oft als Doctor Raphael erwähnt ist. Er hatte Theologie studirt, war Hamann's Nachfolger als Hofmeister zu Grünhof 1758, legte sich in der Folge, schon vierzig Jahre alt, auf die Medicin, und ist erst 1818 in Straßburg, wohin er sich zurückgezogen hatte, gestorben. Mehrere Briefe Hamann's an ihn fehlen; die an J. G. Lindner hingegen sind alle noch vorhanden, und ihre Folge wird die größere Hälfte des dritten Bandes ausfüllen.

Ich bediene mich der Freyheit nicht, die man einem Herausgeber gern zugesteht, das, was er bringt, zu empfehlen und zu loben. Auch eine Charakteristik Hamanns, die man vielleicht erwartet, liefere ich nicht, sondern überlasse jedem Leser das Vergnügen, sich eine solche, durch kein Vorurtheil gestört, zu bilden. Nur zwey Vorbemerkungen seyen mir erlaubt. Erstens, daß man in allen folgenden Theilen nichts anderes als in diesem, sondern eben dasselbe, nur in der größten Mannigfaltigkeit der Gestalt, und bald stärker und blühender als hier, bald milder und reifer antreffen, und auf diese Schriften anwendbar finden wird, was S. 118 dieses Theiles steht: Es sind nicht dieselben Früchte, und sind doch dieselben, die jeder Frühling hervorbringt. Zweitens, daß nicht die Fülle und Anmuth ächter Gelehrsamkeit, nicht die Kraft des Verstandes noch der Reichthum des Witzes mir das Größte an diesem Manne und das für unsere Zeit erwünschteste zu seyn scheint, sondern der Geradsinn, die Offenheit, Aufrichtigkeit und Lauterkeit, die Freyheit von Eitelkeit und Schein, mit einem Worte die anima candida, begnügt, eine Lilie im Thal, den Geruch des Erkenntnisses verborgen auszuduften (S. 397 d. Th.) und ganz in dem Gedanken lebend, den sie kurz vor ihrer Enthüllung in dem erhabenen Worte (Jac. Werke IV. Abth. 3. S. 429) ausgesprochen: Die Wahrheit macht uns frey, nicht ihre Nachahmung.

München, den 10. April 1821.

Friedrich Roth.

Beylage

zu Dangeuil's Anmerkungen über die Vortheile und Nachtheile von Frankreich und Großbritannien in Ansehung des Handels und der übrigen Quellen von der Macht der Staaten; nebst einem Auszuge eines Werkes über die Wiederherstellung der Manufakturen und des Handels in Spanien.

1756.

Id populus curat scilicet!

TERENT.

Quand on aime sa patrie, et je dis plus, les hommes, on est comptable à son siécle des plus foibles idées qui tendent à l'agrandissement de l'ame humaine et à la félicité générale.

La médiocrité des désirs est la fortune du philosophe, et l'indépendance de tout, excepté des devoirs, est son ambition.

Ich wage es gegenwärtige Uebersetzung mit einer Beylage zu begleiten, welche vielleicht ohne diese vortheilhafte Stelle, die sie hier einnimmt, nicht gelesen werden möchte. Man hat meines Wissens den Einfall eines berühmten Mannes nicht getadelt, der einen guten Nachbar mit unter die Vorzüge eines Landguts zählte, das er zum öffentlichen Verkauf ausbieten ließ. Wie viele Kosten und Kunst, denen man nicht gewachsen seyn würde, lassen sich nicht ohnedem bey einer günstigen Lage ersparen?

Meine Anmerkungen werden so wenig zu einer eigenen Abhandlung sich passen, als sie zum Buche selbst gehören. Ich werde denjenigen Gedanken nachsetzen, die mir aufstoßen, und selbige nach meiner Bequemlichkeit verfolgen. Wenn ich meinen Geschmack am Lesen verrathen sollte, so thue ich zugleich das Bekenntniß, daß ich weit mehr dem Umgange des besten Freundes zu danken habe. In seinen Besuchen habe ich eine Reihe von Begriffen geschöpft, die ich wünschte mit seinem Feuer und mit seinem Witz aufschreiben zu können.

Mein Name möge niemals zunftmäßig werden, wenn ich meine Tage den göttlich schönen Pflichten der Dunkelheit und Freundschaft weihen kann. Diese ist bisher mein Glück, mein Verdienst, mein Schutzgeist, und durch sie meine Entfernung für die Vergessenheit, meine Gegenwart für den Ueberdruß meiner Freunde sicher gewesen. Ihre Einsichten und Gesinnungen sind die einzigen Güter, auf deren gemeinschaftlichen Besitz ich mir erlauben will eigennützig und eifersüchtig zu seyn.

Was für ein Geheimniß, was für ein Genuß, der sich nicht ergrübeln läßt, liegt in der Vereinigung vertraulicher Seelen! Jeder ist in dem Herzen des andern gleichsam zu Hause. Deine Triebe werden in mir zu Leidenschaften, und deine Eindrücke Dollmetscher meines Sinns. Wir treffen uns selbst da, wo wir uns einander nicht erkennen können; wir verwechseln uns in der Aehnlichkeit unserer Gedanken und Empfindungen. Wie oft hört und liest ein Freund sich selbst in dem andern mit eben dem angenehmen Schauer, womit jene zärtliche Schriftstellerinn ihre Gratie aus Peru zum ersten mal ihr eigen Bild im Spiegel erblicken läßt (*).

(*) Die Frau von Graffigny im zehnten Briefe ihrer Peruanerinn.

Meine Denkungsart hat mich in die Fremde getrieben. Um meiner Grundsätze und meiner Freyheit desto weniger entbehren zu können, würde ich mich selbst zu einem Amte verstümmelt haben, unter dessen Bedingungen jene Opfer gewesen wären.

Ich habe einen Beruf gewählt, an dem ein Mühlstein hängt, der mit einer unermeßlichen Tiefe droht; dessen Werth in einer gleichen Summe des Guten, das man darin thun kann, und der Hindernisse, die man zu überwinden hat, besteht. Die Gefahr derer auf sich zu nehmen, welche von ihren Erben für die Mittheilung ihres Namens und ihrer Güter einen Abdruck ihrer Schwäche oder Bosheit fordern, welche ihre Erziehung wie ihre Erzeugung höchstens zur Leibesübung oder einem Spiel ohne Folgen machen — die wichtige Neugierde, die geheime Geschichte des menschlichen Herzens in einem Kinde zu lernen — die tröstliche Hoffnung, in ihm den rechtschaffenen Mann, den ruhmwürdigen Greis zu bilden, der, wenn er seinem Lebenslauf nachsinnt, mit Antonin (*) den Himmel und unsere Asche segnet. In einem solchen Beruf

(*) Man lese den Eingang seiner Betrachtungen. Die deutsche Uebersetzung derselben von einem gelehrten Kaufmann zu Hamburg ist in jedermanns Händen.

hätte nichts als die Zufriedenheit meines Gewissens die Reue einiger mißlungener Versuche und den Undank, mit dem meine Treue vergolten worden, ersetzen können.

Wie sehr hat mich der Saame des Guten, dessen Pflege ehmals mir anvertraut war, in einem Unmündigen entzückt, um dessen künftig Glück ich wie um sein Herz gebuhlt! Der geringste Verdacht einer Neigung, die von der natürlichen Güte und Unschuld abweichend war, ist mir ein langer Gram geworden. — Die Welt belohnt die Enkel für die Verdienste ihrer Vorfahren: warum soll sie nicht Genugthuung von jenen fordern, wenn sie von diesen hat leiden müssen?

Es ist der erste Zeitvertreib meiner Vernunft gewesen, den Thoren und Bösewichtern wie die jungen Spartaner dem Schauspiel ihrer trunknen Sclaven zuzusehen. Spott, Verachtung und Abscheu erfüllte meine Seele bey ihrem Anblick: er gereichte mir zu einem Hülfsmittel, den Anstand der Tugend zu erkennen, und zu einem Bewegungsgrunde, ihre Seligkeit mir zuzueignen.

Das Beyspiel niederträchtiger und getünchter Handlungen, mit denen ich lange umgeben gewesen bin, scheint mich jetzt edler Muster entwöhnt zu haben. Ich finde mich durch ihre Ueberlegenheit übertäubt wie eine Kugel, deren Bewegung durch den Stoß einer größern oder geschwindern vernichtet wird. Die Ehrerbietung, welche mein Herz wahren Verdiensten so gern abträgt, giebt mir jetzt mehr Mißtrauen als Muth, und eben die Begeisterung, mit der ich mich sonst denselben zu nähern suchte, scheint mich nun von ihnen zu entfernen.

——— Dich glücklichen Leichtsinn,
Find ich nicht mehr, und klügle mich elend.
Seht! mich hat die gütige Natur, in blühender Jugend,
Zu der Empfindung der Wollust erschaffen.
Aber nicht mehr! Ein gekünstelter Greis, der das Elend der Menschheit
Doppelt beweint und doppelt empfindet,
Schlepp ich mich menschenfeindlich dahin, von traurigen Bildern
Klugersonnenen Jammers begleitet.

Ein Menschenfreund; dieß ist bisweilen ein Titel, der sich durch Schulden und die Verschwendung eines verdorbenen Geschmacks erwerben läßt. Es giebt eine Art des Menschenhasses, der keine Krankheit der Galle noch der Einbildung, sondern eine Schwermuth der Vernunft ist, die uns vielleicht so aufgelegt zu strengen Sitten machen würde, als die Schwermuth des Temperaments zu einigen Künsten und Wissenschaften.

Wie kann man seinen Stand der Schöpfung und Gesellschaft erniedrigt sehen, ohne sich und andere unerträglich zu finden? Macht euch, Menschen, zu leblosen, zu unvernünftigen Geschöpfen; ja, macht euch um den Verderber der Welt als um euren Gott verdient! Wer aber an euch mit kaltem Blut denken kann, sündigt schon.

Wenn man an der wahren Ehre der Großen, der Gelehrten und Reichen Theil nimmt; wenn man das Gute erwägt, was sie verbunden sind der Gesellschaft zu thun, und sich hingegen den Unfug vorstellt, wozu sie sich bevollmächtigen; so kann man den wenigsten unter ihnen seinen Unwillen und dem Pöbel sein Mitleiden entziehen.

Misbräuche anstatt Sitten — Vorurtheile anstatt Grundsätze — dieß sind die Windeln und Ammen, in denen wir den Ursprung unserer schwachen und siechen Natur suchen müssen. Eltern! Lehrer! Aerzte! Obrigkeiten! warum steht es nicht immer bey uns, in euch unsere Wohlthäter zu perehren?

Geschehen im Bregenzerwalde. Die Sache des Volks betraf eine verjährte Unordnung, vielleicht gar eine Reliquie des Heidenthums, welche man abzuschaffen suchte. Ein Nestor, ein Druide tritt auf. Menschen wie Bäume, horchen auf die Weisheit seiner Lippen. Seine Rede, an deren Echo es nirgends fehlt, soll uns eine Urkunde von dem frommen Eifer für die Dauer der Thorheiten seyn: Mein Großvater hat — mein Vater hat — ich habe — und also will ich, daß mein Sohn und seine Nachkommen auch sollen (*).

Was würde das menschliche Geschlecht seyn, wenn jedes Verdienst zum öffentlichen Ruhm, und jede Niederträchtigkeit zum öffentlichen Schimpf ausgesetzt, in beyden entweder der Sieg oder die Niederlage unserer angebornen Würde gleichsam gefeyert werden möchte. Ich bin ein Mensch, und ziehe mir alle menschliche Zufälle wie meine eigenen zu Herzen (**). Man darf die Größe eines Volks nicht weit suchen, das diese Wahrheit aus dem Munde eines Schauspielers mit einem allgemeinen Händeklatschen aufnahm.

Falls jede Ungerechtigkeit alle Bürger eines Staats so sehr aufbringen möchte als denjenigen, welchem sie eigentlich widerfahren ist; falls sich alle für gleich beleidigt hielten, und sich sowohl zu Rächern des Unterdrückten als zu Feinden des Frevlers erklärten, und die Liebe zum Vaterland sich hierauf gegründet

(*) S. Keyßlers Reisebeschreibung im vierten Briefe.

(**) Homo sum, humani nihil a me alienum puto.

hätte: so wäre sie eine Tugend, die man den Alten und ihren weisen Gesetzgebern beneiden müßte.

Es giebt Tugenden, welche wie die Colonien entstanden sind; so wie andere scheinen ein Loos der Zeiten zu seyn. Was wir jetzt Welt oder Ehre nennen, davon würde unsere Zärtlichkeit dem Alterthum so unbegreiflich vorkommen, als es den Neueren schwer fällt, sich die Leidenschaft für das Vaterland vorzustellen, oder sich in selbige zu versetzen.

Die Geschichte giebt die unverdächtigsten Beweise von der vorzüglichen Sorgfalt der ältesten Völker auf die Einrichtung der bürgerlichen Gesellschaft. Ihre Staatsklugheit erstreckte sich von dem Götterdienst bis auf die Spiele, die Tanzkunst und Musik. Alles wurde von ihnen zu Werkzeugen der öffentlichen Verwaltung angewandt. Die Familien vereinigte ein Geist, dem selbst die einheimische Zwietracht zur Wirksamkeit und Uebung diente. Dieser Geist machte sie fruchtbar an Anschlägen und der Ausführung derselben gewachsen.

Das gemeine Wesen scheint besonders seit dem Zeitlauf ausgestorben zu seyn, da anstatt Bürger Lehnsträger entstunden, die sich zu Herren von ihren Handlungen und Gütern aufwarfen, wenn sie dem Oberhaupte ihre Huldigung abgetragen hatten. Diesem Oberhaupte war es theils nicht mehr möglich, theils nicht mehr nöthig, ein Vater des Vaterlandes zu seyn. Damals wurde der Fürst bald ein bewaffneter Hobbes, bald ein Urbild des Macchiavell, bald ein Vespasian, der durch Zöllner und Vampyren regierte, bald ein Pfaffendiener. Seine Neigungen, sein Hof und gewisse Stände setzten sich an die Stelle des gemeinen Wesens. Man ahmte jenen Weltweisen nach, welche die Erde zum Mittelpunkt des ganzen Weltgebäudes aufnahmen.

Der Zuschnitt unserer Aemter hat gleichfalls gedient die Gemüther vom gemeinen Besten abzuziehen. Um einer Bedienung werth zu scheinen, die selten den Wunsch eines vernünftigen Menschen reitzen kann, legt man sich früh, ich weiß nicht in was für Falten. Wie mancher entschließt sich des täglichen Brods wegen und aus Menschenfurcht knechtisch zu kriechen und meineidig zu werden? Opfert eure Gesundheit, eure Gaben, eure Zeit, euer Gewissen auf; der Thor von Geburt wird euren Verlust weit unter die Hoffnung einer Spielkarte setzen. Begnügt euch großmüthig daran, daß man sich eure Dienste gefallen läßt. Des Armen Nothdurft, sagt der Reiche, sey eure Beute, euer Zobelfang. Mildthätig genug, wenn er euch die Goldgrube seines Geizes und Ungerechtigkeit entdecket, und euch aus gutem

Herzen warnt, an seinem Ueberfluß einen Kirchenraub zu begehen.

Der Endzweck eines jährlichen Auskommens und eines gemächlichen Lebens; die Eifersucht, in einem Gepränge von Kleinigkeiten sich einander nachzuäffen oder zu übertreffen. — hierin besteht das Monopol, das jeder mit seinem Stande treibt. Ein Gewühl von Ueppigkeit und Geiz zerstreut unsere Jugend zu sehr, als daß in ihrem Gemüthe zu großen Leidenschaften Raum, und zu großen Unternehmungen Kräfte genug übrig bleiben sollten. Wie viele überdem finden nicht ihr Glück schon fertig, ohne daß sie so wenig an desselben Bildung als an ihre eigene denken dürfen? Man kann mit Wahrheit von den Ehrenstellen und Gütern sagen, daß, um beyde zu verachten, man diejenigen nur ansehen dürfe, die solche besitzen.

Es hat an witzigen Köpfen nicht gefehlt, die der Natur Hohn gesprochen, weil sie das Vieh auf dem Felde gelehrter und die Vögel unter dem Himmel weiser als uns, auf diese Erde aussetzt. Ist es aber nicht ihre Absicht gewesen, daß der Mensch seine Vorzüge einer gemeinschaftlichen Neigung zu danken haben, daß er zu einer gegenseitigen Abhängung sich früh gewöhnen, und die Unmöglichkeit, anderer zu entbehren, zeitig einsehen möchte? Warum hat sie seinen Tod nicht durch einen kalten Mechanismus, sondern durch jenen feurigen und sanften Zug der Geschlechter zu ersetzen gesucht? Warum hat ihr Urheber durch Gesetze dafür gesorgt, daß die Ehen sich ausbreiten und Familien mit Familien durch ihre Einpfropfung neue Bande der Freundschaft erhalten möchten? Warum sind seine Güter der Erde und ihren Bewohnern so verschieden ausgetheilt, als um sie gesellig zu machen? Die Gesellschaft und Ungleichheit der Menschen gehören also keineswegs unter die Projecte unsers Witzes. Sie sind keine Erfindungen der Staatsklugheit, sondern Entwürfe der Vorsehung, welche der Mensch wie alle andere Gesetze der Natur theils mißverstanden, theils gemißbraucht hat.

Nichts erinnert uns nachdrücklicher an die Vortheile unserer Vereinigung als die Wohlthaten, welche durch den Handel der menschlichen Gesellschaft zufließen. Durch ihn ist dasjenige allenthalben, was irgendwo ist. Er stillt unsere Bedürfnisse, er kommt unserm Eckel durch neue Begierden zuvor, die er auch befriedigt. Er unterhält die Ruhe der Völker, und ist ihr Füllhorn des Ueberflusses. Er giebt ihnen Waffen und entscheidet das zweifelhafte Glück derselben. Für ihn arbeiten die Menschen, und er belohnt ihren Fleiß mit Schätzen. Er vermehrt ihren Zusammenfluß, entwickelt ihre Kräfte, macht sich nicht nur ihre Arme, sondern auch ihren Geist, ihren Muth, ihre Tugenden, ihre Laster zu Nutz. Jene Häfen, jene Kanäle, jene Brücken, jene schwimmenden Palläste und Heere sind seine Werke. Durch ihn werden die Künste aufgemuntert und ausgebreitet. Unsere Schenktische und die Nachttische des Frauenzimmers prangen von seinen Gaben. Das Gift unserer Köche und das Gegengift unserer Aerzte geht durch seine Hände. Er versöhnt die Sparsamkeit mit der Verschwendung. Seine Ausübung besteht in einer genauen Gerechtigkeit, und von seinem Gewinn theilt der Patriot Preise aus und bezahlt seine Gelübde.

Was für glückliche Veränderungen könnte sich die Welt von dem Handelsgeiste, der jetzt zu herrschen anfängt, versprechen, wenn derselbe sowohl durch Einsichten als edle Triebe geläutert würde? Vielleicht können wir uns mit der Hoffnung nicht umsonst schmeicheln, daß durch ihn der Geist des gemeinen Besten wiederhergestellt und die bürgerlichen Tugenden aus ihrer Asche zu ihrem ursprünglichen Glanz werden erhoben werden.

Die Freyheit, auf welcher der Handel beruht, scheint ihre glückliche Zurückkunft für die Menschen zu beschleunigen. Der ungebundene Wille, die ungestörte Fertigkeit, alles dasjenige thun zu dürfen, was dem gemeinen Besten nicht entgegen ist, wird jene unbändige

Frechheit allmählich verbannen, mit der ein jeder zu unsern Zeiten sich alles erlaubt und möglich zu machen sucht, was ihm allein nützlich deucht (*).

Unschätzbares Gut! ohne welches der Mensch weder denken noch handeln kann, dessen Verlust ihn aller seiner Vorzüge beraubt; durch dich blühe der Handel, und werde durch ihn über alle Stände ausgebreitet! Jeder trete in seine alten und natürlichen Rechte, die wir um sclavischer Leidenschaften und Vorurtheile willen verläugnet haben!

Holland hat seinem Handel zum Besten den tyrannischen Gewissenszwang abgeschafft, und die so vernünftige als wohlthätige Glaubensfreyheit unter seine Grundgesetze aufgenommen. Warum sollte es nicht selbst zum Ruhm der römischen Zollpächter gereichen, daß sie die ersten gewesen, welche sich angelegen seyn liessen, ihre Mitbürger von der Blindheit der Abgötterey zu überführen? (**)

(*) Man vergleiche das XI. Kap. von der Freyheit des Handels in des Herrn von Melon politischen Versuchen.

(**) Cicero sagt (de Nat. Deor. III. 19), daß sie den Anfang gemacht, es für ungereimt zu halten, an Götter zu glauben, die Menschen gewesen wären. Ihr Eigennutz brachte sie auf diesen Vernunftschluß,

Der Handelsgeist wird vielleicht die Ungleichheit der Stände mit der Zeit aufheben, und jene Höhen, jene Hügel abtragen, welche die Eitelkeit und der Geiz aufgeworfen hat, um sich sowohl auf selbigen opfern zu lassen, als um mit desto mehr Vortheil die Ordnung der Natur bestreiten zu können. Die Unvermögenheit des Müßigen hört auf ein Unterscheidungszeichen seines Stolzes zu seyn, wo Mühe und Arbeit und der Schweiß der Zeitgenossen ihr Leben köstlich machen, und allein Ansehen und Gunst fordern dürfen. Die Lorbeeren verwelken mit dem Moder der Väter. Ihre Ruhe auf dem Bett der Ehre wird uns gleichgültiger als ihren unnützen Nachkommen werden, die solche auf den Polstern der Ueppigkeit und langen Weile geniessen. Diese Todten sind noch da um den Ruhm ihrer Todten vollends zu begraben. — Der Handel ist zugleich die Schaufel, welche das gehäufte Geld wie das Getreide umsticht, die es erhält entweder für den Schooß der Erde, oder für den Genuß ihrer Kinder. Durch ihn wird das Geld nicht nur

weil die den Unsterblichen geheiligten Aecker von allen Steuern ausgeschlossen wären. Es könnte eine Aufgabe seyn, ob wir mehr Gutes seichten und falschen Absichten, oder mehr Böses grossen und edlen zu danken haben.

nur vermehrt und fruchtbar, sondern auch gebraucht, und lebt für die Menschen. Wo er aber am höchsten steht, muß der Bürger in seinem Gewinn am mäßigsten seyn; indem, wenn alle genug haben wollen, niemand weder zu viel noch zu wenig haben kann.

Man wußte ehmals sehr wenig von den Grundsätzen der Handlung. Sie wurde ins grobe getrieben und war so verächtlich, daß man sie fast den Juden überließ. Jetzt hingegen hat man mit vieler Scharfsinnigkeit aus dem Commerzwesen eine Wissenschaft zu machen gewußt. Ungeachtet ihre Gegenstände und Begriffe zum Theil willkührlich sind und von der Einbildungskraft abhängen; so hat man die Theorie des Handels, und seine Ausübung mit so viel Richtigkeit zu vereinigen sich bemüht, als die Sternkundigen ihre Rechnungen auf eingebildete Linien und Hypothesen gründen (*). Wie viele wichtige Einsichten hat nicht überdem der Fürst und das Volk durch eine gründliche Untersuchung von den Quellen des Handels gewonnen?

Jene lehrreiche Satyre der Monarchen, die der Erfinder des Schachspiels nach dem

(*) S. des Marchese Belloni Abhandlung über das Commerz- und Finanzwesen; vom Wechsel.

Einfall eines großen Dichters (*) im Sinn gehabt, ist nicht mehr ein Bild unserer Könige. Sie haben den Werth und Gebrauch ihrer Unterthanen besser schätzen gelernt. Sie wissen jetzt, daß ihr Staat nur dadurch groß wird, wenn sie die Menschen durch ihre Erhaltung vermehren, den Müßiggang als ein Verbrechen ihrer beleidigten Majestät ansehen, ihn mit Verachtung und Hunger bestrafen, es für das Meisterstück ihrer Weisheit halten, sowohl die Hände des Fleißes zu vervielfältigen als ihre Mühe zu erleichtern, auf die Erziehung der Waisen und Findlinge wachen —

Der Unterthan hat die Früchte des Bodens und seines Schweißes besser kennen und anwenden gelernt. Die Philosophie ist keine Bildhauer-

---

(*) S. in den Briefen nebst andern poetischen und prosaischen Stücken die Erzählung auf der 127sten Seite.

Kein Prinz erfand dieß Spiel, da bin ich gut dafür,
Es stellet zu genau ihr eigen Bildniß für.
Denn das weiß kein Monarch, daß, wenn er müßig sitzt,
Der Bauer, den er quält, ihn schützt,
Die Königin beherrscht, bald stürzet, bald erhöhet,
Und daß er vor sich selbst zu allem ungeschickt
Den Bund, der königlich die leere Stirne schmückt,
Dem Platz zu danken hat, worauf er schläfrig stehet.

Regnier wird uns den letzten Strich zu diesem Gemälde aus seiner vierzehnten Satyre leihen.

Les fous sont aux échecs les plus proches des Rois.

kunst mehr. Der Gelehrte ist aus den spanischen Schlössern der intellectualischen Welt und aus dem Schatten der Büchersäle auf den großen Schauplatz der Natur und ihrer Begebenheiten, der lebenden Kunst und ihrer Werkzeuge, der gesellschaftlichen Geschäfte und ihrer Triebfedern zurückgerufen; er ist ein aufmerksamer Zuschauer, ein Schüler, ein Vertrauter des Bauren, des Handwerkers, des Kaufmanns, und durch gemeinnützige Beobachtungen und Untersuchungen sein Gehülfe und Lehrer geworden (*).

Da selbst der gemeine Mann ein Augenmerk des Staats wird, weil die Stärke dessel-

(*) Ich berufe mich bloß auf das große Denkmal, das von zween Weltweisen in Frankreich zum Ruhm ihres Vaterlandes aufgerichtet wird. Man kann der Encyclopädie, die ich hier meyne, von Seite der mechanischen Künste, seine Bewunderung nicht versagen. Diese Riesenarbeit, die einen Briareus (ich weiß nicht, ob mein Gedächtniß den rechten Namen des Himmelsstürmers mit hundert Händen trifft) zu verlangen scheint, hätte keinem geschicktern und kühnern Unternehmer als dem Herrn Diderot zufallen können. Ausser seinen Artikeln, die ihm und dem Werk Ehre machen, begnüge mich nur noch des Herrn Boulanger seinen Aufsatz über die Gehorcharbeiter bey dem Damm- und Brückenbau unter dem Titel: CORVEE (Ponts et Chaussées) anzuführen.

ben aus seiner Erhaltung, Vermehrung und Beschäftigung herfließt; so könnte der Antheil, den das gemeine Beste an dem Fleiß jedes Taglöhners nimmt, ihm allerdings mit der Zeit edlere Empfindungen einflößen. „Wenn jene Zimmerleute gewußt hätten, sagt Plutarch (*), daß durch ihre Arbeit Amphion eine Stadt mit Mauren umgeben, oder Thales einen Aufruhr des Volks stillen würde, mit was für Ehrgeiz, mit was für Lust hätten sie an den Leyern dieser Männer geschnitzelt?"

Der Handel hat zum Beweise aller dieser Wahrheiten gedient, und seine Erfahrungen haben ihren Einfluß bestätigt. Wenn man daher die betrügerische, lügenhafte und gewinnsüchtige Gemüthsart eines alten Volks (**) ihrem Gewerbe zuschreibt, wenn man sich auf ein neues Land bezieht, das der künstliche Fleiß wohnbar und der Handel mächtig gemacht, wo die sittlichen Tugenden und die kleinsten Dienste der Menschenliebe als Waare angesehen werden; wenn man sagt, daß mit der Rechenkunst diejenigen Entschlüsse nicht bestehen können, bey

(*) In seiner Abhandlung von der Verbindlichkeit der Philosophen mit Staatsleuten umzugehen.

(**) Der Carthaginenser. S. Cicero in seiner zwoten Rede gegen den Rullus.

denen es auf eine Verleugnung des Eigennutzes und auf ein großmüthig Gefühl ankömmt; daß die Aufmerksamkeit auf Kleinigkeiten den Gesichtskreis der Seele einschränke, und die Hoheit der Gesinnungen aufhebe; so sollte es freylich die Pflicht der Kaufleute seyn, diese Vorwürfe zu widerlegen.

War es wohl der Religion ihre Schuld, daß zu jenen finstern Zeiten des Aberglaubens der geistliche Orden einem Assientovergleich ähnlich kam, daß der Pfaff den einträglichsten Actienhandel trieb, auf die Gefahr der Hölle Prämien zog, die Erde der Kirchen den Todten verkaufte, die drey ersten Nächte des Brautbettes verzollte (*) und mit Sünden wucherte, die er mehrentheils selbst erfunden hatte?

Wir lachen über den weisen Montaigne, der besorgt war, daß die Einführung des Schießpulvers und Geschützes die Tapferkeit vernichten würde; laßt uns die Furcht für die moralischen Folgen des Handels ernsthafter aufnehmen. Man hat sich gewiß viele Mühe gegeben, die Wissenschaft desselben vollkommen zu machen; vielleicht denkt man aber zu wenig daran, den Kaufmann selbst zu bilden. Der Geist des

(*) Aus Ehrerbietung gegen die priesterliche Einsegnung, sagt ein Concil zu Carthago, das man im Caranza nachschlagen kann.

Handels sollte der Geist der Kaufleute seyn, und ihre Sitten der Grund seines Ansehens. Beyde sollten mehr durch Belohnungen aufgemuntert, durch Gesetze unterstützt und durch Beyspiele erhalten werden.

„Das Nützlichste in der Gesellschaft, sagt ein alter Schriftsteller (*), wird am wenigsten mit Nacheiferung getrieben; ich meyne den Ackerbau, der nämlich sehr aufkommen würde, wenn man denen Belohnungen ausmachte, die sich vor andern darauf legten. Das gemeine Wesen müßte hiedurch unendliche Vortheile gewinnen, die öffentlichen Einkünfte wachsen, und mehr Arbeit die Mäßigkeit zur Gefährtin haben. Je aufmerksamer die Bürger auf ihre Handthierung gemacht werden, desto weniger Ausschweifungen darf man besorgen. Ist eine Republik zum Handel gelegen; so würde sie durch die Ehre, die man denjenigen erzeigte, so denselben treiben, mehr Kaufleute und Waaren an sich ziehen. Ja, wenn jedem, der ohne jemandes Nachtheil der Republik einen neuen Nutzen erfunden hätte, eine Ehrenbezeugung angethan würde: so könnte die Sorge für das gemeine Beste niemals auf-

(*) Xenophon in der Unterredung des Simonides mit dem Hieron.

hören. Kurz, wofern jeglicher überzeugt wäre, daß es ihm an Belohnungen nicht fehlen könnte, wenn er dem gemeinen Wesen einen Vortheil verschaffte; so würde dieß sehr viele antreiben etwas Gutes zu erfinden. Je mehreren aber der allgemeine Nutzen am Herzen liegt, desto mehr würde für selbigen gedacht und unternommen werden." Diese gedankenreiche Stelle erschöpft beynahe alles, was ich sagen könnte und wollte. Man wird sich daher nur noch eine Nachlese weniger Anmerkungen gefallen lassen.

Man müßte unsern Kaufmann hauptsächlich dadurch aufwecken, daß man aus seinem Beruf kein bloßes gewinnsüchtiges Gewerbe, sondern einen angesehenen Stand machte. Ich erinnere mich gelesen zu haben, daß in Guinea der Kaufmann der Edelmann sey, und daß er vermöge seiner Würde und königlicher Freyheiten den Handel treibe. Bey seiner Erhebung verbietet der Fürst den Wellen, dem neuen Edelmann oder Kaufmann schaden zu thun. Dieser Monarch schätzt ohne Zweifel seinen Kaufmann deßwegen hoch, weil er durch ihn groß ist, und wundert sich vielleicht, daß unsere Könige nur den Soldaten und Höflingen den Adel ertheilen, mit demselben sogar Handel treiben und ihn für baar Geld verkaufen.

Der Adel der Kaufleute darf mit dem Kriegsadel nicht verwechselt werden. Der Vorzug des letzteren gründet sich auf die Beschaffenheit der Zeiten, darin er entstanden. Die Völker plünderten einander, gehörten nirgends zu Hause, lebten als Räuber, oder mußten sich gegen Räuber vertheidigen. Die Könige glaubten, daß sie durch nichts als Eroberungen unsterblich werden könnten. Dazu gehörte Blut und adlich Blut. Der Kriegsstand wurde folglich der vornehmste, und die sich darin hervorthaten, adelten sich. Die Vorzüge dieser Helden ließ man bis auf ihre Enkel kommen, damit sie durch die Thaten ihrer Voraltern entflammt sich einen Ruhm daraus machen sollten, wie jene zu sterben. Dieß war der Kunstgriff, einen gewissen Geist bis auf die Kinder fortzupflanzen, und den Kriegsstand empor zu bringen, der damals der einzige war. Ist dieß der Ursprung und die Absicht seines Adels, so werden dieß die rechten Ritter seyn, die anstatt des Zeltes, in den Schreibstuben der Gewinnsucht gebohren, zu Weichlingen, zu furchtsamen Verschwendern erzogen werden. Sie werden sich ihrer Waffen wie der abgesetzte Patron zu Venedig bedienen (*).

(*) Der h. Theodor, dessen Bildsäule auf dem Markusplatz in der Rechten den Schild, in der Linken

Unsere Zeiten sind nicht mehr kriegerisch und die Thaten der berühmtesten Helden

from *Macedonia*'s Madman to the *Swede*

Pope

werden uns bald wie die Ebentheuer des Don Quixote vorkommen. Die Nation, welche sich durch den Degen am letzten hervorgethan, macht sich nun durch den Pflug viel ehrwürdiger und mächtiger. Man verwüstet die Länder nicht mehr durch Eroberungen, sondern erobert sein eigen Land durch den Handel. Führt man ja noch Kriege, so geschieht es, denselben gegen eifersüchtige Mitwerber zu vertheidigen, oder sich durch ihn zu einem Gleichgewicht ihrer Macht zu verhelfen. Man rüstet sich jetzt nicht um Triumphe, sondern den Frieden zu genießen; und die Zeit ist uns vielleicht nahe, da der Bauer und Bürger seinen Stand adeln wird.

Der Kaufmann ist also gleichsam an die Stelle des Soldaten getreten; sollte folglich sein Stand nicht verdienen, durch gleiche Aufmerksamkeit und gleiche Mittel erhoben zu werden? Das Kriegshandwerk ist durch den Adel groß geworden; der

---

den Spieß hält. Die Venetianer haben anstatt dieses martialischen Heiligen, den Markus zu ihrem Schutzherrn angenommen, als seine Gebeine ihnen ihre Kaufleute zubrachten. S. Amelot de la Houßaye von der Regierung dieser Republik.

Handel muß durch Kaufleute groß werden, das heißt solche Kaufleute, die es nicht für nöthig achten, sich erst durch erkaufte Vorzüge ehrlich zu machen, sondern ihre Würde in der Aufnahme des Handels setzen, und nicht jeden Gewinn für gut genug halten, wenn sie auch die Quellen der Handlung vergiften sollten. Zu verwüsten, zu verderben, um reich zu werden, dieß ist das einzige, worinn sich der Kriegsgeist der Edelleute im Kaufmannsstande äussert.

Die Belohnungen, Ehrenzeichen und Vorzüge des Kaufmanns müssen demselben in den Augen seiner Mitbürger ein sichtbares Ansehen geben, das ihm selbst dabey jederzeit zu Gemüth führte, mit eben dem Muth, mit eben dem Ehrgeiz und Hoheit des Gemüths das blühende Glück der Länder zu erhalten, womit der Soldat selbige wider seinen Willen verheeren muß.

Dank sey es dem Alter, in dem wir leben! unsere Kaufleute dürfen eben so wenig Betrüger als unsere Edelleute Ignoranten seyn. Giebt es noch unter den Christen solche, deren ganze Seele nichts als Geldgeiz ist, die sich wie Juden durch Wucher und Betrug zu bereichern suchen, so müßten sie beschnitten und nicht geadelt werden. Ohnedem, wozu helfen ihnen jene Quittungen über ihre Freygebigkeit, für die man ihnen Ahnen verschreibt, als, sie lächerlich und dem Geschlecht der Mäuse ähnlich zu machen, welches seinen Rang unter den Thieren durch ein paar Flügel zweydeutig läßt. (*)

Ich komme auf die Sitten der Kaufleute, in denen sich die Ausübung sowohl als die Aufnahme des Handels gründet. Guter Glaube, Redlichkeit, Liebe zum gemeinen Besten müssen hier die Triebfedern seyn; so wie der

(*) Ich erinnere meine Leser an die Fabel, welche ein Philosoph aus Wien dem Freyherrn von Bar erzählt hat. Sein ganzes Sendschreiben an Jourdain ist ein Hirtenbrief an unsere Kaufleute, die sich ihres Ursprungs schämen, und es für zuträglich finden, ihren Kindern einen Freybrief Müßiggänger zu seyn, ihrem Namen ein Beywort, und vielleicht zum Ueberfluß ihrem Vermögen einen Rechtstitel anzukaufen, um dasjenige als Junker besitzen zu dürfen, was sie als Volontärs im Handel erbeutet haben.

Der Seltenheit wegen, will ich noch eine Stelle vom Adel überhaupt entlehnen, die man eher in einer päbstlichen Bulle, als einem läppischen Roman vermuthen sollte. Hier ist sie: In nobilitate multi sunt gradus, *mi Mariane*, et sane si cuiuslibet originem quaeras, sicut mea sententia fert, aut nullas nobilitates inuenies, aut admodum paucas, quae sceleratum non habuerunt ortum. Quum enim hos dici nobiles videamus, qui diuitiis abundant, diuitiae vero raro virtutis sint comites, quis non videt, ortum esse degenerem? Hunc usurae

Fleiß in den Manufakturen, Werkstätten und dem Feldbau. Doppelter Gegenstand von gleicher Erheblichkeit, der alle Sorgfalt und Nachdenken der Regierung sich anmaßt, weil aus der Vereinigung desselben das Wohl des ganzen Volks entspringt.

Stellen die Kaufleute Unterhändler zwischen den verschiedenen Gliedern des Staats vor (*); mit wie viel Recht

ditarunt, illum spolia, proditiones alium. Hic veneficiis ditatus est; ille adulationibus. Huic adulteria lucrum praebent; nonnullis mendacia prosunt. Quidam faciunt ex coniuge quaestum; quidam ex natis; plerosque homicidia iuuant. Rarus est, qui iuste diuitias congreget. Nemo fastum amplum facit, nisi qui omnes metit herbas. Congregant homines diuitias multas, nec vnde veniant, sed quam multae veniant, quaerunt. Omnibus is versus placet: Vnde has habeas quaerit nemo, sed oportet habere. Postquam vero plena est arca, tunc nobilitas poscitur, quae sic quaesita nihil est aliud quam praemium iniquitatis. S. die Liebesgeschichte des Eurialus und der Lucretia, die Aeneas Silvius, der unter dem Namen Pius II. auf dem römischen Stuhl gesessen, seinem Landsmann Marianus Socinus zu Gefallen geschrieben; sie begleitet den CXIII. Brief in seinen Werken.

(*) Hume in der Abhandlung seiner vermischten Schriften.

sollten nicht ihre Geschäfte öffentlicher und feyerlicher seyn? Das gemeine Wesen besoldet sie gleichsam; von der Erhaltung desselben hängt also ihr Stand und Gewerbe ab. Jenes müßte daher für die Bedingungen desselben mehr Sorge tragen; diese aber hingegen für die Verbindlichkeiten, welche sie dem Publico schuldig sind, erkenntlicher und auf ihre Rechenschaft gegen dasselbe mehr bedacht seyn.

Der öffentliche Credit ist die Seele des Handels; er beruht auf dem Vertrauen, so sich einzelne Bürger durch ihre Ehrlichkeit erworben haben. Diese Masse des Privatcredits vieler Mitbürger zusammengenommen ist eine Niederlage, die allen Mitgliedern der Gesellschaft heilig seyn sollte; weil es das unmittelbare Interesse eines jeden mit sich bringt, nach seinem Vermögen den Credit der übrigen zu unterstützen, und alle Verfälschung oder Verminderung desselben zu verhüten. Wer das öffentliche Vertrauen verdächtig macht, verdient härtere Strafen als derjenige, so sich an einer öffentlichen Geldcasse vergreift, die ihm anvertraut ist.

Der gute Wille zu bezahlen ist eine Folge aus dem sittlichen Charakter des Schuldners, die dem Gläubiger für desselben Klugheit und Redlichkeit gut sagt. Dieser gute Wille giebt nicht nur die beste Sicherheit für dasjenige Geld was man fremden Händen überläßt, sondern dient selbst zum Unterpfand für den Schaden ungewisser Unglücksfälle. Die Tugend eines Kaufmanns sollte sich also zu seinem guten Namen wie die Waare zur Münze verhalten.

Hauptsächlich setzt aber der Kaufmann den rechtschaffenen Bürger deßwegen zum voraus, weil der Vortheil des Handels seinem besondern Gewinn öfters entgegen gesetzt ist. Die Erhaltung des ersteren verlangt daher Opfer von der uneigennützigen Selbstverleugnung des letztern. Die bloße Habsucht macht denselben auf die Größe des Vortheils scharfsichtig, ohne sich die Folgen für seine Mitbürger und den Handel selbst vorzustellen. Er schluckt jeden Bissen in sich, und zieht weder den Hunger der künftigen Zeit noch die Knochen zu Rath, an denen er ersticken wird. Das gegenwärtige und gewisse benimmt ihm die Einsicht eines größeren Guts, welches ihm einen Aufwand der Zeit kosten würde, oder das er mit andern theilen müßte. So schlägt er nicht nur die öffentlichen Einkünfte, sondern selbst die Einkünfte der Nachkommen zu seinem Eigenthum. Der Strom mag untergehen, der Hafen verfallen — nichts als sein eigner Verlust ist in seinen Augen wichtig, und der Verdienst eines Jahrs wird dem Gewinn eines Jahrhunderts ohne Gewissenszweifel vorgezogen.

Plato (*) sieht den Reichthum und die Armuth des Handwerkers als das Verderben seiner Profession an. „Ist er reich, sagt er, meynst du, daß er für seine Arbeit Sorge tragen wird? Nein, die Faulheit und Nachläßigkeit wird ihn und seine Kunst verzehren. Ist er dürftig, wie soll er sich tüchtige Werkzeuge anschaffen? Er wird hudeln, und an seinen Kindern und Lehrlingen Stümper hinterlassen.“ Laßt uns glauben, daß die Gewinnsucht des Kaufmanns der Aufnahme des Handels weit nachtheiliger sey; und lehrt uns die Erfahrung nicht, daß eben die Laster, wodurch man auch hier ein Vermögen zusammen bringen will oder gebracht hat, ebenfalls den Gebrauch desselben verkehren? Die Schreibstube ist eine Schule des Betrugs und des Geizes; was Wunder! wenn die Haushaltung ein Tempel der Unordnung und Schwelgerey ist. Der Markt schämt sich dieser Freybeuter und die Stadt ihrer Denkmäler; der Handel flucht ihrer Unterdrückung und das Publikum ihrer Gastfreiheit.

Der Kaufmann hingegen, der sein Vaterland, das gemeine Beste und die Zukunft liebt, pflanzt Bäume, die seinen Enkeln erst Schatten werfen sollen; er verabscheut jeden Gewinnst wie einen Diebstahl, der dem ge-

---

(*) Im vierten Gespräch über die Republik.

meinen Besten des Handels zuwider ist. Er sucht durch kluge Unternehmungen seinem Lande neue Zweige der Handlung zuzulenken; er unterstützt und erhält die alten, die, wenn sie gleich ihm nicht hundertfältige Früchte bringen, dennoch viele Hände seiner Mitbürger beschäftigen, und mit deren Verdorrung viele andere Nebenzweige ausgehen könnten. Dieser Kaufmann ist kein Hirngespinst. Ich kenne selbst Kaufleute, die Größe der Seelen genug haben, um die Erweiterung des Handels und nicht den Gewinn zu ihrer letzten Absicht zu machen, die nicht an die Berechnung desselben allein, sondern auch an seine Rechtmäßigkeit und gute Anwendung denken. Holland müßte seine Dämme durchstechen, wenn es nicht noch Kaufleute hätte, die aus Liebe zu ihrer Erde ihre Millionen in einem Handel laufen ließen, der jetzt wenig mehr abwirft, oder ihnen auch wohl Schaden verursacht, wie der Wallfischfang. Der Kaufmann ist demnach großer Empfindungen fähig; es ist der Mühe werth, ihn dazu aufzumuntern.

Die grünen Mützen, die zerbrochenen Wechseltische schreckten ehemals den Betrüger ab. Worin findet er aber jetzt seine Sicherheit, als in dem Schutz, den er sich nicht mehr erschleichen darf, der ihm angeboten wird, und in dem Untergang besserer Bürger?

ger? Hoffnung und Mitleiden, die man ihm übrig läßt, flößen ihm seine Kühnheit ein; unterdessen die letzteren Schaam, Furcht und Reue unthätig machen.

Man sagt von einem alten Volk, wo der Geschmack an der Schönheit ihren Liebhabern theuer zu stehen kam. Auf ihre Rechnung sammlete man einen Brautschatz für diejenigen Töchter des Landes, an deren Empfehlung die Natur nicht gedacht hatte. — Wie nahe kommt dieß dem Gebrauch, den man jetzt von der Tugend eines ehrlichen Mannes macht?

Wenn eine Stadt nicht mehr als einen rechtschaffenen Bürger in sich schließen möchte, so sind die Gesetze seinetwegen gegeben und die Obrigkeit seinetwegen eingesetzt. Nicht jenen Frevlern zu gefallen, die nur zu übertreten und die Gerechtigkeit zu bestechen beflissen sind, wurden die Gesetze euch, Väter der Stadt, anvertraut; sondern diesen Redlichen zu erhalten, damit er nicht vereckelt, nicht abgeschreckt, nicht gehindert werde, es zu seyn, damit er unverdrossen all das Gute thun könne, was sein patriotischer Geist entwirft, und ihm sein großmüthig Herz zum Besten des gemeinen Wesens eingiebt. Dann wird sein Eifer in der Dankbarkeit für euren Beystand neue Nahrung finden, und sein Beyspiel das Muster und Erbtheil seines Hauses seyn.

Laßt uns von einzelnen Personen auf ganze Familien schliessen. Sie sind die Elemente der bürgerlichen Gesellschaften; folglich ihr Einfluß in selbige unstreitig grösser, als man wahrzunehmen scheint. Das Wohl des gemeinen Wesens ist mit den Tugenden und Lastern, mit dem Flor und dem Verfall gewisser Geschlechter verbunden. Ein einziges ist öfters hinlänglich gewesen, die Sitten eines ganzen Staats zu verderben, die Gestalt desselben über den Haufen zu werfen, oder zu befestigen, gewisse Grundsätze und Gebräuche in Aufnahme oder Verachtung zu bringen, von denen Handel und Wandel abhängt. Mahomet war erst der Prophet seines Hauses, und hierauf eines grossen Volks. Sollte sich die Vorsorge der Obrigkeit nicht daher billig auf die Pflege gewisser Aeste und die Beschneidung anderer erstrecken?

Wenn die Polizey berechtigt ist, das Gesicht eines Gebäudes, das eine Gegend der Stadt ziert, durch Wegräumung elender Hütten frey zu machen; wenn es zu ihrer Pflicht gehört, solche Handthierungen, welche die Reinigkeit eines fliessenden Wassers verderben können, an den Ausfluß desselben zu verlegen und von dem Eingange des Stroms in ihre Mauren zu entfernen; so ist ein weit angelegentlicher Geschäft für die Obrigkeit, diejenigen Familien zu decken, deren Lauterkeit dem Verdruß des

Neides und der Rache der Bosheit ausgesetzt ist, sie als den Keil der Gesetze in ihren Händen ehrwürdig zu erhalten; auf solche hingegen zu wachen, deren Absichten schon ein heimlich Gift für ihre Mitbürger mit sich führen.

Die Familiensucht, deren bloßer Name den Verdacht einer ansteckenden Krankheit giebt, ist es in unsern Tagen mehr als jemals. Dieser Eigennutz, der ganze Geschlechter vereinigt, dem gemeinen Wesen diejenige Hülfe abzudringen, die Anverwandte sich selbst einander zu leisten schuldig sind, hat die schädliche Nachsicht für die Familienkinder ausgebreitet, denen man, trotz ihrer Dummheit und Nichtswürdigkeit sich fast nicht mehr untersteht, Vorziehungen und Bedienungen abzuschlagen, und die durch die Niederträchtigkeit ihrer Vorsprecher und Beförderer bald selbst in den Stand gesetzt werden, sich wiederum in der Wahl anderer zu rechtfertigen. Daher jene Verschwörungen gegen Verdienste, deren Lohn man mit seines Gleichen zu verschwägern sucht, um die Gesetze im Nothfall entwaffnen, oder die Ausleger derselben klug machen zu können; daher jene Pflanzschulen des Boksbeutels, an dessen Dienst gewissen Häusern mehr gelegen, als den Zünften zu Ephesus an der Jungferschaft ihrer Diana. — Diesem einreissenden Uebel könnte nicht nachdrücklicher Einhalt gethan werden als durch den

Familiengeist, dessen Anwendung sowohl zum gemeinen Besten überhaupt, als des Handels insbesondere, ich hier anzupreisen suche.

Der Familiengeist, von dem ich rede, verdiente wenigstens mehr Aufmerksamkeit, als der Fabelschreiber des Bienenstaats (*) für ein gewisses Maaß von Unwissenheit (a certain portion of Ignorance) verlangt, welches er in jeder wohleingerichteten Gesellschaft zu erhalten für nöthig hält. Dieser Geist besteht in einer vorzüglichen Stärke gewisser Naturgaben oder Neigungen, welche durch die Eindrücke des häuslichen Beyspiels und der daraus fließenden Erziehung erblich gemacht und fortgepflanzt werden. Ich setze hier vornehmlich einen gewissen Grad gesellschaftlicher Neigungen und den Saamen bürgerlicher Tugenden zum voraus, (denn warum sollten diese nicht so gut einer Nachahmung und Abartung als andere Triebe und Anlagen fähig seyn?) einen Grad, der uns vermögend machte, unser Privatbestes über den öffentlichen Nutzen und Beyfall zu vergessen, die Ehre des Standes, dem wir uns widmen, und seine Vortheile für die Gesellschaft unserer Selbsterhaltung und Eigennutz vorzusetzen.

(*) Mandeville am Ende seines Essay of Charity and Charity-Schools, der dem ersten Theil seiner Fable of Bees angehängt ist.

Dieser Familiengeist ist derjenige, welcher Städte gebaut hat und durch den sie bestehen. Er war ohne Zweifel am wirksamsten, da man den Grund dazu legte und die Mauren um selbige zeichnete. Keiner von diesem kleinen Volk dachte an etwas anders als seine Stadt; selbst da jeden sein Haus zu beschäftigen anfing, wurden seine Gedanken deßwegen nichts weniger als von dem allgemeinen auf seinen eigenen Bau abgeleitet, sondern dieser bezog sich noch immer auf jenen. Sie wurden fertig, noch redete man davon, noch untersuchte man das unternommene Werk, noch frug man einander, was man ersetzen und hinzufügen müßte. Kind- und Kindeskinder führten aus und verbesserten den Entwurf, den die ersten Stifter ihnen mitgetheilt hatten. Je entfernter die Zeiten, desto unverständlicher wurde die Ueberlieferung von dem Werth, der Natur und den Bedingungen einer Erbschaft, die viele Menschenalter gekostet hatte, und für deren Zinse uns die Sorge und Wirthschaft aufgetragen seyn sollte. Die Gefahr eines Capitals in solchen Händen, die es nicht selbst erworben, ist groß. Der Eifer, der Segen, die Wünsche, womit die ersten Gründer unserer Wohnplätze ihren spätesten Besitznehmern ungeachtet ihrer Undankbarkeit solche hinterließen, hebt vielleicht noch einige Funken in den Seelen weniger Geschlechter auf, die uns den Geist der ersten Wohlthäter kenntlich machen und offenbaren. Das sind die Patrioten, deren Häusern jede Stadt das Recht und die Ehre anbieten sollte, die Person ihrer ersten und ältesten Familie, die selbige gebaut und gestiftet hat, vorzustellen.

Wenn es demnach auch Familien geben möchte, die von ihren Voråltern her die wahren Grundsätze des Handels und die Lust dazu unverfälscht geerbt haben, so sind solche als die Trabanten, welche dem Handel durch ihre Dienste Wärme und Glanz schaffen; als die Dämme, welche den Lauf desselben in Sicherheit setzen; als die Leuchtthürme anzusehen, nach denen der irrende Schiffer sich richtet und über deren Anblick der Fremdling frohlockt. Solche Familien sollte man nicht untergehen lassen, sondern vielmehr aufmuntern, auszeichnen, vorziehen, damit der Geist darin nicht sterblich würde; denn mit ihnen steigt und fällt der Handel, und sie werden unter den Trümmern desselben begraben.

Diese Betrachtungen sind mir nicht bloß von ungefähr eingefallen; sie gründen sich einigermaßen auf ein verloren Blatt, welches ich theils vor Augen gehabt, theils zu einer Fortsetzung jener gemacht zu seyn scheint. Der Verfasser davon wird durch eine Bekanntmachung nicht beleidigt seyn können, welcher alle gefundene Sachen ausgesetzt sind. Ich bin übrigens so wenig Willens die Neugierde einiger Leser durch die Erzählung des Zufalls, der mir dieses Papier in die Hände gespielt, zu befriedigen, als mich um ihre Muthmaßungen zu bekümmern. Meine Absicht bey Mittheilung dieses Fragments werde ich zum Theil rechtfertigen, wenn man es selbst gelesen haben wird:

„daß die Natur jemals ihre Bande mit „einer weisern Wahl hätte knüpfen können. Die„se Familie hat vom Großvater her ihr An„sehen mit dem Besten des gemeinen Wesens „genau verbunden. Der Großvater starb und „hinterließ seinen zahlreichen Erben im Testa„ment einige hunderttausend, die er zur Er„weiterung des Handels und um die polnischen „Waaren an R — g — verbindlich zu machen, „an Polen gegeben hatte, die Könige werden „wollten. Der Krieg verdarb diesen Anschlag. „Der Sohn erhielt nichts als die Schulden sei„nes Vaters und trieb den Handel gleichfalls „ins Große. Dieser Mann that alles, unge„achtet der Ausschlag unglücklich gewesen war; „wie viel würde er nicht bey besseren Umstän„den unternommen haben? Er sorgte in seinen „bürgerlichen Aemtern blos für die Aufnahme „des allgemeinen Handels, und seine Absich„ten waren auf nichts weniger als den seini-

„gen insbesondere eingeschränkt. Den ersteren „und nicht den letzteren sah er als das Erb„theil der Seinigen an. In seinem Hauswe„sen war er nachläßig, aber desto eifriger, „zum Besten der Stadt neue Vorschläge und „Einrichtungen zur machen, die noch bestehen. „Er berief sich immer auf die alten Gesetze, „und drang darauf, nach denselben geurtheilt zu „werden. Das Wort Publikum sprach er „mit Ehrfurcht aus. Er liebte den Polen trotz „aller seiner Thorheiten und Leichtsinnigkeit, „weil er Waaren zur Handlung liefert, und „haßte den Engländer, so achtungswürdig er „sonst ist, weil er seine Mitbürger wie Last„thiere braucht, um seinem Abnehmer zuzuschlep„pen. Er seufzete über den Verfall und der „Eifer des gemeinen Besten verzehrte ihn end„lich. Er lebte wie ein Römer, der bey sei„nen großen Thaten Rüben ißt und war stolz „darauf, ein Bürger zu seyn. Man hielt ihn „für eigensinnig; man unterstand sich aber „nicht, vor seinen Augen Niederträchtigkeiten zu „begehen. Wer die Menschen kennt, versteht „auch ihre Sprache. Ein Eigensinniger „heißt ein Mann, der ohne Ueberlegung zu kei„nem Entschluß zu bringen ist, der den Ent„wurf, nach dem er handeln will, nicht nach „den Einfällen eines jeden umwirft und ändert, „sondern den Vorschriften der gesunden Ver-

„nunft und des Gewissens treu bleibt und über „die Urtheile des gefälligen und leichtsinnigen „Pöbels hinweg ist. Die Kinder dieses Bür„gers erbten den Geist und die Grundsätze „ihres Vaters, die sich vielleicht für unsere „Zeiten nicht mehr schicken. Die Liebe zum „gemeinen Besten ist ihre Leidenschaft, die ih„nen Einsichten und Muth giebt, wodurch sie „ein Anstoß derjenigen werden, die in vergolde„ten Kutschen fahren und sich mit der Beute „des Handels putzen. Sie widerstehen den „Verführungen der Fremden, die zu uns als „zu Wilden kommen, um uns das Nothwendi„ge zu lassen. Wenn diese Familie die Grund„sätze ihres Vaters gegen ihre Miteiferer be„haupten will, so wird sie genöthigt, sich selbst „zu ihrem Umsturz zu entschliessen. Ihre An„schläge waren wohl überlegt, und zielten gleich„falls auf die Ausbreitung des Handels von „Polen und Curland bis nach Holland und „Frankreich, wozu sich ein guter Freund auf„opferte. Gleichwohl gingen sie durch Neben„buhler zu Grunde, denen alle Wege gut sind, „Schilf zu ihren Dächern zu schneiden; durch „den Betrug der Bedienten, welche die we„nige Gefahr, so man jetzt läuft, wider die „Gesetze zu handeln, und die Leichtigkeit, sein „Glück ohne guten Namen zu machen, ver„dorben hat. Man bewundert den Marius,

„der auf den Ruinen der größten Handelsstadt „saß, und sich durch ihren Schutt über den „Wechsel seines eigenen Schicksals aufrichtete. „Ich habe die Worte eines sterbenden Sohns „aus diesem Hause, womit er sein Geschwister „tröstete, das ihn als seinen zweyten Vater „verehrte, noch nicht vergessen können. Sie „verdienten, aufbehalten zu werden. Wer „weiß, meine Brüder, ob es nicht „zur allgemeinen Verbesserung die„nen möchte, wenn ein Haus wie „das unsrige zu Grunde geht? Man „wird dadurch zur Erkenntniß kom„men, wie viel an ehrlichen Bür„gern gelegen, und sich warnen las„sen, es andern so schwer als uns „zu machen. Dieser Mann fühlte sich stär„ker bey kaltem Blut, als vielleicht Glover „mitten in seiner Begeisterung, wenn er den „erhabenen Gedanken seines Helden nachsann, „mit denen er sich und seine Handvoll einweih„te und Freyheit und Vaterland aus„sprach.“

Die Tugend will wie das Laster öfters verrathen seyn, und man macht sich um die Welt verdient, wenn man die Sonderlinge der einen und die Frechheit des andern in ihrem wahren Lichte zeigt. Vielleicht findet dieses Familienstück, eine so unvollkommene Copie ich auch davon nur liefern kann, seine Kenner. Vielleicht wird ein Haus, das sein Geheimniß entdeckt sieht, dadurch genöthigt, seiner Stammtugenden nicht überdrüssig zu werden und die Ehre derselben länger zu behaupten. Wenn eine Familie, worin dieser Geist herrscht, zahlreich wäre, wenn sie alle von einem Sinn darin regiert würden, und wenn Aufmunterungen hinzu kämen; wie viele Vortheile — —

Von diesen Vortheilen mag derjenige zeugen, welcher im Stande ist, seiner Vaterstadt ein Gemälde ihrer Handlung zu entwerfen über die wahren Grundsätze der allgemeinen und die Mängel und Mißbräuche der einheimischen, über den Leitfaden, die letztern einzusehen und zu entdecken, über die Schätzung nützlicher Einrichtungen und Verbesserungen; der, sage ich, im Stande ist, hierüber seinen Mitbürgern sowohl mit einer scharfsinnigen Deutlichkeit die Augen zu öffnen als selbige durch die Aufwallungen eines patriotischen Herzens und das Beyspiel einer edlen Selbstverläugnung aufzuwecken. Damit ich der Versuchung nicht unterliege, ein so seltnes Muster öffentlich zu umarmen; so eile ich, um von denjenigen Werken Rechenschaft abzulegen, deren Uebersetzung und Auszug ich meinen Lesern überreicht habe.

Der Herr von Dangeuil hat seine Anmerkungen für die Arbeit eines Engländers ausgegeben (*); sein Name ist gleichwohl nicht lange ein Räthsel geblieben. Der Beyfall seines Königs und des Publici haben seine patriotische Feder belohnt. Man vermuthet von seiner Reise in die nordischen Reiche eine neue Frucht derselben. Eine dortige Akademie der Wissenschaften, welche den Ruhm hat, die erste in ihrer Art zu seyn, erkannte seine Verdienste und nahm ihn unter ihre Mitglieder auf. Des Herrn von Dangeuil Neigung für sein Vaterland scheint durch die Maske eines Fremden hindurch, wiewohl mit einer überlegten und witzigen Schalkheit, über die uns nur eine angenommene Leidenschaft Gewalt läßt. Er scheint nicht ohne Grund die Aufschrift seines Buchs und die erstern Abschnitte über die Vorthei-

(*) Remarques sur les avantages et les désavantages de la France et de la Gr. Bretagne par rapport au Commerce et aux autres sources de la puissance des Etats. Traduction de l'anglois du Chevalier John Nickolls. Seconde Edition, à Leyde 1754. 12.

le Frankreichs aus dem Schriftsteller eines Volks geborgt zu haben, das ohne allen Verdacht hierüber Glauben verdient; so wie er im Ton eines wider seinen Willen aufrichtigen Engländers denselben ergänzt hat. Ueber die Nachtheile seines Vaterlandes urtheilt er mit der Unparteylichkeit der gesunden Vernunft, die sein Charakter sich anmaßt, welcher ihm zugleich zu statten kommt, die Freyheit eines gutgesinnten Unterthanen mit der Achtsamkeit, die er dem Staat seines Monarchen schuldig ist, zu vereinigen; wiewohl er die erste und letzte Abtheilung mit einem Wink schließt, der seine Aufrichtigkeit schmeichelhaft macht. In dem zweyten Theil seines Werks ahmt der Herr von Dangeuil einen uneingenommenen Britten nach, und muntert theils durch Lobsprüche, die der Wahrheitsliebe nichts kosten, theils durch Beobachtungen, seine Landsleute zur Nachahmung und Anwendung auf; er thut einige Vorschläge, die zum Besten jedes Volks gereichen würden, und viele, die man mit einer Befremdung bey einem solchen vermisset, das auf seine öffentlichen Anstalten groß thut. Es fehlt an Engländern nicht, die diesen Ruhm ihrem eignen Vaterlande abstreiten. Wenn uns Anson die Geschichte von der Ausrüstung seines Geschwaders erzählt hat, so macht er uns fast gegen seine Nachrichten und Urtheile von den Chinesern gleichgültig. Man kann daher dem Herrn von Dangeuil kaum einen Vorwurf daraus machen, daß er sich gegen das Ende seines Buchs allmählich selbst verleugne, weil er die Einbildungen dieser Insulaner in Ansehung ihrer Regierungsform, Freyheit und blühenden Glückseligkeit vernichtet. Wenn er sich bey dem Schauspiel, das er seinen Landsleuten durch den Schaden, den er aufdeckt, giebt, von der Milz eines treugebornen Engländers entfernt; so überläßt er sich noch weit weniger dem Leichtsinn eines befriedigten Nebenbuhlers. Der Widerspruch von Mitleiden und Verwunderung, womit sein Werk schließt, ist wenigstens eine sehr bescheidene Ironie.

Die französische Uebersetzung des Don Ulloa soll gleichfalls vom Herrn von Dangeuil seyn. Diese Nachricht und die Vorrede zu dem spanischen Werk haben mich bewogen, einen Auszug davon der Uebersetzung des ersteren anzuhängen. Man sieht hier ein Reich, das diejenige Wahrheit bestätigt, welche ein neuer Schriftsteller in den letzten Willen eines berühmten Anführers der Schleichhändler (*) gründlich, lebhaft und sinnreich eingekleidet hat. Man wird es dem Eifer des Don Ulloa eher zu gut halten, wenn er mit weniger Mäßigkeit gegen England schreibt, dessen Seemacht, Ueberlegenheit und Staatsklugheit im Handel er bald zum Schrecken, bald zur Beschämung seines Vaterlandes anführen muß. Wie viele Vorurtheile ist er allenthalben gezwungen aus dem Wege zu räumen, durch welche seine Mitbürger sowohl selbst die Verjährung ihrer schimpflichen Fesseln unterschreiben, als sich zu ihrer Befreyung die Hände binden. Hier kann man mit Pope ausrufen:

Truths would you teach, or save a sinking land?
All fear, none aid you and few understand.

(*) Testament politique de Louis Mandrin, Généralissime des troupes de Contrebandiers écrit par lui-meme dans sa prison etc, à Valence. 1755.

Laßt uns an den Spaniern lernen, wie willkührlich die Blindheit in unsern eignen Angelegenheiten und wie hartnäckig sie sey; an den Engländern hingegen, wie geneigt uns Einsichten und Glück machen, beyde lieber zu Eingriffen in die Rechte der schwächern, als zu unserer einheimischen und eignen Verbesserung anzuwenden; kurz, daß die Fehler einzelner Menschen auch Fehler ganzer Völker und Staaten sind.

Biblische Betrachtungen

eines

C h r i s t e n.

Jede biblische Geschichte ist eine Weissagung, die durch alle Jahrhunderte, und in der Seele jedes Menschen erfüllt wird. Jede Geschichte trägt das Ebenbild des Menschen, einen Leib, der Erde und Asche und nichtig ist, den sinnlichen Buchstaben; aber auch eine Seele, den Hauch Gottes, das Leben und das Licht, das im Dunkeln scheint und von der Dunkelheit nicht begriffen werden kann. Der Geist Gottes in seinem Worte offenbart sich wie das Selbstständige — in Knechtsgestalt, ist Fleisch — und wohnt unter uns voller Gnade und Wahrheit.

London, den 19. März, am Palm-Sonntage 1758.

Biblische Betrachtungen eines Christen.

Ich habe heute mit Gott den Anfang gemacht, zum zweytenmal die heil. Schrift zu lesen. Da mich meine Umstände zu der größten Einöde nöthigen, worin ich wie ein Sperling auf der Spitze des Daches sitze und wache, so finde ich gegen die Bitterkeit mancher traurigen Betrachtungen über meine vergangenen Thorheiten, über den Mißbrauch der Wohlthaten und Umstände, womit mich die Vorsehung so gnädig unterscheiden wollen, ein Gegengift in der Gesellschaft meiner Bücher, in der Beschäftigung und Uebung, die sie meinen Gedanken geben. Die Aussicht einer dürren Wüste, worin ich mich von Wasser und Aehren verlassen sehe, ist mir jetzt näher als jemals. Die Wissenschaften und jene Freunde meiner Vernunft, scheinen gleich

Hiobs mehr meine Geduld auf die Probe zu stellen, anstatt mich zu trösten, und mehr die Wunden meiner Erfahrung blutend zu machen, als ihren Schmerz zu lindern. Die Natur hat in alle Körper ein Salz gelegt, das die Scheidekünstler auszuziehen wissen, und die Versehung (es scheint) in alle Widerwärtigkeiten einen moralischen Urstoff, den wir aufzulösen und abzusondern haben, und den wir mit Nutzen als ein Hülfsmittel gegen die Krankheiten unserer Natur und gegen unsere Gemüthsübel anwenden können. Wenn wir Gott bey Sonnenschein in der Wolkensäule übersehen, so erscheint uns seine Gegenwart des Nachts in der Feuersäule sichtbarer und nachdrücklicher. Ich bin zu dem größten Vertrauen auf seine Gnade durch eine Rücksicht auf mein ganzes Leben berechtigt. Ich erkenne selbst in meiner gegenwärtigen Verfassung einen liebreichen Vater, der in ernsthaften Blicken warnt, der mich wie den verlornen Sohn hat in mich selbst gehen lassen, und meine bußfertige Rückkehr zu ihm nicht nur mit der Zurückhaltung meiner verdienten Strafe, sondern auch mit einer huldreichen Vergebung und unerwarteten Aufnahme beantworten wird. Es hat weder an meinem bösen Willen gelegen, noch mir an Gelegenheit gefehlt, in ein weit tieferes Elend, in weit schwerere Schulden zu fallen, als worin ich mich befinde. Gott! wir sind solche armselige Geschöpfe, daß selbst ein geringerer Grad unserer Bosheit ein Grund unserer Dankbarkeit gegen dich werden muß. Gott! wir sind solche unwürdige Geschöpfe, daß nichts als unser Unglaube deinen Arm verkürzen, und deiner Freigebigkeit zu segnen Grenzen setzen und sie wider ihren Willen einschränken kann.

Wenn mich Anfechtung hat auf das Wort aufmerksam gemacht, so kann ich den Schriften des geistreichen Hervey das Zeugniß geben, was er den Nachtgedanken des ehrwürdigen Schwans dieser Insel schuldig gewesen. Die Lesung dieses frommen Schriftgelehrten hat die Göttlichkeit der Bibel so oft dem Gefühl meiner Seele mit eben derselben Lebhaftigkeit aufgedrungen, womit das neu gepflanzte Jerusalem das Gesetz Moses von den Lippen Esdras hörte. Er hat mir zu dem Vorsatz Anlaß gegeben, meine Betrachtungen bey dieser wiederholten Lesung der heil. Schrift aufzusetzen, und die Eindrücke zu sammeln, welche diese oder jene Stelle derselben in mir erwecken und veranlassen wird. Die Unpartheylichkeit der Critik und die ehrfurchtsvolle Einfalt eines christlichen Herzens mögen mich hierin gleichfalls begleiten. Der große Urheber dieser heiligen Bücher hat die Absicht, jeden aufrichtigen Leser derselben weise zur Seligkeit durch den Glauben an seinen Erlöser zu machen. Die heiligen Männer, unter deren Namen sie erhalten worden, wurden getrieben durch den heiligen Geist; die göttlichen Eingebungen wurden ihnen in der Verfertigung ihrer Schriften mitgetheilt, damit sie uns zur Lehre, zur Strafe, zur Züchtigung und Unterricht in der Gerechtigkeit nützlich seyn sollten (2. Tim. III. 15. 16. 2. Pet. r. 21.). Diese Wirkungen kann Gott keinem entziehen, der um selbige betet, weil der heil. Geist allen denjenigen verheißen ist, die den himmlischen Vater darum bitten. Die Nothwendigkeit, uns als Leser in die Empfindungen des Schriftstellers, den wir vor uns haben, zu versetzen, uns seiner Verfassung so viel möglich zu nähern, die wir durch eine glückliche Einbildungskraft uns geben können, zu welcher uns ein Dichter oder Geschichtschreiber so viel möglich zu helfen sucht, ist eine Regel, die unter ihren Bestimmungen eben so nöthig als zu andern Büchern ist.

Ich will einige allgemeine Anmerkungen über die göttliche Offenbarung machen, die mir einfallen werden. Gott hat sich geoffenbart dem Menschen in der Natur und in seinem Wort. Man hat die Aehnlichkeiten und die Beziehungen dieser beyden Offenbarungen noch nicht so weit auseinander gesetzt und so deutlich erklärt, noch auf diese Harmonie gedrungen, worin eine gesunde Philosophie sich ein weites Feld öffnen könnte. Beyde Offenbarungen müssen auf eine gleiche Art in unzähligen Fällen gegen die größten Einwürfe gerettet werden, beyde Offenbarungen erklären, unterstützen sich einander und können sich nicht widersprechen, so sehr es auch die Auslegungen thun mögen, die unsere Vernunft darüber macht. Es ist vielmehr der größte Widerspruch und Mißbrauch derselben, wenn sie selbst offenbaren will. Ein Philosoph, welcher der Vernunft zu gefallen das göttliche Wort aus den Augen setzt, ist in dem Fall der Juden, die desto hartnäckiger das neue Testament verwerfen, je fester sie an dem alten zu hangen scheinen. An diesen wird die Prophezeihung erfüllt, daß dasjenige ein Aergerniß und eine Thorheit in ihren Augen ist, was zur Bestätigung und zur Erfüllung ihrer übrigen Einsichten dienen sollte. Die Naturkunde und Geschichte sind die zwey Pfeiler, auf welchen die wahre Religion beruht. Der Unglaube und der Aberglaube gründen sich auf eine seichte Physik und seichte Historie. Die Natur ist so wenig einem blinden Ungefähr oder ewigen Gesetzen unterworfen, als sich alle Begebenheiten durch Charactere und Staatsgründe aufschließen lassen. Ein Newton wird als Naturkundiger von der weisen Allmacht Gottes, ein Geschichtschreiber von der weisen Regierung Gottes, gleich stark gerührt werden.

Gott offenbart sich — — der Schöpfer der Welt ist ein Schriftsteller — — Was für ein Schicksal werden seine Bücher erfahren müssen; was für strengen Urtheilen, was für scharfsinnigen Kunstrichtern werden seine Bücher unterworfen seyn? — Wie viele armselige Religionsspötter haben ihr täglich Brod von seiner Hand genossen; wie viele starke Geister, wie Herostratus, in der Verwegenheit ihrer Schande eine Unsterblichkeit gesucht, deren Todesangst um eine bessere gefleht hat!

Gott ist gewohnt, seine Weisheit von den Kindern der Menschen getadelt zu sehen. Moses Stab war in keiner Gefahr, ohngeachtet ihn die Zauberstäbe der weisen Aegyptier umzingelt anzischten. Diese Tausendkünstler waren endlich genöthiget, den Finger Gottes in dem verächtlichsten Ungeziefer zu erkennen und dem Propheten des wahren Gottes auszuweichen. Der Begriff, daß das höchste Wesen selbst die Menschen einer besondern Offenbarung gewürdigt hat, scheint dem Witzling so fremde und außerordentlich zu seyn, daß er mit Pharao fragt: was dieser Gott haben will und worin sein Gesuch besteht. Mit diesem Begriff sollte man aber nothwendiger Weise eine Betrachtung derjenigen verbinden, denen diese Offenbarung zu gut geschehen. Gott hat sich Menschen offenbaren wollen; er hat sich durch Menschen offenbart. Er hat die Mittel, diese Offenbarung den Menschen nützlich zu machen, sie für solche einzunehmen, sie unter den Menschen auszubreiten, fortzupflanzen und zu erhalten, auf die Natur der Menschen seiner Weisheit am gemäßesten gründen müssen. Ein Philosoph, der Gott in der Wahl aller dieser Umstände und Wege, in welchen Gott seine Offenbarung hat mittheilen wollen, tadeln oder verbessern wollte, würde immer vernünftiger handeln, wenn er seinem Urtheil hierin zu wenig zutrauete, damit er nicht Gefahr liefe, wie jener gekrönte Sternkundige, das Ptolomäische System oder seine Erklärung des Sternenlaufes für den wahren Himmelsbau anzusehen.

Hat Gott sich den Menschen und dem ganzen menschlichen Geschlechte zu offenbaren die Absicht gehabt, so fällt die Thorheit derjenigen desto mehr in die Augen, die einen eingeschränkten Geschmack und ihr eigenes Urtheil zum Probestein des göttlichen Worts machen wollen. Die Rede ist nicht von einer Offenbarung, die ein Voltaire, ein Bolingbroke, ein Shaftesbury annehmungswerth finden würden; die ihren Vorurtheilen, ihrem Witz, ihren moralischen, politischen und epischen Grillen am meisten ein Genüge thun würde; sondern von einer Entdeckung solcher Wahrheiten, an deren Gewißheit, Glaubenswürdigkeit und Wichtigkeit dem ganzen menschlichen Geschlechte gelegen wäre. Leute, die sich Einsicht genug zutrauen, um eines göttlichen Unterrichts entbehren zu können, würden in jeder andern Offenbarung Fehler gefunden haben, und haben keine nöthig. Sie sind die Gesunden, die des Arztes nicht bedürfen.

Gott hat es unstreitig seiner Weisheit am gemäßesten gefunden, diese nähere Offenbarung seiner selbst erst an einen einzigen Menschen, hierauf an sein Geschlecht und endlich an ein besonderes Volk zu binden, ehe er erlauben wollte, selbige allgemeiner zu machen. Die Gründe dieser Wahl lassen sich eben so wenig von uns erforschen, als warum es ihm gefallen, in sechs Tagen zu schaffen, was sein Wille eben so füglich in einem einzigen Zeitpunkte hätte wirklich machen können. Ferner, Gott hat sich so viel möglich bequemt, und zu der Menschen Neigungen und Begriffen, ja selbst Vorurtheilen und Schwachheiten heruntergelassen. Dieses vorzügliche Merkmal seiner Menschenliebe, davon die ganze heilige Schrift voll ist, dient den schwachen Köpfen zum Spott, die eine menschliche Weisheit, oder eine Genugthuung ihrer Neugierde, ihres Vorwitzes, eine Uebereinstimmung mit dem Geschmack der Zeit, in der sie leben, oder der Secte, zu der sie sich bekennen, im göttlichen Worte zum voraus setzen. Kein Wunder, wenn sie in ihrer Vorstellung sich hintergangen sehen, und wenn der Geist der Schrift mit eben der Gleichgültigkeit zurückgewiesen wird, ja wenn dieser Geist eben so stumm und unnütz scheint, als der Heiland dem Herodes, der ihn, ungeachtet seiner großen Neugierde und Erwartung zu sehen, mit mehr als Kaltsinn zu Pilatus bald zurückschickte.

Wer sollte sich einbilden, daß man in den Büchern Mosis eine Geschichte der Welt hat suchen wollen? Viele scheinen ihn bloß deßwegen zu lästern, daß er ihnen nicht Mittel giebt, die Fabeln eines Herodotus zu erklären, zu ergänzen oder zu widerlegen. Wie lächerlich, wie unglaublich würde ihnen vielleicht die Geschichte der ersten Welt vorkommen, wenn wir sie so vollkommen hätten, als sie selbige wünschen?

Diese Bücher sollten von den Juden erhalten werden. Es mußten also viele besondere Umstände dieses Volk so nahe angehen, wodurch sie für den Inhalt derselben eingenommen werden konnten. Die Geschichte dieses Volks ist an sich selbst von größerer Wichtigkeit in Ansehung unserer Religion, als aller andern Völker ihre, weil Gott in der Hartnäckigkeit dieser Nation das traurigste Bild unserer verdorbenen Natur, und in seiner Führung und Regierung desselben die größten Proben seiner Langmuth, Gerechtigkeit und Barmherzigkeit, kurz die sinnlichsten Offenbarungen seiner Eigenschaften zu erkennen gegeben.

Warum Gott dieses Volk gewählt? Nicht seiner Vorzüge wegen. Die Freygeister mögen seine Dummheit und Bosheit in Vergleichung anderer Völker so stark auszeichnen, als sie wollen: hat Gott das Evangelium nicht gleichfalls durch unwissende und unansehnliche Werkzeuge in den Augen der Welt fortpflanzen wollen? Wer kann seinen Rath hierin erforschen?

So wenig also auch ein Voltaire und Bolingbroke in den fünf ersten Abschnitten des 1. Buchs Mosis finden, um die erste Historie der Völker zu ergänzen und aufzuklären; von so großer Wichtigkeit sind die Entdeckungen desselben für das menschliche Geschlecht überhaupt.

Es hat an dem guten Willen der Philosophen nicht gefehlt, die Schöpfung als eine natürliche Begebenheit zu erklären. Es ist daher kein Wunder, daß sie Mose einen gleichen Einfall zugetraut haben, und dieses anstatt einer Erzählung von ihm erwarten. Eine Erzählung, die nach dem Begriff der Menschen abgemessen und gewissermaßen mit den Begriffen der Zeit, in denen er schrieb, in Verwandtschaft stehen mußte, kann Köpfen wenige Zufriedenheit geben, die eine Erklärung fordern; die die Begreiflichkeit einer Sache der Wahrheit vorziehen. Man weiß, in wie viel Thorheiten die Neigung künftige Dinge zu erforschen verleitet hat; daß diese Neigung dem Menschen das Vertrauen gegeben, sich hiezu fähig zu halten; daß sie die Mittel dazu in Sternen, im Vogelfluge u. s. w. für füglich und hinlänglich angesehen, um ihrem Vorwitz ein Genüge zu thun. Die Begierde, Dinge zu wissen, die uns zu hoch, die über unsern Gesichtskreis, die uns unerforschlich sind, aus eben der Schwäche, die uns die Zukunft so dunkel macht, hat die Menschen in eben solche lächerliche Methoden und Irrthümer geführt. Solche Leute verdienen mit eben soviel Recht Weltweise und Philosophen zu heißen, als man Zigeuner, Astrologen rc. Wahrsager genannt hat.

Laßt uns natürliche Begebenheiten mit natürlichen, und Wunder mit Wundern vergleichen, wenn wir von selbigen urtheilen wollen.

Daß Mose von der Natur nach Aristotelischen, Cartesischen oder Newtonischen Begriffen sich hätte erklären sollen, würde eine eben so lächerliche Forderung seyn, als daß Gott sich in der allgemeinen philosophischen Sprache hätte offenbaren sollen, die der Stein der Weisen in so manchen gelehrten Köpfen gewesen.

Daß Mose für den Pöbel allein geschrieben, ist entweder ohne allen Sinn, oder eine lächerliche Art zu urtheilen. Geht die Sonne im Sommer für den Bauer allein so frühe auf, weil der faule Bürger und wollüstige Höfling ihres Scheins so manche Stunden länger entbehren können, oder denselben unnöthig finden?

Paulus wurde entzückt. Er fand keine Worte, um seine Begriffe, die er vom dritten Himmel mit sich brachte, erzählen und deutlich machen zu können. So wie unsere Ohren, ohne vom Schall der Luft gerührt zu werden, nicht hören können, und alles verständliche Gehör von einer weder zu starken noch zu schwachen Zitterung der Luft abhängt; so ist es mit unsern Vorstellungen. Sie hangen von körperlichen Bildern ab, und mangeln und lassen sich nicht mittheilen, wo uns diese fehlen, und wo wir solche nicht in andern erwecken können, die unsern eigenen gleichförmig sind. Man sieht, wie schwer es ist, die Figuren und Idiotismen einer Sprache in die andere überzutragen, und je mehr die Denkungsart der Völker verschieden ist, zu desto mehr Abweichungen und Ersetzungen oder Aequationen, daß ich so rede, ist man gezwungen. Wie soll daher eine Erzählung beschaffen seyn, in der uns Dinge verständlich und vernehmlich gemacht werden sollen, die so weit außer dem ganzen Umfang unserer Begriffe abgesondert liegen?

Mit was für Demuth, mit was für stummer Aufmerksamkeit und tiefer Ehrfurcht müssen wir dasjenige annehmen, was uns der Schöpfer der Welt von dem Geheimnisse der grossen Woche, worin er an unserer Erde gearbeitet hat, kund machen will. So kurz die Erzählung von der Hervorbringung eines Werkes ist, das seinen Beyfall fand, da es da war, das er würdig gefunden so lange zu erhalten, und das er als ein bloßes Gerüste eines höheren Gebäudes auf die feyerlichste Art zu vernichten sich vorbehalten hat, so wichtig muß sie in unseren Augen seyn. So sehr er sich herunter gelassen, uns das wenige, was uns davon zu verstehen möglich, nöthig und nützlich ist, zu offenbaren: so weit übersteigt es gleichwohl unsere Denkungskräfte.

---

1. B. Mose 1. Die Vernunft muß sich mit dem Urtheile jenes Philosophen über des Heraklitus Schriften begnügen: Was ich verstehe, ist vortrefflich; ich schließe daher ebenso auf dasjenige, was ich nicht verstehe. Gottes eigenes Zeugniß kann uns allein vollkommen versichern, wo unsere Einsicht in die Natur unzureichend seyn würde. Gott fällt dieses Urtheil, nachdem er jeden Theil der Schöpfung besonders angesehen hat. Jeder wurde als gut erklärt. Der Zusammenhang aller dieser Theile giebt ihnen aber die höchste Güte.

Gott schuf Stoff und Form; das Daseyn und die Bestimmung desselben, daß Nichts Etwas wird, und dieses Etwas alles, was er will. Wie können wir das in Worten ausdrücken, was wir nicht im Stande sind, uns im Geringsten vorzustellen? Wir müssen uns hier als solche ansehen, denen der Sinn des Gehörs in der Geburt versagt ist, und die man mit vieler Mühe gewisse Wörter aussprechen lehrt, deren Eindruck sie selbst nicht vernehmen.

1. B. Mose 2. Aus dieser Bildung des Menschen, wie sie uns Mose erzählt, erhalten wir einen Maßstab, unsere Natur zu beurtheilen. So künstlich der Bau unseres Leibes ist, so übersieht hier Gott gleichsam, an seine Weisheit darin den Menschen zu erinnern: er findet es nöthiger, ihn an den Staub der Erde, den er zu diesem Meisterstücke der körperlichen Welt gemacht hat, zu verweisen. Wenn also dieser Leib Staub ist, wie soll unsere Liebe und Pflege desselben beschaffen seyn? Der Othem des Lebens in unserer Nase ist hingegen ein Hauch Gottes. Dasjenige also, was das sicherste Zeichen von der Vereinigung unserer Seele mit dem Leibe ist, beschreibt uns Mose als eine Wirkung des göttlichen Hauches. Die geheimnißvolle Natur der menschlichen Seele, ihre Abhängigkeit von ihrem Urheber

heber, ist in dem sinnlichsten und einfachsten Bilde ausgedrückt. Longin hat Moses bewundert, wenn er den höchsten Gott sprechen läßt, und was er spricht, geschieht. Die Schöpfung des Menschen giebt in Moses Erzählung eine weit geheimnißvollere und feyerlichere Handlung als sein bloßes Wort. Ein Rathschluß Gottes wird vorher eingeführt. Gott nimmt sich die Mühe, den Staub der Erde zu bilden. Die übrige Schöpfung scheint in Ansehung dieser ein opus tumultuarium zu seyn. Das größte Geheimniß wird beschlossen, da Gott sein gebildetes Werk anhaucht. Dieser Hauch ist das Ende der ganzen Schöpfung. Der Ausdruck, dessen sich Mose für die Seele bedient, enthält zugleich ein Sinnbild des geistlichen Lebens derselben. So wie unsere Vereinigung des Körpers und der Seele mit dem Othem des leiblichen Lebens verbunden ist und beyde zugleich aufhören, so besteht das geistliche Leben in der Vereinigung mit Gott und der geistliche Tod in der Trennung von ihm. Das Geschenk unseres Othems ist von Gott und steht in seiner Hand; der Gebrauch desselben kommt auf uns an. Lasset uns niemals vergessen, daß diejenige Natur, deren Daseyn wir aus dem Othem des Leibes schließen, Gott nahe zugehört, mit ihm nahe verwandt ist; daß unsere Seele nicht ein bloßes Daseyn seines Wortes, sondern ein Daseyn seines Hauches hat; daß wir zu allen unsern Handlungen seinen Beystand so nöthig haben, als das Othemholen zu unserem Leben. Wir können uns nicht selbst schaden, ohne Gott zu betrüben; nicht an seinem Willen Theil nehmen, ohne an seinem Glück Theil zu nehmen. Wer sollte es glauben, wenn es uns Gott nicht selbst gesagt hätte, daß er seinen Ruhm in unserem Gehorsam und den Genuß seiner Herrlichkeit in unserer Gesellschaft und Theilnehmung findet? Das 17te Capitel Johannis ist ein Commentar über die Schöpfung des Menschen, weil selbige mit der Erlösung desselben zusammen gehalten werden muß, wenn man beyde in ihrem rechten Lichte, in ihrem Zusammenhange bewundern will. Ps. 104. 29, 30.

1. B. Mose 3. Die Furcht, die Scham des bösen Gewissens, die Unhinlänglichkeit unserer Vernunft, die Bosheit unseres Herzens gut zu machen und zu bemänteln, sind in diesem Theile der Geschichte mit aller treuen Einfalt und Tiefsinnigkeit, deren kein menschlicher Pinsel fähig ist, geschildert. Die Schwierigkeiten, diese Umstände des Sündenfalles zu verstehen, fließen alle aus den Vorurtheilen, die man sich von der Weisheit Adams gemacht, und von den falschen Begriffen, die man für die Weisheit Gottes vorgegeben hat. Dieß ist die Kindheit des menschlichen Geschlechts, hierin

bestand ihre Unschuld, die Gott erhalten, worin er seine Geschöpfe erziehen wollte, die unter seiner Pflege zu der herrlichen Höhe würden aufgewachsen seyn, in welcher unser Heiland uns den Glauben vergleichungsweise mit dem Verhältniß eines Senfkorns zu dem vollkommenen Baume vorstellt. Die Unruhe eines bösen Gewissens ist derjenigen Bewegung ähnlich, die wir Scham und Furcht nennen. Wir müssen alle Nebenbegriffe hier verlieren und auf die bloße Bewegung der Seele sehen; unsere Worte sind Allegorien der Gedanken oder Bilder derselben. Unsern Eltern war ihr eigener Leib im Wege, sie wünschten, daß sie sich ihren eigenen Augen entziehen könnten.

1. B. Mose 4. Der Fluch, den Adams Sünde gegen Gott auf die Erde gebracht hatte, wird durch Kains Sünde gegen seinen Bruder verdoppelt. Des ersten Arbeit soll schwer seyn; Gottes Segen will sie gleichwohl mit ihren Früchten belohnen. Des letzteren gewissermaßen vergebens oder doch nicht von der Wirkung, die sich der Vater versprechen konnte. Die Erde sollte ihm ihre Stärke versagen. Je geselliger die Menschen leben, desto mehr genießen sie von dem Boden, an dem sie gemeinschaftlich arbeiten. Je genauer sie die Pflichten der Gesellschaft untereinander erfüllen, desto leichter

wird es ihnen, ihre Bedürfnisse zu befriedigen. Uneinigkeit macht ein fruchtbares Land zur Wüste, arme Einwohner, Flüchtlinge.

1. B. Mose 5. Das Geschlechts-Register dieses Kapitels zeigt, wie dauerhaft das Leben der ersten Menschen in Vergleichung mit unserem gewesen; es zeigt überdieß, wie alle Dinge, die wir in den Lauf der Natur und zu ihren Gesetzen zählen, unmittelbar von Gott abhängen. Welches Gesetz der Natur ist allgemeiner und gewisser, als: Mensch, du mußt sterben? Selbst dieses Gesetz ist von dem Höchsten an dem Beyspiele Henochs aufgehoben. So wie die Menschen ihre Natur oft ihrer Vernunft entgegensetzen, und ihre Gewohnheit zu handeln zu einer Nothwendigkeit machen, so hat man in der Weltweisheit öfters die Natur ihrem Schöpfer engegensetzen wollen und von widernatürlichen und übernatürlichen Werken geredet. Wie viele Wunder hat Gott gethan, möchte man sagen, daß wir nichts für Natur erkennen sollen; und was ist in der Natur, in den gemeinsten natürlichsten Begebenheiten, das nicht ein Wunder für uns ist, ein Wunder im strengsten Verstande?

Henoch wandelte mit Gott. Er sah dieses Leben als eine Reise an, als einen Weg, auf dem wir zu unserer Heimath, zur Wohnung Gottes kommen sollen. Glücklicher Pilgrim, der den Herrn der Ewigkeit, wo er durch den Glauben einzukehren hoffte, zu seinem Wegweiser und Führer wählte! Er fand einen Richtweg, den Gott nur zweyen seiner Lieblinge entdeckt hat. Ebr. 11, 13.

1. B. Mose. 9. Wir sehen hier den Stammvater des menschlichen Geschlechts trunken von dem Gewächse seines eigenen Weinberges, in einem Schlaf, der einen Rausch begleitet, in einem Zustande, dessen ein Wachender sich geschämt haben würde. Cham sieht die Blöße und alle die Umstände, womit sie begleitet war, mit einer Art von Augenweide, die man daraus schließen kann, daß er seinen zwey Brüdern Nachricht davon giebt, um, wie es scheint, sie an dem Schauspiele Theil nehmen zu lassen. Wie vortrefflich ist in dieser Aufführung Chams das Verderben seiner Nachkommen vorher verkündigt, in denen wir die menschliche Natur in eben dem betrübten, schamvollen Zustande antreffen, im Rausche ihrer Lüste, in einer Fühllosigkeit der abscheulichsten Laster und gröbsten Abgötterey, worin sie so viele Jahrhunderte gleich eingeschlafenen Trunkenbolden begraben gelegen und noch liegen! Mit was für göttlicher Weisheit sind hingegen in der Aufführung Sems und Japhets die Sitten ihrer Nachkommen geschildert! Weit gefehlt, daß

sie an den abscheulichen Ausschweifungen, worin die Chamiten besonders ein Vergnügen fanden, Theil nehmen, suchen sie vielmehr den Abscheu und die Schwäche der menschlichen Natur, wie hier an ihrem Vater, mit einem Kleide zu bedecken. So wie der trunkene und nackte Noah unter demselben lag und nur weniger ins Gesicht fiel, so war es mit ihren Bemühungen um Erkenntniß und Tugend auch beschaffen. Sie waren nicht im Stande, ihre trunkene, schlafende und bloße Natur in den Stand herzustellen, worin sich der wachende und nüchterne Noah befand, der alsdann mit Gott wandelte. Ein Kleid darauf zu decken, war alles, was sie thun konnten, so wie die ersten Eltern keine andern Hülfsmittel, als Feigenblätter, zu finden wußten. In zwey besondern Umständen wird die Unvollkommenheit und Unhinlänglichkeit ihrer Tugend noch schöner und sinnlicher ausgedrückt. Sie gehen rückwärts. Jesai. 44, 25. Was waren die weisesten Heiden besser, als Menschen, die rückwärts gingen? Ihre Gesichter waren abgekehrt, daß sie die Blöße ihres Vaters nicht sehen konnten. Sie hatten keine Erkenntniß von der Größe der Schande, von der Tiefe des Elendes, worein die menschliche Natur verfallen war. Kann ein Blackmore, der seine Enthusiasterey für die Mythologie der Alten mit so vielem Witz der gelehrten Welt aufgedrungen, uns eine Allegorie aufweisen, die solche wichtige, nicht nur wichtige, sondern zugleich prophetische Wahrheiten, in so einfache, lebhafte und so erstaunend ähnliche Bilder eingekleidet hat? wenn wir hiezu die drey Worte Noahs nehmen, in die er beym Erwachen aus seinem Rausche, beym Erblicken des Kleides, womit er sich bedeckt fand, ausbricht; wenn wir die plötzliche Verwandlung eines Trunkenen, Fühllosen, in aller Blöße seiner Schande liegenden Menschen in einen Engel des Lichtes sehen, der über Jahrhunderte in die Zukunft sieht, der von einem Segen Gottes mit Entzückung redet, der mit seinem Fluche und Segen das Schicksal der Völker entscheidet; welche menschliche Zunge hat jemals mit so wenig Worten einen solchen Strom von Erkenntniß eingeschlossen, und in eine Begebenheit, die ein so einfältiges Ansehen hat, den Sinn so vieler tiefen Geheimnisse gelegt!

1. B. Mose 11. Wir finden hier eine ungewöhnliche Einigkeit unter den Menschen, eine Einigkeit, die in den bösen Gedanken ihres Herzens ihre Stärke erhielt. So wie sie auch ohne Sündflut sich vermuthlich bald würden aufgerieben haben, und die Sündflut in dieser Absicht nicht einmal als eine Strafe anzusehen ist, sondern als eine Wohlthat; so würde die

Zerstreuung und das Mißverständniß auf eine betrübtere Art aus dieser Vereinigung, wie ein Sturm auf eine Windstille, erfolgt seyn, als die Gott durch ein Wunder unter ihnen hervorbrachte.

Mose beschreibt den Eifer Gottes, das Vorhaben der Menschen zu verhindern, mit eben den Worten, womit er die Menschen den ihrigen ausdrücken läßt. Kommt — — — laßt uns niederfahren. Dieß ist das Mittel, wodurch wir dem Himmel näher gekommen sind. Die Herunterlassung Gottes auf die Erde; kein Thurm der Vernunft, dessen Spitze bis an den Himmel reicht, und durch dessen Ziegel und Schleim wir uns einen Namen zu machen gedenken; dessen Fahne der irrenden Menge zum Wahrzeichen dienen soll.

Gott hat sich die Vereinigung der Menschen vorbehalten zu einer einzigen Sprache, zu der einzigen wahren Erkenntniß. Die Ausbreitung des Evangelii ist das Hülfsmittel, unsere Herzen, unsere Sinne und Vernunft zu vereinigen. Die Propheten des alten und neuen Bundes vertrösten uns auf die Zerstörung Babels, und daß die Zerstreuung des menschlichen Geschlechts sowohl ein Ende nehmen wird, als des jüdischen Volkes seine. Die Erhaltung und Regierung der Welt wird ein fortdauerndes Wunder bleiben, bis das Geheimniß Gottes zu Ende seyn wird.

1. B. Mose 14. Die Zurückhaltung, mit welcher Mose hier des Königs Melchisedek erwähnt, ohngeachtet der Wichtigkeit seiner Person und des Amtes, das er ihm giebt, zeigt, wie Gott sich eingeschränkt, Mose als einen bloßen Geschichtschreiber des jüdischen Volkes und seiner Regierung desselben zu brauchen. Paulus konnte den Hebräern dasjenige sagen, worüber Gott ihrer Schwachheit wegen sich gar nicht durch Mose ihnen erklären wollte. Ein Jude mußte das Gesetz als die einzige wahre Religion, als den einzigen Gottesdienst ansehen; wir dürfen aber nicht denken, daß in Ansehung Gottes dieses Gesetz als die einzige Bedingung nöthig gewesen, um ihm zu gefallen. Gott hatte seine treuen Diener und Verehrer vermuthlich sowohl in Japhets als Sems Linie, die Noahs Erkenntniß und Glauben zu erhalten suchten, weil wir hier einen Priester dieser Ordnung finden. Es gefiel aber Gott, einen abgöttischen Abram zu sich zu rufen, ihn besonderer Gnaden zu würdigen, seine Nachkommen unter eine besondere Regierung zu nehmen und uns von den Wohlthaten, die er diesem Volk erwiesen und dem Bezeigen desselben gegen ihn zu unterrichten; dieses alles um die Welt auf den Messias vorzubereiten.

Ich bediene mich dieses Umstandes insbesondere, um einen rechten Begriff von der Absicht der göttlichen Offenbarung zu geben. Durch die Juden sollte dieselbe ausgebreitet werden; sie mußte ihnen also so interessant als möglich gemacht werden, durch eine genaue Beschreibung des Lebenslaufes ihrer Vorfahren, die sie für die kleinsten Umstände einnehmen sollten, durch alle die Hülfsmittel, welche die Neigung eines Volkes beschäftigen und an sich ziehen können. Es ist also eine gleiche Thorheit, in Mose eine Geschichte anderer Völker, außer in sofern ihre Verbindung mit den Juden selbige unentbehrlich macht, als eine ganze Entwickelung des göttlichen Systems in einer Offenbarung zu suchen, die für Menschen geschehen.

1. B. Mose 27. Man muß mit Bewunderung sehen, wie Gott sich in alle kleine Umstände einläßt, und die Offenbarung seiner Regierung in gemeinen Begebenheiten des menschlichen Lebens den seltenen und außerordentlichen vorzieht; wie er die Vorurtheile, die Irrthümer, die guten und bösen Neigungen der Menschen in seiner Gewalt hat, sie zu seinem Rathe lenkt, und denselben, ungeachtet aller menschlichen Hindernisse, gleichwohl durch sie selbst herrlich ausführt. Unterdessen wir unwissende arme Menschen an nichts als an unsere kleinen Lei-

denschaften und Projecte denken, und jenen zu Gefallen diese auszuführen suchen, spielt uns Gott sein eigenes Muster in die Hände, an dem eine unbekannte Hand wie an ihrem eigenen wirkt, und wo ein Isaak, ungeachtet seines Widerwillens, selbst die Hände anlegen muß. Umsonst, daß er mit einem großen Zittern stark zittert, daß ihn ein heftiger Schauder nach dem andern überfällt ... Ich habe ihn gesegnet; ja er soll gesegnet seyn! —

Wollen wir noch an der göttlichen Regierung zweifeln, da die Schrift alle grose Begebenheiten, alle wichtige Umstände gleichgültig ansieht, und Gottes Aufmerksamkeit sich auf die kleinste Bewegung unserer Seele, auf Isaaks Liebe zu Wild, auf Esaus Linsengericht, auf Jakobs steinernen Polster erstreckt, und diese Proben seiner Vorsehung, die den Meisten gleich Thorheit sind, seiner Offenbarung allein werth schätzt?

Das Wort Gottes ist gleich jenem flammenden Schwerdte, das allenthalben sich hinkehrt, oder gleich dem Lichte, das alle Farben in sich hält.

1. B. Mose 33. Jakob kauft hier ein Stück Feld, um sein Gezelt aufzuschlagen, im Lande der Verheißung, das ganz seinen Nachkommen gehören sollte. So kaufte Gott das

jüdische Volk als einen Fleck der ganzen Erde, in der Absicht, alle Völker zu überführen, daß sie ihm eben so theuer seyen, ihn eben so nahe angehen sollten, als dieses; und wie die Juden ein eben so großes Recht zu dem ganzen Lande hatten als Jakob zu diesem Flecke, so ist das Recht aller Völker gegen das Recht dieses einzigen. Ein Fleck Ackers um ein Gezelt aufzuschlagen — wie vollkommen stimmt dieses mit dem irdischen Kanaan, mit der Stiftshütte, ja selbst mit dem Tempel Salomons überein, gegen die ewige Herrlichkeit, die aller Welt aufgehen soll und aufgegangen ist! Der Geist der Weissagung ist das Zeugniß Jesu. (Offenb. 19, 10.) Diese Regel dient der ganzen heil. Schrift zum Eckstein und muß ein Probierstein aller Ausleger seyn.

III. B. Mose 3. Mose hat uns Gott beschrieben, daß er ruhete nach der Schöpfung. Hier finden wir ein größeres Geheimniß in den Friedensopfern ausgedrückt. Gott erklärt sie für seine Speise; der süße Geruch derselben soll seine Speise seyn. Wie in den Brandopfern die Strafe unserer Sünden, die Unreinigkeit unserer Natur in Vorbildern von Gottes Augen entfernt wurden, so sah er in diesen Friedensopfern das Leben der neuen Kreatur, sein Bild erweckt, wiederhergestellt. Dieß ist die Speise

Gottes, die wir Menschen ihm bringen. Er hatte Wein von seinem Weinstocke verlangt; der Gärtner brachte ihm Weinessig mit Galle vermischt. Diesen trank sein Sohn für ihn am Kreuz. Gott welche Wunder in deiner Erlösung! in deinem Wesen, in deinen Eigenschaften! Die Natur verschwindet vor deinem Worte. Hier ist das Allerheiligste; die ganze Schöpfung ist nur ein Vorhof gegen dasjenige, was wir in diesem Worte sehen.

III. B. Mose 13. Es ist eine bekannte Beobachtung aller Ausschläge, daß, je mehr sie auswärtig erscheinen, desto weniger sind sie gefährlich, weil die Ausbreitung des Giftes die Schärfe desselben schwächt, und je mehr die Oberfläche des Körpers damit bedeckt ist, desto mehr sind die innern Theile davon erleichtert. War der Aussatz der Zöllner und Sünder in den Augen unseres Seelenarztes nicht gleichfalls reiner, als der Pharisäer und Schriftgelehrten ihrer?

III. B. Mose 19, 33. Wir finden der Fremden so oft in der heiligen Schrift gedacht, daß Gott besondere Ursachen gehabt zu haben scheint, den Juden die Pflicht zu empfehlen, sich der Fremden anzunehmen. —

Die Vereinigung der Menschen untereinander war ein tief angelegtes Project des Satans, um seine Herrschaft über sie durch das natürliche Verderben bequemer, dauerhafter, und seine Sklaverey schwerer zu machen. Daher sehen wir die Gottheit den feyerlichen Entschluß fassen, dieser Absicht zuvorzukommen. Wenn gleich eine allgemeine Blindheit die Menschen überzogen hätte, so wäre sie doch nicht von gleichem Grade bey allen Völkern, und aus gleichen Irrthümern zusammengesetzt gewesen. Jedes Geschlecht baute jetzt den Grund seines Unkrautes nach seiner Phantasie. Die Menschen mußten folglich in ihren Urtheilen und Neigungen sehr abzuweichen anfangen, aus dem natürlichen Reichthum ihres Bodens, so schlecht auch das Gewächs desselben an sich war. So nachtheilig also die Zusammenbindung der ausgearteten Menschen für sie gewesen wäre, so vortheilhaft war ihre Zusammenkunft, nachdem sich ein Unterschied zwischen ihren Gebräuchen, Art zu denken u. s. f. befand. Nichts ist so vortheilhaft als die Vergleichung verschiedener Meynungen und Neigungen für die Vernunft, und nichts der Vernichtung augenscheinlicher Ungereimtheiten und grober Laster förderlicher.

V. B. Mose 4. Was für ein herrliches Kapitel! Jedes Wort, das aus dem Munde Gottes geht, ist eine ganze Schöpfung von Gedanken und Bewegungen in unserer Seele. —

Gott will uns selbst nahe seyn, und kommt in unsere Herzen, nicht nur, wie aus der wüsten und leeren Erde, ein Paradies aus denselben zu machen, sondern das Gezelt des Himmels selbst hier aufzuschlagen. O wie sollte uns dieser Erdenklos heilig seyn, auf dem Gott würdigt seine Hütte aufzuschlagen, weil unser armer Geist darunter wohnt!

Gott! wie bin ich wohl im Stande, das alles aufzuschreiben, was mein Herz fühlt, was mein Herz angiebt! Wenn Johannes als ein Mensch geschrieben hätte, so würde er niemals aufgehört haben. Er sagte die Wahrheit seines Herzens, daß die Bücher zu groß seyn würden für die ganze Welt.

V. 39. Wie die ganze Dauer der Zeit nichts als ein Heute der Ewigkeit ist! Die ganze Zeit macht einen einzigen Tag in Gottes Haushaltung aus, wo alle Stunden zusammenhängen und in Einen Morgen und Einen Abend eingeschlossen sind. Die Ankunft unseres Heilandes machte den Mittag der Zeit aus. Gott! was ist die Ewigkeit! und was ist der Herr derselben! wie viel Millionen Tage haben dazu gehört, wie viel Millionen Bewegungen hat die Erde gemacht, ehe sie zu derjenigen gekommen, die sie heute macht; und wie viele Millionen werden auf selbige folgen, die du alle gezählt hast, wie die vergangenen gezählt sind! Wie diese Ewigkeit von Tagen, die in der Welt gewesen sind und noch seyn sollen, nichts als Heute für dich sind, so ist der heutige Tag eine Ewigkeit für mich, ja der jetzige Augenblick eine Ewigkeit für mich. Herr, dein Wort macht uns klug, wenn es uns auch nicht mehr gelehrt hätte, als, diese unsere Tage zählen. Was für ein Rausch, was für ein Nichts sind sie in unsern Augen, wenn die Vernunft sie zählt! was für ein All, was für eine Ewigkeit, wenn sie der Glaube zählt! Herr! lehre mich meine Tage zählen, auf daß ich klug werde! Alles ist Weisheit in deiner Ordnung der Natur, wenn der Geist deines Wortes den unsrigen aufschließt. Alles ist Labyrinth, alles Unordnung, wenn wir selbst sehen wollen. Elender als blind, wenn wir dein Wort verachten und es mit den Täuschgläsern des Satans ansehen. Unsere Augen haben die Schärfe des Adlers, gewinnen das Licht der Engel, wenn wir in deinem Worte Alles sehen, dich, liebreicher Gott! Himmel und Erde, die Werke deiner Hände, die Gedanken deines Herzens gegen beyde und in beyden. Der Christ allein ist ein Mensch, er allein liebt sich, die seinigen und seine Väter, weil er Gott liebt, der ihn zuvor geliebt hat, da er noch nicht da war. Der Christ allein ist ein Herr seiner Tage, weil er ein Erbe der Zukunft ist. So hängt unsere Zeit mit der Ewigkeit zusammen, daß

man

man sie nicht trennen kann, ohne beyden das Licht ihres Lebens auszublasen. Ihre Verbindung ist die Seele des menschlichen Lebens, so ungleich sie auch ihrer Natur nach sind, wie die Verbindung der Seele mit dem Leibe das zeitliche Leben ausmacht.

V. B. Mose 30, 11. Welche Geheimnisse unserer Natur finden wir in Gottes Wort aufgeklärt! der ganze Mensch scheint ohne dasselbe nichts als Erde zu seyn, ohne Gestalt, leer, und Finsterniß auf der Fläche der Tiefe. Hier ist eine Tiefe, die kein menschlicher Verstand absehen kann; eine Tiefe, auf der Dunkelheit liegt, die unsern Augen nicht einmal erlaubt, die Oberfläche recht zu unterscheiden. Wollen wir etwas wissen, so lasset uns den Geist fragen, der über dieser Tiefe schwebt, der diese ungestalte, leere, geheimnißvolle Welt in die Schönheit, die Klarheit, die Herrlichkeit versetzen kann, gegen welche die übrige Schöpfung ihren Glanz zu verlieren scheint.

Das Gebot, das uns Gott giebt, ist nicht verborgen, — ist nicht fern von uns; das Urtheil ist dir nahe, Mensch — es ist in deinem Munde, in deinem Herzen — daß du dich nicht entschuldigen kannst mit der Schwierigkeit, es zu thun, oder mit der Freyheit, es zu unterlassen. Dieses Gebot ist dergestalt in dein Wesen verflochten, daß dieses aufhören muß, wenn du jenes Wort in deinem Munde verleugnen oder brechen willst.

V. B. Mose 34, 6. Der Satan bemächtigt sich nicht nur unserer sinnlichen Werkzeuge und Kräfte, sondern auch der Vernunft selbst. Das Leben unseres Heilandes und die wunderbaren Curen, die er that, waren mehrentheils in der Einlösung oder Wiedererstattung dieses obern und untern Mühlsteins, aus deren Vereinigung die Bewegung und Bedingung unserer Natur und unseres Lebens besteht.

Jos. 1, 18. Hier finden wir ein neues Exempel, wie Gott das zum voraus befiehlt, was der Mensch, wenn er sich selbst überlassen ist, als nothwendig und als seine eigene Pflicht ansieht. Daher ist im Abgrunde unseres Herzens eine Stimme, die uns der Satan selbst nicht hören läßt, die aber Gott hört, und auf die er uns aufmerksam zu machen sucht. Wenn wir zur Selbsterkenntniß gelangen, wenn wir von ungefähr uns selbst in unserer wahren Gestalt zu Gesicht bekommen; wie wünschen, wie flehen, wie ängstigen wir uns, wie fühlen wir die Nothwendigkeit von all dem, was Gott ohne unser Wissen, ohne daß wir Antheil daran genommen und darnach gefragt hätten, sich nicht ermüdet hat uns vorzuhalten, uns anzubieten, und zur Annehmung desselben aufzumuntern, ja einzuschrecken! Wir hören alsdann das Blut des Versöhners schreyen; wir fühlen es, daß der Grund unseres Herzens mit dem Blute besprengt ist, das zur Versöhnung der ganzen Welt vergossen worden. Alle Wunder der heiligen Schrift geschehen in unserer Seele. Großer Gott! unsere verderbte Natur, in welcher du Himmel und Erde hast vereinigen und zugleich erschaffen wollen, ist dem Chaos nur gar zu ähnlich, seiner Ungestalt, seiner Leere und Dunkelheit nach, welche die Tiefe vor unseren Augen bedeckt, welche dir allein bekannt ist. Mache diese wüste Erde durch den Geist deines Mundes, durch dein Wort, zu einem guten, zu einem fruchtbaren Lande, zu einem Garten deiner Hand!

Richter 6. Wir lesen so oft: die Israeliten schrieen, Mose schrie, die Erde schreyt. So wenig Gott Ohren bedarf, um zu hören, so wenig bedarf er einer Stimme, die er hören soll. Seine Allgegenwart, seine Allwissenheit sind sein Ohr und sein Auge; seine Barmherzigkeit und Weisheit giebt der ganzen Schöpfung eine Stimme; das heißt, jeder hat sein Maß, das er füllen muß. Gott hört unser Schreyen, wenn der Schlaf oder Rausch der Sünde uns an nichts weniger, als an uns selbst, denken läßt; desto mehr denkt er dann an uns. Er weiß die Noth, in der wir alsdann sind; diese unsere Noth ist das Geschrei, das er hört. Wie unglücklich würden selbst die Raben seyn, wenn Gott mit der Schöpfung ihres Futters so lange warten wollte, bis sie hungerte und sie ihn darum anzurufen anfingen! Nichts würde so alt werden auf der Welt, um eine Stimme brauchen zu können. Wir würden verhungern, ehe unsere Zunge lallen lernte. Wie eine Mutter das Geschrei ihres Kindes ohne Sprache versteht, so Gott unsern Hunger und Durst, unsere Blöße und Unreinigkeit; und er hat für alles gesorgt, noch ehe wir etwas von diesen Bedürfnissen wußten, noch ehe wir ihm ein gut Wort darüber gegönnt hatten, ja ohne daß ihm die meisten Menschen dafür danken, und sein Geschrei hören, mit dem er uns seinen Himmel anbietet.

Ruth I. Gott hat mit einer bewundernswürdigen Weisheit eine Harmonie, ein so ausserordentliches Band und Scheidewand zugleich zwischen den Kräften des Leibes und der Seele, zwischen den Gewässern oben und unten eingeführt, daß sie sich einander ersetzen, gegen einander dienstfertig sind, und in ihrer Entfernung einen Zusammenhang finden. Gott hat unserem Leibe das Gefühl des Hungers gegeben, daß wir eben eine solche Nothwendigkeit in unserem Geiste voraussetzen sollen. Ja vielleicht macht der Hunger, der Kummer, die Dürre, worin unser Geist lebt, den Leib so schwach, so gierig. Mose, unser Heiland, und seine Nachfolger erfuhren mit ihren Sinnen die Nahrung, die wir in der Vollbringung des göttlichen Wortes fühlen sollen; wie ein wahrer Christ das Wort Gottes, je länger, je mehr er es liest, von allen Büchern durch ein Wunderwerk unterschieden findet, den Geist des Wortes in seinem Herzen schmelzen, und wie durch einen Thau des Himmels die Dürre desselben erfrischt fühlt, wie er es lebendig, kräftig, schärfer denn kein zweyschneidig Schwerdt, an sich prüft, das durchdringt bis zur Scheidung der Seele und des Geistes, der Gebeine und des Markes in denselben.

1. B. Sam. 9. Wie hat sich Gott der Vater gedemüthigt, da er einen Erdenkloß nicht nur bildete, sondern auch durch seinen Othem beseelte! Wie hat sich Gott der Sohn gedemüthigt! Er wurde ein Mensch, der geringste unter den Menschen; er nahm Knechtsgestalt an; er wurde für uns zur Sünde gemacht. Wie hat sich Gott der heilige Geist erniedrigt, da er ein Geschichtschreiber der kleinsten, der ver-

ächtlichsten Begebenheiten auf der Erde geworden ist, um dem Menschen in seiner eigenen Sprache, in seinen eigenen Geschäften, in seinen eigenen Wegen die Rathschlüsse, die Geheimnisse und die Wege der Gottheit zu offenbaren!

Stellet euch das Geheimniß vor, wodurch ihr euch einem Volke wolltet verständlich machen, das taub und blind geboren wäre, oder dessen Augen und Ohren durch Zauberey verschlossen wären. Nur Gott würde zu einem solchen Volke reden können; nur derjenige, der Augen und Ohren geschaffen hätte, und der mit seinem Finger alle Macht der Zauberer Aegyptens zu Schanden machte, würde sich einem solchen Volke entdecken können. Die Natur ist herrlich; wer kann sie übersehen? wer versteht ihre Sprache? Sie ist stumm, sie ist leblos für den natürlichen Menschen. Die Schrift, Gottes Wort, ist herrlicher, ist vollkommener, ist die Amme, die uns die erste Speise giebt, und uns stark macht, allmählich auf unsern eigenen Füßen zu gehen.

Der heilige Geist erzählt uns in der Begebenheit einer Moabitin die Geschichte der menschlichen Seele; in dem Rath und Trost, in der Zärtlichkeit, in der verborgenen Führung ihrer Schwiegermutter seine eigene Leitung der Menschen. So sehen wir in der Geschichte Sauls eben dasselbe unter einem neuen Lichte, in einem neuen

Kleide. So ist die Natur; Gott läßt seine Güte die Menschen schmecken in tausend Gestalten, in tausend Verwandlungen, die nichts als Schalen seiner Güte sind, die durch die ganze Schöpfung als Grund ihres Daseyns, ihres Segens fließt. Lasset uns die ganze Schrift als einen Baum ansehen, der voller Früchte, und in jeder einzelnen Frucht ein Same, ein reicher Same eingeschlossen ist, in dem gleichfalls der Baum selbst und die Früchte desselben liegen. Dieß ist der Baum des Lebens, dessen Blätter die Völker heilen, und dessen Früchte die Seligen ernähren sollen.

1. B. Sam. 21. Der heilige Geist ist ein Geschichtschreiber menschlich thörichter, ja sündlicher Handlungen geworden. Er hat die Lügen eines Abraham, die Blutschande Lots, die Verstellungen eines Mannes nach dem Herzen Gottes, erzählt. Gott, deine Weisheit hat die Thorheit der Menschen, die Sünde der Menschen, durch einen Rath, den keine Vernunft genug bewundern und verehren kann, zu unserem Zuchtmeister auf Christum, zu unserem Ruhme in Christo gemacht. Gott! wie hat der Stolz in das menschliche Herz kommen können! die ganze Schrift ist in einer Art geschrieben, worin du dich selbst hast demüthigen wollen, um uns die Demuth zu lehren; um den

Stolz des Philisters zu Schanden zu machen, der deine Wunder, unter dem Griffel, mit dem du sie an die Pforte vor den Augen Himmels und der Erde schreibst, für die Schrift eines Wahnwitzigen ansieht; daß die Söhne der Schlange um die Weisheit kommen, den gesegneten Weibes Samen zu binden, weil sie ihn gleichfalls für verrückt ansehen; daß dein Apostel öffentlich der Raserey beschuldigt werden mußte; warum? weil dein Geist durch ihn Worte der Wahrheit und Nüchternheit sprach.

1. B. Sam. 26, 3. David sieht, und schickt gleichwohl Kundschafter aus, um dadurch zu erfahren, was er sieht. Ist nicht allenthalben der Geist Gottes, der die Höhen unserer Vernunft niederreißt, um uns ein himmlisches Gesicht dafür mitzutheilen; der unsere Vernunft zu verwirren scheint, indem er sein Licht in ihr scheinen läßt, und die Finsterniß absondert?

1. B. d. Kön. 3. Alle Werke Gottes sind Zeichen und Ausdrücke seiner Eigenschaften; und so, scheint es, ist die ganze körperliche Natur ein Ausdruck, ein Gleichniß der Geisterwelt. Alle endliche Geschöpfe sind nur im Stande, die Wahrheit und das Wesen der Dinge in Gleichnissen zu sehen.

1. B. d. Kön. 8. Verliert sich nicht alle Pracht, alle Aufmerksamkeit auf die Baukunst und den Reichthum des Königs, wenn wir Salomon vor dem Altare des Herrn stehend und seine Arme gen Himmel ausgebreitet sehen? Der Geist des Gebetes quillt aus seinem Herzen, er füllt seinen Mund, wie der Rauch den Tempel gefüllt hatte. Wir haben nicht nöthig, und wir sind nicht vermögend, wie Salomon zu bauen; unser Haus ist schon fertig, von dem dieses nur ein Schatten war, ja unser Herz ist Gott angenehmer, als dieser Tempel. Wir können alle wie Salomon beten. Das Gebet unsers Königs und Hohenpriesters macht alle unsere Seufzer, so gebrochen, so verstümmelt, so kurz sie sind, eben so voll, so reich, so kräftig.

1. B. d. Kön. 29. Der Gott, der den Sturm, das Erdbeben, das Feuer zu seinen Boten hat, wählt eine stille, leise Stimme zum Zeichen seiner Gegenwart. Diese Stimme hört ein Elias, der den Sturm, das Erdbeben und das Feuer gesehen und gefühlt hatte unbewegt, diese Stimme hört ein Elias, und verhüllt sein Gesicht im Mantel. Dieß ist die stille, leise Stimme, die wir mit Zittern in Gottes Wort und in unserem Herzen hören.

1. B. d. Chron. 11, 32. Der Verstand der Zeiten giebt uns den Verstand unserer Pflichten. Der Herr der Zeit kennt selbige allein; er kann uns also allein sagen, von was für Wichtigkeit der Augenblick ist, den er uns schenkte. Der gegenwärtige Augenblick ist nur ein todter Rumpf, dem der Kopf und die Füße fehlen; er bleibt immer auf der Stelle, worauf er liegt. Das Vergangene muß uns offenbaret werden und das Zukünftige gleichfalls. In Ansehung des ersten können uns unsere Nebengeschöpfe etwas helfen; das letzte ist uns gänzlich versagt; selbst der Othem der folgenden Stunde ist sein eigener Herr, wenigstens hängt er von der vorigen so wenig ab, als er seinem Nachbar und Nachfolger gebieten kann. Jeder Augenblick der Zeit ist vollkommen rund; daß eine Schnur aus demselben wird, rührt von dem Faden her, den die Vorsehung durch denselben gezogen, und der ihm eine genaue Verbindung giebt, welche unser schwaches Auge uns nicht beobachten läßt. Dieser Faden macht den Zusammenhang der Augenblicke und Theile der Zeit so fest und unauflöslich, daß alles aus einem Stücke besteht.

1. B. d. Chron. 23, 5. Der Geist Gottes hat sich Menschen, und durch Menschen, geoffenbart. Mit den Werkzeugen die

ich gemacht habe. Er ist der Geist, der uns lehrt, Gott im Geiste und in der Wahrheit anrufen; der unsern Mund zum Lobe Gottes zubereitet; der die Harfe Davids stimmte. Er läßt es uns merken, daß er es ist, der Gott, der die Stimme des Thons, der Erde und Asche so angenehm, so wohlklingend, als das Jauchzen des Cherubs und Seraphs macht. Gott! wie gnädig bist du! Bloß unsertwegen scheinst du Gott zu seyn! wie groß ist unsere Undankbarkeit, wenn wir dieses nicht erkennen und dir allein leben und sterben!

V. 11. Wie der Geist Gottes die kleinsten Ordnungen, die sie in seinem Dienste gemacht haben, aufzeichnungswerth findet, und die kleinsten Umstände anmerkt! Es ist eben dieses die Art, wie er in unsern Seelen wirkt. Wer den Geist Gottes in sich fühlt, wird ihn gewiß auch in der Schrift fühlen. Wie er die kleinsten Umstände, die uns begegnen, anzuwenden weiß, um den Menschen zu erbauen, aufzurichten, zu erfreuen, zu trösten, zu warnen und ihm zuzureden! So wahr ist es, daß seine Absicht gewesen, keinen andern, als Glaubigen, als wahren Christen, durch sein Wort zu gefallen. Der Unglaubige geht ihn nichts an; er mag so einfältig oder so gelehrt seyn als er will, er ist versiegelt für ihn; der Glaubige allein ist sein Vertrauter; er läßt sich schmecken von dem einfältigsten und dem tiefsinnigsten Verstande mit gleicher Wollust, mit gleichem Maße, mit gleichem Reichthum himmlischer Wahrheit und übernatürlicher Gnade.

1. B. d. Chron. 26. Der ganze Gottesdienst der jüdischen Kirche, die Opfer, die Lieder, der Tempel, die Harfen, alles war prophetisch; alles waren Sinnbilder von dem Dienste Gottes, den wir Christen mit unseren Gedanken, Worten, Handlungen, mit unserem ganzen Leibe, mit jedem Gliede desselben, mit jedem Werkzeuge unsers Berufes, unseres Vergnügens, unseres Wandels und unserer Andacht durch den Glauben an seinen Sohn, bezeugen würden. Unser ganzes Leben, aller Gottesdienst eines Christen, alle seine Handlungen sind prophetisch, sind Prophezeyungen von dem himmlischen Dienste, den wir Gott vor seinem Throne, mitten unter seinen Engeln, und dem Lamme Gottes, mitten unter seinen Zeugen und Brüdern, bringen werden. So waren der Mantel des Propheten, so der Stab seiner Diener Wunderthäter.

2. B. d. Chron. 21. Wie der Gottlose alle seine Unterthanen und Bundsgenossen gegen sich aufstehen sieht, die ihn seinen Ungehorsam durch ihren eigenen fühlen lassen! Unsere Ver-

nunft, unsere Begierden, unsere Bedürfnisse, die Zeit, das Leben selbst, alles steht gegen uns auf. Wie entgegengesetzt ist der Friede des Christen mit Gott und sich selbst!

Esra 4. Die Feindschaft des Schlangensamens gegen den gesegneten Weibessamen lauft durch die ganze heilige Schrift, die eine Erklärung der ersten Prophezeyung und eine fortdauernde Bestätigung derselben bis zur Zeit der Erfüllung enthält. Die Feinde Juda's und Benjamin's fangen mit glatten Worten an, und wollen den Söhnen der Verpflanzung einbilden, sie suchten einen Gott mit ihnen, sie thäten und opferten ihm wie jene.

Esra 7. Unser Ausgang, der Anfang, den wir in unserem Berufe machen, und die Vollendung desselben, die Heimkunft nach verrichtetem Tagwerke, hängen alle von der guten Hand unseres Gottes über uns ab. Wir müssen überführt seyn, daß der Regierer der ganzen Welt unser Gott ist; wir müssen durch den Glauben den Antheil an seiner Gegenwart und Gnade fühlen. Wir müssen aber auch zugleich unsere Schritte und Wege so thun, daß der Schatte der göttlichen Hand über uns ein Wegweiser und der Wolke gleich ist, die Israel in der Wüste führte; wir müssen uns immer befleißigen, unter derselben, niemals neben derselben, weder zur Rechten noch zur Linken zu wandeln. Wie jene Morgenländer den Stern über dem Hause sahen, so müssen wir beständig Gottes Hand über unserem Haupte zu sehen trachten. Wodurch war aber die Hand Gottes, seines Gottes über Esra? weil das Gesetz Gottes niemals aus der Hand Esra war, und das Gesetz Gottes die Weisheit Gottes ist.

Esra 9. Die vornehmsten Gaben des heiligen Geistes leuchten in Esra hervor; vornehmlich der Geist des Gebetes, das ihm so natürlich in allen seinen Geschäften muß gewesen seyn, daß er mitten in der Aufsetzung der Geschichte, nach der Mittheilung der königlichen Urkunde und Vollmacht, in ein Gebet ausbricht. In diesem Kapitel finden wir ein längeres, und alle Stärke der Buße, der Furcht, der Andacht ausgegossen. Die zweite Gabe des guten Geistes in Esra ist der Geschmack Gottes, der herzliche Eifer, das Gefühl des göttlichen Wortes, davon sein ganzes Wesen scheint durchdrungen zu seyn.

Hiob 1, 21. Welche Gleichgültigkeit gegen alle Güter der Erde, worauf Satan seine Macht baut, und worin alle seine Zauberkünste über die blöden Sterblichen bestehen! Wie stark war Hiobs Vernunft, einen bloßen

Wink der Natur zu einem so starken Nagel des Glaubens zu gebrauchen! Nackend kam ich aus dem Leibe meiner Mutter, und nackend soll ich wieder dahin zurückgehen. Diese Blöße, in der ich auf die Welt kam, machte Gott mitleidig, mir mehr, unendlich mehr zu geben, als ich nöthig hatte; er setzt mich jetzt wieder in eben die Blöße und läßt mich in dieselbe wieder zurückgehen; er hat mir gegeben, und hat also ein Recht zu nehmen; ja vielleicht braucht er dieses Recht bloß, um mir einen größeren Reichthum, von dem ich nichts weiß, zu geben, in einem Zustande, der mir jetzt so fremd ist, als mir diese Erde war im Schoße meiner Mutter. Er wird sich offenbaren, wie er bisher sich gegen mich geoffenbaret hat.

Hiob 3, 14—19. Was macht das Loos des menschlichen Lebens so betrübt, und was sind die Sorgen, welche Hiob in demselben gefunden hat? Könige und Rathgeber der Erde, die wüste Plätze bauen für sich selbst — Fürsten, die Gold haben und ihre Häuser mit Silber füllen — unzeitige Früchte, denen nicht Zeit gelassen wird, das zu seyn, was sie seyn sollen — Kinder, welche das Licht nicht zu sehen bekommen — Bösewichter, die niemals ruhig sind — Müde, die keine Kräfte bekommen können — Gefangene, die nichts als die Stimme des Unterdrückers hören — Große und Kleine, Herren und Knechte, die einander zur Strafe sind. Wie Hiob in dem Lobe des Grabes die Mühseligkeit des Lebens ausdrückt, so sehen wir diese auch in dem Fluche seiner Geburt — Dunkelheit, wo wir Licht haben sollten. Das Licht, das auf alles, was Gott erschaffen hat, zurückfällt, scheint in dem Menschen ausgelöscht zu seyn. Alle diejenigen Dinge, die einen Tag schrecklich und eine Nacht fürchterlich machen können, sind im menschlichen Leben vereinigt.

Die Vernunft entdeckt uns nicht mehr als was Hiob sah — das Unglück unserer Geburt — den Vorzug des Grabes — und die Unnützlichkeit und Unhinlänglichkeit des menschlichen Lebens, weil wir keine Einsichten haben, und Leidenschaften und Triebe in uns fühlen, deren Absicht uns unbekannt ist.

Hiob 4. Satan gebraucht die Freunde Hiob's zu einem Versuche, die menschliche Natur zu erniedrigen, das Verderben zu vergrößern, das er selbst in sie gepflanzt hat, die Gerechtigkeit und Heiligkeit Gottes als seine einzigen Eigenschaften uns einzudrücken, uns durch partheyische Erkenntniß und Einsicht, durch einzelne und verstümmelte Wahrheiten, durch abgesonderte und aus dem Zusammenhange der göttlichen Weisheit und Haushaltung gerissene Gründe

Gründe niederzuschlagen, zu verwirren und in Verzweiflung zu bringen. So entschuldigt er sich in Adam: „Das Weib, das du mir gabst;" so demüthigte er Cain: „meine Sünde ist grösser, denn deine Vergebung."

Die Reden der Freunde Hiob's belehren uns, wie unhinlänglich ein Glaube oder eine Erkenntniß des göttlichen Namens, die sich auf seine allgemeinen Eigenschaften gründet, ist; ja wie wir selbige durch eine unrechte Anwendung auf einzelne Fälle sogar mißbrauchen, und, anstatt Gottes Weisheit und Heiligkeit zu rechtfertigen, selbige verleugnen können; wie Gott ein menschlich Mitleiden mit den Schwachheiten und Leiden unseres Nächsten ein angenehmerer Dienst, als eine Rettung seiner Wege, ist.

Hiob konnte seine Plagen unmöglich als Gottes Willen ansehen; er war nicht im Stande zu zweifeln, Gott habe sich die Aufrichtigkeit und Unschuld seines Herzens gefallen lassen. Er wünschte nichts, als mit Gott selbst hierüber sich besprechen zu können. Gott erhörte diesen Wunsch, und in ihm den Wunsch des ganzen menschlichen Geschlechts.

Wir finden also in diesem Buche den Geist der übrigen Bücher der heiligen Schrift: den Geist der sich allenthalben durch sich selbst aufklärt, und sein Zeugniß von der Erlösung durch

Christum überall zum Ziele seiner göttlichen Offenbarung setzt.

Psalm 3, 3. Du bist der Aufrichter meines Hauptes. Gott muß uns allein die gerade, aufgerichtete Stellung geben, die uns Menschen unterscheidet. Die Niedergeschlagenheit unseres Geistes ist Gott allein im Stande zu heben. Der Aufrichter des Hauptes ist der Erlöser.

Psalm 4, 4. Was ist die Stimme unseres eigenen Herzens, die wir das Gewissen, oder das Lispeln der Vernunft, oder unsern Schutzengel nennen? Ach! mehr als unser Herz und als ein Engel! Der Geist Gottes verkleidet sich in unsere eigene Stimme, daß wir seinen Zuspruch, seinen Rath, seine Weisheit aus unserem eigenen, steinigen Herzen hervorquellen sehen.

Sprüchw. 3. Wenn Hiob uns die Natur aufschließt, und Gott uns in diesem Buche lehrt, wie wir die Werke seiner Schöpfung in einem widerscheinenden Lichte betrachten sollen, so finden wir im Salomo einen Schlüssel zu dem, was man die große Welt nennt. — Wie treu finden wir die Neigungen des Verführers in dem Bilde einer Hure ausgedrückt, das Salomo hier schildert! Dieß ist die große Zauberkunst der Buhlerinnen, gleich den seidenen Stoffen alle Farben zu spielen, und das Auge durch den Irrthum, worin man es unterhält, zu vergnügen, damit wir uns nicht besinnen können, weil eine beständige Zerstreuung uns alle Aufmerksamkeit auf uns selbst und alle übrige Dinge entzieht.

Sprüchw. 6. Die Schrift kann mit uns Menschen nicht anders reden als in Gleichnissen, weil alle unsere Erkenntniß sinnlich, figürlich ist, und die Vernunft die Bilder der äusserlichen Dinge allenthalben zu Zeichen abstracter, geistiger und höherer Begriffe macht. Ausser dieser Betrachtung sehen wir, daß es Gott gefallen hat, seinen Rath mit uns Menschen zu verbergen, uns so viel zu entdecken, als zu unserer Rettung nöthig ist und zu unserem Troste; dieses aber auf eine Art, welche die Klugen der Welt, die Herren derselben hintergehen sollte. Daher hat Gott nichtswürdige, verächtliche, ja Undinge, wie der Apostel sagt, zu Werkzeugen seines geheimern Rathes und verborgenen Willens gemacht. Er bediente sich eben derselben Schlingen, welche der Satan den Menschen gelegt hatte, um ihn selbst zu fangen.

Ich wiederhole mir selbst diese Betrachtung so oft, weil sie mir ein Hauptschlüssel gewesen ist, Geist, Hoheit und Geheimniß, Wahrheit und Gnade da zu finden, wo der natürliche Mensch nichts als eine poetische Figur, Tropen oder Idiotismen der Grundsprache, der Zeiten des Volks, kleine Wirthschaftsregeln und Sittensprüche findet. So bleibt man in der Offenbarung, die Gott dem Hiob geschehen ließ, bey den physischen Seltenheiten stehen, bey den Thieren, bey dem Leviathan, bey der Ameise, anstatt auf den Kern dieser Schale zu sehen; auf die Beziehung dieser sichtbaren Werke Gottes auf unsichtbare und geistliche.

Sprüchw. 9, 17. Gott hat unsern Seelen einen Hunger nach Erkenntniß, ein Verlangen zu wissen, eine Unruhe, wenn wir uns an einem dunkeln Orte befinden — er hat unsern Seelen einen Durst der Begierden gegeben, die lechzen, die schreyen nach einem Gute, das wir so wenig zu nennen wissen, als der Hirsch das frische Wasser, das wir aber erkennen und in uns schlucken, sobald wir es antreffen. So wie wir für unsern zeitlichen Hunger und Durst einen reichen Vorrath der Natur finden, die für jeden Geschmack gesorgt hat; so hat Gott gleichfalls Wahrheit und Gnade zur Nahrung und Stärkung unserer Seele zubereitet. Das gönnt uns der Satan nicht; er hat unzählige Erfindungen gemacht, Moden und Vorurtheile aufgebracht, um sein gestohlenes Wasser, als ein süßes Linderungsmittel aller menschlichen Begierden, und sein heimliches Brod, als ein angenehmes Mittel gegen den Hunger zu empfehlen. Wir sehen, wie unser Seelenfeind unseren Begierden, die uns Gott gegeben, und die also aus seiner Hand und mit seiner Kost allein gesättigt werden können, kümmerliche, abgeschmackte, ja giftige Hülfsmittel als Nahrung vorsetzt.

Sprüchw. 10, 19. In der Menge der Worte fehlt es nicht an Sünde; derjenige aber, der seine Zunge zurückhält, der ist weise. Wie unerschöpflich sind die Beweise dieser Wahrheit! Der Reiche sucht in der Menge seiner Güter den Mangel des Geizes umsonst zu sättigen; die Erde macht keine Seele reich; sie macht sie immer ärmer, immer durstiger. Daher ist der reichste Geist der ärmste, der unglücklichste, der geizigste. Worte sind den Schätzen der Erde gleich; sie sind die Scheidemünze der Weisheit, deren Menge uns beschwerlich, unbrauchbar, eitel wird. Alle Bedürfnisse des menschlichen Lebens und der menschlichen Natur sind sich einander ähnlich; sie sind Kundschafter, die uns ein entfernteres Land entdecken sollen. Der

Hunger ist uns nicht deßwegen gegeben, daß wir nichts als essen sollen; die Scham und Blöße nicht, daß wir uns nichts als Kleider anschaffen sollen; die Zunge nicht, daß wir nichts als reden sollen; der Leib nicht, daß wir nichts als für das tägliche Brod mit demselben arbeiten, oder bey Müßiggang desselben pflegen sollen. Gott hat uns so viele Bedürfnisse gegeben, er hat sie so untergeordnet, daß uns die bloße Natur den Werth derselben, die Ordnung, in der wir sie befriedigen sollen, lehren könnte. Dessen ungeachtet hat Gewohnheit, Mode, Thorheit und die Sünde in allen möglichen Gestalten diese Ordnung aufgehoben. So hat der Satan uns mit Worten anstatt Wahrheit abzuspeisen gewußt. Wie lange hat er den Bauch der Vernunft mit diesem Winde aufgeblasen! Die christliche Religion zäumt daher unsere Zunge, die Schwatzhaftigkeit der Sünde in uns, so stark ein, indem sie uns entdeckt, wie Gott jedes unnütze Wort richten wird. In welchen Gesellschaften wird am meisten gesündigt, als, wo es eine Schande ist, still zu schweigen, und für Wohlstand gehalten wird, für Kunst zu leben, Nichts zu reden. Wie sind die Sitten durch diese Freyheit des Umganges verdorben worden! Wie sind die Sprachen schwer gemacht worden, um uns mit einer unnützen und eiteln Beschäftigung von dem Nöthigen und Nützlichen abzuhalten! Welche Schriften müssen am meisten auf die Wahl und den Reichthum der Sprache bedacht seyn? Die leersten, die abgeschmacktesten, die sündlichsten. Daher gehört es mit zu der Güte eines vorzüglichen Werkes, alles unnütze so viel als möglich abzuschneiden, die Gedanken in den wenigsten Worten, und die stärksten in den einfältigsten zu sagen. Daher ist die Kürze ein Charakter eines Genies, selbst unter menschlichen Hervorbringungen, und alle Menge, aller Ueberfluß eine gelehrte Sünde. Ist die Sünde nicht selbst die Mutter der Sprachen gewesen, wie die Kleidung eine Wirkung unserer Blöße? Würde der Geist Gottes selbst so viele Bücher nöthig gehabt, sich so oft wiederholt, eine solche Wolke von Zeugnissen und Zeugen gebraucht haben, wenn dieß nicht selbst unsere Sünde, die Größe unseres Unglaubens, unentbehrlich gemacht hätte?

Prediger 1, 13. Alle menschliche Weisheit arbeitet, und hat Sorge und Verdruß zum Lohne; je weiter die Vernunft sieht, desto größer ist das Labyrinth, in dem sie sich verliert. Alles ist eitel und quält den Geist, anstatt ihn zu beruhigen und zu befriedigen. Es geht der Vernunft wie den Augen mit einem Vergrößerungsglase, wo die zarteste Haut eckel, das schmackhafteste Gericht zu einem Haufen Würmer, und das feinste Werk der Kunst zu einer Pfuscher Arbeit wird. Wir sehen die Unmöglichkeit, allen Ungleichheiten in der menschlichen Gesellschaft abzuhelfen, und wir sehen eine überwiegende Anzahl von Mängeln und Gebrechen in derselben; ja die Blödigkeit unserer Sinne und Verstandeskräfte läßt uns Fehler in Schönheiten finden, indem wir alles nur stückweise betrachten.

Prediger 2, 10. Hier finden wir eine Spur der göttlichen Güte, ungeachtet der Eitelkeit aller Wollüste und des bittern Nachgeschmacks, den sie zurücklassen, die ungeachtet der Eitelkeit aller unserer Werke, doch in der Arbeit, in der Beschäftigung, und besonders in nützlichen Beschäftigungen, die in die Augen fallen, und unsern und Anderer Beyfall erhalten, eine Art von Freude, ein Gewürz von Lust gelegt hat, die uns mehr vergnügt als die Arbeit selbst, weil wir öfters dasjenige nicht achten, was uns so angenehm war, als wir es unter Händen hatten, hervorzubringen.

Prediger 2, 26. Alle die Eitelkeit, alle die Arbeit, alle die Bemühungen der Menschen um Weisheit, um Glück, um Ruhe, die in so verschiedenen Wegen die Menschen nach dem Grabe führen, wo all der Unterschied, den sie sich auf der Erde zu geben suchen, aufhört, sind nicht dem Frommen von Gott zugedacht; sondern sie sind ein Fluch, den die Sünde dem Menschen aufgelegt hat, den aber Gott zum Segen für die Seinigen machen will. Denn diese emsigen, diese unruhigen Geschöpfe sammeln und häufen für diejenigen, die in Gottes Augen gut sind; und diese sollen etwas, das der Sünder sucht und nicht findet, um das er arbeitet und das er nicht genießen kann, umsonst durch des Sünders Arbeit empfangen: Weisheit, Erkenntniß, Freude.

Was ist das göttliche Wort, und woher ist die Weisheit, Erkenntniß, Freude, die in demselben liegt, genommen? Ist sie nicht Honig, der in einem erschlagenen Thiere von Bienen angebaut ist? Was sind die Geschichten, die sie uns liefert, als Beyspiele von der Sünder Arbeit, von der Eitelkeit und Thorheit, worein die Menschen verfallen sind?

Prediger 3. Wir finden hier eine Reihe widersprechender Dinge und Handlungen, welche in dem menschlichen Leben vorkommen, die unmöglich zugleich bestehen können, und daher ihre besondere und verschiedene Zeit erfordern. Für jedes ist derjenige Augenblick bestimmt, welcher der geschickteste und beste für dasselbe ist.

Die Schönheit der Dinge besteht in diesem Augenblicke ihrer Reife, den Gott abwartet. Wer die Blüthe der Kirschen für die Früchte kosten wollte, würde ein schlechtes Urtheil darüber fällen; wer den kühlen Schatten der Bäume nach der Witterung des Winters und nach ihrer Gestalt in dieser Jahreszeit beurtheilen wollte, würde sehr blind urtheilen; und diese Schlüsse machen wir gleichwohl über Gottes Regierung und über die Absichten derselben.

Jesaja 30, 23. Die fette Weide der Heerden, das schmackhafte Futter der Ochsen .. So hängt das Glück der Thiere von unsern Tugenden und Lastern ab. Diese pressen der Creatur Seufzer aus; jene erzeigen ihnen Wohlthaten. Denken wir Menschen an die Dienste, die uns die unvernünftigen Geschöpfe, vermöge der weisen Ordnung der Natur, erweisen? Mißbrauchen wir nicht unsere Herrschaft über dieselben? In Sparta strafte man die Grausamkeit eines Kindes gegen einen Vogel. Unsere Ueppigkeit und angeborne Bosheit verderbt die Sitten der häuslichen und zahmen Thiere; unsertwegen mußten sie ihren Instinct verlieren, Unarten annehmen, die ihnen nicht natürlich sind. — Erkennet, Menschen, mit den Zauberern Aegyptens, auch in dem verächtlichsten Gewürm den Finger Gottes. Verachtet nicht diese unmündigen Sittenlehrer, deren Gaukeltugenden euch beschämen, deren Handlungen äsopische Spiegel eurer Leidenschaften, Sinnbilder der Natur sind, die euch spielend unterrichten.

Jerem. 38, 11. Wir liegen alle in einem so sumpfigen Gefängniß, wie Jeremias. Alte Lumpen dienten ihn herauszuziehen; diesen sollte er seine Rettung zu danken haben. Nicht das Ansehen derselben, sondern die Dienste, die sie ihm thaten und der Gebrauch, den er davon machte, erlösten ihn aus der Gefahr des Lebens.

Ezechiel 29, 14. Wer erstaunt nicht, wenn die größten Völker der Erde in ihren Kriegen und Eroberungen, in ihren Siegen und Verwüstungen, zu nichts als Propheten unsichtbarer Dinge, zu einem Puppenspiele der göttlichen Vorsehung gedient haben, um sich den Glaubigen durch diese Zeichen zu offenbaren! Wir müssen die ganze Erde bloß als eine Himmelskugel der Sternseher betrachten, und die ganze Geschichte derselben als eine Landkarte, oder als einen mathematischen Riß zu einer Aufgabe der höhern Meß- und Bewegungskunst.

Nahum. Nächst dem Reichthume Gottes in der Natur, der aus Nichts entstand, ist keine grössere Schöpfung als diese der menschlichen Begriffe und Empfindungen zu himmlischen und göttlichen Geheimnissen; diese Allmacht der menschlichen Sprache zu den Gedanken der Cherubim und Seraphim. Wie schwellen, wie glühen, wie rauschen die sinnlichen Eindrücke zum Gefühl und Augenschein des Glaubens und des Geistes! Jede einzelne Traube des göttlichen Wortes ist eine ganze Weinerndte für einen Christen. Alle Wunder sind tägliche Begebenheiten, stündliche Erfahrungen des Lebens in Gott. Es ist einem Christen so unmöglich, an Gottes Wort zu zweifeln, als einem getauften Heiden, daran zu glauben. Es ist mehr als das Zeugniß der Sinne und der Vernunft, was zur Religion gehört. Sie hat ein festeres Siegel, als den Beyfall dieser Unmündigen nöthig, dieser bestochenen Hüter, die uns erzählen, was sie im Schlafe sehen.

Haggai I. Die Gottseligkeit hat die Verheißung dieses und des zukünftigen Lebens. Wie bald würde die Blindheit der Menschen aufhören, wenn sie im Stande wären, ihre eigenen Wege zu betrachten! Wie leicht würde es ihnen werden, sich Häuser zu bauen, die gebauten zu erhalten, ja, was noch mehr ist, genug zu haben, mehr als genug zu haben, mit Zufriedenheit und Danksagung die Wohlthaten der Natur zu empfangen, zu genießen, durch Mäßigkeit zu vervielfältigen, und die Lieblichkeit Gottes in jeder Creatur zu schmecken! Was ist der Grund der kümmerlichen Erndte von einer grossen Aussaat, des Hungers und Durstes, der niemals gestillt werden kann, der Kälte, die uns unsere Kleider nicht vertreiben wollen, und der durchlöcherten Beutel, worin wir unsere Einnahme aufzuheben glauben? Der Mangel des göttlichen Gedeihens; und dieses fehlt, weil uns Gott und sein Dienst ein Nebenwerk, ein entbehrliches Ding, ein Ueberfluß, ja leider ein Hinderniß in unserem Berufe scheint. Dieser Mangel der Religion in den Menschen macht überhaupt schon eine Unordnung in den Leidenschaften, die immer noch viel vor sich sehen, und wenig zu empfangen glauben, und das Wenige selbst durch hundert kleine Lüste und Näschereyen derselben, durch allerhand Ausschweifungen, Nachlässigkeiten und Thorheiten bald zu Spreu machen.

Matth. 4. Die Versuchung unseres Heilands muß man mit der Geschichte von Adam's Fall zusammennehmen. Unser Stammvater war im Garten, den Gott gepflanzt hatte, unter einem Ueberflusse der schönsten Früchte; wir sehen unsern Erlöser in der Wüste. Eine Zubereitung von einem vierzigtägigen Fasten, welches vermuthlich strenger zu halten, er eine Wüste erwählt hatte. Man stelle sich das Fasten unseres Heilands nicht nach den Begriffen der Eitelkeit vor, die unsere Mönche darin finden, noch seine Einöde gleich ihrer, daß sein Leben darin so leer gewesen, als der Boden, auf dem er sich befand.

Alle die Vortheile, die der Satan in der Einsamkeit, besonders einer traurigen, über uns hat, und deren Pfeile kein Sterblicher aufzufangen im Stande wäre, waren dem Verführer hier über unsern Erlöser gegeben.

Wir sind so wenig zu Einöden geboren, daß uns die bloßen Fußstapfen der Menschen zur Aufmunterung dienen. Hier ist unser Heiland in eine Einöde der Gesellschaft und Natur versetzt; er sieht nichts als Steine um sich. Wir fühlen die Bedürfnisse der menschlichen Natur stärker, wenn wir uns selbst überlassen sind, und je weniger wir eine Möglichkeit sehen, ihnen genug zu thun. Man setze also den Hunger des Erlösers hier in Vergleichung mit dem Uebermuthe, den Adam trieb, von dem verbotenen Baume zu essen. Nicht Hunger, nicht Mangel, sondern die Verachtung des göttlichen Wortes, der Glaube an die Verheißungen der Schlange war es, was ihn verführte,

Hier nun, unter allen diesen Anläufen, die einer menschlichen Natur so überlegen zu seyn scheinen, was wäre natürlicher gewesen, als sie durch ein Wunder der göttlichen Allmacht zu erleichtern: was wäre menschlicher gewesen, als, die Gelegenheit, die Satan gab, ihn zu überführen, daß der Erlöser Gottes Sohn sey, zur Unterstützung der menschlichen Kräfte anzuwenden? Nein! Hier war der Augenblick, in dem ein Mensch der Göttlichkeit, die in ihm kein Raub war, sich entäußern mußte, um das Verbrechen Adam's zu büßen. Nein, Gott hielt Satan nicht werth, ihn seine Allmacht sehen zu lassen, die er nur als überwunden fühlen sollte.

Jesus bedient sich keiner andern Waffen, als des göttlichen Wortes, und die Kraft desselben ist durch den Gebrauch, den er davon bey dieser außerordentlichen Gelegenheit machte, an allen denjenigen gesegnet worden, die sich desselben unter gleichen Umständen bedienen werden. Es war dem Satan, wie es scheint, an nichts mehr gelegen, als, zu wissen, ob Jesus Gottes Sohn sey. Er bediente sich eines gefährlichen Umstandes dazu; er fiel ihn in der Schwäche des Hungers an, um ein Wunder herauszulocken. Er legt ihm die Gelegenheit eines zweyten Wunders nahe, wozu er ihm den Weg durch eine Prophezeyung zu machen sucht, wobey er sich in einen Engel des Lichts verstellen will. Da ihm dieser Versuch fehl schlug, so schöpfte er einen Verdacht gegen die Göttlichkeit der Person. Er nimmt also die Maske dreist ab, aus Verzweiflung oder aus Verachtung.

Sobald er sich unserem Heilande als der Verführer zeigt, begegnet ihm dieser mit dem Ansehen der menschlichen Natur, das ihr durch den Gebrauch ihrer Kräfte über alle Thiere auf dem Felde, und das listigste derselben, gegeben ist. — Hebe dich weg!

Der Sieg des Menschen über den Satan ist am leichtesten, wo dieser sich am deutlichsten als das, was er ist, offenbart. Die zehen Gebote, wenn sie in unser Herz geschrieben sind, und wir sie gegen ihn aussprechen, können ihn vertreiben. Am gefährlichsten aber ist er, wenn er uns in den Bedürfnissen unserer Natur, wo wir durch eine Verletzung unserer Pflichten keine andere Absicht zu haben scheinen, als, aus Steinen Brod zu machen, und in dem Vertrauen auf unsere Kräfte versucht.

Marc. 9, 49. Wir sind uns selbst als Opfer dem Heiland schuldig, nicht wie er es war, sondern wie seine Vorbilder es waren. Anstatt des Feuers kommen wir mit dem Salze ab, mit dem Gefühle unseres Elends und dessen, was Christus dafür gelitten hat, mit einem Glauben und Annehmen seines Verdienstes, das ohne Schmerzen, ohne Empfindlichkeit nicht geschehen kann; aber hierin liegt unsere Erhaltung und das Gewürz, das uns Gott als Opfer, als Bilder seines Sohnes, angenehm macht. Kein Opfer ist also angenehm, zu dem das rechte Salz desselben fehlt, die Empfindung unserer Sünde, und der Glaube an den, welcher das Feuer der Sünde ausgelöscht hat. Dieses Salz ist das einzige Gegengift des Stolzes, Neides und aller Sünde; dieses sollten die Jünger in sich zu erhalten suchen.

Luc. 20. Wie der Glaube an die Auferstehung Jesu sich auf das Zeugniß eben des Geistes gründet, der Mosen und die Propheten ihre Rede eingegeben und sie in unseren Herzen glaubwürdig macht, so war Johannes Taufe und unseres Heilands Evangelium, gleich jenen göttlichen Offenbarungen, ein Heilmittel der Menschen. Wenn der Mensch diesen Geist unterdrückt, so sind keine Wunder stark genug, ihn zu überführen, sondern, wie Pharao, wird er nur immer härter. Die Pharisäer brauchen hier ihre Vernunft; sie machen schlaue Schlüsse, verleugnen ihre eigenen Gedanken, geben eine Unwissenheit vor, die sie nicht hatten, die eine Folge der größten Beruhigung unserer Vernunft ist. Je näher sie der Wahrheit sind, desto steifer verleugnen sie dieselbe, als die einzige Ausflucht, ihr zu entgehen. Diese Begebenheit schildert etwas von den Wundern, die der Satan in unserm Herzen hervorzubringen vermag, wenn wir es ihm einräumen.

Johann. 12. Wie die geringsten Umstände in der heil. Schrift prophetisch sind! Hier werden zwey Ausschweifungen der menschlichen Vernunft angezeigt, die bis zu unseren Zeiten fortdauern; die Stimme Gottes durch natürliche Wirkungen zu erklären, oder durch untergeordnete Wunder. Ehe die Menschen Gott sehen und glauben wollen, bilden sie sich lieber einen Donner oder einen Engel ein. Dieß ist zugleich die Wirkung, die Gottes Offenbarung auf die Sünder und Frommen haben würde. Der Unglaubige wird ein Ungewitter, einen Donnerschlag hören, wenn der Glaubige und Christ Engelsstimmen zu sich sprechen hört.

Ap. Gesch. 17. Die Neugierde ist eine Art des Aberglaubens und der Abgötterey. Socrates, dem die Weltweisen sich vereinigen, den Namen eines Weisen beyzulegen, bekannte, er wisse nichts. Salomo, dem der Geist Gottes mit mehr Recht diesen Titel zusprach, hat uns in seinem Prediger ein Zeugniß hinterlassen, das noch betrübter ist. Nichts neu — und Mühe, Gram, Eckel, weise zu seyn.

Wenn die Neugierde eine Mutter, Amme der Wissenschaft ist, so können wir von der Wurzel und ihrem Nahrungssafte auf die Früchte leicht den Schluß machen. Alle natürliche Erkenntniß ist offenbart; die Natur der Gegenstände giebt den Stoff, und die Gesetze, nach denen unsere Seele empfindet, denkt, schließt, urtheilt, vergleicht, geben die Form. Alle natürliche Erkenntniß ist daher so alt als die Natur selbst; und weil diese unveränderlich bleibt, so kann keine Neuigkeit in den Empfindungen derselben in eigentlichem Verstande Statt finden. Derjenige Theil der Erde, den man die neue Welt nennt, ist ein sinnlich Exempel des Mißverständnisses, das der Sprachgebrauch in Begriffen verursacht, oder vielmehr, wie die Schwachheit und Undeutlichkeit unserer Gedanken die Worte verfälschen; und durch eben diesen Betrug nehmen wir die falsche Münze für wichtig und voll ein. Nicht also im Laufe der Natur und im Gesichtskreise unserer Vernunft und jedes vernünftigen Geschöpfes ist etwas neues anzutreffen; dieß muß außer diesem Bezirke Statt finden. Gott muß den Lauf der Natur ändern oder uns in einen andern Gesichtskreis versetzen, oder denselben erweitern, wenn wir etwas neues, oder mehr als das Alte entdecken und erkennen sollen. Das Neue selbst kann unter dem Kleide des Alten erscheinen, wie uns das Alte durch den Schein des Neuen hintergeht, weil wir nichts als die Oberfläche, und diese Oberfläche selbst öfters nur in Dunkelheit und durch einen Nebel sehen. Es ist also Gott allein, der Neues hervorbringen, der uns Neues entdecken, und der uns das Neue zu unterscheiden und wahrzunehmen lehren kann. Gott schreibt sich dieses alles ausdrücklich in der heiligen Schrift zu; und der Prediger Salomo scheint hauptsächlich in der Absicht geschrieben zu seyn, daß er, als der Weiseste aller Sucher der Weisheit, auf die Offenbarung Gottes im Fleisch, und die Predigt seines Königreiches, als die einzige Neuigkeit, die für die Erde und ihre Einwohner wichtig, allgemein und wirklich neu wäre, ja niemals aufhören würde, neu zu seyn, verweisen sollte. Gott ließ daher ein Gerücht von dieser Neuigkeit sich so lange vorher auf der Erde ausbreiten, und die Engel waren Boten des Himmels, die selbige als eine große Freude, die allem Volke wichtig wäre, verkündigen mußten. Die Predigt des Evangeliums wird daher die fröhliche Zeitung des Königreiches Gottes genannt. Und das ausgerüstete Werkzeug Gottes, Paulus, der bis in den dritten Himmel gewürdigt wurde entzückt zu werden, wußte nichts als Jesum den Gekreuzigten. Dieß ist also der einzige Gegenstand, für den uns der Trieb der Neugierde von Gott eingepflanzt ist; dieß ist der einzige Gegenstand, der demselben genug thun kann, der unsere Neugierde in Weisheit verwandelt. Dieß ist ein Durst, den wir ungeachtet unserer Erbsünde fühlen, den alle irdische Brunnen nur vermehren, und den nur die lautere, himmlische Quelle stillt. Je mehr er davon trinkt, desto reicher wird der Zufluß, und es ist unmöglich davon zu viel zu trinken.

Ap. Gesch. 17, 23. Dieß ist einer von den unzähligen Widersprüchen, die wir in unserer Natur finden, und deren Auflösung uns unmöglich ist. Die Vernunft ist geneigt, einem unbekannten Gott zu dienen, aber unendlich entfernt, ihn zu kennen. Sie will ihn nicht kennen, und, was noch erstaunender ist, wenn sie ihn erkannt hat, hört sie auf, ihm zu dienen. Dieß ist der Grund, warum Gott so spät und so langsam sich entdeckt; er weiß, daß seine Kenntniß den Menschen ein Anstoß, ein Aergerniß ist, so bald er sich ihnen offenbaren und zu erkennen geben will. Die Athener waren andächtig genug, um vor einem unbekannten Gott niederzufallen; sobald aber dieser unbekannte Gott ihnen entdeckt wird, ist ihnen nichts mehr daran gelegen; sie spotten darüber.

Röm. 2. In der Bibel finden wir eben die regelmäßige Unordnung, die wir in der Natur entdecken. Alle Methoden sind als Gängelwagen der Vernunft anzusehen und als Krücken derselben. Die Einbildungskraft der Dichter hat einen Faden, der dem gemeinen Auge unsichtbar ist und den Kennern ein Meisterstück zu seyn scheint. Alle verborgene Kunst ist bey ihm Natur. Die heilige Schrift ist in diesem Stücke das größte Muster und der feinste Probestein aller menschlichen Critik.

2 Thessal. 2. Gott wiederholt sich, wie in der Natur, in der Schrift, in der Regierung der Welt, in der Aufbauung der Kirche, im Wechsellaufe der Zeiten; wenigstens scheint es uns so, und ist nothwendig für uns, daß wir Wiederholung sehen. Es sind nicht dieselben Früchte, und sind doch dieselben, die jeder Frühling hervorbringt; es ist nicht derselbe Leib, und doch derselbe, den wir aus Mutterleibe bringen und in den Schoß der Erde

säen; es ist nicht derselbe Fluß, und doch derselbe, der sich selbst zu verschlingen scheint. Wer ein Sonnenstäubchen erklären kann, der hat das Räthsel der ganzen Natur. Ja, der Geist, der die Tiefen der Gottheit erforscht, legt dem Simson ein Geheimnißwort in den Mund, ein Geheimnißwort, das durch eine sehr gleichgültige Begebenheit verständlich wird, und dessen Sinn durch eben das Geheimniß offenbart wurde, dessen Apostel Paulus war, und das er (Röm. 16, 25. 26.) sein Evangelium nennt.

Tit. 1, 12. Wie alle Hülfsmittel den Christen geheiligt sind, sie zur Ausbreitung des Evangeliums anzuwenden! Vornehmlich ist eine Kenntniß des moralischen Charakters und ein Geschmack der Sitten dazu nothwendig. Die Poeten helfen dazu, und sind die größten Proben, die uns die Denkungsart und die Neigungen der Menschen und eines Volkes aufschließen und am getreuesten und stärksten malen. Die Zeugnisse der menschlichen Kunst, Wissenschaft und Geschichte dienen alle zum Siegel, zum menschlichen Siegel der Offenbarung, und man hat als Christ so wenig Ursache, dieselben zu versäumen und aufzuheben, als Paulus, seinen Ueberrock in Troas im Stiche zu lassen. Paulus that ein'em Dichter die Ehre an, ihn einen Propheten seines Volkes zu nennen. Die wahre Poesie ist eine natürliche Art der Prophezeyung.

Philem. Wie das Amt der Kirche uns nicht das geringste Vorzugsrecht in weltlichen Händeln giebt! wie Paulus vorsichtig ist, den geringsten gezwungenen Gebrauch des Evangeliums für sich selbst zu machen! Selbst die guten Werke sollen uns nicht abgepocht werden; das Amt der Predigt ist zu heilig, um es dazu anzuwenden. Dieser Brief Pauli ist ein herrliches Muster der Bescheidenheit, der Furcht, mit der wir die Grenzen unseres Amtes vor Augen behalten müssen, es nicht zu unseren eigenen Absichten, Wünschen, Eigennutz mißbrauchen dürfen. Liebe ist Gott angenehm, unzeitiger Eifer allemal gefährlich. Eine Denkungsart, wie wir sie bey Paulus finden, ist dem natürlichen Menschen nicht eigen. Der Nächste ist uns nichts schuldig, wenn er nicht will. — Was für Waffen hat denn der Christ über seinen Nächsten? Das Beyspiel der Demuth, der Verleugnung, der Uneigennützigkeit, der Großmuth, das in Paulus so liebenswürdig, so mächtig spricht, und das mehr ist als alle Gesetze der menschlichen Billigkeit, als alle Einfälle des Witzes und als alle listige Griffe der schlauen Welt.

Hebr. 11, 3. Ohne Glauben können wir selbst die Schöpfung und die Natur nicht verstehen — daher die Bemühungen, Gottes Wort und Willen zu entfernen, das Daseyn durch Hypothesen und wahrscheinliche Fälle zu erklären, und die vielen Zweifel, die man gegen Moses Erzählung erhoben hat.

1. Petr. 4, 11. Die heilige Schrift sollte unser Wörterbuch, unsere Sprachkunst seyn, worauf alle Begriffe und Reden der Christen sich gründeten, woraus sie beständen und zusammengesetzt würden.

2. Petr. 1, 20. Die Prophezeyung der heil. Schrift ist von keiner einzelnen oder menschlichen Auslegung. Es sind nicht Abrahams Werke und Moses Wunder und Israels Geschichte der Inhalt derselben; es betrifft nicht einzelne Menschen, nicht einzelne Völker, ja nicht einmal die Erde allein; sondern alles ist ein Vorbild höherer, allgemeiner, himmlischer Dinge. Wenn Mose den Willen gehabt hätte, auf eigenen Antrieb, wie ein Cäsar, zu schreiben, so dürften wir vielleicht nichts als eine Sammlung von Urkunden und einzelnen Nachrichten von ihm erwarten. Es ist nicht Mose, nicht Jesaia, die ihre Gedanken und die Be-

gebenheiten ihrer Zeit in der Absicht irdischer Bücherschreiber der Nachwelt hinterlassen haben. Es ist der Geist Gottes, der durch den Mund und den Griffel dieser heiligen Männer sich offenbarte; der Geist, der über den Wassern der ungebildeten, jungen Erde schwebte, der Maria überschattete, daß ein Heiliger geboren wurde; der Geist, der die Tiefen der Gottheit allein zu erforschen und zu entdecken vermag. Mit wie viel Ehrfurcht soll dieß uns bewegen, das göttliche Wort zu lesen und zu genießen!

2. Joh. Johannes nennt Wahrheit, was andere Apostel Evangelium, die Predigt Jesu, den Glauben an ihn u. s. f. nennen. Man sieht hieraus, daß die Wahrheit der Lehre nicht auf Worten, auf Formeln, sondern auf dem Geiste, dem Sinne, den Begriffen beruht; wenn diese mit Gottes Wort übereinstimmen, so kann man jedem seine Ausdrücke lassen. Liebe selbst hat öfters den Begriff des Glaubens und ist nichts als ein thätiger Glaube, der Odem oder das Leben des Glaubens.

Offenb. Joh. 1. Die Schrift lehrt uns Christen die Zeit, die ganze Dauer derselben, nach Gottes Rechnung betrachten. Was unser Leben ist, das ist die Dauer der ganzen Welt, nichts mehr als ein Heute vor Gott, und für jedes Geschöpf. Was ist unser Tod, den wir stets so nahe, als jeden künftigen Augenblick, ansehen müssen? Sind wir es, die wir sterben? Nein, die Welt, die uns stirbt, für uns vergeht. Der Tod jedes Menschen ist also die Zeit, wo diese Offenbarung zum Theil an der Seele jedes Menschen erfüllt wird. In diesem Verstande ist es buchstäblich wahr, daß die Zeit der Erfüllung nahe ist.

— Wie unvollkommen und unzureichend die Begriffe der Menschen sind, um himmlische und geistliche Dinge sich vorzustellen! Die Ewigkeit Gottes kann uns nicht anders begreiflich gemacht werden, als durch die Theile der Zeit, durch eine Verbindung von drey Augenblicken, die wir aus Unvollkommenheit unterscheiden und mit einander vergleichen müssen. Die Unveränderlichkeit Gottes, in dem, wie Jacobus sagt, nicht ein Schatte eines Kehrens oder Wendens ist, kann uns nicht anders als durch die Vergänglichkeit irdischer Dinge deutlich gemacht werden. Nach unseren Begriffen geht das Vergangene vor dem Gegenwärtigen her; bey Gott ist das Gegenwärtige der Grund des Vergangenen und Zukünftigen. Was kann uns einen wunderbareren

Begriff geben von Gottes Unveränderlichkeit, überschwenglicher Größe und unerforschlicher Hoheit, als diese Vernichtung aller menschlichen Begriffe oder diese Uebersteigung derselben?

Brocken.

Joh. VI. 12.

Sammlet die übrig bleibenden Brocken, daß nichts umkomme.

Den 16. Mai 1758.
London.

Brocken.

Erklärung des Titels.

Ein Heer von Volk wird von fünf Gerstenbrodten überflüssig gespeist; dieses kleine Maß ist für die Menge in der Wüste so reich, daß mehr Körbe voll übrig bleiben, als sie Brodte empfangen hatten. Wir sehen eben dieses Wunder des göttlichen Segens in der Menge der Wissenschaften und Künste. Was für ein Magazin macht die Geschichte der Gelehrsamkeit aus? Und worauf gründet sich alle? Auf fünf Gerstenbrodte, auf fünf Sinne, die wir mit den unvernünftigen Thieren gemeinschaftlich besitzen. Nicht nur das ganze Waarenhaus der Vernunft, sondern selbst die Schatzkammer des Glaubens, beruhet auf diesem Stock. Unsere Vernunft ist jenem blinden Thebanischen Wahrsager ähnlich, dem seine Tochter den Flug der Vögel beschrieb; er prohezeyte aus ihren Nachrichten. Der Glaube, sagt der Apostel, kommt durchs Gehör, durchs Gehör des Wortes Gottes. Röm. X. 17. Geht und sagt Johannes wieder, was ihr höret und sehet. Matth. XI. 4.

Der Mensch genießt unendlich mehr, als er nöthig hat — — und verwüstet unendlich mehr, als er genießt. Was für eine Verschwenderin muß die Natur ihrer Kinder wegen seyn, wie viel Herunterlassung, womit sie die Wagschale und das Verhältniß unserer Anzahl und Bedürfnisse unterdrückt, und sich nach dem Hunger und dem Uebermuth unserer Begierden in Aufwand setzt. Muß sie nicht die Tochter eines sehr liebreichen Vaters und Menschenfreundes seyn?

Wie weit mehr sündigt der Mensch in seinen Klagen über das Gefängniß des Körpers, über die Grenzen, in die ihn die Sinne einschränken, über die Unvollkommenheit des Lichts, — — und verdammt selbige zu gleicher Zeit durch seine Unersättlichkeit in den Lüsten des Fleisches, durch seine Parteylichkeit für sinnliche Vorurtheile, und durch seinen Stolz auf das Licht, das er schmälert — — Die sichtbare Welt mag noch so eine Wüste in den Augen eines zum Himmel erschaffenen Geistes seyn, die Brodte, die uns Gott hier aufträgt, mögen noch so unansehnlich und kümmerlich aussehen, die Fische noch so klein seyn, sie sind gesegnet und wir mit denselben von einem All

mächtigen

mächtigen, Wunderthätigen, Geheimnißvollen Gott, den wir Christen als den unsrigen nennen, weil er sich selbst so in der größten Demuth und Liebe geoffenbart hat.

Ist es nicht unser Geist selbst, der in der Tiefe seines Elendes dieses Zeichen seines hohen Ursprunges verräth, und sich als einen Schöpfer über die sinnlichen Eindrücke erhebt, der sie fruchtbar macht, der selbige zu einem Gerüste baut um den Himmel zu ersteigen, oder sich Götzen schafft, für die er Ziegel brennt, und Stoppeln zusammen sucht? Ist es nicht ein Wunder unsers Geistes selbst, der die Dürftigkeit der Sinne in einen solchen Reichthum verwandelt, über dessen Ausbreitung wir erstaunen müssen?

Unsere Seele macht sich aber eben der Ausschweifung schuldig, in der Nahrung ihrer Kräfte, als die sie durch den Leib begeht. Außer der Mäßigkeit, die unsere Nothdurft uns vorschreiben sollte, ist eine wirthschaftliche Aufmerksamkeit auf die Brocken, die uns in der Hitze unseres Appetits entfallen, und die wir nicht der Mühe werth achten zu sammeln, weil wir mehr vor uns sehen, nicht zu tadeln. Wir leben hier von Brocken. Unsere Gedanken sind nichts als Fragmente. Ja unser Wissen ist Stückwerk. Ich denke mit göttlicher Hülfe gegenwärtige Blätter zu einem solchen Korbe zu machen, worin ich die Früchte meines Lesens und Nachdenkens in losen und vermischten Gedanken sammlen will. Um die von gleichem Inhalt mit der Zeit zusammen zu bringen, will ich selbige numeriren.

---

§. 1.

Sind es nicht die bloßen Erscheinungen der Selbstliebe, die wir mit dem Begriff der Freyheit belegen? Diese Selbstliebe ist das Herz unseres Willens, aus dem alle Neigungen und Begierden gleich den Blut- und Pulsadern entspringen und zusammenlaufen. Wir können so wenig denken ohne uns unserer bewußt zu seyn, als wollen, ohne uns unserer bewußt zu seyn.

Der Japaneser sieht seinen Abgott in einem so nahen Verhältniß mit seinen Begriffen und Neigungen, als der Russe seinen Bart und der Engländer seine Charta Magna. Der Abergläubige, der Sclave und der Republikaner streiten daher mit gleicher Wuth für den Gegenstand ihrer Selbstliebe, und mit einem gleichen Grund der Freyheit, und Eifer für selbige.

Warum vermehrt der Handel die Liebe der Freyheit? Weil er das Eigenthum eines Volks sowohl als jeden Bürgers vermehrt. Wir lieben, was uns eigen gehört. Hier ist also die Freyheit nichts als Eigennutz, und ein Ast der Selbstliebe gegen unsere Güter.

Daher ist so viel Aehnlichkeit zwischen den Wirkungen der Selbstliebe und Freyheit. Ja die erste ist das Gesetz der letzteren; wie Young sagt:

man love thyself;

In this alone free agents are not free.

So wie alle unsere Erkenntnißkräfte die **Selbsterkenntniß** zum Gegenstand haben, so unsere Neigungen und Begierden die **Selbstliebe**. Das erste ist unsere Weisheit, das letzte unsere Tugend. So lange es dem Menschen nicht möglich ist, sich selbst zu kennen, so lange bleibt es eine Unmöglichkeit für ihn, sich selbst zu lieben. Die Wahrheit kann uns daher allein frey machen; dieß ist die Lehre der himmlischen Weisheit, die deßwegen in die Welt kam, uns Selbsterkenntniß und Selbstliebe zu lehren.

Warum kann der Mensch sein eigen Selbst nicht kennen? Dieß muß bloß in dem Zustande unserer Seelen liegen. Die Natur, die uns in lauter Räthseln und Gleichnissen von dem Unsichtbaren unterrichtet, zeigt uns an den Beziehungen, von denen unser Körper abhängt, wie wir uns die Beziehung unsers Geistes auf andere Geister vorstellen können. So wie der Leib den Gesetzen der äußern Gegenstände unterworfen ist, der Luft, dem Boden, der Wirkung anderer Körper: so müssen wir unsere Seele uns gleichfalls vorstellen. Sie ist dem beständigen Einfluß höherer Geister ausgesetzt und mit selbigen verknüpft; dieß macht daher unstreitig unser eigen Selbst so zweifelhaft, daß wir selbiges nicht erkennen, unterscheiden, noch selbst bestimmen können.

Die Unmöglichkeit uns selbst zu kennen, kann sowohl in der Grundlage unserer Natur als in einer besondern Bestimmung und Zustande derselben liegen. So setzt die Bewegung einer Uhr eine gehörige Einrichtung ihres Baues und die Bedingung aufgewunden zu werden, zum voraus. Wenn unsere Natur auf eine besonders genaue Art von dem Willen eines hohen Wesens abhinge; so folgt von selbst, daß man den Begriff desselben zu Hülfe nehmen müßte, um die erstere zu erklären; und daß je mehr Licht wir in Ansehung dieses Wesens erhalten würden, desto mehr sich unsere eigene Natur aufklären müßte.

Unser Leben ist das erste von allen Gütern, und die Quelle der Glückseligkeit. Wenn wir das erste in Betrachtung ziehen, so zeigt die Beschaffenheit desselben die Eigenschaften der letzteren an. Dieses ist so abhängend, daß unzählige Zufälle uns desselben berauben können, und wir haben so viel Gewalt über dasselbe, als jedes äußere Ding sich rühmen kann. Das ganze Heer von den feindseligen Ursachen, wodurch das Band der Seele mit dem Leibe aufhören und getreunt werden kann, steht aber unter der Regierung desjenigen, dem wir unser Leben zu danken haben. Alle mittlere Werkzeuge stehen unter seiner Hand. Mit unserer Glückseligkeit muß es daher eine gleiche Bewandniß haben. Hieraus sieht man, wie nothwendig unser Selbst in dem Schöpfer desselben gegründet ist, daß wir die Erkenntniß unserer selbst nicht in unsrer Macht haben, daß um den Umfang desselben auszumessen, wir bis in den Schooß der Gottheit dringen müssen, die allein das ganze Geheimniß unsers Wesens bestimmen und auflösen kann.

Die erste Ursache aller Dinge, von der wir so unmittelbar abhängen, muß daher unumgänglich zu Hülfe genommen werden, wenn wir unser eigen Selbst, unsere Natur, Bestimmung und Einschränkung einsehen wollen. Nächst dieser ersten Ursache gehört dazu eine Kenntniß aller der Mittelwesen, die mit uns in Verbindung stehen, und die durch ihre Wirkung unsere hervorbringen helfen oder zu ändern im Stande sind. Alle diese Betrachtungen zusammengenommen, können wir den Zustand der menschlichen Natur auf der Welt nennen. Es ist die Frage nicht allein, wenn ich mein eigen Selbst ergründen will, zu wissen, was der Mensch ist? sondern auch, was der Stand desselben ist? Bist du frey oder ein Sclave? Bist du ein Unmündiger, ein Waise, eine Wittwe, und in welcher Art stehst du in Ansehung höherer Wesen, die ein Ansehen sich über dich anmaßen, die dich unterdrücken, die dich übervortheilen, und durch deine Unwissenheit, Schwäche, Thorheit zu gewinnen suchen?

Hieraus läßt sich ersehen, auf wie viele Facta unsere Selbsterkenntniß beruht, und daß selbige so lange unmöglich oder unhinlänglich und betrüglich ist, als uns jene nicht entdeckt und offenbart werden. Daß die Vernunft nichts als Analogieen auffassen kann, um ein sehr undeutlich Licht zu erhalten; daß wir durch Beobachtungen über den Plan der göttlichen Schöpfung und Regierung allein auf Muthmaßungen gebracht werden können, die sich auf den besondern Entwurf seines geheimen Willens mit uns anwenden lassen.

Unser Leben besteht in einer Vereinigung des sichtbaren Theils mit einem höheren Wesen, das wir bloß aus seinen Wirkungen schließen können. Diese Vereinigung ist unserm eignen Willen einigermaßen preis gegeben — —

und unzählig vielen andern Zufällen ausgesetzt —— Beyde stehen auf eine unbegreifliche und verborgene Weise unter der Regierung und Vorsehung desjenigen, der es uns giebt und nach seinem Willen erhält. Diese und dergleichen Begriffe sind Zeigefinger, auf die wir Achtung geben müssen um, einige Schlüsse über uns selbst zu machen.

Um die Erkenntniß unserer selbst zu erleichtern, ist in jedem Nächsten mein eigen Selbst als in einem Spiegel sichtbar. Wie das Bild meines Gesichts im Wasser wiederscheint; so ist mein Ich in jedem Nebenmenschen zurückgeworfen. Um mir dieses Ich so lieb als mein eigenes zu machen, hat die Vorsehung so viele Vortheile und Annehmlichkeiten in der Gesellschaft der Menschen zu vereinigen gesucht.

Gott und mein Nächster gehören also zu meiner Selbsterkenntniß, zu meiner Selbstliebe. Was für ein Gesetz, was für ein entzückender Gesetzgeber, der uns befiehlt, ihn selbst mit ganzem Herzen zu lieben, und unsern Nächsten als uns selbst! Dieß ist die wahre und einzige Selbstliebe des Menschen, die höchste Weisheit der Selbsterkenntniß eines Christen, der nicht nur Gott als das höchste, wohlthätigste, einzig und allein gute und vollkommene Wesen liebt, sondern überdem weiß, daß dieser Gott selbst sein Nächster und seines Nebenmenschen

Nächster im strengsten Verstande geworden ist, damit wir alle mögliche Ursache hätten, Gott und unsern Nächsten zu lieben.

In unserm Glauben, sieht man also, ist allein himmlische Erkenntniß, wahres Glück und erhabenste Freyheit der menschlichen Natur vereinigt. Vernunft — — Geister — — Sittenlehre sind drey Töchter der wahren Naturlehre, die keine bessere Quelle als die Offenbarung hat.

§. 2.

Wie sollten wir über die Größe unserer Natur erschrecken, wenn wir bedenken, daß die Wahl nicht nur des Guten, sondern des Besten, ein Gesetz unsers Willens ist? Der Bau jedes Geschöpfes bezieht sich auf seine Bestimmung. Ist dieser Ruf nicht eine Prophezeyung der höchsten Glückseligkeit?

§. 3.

Es war nach dem römischen Recht den Soldaten nicht erlaubt, Ländereyen zu kaufen in dem Lande, wo sie Krieg führten. l. 9. Dig. de re militari. l. 13. cod. Wir sehen hier ein römisch Gesetz, welches den Christen verdammt, der zum Streiter auf diese Erde berufen ist, und sich zum Angesessenen derselben machen will. In den Geschichten, Gesetzen und Gebräuchen aller Völker finden wir, daß ich so sage, den sensum communem der Religion. Alles lebt und ist voll von Winken auf unsern Beruf und auf den Gott der Gnade. Wir haben ein groß Vorurtheil in Ansehung der Einschränkung, die wir von Gottes Wirkung und Einfluß bloß auf das Jüdische Volk machen. Er hat uns bloß an dem Exempel desselben die Verborgenheit, die Methode und die Gesetze seiner Weisheit und Liebe erklären wollen, sinnlich machen; und uns die Anwendung davon auf unser eigen Leben und auf andere Gegenstände, Völker und Begebenheiten überlassen. Der Apostel sagt dieses ausdrücklich den Lystrensern, daß Gott den Heiden eben so gut ein Zeugniß und einen Zeugen von sich selbst gegeben; und worin bestand das? Er that ihnen Gutes — — er gab sich ihnen als die Liebe und den Gott der Liebe zu erkennen — — Er gab ihnen Regen vom Himmel, und fruchtbare Jahreszeiten, und füllte ihr Herz mit Nahrung und Freude. Ap. Gesch. XIV. 17. Man sieht hier offenbar, daß dieser Regen und diese fruchtbaren Zeiten nicht allein in der Witterung bestehen, sondern eben die Wirkungen des Geistes anzeigen, die uns gute Gedanken, Bewegungen, Anschläge mittheilen, und der auf eine so unterscheidende Art den Juden zugeschrieben wird, daß es von ihren Weibern sogar heißt, sie hatten seinen Beystand nöthig, um Wolle zur Stiftshütte zu spinnen.

Ist' das kleinste Gräschen ein Beweis Gottes; wie sollten die kleinsten Handlungen der Menschen weniger zu bedeuten haben? hat die Schrift nicht das verächtlichste Volk ausgesucht, eines der kleinsten, die schlechtesten Handlungen, ja die sündlichsten derselben, um Gottes Vorsehung und Weisheit darin einzukleiden und ihn zu offenbaren in solcher Erniedrigung der Bilder? Natur und Geschichte sind daher die zwey großen Commentarii des Göttlichen Worts, und dieses hingegen der einzige Schlüssel, uns eine Erkenntniß in beiden zu eröffnen. Was will der Unterschied zwischen natürlicher und geoffenbarter Religion sagen? Wenn ich ihn recht verstehe, so ist zwischen beiden nicht mehr als der Unterschied zwischen dem Auge eines Menschen, der ein Gemälde sieht, ohne das Geringste von der Malerey und Zeichnung oder der Geschichte, die vorgestellt wird, zu verstehen, und dem Auge eines Malers; zwischen dem natürlichen Gehör und dem musikalischen Ohr.

Könnte man nicht von Sokrates, wenn er sich auf seinen Schutzgeist bezog, eben das sagen, was von Petrus steht: er wußte nicht, was er sagte, oder von Caiphas, der prophezeyte und göttliche Wahrheiten verkündigte, ohne daß er, noch seine Zuhörer, das Geringste von dem wahrnahmen, was Gottes Geist durch ihn redete? Dieß ist in der merkwürdigen Geschichte Sauls und Bileams vorgestellt, daß unter den Abgöttern selbst, ja in den Werkzeugen der Hölle, die Offenbarung Gottes vor Augen liegt, und daß er sie selbst dazu braucht, um seine Diener und Knechte zu seyn, wie Nebucadnezar.

Ein englischer Geistlicher hat in die Naturlehre die Salbung der Gnade zuerst einzuführen gesucht; es fehlt uns noch ein Derham, der uns nicht den Gott der nackten Vernunft, daß ich so rede, sondern den Gott der heiligen Schrift, im Reiche der Natur aufdeckt, der uns zeigt, daß alle ihre Schätze nichts als eine Allegorie, ein mythologisch Gemälde himmlischer Systeme — — so wie alle Begebenheiten der weltlichen Geschichte Schattenbilder geheimerer Handlungen, und entdeckter Wunder sind. Jerem. XXXII. 20.

§. 4.

Welche Frage hat den Weltweisen mehr zu schaffen gemacht, als der Ursprung des Bösen, oder die Zulassung desselben? Gott selbst sagt: Ich schaffe das Böse — — Wenn wir einen rechten Begriff von den Dingen hätten oder uns zu machen suchten, so dürften wir uns durch Ausdrücke nicht verwirrt machen, noch beleidigt halten. Gut und Böse sind eigentlich allgemeine Begriffe, die nichts mehr als eine Beziehung unserer selbst auf andere Gegenstände, und dieser Zurückbeziehung, daß ich so sage, auf uns anzeigen. Wir stehen also mit andern Dingen in Verbindung; auf diesen nexum beruht nicht nur unser wahres Wesen und eigentliche Natur, sondern auch alle Abwechselungen und Schattirungen, deren sie fähig ist.

Unser Leben hat nöthig durch Nahrung erhalten und ersetzt zu werden. Diese hängt von den Früchten der Erde ab, und diese gewissermaßen von der Ordnung unseres Fleißes und dem Lauf der Natur. Die Faulheit ist daher ein sittlich Uebel und die Theurung ein physisches Uebel. Wir nennen aber beide so, weil durch selbige die Verbindung zertrennt wird, worin unser Daseyn und die Erhaltung desselben zum Theil besteht.

Unsere Gesundheit ist ein Gut, das in einer Harmonie des körperlichen Baues und der Vereinigung mit der Seele besteht. Alles dasjenige, was selbige zu zerstören und zu ändern fähig ist, heißt daher ein Uebel; und im Gegentheil ist dasjenige ein Gut, was selbige erhält oder wiederherstellen kann. Unsere Gesundheit und Leben kann daher aufhören ein Gut zu seyn, sobald beide in eine höhere Ordnung Eingriffe thun, die in einem näheren Verhältniß mit unserer geistigen Natur stehen.

Der Mensch ist ein sehr entferntes Glied in der Reihe der erschaffenen Dinge von dem grossen Urwesen, wodurch alle bestehen, und durch dessen Wort alle entstanden sind. Er mag noch so schwach gegen den ganzen nexum seyn, so hängt doch alles von Gott ab, und derjenige, welcher die ganze Kette in seiner Hand hält, trägt ihn in seiner unmittelbaren Obhut, vermöge der Gesetze, wodurch alle Mittelwesen in Ihm ihren Grund und ihre Bestimmung haben.

Nichts giebt uns ein so außerordenlich Licht in die ganze Natur der Dinge, als die große Wahrheit unseres Heilandes: Niemand ist gut als der einige Gott. Anstatt also zu fragen: wo kommt das Böse her? sollten wir die Frage vielmehr umkehren, und uns wundern, daß endliche Geschöpfe fähig sind, gut und glücklich zu seyn. Hierin besteht das wahre Geheimniß der göttlichen Weisheit, Liebe und Allmacht. Diese philosophische Neugierde, die sich über den Ursprung des Bösen so sehr wundert und beunruhigt, sollte man fast für ein dunkel Bewußtseyn des göttlichen Ebenbildes in unserer Vernunft ansehen, für ein ὕστερον πρότερον, dessen wahrer Sinn umgekehrt genommen werden muß, in dessen Versetzung aber gleichwohl eine Cabbala liegt, ein geheimer Verstand.

Es giebt nicht mehr als eine einzige Verbindung, die Gott zum Gesetz unserer Natur und ihres Glücks gemacht. Alles dasjenige, was der Mensch gegen diesen Zusammenhang thut, löst das allgemeine Band auf, die Harmonie, den Frieden, wodurch alle äußere Dinge zu schwach sind, in ihn zu wirken, und er stark genug, dem Ungestüm aller Gegenstände, die ihn unterdrückend überfallen, zu widerstehen, ja nicht nur zu widerstehen, sondern selbst über diese vereinigte Macht zu herrschen.

Man stelle sich einen mächtigen Monarchen vor, der einen Liebling der Wuth seiner Höflinge aufgeopfert, um sich durch seinen Sohn an selbigen zu rächen. Der Vater ist verbannt, und plötzlich der Rache und Macht seiner Feinde entzogen worden. Sein unmündiger Sohn bleibt im Reich, und alles wüthet um dieses Kind, um den Vater doppelt in demselben zu foltern und sich an seinem Erben mit desto mehr Grausamkeit zu rächen. Der Monarch entdeckt diesem Kinde das Schicksal seines Vaters, die Bosheit, die Macht und List seiner Feinde, ja ein Theil des Geheimnisses, warum er sich nicht öffentlich für seinen Vater und ihn selbst erklären kann, warum er ihm den Hof verbieten muß, er thut ihm zugleich die Versicherung, daß er unbesorgt allenthalben seyn soll, daß er einen unerkannten Freund auf alle seine Wege und die Schritte seiner Feinde bestellt hat; ja daß er ihm ein Zeichen eindrucken will, das jedermann verehren soll, und das niemand im Stande wäre auszulöschen oder ihm zu rauben, als seine eigene Hand, oder sein eigener Wille, oder sein eigener Ungehorsam und Verachtung der Warnungen und Hülfsmittel, deren Gebrauch er ihm überließe.. Daß seine Entfernung eine kurze Zeit seyn sollte, daß er ihn zu dem Aufenthalt seines Vaters unbekannt zu führen gedächte, und sie beide nach Vollziehung einiger wichtigen Geschäfte in sein Reich öffentlich zurückrufen, und zu seinen Freunden und Nachfolgern oder Mitregenten öffentlich erklären und zugleich Strafe an ihren Feinden ausüben wollte.

Laßt uns diesem Kinde folgen, dem von seinen Feinden auf dem Wege nachgestellt wird, die alles thun, um durch Liebkosungen und Drohungen es zu gewinnen, die das Zeichen an seiner Stirn bald lächerlich machen, bald ihn bewegen, selbiges als einen Flecken abzuwischen, bald ihm Näschereyen und güldene Berge versprechen, um ihn von selbst dazu zu bewegen. —— Gesetzt die Feinde erreichten es so weit, um es unkenntlich zu machen, oder eine Zeitlang unsichtbar zu machen. Sie warten bloß hierauf, um ihre Rachsucht auszuüben; und mitten in der Entdeckung ihrer Grausamkeit und der Gefahr, worin sich dieses Kind befindet, kommt der unbekannte Freund, um es aus ihren Klauen zu erretten. So kurz der Weg, so ist es von innerlicher Angst, Furcht, und beständigen Anfällen seiner Feinde bedroht, in denen immer sein voriger unbekannter Erretter zu rechter Zeit erscheint, um ihn nicht umkommen zu lassen, und mit dessen Gegenwart alle Schreckbilder und Gestalten der Gefahr verschwinden.

Um der Aehnlichkeit in der Erdichtung noch näher zu folgen, laßt uns annehmen, daß dieses Kind ein Zeichen an seinem Gesicht trüge, ohne es zu wissen, und das keine fremde Hand als seine eigene auslöschen könnte, daß es ihm daher aufgebunden würde, nicht mit der Hand die Stirne zu berühren, und sich dazu durch keine Vorstellung bewegen zu lassen, ohne daß ihm die Ursachen oder das Daseyn dieses Zeichens und die Ehrfurcht, die seine Feinde für selbiges haben müßten, alle die Folgen aber seines Ungehorsams in diesem Stück entdeckt würden.

Dieser Unmündige wandert jetzt — — des Monarchen Verheißungen und Befehle — — der Aufenthalt, wo er seinen Vater finden soll — — und der Schutz des unbekannten Freundes, auf den er sich bey aller aufstoßenden Gefahr gewiß zu verlassen hatte; Hoffnung, kindliche Liebe und Zuversicht sind sein Stolz, seine Lust und seine Stärke.

Wenn wir das menschliche Geschlecht und jeden Menschen uns in ähnlichen Fällen vorstellen

stellen, daß sein Leben, seine Sicherheit und ewig Glück von einer Bedingung abhängt, die über alle Schwierigkeiten siegt, und daß er mit Uebertretung derselben nicht nur sein Glück verscherzt, sondern auch in das höchste Elend geräth, und in beständiger Furcht, Angst und Gefahr schweben, ja einer augenblicklichen Erlösung nöthig haben muß, falls er nicht auf ewig verloren seyn soll —— so wird uns die Frage vom Ursprung des Bösen in einem ganz fremden Gesichtspunkt vorkommen.

§. 5.

Je mehr ich dem Begriff der Freyheit nachdenke, desto mehr scheint er mir mit allen Beobachtungen derselben übereinzukommen. Ich will zwey anführen. Man kommt überein, daß es keine Freyheit ohne Gesetze geben könne; und man erklärt diejenigen für freye Staaten, wo die Unterthanen sowohl als der Fürst von Gesetzen abhängen. Gesetze haben alle ihre Kraft bloß durch den Grundtrieb der Selbstliebe, der Belohnungen und Strafen als Bewegungsgründe wirksam macht. Ein Gesetz ist niemals so beunruhigend und so beleidigend als ein Richterspruch, der auf Billigkeit gegründet ist. Das erste rührt meine Eigenliebe gar nicht und erstreckt sich auf meine Handlung allein, macht daher alle diejenigen mit mir gleich, die im gleichen Fall stehen. Der letzte, ein willkürlicher

Spruch ohne Gesetz, ist aus entgegengesetzten Bewegungen der Selbstliebe allemal als eine Knechtschaft für uns. Durch ein Gesetz sind mir die Folgen meiner Handlung bekannt; die Einbildungskraft kann daher durch keine Schmeicheleyen oder argwöhnische Ueberlegungen von der Gerechtigkeit unsers Fürsten oder Richters uns hintergehen. Ja der Richter in einer freyen Republik zeigt mir selbst durch sein Beyspiel, daß ihm das Gesetz so gut befiehlt, dieß gegen mich auszusprechen, als es mir befiehlt, das, was er ausspricht, zu leiden. Hierin bestehen also alle die Vorzüge der politischen Freyheit, jeder weiß die Folgen seiner Handlungen, und niemand kann selbige ungestraft übertreten; weil nichts als der Wille des Gesetzes mich einschränken kann, und dieser Wille ist mir so wohl bekannt, als unwandelbar, ja der Wille des Gesetzes ist in allen Fällen für mich, und eine Stütze meiner Selbsterhaltung und Selbstliebe. Daher berufen wir uns auf Gesetze, daher fürchten wir selbige. Man füge noch hinzu, daß die Gesetze, die wir uns selbst geben, aus eben dem Grunde der Selbstliebe uns niemals schwer vorkommen, und daß es das größte Vorrecht freyer Staaten ist, ihre eigenen Gesetzgeber zu seyn. Gesetze schränken also nicht Freyheit ein, sondern geben mir die Fälle zu erkennen, und die Handlungen, die vortheilhafte oder nachtheilige Folgerungen für meine Selbstliebe haben sollen, und diese Einsicht bestimmt daher unsere Neigungen.

Der stoische Grundsatz: Der Tugendhafte ist allein frey und jeder Bösewicht ein Sclave, bekommt aus dieser Erklärung gleichfalls sein Licht. Lüste und Laster hindern unsere Erkenntniß, die falschen Urtheile derselben verwirren daher unsere Selbstliebe. Wir glauben zu unserm Besten, zu unserm Vergnügen, zu unserer Ehre zu handeln, und wählen Mittel, die allen diesen Endzwecken widersprechen. Ist dieß Selbstliebe? Wo diese nicht ist, kann auch keine Freyheit seyn.

§. 6.

Wenn man erwägt, wie viel Stärke, Gegenwart des Geistes, Geschwindigkeit, der wir sonst nicht fähig sind, uns die Furcht einer außerordentlichen Gefahr giebt: so begreift man, warum ein Christ dem natürlichen sichern Menschen so sehr überlegen ist, weil er mit beständiger Furcht und Zittern seine Seligkeit sucht.

§. 7.

Mein Magen beschwert sich über die Unmäßigkeit, jedes Glied hat sein Gefühl, das es warnt vor einem Gegenstand, der ihm nachtheilig ist; Dieß ist ein physisches Gewissen.

§. 8.

Wo kommt das Ansehen her, in dem die Wahrsagerkünste stehen und die große Anzahl derselben, die sich auf nichts als ein Mißverständniß unseres Instincts oder natürlicher Vernunft gründen? Wir sind alle fähig Propheten zu seyn. Alle Erscheinungen der Natur sind Träume, Gesichte, Räthsel, die ihre Bedeutung, ihren geheimen Sinn haben. Das Buch der Natur und der Geschichte sind nichts als Chiffern, verborgene Zeichen, die eben den Schlüssel nöthig haben, der die heilige Schrift auslegt und die Absicht ihrer Eingebung ist.

§. 9.

Der Leib ist das Kleid der Seele. Er deckt die Blöße und Schande derselben. Der Wollüstige und Ehrgeizige schreiben die lasterhaften Neigungen ihrem Blut und Fibern zu. Er hat gedient unsere Seele zu erhalten, eben wie die Kleidung unsern Leib schützet gegen die äußerlichen Angriffe der Luft und anderer Gegenstände. Diese Nothdurft unserer Natur hat uns erhalten, unterdessen höhere und leichtere Geister ohne Rettung fielen. Die Hinderniß, die uns ein Kleid giebt, das uns ein wenig schwerer macht und ein wenig von dem Gebrauch unsrer Glieder entzieht, erstreckt sich nicht sowohl auf das Gute, in Ansehung der Seele, als in Ansehung des Bösen. Wie abscheulich würde vielleicht der Mensch seyn, wenn ihn der Leib nicht in Schranken hielte!

§. 10.

Das allgemeine Beste eines Staats wird von den Almosen der Unterthanen unterhalten. Jede Scherbe des Fleißes wird von Gott gesegnet zum allgemeinen Reichthum und Nahrung.

Gedanken
über
meinen Lebenslauf.

Ps. 94, 19. In der Menge meiner Gedanken in mir er-
götzen deine Tröstungen meine Seele.

London, 21. April 1758.

Bis hieher hat mir der Herr geholfen.

Ich bin den 27ten August 1730 in Königsberg in Preussen geboren, und den folgenden Tag, so viel ich weiß, durch die christliche Vorsorge meiner frommen und ehrlichen Eltern, zum Bad der heiligen Taufe gebracht worden. Gott hat mich die Ehre und Vortheile der Erstgeburt genießen lassen, und ich bin meiner Mutter, wie Jaebez, ein Sohn der Sorgen und Schmerzen gewesen. Sie hat meinem Vater noch einen Sohn an meinem jüngern Bruder gegeben, und wir beide sind der ganze Reichthum unsrer Eltern gewesen, den Gott mit so viel Gnade erhalten als gegeben hat.

Mein liebreicher Vater im Himmel! womit soll sich mein Dank für den Ueberfluß des Segens anfangen, womit du mich schon in den Umständen meiner Geburt, als mit einem Kranze geziert hast. Ein gesunder Leib, den du im verborgenen gebildet hast — eine Seele, der du den Orden des Himmels, und das Unterpfand der Seligkeit, in Abwaschung meiner angeerbten Sünde und Aufnehmung in den Bund deines Sohnes und den Schooß seiner Kirche, umsonst geschenkt hast, noch ehe sie sich ihres Daseyns selbst bewußt war, so wie du die Milch in den

Brüsten meiner Mutter bereitetest, noch ehe ich den Durst und die Nothwendigkeit und den Geschmack derselben kannte —— Eltern, deren Andenken unter die theuersten Begriffe meiner Seele gehört, und ohne zärtliche Bewegung der Liebe und Erkenntlichkeit von mir nicht übersehen werden kann, durch die du dich selbst mir zuerst hast offenbaren wollen, und die nach ihren Kräften sich angelegen seyn ließen, mich zu dir zu führen —— die du in zeitlichen Umständen gesegnet hast, und die ihr eigenes Leben als eine Probe deiner weisen und gütigen Regierung jederzeit ansahen und uns anpriesen. Du hast mich gewürdigt, ein Zeuge von dem Abschiede meiner Mutter zu seyn, die in deine Ruhe eingegangen —— Ihre guten Werke werden ihr nachgefolgt seyn. Das Verdienst deines Sohnes ersetzt unsre Unvollkommenheit und die Gebrechen unsers Guten; die Seligkeit, die er erworben, ist der Lohn, welcher die Undankbarkeit der Welt überschwenglich gut macht. Lebt mein Vater noch —— so laß sein Alter gesegnet seyn. Tröste ihn in dem Kummer, worin er meinetwegen ohne Zweifel gedrückt wird. Tröste ihn mit eben dem Geist, der mich aufgerichtet hat, und dessen Oel allein unserm Gesichte Glanz geben und unser Herz mehr als junger Most und das Fette des Weizens fröhlich machen und erquicken kann. Laß ihm die Noth der gegenwärtigen Drangsale unter deinen Flügeln leicht werden — — Ist dieses Gebet, mein Gott! ein Irrthum, so mache seine Freude voll, durch die Bekehrung eines Sünders, der Buße thut, und den er auf Erden zu verlieren geglaubt, um ihn in der Heimath deiner Kinder wiederzufinden. Erhöre mich, mein Gott! um deines lieben Sohnes willen. Amen!

Ich bin frühe von meinen Eltern zur Schule gehalten worden. Sie waren beide Feinde des Müssigganges und Freunde göttlicher und menschlicher Ordnung. Sie begnügten sich nicht mit dem bloßen Schein ihrer Pflichten, und dem Ceremoniel der Erziehung, was so viele Eltern Schanden halber ihre Kinder genießen lassen; sie hatten unser Bestes zu ihrem Augenmerk, und thaten so viel selbst, als ihre Umstände und Einsichten es erlaubten. Unsre Lehrmeister mußten ihnen Rechenschaft von unserm Fleiß und Aufführung ablegen; wir fanden zu Hause eine Schule an der Aufsicht, ja an der strengen Aufsicht, und an dem Beyspiel unsrer Eltern. Lügen, Umtreiben, und Näscherey waren drey Hauptdinge, die uns nicht vergeben wurden, und denen wir niemals Erlaubniß hatten, uns zu überlassen. Wir können uns eher einer Verschwendung in unsrer Erziehung rühmen, als über eine Sparsamkeit darin beschweren. Die rechte Haushaltung und Wirthschaft darin ist die größte Kunst; so wie der erste Fehler ein größer Lob der Eltern, und einen schwereren Vorwurf der Kinder macht. Unser Haus war jederzeit eine Zuflucht junger Leute, die studirten, und welche die Armuth sittsam machte. Sie waren jederzeit willkommen, und wurden bisweilen ausdrücklich für ihren Unterricht bezahlt, als Nebenstunden, als Wiederholung und Zubereitung der Schule; sie waren zugleich unsre Gesellschafter, Zeitvertreiber, Aufseher, und wurden mit ältern Jahren Vertraute und gute Freunde. Dergleichen Vortheile haben wir genossen, so lange wir in unsers Vaters Hause gewesen, und als ich wieder in dasselbe zurückkam; hieher gehören Sprachen, Griechisch, Französisch, Italienisch, Musik, Tanzen, Malen. So schlecht und recht wir in Kleidung und in andern Thorheiten kurz gehalten wurden, so viel Ausschweifung wurde uns hierin verstattet und nachgesehn.

Die guten Absichten meiner lieben Eltern würden besser erfüllt worden seyn, und ihre großmüthige Neigung besser angewandt, wenn sie einen guten Rath in der Wahl ihrer Mittel und wir eine größere Rechenschaft vom Gebrauch derselben zur Richtschnur gehabt hätten. Wie vorzüglich aber vor unzähligen andern Eltern ihre Einsichten und Grundsätze und die Triebe ihres

Herzens gegen ihre Kinder waren, hat mich die Erfahrung mit öfterem Zurückdenken und in mich gehen gelehrt.

Ich habe in meiner Schulerziehung drey Abwechselungen gehabt. Das erste war ein Zusammenfluß von Kindern jedes Geschlechts und jedes Alters unter einem abgesetzten Priester, dessen Name Hoffmann war. Dieser Mann hat den Grund gelegt, und ich bin 7 Jahre sein Schüler gewesen, nach deren Verlauf er mich so weit gebracht zu haben glaubte, als ein Kind nöthig hätte, um auf einmal ein Jüngling zu werden; oder vielleicht war dieß bloß ein Geständniß seiner eignen Unfähigkeit, mich länger zu führen. So dunkel die Erinnerung seines Unterrichts, so weiß ich so viel, daß selbiger außerordentlich war, daß er mir das Latein ohne Grammatik beyzubringen gesucht hatte.

Von hier kam ich in die Hände eines Schulmannes, der ein öffentliches Amt hatte, und eine Winkelschule dabey hielt, die in zwey runden besetzten Tischen bestand. Sein Name war Röhl, und er war Prorector im Kneiphof, sein Stiefsohn war sein Gehülfe. Dieser Mann hatte viel Glück und Erfahrung, beide aber beruhten auf bloßer Pedanterey und dem Schlendrian der Schulkünste. Ich wurde von dem kleinen Hügel, wo sein Vorgänger mich gesetzt, plötzlich verruckt, und beschuldigt, nichts zu wissen, weil ich seine Methode nicht kannte. Bey diesem Manne hab ich vom Donat angefangen und mit einem Muth, den er selbst bewunderte, einige der vornehmsten und schwersten lateinischen und griechischen Schriftsteller unterschiedene mal durchgepeitscht. (Er hat mich buchstabiren gelehrt und eine Weise dazu, die nicht zu verachten ist, und die ich nachgeahmt habe.) Er schmeichelte mir und sich selbst, einen großen Lateiner und Griechen erzogen zu haben; ich konnte einen Römer verdeutschen, ohne die Sprache noch den Sinn des Autors zu verstehen. So waren meine lateinischen und griechischen Zusammensetzungen, Buchdruckerarbeit, Taschenspielerkünste, wo das Gedächtniß sich selbst überfrißt, uud eine Schwindung der übrigen Seelenkräfte entsteht, weil es an einem gesunden und gehörigen Nahrungssaft fehlt. Sein Sohn brachte mich sehr weit in der Rechenkunst; alles dieß geht verloren, wenn das Urtheil nicht bey Kindern gezogen wird, wenn sie ohne Aufmerksamkeit und Verstand fertig gemacht werden. Es ist eben so wie in der Musik, wo die Finger nicht allein, sondern hauptsächlich die Ohren und das Gehör gelehrt und unterrichtet und geübt werden müssen. Wer noch so geschwind und richtig ohne Gefühl der Harmonie ein Stück oder hundert gelernt har, spielt wie ein Tanzbär in Vergleichung des elendesten Geigers, der seine eignen Grillen auszudrücken weiß. Ich will hier einige Anmerkungen hinzufügen. Die erste ist, daß ich glaube, mein Gedächtniß und meinen Kopf sehr geschwächt zu haben durch diesen gehäuften und unnützen Schulfleiß, und daß meine natürliche Lebhaftigkeit und Fähigkeit einigermaßen darunter gelitten. Ein noch größer Uebel ist, daß diese Methode alle Ordnung, ich möchte sagen, allen Begriff, und Faden und Lust an derselben in mir verdunkelt hat. Ich fand mich mit einer Menge Wörter und Sachen auf einmal überschüttet, deren Verstand, Grund, Zusammenhang, Gebrauch ich nicht kannte. Ich suchte immer mehr und mehr ohne Wahl, ohne Untersuchung und Ueberlegung auf einander zu schütten, und diese Seuche hat sich über alle meine Handlungen ausgebreitet, daß ich mich endlich in einem Labyrinth gesehn habe, von dem ich weder Aus- noch Eingang noch Spur erkennen konnte. Unterdessen ich mich wirklich in einigen Dingen weiter befand, als ich es nöthig hatte, so war ich dafür in weit nützlichern und nöthigern ganz zurückgelassen; weder Historie, noch Geographie, noch den geringsten Begriff von der Schreibart, Dichtkunst. Ich habe den Mangel der beiden ersten niemals gehörig ersetzen können, den Geschmack an der letztern zu spät erhalten, und finde mich in vieler Mühe, meine Gedanken mündlich und schriftlich in Ordnung zu sammeln und mit Leichtigkeit auszudrücken.

Ein rechtschaffener Lehrmeister muß bey Gott und sich selbst in die Schule gehen, wenn er die Weisheit seines Amtes ausüben will; er muß ihn nachahmen, so wie er sich in der Natur und in der heiligen Schrift offenbaret, und vermöge beider in gleicher Art in unsrer Seele. Der allmächtige Gott, dem nichts kostet, dem nichts zu theuer für die Menschen gewesen ist, der sparsamste und langsamste Gott. Das Gesetz seiner Wirthschaftlichkeit von Zeit, womit er in Geduld die Früchte abwartet, sollte unsere Richtschnur seyn. Es ist nichts daran gelegen, was? noch wie viel? Kinder und wir Menschen überhaupt wissen; aber alles, wie? Er sagt zu seinen Jüngern, in der Stunde, da es euch nöthig seyn wird zu reden, soll euch gegeben werden, erstlich und vornehmlich w i e, und nächstdem w a s ihr reden sollt. Diese Ordnung scheint uns Menschen umgekehrt zu seyn; sie ist aber gewissermaßen Gott eigen und durch seine eigenen Wege geheiligt. Dem Reinen ist alles rein; der natürliche Geschmack kann die Güte der Speisen unterscheiden, die natürliche Mäßigkeit ihr Verhältniß bestimmen; aber der Dank und der Wille Gottes, nach dem und womit wir selbige genießen, ist allein das Werk des Glaubens, und die Bedingung des göttlichen Segens. Wir säen nicht ganze Gewächse, auch nicht ganze Früchte derselben, sondern nichts mehr als das Kleinste davon, den Saamen; und dieser selbst ist zu überflüssig, so daß er verfaulen muß, der Leib desselben, ehe er aufgehen kann. Dieser geht aber nicht auf, wenn der Boden nicht zubereitet und die Jahreszeit in Acht genommen wird. Von diesen Bedingungen hängt also das Gedeihen des Saamens nothwendiger als von der Natur desselben selbst ab. Die Mittel, Kinder zu unterrichten, können daher nicht einfach genug seyn So einfach sie sind, ist noch immer viel überflüssiges, verlornes und vergängliches an denselben. Sie müssen aber reich an Wirkungen, eine Mannigfaltigkeit und Fruchtbarkeit zur Anwendung und Ausübung in sich schließen. So bald Kinder lesen gelehrt werden, sollte man Muster wählen, wodurch sie Licht im Verstand und Tugend im Herzen empfingen, nicht das erste das beste Buch, und bloß des Lesens willen, sondern das Lesen selbst, wenn es die Hauptabsicht ist, muß als eine Nebenabsicht angesehen werden, wodurch der Gebrauch der sinnlichen Aufmerksamkeit, eine Oeffnung und Aufklärung der Begriffe, eine Erweckung guter Empfindungen, und Vorbildung guter Neigungen zubereitet wird. So sollte die Erlernung der fremden Sprachen als ein Hülfsmittel, die Muttersprache besser zu verstehen, an Gedanken fruchtbar zu werden, selbige zu zergliedern, die Zeichen derselben gegen einander zu halten, den Unterschied derselben zu bemerken, kurz, was ein bloßes Gedächtnißwerk zu seyn scheint, als eine Vorbereitung und Uebung aller Seelenkräfte, und höherer, wichtigerer, schwererer, ja geistlicher Dinge gebraucht werden. Der Mangel dieser Lehrart macht Sprachen so schwer, so trocken und verdrießlich, so eitel und unnütz. Was haben Kinder, die Hausväter, Hirten, Handwerker ꝛc. werden sollen, ja, die Kinder sind, mit den Thaten griechischer und römischer Helden, fremden Völkern, Sitten ꝛc. für Beziehung und Verwandschaft? Dieser Gebrauch ist desto weniger zu entschuldigen, da die Welt Muster der Sprache in sittlichen Regeln, Erzählungen ꝛc. besitzt, wo die Reinigkeit, Mannigfaltigkeit und Zierlichkeit durch den Inhalt und Nutzbarkeit erhoben wird. Ein Landjunker sollte eher die Schriftsteller des Ackerbaues, als das Leben Alexanders und die Briefe des Plinius zu seinen Lehrbüchern der römischen Sprache machen, und ich habe immer einen Auszug einer solchen römischen Wirthschafts-Bibliothek in gebundenen und ungebundnen Sprachmustern gewünscht, wie die vortreffliche Sammlung eines französischen Schriftstellers ist, den ich mit vielem Nutzen gebraucht habe. Das Latein würde nicht allein dem jungen Adel, sondern auch vielen Bürgerskindern leichter, angenehmer und brauchbarer werden, und die Einsichten der Wirthschaft, woran dem gemeinen Wesen und einzelnen Bürgern so viel gelegen, dadurch ausgebreitet werden. Eben diese Anmerkung habe ich selbst zum Theil im Schreiben gebraucht; weil die Vorschriften, die man Kinder nachzeichnen läßt, eben so als ihre Uebungen sie lesen zu lehren gebraucht werden müssen, ja im Schreiben selbst auf die Erlangung des Augenmaßes und der Aufmerksamkeit ein beständig Auge gehalten werden muß. Die Betrachtungen meiner eignen Erziehung leiten mich vielleicht auf zu weitläuftige Ausschweifungen. Dieß ist aber ein so wichtig Werk, und ich finde noch immer in meinem Herzen einen zärtlichen Ruf Gottes, Lämmer zu weiden, daß ich der Versuchung nicht widerstehen kann, mich der Neigung meines Herzens zu überlassen, die mir so vieles über diesen Gegenstand in die Feder giebt.

Ich glaube, daß der Gebrauch des Schreibens viele Zeit, viele Mühe und Ueberdruß Kindern kostet, ja daß derselbe bey einigen desto nachtheiliger ist, je früher sie dazu angeführt werden. Der Nachtheil der Gesundheit, weil diese Arbeit ein anhaltendes Sitzen erfodert, eine Gelegenheit nichts zu thun, oder wenigstens müßig in Gedanken zu seyn, unterdessen die Hand mit Verdruß sich beschäftigen muß. Was hat ein Kind für Lust ein A oder B zu machen; oder gehören Jahre zu der Kunst 24 Buchstaben nachmachen zu können? Könnte man Kinder nicht lieber mit Malen und Zeichnen, mit der hieroglyphischen Schreibekunst den Anfang machen lassen? Dieß würde leichter seyn, weil wir alle zum nachahmen geboren sind, besonders die Natur nachzuahmen; der Sinn des Auges, das Urtheil desselben, der Sinn und der Geschmack des Verhältnisses und der sichtbaren Schönheit, die Vergleichung der Aehnlichkeiten und Unähnlichkeiten, worin ein so großer Vortheil der Denkungskräfte besteht. Es würde nützlicher seyn, allen Handwerkern zur Vollkommenheit ihrer Handthierung dienen, Reisenden zum unsäglichen Vortheil, ein allgemeiner Zeitvertreib des Frauenzimmers und junger Leute, ein schärfer uud kritisch Auge über die Werke der Natur und Kunst einflößen, und uns vorbereiten zu einer zierlichen und geschwinden Handschrift; ja dieser Theil der Zeichenkunst der Buchstaben würde leichter und geschwinder erlernt werden. Die Geschichte der Künste und der menschlichen Natur in derselben scheint dieß noch mehr zu bestätigen. Sind nicht die Maler die ersten Schreibmeister, und die Poeten und Redner die ersten Schriftsteller gewesen? Die Vollkommenheit der Welt scheint in der Entfernung von der Natur zu bestehen. Wie unnatürlich haben uns Moden und Gewohnheiten gemacht, und wie schwer fällt uns in unsern Zeiten, zur Einfalt und Unschuld der alten Sitten zurückzukehren!

Mein lieber redlicher Vater sah zum Theil die Mängel der Schulerziehung ein, die ich genoß. Er suchte einen von den vornehmsten zu ersetzen, indem er den Hofmeister einer Priesterwittwe ersuchte, mich einen besondern Unterricht mit den Söhnen dieser gütigen Frau genießen zu lassen. Anstatt mich an der lauteren Milch des Evangelii zu begnügen, verfiel ich in einen andern Abweg meiner Neugierde und kindischen Vorwitzes, in allen Ketzereyen und Irrthümern bewandert zu werden. So sucht der Feind unserer Seelen und alles Guten den göttlichen Weizen durch sein Unkraut zu ersticken. Ich füllte meinen Kopf mit den Namen und abgeschmackten Streitigkeiten aller Thoren an, die Ketzer gewesen waren oder Ketzer gemacht hatten, um sich unterscheiden zu können. Was für Mühe muß es Gott und seinem Geist geben, um den Schutt bloß aus dem Wege zu räumen, worunter der Satan unsre Seelen vergräbt, wenn wir mit ihm an selbigen zu bauen gedenken.

In eben dem Hause hatte ich nebst meinem Bruder das Unglück, von einem Kinde angesteckt zu werden, das mit einem giftigen Ausschlage geboren worden war, und von dem es nicht geheilt werden konnte, sondern jung starb. Die besetzten Hüte, die wir hatten, dienten unschuldiger Weise dem Kinde zur Versuchung, sich mit selbigen zu bedecken. Wir haben beide sehr lange und zu großer Beschwerde und Kummer unserer seligen Mutter daran ausgehalten. Gott ist so gnädig gewesen, und hat uns beide davon geheilt. Ich wiederhole ihm meinen Dank. Er wolle nicht aufhören mein Arzt zu seyn, so lange ich auf dieser ansteckenden Erde, das Gift der Sünde im Blut und Herzen, und unter dem unschlachtigen Geschlecht von Sündern, wallen soll. Ich trage ein Zeichen von meiner Genesung an diesem Aussatz an meinem kahlen Haupte, wo die Haare nach dem Rand, worin der Hut dasselbe einschließt, völlig ausgefallen sind. Sie schwuren aus, und die Wurzeln derselben waren voll Eiters, der Gestank unerträglich, den sich meine selige Mutter nicht verdrießen ließ unsertwegen mit Thränen öfters über unsere Schmerzen und Unart auszustehen. Meine ausgefallnen Haare sind gottlob! das einzige, was ich bisher an meinem Leibe verloren habe, und dieß die einzige Krankheit, deren Dauer und Wichtigkeit in meinem bisherigen Leben Aufmerksamkeit verdient. Während derselben habe ich große Anfälle von Schwindel und Schwachheit des Hauptes gelitten, von denen ich gottlob! in der Fremde fast nichts mehr empfunden.

Vor dieser Heimsuchung Gottes hatte mein Vater einen Bösewicht zum Lehrjungen in Diensten, der mich lehrte, es an meinem eignen Leibe zu werden. Er besuchte nachher unser Haus und gab vor, in Schweden niedergelassen zu seyn. Gott! vergieb ihm und mir. Die traurige Erfahrung an meinem eigenen Beyspiel hat dieses Gute in mir gewirkt, so streng und behutsam als möglich auf allen Umgang der Kinder mit Bedienten und Gesinde zu seyn. Ich habe dieß, so viel ich gekonnt, zu meinem Augenmerk in meinen beiden Hofmeisterschaften zu machen gesucht. Ich erkenne jetzt, daß es eine Sittenlehre und Casuistik des Satans ist, die uns einige Sünden klein macht in Vergleichung anderer. Meine Vernunft fand immer die Hurerey als ein sehr menschlich und vergeblich Verbrechen. Ich hatte Josephs Geschichte ohne Nutzen gelesen. Ja ich hielt selbige für ein Mittel der Tugend, um dem Unglück einer ungleichen Ehe oder dem Meyneide des

Ehebruchs zu entgehen. So wenig vernimmt der Mensch von dem, das des Geistes Gottes ist. Ich bin in Riga dem Ehebruch sehr nahe gewesen, ich habe Versuchungen des Fleisches und Blutes sowohl als des Witzes und Herzens gehabt, und Gott hat mich gnädig bisher selbst von den Schlingen der Huren, ich möchte sagen durch ein Wunder, behütet. Er wolle mir Gnade geben, mich vor aller Befleckung des Geistes und Leibes zu hüten, und dieses irdische Gefäß, das er durch seine Einwohnung heiligen wolle, zum Gliede Christi machen und von aller Unreinigkeit lauter und unversehrt erhalten!

Ehe ich auf die letzte Periode meiner Erziehung komme, will ich noch eine Betrachtung über solche kleine Winkel- und Nebenschulen machen, für die manche so eingenommen sind, daß sie selbige öffentlichen vorziehen. Ich bin nicht dieser Meynung. Ich glaube, daß eine mittlere Anzahl von Kindern ungleich mehr Mühe und Fleiß erfordert, als eine größere, und eine kleine Anzahl für die Sitten der Kinder gefährlich ist, weil ihre Vertraulichkeit leichter statt hat, und zu dem Mißbrauche derselben daher mehr Gelegenheit, wie auch zu dem Neide und Hasse, der unter vielen nicht so schädlich, und mehr zur Eifersucht und Aufmunterung dient.

Mein Vater, mein redlicher Vater, nahm mich mit viel Sorge aus dieser Zucht, wo ihm zu gute Hoffnungen, und vielleicht größere von meinem Fortgang im Lernen gemacht waren, als selbiger verdiente. Er entschloß sich endlich mich in eine öffentliche Schule zu thun, und er that eine glückliche Wahl an der Kneiphöfschen. Ich hatte Schüler, die unter mir gewesen waren, akademische Freyheit erhalten sehn, und mußte mir jetzt gefallen lassen, auf der 2ten Klasse als der 6te dem Range nach vorlieb zu nehmen, wo ich lateinische Autores zu erklären bekam, die mir sehr geläufig waren, daß ich also keine Zubereitung nöthig hatte, um andere zu übertreffen. Es war kurz vor der öffentlichen Prüfungszeit, daß ich zur Schule kam. Dieß war Ursache, daß der Rector derselben mit vieler Klugheit mich unter meinen Ansprüchen setzte. Ich hatte zugleich hier Gelegenheit, einen Anfang in der Historie, Geographie, und dem Styl zu machen. Der Rector dieser Schule war ein verdienter gelehrter und frommer Mann, Dr. Salthenius, ein Mann von seltnen und außerordentlichen Gaben, der gleiche Treue und Weisheit und Redlichkeit in seinem Amte besaß. Nächst ihm habe ich zwey Lehrern vornehmlich viel zu danken, die beide jetzt Prediger, der eine bey der Altstadt, der andere auf dem Lande, geschickte, liebreiche und fromme Zwillinge, die beyde in ihrer Art Muster waren, Buchholtz und Herold.

Bey der ersten Versetzung nach gehaltener Schulmusterung kam ich als der erste auf die erste Classe; eine Unterscheidung, die mir von meinen Mitschülern ohne Neid gegönnt wurde. Ich mußte für diese kleine Freude wegen meines Ausschlages eine gute Zeit aus der Schule bleiben. Hier bekam ich die ersten Begriffe von Philosophie und Mathematik, von Theologie und Hebräischem. Hier wurde mir ein neues Feld zu Ausschweifungen offen, und mein Gehirn wurde zu einer Jahrmarktsbude von ganz neuen Waaren. Ich brachte diesen Wirbel mit auf die hohe Schule, wohin er eigentlich gehörte, und wo ich als ein akademischer Bürger den 30. März 1746 eingeschrieben wurde.

Ich bin ein Schüler des berühmten Kuntzen in allen Theilen der Philosophie, der Mathematik und Privatvorlesungen über die Algebra gewesen, wie auch ein Mitglied einer physico-theologischen Gesellschaft, die unter ihm aufgerichtet wurde, aber nicht zu Stande kam. Mit wie wenig Treue, mit wie wenig Ordnung und mit wie wenig Nutzen sind alle diese Gelegenheiten zu lernen und nutzbar zu werden, von mir abgewartet worden — — wie wenig habe ich daran gedacht, daß ich den sauren Schweiß meines Vaters durchbrächte und die süße Hoffnung vernichtete, Früchte von dem zu sehen, was er mit so viel Lust und Verleugnung seiner eignen Nothdurft anwendete. Höre Gott! und vergieb —— Ersetze ihm das, warum ihn sein eigen Kind gebracht hat —— und rechne es mir nicht zu, oder laß mich die Strafe, die ich dafür verdient, nicht zu schwer empfinden. Begnüge dich an der Reue und dem Schmerz, womit ich erkenne, —— und laß es nicht zu spät erkannt seyn.

Die Erinnerung eines nicht so berühmten Lehrers ist mir angenehmer. Gott ließ ihn in unterdrückten, kümmerlichen und dunkeln Umständen leben; er war eines bessern Schicksals werth. Er besaß Eigenschaften, die die Welt nicht achtet, und daher auch nicht belohnt. Sein Ende war wie sein Leben, unvermerkt, ich zweifle nicht, daß es selig ist. Sein Name war Rappolt; ein Mann, der eine besondre Scharfsinnigkeit besaß, natürliche Dinge zu beurtheilen, mit der Andacht und Einfalt und Bescheidenheit eines christlichen Weltweisen, und eine ungemeine Stärke, den Geist der römischen Schriftsteller und ihrer Sprache nachzuahmen. Laß Gott! deinen Segen und den Segen ihres Vaters auf seinen Söhnen ruhen!

Unterdessen ich in den Vorhöfen der Wissenschaften umschweifte, verlor ich den Beruf, den ich geglaubt hatte für die Gottesgelehrtheit gehabt zu haben. Ich fand ein Hinderniß in meiner Zunge, in meinem schwachen Gedächtniß, und viele Heuchelhindernisse in meiner Denkungsart, den verdorbenen Sitten des geistlichen Standes, und der Wichtigkeit, worin ich die Pflichten desselben setze. Ich hatte freylich Recht, wenn ich mich selbst als den Geber und Urheber desjenigen, was dazu gehört, betrachtete. Ich vergaß die Quelle alles Guten, von der ich alles erwarten und mir versprechen konnte, was mir fehlte, und mit dessen Beystand ich alles hätte überwinden können, was mir im Wege lag.

Ich genoß als Student einer vorzüglichen Liebe von meinem Pathen und Beichtvater, in dessen Hause ich wöchentlich speiste, auch von seinen Söhnen, insbesondere dem Gottesgelehrten, der durch seine Schriften wie sein Vater sich berühmt gemacht, wo ich gleichfalls die Woche einmal speisete; daß ich also zwey Freytische hatte, um Gelegenheit zum lernen zu haben, und die Schüchternheit, die ich spät behalten habe, und die mir noch anhängt, mir abzugewöhnen. Ich hätte unstreitig alle diese Bequemlichkeiten besser anwenden können, als ich gethan, und ich habe den Schein der Undankbarkeit mir für einige zugezogen.

. Obgedachter mein Pathe machte mir unterschiedene ansehnliche Geschenke von Büchern, er gab mir gleichfalls den Zubereitungs-Unterricht zum Christenthum, und segnete mich unter einer großen Anzahl anderer den Sonntag nach Ostern, wo ich nicht irre 1743 oder 44, ein. Ich erinnere mich, daß er auf den Altar kam mit dem siebenten Vers des Liedes: Ach Herr! wie ist dein Zorn so groß rc.

Dein' Schäflein thust du weiden wohl,
Im Busen du sie trägest,
Dein' Arm hast du der Lämmer voll,
Des Schwachen treulich pflegest.
Niemand reißt dir eins aus der Hand,
Dein Blut hast du daran gewandt,
Uns theuer erkauft zum Leben.
Ja, weil du uns gezeichnet hast,
Nicht zu schwer machst des Kreuzes Last,
So sey dir Alles ergeben!

Ich komme auf die Folge meines Lebens zurück. Was mich vom Geschmack der Theologie und aller ernsthaften Wissenschaften entfernte, war eine neue Neigung, die in mir aufgegangen war, zu Alterthümern, Critik — — hierauf zu den sogenannten schönen und zierlichen Wissenschaften, Poesie, Romanen, Philologie, den französischen Schriftstellern, und ihrer Gabe zu dichten, zu malen, schildern, der Einbildungskraft zu gefallen rc. Gott wolle mir den Mißbrauch meiner natürlichen Kräfte, die sich vielleicht unter einer gehörigen Anwendung derselben auf eine vorzügliche Art der Welt sowohl als mir selbst hätten hervorthun und nützlich machen können, ja die ich zum Dienst seines Hauses und seines Werks auf Erden gewidmet hatte, die ich so verstümmelt und verdorben habe —— Den Aufwand der edeln Zeit, die Unkosten meines Vaters, die Hoffnung, einen Stab seines Alters an seinen Kindern zu haben —— Mein gnädiger Gott! höre und vergieb! Verbessere, was ich verdorben habe, wenn es nicht zu spät ist, und mache das Nachjahr, das du mir noch gönnen willst, desto gesegneter. Laß alle meine Fehler zu meinem Besten gereichen; laß sie mir dienen, endlich einmal klug zu werden, und andere mit desto mehr Nachdruck und Eifer vor den Klippen zu warnen, an denen ich selbst gescheitert!

Ich bekannte mich also zum Schein zur Rechtsgelehrsamkeit. Meine Thorheit ließ mich immer eine Art von Großmuth und Erhabenheit sehen, nicht für Brod zu studiren, sondern nach Neigung, zum Zeitvertreib, und aus Liebe zu den Wissenschaften selbst, daß es besser wäre ein Märtyrer denn ein Taglöhner und Miethling der Musen zu seyn. Was für Unsinn läßt sich in runden und vollautenden Worten ausdrücken! Ich hörte also über die Institutionen und Pandecten ohne Zubereitung und

Wiederholung des Gehörten, ohne Ernst, ohne Treue, ein Jurist zu werden; so wie ich keine gehabt noch gewiesen hatte, um ein Theolog zu seyn.

Unterdessen hatte mir immer im Sinn gelegen, eine Hofmeisterstelle anzunehmen, um Gelegenheit zu finden, und in der Welt meine Freyheit zu versuchen. Das Haus meiner lieben Eltern schien mir einen Zwang in einigen Stücken zu thun, und ich wollte Meister meines Geldes seyn, worin ich zu meinem Besten theils ein wenig zu sparsam gehalten wurde, theils aber zu spät gelernt habe, selbiges, als ich mein eigenes hatte, besser zu Rathe zu halten. Vielleicht war auch kein göttlicher Segen bey meiner Einnahme, der das Wenige überflüßig macht. Unordnung, der allgemeine Grundfehler meiner Gemüthsart, eine falsche Großmuth, eine zu blinde Liebe und Wohlgefallen für anderer Urtheile, und eine Sorglosigkeit, die aus Unerfahrenheit und Unwissenheit zum Theil entsprang, waren alle Schuld.

Der Zufall diente mir unvermuthet in meinen Absichten. Es kam ein Prediger aus Liefland, der mit unter die Hauslehrmeister gehörte und uns auf dem Clavier unterrichtet hatte, um seine Eltern und seine Freunde in Preußen zu besuchen. Er kam in unser Haus. Ich glaubte eine ungemeine Veränderung in seinem

Betragen und Aufführung anzutreffen, da ich ohnedieß ein sehr günstig Vorurtheil für Liefland und die Lebensart der Liefländer wegen einiger Freunde, die ich unter denselben hatte, hegte. Er suchte unterschiedene ledige Stellen in Liefland zu besetzen. Unter andern war eine auf dem Gute, woselbst er Prediger war. Die Bedingungen waren nicht vortheilhaft eben. Ein einziger Sohn, ein sehr reiches Haus, seine Nachbarschaft und andere Dinge mehr bewogen mich diese anzunehmen. Ich entschloß mich, ungeachtet der Vorstellungen meiner Eltern und der bösen Prophezeyungen, die man mir von der Frau machte, zu der ich kommen sollte.

Ich verließ meiner Eltern Haus im November 1752, unterdessen meine selige Mutter vor Wehmuth schmelzte, mein Vater mich selbst bis ans Thor begleitete, und ein alter Schwabe, ein ehrlicher, aufgeweckter Kopf, Wagner, unser Nachbar und Buchhalter eines Buchladens, eine Meile mit mir fuhr, und Morgens zu Fuß wieder nach der Stadt ging. Ich hatte das Glück, einen guten Freund, Gericke, zu meinem Reisegefährten zu haben, dessen Halbbruder mir viele freundschaftliche Dienste in Curland erwiesen, so wie ich in beider Eltern Hause in Riga besondere Güte und Liebe genossen.

Ungeachtet der späten Jahreszeit war die

Witterung und Weg außerordentlich gut, unsre Ueberfahrt über das Haff sehr glücklich, und die Gesellschaft eines Kaufdieners, der in Riga sich zu meiner Zeit verheirathete und sein eigenes anfing, sehr aufmunternd und angenehm. Außerdem hatten wir einen Armenischen Kaufmann, der ohne eine einzige Sprache zu verstehen alle Länder durchreiste, große Lust zu schwatzen hatte, durch seine Zeichen und Figuren und unsre Mißdeutung derselben sehr aufmunterte, eine Mäßigkeit in seiner Lebensart führte, die erstaunend war, und dabey eine eben so bewundernswürdige Munterkeit und Frische des Leibes und Geistes besaß, ungeachtet er nicht mehr schien jung zu seyn.

Ich kehrte in Riga bey einem Landsmanne meines Vaters ein, der sehr lange in unserm Hause auf die vertrauteste Art aus und eingegangen war. Hierauf nahm ich meine Reise nach dem Gute, wo die Baronin B... lebte, 12 Meilen von Riga, Kegeln. Ich langte an einem Sonnabend auf Papendorf, dem Pastorat dieses Gutes, an, sah Sonntags darauf die Familie daselbst, wo ich zu Haus gehören sollte. Ein Kind von 9 Jahren, das sehr schüchtern, steif und zärtlich aussah. Außer ihm hatte ich seine jüngere Schwester und eine Waise, die von der Baronin erzogen ward. Der Anfang, den ich in diesem neuen Beruf machte, war gewiß schwer. Ich hatte mich selbst, meinen Unmündigen, und eine unschlachtige, rohe und unwissende Mutter zu ziehen. Ich ging wie ein muthig Roß im Pflug mit vielem Eifer, mit redlichen Absichten, mit weniger Klugheit, und mit zu vielem Vertrauen auf mich selbst und Zuversicht auf menschliche Thorheiten bey dem Guten, das ich thun oder thun wollte. Wir sind von Natur geneigt, unsere Bemühungen zu überschätzen, die Wirkungen davon als eine unumgängliche Folge zu erwarten, anderer Pflichten nach unsern Vorurtheilen und Neigungen abzuwägen und zu berechnen. Der Ackersmann kann sich keine hundertfältigen Früchte von der sorgfältigen Wirthschaftskunst allein versprechen. Der Boden, die Witterung, die Eigenschaft des Saamens, ein kleines Ungeziefer, Dinge, die unsrer Aufmerksamkeit entgehen, haben ihren Antheil, und über das alles das Gedeihen der göttlichen Vorsehung und Regierung. Meine Handlungen sollten von Menschen erkannt, bisweilen bewundert werden, ja sie sollten zu ihrer Beschämung gereichen. Dieß sind alles unlautere Triebe, die den Gebrauch unsrer Kräfte verwirren und zu Schanden machen. Gott erwies mir unendlich viel Gnade; er gab mir mehr Geduld, als ich fähig war, mehr Klugheit, mehr Glück, das ich alles auf meine eigne Rechnung vielleicht schrieb, und vielleicht eine Wirkung des Gebets meiner frommen Eltern und eine Nachsicht seiner göttlichen Langmuth und Gnade war. Meine ungesellige oder wunderliche Lebensart, die theils Schein, theils falsche Klugheit, theils eine Folge einer innern Unruhe war, an der ich sehr lange in meinem Leben siech gewesen; eine Unzufriedenheit und Unvermögenheit mich selbst zu ertragen, eine Eitelkeit, sich selbige zum Räthsel zu machen, — verdarben viel und machten mich anstößig. Ich schrieb zwey Briefe an die Baronin über die Erziehung ihres Kindes, die ihr das Gewissen aufwecken sollten. Man verstand selbige nicht, und ihre Aufnahme goß Oel ins Feuer. Ich wurde also unvermuthet abgeschafft, ohne ein halbes Jahr im Hause gewesen zu seyn, mit einigen Demüthigungen meines Stolzes, für die ich durch die Zärtlichkeit des Kindes, und die Schmeicheley, unschuldig zugleich oder mit Bösem für Gutes vergolten zu seyn, einige Genugthuung hatte. Ich wickelte mich, so weit ich konnte, in den Mantel der Religion und Tugend ein, um meine Blöße damit zu decken, schnaubte aber vor Wuth mich zu rächen und mich zu rechtfertigen. Dieß war eine Thorheit, die ich selbst mit der Zeit einsah, und die daher verrauchte.

Ich brachte hierauf einige Monate in Riga zu, verzehrte das wenige Geld, das ich empfangen hatte, und war überdieß auf Rechnung meines Wirths, der eben derjenige Landsmann meines Vaters war, wo ich bey meiner Ankunft eingekehrt hatte. Diese Zeit wurde von mir zwischen einem wüsten misanthropischen Fleiß und Ausschweifungen der Lüste und des Müßigganges getheilt. Mein Geld schmolz bis auf den letzten Dukaten, den ich die Thorheit hatte für einige unnütze Bücher anzubrechen. Ich hatte theils sorglos gelebt, theils vergebliche Versuche gemacht, eine neue Stelle zu bekommen. Gott erbarmte sich meiner und bediente sich des Schwagers selbst dieser Baronin, um mir eine sehr vortheilhafte Gelegenheit und Thür in Kurland aufzuthun, da ich am Rand der Dürftigkeit war, und schon viele schlaflose Nächte um selbige gehabt hatte. Ich fühlte meine Verlegenheit viel stärker, weil ich keinen Freund, mich zu entdecken, hatte, und das Haus, wo ich war, meiner völlig überdrüssig geworden. Ich machte ihnen aus dieser Undankbarkeit gegen meiner Eltern gutes Herz ein großes Verbrechen. Es ist wahr, daß diese Leute sehr eigennützig, und ruhmräthig mit ihren guten Werken waren. Dieß muß uns aber das Gute nicht schmälern, was wir von der Hand des Nächsten genießen. Unsre Eitelkeit läßt uns zu viel über die Bewegungsgründe und die Art, womit man uns verbindet, klügeln, damit wir desto weniger Ursache haben erkenntlich zu seyn. Ich habe sie mit gleicher Münze bezahlt; und gestehe dieß mit Scham und Reue; wiewohl ohne meines Wissens vorsätzlich so gehandelt zu haben, sondern theils aus Unwissenheit, theils aus Noth.

Ich kam also 1753 in der schönsten Jahreszeit nach Kurland zu dem General W... der eine geborne Gräfin von K.... zur Gemahlin, und zwey Söhne hatte. Ich folgte hier zwey Hofmeistern, die zugleich gearbeitet hatten, davon der eine ein Windbeutel und roher Mensch, und der andere ein seichter Kopf gewesen war. Ich fand hier zwey Kinder von einer sehr verschiedenen Gemüthsart, als ich an meinem Baron gehabt hatte, wo mehr Zucht, Ansehn und Schärfe nöthig, und mehr zu hoffen war, weil der älteste grose Fähigkeit besaß, mit dessen Neigungen ich aber niemals so zufrieden habe seyn können, als meines ersten Zöglings mich gemacht haben. Gott erzeigte mir unsäglich viel Gnade gleichfalls in diesem Hause bey Kindern und Eltern, ja selbst bey allen Hausgenossen. Ich schrieb selbige gleichfalls zu viel auf meine Rechnung und machte zu grose Gegenansprüche für meine Verdienste. Ich wurde unzufrieden, ungeduldig, heftig, aufs äußerste gebracht, — — — und hatte viele Mühe, ein Jahr auszuhalten, wo ich mit vielem Gram, Verdruß, Unwillen, zum Theil Unglimpf — — wiederum nach Riga ging.

Außer der außerordentlichen Gunst, die ich in diesem Hause von Eltern und Kindern, meinen Abschied ausgenommen, genossen habe, erwarb ich mir die Freundschaft des Herrn von Oven, eines Westphälers, eines sehr verdienten Mannes, der ein seltenes Herz mit einem vorzüglichen Genie verband, und in dessen liebreichem, nützlichem und herzlichem Umgang ich öfters außerordentlich glücklich mich geschätzt habe. Der liebe Gott vergelte ihm, und regiere ihn, und mache ihn vollkommen glücklich und ruhig. Wir hatten einige Aehnlichkeit in unsern guten Absichten und Ausschweifungen derselben, in unsern Wünschen und in dem Mangel ihrer Erfüllung.

Nächstdem ist ein geborner Türke ein brüderlich gesinnter Freund gegen mich gewesen, gegen den ich leider sehr unerkenntlich seyn muß. Gott gebe mir Gnade, meinem lieben Bassa gerecht zu werden, und vergelte ihm alles Gute, was er auf alle mögliche Art mit einem sehr redlichen, treuen und zärtlichen Herzen an mir gethan hat.

Eben so manche süße Stunden hat mir

der Umgang des Hrn. Parisius, eines Regiments-Chirurgus bey der rußischen Armee, und des gelehrten und gefälligen Magister Haase gebracht, der bey ungleich größern Verdiensten, ungleich geringern Vortheilen, ungleich höhern und allgemeinern Gaben, zufriedner und demüthiger zu leben durch sein Beyspiel leider! umsonst lehrte.

Ich erinnere mich hier besonders mit der Wehmuth eines freundschaftlichen Herzens des Dr. Lindner in Mietau, dessen Umgang und beständige Vertraulichkeit ich mit Schmeicheley anführe, und sein Schicksal um desto mehr bedaure, weil ich ihm jetzt hierin nur gar zu ähnlich bin. Der Höchste wolle ihm sein Kreuz eben so segnen, als er meines gesegnet hat, um mich zur Erkenntniß des einzigen Nothwendigen und meiner selbst zu bringen. Er tröste ihn mit eben dem Trost, womit ich getröstet worden bin, und schenke ihm eben den Ernst zur Besserung seiner selbst, mit dem ich Gottes Geist jetzt anrufe, und seine Führung als das einzige Mittel, Sünde zu meiden, und aus den Irrwegen, worein sie uns zulezt bringt, wieder herauszuhelfen! Erhöre mich, Gott, um deines Sohnes und deines heiligen Namens willen. Amen!

Ich ging also 1755 im besten Sommer wieder nach Riga zurück, voller Betrachtung und

Nachdenken über meine eigene Verwirrung, zugleich aber voller Hoffnung und Zufriedenheit, die mir die Gegenwart zweyer Freunde versprach. Der erste davon war mein Berens, den Gott als ein besonder Werkzeug gebraucht, dessen Absicht und Ende ich noch nicht absehen kann, wiewohl ich voller Vertrauen und Zuversicht lebe, daß seine weise Vorsehung, die Menschen braucht, um Knoten in unserm Leben zu machen, selbige auch zu seiner Ehre und zu unserm Besten aufzulösen weiß. Dieser außerordentliche Freund war einer meiner Lieblinge in Königsberg gewesen, und war von da auf Reisen gegangen, wo er mit großem Nutzen und augenscheinlichen Vorzügen wieder zurückkam. Gott weiß, wodurch er für mich so sehr eingenommen worden. Der die Herzen kennt und prüft und zu brauchen weiß, hat seine weisen Absichten gehabt, uns beide durch einander in Versuchung zu führen. Ich glaube an Gottes Vorsehung in diesem Spiel, als ein Christ, dem die Vorsehung Rechenschaft von jedem seiner Haare auf dem Haupt versprochen. Dieser Freund hatte mich so wenig vergessen und seine Freundschaft so wenig gegen mich geändert, daß er mich aufzusuchen eilte, sobald es ihm möglich war, und unvermuthet deßwegen nach Mietau kam, ja in eben der Nacht einen Expressen abschickte, der das ganze Haus in

Grünhof in Aufruhr setzte. Ich fuhr aus dem Bett um mich in Kleider zu werfen, und ihm entgegen zu eilen, und fand ihn ruhig schlafend. Sein Willkommen war so außerordentlich zärtlich und freundschaftlich, daß ich in Verlegenheit gerieth, ihm in meiner Antwort gleich zu kommen, oder ihn zu erreichen. Er bezauberte mich mit Aussichten, Anschlägen, Begriffen von der Welt, neuen Wissenschaften, dem herrschenden Geschmack des jetzigen Jahrhunderts ꝛc. und hundert sinnreichen Ausschweifungen, die ein menschenfreundlich Herz und eine fruchtbare Einbildungskraft hervorbringen kann.

Der zweite Freund, den ich zu meinem Wirth gewählt hatte, war mein alter Lindner, mit dem ich von dem ersten Jahre der hohen Schule an in einer brüderlichen Vertraulichkeit gelebt hatte, und der jetzt Rector in Riga geworden war. Ich war der Lepidus in diesem Triumvirate; die Freundschaft aber wallte in uns dreyen gleich stark. Wir brannten gegen einander uns zu sehn und zu genießen.

Wie viel Schlacken sind in den besten unserer natürlichen und künstlichen Triebe! Wie verdorben muß der Boden seyn, der die beste Waizensaat zu Trespe macht und verwandelt! Wie leicht ist es der Natur selbst, auszuarten! —

Ich kam eben zu einer Zeit, wo man in Riga das Landleben auf den Höfchen genießt, und hatte das Glück, eine Kur des Pyrmonter Brunnens mit der Bereusschen Familie zu gebrauchen. Meine Gesundheit hatte theils durch die Schularbeit, durch einen unordentlichen Fleiß in Nebendingen, und durch den Tumult von Affecten, in dem mein Gemüth, wie ein Nachen auf einer stürmischen See, beständig hin und hergeworfen ward, sehr gelitten; daß mir also diese wohlthätige Gelegenheit sehr zu statten kam. Ich konnte, ungeachtet alles Anlasses zufrieden zu seyn, mich der Freude in der Gesellschaft der edelsten, muntersten, gutherzigsten Menschen beides Geschlechts doch nicht überlassen. Mein Gehirn sah einen Nebel von Begriffen um sich, die es nicht unterscheiden konnte; mein Herz fühlte Bewegungen, die ich nicht zu erklären wußte; nichts als Mißtrauen gegen mich selbst und andere, nichts als Qual, wie ich mich ihnen nähern oder entdecken sollte; und in diesem Zustande habe ich mich am meisten in demjenigen Hause befunden, wo ich der größte Bewunderer, Verehrer und Freund aller derjenigen war, die zu selbigem gehörten. Wie ist es möglich, daß man mich hat für einen klugen, geschweige brauchbaren Menschen halten können, wo es mir niemals möglich gewesen, mich, was ich bin und seyn kann, zu entdecken. Dieß ist ein Geheimniß, das ich niemals habe verstehn, noch aufklären können. Ich habe also Ursache, alle diese Dinge theils als Ahnungen anzusehn, theils als Wirkungen der Hand Gottes, die über mir schwer gewesen, daß ich mich selbst unter allem dem Guten, was mir von Menschen geschah, nicht erkennen sollte. Ich sehe alle meine Unruhe, unter der ich gelebt, als eine Folge davon an, und ich tröste mich, daß Gott diese Ruthe, unter der ich geseufzt, ohne sie zu erkennen, jetzt von sich legen und mir seinen gnädigen Willen entdecken wird, dem ich mich ganz überlassen. Ich bin eine unzeitige Frucht in allem meinem Thun und Handlungen, in allen meinen Unternehmungen und Anschlägen gewesen, weil sie ohne Gott gewagt, angefangen, und ein Loch bekommen, anstatt ein Ende zu nehmen. Ich habe mich endlich wund und blutig gegen den Stachel gestoßen, den ich nicht habe erkennen wollen, und bitte nichts mehr, als daß der gnädige Gott, der seiner Verheißung nach dem bußfertigen und gläubigen Sünder vergiebt und alles vergangne vergißt, mein künftiges Leben neu und heilig seyn lassen wolle.

Ich lebte also in Riga, und genoß viele zufriedene Stunden und viele Gefälligkeiten in meines Freundes Hause, wo ich als ein Bruder, ja beynahe als ein älterer Bruder angesehen war. Der Schulstaub war mir verhaßt geworden, und ich wollte und sollte mich dem nützlichen Geschmack der Zeit bequemen, Handels- und ökonomische und politische Dinge treiben. Diese Wissenschaften gefielen mir wegen der Neuigkeit und dem Einfluß in das menschliche Leben. Ich hätte selbige zu Nebendingen mit mehr Füglichkeit wählen können, als metaphysische oder romanhafte Systeme. Aber es war unüberlegt, ein neu Gebäude anzufangen, um mich mit einmal aus der Celle in Geschäfte zu versetzen, die Geläufigkeit und Ausübung und Anführung oder vielmehr Handleitung erfordern.

Während dieser Zeit hatte ich das Glück, meinen ersten Zögling, den jungen Baron B.., in meines Freundes Hause zu sehn. Ich war durch meinen Nachfolger gerächt worden. Aus gutem Herzen nahm ich mich seiner an, und hätte gern einen Handlanger an seinem Unterricht abgegeben. Es schien aber, daß dieß eher Anlaß gab, eine Kaltsinnigkeit in unsrer Freundschaft, und dieß einen sehr schlimmen Stein des Anstoßes in des Jünglings Gemüth zu machen. Mein Freund schien meine Aufmerksamkeit für den jungen Baron als Eingriffe oder Vorwürfe anzusehn, und der letztere bezahlte mich mit Haß und Verachtung. Wir waren vielleicht alle drey in einem Mißverständniße, das aber allen dreyen nachtheilig wurde, und dem zum großen Anstoß gerieth, dem wir am meisten zu nutzen oder zu gefallen suchten.

Ich wurde mit der Zeit schwermüthiger, weil ich keinen Weg vor mir sah, mir auf eine ehrliche Art fortzuhelfen und nach Wunsch und Neigung gebraucht zu werden. Gott nahm sich wieder meiner an auf eine sehr außerordentliche und augenscheinliche Art. Ich wurde in eben dasselbe Haus nach Kurland auf die dringendste Art zurückgerufen, aus dem ich mit einiger Uebereilung nachtheiliger Reden ausgegangen war, und man erbot sich, alle meine Forderungen sich gefallen zu lassen. Noth, Selbstgefälligkeit, und zum Theil Vernunft und Klugheit riethen mir, diesen Ruf zu hören. Ich kam also gegen das Ende desselben Jahres nach Kurland und Grünhof sehr willkommen zurück.

Mit dem Anfang des 1756. Jahres erhielt ich von meinem lieben Vater die betrübte Nachricht von meiner seligen Mutter Unpäßlichkeit, und nicht lange darauf den zärtlichen Befehl, nach Hause zu kommen, falls ich sie noch sehn wollte, und ihre Wünsche hierin zu erfüllen. Dieß setzte mich in neue Unruhe; die Vorstellung, eine liebreiche Mutter zu verlieren, und eine Ueberlegung über meine Verfassung und den wenigen Trost, den sie haben würde, mich wiederzusehn. Ich hatte ein reichlich Gehalt von 150 Albertusthlr., und keinen Rock dafür mir angeschafft, ja mich sogar in Schulden gesetzt, wozu eine thörichte, gramvolle Reise nach Riga Anlaß gegeben hatte, meinen Freund zu sehen, den ich unpäßlich fand, und dem ich mehr im Wege und Vorwurf, als zur Erleichterung war. Dieses Geld hatte mir mein ehrlicher Bassa vorgeschossen, bey dem ich nachgehends noch tiefer eingerieth, ohne daß ich im Stande war, ihn vor meiner letzten Abreise zu bezahlen, und ihm noch nicht habe Gnüge thun können, woran ich ohne Wehmuth und Schmerzen nicht gedenken kann.

Mein Herz und meine Pflicht riefen mich gleichwohl nach Hause. Ich gab die Nachricht davon meinen Freunden nach Riga, die sich hierauf erklärten, und mich in ihre Dienste, Geschäfte und Familie aufnahmen. Ich fand vielen Widerstand dieß einzugehen, unterdessen war es ein Trost, worin ich Gottes Vorsehung zu finden glaubte und mich sowohl selbst als meine Eltern damit zu schmeicheln meynte. Ich machte also den letztern auf meine Ankunft mit Johannis Hoffnung, ging mit einem schweren und zweifelhaften Herzen die Bedingungen, und ein Verbindniß mit der Berensschen Familie ein, auf deren Unkosten ich eine Reise thun sollte, um mich aufzumuntern und mit mehr Ansehen und Geschick in ihr Haus zurückzukommen.

Gott gab außerordentlichen Segen, daß ich von dem Hause aus Kurland, mit Scheingründen und ohne Aufrichtigkeit, losgelassen wurde, unter dem Versprechen wieder zu kommen, das eine offenbare Lüge und wider alle meine Absichten und Neigungen war. Ich langte den vierten Tag am Sonntage frühe mit vorzüglichem Glück in Trutenau an, und wurde von meinem Vetter Zöpfel und meinem lieben Bruder, der in Ohnmacht fiel, mich wiederzusehn, in einer Kutsche eingeholt. Gott, mein liebreicher Gott, hatte meine selige Mutter über 20 Wochen auf mich warten lassen, ehe er sie zu sich nahm. Mein alter Vater lauerte weinend am Fenster auf mich, und machte mir einen betrübten Willkommen. Ich sah meine Mutter — — meine selige Mutter — — die Gott durch so viel wiederholte Wunder vom Siech- und Todbette hatte aufstehen lassen, ohne jemals mit rechtem Ernst von ihren Kindern, wenigstens von mir, darum gebeten noch gedankt worden zu seyn. Sie empfing mich mit mehr Gleichgültigkeit, als ich dachte, weil sie den Tag vorher eine schleunige Veränderung erlitten, und Gott ihre Schritte zum Grabe verdoppelte. Sie gestand, daß sie nichts mehr auf der Welt erfreuen könnte — — sie bestrafte mich mit den ersten Augenblicken, wegen des Tones, mit dem sie mich reden hörte, der ihr verändert, und nicht männlicher geworden zu seyn schien. Sie war ein Gerippe, und ihre Züge durch ihr schmerzhaftes langwieriges Lager gänzlich verstellt, daß ich sie ohne ein natürliches Mitleiden nicht ansehen konnte. Ich gestehe es, daß mein Herz weit unter der Zärtlichkeit war, die ich ihr schuldig geblieben, und daß ich im Stande war, mich ungeachtet der nahen Aussicht, sie zu verlieren, auf der Welt andern Zerstreuungen zu überlassen. Unterdessen hatte ich das Glück, daß sie meine Handreichung vor allen andern sich gefallen ließ, daß sie mich am liebsten rief, um sie zu heben und im Bette zurecht zu legen. Der gnädige Gott forderte sie nach einigen Tagen ab, da ich kaum eine Woche ein Zeuge und Theilnehmer ihres Kreuzes, und der Last meines alten redlichen Vaters gewesen war. Ich habe sie sterben gesehen —— unter vielen Bewegungen und Betrachtungen über den Tod —— und den Tod eines Christen. Der Höchste gab ihr in ihrer Todespein ein s ä u b e r l i c h G e b e r d e, ihr Herz wurde f e i n s a n f t gebrochen, und sie verging wie ein Licht o h n ü b r i g W e h, auf d e i n u n s c h u l d i g B l u t, d a s d u f ü r s i e v e r g o s s e n. Ich wohnte ihrer Beerdigung mit unsäglicher Wehmuth und Betrübniß bey, worin mein Herz zu zerschmelzen schien; wurde aber leider durch die Welt und durch die Grillen meines Glücks bald wieder getröstet.

Hierauf machte ich mich von meinen Verbindlichkeiten in Kurland gänzlich los, und erhielt Geld und Vollmacht zu meiner Reise, die ich nach langer Verzögerung und mit halber Schwermuth und Zufriedenheit einer falschen Hoffnung antrat, woran es unser Fleisch und Blut und Welt und Satan niemals fehlen läßt, um uns desto mehr ins Bloße zu setzen und für unsere Leichtgläubigkeit hernach auszulachen. Ich stieg den 1ten Oktober 1756 des Morgens frühe auf den Postwagen nach Danzig, und nahm von meinem Vater auf dem Bett Abschied, für den ich Gott allein anrufen, und den ich dem himmlischen Vater jetzt allein empfehlen kann.

Ich hielt mich in Danzig blos einen Posttag auf, und von da nach Berlin. Unterwegens hielt ich den erschrecklichen Sturm aus, der so viel Schaden gethan, und wo ich gottlob! unbeschädigt, wiewohl mit großem Glück, in Köslin ankam und ein Paar Tage stille lag. Mein Reisegefährte von Danzig nach Berlin war ein Jude, ein umgänglicher und gefälliger junger Mensch, der in Halberstadt zu Hause gehörte, und ein guter Reisegefährte für mich war, weil er, wie ich, studirt hatte, und auf Handel ausging. Ich ging in Köslin in die Kirche und hörte einen erbaulichen Priester. Das Städtchen ist sehr kümmerlich und das Wirthshaus elend. Wir waren die ersten Leute, die so lange sich darin aufgehalten hatten. Der Mann war ein Barbier, und die Frau erwies mir viel Gutherzigkeit, weil sie glaubte, daß ich viel ähnliches mit ihrem Prediger hätte, der mich erbaut hatte, ohne diesen Umstand zu wissen.

Ich kam hierauf den 14. Okt. in Berlin an, wo ich eine außerordentlich gütige Aufnahme bey dem Geh. Rath Ursinus fand, meines alten Vaters wegen; wie auch bey dem jungen Grafen von Fink. Außerdem wurden mir auf meines Freundes Empfehlung aus Riga viele Gefälligkeiten im Merkschen und Guzkowskischen Hause erwiesen. Ich ließ mir diesen Ort, als den ersten großen, den ich gesehn hatte, außerordentlich gefallen, und fand daselbst einige alte gute Freunde, Rutzen, Pastor Reinbel, Reusch, die alle vergnügt waren, mich zu sehen; ich lernte meinen Freund Sahme kennen; und unter Gelehrten den Juden Moses nebst einem andern seines Glaubens nnd seiner Fähigkeit oder Nacheiferung; den Prof. Sulzer, der mich in die Akademie führte; Ramler; einen jungen französischen Akademisten, der ein Schweizer war, Merian, der mich zu Premontval führte. Ich konnte gleichwol nichts genießen, war allenthalben

lenthalben gezwungen und für mich selbst in Aengsten, tiefsinnig ohne zu denken, unstät und unzufrieden gleich einem Flüchtling eines bösen Gewissens.

Ich reisete den 23. Nov. von Berlin, wo ich mich für meinen Vorsatz viel zu lange, und nach der Länge der Zeit viel zu unnütz aufgehalten hatte, und ging nach Hamburg, weil Herr Merk eine Summe Goldes daselbst abzusetzen wünschte, die mir viel Sorge machte, weil die erste Nacht das Schloß von meinem Koffer ging, die ich aber glücklich nach Hamburg überbrachte. Von da eilte ich nach Lübeck, wo ich den 28ten des Morgens an einem Sonntage ankam und in meines gütigen Mutterbruders Haus abstieg.

Hier wollte ich auf Unkosten meiner Blutsfreunde überwintern. Ich kam unvermuthet, und verursachte so viel Wunder als Freude. Alles sah mich Gottlob! gerne, und ich habe Ursache, mich der Zärtlichkeit und Freundschaft zu rühmen, womit ich in meines Oheims Hause, und bey den meisten meiner übrigen Verwandten aufgenommen worden bin. Meiner Eltern Andenken war allenthalben gesegnet und glücklich für mich. Ich fand im Roedschen Hause viele Gunst und mehr als mir gedient war, an Karstens einen geprüften Freund. Meine alte Muhme erinnerte mich besonders öfters an meine selige Mutter; sie waren sich sehr ähnlich, und hatten sich schwesterlich einander jederzeit geliebt.

Die sanften Entzückungen der Blutsbande waren für mich gewissermaßen neue Empfindungen, weil meine Eltern beide sich als Fremdlinge in Königsberg zusammengefunden hatten. Ich befand mich mitten unter redlichen und vergnügten Leuten, und überließ mich dem Müßiggange und den Lüsten desselben zu sehr, ich strengte mich an, was ich konnte, zufrieden zu seyn, und zerstreuete mich nach aller Möglichkeit — — alles umsonst. Der Wurm stirbt nicht — -- wie sollte jeder Sünder darüber erschrecken, ohne an das Feuer zu denken, das nicht auslöscht. Der erste allein ist Strafe und Qual genug.

Ich reisete unter Thränen und tausend herzlichen Glückwünschungen den 24. Jänner 1757 von Lübeck ab, und wurde von meinem Vetter und einer Gesellschaft Freunde auf den halben Weg nach Hamburg begleitet, wo wir bey dem alten ehrwürdigen Präpositus Brandenburger abtraten, der sich in den Versuchen der niedersächsischen Poeten durch einige glückliche Gedichte bekannt gemacht, und gleichfalls ein weitläuftiger Vetter von uns ist.

Ich reisete bey gutem Winter den 5. Feb. ab nach Bremen. Hier fiel ein starkes Thauwetter ein, ich fand aber dafür einen jungen Hamburger Reich, zum Reisegefährten, der nach Amsterdam gehn wollte, und mit dem ich Gesellschaft machte. Wir nahmen Extrapost um den kürzesten und sichersten Weg zu gehen. Wir reisten mit ungemeiner Gefahr die ersten Tage, weil alles überschwemmt und kein Weg zu sehn war. Den 9. geschah unsre Abreise durch Delmenhorst, Wilshausen, Klappenburg, Löningen, Voßelohe, Lingen, Neuhus, Hartenberg, Zwoll, Amersfort, Amsterdam, wo wir den 17. anlangten.

In dem Wirthshause, wo wir einkehrten, traf ich einen Buben von Landsmann an, der unser Haus sehr wohl kannte und ein Hauskunde gewesen war. Sein Name war Klein. Es war ein durchtriebener schleichender Bösewicht, der seine Landsleute anlockte, um sie zu verführen und zu betrügen. Er war unser Anführer in ein liederlich Haus, wo wir leicht hätten in Verlegenheit kommen können, weil er mit dem Wirth unter einer Decke lag. Er ließ alles auftragen, ohne einen Heller zur Bezahlung bey sich zu haben. Ich bezahlte für ihn, und er lief nach einigen Tagen mit dem Gelde weg, unterdessen er allenthalben niederträchtige Schulden gemacht hatte.

Meine Zeit in Amsterdam war eben so verloren. Ich war irre gemacht, und wußte nicht, ob ich nach Handel oder Wissenschaften fragen sollte. Ich hatte alles Glück, Bekannte und Freunde nach meinem Stande und Gemüthsart zu finden, worauf ich sonst so stolz gewesen war, verloren. Ich glaubte, daß sich jedermann vor mir scheuete, und ich scheute selbst jeden. Ich kann keinen Grund davon angeben, als daß Gottes Hand über mich schwer war; daß ich ihn aus den Augen gesetzt und verlassen hatte, ihn mit lauem Herzen und mit dem Munde bloß bekannte und anrief; daß meine Wege ihm nicht gefielen; daß ich ungeachtet seiner Erinnerung und Rührung meine Schuld nicht erkennen wollte; daß ich mich immer vielmehr zu zerstreuen, aber umsonst auch dieß suchte; daß ich meinen Geschmack zuletzt beynahe verleugnet hätte, um mir bloß selbst zu entgehen. Und diesen Grund finde ich in dem größten Theil meines Lebens als einen Anstoß, daß ich alles Gute, was mir Gott verliehen, gemißbraucht, verscherzt, verschmäht habe. Ich ging darauf aus, mein Glück zu machen; ich trug immer den Vorwurf gegen mich selbst herum, daß ich an meinem jetzigen Wechsel nicht wohl gehandelt hätte; ich müßte also selbigen blos als ein Hülfsmittel anwenden, eine bessere Gelegenheit zu meinem Glück zu erhaschen; und ich hätte dieß gethan, wenn ich eine gefunden hätte, die mich in Stand gesetzt, meine Freunde zu befriedigen. Alles umsonst; kein Mensch konnte mich kennen, kein Mensch wollte mich kennen. Ich sollte meine Bahn zu Ende laufen und das Ziel sehn meiner unbedachtsamen Wünsche, meiner thörichten Neigungen, meiner ausschweifenden Einfälle.

Ich erhielt endlich meinen Wunsch, nach England zu gehen, mit den freygebigsten Aufdringungen. Der letzte Ort meiner Bestimmung gab mir noch meine einzige und letzte Hoffnung ein; ein lächerlich Vorurtheil für dieses Land unterstützte selbige, das ich immer als die Heimat oder den rechten Grund und Boden für meine abentheuerliche Denkungs- und Lebensart angesehen hatte. Ich verließ am Gründonnerstage oder Charfreytage, den ich für unnöthig hielt zu heiligen, weil er in Holland und England nicht als ein Fest angesehn wird, auf einer Treckschüyte Amsterdam, feyerte die ersten Ostertage in Leyden in der größten Unordnung und Unterdrückung des Gemüths. Hierauf ging ich nach Rotterdam, wo ich im Swienshoefd oder Schweinskopf einkehrte, dem besten Wirthshause, und daselbst einen jungen Engländer fand, mit dem ich von Amsterdam nach Leyden gegangen war, der Gesellschaft suchte. Dieß war mir sehr angenehm, und ich machte mir bereits schmeichelhafte Einbildungen von seiner Bekanntschaft, die ein schlechtes Ende hatte. Wir bedungen uns eine Jacht nach Helvoetsluys, wo denselben Tag den 16. April das Paquetboot abging; es war Sonnabend. Wir langten den folgenden Sonntag in einer ziemlich starken Gesellschaft, unter der auch ein junger Bremer war, der der Sprache wegen nach England ging und zu studiren gedachte, bey sehr gutem Winde in Harwich des Abends an, ohne daß ich einigen Anstoß der Seekrankheit gefühlt hatte, Schwindel und einige Uebelkeit ausgenommen. Wir mietheten uns den Morgen darauf, Montags, eine Post. Mein Engländer, dessen Namen Shepherd, war ein Studirender, der auch auf Reisen in Holland ausgegangen und mit eben so viel Nutzen als ich, weil er keine andre Sprache als seine eigne verstand, und ein Katholik, wo ich nicht irre. Ich fand ihn Morgens auf Knieen beten, und wunderte mich theils, erbaute mich theils an seiner Andacht, daß ich daher mehr Vertrauen zu ihm faßte. Er hatte sich angeboten mich für 2 Guineen nach London mit allen Unkosten des Zollhauses und anderer Ausgaben zu schaffen. Ich gab ihm selbige; er gab mir aber ungefähr eine halbe Guinee auf dem halben Weg zurück mit vieler Angst, und sagte, ich möchte das übrige selbst bezahlen. Ich hatte mit seiner Unruhe so viel Mitleiden und für seine Aufführung so viel Verachtung, daß ich nicht drang auf eine weitere Befriedigung. Er hatte es vielleicht aus Noth gethan, weil ich ihm selbst in London bey meiner Ankunft noch einen Schilling vorschießen mußte, den ich so wenig als ihn selbst wieder gesehen.

Wir kamen denselben Abend sehr spät den 18. April 1757 in London an, wo ich mit meinem Bremer eine sehr unruhige Nacht in der Inn hatte, weil selbige als eine Mördergrube in unsern Augen vorkam, und voller Gesindel zu seyn schien, unsre Stube so sehr unsicher war, daß jeder ins Fenster einsteigen konnte, der uns nicht hätte durch die Thür aufwecken wollen. In London sind alle Fenster aufzuschieben.

Ich schöpfte einige Tage Othem, ehe ich mich meiner Geschäfte annahm, hatte nebst meinem Bremer, der in Begleitung eines Führers und Freundes, der ein junger Kaufmann war und seine Schwester heirathen sollte, ein gutes Wirthshaus gefunden. Nachdem ich einen Miethslakai angenommen hatte, war die erste Thorheit, die ich beging, einen Marktschreyer aufzusuchen, von dem ich gehört hatte, daß er alle Fehler der Sprache heilen könnte. Er lebt in Islington. Ich erkundigte mich in einem deutschen Wirthshause nach ihm, wo man ihn sehr wohl kannte, und mir gestand, daß er einige Kuren gethan hätte, die ihn berühmt gemacht; man könnte aber nicht die Ursache meiner Bedürfniß sehen. Ich ging, und fand einen alten Mann, der mich untersuchte, und nichts an meinen Werkzeugen der Sprache sehn konnte, der mir sein Haus und eine große Summe Geldes zur Bedingung seiner Kur machte, wo ich eine gewisse Zeit lang nichts reden, und endlich buchstabiren lernen sollte. Mehr konnte ich von seiner Methode nicht herausbringen. Ich mußte also meine Geschäfte mit der alten Zunge und mit dem alten Herzen anfangen. Ich entdeckte selbige denjenigen, an die ich gewiesen war; man erstaunte über die Wichtigkeit meiner Angelegenheit, noch mehr über die Art der Ausführung, und vielleicht am meisten über die Wahl der Person, der man selbige anvertraut hatte. Nachdem man sich von der ersten Bewunderung erholt hatte, fing man an zu lächeln — — dreist seine Herzensmeynung zn entdecken — — über diejenigen, die mich gesendet hätten, wozu ich gekommen war, und beklagte mich selbst. Alle diese Dinge beunruhigten mich und brachten mich zugleich auf. Ich arbeitete endlich an einem Memorial an den russischen Abgesandten — — das war alles, was ich thun konnte. Er benahm mir alle Hoffnung etwas auszurichten, und gab mir desto mehr Versicherungen von seinem Eifer mir zu dienen, damit der letzte vielleicht angerechnet werden sollte, wenn die erste eintraf. Es giebt gewisse Stellen und gewisse Geschäfte, die man am besten und mit der größten Ehre verwalten kann, wenn man nichts oder so wenig als möglich thut. Sollten wir es uns einen Ernst seyn lassen, alles mögliche in Acht zu nehmen, so würden wir erstlich unsre Bequemlichkeit und Ruhe sehr hintansetzen müssen, uns großer Gefahr und Verantwortung aussetzen, uns vielleicht Feinde machen, Opfer unsers guten Willens und Unvermögens werden. — — In diesen Umständen befindet sich ein Minister, der Hochverrath seiner Pflichten, der Ehre desjenigen, in dessen Namen er da ist, u. s. w. als Klugheit und Vorsichtigkeit ansieht, der das Interesse anderer unterdrückt seiner eignen Sicherheit wegen, der Schwierigkeiten für Unmöglichkeiten ansieht. Ich glaubte also, daß ich nach eben den Regeln in meinen Geschäften verfahren müßte, so wenig als möglich thun, um nicht die Unkosten zu häufen, mir durch übereilte Schritte Blößen zu geben und Schande zu machen; und dieß Wenige mußte ich als Alles, was füglich und thunlich war, ansehn. Ich ging also unterdrückt und taumelnd hin und her, hatte keinen Menschen, dem ich mich entdecken, und der mir rathen oder helfen konnte. Ich war der Verzweiflung nahe, und suchte in lauter Zerstreuungen selbige aufzuhalten und zu unterdrücken. Was Blindheit, was Raserey, ja Frevel war, kam mir als das einzige Rettungsmittel vor. Laß die Welt gehen, wie sie geht —— mit der Lästerung eines Vertrauens auf die Vorsehung, die wunderlich hilft —— nimm alles mit, was dir aufstößt, um dich selbst zu vergessen —— dieß war ein System, nach dem ich meine Aufführung einrichten wollte, und durch jeden unglücklichen Versuch niederfiel, das ich aber wieder aufbaute zu eben der Absicht. Mein Vorsatz war nichts als eine Gelegenheit —— eine gute Gelegenheit. Gott weiß, was ich nicht dafür angesehn hätte, um meine Schulden bezahlen, und wieder frey in einer neuen Tollheit anfangen zu können. Ich gab also Alles auf, die leeren Versuche, in die ich durch Briefe, durch die Vorstellungen der Freundschaft und Erkenntlichkeit aufwachte, waren lauter Schein, faules Holz, Irrlichter, die Sumpf zu ihrer Mutter haben. Nichts als die Einbildung eines irrenden Ritters und die Schellen meiner Narrenkappe waren meine gute Laune uud mein Heldenmuth. Ich hatte in Berlin die Thorheit gehabt, eine Woche lang bey dem Lautenisten Baron Stunden zu nehmen; mein redlicher Vater hatte mich erinnert und deßwegen gestraft, ich sollte an meinen Beruf und an meine Augen denken. Dieß war umsonst gewesen. Der Satan versuchte mich wieder mit der Laute, die mir in Berlin Verdruß gemacht hatte, weil ich eine geliehene unwissender Weise einem armen Studenten Viermetz verdorben hatte, der sich von der Musik ernährte, und dem ich keine Gutthuung dafür erwiesen, sondern vielmehr durch seine sehr bescheidene und rührende Empfindlichkeit im Herzen beleidigt worden war. Ich fing daher wieder an nach einer Laute zu fragen, als wenn mein ganzes Glück auf dieses Instrument, in dem ich so wenig musikalische Stärke besitze, ankäme. Es war nicht möglich eine zu finden, und man sagte mir, daß es nicht mehr als einen einzigen in London gäbe, der schweres Geld damit hätte verdienen können, jetzt aber als ein Junker lebte. Ich brannte diesen Sohn der weißen Henne kennen zu lernen, und hatte meinen Wunsch. Wie sehr bin ich durch denselben gestraft worden! Er wurde mein Vertrauter, ich ging täglich aus und ein, verzog mich in seine Nachbarschaft; er hatte sein eigen Haus, unterhielt eine Hure — — Er bot mir alles an. So sehr mich mein Urtheil, mein erstes, von ihm entfernt hatte; so viele Bedenklichkeiten ich über seinen Charakter in meinem Sinn hegte, so wurde alles von ihm eben gemacht. Ich glaubte jetzt gefunden zu haben, was ich wollte —

du kannst durch ihn bekannt werden, du hast jetzt wenigstens einen Menschen, mit dem du umgehen kannst, du hast ein Haus wo du dich zerstreuen kannst, du kannst dich auf der Laute üben, und an seine Stelle treten, du kannst so glücklich als er werden. — Ich danke dem lieben Gott, daß er mich lieber gehabt, und daß er mich von einem Menschen los gemacht, an den ich mich wie ein Mühlensclave gekuppelt hatte, um einen gleichen Gang der Sünde und Laster mit ihm zu thun.

Mein blindes Herz ließ mir gute Absichten bey meiner Vereinigung sehen, einem Menschen, der ohne Erziehung und Grundsätze war, Geschmack und die letztern einzuflößen. Ich Blinder wollte ein Wegweiser eines andern seyn, oder vielleicht ihn unterrichten, zierlich zu sündigen, Vernunft zur Bosheit zu drehen. — — Ich fraß umsonst, ich soff umsonst, ich buhlte umsonst, ich rann umsonst; Völlerey und Nachdenken, Lesen und Büberey, Fleiß und üppiger Müßiggang wurden umsonst abgewechselt; ich schweifte in beiden, umsonst in beiden aus. Ich änderte in drey Vierteljahren fast monatlich meinen Aufenthalt, ich fand nirgends Ruhe; alles war betrügerisch, niederträchtig, eigennützig Volk.

Endlich erhielt ich den letzten Stoß an der Entdeckung meines Freundes, der mir schon unendlich viele Merkmale des Verdachts gegeben hatte, die ich unterdrückte. Ich erfuhr, daß er auf eine schändliche Art von einem reichen Engländer unterhalten wurde. Er war unter dem Namen Senel bekannt, gab sich aber für einen deutschen Baron aus, hatte eine Schwester in London, die auf eben solche Art vermuthlich von dem .... ischen Abgesandten unterhalten ward und unter dem Namen einer Frau von Perl einen Sohn hatte... Ich erschrack über dieses Gerücht und wollte Gewißheit haben. Er hatte mir einen Pack Briefe längstens anvertraut, die er abzufordern vergessen hatte, ungeachtet ihrer vorgegebenen Wichtigkeit, und die ich ihm auch nicht, ich weiß nicht aus welcher Ahndung, zurückgegeben, ohne daß es mir jemals eingefallen war, sein Vertrauen zu mißbrauchen. Sie waren sehr los gesiegelt. Ich konnte jetzt nicht der Versuchung widerstehn, aus selbigen Gewißheit zu haben. Ich erbrach solche daher, und machte mir selbst die Entschuldigung, falls ich nichts hierin in Ansehung des ihm beygelegten Verbrechens finden würde, sie ihm mit dem aufrichtigen Bekenntniß meines begangnen Vorwitzes wiederzugeben, und ihm in Ansehung des übrigen alle mögliche Verschwiegenheit zu verschwören; zugleich aber ihm meine Freundschaft aufzusagen, wofern ich andre Geheimnisse entdeckt, die meinen Grundsätzen widersprochen hätten. Ich fand leider! zu viel um mich von seiner Schande zu überzeugen. Es waren abscheuliche und lächerliche Liebesbriefe, deren Hand ich kannte, daß sie von seinem vorgegebnen guten Freunde waren.

Ich war sehr unruhig über meine Maßregeln, glaubte aber aus Klugheit genöthigt zu seyn, einige Briefe zurück zu behalten, worin die größten Proben seines Verbrechens enthalten waren, und den Gebrauch davon der Zeit und den Umständen zu überlassen. Er hatte sich einige Zeit auf dem Lande bey dem Gesellen und Lohnherrn seiner Bosheit aufgehalten. Als er zurückkam, forderte er mit vieler Behutsamkeit seine Briefe ab, die ich ihm mit einiger Unruhe einhändigte, und die er mit eben so viel und mehr annahm. Ich wollte mich ihm entdecken und meine Vorstellungen deßwegen machen. Daher ließ ich mir gefallen, auf den vorigen Fuß wiewohl ohne das Herz mehr mich wieder einzulassen. Es schien, er hatte mich bloß zu schonen gesucht, um zu entdecken, ob ich von dem Geheimnisse der Bosheit etwas wüßte. Wie ich ihn darüber schien ruhig gemacht zu haben, glaubte er sich mir allmählich mit gutem Fug entziehn zu können. Ich kam ihm zuvor und hatte eine andre Entschließung gefaßt, an den Engländer, den ich kannte, selbst zu schreiben, um ihm die Schändlichkeit und Gefahr seiner Verbindung mit seinem Nebenbösewicht vorzustellen. Ich that dieß mit so viel

Nachdruck, als ich fähig war, verfehlte aber meines Endzweckes; anstatt sie zu trennen, vereinigten sie sich, um mir den Mund zu stopfen.

Unterdessen war ich auf ein Kaffeehaus gezogen, weil ich keine Seele zum Umgange mehr hatte, einige Aufmunterung in öffentlichen Gesellschaften zu haben, nud durch diesen Weg vielleicht bekannt zu werden, und eine Brücke zum Glück zu bauen. Dieß war immer die erste Absicht aller meiner Handlungen. Es war mir zu theuer und zu verführerisch, länger auszuhalten; ich war bis auf einige Guineen geschmolzen, und mußte mich wieder verändern. Ich ging voller Angst und Sorgen aus, um ein neues Zimmer zu haben. Gott war so gnädig, mich eines finden zu lassen, in dem ich noch bin, bey sehr ehrlichen und guten Leuten seit dem 8. Februar dieses 1758sten Jahres, in Marborough-Street bey Mr. Collins. Es sind beides junge Leute, die sich eine Ehre daraus machen, Jedermann zu bekennen, daß sie Bediente gewesen, die einen kleinen Handel angefangen, den Gott sichtbar gesegnet, und die dieß mit Dank, anhaltendem Fleiß, und Demuth erkennen. Es ist eine besondre Gunst der Vorsehung, daß sie mich dieses Haus hat finden lassen, in dem ich auf die billigste und zufriedenste Art lebe, weil ich nicht um einen Heller fürchten darf übersetzt zu werden, und die beste Aufwartung umsonst genieße. Ich habe gedacht, wozu mich Gott nicht eher dieses Haus hat finden lassen, das mich hätte früher retten können. Er weiß allein die Zeit, die beste Zeit, uns den Anfang seiner Hülfe zu zeigen. — — Wir, die nichts verdienen als Zorn und das Unglück, wornach wir ringen, murren mit Gott, warum er uns nicht eher helfen will, uns, die nicht wollen geholfen seyn.

Ich hatte im vorigen Kaffeehaus einen verstopften Leib auf 8 Tage lang bisweilen gehabt und einen erstaunlichen Hunger, der nicht zu ersättigen war. Ich hatte das hiesige starke Bier als Wasser in mich gesoffen. Meine Gesundheit daher bey aller der Unordnung der Lebensart und meines Gemüths ist ein göttliches Wunder, ja ohne Zweifel mein Leben selbst und die Erhaltung desselben. Ich habe in diesem Hause nicht mehr, ungeachtet es beynahe drey Monate ist, als höchstens viermal ordentliche Speise gehabt; meine ganze Nahrung ist Wassergrütze und einmal des Tages Kaffee. Gott hat selbige außerordentlich gedeihen lassen, und ich denke mit seinem Beystande so lange als möglich dabey auszuhalten. Die Noth ist der stärkste Bewegungsgrund zu dieser Diät gewesen, diese aber vielleicht das einzige Mittel, meinen Leib von den Folgen der Völlerey wieder herzustellen.

Ich habe 150 Pfund Sterl. hier durchgebracht und kann und will nicht weiter gehn. Meine Schulden in Liefland und Kurland belaufen sich also sämmtlich über 300 Pf. . . . Ich habe kein Geld mehr, und meine Uhr meinem Wirth gegeben. Die Gesellschaft des gedachten Buben hat mir viele unnütze Ausgaben verursacht; mein öfteres Ausziehn und Umziehn hat mich gleichfalls viel gekostet; ich habe zwey Kleider, davon eines die Weste ziemlich reich besetzt, und einen Haufen Bücher mir angeschafft. Ich wollte in diesem Hause mich alles Umganges entschlagen und mich mit nichts denn meinen Büchern zu trösten suchen, davon ein ziemlicher Theil noch ungelesen oder wenigstens ohne Nachdenken und rechte Anwendung ungenutzt gelesen worden. Gott hatte mir eingegeben, mir gleichfalls eine Bibel anzuschaffen, nach der ich mit vieler Hitze herumlief, ehe ich eine nach meinem Sinn finden konnte, und von der ich ein sehr gleichgültiger Besitzer bisher gewesen. Meine Einsamkeit, die Aussicht eines völligen Mangels und des Bettlerstandes, — — nach dem ich bisweilen aus Verzweifelung gerungen hatte, weil ich selbst dieß als ein Mittel ansah, mich aufzumuntern zu einem kühnen Glücksstreich — — ja ich wünschte mir die Armuth aus einer ruchloseren Absicht, um den gnädigen

Gott meines bisherigen Lebens, der mir allemal im letzten Nothfall beygestanden, von neuem und mit Vorsatz, mit sündlicher Keckheit zu versuchen — — kurz die Dürre meiner Umstände und die Stärke meines Kummers entzogen mir den Geschmack meiner Bücher. Sie waren mir leidige Tröster, diese Freunde, die ich nicht glaubte entbehren zu können, für deren Gesellschaft ich so eingenommen war, daß ich sie als die einzige Stütze und Zierde des menschlichen Schicksals ansah.

Unter dem Getümmel aller meiner Leidenschaften, die mich überschütteten, daß ich öfters nicht Othem schöpfen konnte, bat ich immer Gott um einen Freund, um einen weisen, redlichen Freund, dessen Bild ich nicht mehr kannte. Ich hatte anstatt dessen die Galle der falschen Freundschaft, und die Unhinlänglichkeit der bessern gekostet, genug gekostet. Ein Freund, der mir einen Schlüssel zu meinem Herzen geben konnte, den Leitfaden von meinem Labyrinth — — war öfters ein Wunsch, den ich that, ohne den Inhalt desselben recht zu verstehn und einzusehn. Gottlob! ich fand diesen Freund in meinem Herzen, der sich in selbiges schlich, da ich die Leere und das Dunkle und das Wüste desselben am meisten fühlte. Ich hatte das alte Testament einmal zu Ende gelesen, und das neue zweymal, wo ich nicht irre, in der Zeit. Weil ich also von neuem den Anfang machen wollte, so schien es, als wenn ich eine Decke über meine Vernunft und mein Herz gewahr würde, die mir dieses Buch das erstemal verschlossen hätte. Ich nahm mir daher vor, mit mehr Aufmerksamkeit und in mehr Ordnung, und mit mehr Hunger dasselbe zu lesen, und meine Gedanken, die mir einfallen würden, dabey aufzusetzen. —

Dieser Anfang, wo ich noch sehr unvollkommene und unlautere Begriffe von Gottes Worte zur Lesung desselben mitbrachte, wurde gleichwohl mit mehr Aufrichtigkeit, als ehmals, den 13. März von mir gemacht. Je weiter ich kam, je neuer wurde es mir, je göttlicher erfuhr ich den Inhalt und die Wirkung desselben. Ich vergaß alle meine Bücher darüber, ich schämte mich, selbige gegen das Buch Gottes jemals verglichen, jemals sie demselben zur Seite gesetzt, ja jemals ein anderes demselben vorgezogen zu haben. Ich fand die Einheit des göttlichen Willens in der Erlösung Jesu Christi, daß alle Geschichte, alle Wunder, alle Gebote und Werke Gottes auf diesen Mittelpunkt zusammenliefen, die Seele des Menschen aus der Sclaverey, Knechtschaft, Blindheit, Thorheit und dem Tode der Sünden zum größten Glück, zur höchsten Seligkeit und zu einer Annehmung solcher Güter zu bewegen, über deren Größe wir noch mehr als über unsre Unwürdigkeit oder die Möglichkeit, uns derselben würdig zu machen, erschrecken müssen, wenn sich uns selbige offenbaren. Ich erkannte meine eigenen Verbrechen in der Geschichte des jüdischen Volks, ich las meinen eignen Lebenslauf, und dankte Gott für seine Langmuth mit diesem seinem Volk, weil nichts als ein solches Beyspiel mich zu einer gleichen Hoffnung berechtigen konnte. Vor allen andern fand ich in den Büchern Moses eine seltne Entdeckung, daß die Israeliten, so ein ungeschlacht Volk sie uns vorkommen, in einigen Fällen nichts als dasjenige von Gott ersuchten, was Gott willens war für sie zu thun, daß sie eben so lebhaft ihren Ungehorsam als je ein reuender Sünder erkannten, und ihre Buße doch gleichwohl eben so geschwind vergaßen, in der Angst derselben aber um nichts als einen Erlöser, einen Fürsprecher, einen Mittler anriefen, ohne den sie unmöglich Gott weder recht fürchten, noch recht lieben konnten. Mit diesen Betrachtungen, die mir sehr geheimnißvoll vorkamen, las ich den 31. März des Abends das V. Capitel des V. Buchs Moses, verfiel in ein tiefes Nachdenken, dachte an Abel, von dem Gott sagte: Die Erde hat ihren Mund aufgethan, um das Blut deines Bruders zu empfangen — — Ich fühlte mein Herz klopfen, ich hörte eine Stimme in der Tiefe desselben seufzen und jammern, als die Stimme des Bluts, als die Stimme eines erschlagenen Bruders, der sein Blut rächen wollte, wenn ich selbiges beyzeiten nicht hörte, und fortführe, mein Ohr gegen selbiges zu verstopfen; — — daß eben dieß Kain unstätig und flüchtig machte. Ich fühlte auf einmal mein Herz quillen, es ergoß sich in Thränen, und ich konnte es nicht länger — — ich konnte es nicht länger meinem Gott verhehlen, daß ich der Brudermörder, der Brudermörder seines eingebornen Sohnes war. Der Geist Gottes fuhr fort, ungeachtet meiner großen Schwachheit, ungeachtet des langen Widerstandes, den ich bisher gegen sein Zeugniß und seine Rührung angewandt hatte, mir das Geheimniß der göttlichen Liebe, und die Wohlthat des Glaubens an unsern gnädigen und einzigen Heiland immer mehr und mehr zu offenbaren.

Ich fuhr unter Seufzern, die vor Gott vertreten wurden durch einen Ausleger, der ihm theuer und werth ist, in Lesung des göttlichen Wortes fort, und genoß eben des Beystandes, unter dem dasselbe geschrieben worden, als des einzigen Weges, den Verstand dieser Schrift zu empfahen, und brachte meine Arbeit mit göttlicher Hülfe, mit außerordentlich reichem

Trost und Erquickung ununterbrochen den 21ten April zu Ende.

Ich fühle Gottlob! jetzt mein Herz ruhiger, als ich es jemals in meinem Leben gehabt. In den Augenblicken, worin die Schwermuth hat aufsteigen wollen, bin ich mit einem Trost überschwemmt worden, dessen Quelle ich mir selbst nicht zuschreiben kann, und den kein Mensch im Stande ist, so überschwenglich seinem Nächsten einzuflößen. Ich bin erschrocken über den Ueberfluß desselben. Er verschlang alle Furcht, alle Traurigkeit, alles Mißtrauen, daß ich keine Spur davon in meinem Gemüth mehr finden konnte. Ich bitte Gott, er wolle das Werk segnen, das er in mir angefangen, meinen schwachen Glauben durch sein Wort stärken und den Geist, den gnädigen, den überschwenglichen Geist desselben, den Geist des Friedens, der über alle Vernunft ist, und nicht so ein Friede als der, den die Welt giebt, den Geist der Liebe, ohne den wir nichts als Feinde Gottes; und der diesen Wohlthäter haßt, wie kann der zeitlich lieben? den Geist der Hoffnung, die nicht zu Schande werden läßt, wie das Schattenspiel fleischlicher Einbildungen.

Wenn ich das grosse Gute, die unschätzbare Perle, den Preis, zu dem mich Gott hat geboren werden lassen, von ihm erhalten; wie sollte ich an seiner Regierung meines ganzen

Lebens jetzt zweifeln? Das Ende desselben ist erreicht. Ich überlasse mich seinem weisen und allein guten Willen. Ich kenne die Blindheit und das Verderben des meinigen jetzt zu sehr, als daß ich denselben nicht verleugnen sollte. Meine Sünden sind Schulden von unendlich mehr Wichtigkeit und Folgen, als meine zeitlichen. Der Gewinn der ganzen Welt würde die ersten nicht bezahlen können; und wenn Abraham von Ephron, einem Cananiter, wegen 400 Seckel Silbers hören mußte: was ist dieß zwischen mir und dir? sollte Gott nicht großmüthiger einen Christen denken lassen als einen Heiden? wenn der erste mit ihm wegen der Hauptsache richtig geworden; wie sollte es Gott auf eine Kleinigkeit ankommen, sie oben ein zum Kauf zu geben? die 300 Pf. sind seine Schulden; er wird wie Paulus gegen Philemons Knecht mit mir verfahren, und selbige nach seiner Weisheit abzurechnen wissen.

Ich habe diese Gedanken über meinen Lebenslauf für mich selbst, oder für meinen lieben Vater und Bruder aufgesetzt; und wünsche daher, daß selbige den letztern oder meinen nächsten Freunden zur Durchlesung dienen mögen. Ich habe in denselben mit Gott und mit mir selbst geredet; den ersten in Ansehung meines Lebens gerechtfertigt, und mich angeklagt, mich selbst darin angegeben und entdeckt.

— — alles zum Preise des allein guten Gottes, der mir vergeben hat in dem Blut seines eingebornen Sohnes, und in dem Zeugniß, das der Geist Gottes in seinem Wort und in meinem Herzen bestätigt. Gott hat mich aus einem Gefäß in das andre geschüttet, damit ich nicht zu viel Hefen ansetzen, und ohne Rettung versauern und stinkend werden sollte. Alles muß uns zum Besten dienen; da der Tod der Sünde zu unserm Leben gereicht, so müssen alle Krankheiten derselben zur Erfahrung, zum Beyspiel, und zur Verherrlichung Gottes gereichen. Wer die Reisekarte der Israeliten mit meinem Lebenslauf vergleichen will, wird sehen, wie genau sie miteinander übereinkommen. Ich glaube, daß das Ende meiner Wallfahrt durch die Gnade Gottes in das Land der Verheißung mich führen wird — — gesetzt, daß ich hier nicht Zeit und Gelegenheit haben sollte, die Unordnungen und den Schaden, den ich andern gethan, zu ersetzen. Meine Freunde würden betrübter seyn müssen, wenn ich gestorben wäre am Gift des Grams und der Verzweifelung. Meine Gesundheit und mein Leben, ich wiederhole es, ist ein Wunder und ein Zeichen zugleich, daß Gott nicht an meiner Besserung, noch an meiner künftigen Brauchbarkeit zu seinem Dienst verzweifelt hat. Mein Sohn! gieb mir dein Herz! — — Da ist es, mein Gott! Du hast es verlangt, so blind, hart, felsig, verkehrt, verstockt es war. Reinige es, schaffe es neu, und laß es die Werkstatt deines guten Geistes seyn. Es hat mich so oft getäuscht, als es in meiner Hand war, daß ich selbiges nicht mehr für meines erkennen will. Es ist ein Leviathan, den du allein zähmen kannst —— durch deine Einwohnung wird es Ruhe, Trost und Seligkeit genießen.

Ich schließe mit einem Beweise meiner eignen Erfahrung; in einem herzlichen und aufrichtigen Dank Gottes für sein seligmachendes Wort, das ich geprüft gefunden, als das einzige Licht, nicht nur zu Gott zu kommen, sondern auch uns selbst zu kennen: als das theuerste Geschenk der göttlichen Gnade, das die ganze Natur und alle ihre Schätze so weit übertrifft, als unser unsterblicher Geist den Leim des Fleisches und Blutes; als die erstaunlichste und verehrungswürdigste Offenbarung der tiefsten, erhabensten, wunderbarsten Geheimnisse der Gottheit, im Himmel, auf der Erde und in der Hölle, von Gottes Natur, Eigenschaften, großem überschwenglichem Willen, hauptsächlich gegen uns elende Menschen, voll der wichtigsten Entdeckungen durch den Lauf aller Zeiten bis in die Ewigkeit; als das einzige Brodt und Manna unsrer Seelen, dessen ein Christ weniger entbehren kann, als der irdische Mensch seiner täglichen Nothdurft und Unterhalts — — ja ich bekenne, daß dieses Wort Gottes eben so grosse Wunder an der Seele eines frommen Christen, er mag einfältig oder gelehrt seyn, thut, als diejenigen, die in demselben erzählt werden; daß also der Verstand dieses Buchs und der Glaube an den Inhalt desselben durch nichts anders zu erreichen ist, als durch denselben Geist, der die Verfasser desselben getrieben; daß seine unaussprechlichen Seufzer, die er in unserm Herzen schafft, mit den unausdrücklichen Bildern Einer Natur sind, die in der heiligen Schrift mit einem größern Reichthum als aller Saamen der ganzen Natur und ihrer Reiche, aufgeschüttet sind.

Das zweyte ist das Geständniß meines Herzens und meiner besten Vernunft, daß es ohne Glauben an Jesum Christum unmöglich ist, Gott zu erkennen, was für ein liebreiches, unaussprechlich gütiges und wohlthätiges Wesen er ist, dessen Weisheit, Allmacht, und alle übrige Eigenschaften nur gleichsam Werkzeuge seiner Menschenliebe zu seyn scheinen; daß dieser Vorzug der Menschen, der Insecten der Schöpfung, unter die größten Tiefen der göttlichen Offenbarung gehört; daß Jesus Christus sich nicht nur begnügt ein Mensch, sondern ein armer und der elendeste geworden zu seyn, daß der heilige Geist uns ein Buch für sein Wort ausgegeben, worin er wie ein Alberner und Wahnsinniger, ja wie ein unheiliger und unreiner Geist, unsrer stolzen Vernunft Mährlein, kleine verächtliche Begebenheiten zur Geschichte des Himmels und Gottes gemacht. 1. Cor. 1, 25 — — daß dieser Glaube uns alle unsere eigenen Handlungen und die edelsten Früchte der menschlichen Tugend nicht anders als die Risse der feinsten Feder unter einem Vergrößerungsglas entdeckt oder die zarteste Haut unter gleichem Anblick; daß es daher unmöglich ist, ohne Glauben an Gott, den sein Geist wirkt und das Verdienst des einigen Mittlers, uns selbst zu lieben und unsern Nächsten; kurz, man muß ein wahrer Christ seyn, um ein rechtschaffener Vater, ein rechtschaffenes Kind, ein guter Bürger, ein rechter Patriot, ein guter Unterthan, ja ein guter Herr und Knecht zu seyn; und daß, im strengsten Wortverstand, jedes Gute ohne Gott unmöglich ist, ja daß er der einzige Urheber desselben.

Ich überlasse ihm also alle die Folgen meiner Sünden, da er die Last derselben auf sich genommen. Er wolle meinen Vater trösten, und wie ich ihn gebeten, mir den Gram über meine Leichtsinnigkeit und Vergessung seiner Liebe zu vergeben, so wolle er ihm auch die Früchte dieser Vergebung mittheilen. Ich kann so weit nicht reichen, und vielleicht ist er in Umständen, wo uns der gehorsamste Sohn keine Freude und Hülfe seyn kann — — Gott sey also sein Vater, er lebe als ein Greis mitten unter der Wuth des Krieges, oder als ein verjüngter Engel im Lande des Friedens.

Gott allein wolle meinen lieben Bruder führen und regieren, ihn für meine Thorheiten, Ausschweifungen und Verbrechen behüten, und ihn ein nützlich Werkzeug im Hause seines Sohnes, Jesu Christi, machen.

Meine Freunde wolle er weder mit Kummer noch mit Fluch an mich denken lassen. Ihre guten Absichten mit mir mögen von der Güte Gottes öffentlich vergolten werden, damit sie ihr Herz nicht gegen andere durch meinen Mißbrauch ihrer Liebe verschließen mögen. Er wolle sie eben den Reichthum des Geistes und der Gnade empfinden lassen, den mir der Verlust ihrer Wohlthaten erworben.

Liebreicher Gott und Vater deiner Geschöpfe und Erlösten! Dir ist all mein Anliegen bekannt; meine Hülfe kommt allein von dir. Du hast meine Sünde so lange gesehn, und gehört und vergeben. Siehe und höre jetzt gleichfalls und vergieb; doch nicht mein, sondern dein Wille geschehe. Amen!

Gieb mir Verstand aus deiner Höh,
Auf daß ich ja nicht ruh und steh
Auf meinem eignen Willen.

Sey du mein Freund und treuer Rath,
Was recht ist zu erfüllen.

Verleihe mir das edle Licht,
Das sich von deinem Angesicht
In fromme Seelen strecket,
Und da der rechten Weisheit Kraft
Durch deine Kraft erwecket.

Prüf Alles wohl, und was mir gut,
Das gieb mir ein: was Fleisch und Blut
Erwählet, das verwehre.
Der höchste Zweck, das edle Theil
Sey deine Lieb und Ehre.

So sey nun Seele deine
Und traue dem alleine
Der dich erschaffen und erlöset hat.
Es gehe, wie es gehe:
Dein Vater in der Höhe
Weiß allen Sachen Rath.

Den 24. April 1758.

Den 25ten April.

Die Gottseligkeit ist zu allen Dingen nütze. — — Mein Lebenslauf giebt mir Anlaß auf zwey besondere Fälle die Wichtigkeit dieser Wahrheit anzuwenden. Erstlich, sie dringt in unsere kleinsten Handlungen und sucht die alten Unordnungen bis auf die unmerklichsten Fehler und auf eine eben so unmerkliche Art zu verbessern. Der Satan und unser Fleisch macht uns durch unzählige Kleinigkeiten und Thorheiten abhängig, deren Gegenstand sehr gleichgültig und nichtig ist, nichts desto weniger aber die Lust derselben sträflich. Ich bin seit kurzem von zwey bösen Gewohnheiten ohne zu wissen wie, losgekommen, dem Tabackschnauben, und dem späten Aufstehen, woran mein langes Nachtsitzen Schuld war und das meinen Augen so nachtheilig gewesen. Das erste mag so gleichgültig seyn als es will; man erwäge aber, wie unbegreiflich es ist, daß wir thöricht genug seyn können, uns an diesen Staub so zu gewöhnen, daß der Mangel desselben uns unzufrieden, ungeschickt zu denken, und in größere Dürftigkeit versetzt, als der Mangel der ersten Nothwendigkeiten des Lebens. Wie oft hindern uns dergleichen Lüste an Geschäften, im Gebet selbst und Gottesdienst.

Das zweyte ist der Trost, den uns der Glaube allein über die kleinsten Zufälle unsers Lebens — — ja was noch mehr, über die Krümmen und Lücken desselben geben kann. So hoffe ich, daß selbst die Unordnung und lüsterne Ausbreitung meiner Absichten durch Gottes Willen ihm nützlich und brauchbar werden können — — oder wenigstens daß dieser Schutthaufen durch ihn bald aus dem Wege geräumt werden kann; wenn ich ihn gleich wie Nehemia mit Schrecken und Traurigkeit ansehe, 11. 13.

so kostet es Gott wenig, ein neu und besser Gebäude, in dem er sich verklären will, an die Stelle des eingefallenen und zerstörten zu setzen.

Du Herr alleine
Räumst hinweg uns alle Klötz' und Steine.

Ja, die ganze Bibel scheint recht zu dieser Absicht geschrieben zu seyn, uns die Regierung Gottes in Kleinigkeiten zu lehren. Es ist ein Gott, der auf die Gedanken und Reden der Hebmütter horcht, wenn wir zur Welt kommen; der dasjenige aufgezeichnet hat, was zwischen Lea und Rahel über die Blumen Rubens als ein sehr gleichgültiger Wortwechsel vorfiel. Genes. XXXVIII. 27—30. XXX. 14. 15. So sehr ist unsre Religion für unsre Bedürfnisse, Schwachheiten und Mängel eingerichtet, daß sie alle diese zu Wohlthaten und Schönheiten verwandelt. — — Alles wider uns als unbekehrte — — alles mit uns, selbst das was wider uns war und ist, als gläubige Kinder Gottes. Alles was der irdischen Vernunft unwahrscheinlich und lächerlich vorkommt, ist den Christen unumgänglich und unwiderleglich gewiß und tröstlich. Was die Vernunft unterdrückt, und verzweifelnd und verzagt macht, richtet uns auf und macht uns stark in Gott.

Ich habe heute den Prediger bey der Savoykirche, Hrn. Pitius, besucht, einen frommen rechtschaffenen Geistlichen, dessen Worte ich mit viel Rührung gehört, verstanden und empfunden. Er benahm mir alle Hoffnung, hier unterzukommen, ohne mich dadurch niedergeschlagen zu machen, weil ich nicht durch Menschen, sondern Gott glaube geholfen werden zu können. Wenn unsre Seele erst ihren Mittelpunkt an dem findet, so verläßt sie derselbe in ihrer Bewegung nicht mehr. Sie bleibt ihm wie die Erde der Sonne getreu, und alle übrige Neigungen richten sich wie Monde nach diesem ursprünglichen und eigenthümlichen Eindruck des Schwunges und ihres Laufes.

Ich habe mich in einer schlaflosen Nacht zu London mit empfindlichen Vorwürfen meiner Undankbarkeit erinnert, wie ich meine selige Muhme vergessen habe, die ihrer Schwester Söhne mit so viel mütterlicher Zärtlichkeit geliebt. Gott vergelte ihr in der Ewigkeit alle ihre Liebe, wie er die Schwachheiten derselben ihr in Gnaden vergeben, und mir die Untreue und Leichtsinn, womit ich ihr Andenken entweiht.

Den 29ten Mai.

Ich machte den Anfang dieser Woche mit einem Besuche, den ich dem Pastor Pitius ablegte.

legte. Gott hat mir die Gnade gegeben, seinen öffentlichen Dienst wieder abzuwarten, und ich hatte diesen frommen Mann über das gestrige Evangelium des reichen Mannes und glücklichen Lazarus mit viel Erweckung predigen gehört. Weil er die Kommunion seiner Gemeinde den folgenden Sonntag anmeldete, so rufe ich Gott an, wie ich es schon vorher gethan hatte, mich zu seiner Tafel einzuladen. Ich fand viele Schwierigkeiten, weil ich nicht mehr als eine halbe Krone mehr im Beutel hatte, und meine Uhr schon für 4 Pf. bey meinem Wirth steht. Mit wenig fleischlichem Trost besuchte ich also diesen Mann und entdeckte ihm mein Herz und alle meine Umstände. Er drang darauf, ich sollte England verlassen. Gott gab diesem Manne viel Gnade, mir ans Herz zu reden, und half mir ebenfalls ihn zu hören und zu antworten. Ich hielt mich sehr lange bey ihm auf, und wurde es nicht eher gewahr, als bis ich eine sehr verlegene Miene an ihm gewahr wurde, die mich forttrieb, und ich verließ ihn mit vielem Muth, der ihn selbst bisweilen an mir bestürzt zu machen schien.

Gott! wie liebreich sind deine Wege. Barmherzigkeit und Wahrheit. Wie viel Wunder hast du mir thun müssen, damit ich dasjenige zu glauben lernen sollte, was ich als ein Kind gewußt habe, was jedes Kind weiß, und niemand wahrhaftig glaubt, als dem Gott diesen Glauben wirkt und schenkt. Ich meyne die leichte Wahrheit: Ohne mich könnt ihr nichts thun. Ich meyne den einzigen Trost: Ich will dich nicht verlassen noch versäumen.

Ich war durch das verlegene Gesicht des rechtschaffenen Israeliten nicht umsonst verscheucht worden. Kaum daß ich einige Schritte die Savoy, wo er wohnt, verlassen hatte, hörte ich meinen Namen nachrufen, und mich unvermuthet mit Freundlichkeit und Vergnügen von einem Manne anreden, in dem ich immer nachtheilige Begriffe in Ansehung meiner zum voraus gesetzt, und ihn daher so viel möglich vermieden hatte. Es ist der Secretär des russischen Abgesandten, Hr. Lüders, der mich anredete, der Briefe von meinem Freund aus Petersburg erhalten, und durch seine Vorstellungen und Neuigkeiten mich ganz von neuem belebte. Er freute sich über den glücklichen Zufall, mich ungefähr gefunden zu haben, weil er meinetwegen besorgt gewesen, und sich gewünscht mich aufzufinden. Ich wollte nach der Stadt mit ihm rennen, da ein eben so merkwürdiger Umstand mich wieder zurückrufte, den ich zeitlebens behalten werde. Weil der Fußsteig sehr enge war, wich ich aus, um mit meinem Gefährten mit desto mehr Bequemlichkeit reden zu können. Auf einmal lag ich auf der

Erde, ohne es gewahr zu werden, an einem Pfosten, an dem ich mir hätte den Kopf zerschlagen können oder den Arm verstauchen, so plötzlich, daß es ein Wunder, wie ich nicht meinen Hut und Perücke verloren, und wenigstens den Zuschauern mich lächerlich gemacht, wenn ich auch ohne Schaden abgekommen wäre. Ich mußte also wieder umkehren, weil ich mich besudelt hatte, mit vieler Herzensempfindung, die mir dieser Fall zu predigen schien, und mit vieler Freude und Trost, so außerordentlich bewahrt worden, so glücklich aufgestanden zu seyn —— alles dieß, damit ich nach Hause gehen sollte, wo ich rein wieder zurückkehrte, weil ich unterwegens ansprach, um mich in Ordnung zu bringen.

Ich ging gleich nach meinem Mittagessen wieder aus, ich weiß nicht mit welchem Trieb, um den Vater eines jungen Engländers aufzusuchen, den ich in Riga gekannt, und wo möglich etwas Neues von Hause zu hören, oder an dem vielleicht einen Bekannten und Freund zu finden, der mich in seine Hütte aufnehmen möchte, wenn es auf das äußerste käme, oder wenigstens mit gutem Rath beyspringen könnte. Nach vielen Fragen fand ich endlich den Hrn. Vernizobre, der kaum, als ich meinen Namen genannt hatte, mich mit Freuden empfing, sich Glück wünschte, meinen Vater erfreuen zu können mit der Nachricht, mich endlich gefunden zu haben.

Ich las einen englischen Brief meines Bruders und eine kleine Beylage meines alten redlichen Vaters; ich konnte aber nichts verstehen —— So war mein Herz von Empfindungen aufgeschwollen, daß ich nicht wußte, was ich las, und also diese Arbeit versparen mußte. Gott giebt mir Hoffnung, mich meinen Vater noch sehn zu lassen, wie er mir die Gnade erzeigt, meine Mutter noch vor ihrem Ende umarmen zu lassen. Gott hat ihm ein Kreuz aufgelegt mit dem Verlust seines Gedächtnisses. Mein Vater, habe ich die Strafe nicht verdient, die du trägst! Ich habe ihn Gott empfohlen, und glaube, daß er alles wohl machen, und herrlich hinausführen wird. Das Zeugniß des heiligen Geistes in unsern Seelen hängt von keinem Gedächtniß ab; und wenn wir Alles vergessen, so vertritt Jesus, der Gekreuzigte, alle Weisheit und alle Kraft, alle Vernunft und alle Sinne. Es ist eher möglich, ohne Herz und Kopf zu leben, als ohne den. Er ist das Haupt unserer Natur und aller unsrer Kräfte, und die Quelle der Bewegung, die so wenig in einem Christen stille stehen kann, als der Puls in einem lebenden Menschen. Der Christ allein aber ist ein lebender Mensch; weil er in Gott, und mit Gott lebt, bewegt, und da ist, ja für Gott.

Gott hat mir außerordentliche Gnade gegeben, den 4. Junius zum heiligen Abendmahl zu gehen. Ich bin durch dasselbe sehr aufgerichtet und zum geistlichen Leben in Gott gestärkt worden. Der Geist Gottes, dieser treue Erinnerer, wolle das Andenken des Todes nicht nur in meiner Seele erhalten, sondern auch Kraft geben, diesen Tod des Herrn in meinem Leben und Wandel zu zeigen und zu verkündigen, bis daß er kommt. Amen.

Meine Entschließung nach Riga zurück zu gehen ist immer mehr gegründet worden. Ich habe an alle meine Freunde geschrieben und mich ihnen schon angemeldet. Was mich noch mehr auf diesem rechten Wege, den ich wieder gefunden, aufmuntert, sind die Hindernisse und Steine des Anstoßes, die Satan mir in den Weg zu werfen sucht. Hilf mir, liebreicher Gott! selbige aus dem Wege räumen, mich und die Welt überwinden; von dir hängt allein aller guter Erfolg, oder aller Trost im Gegentheil ab!

Den 25ten Juni: am 5. Sonntage nach Trinitatis. Luc. V. 1.

Dieß wird vermuthlich der letzte Sonntag seyn, den ich in England feyern soll. Gott hat mir seinen Segen auch in der heutigen Predigt durch den Mund seines frommen Dieners mitgetheilt, den ich mit viel Zueignung, Trost und Freude habe hören können. Das Evangelium schickt sich nun desto mehr zu meiner Abreise, weil ich zu Schiff gehen will. Sein Eingang war aus den Worten Salomons, Eccles. IX. 17. Dem Herrn gefällt dein Werk. Er legte fünf Haus- und Lebensregeln aus der Geschichte des Evangelii vor, wodurch unser Beruf gesegnet, und alle unsre Werke dem Herrn gefällig gemacht werden würden. 1) die Uebung in Gottes Wort. Ist kein Hinderniß unsers zeitlichen Berufs, sondern vermehrt den göttlichen Segen über selbigen, und räumt alle Hindernisse der Trägheit, Unordnung, Unmäßigkeit ꝛc. aus dem Wege. 2) Treue und Fleiß in unsern Geschäften; die Fischer waren in ihrem Berufe, die Jesus zu seinen Jüngern erwählte. 3) der Muth in allen Versuchungen. a) Eine ganze Nacht verlorne Arbeit. b) Unwahrscheinlichkeit in Gottes Wegen; Furcht sich auf die Höhe des Meeres zu wagen. c) das reißende Netz. d) das sinkende Schifflein; dieß waren alles Versuchungen, welche sich die Jünger hatten gefallen lassen unterzugehen, und die sie durch einen einfältigen Glauben überwunden hatten. 4) Die Demuth, mit der wir alle göttliche Wohlthaten erkennen und annehmen müssen. Gehe aus von mir, ich bin ein sündiger Mensch, sagte Petrus. Nicht ihr Gehorsam, ihre Unverdrossenheit, eignete sich dieses Wunder als eine Belohnung zu. 5) Die Verleugnung aller zeitlichen Vortheile, und Entsagung derselben, zum Heil unsrer Seelen und aus Gehorsam und Erkenntlichkeit gegen Gottes Liebe, wie die Jünger hier alles verließen. — — Der Gottesdienst Nachmittags wurde mit dem Liede beschlossen, an dem ich seit 8 Tagen mit viel Erquickung wiedergekäuet; Ich ruf zu dir, Herr Jesu Christ ꝛc. In den zwey letzten Versen sind die Sehnen und Muskeln des Glaubens recht nach dem Leben ausgedrückt. Gott wolle mein Gebet in Gnaden erhören, und Weisheit und Glauben mit seinem guten Geist schenken, darin anzuhalten und nicht abzulassen, bis er mich erhört und gesegnet habe. Amen! in Jesu Namen, Amen!

Den 27ten Jun. mußte ich unvermuthet von London abgehen, weil ich durch die Nachricht erschreckt worden war, daß mein Schiffer abgegangen, kam die Nacht in Gravesand an, wo ich in Gefahr mit einem Matrosen war, der die Absicht hatte, wie ich nicht anders schließen kann, mir das Meinige zu nehmen. Ein

Engländer kam eben aus einem nahebey liegenden Wirthshause und nahm sich meiner an, um mich daselbst anzuweisen. Wir mußten mit einem Kriegsschiff gehen und die Zusammenkunft der übrigen Schiffe abwarten, daß wir also erst den 8ten Jul. in die See gingen. Sonntags den 16ten wurde ich durch einen ziemlich starken contrairen Wind und Sturm und die Gefahr des Categats sehr beunruhigt, aber durch Lesung des XLII. Psalms von Gott getröstet und aufgerichtet. Den 27ten Jul. bin ich unter göttlicher Gnade in Riga glücklich angekommen und bey Hrn. Karl Berens abgetreten, wo ich mit aller möglichen Freundschaft und Zärtlichkeit bewillkommet worden. Ungeachtet meiner Zerstreuung schenkte mir Gott Wollen und Vollbringen, denselben Sonntag darauf den 5ten Sonntag nach Trinitatis, zum heiligen Abendmahl zu gehen, wobey ich nicht ohne Rührung bewundern mußte, daß mich Gott mit eben demselben Evangelio vom reichen Fischzug Petri empfing, mit dem ich aus England Abschied genommen hatte.

Ich lief gleich den Tag meiner Ankunft zu meinem alten Freunde Lindner, der mich mit der Nachricht erschreckte und erfreute, daß mein Bruder als Collaborator bey der hiesigen Domschule berufen wäre, der den 27ten Oktober glücklich und lang erwartet anlangte. Gott sey gelobet und gepriesen für alle Barmherzigkeit, die er an uns beiden so reichlich erwiesen. Er erhöre gnädig um seines lieben Sohnes Jesu Christi willen das tägliche Gebet auch für meinen einzigen Bruder, das er mir in den Mund gelegt. Er schenke ihm die nöthigen Kräfte zu seinem Beruf, und den Willen und Eifer, selbige treu anzuwenden. Er gebe ihm Gnade, seine Kinder im Namen Jesu aufzunehmen und zu weiden. Gott wolle ihn selbst zu einem treuen Hirten der Schaafe und Lämmer schaffen und bereiten, die er ihm anvertrauet hat. Er wolle ihn den Segen des vierten Gebots zu allen seinen Geschäften und auf allen seinen Wegen begleiten lassen — und uns beide selbigen genießen lassen um des vollkommenen Gehorsams seines lieben Sohnes Jesu Christi willen. Durch eben denselben mögen unsre Herzen in wahrer brüderlicher Liebe vereinigt seyn, daß wir nicht wie Steine des Anstoßes uns einander im Wege liegen, sondern uns wechselsweise aufmuntern mögen, der treuen Hirtenstimme unsers Heilandes zu folgen, uns immer mehr und mehr selbst zu verleugnen, sein Kreuz auf uns zu nehmen, und in die Fußstapfen zu treten, die er mit seinem theuren Blut bezeichnet hat. Amen!

Mein Bruder erfreute mich bey seiner Ankunft mit einem Geschenk unsers Vaters, das er uns unter einander zu theilen befohlen. Die

Mildthätigkeit dieses redlichen Alten hat mich desto mehr gerührt, weil ich dadurch in Stand gesetzt wurde, mit meinem treuen Freunde Bassa richtig zu werden. Gott vergelte meinem liebreichen Vater — und bescheidenen Gläubiger — und lasse mich durch die Erfahrung meiner Unordung von der Gewohnheit derselben immer mehr und mehr abgebracht und in einer klugen Haushaltung des zeitlichen Segens allmählich gelehrt und geübt werden.

Meine Geschäfte in dem Hause meines Wohlthäters haben bloß in einem Briefwechsel mit seinem Bruder, in dem Unterricht der ältesten Tochter des Hauptes unserer Familie, und einer kleinen Handreichung eines jüngern Bruders, der auf dem Comptoir ist und George heißt, bisher bestanden. Gott hat diese Arbeiten bisher mit einer sichtbaren Hand gesegnet, und sey dafür von Grund des Herzens gelobt und gepriesen im Namen seines lieben Sohnes, Jesu Christi. Er wolle mich ferner aus seiner Fülle Gnade um Gnade schöpfen lassen und mir den Beystand seines guten und heiligen Geistes zu allen meinen Werken verleihen und alles zu seiner Ehre und zum Heil meiner Seele und anderer gedeihen lassen, mich zum treuen Haushalter des mir geliehenen Pfundes schaffen, und meinen Glauben in unverfälschter Liebe meines Nächsten immer wirksamer und fruchtbarer werden lassen an Werken, die er mir zubereitet, und die Ihm angenehm sind in dem Sohn seiner Liebe, meinem Hohenpriester und Fürsprecher. Amen.

Gott hat sich insbesondre des Briefwechsels meines Freundes bedient, mich gegen den Sauerteig des Aberglaubens und der Heucheley wachsam zu erhalten. Er wolle an seiner eignen Seele diese mir so heilsame Prüfung mit allem geistlichen Segen belohnen.

Den 6ten Dezember als am 2ten Adventssonntage hat mir Gott Gnade gegeben zum heiligen Nachtmahl zu gehen, da ich den Tag vorher mit sehr vieler Rührung bey Pastor Essen, der die Stelle meines kranken Beichtvaters P. Gericke vertrat, zur Beichte gewesen. Ich wiederhole Gott meinen kindlichen Dank für alle die Barmherzigkeit, mit der er mich zu diesem heiligen Werk erweckt, dasselbe vollbringen, und den Frieden und die Früchte davon mich hat genießen lassen.

Den 11ten Dez. hatten wir Bußtag, und ich brachte den Abend mit einem Briefe zu, dessen Inhalt mir immer sehr denkwürdig seyn soll. Gott sey mir armen Sünder gnädig und wolle mich nicht selbst verwerflich seyn lassen, indem ich anderen predige.

Den 13ten als am 3ten Adventsonntage fühlte ich bey Tische eigene dunkle Empfindungen, zu denen das Schicksal meines Freundes Anlaß zu geben schien — es deuchte mir etwas ähnliches an seiner Schwester gewahr zu werden, ohne daß ich sagen konnte, worin es eigentlich bestünde. Ich ersuchte sie, so gelind als möglich an ihren Bruder zu schreiben, und bot mich selbst an, ihr hierin behülflich zu seyn, welches sie sehr geneigt anzunehmen schien. Den 14ten speiste ich oben für mich allein und arbeitete am versprochenen Briefe, der mir ganz verkehrt zu gerathen schien, indem es mir vorkam, als wenn die Hand immer ganz andre Worte und Gedanken schrieb, als mein Kopf dachte. Ich schickte das, was ich aufgesetzt, hinunter, und war unruhig über die Aufnahme meiner Einfälle; deßwegen ich selbst beym Ausgehen bey ihr ansprach, um mich theils zu entschuldigen, theils etwas näher erklären zu können. Sie kam mir sehr betrübt vor, welches ich ihrer Empfindlichkeit über unsers Bruders Schicksal zuschrieb. Ich kam des Abends zum Essen zu Hause, und wurde früher als gewöhnlich durch lauter dunkle Empfindungen auf meine Stube getrieben, wo ich nach Lesung einiger Kapitel im Buch Hiob und einiger Psalmen, wenn ich nicht irre XII—XX, mit vieler Ruhe und Trost zu Bette ging. Ich war mir desselben im Einsteigen bewußt, und dankte Gott dafür und wünschte mir in der Gemüthsstille einschlafen zu können. Ich bin nicht im Stande, dasjenige recht aufzusetzen, was ich kurz darauf empfunden. So viel und so treu als ich kann, will ich es mit Gottes Hülfe thun, um mir das Andenken davon zu erhalten, und weil diese Begebenheit der Grund zum Theil eines Entschlusses gewesen, dessen ich mich für unfähig gehalten habe. Ich dachte an meines Freundes Schicksal, und dankte Gott, von dergleichen Anfechtungen des Fleisches überhoben zu seyn, und bat ihn aufs künftige. So viel bin ich mir bewußt, daß ich nicht geschlafen — — ob ich wie ein recht wachender gewesen, oder wie? davon weiß ich nichts. Ich hörte eine Stimme in mir, die mich über den Entschluß, ein Weib zu nehmen, frug — und aus Gehorsam gegen ihn — — ich redete nicht ein Wort, es kam mir aber vor, als wenn ich mit einem Geschrey aufspränge und schrie: Wenn ich soll; so gieb mir keine andere, als die Schwester meines Freundes — — — Es schien mir, als wenn ich die fröhliche Versicherung mit einer feyerlichen Stimme hörte, daß es eben die wäre, die für mich bestimmt, so lange und so wunderbar aufgehoben. — Ich habe mich der Ehe aus vernünftigen Thorheiten anfänglich begeben, ich habe den ehelosen Stand als eine Züchtigung meiner Jugendsünden gern auf mich nehmen wollen, und Gott darum gebeten, auch meinen Leib zu einem Opfer zu machen, das lebendig, heilig und Gott wohlgefällig sey. Ja weil Gott mit einer besondern Vorsicht durch seine Engel über mich gewacht, daß ich zu keiner fleischlichen Vermischung habe sündigen können — — Abraham glaubte und wankte nicht; gesetzt mein Leib sollte erstorben seyn; giebt er nicht dem Einsamen Kinder und kann aus Steinen welche erwecken? — — Erforsche mich, Gott, und erfahre mein Herz; prüfe mich und erfahre, wie ich's meyne; und siehe, ob ich auf bösem Wege bin, und leite mich auf ewigem Wege Ps. CXXXIX. 23. 24. Der Herr erlöset die Seele seiner Knechte, und alle die auf ihn trauen, werden keine Schuld haben. Ps. XXXIV. 23. Ich stand den 15ten am Tage Johanna mit dem Gedanken auf, zu heyrathen, nachdem ich mich und meine Freundin der Barmherzigkeit Gottes empfohlen hatte, der alles Menschenwerk zu Grund gehen läßt, und diejenigen, die auf ihn harren und auf seine Güte trauen, nicht will zu Schanden werden lassen. Mit diesem Sinn erhielt sie den ersten guten Morgen von mir, da sie vielleicht eben beschäftigt war, den Brief an ihren Bruder zu schreiben. Den 16ten Dezember schrieb ich an meinen Vater, dessen Antwort ich den 27ten erhielt, der mich auf Gott wies. Den 28ten meldete ich meinem Freund von meinem Entschluß, und Gott gab Gnade zu meinem Brief. Den Morgen darauf schickte ich denselben an seine Schwester herunter, Nachmittags erhielt ich einen Brief an sie, der unter der Aufschrift meines Namens ankam. Ich gab denselben ab, und sie meldete mir, daß sie Hoffnung hätte.

Der letzte Tag des 1758. Jahres war voller außerordentlicher Auftritte zwischen Herrn Arend und mir, den ich wie Saul unter den Propheten mit mir reden hörte. Hiskia sagte von einem Tage: Das ist ein Tag der Noth und Scheltens und Lästerns. Die Kinder sind kommen an die Geburt, und ist keine Kraft da zu gebähren. 2 König. XIX. 3. Ich wurde durch die Sinnesänderung und die Eindrücke der Gnade, die ich in ihm wahrzunehmen schien, ungemein gerührt, hatte keine Ruhe unten, wo ich Abendbrodt gegessen, und ging den letzten Abend dieses Jahres mit einer Freudigkeit, die Nacht zu sterben, ins Bett, wenn Gott so gnädig seyn wollte, die Seele dieses Bruders zu retten.

1759.

Versöhnter Vater, durch das Blut deines lieben Sohnes, laß dieses Jahr an unser aller Seelen gesegnet seyn. Schenke uns fleischerne Herzen in demselben, einen neuen Sinn und einen neuen gewissen Geist. Verwirf uns nicht von deinem Angesicht und nimm deinen heiligen Geist nicht von uns. Laß durch seinen Finger den ganzen LI. Psalm in mein Herz eingeschrieben seyn und erbarme dich meiner. Du willst unsre Sünden mit der Ruthe heimsuchen, und unsre Missethat mit Plagen. Aber deine Gnade willst du nicht von uns wenden, und deine Wahrheit nicht lassen fehlen. Du willst deinen Bund nicht entheiligen, und nicht ändern, was aus deinem Munde gegangen. Du hast einst geschworen bey deiner Heiligkeit: Ich will David nicht lügen. Sein Saame soll ewig seyn, und sein Stuhl vor mir, wie die Sonne. Wie der Mond soll er ewiglich halten, und gleichwie der Zeug in den Wolken gewiß seyn. Sela. Ps. LXXXIX. Wende dich zu mir, sey mir gnädig, stärke deinen Knecht mit deiner Macht, und hilf dem Sohn deiner Magd. Thue ein Zeichen an mir, daß mir's wohl gehe, daß es sehen, die mich hassen und sich schämen müssen, daß du mir beystehest, Herr! und tröstest mich. Ps. LXXXVI.

Laß meinen Vater, Bruder, Wohlthäter und Freunde, denjenigen und diejenige besonders, mit denen ich lebe, Deiner Liebe be und reichen Segens sich zu erfreuen haben. Erhalte sie nach deinem gnädigen Wohlgefallen, schenke ihnen deinen Frieden, Leben und Wohlthat. Laß das gute Werk, das du in den Seelen einiger angefangen hast, durch deinen Geist vollendet werden, und stärke dasjenige, was in mir und Andern schwach werden sollte. Laß uns nicht die erste Liebe verlassen. Gieb uns Ohren zu hören, hilf uns streiten und überwinden, gieb uns zu essen von dem verborgenen Manna, laß uns ein gut Zeugniß empfahen, und mit dem Zeugniß einen neuen Namen geschrieben, welchen niemand kennt, denn der ihn empfähet.

Wache du selbst, Gott der Liebe! über mein Herz und das Herz unserer Schwester. Heilige und reinige es von allem fleischlichen Sinn, durch deinen heiligen Geist. Wenn es dein gnädiger Wille ist, so laß auch an uns die Verheißung des CXXVIII. Psalms erfüllet werden. Laß alle, die vorübergehen, uns zurufen: Der Segen des Herrn sey über euch, wir segnen euch, wir segnen euch im Namen des Herrn! Rühmen und freuen müssen sich, die mir gönnen, daß ich Recht behalte, und immer sagen: Der Herr müsse hochgelobt seyn, der seinem Knecht wohl will! Laß uns bald diesen Glückwunsch aus dem Munde unsers abwesenden Bruders hören, und laß ihn die Wahrheit und Kraft desselben in seinem Herzen fühlen! Amen!

Briefe.

Von 1752 bis 1760.

1. An seinen Vater.

1752.

Sie haben Ihre Ungeduld, geehrtester Vater, so oft merken lassen, die Früchte Ihrer Erziehung, für die ich niemals erkenntlich genug werde seyn können, an mir zu erleben, daß ich selbst derjenigen Lebensart, die Sie mir vorgeworfen haben, anfange überdrüssig zu werden. Ich habe mich daher längst nach einem Wege umgesehen, der mich weiter führte, als ich bisher gekommen bin. Es fehlt an nichts als an Ihrer Erlaubniß, daß ich mich jetzt entschließe. Ich halte es daher für meine Pflicht, diese Erlaubniß schriftlich von Ihnen zu erbitten, da ich eine Gelegenheit finde, die mit meinen Absichten und Ihren Wünschen ziemlich übereinkommt.

Sie kennen die Neigung, die ich Ihnen mehr als einmal entdeckt habe; und ich versichere Sie, daß ich niemals mit mir zufrieden seyn könnte, in welchen Stand ich auch gesetzt würde, wenn ich auf der Welt seyn müßte, ohne von derselben mehr als mein Vaterland zu kennen. Ich habe diesem Triebe zu reisen gemäß mein Studiren eingerichtet, und mich daher nicht so wohl auf eine besondere Wissenschaft, die mir zum Handwerke dienen könnte, sondern vielmehr auf einen guten Geschmack in der Gelehrsamkeit überhaupt gelegt. So sehr wir Ursache haben, Gott für das Gute zu danken, das er uns durch Sie hat zufließeu lassen, so reicht doch weder Ihr Vermögen zu, daß ich meinen Vorsatz auf Ihre Unkosten ausführen könnte, und ich halte mein Alter selbst noch nicht reif genug dazu. Ich kann mir gleichfalls nicht schmeicheln, in Königsberg eine vortheilhafte Gelegenheit zu meinem Endzweck zu finden, weil dem hiesigen Adel selbst diese Freyheit ziemlich beschnitten ist. Eben so wenig kann ich mir versprechen, so lange ich hier in meiner lieben Eltern Haus bleibe, geschickt genug zum Umgang der Welt zu werden. Sie werden daher von selbst einsehen, daß mir eine kleine Ausflucht am besten dienen würde, mich selbst führen zu lernen, indem ich mich Andere zu führen brauchen lasse. So schlecht das Vertrauen ist, das Sie mich auf meinen Verstand und mein Herz zu setzen gelehrt haben, so darf ich doch nicht verzweifeln, daß die Freyheit, mich meiner Gemüthskräfte zu gebrauchen, dieselben verbessern möchte. Diese Freyheit zu denken und zu handeln muß uns werth seyn, denn sie ist ein Geschenk des Höchsten und ein

Vorrecht unseres Geschlechts und der Grund wahrer Tugenden und Verdienste. Gott selbst hat uns den Gebrauch derselben zugestanden, und ich schmeichle mir, daß Sie dieselbe bey meiner Erziehung niemals aus den Augen gelassen haben. Die Eingriffe, die ein menschliches Ansehen in unsere Freyheit thut, bringen uns entweder zu einer Unempfindlichkeit, die niederträchtig oder verzweifelnd ist, oder zur Heucheley. Die Sittenlehrer bestätigen diese Wahrheit mit dem Beyspiele ganzer Völker.

Der Herr Pastor Blank erkundigte sich, als er uns am Sonntage besuchte, nach Bekannten von mir, die zwey Conditionen in Liefland annehmen könnten, die ihm zu besorgen aufgetragen wäre. Die Wahrheit zu sagen, ich dachte damals gar nicht an mich. Mein Bruder hat mich zuerst bey dem Abschied dieses guten Freündes auf den Gedanken gebracht, eine anzunehmen. Ich schlug mich den andern Tag selbst vor, und er nahm meine Anerbietung mit Vergnügen an. Er setzte hinzu, daß er zwar an mich gedacht, aber sich nicht hätte unterstehen wollen, diesen Antrag selbst an mich zu thun. Er gedachte zugleich an die Schwierigkeiten, die ich bey meinen Eltern finden würde, fortzukommen, und besonders an das Vorurtheil meines lieben Vaters, das ihm bey seiner Abreise aus Königsberg am meisten im Wege gestanden, aber an seinem dortigen Glück ihn nicht gehindert hätte. Er hat es in meine Wahl gestellt, ob ich die Condition für 200 Albertusthlr. oder für 80 mir vorbehalten wollte. Die vortheilhafte Beschreibung, die er mir von dem Herrn der ersteren machte, hat die Schwierigkeit einer solchen Anführung, die philosophisch seyn soll, und zu einem Hirngespinste ausschlagen könnte, nicht überwogen. Ich habe mich daher lieber zu der kleinsten entschließen wollen. Meine Absicht ist bloß, eine Probe meiner eigenen Aufführung zu machen; um eine Beförderung ist mir weder in Rußland noch in Liefland zu thun. Es wird mir, wie ich glaube, dort an Zeit nicht fehlen, in Wissenschaften dasjenige nachzuholen, was ich noch nicht weiß, oder bey meiner jetzigen Lebensart wieder vergessen habe, und nächstdem auf eine Gelegenheit zu lauern, die mich in den Stand setzt, mit Bequemlichkeit und Nutzen die Welt zu sehen. Ein junger Dr. juris aus Leipzig hat eine Condition unter eben dieser Bedingung dort; seine Wissenschaft und Aufführung machen ihn allenthalben beliebt.

Ich glaube, daß ich Ihnen alle diese Vorstellungen nicht umsonst, geehrtester Vater, gemacht haben werde. Eine Veränderung des Ortes und der Lebensart ist mir bey meinen jetzigen Jahren und nach meinen Umständen unentbehrlich. Nichts wird mich bewegen, mich hier in etwas einzulassen, das mich an Königsberg binden sollte. Ich werde hier zu nichts weder Geschicklichkeit noch Lust jemals bekommen. Wenn gewisse Neigungen gar zu tief in uns stecken, so dienen sie öfters der Vorsehung zu Mitteln, uns glücklicher, wo nicht, doch klüger zu machen. Ich weiß, daß Ihnen an dem einen bey mir so viel gelegen ist als an dem andern.

Ihre Zweifel, die Sie gegen diese Reise hegen werden, sind, wie ich gewiß versichert bin, in Ihrer Liebe zu mir gegründet. Für einige derselben danke ich Ihnen, und einige erkenne ich für eben so wichtig, wie Sie. Ich gestehe es, daß mir die Ausübung vieler guten Lehren, die Sie mir gegeben haben, schwer werden wird, weil ich sie lange aufgeschoben habe. Alles dieses muß ich mir auch bey der glücklichsten Veränderung zum Voraus versprechen; es dürfte mir aber nicht so beschwerlich werden, als wenn von Ihrer Seite weniger, und von meiner mehr Zweifel wären, weil unsere eigene Wahl uns muthiger in unsern Unternehmungen macht.

Ehe mich daher die Noth treiben sollte, Königsberg zu verlassen, und vielleicht auf ein Gerathewohl, das mißlicher als diese Entschließung wäre, so glaube ich doch, daß Sie diesen

Weg vorziehen werden. Wenn unsere Einbildungskraft nicht mit dem Rufe Gottes zu spielen gewohnt wäre, so würde ich Ihnen eine gewisse Uebereinstimmung zu Gemüth führen, die Gott bey dem Schicksale der Menschen zu beobachten pflegt. Der Herr Pastor Blank ist ein Mann, den Ihre Neigung Gutes zu thun, worin ich Ihnen ähnlich zu werden wünsche, in unserm Hause zu unserm Freunde gemacht hat. Er ist unter bösen Ahndungen von Ihnen aus Königsberg gegangen, und kommt jetzt mit besseren Erfüllungen zurück. Es scheint, als wenn er durch mich, Ihnen Ihre Freundschaft zu vergelten hieher gekommen wäre. Ihre Einwilligung auszuwirken, hat er mir überlassen, und diese Behutsamkeit kann ich ihm nicht verdenken. Mir selbst hat er auf sein Gewissen gegen meine Entschließung nichts einzuwenden gehabt.

Wenn Sie die Vortheile dazu nehmen, ihn zum Reisegefährten unterwegs, und dort zur Gesellschaft, so oft ich es mir gefallen lassen will, zu haben, weil er nur eine Viertel-Meile von da, wo ich mich aufhalten werde, entfernt ist; wenn Sie die Nähe des Ortes von Riga, einer Stadt, gegen die mein Vorurtheil nicht so stark, als Ihres ist, weil ich jederzeit gute Freunde aus derselben bekommen habe; wenn Sie bedenken, daß Berlin aus ungleich stärkeren Gründen Ihnen wenigstens noch einmal so gefährlich vorkommen wird, und daß die ganze Welt im Argen liegt; wenn Sie bedenken, daß Ihr Sohn durch eine gute Aufführung in der Fremde Ihnen zehenmal lieber seyn wird, als hier bey dieser Lebensart, in der ich weder in Sitten noch Einsichten so wachsen kann, als ich es selbst von mir wünsche; so werden Sie wenig Herzhaftigkeit brauchen, Ja zu sagen, und meine Mutter wird sich eben so gut zu finden wissen.

Wenn von des Herrn Pastors Seiten nichts vorfällt, das diesen Anschlag zurücktreibt, so werden Sie mir erlauben, daß ich ihm Ihre Entschließung nächstens entdecke. Wollen Sie auf die Ausstattung Ihres Sohnes noch etwas wenden, so wird solche in einigen Büchern, einigen historischen Compendiis und juristischen Handbüchern, einer guten Laute, wenn es möglich ist, und einem guten Reiserock, wenn Sie es für nöthig halten, bestehen. Ich werde mir den ersten den besten Weg gefallen lassen müssen, Königsberg und meinem Verdrusse, der mich gegen alles Gute zuletzt unempfindlich machen wird, zu entfliehen, wenn Ihre Gründe so erheblich seyn sollten, mir eine abschlägige Antwort zu geben. Werden Sie Ihre Güte bis auf dieses letzte Werk meiner Erziehung erstrecken, so werde ich von Ihrer väterlichen Liebe zwar nichts mehr fordern, aber ewige Dankbarkeit gegen dieselbe aufbehalten, die mir Ihr Andenken Zeitlebens werth machen wird. Diese Zufriedenheit wird sich in Glück und Unglück bis auf die Vorsicht selbst und ihre Wege erstrecken. Sollte selbige härter gegen mich werden, so will ich mich trösten, daß sie sonst gütiger gegen mich gewesen ist. Ihr Gebet wird mir bey Gott übrigens gute Dienste thun, wenn ich nicht verdienen sollte von ihm erhört zu werden. Ich will weder Sie noch mich wehmüthig machen. Erlauben Sie daher mich noch mit kindlicher Hochachtung zu nennen

Dero

ergebensten Sohn.

2. An die Baronin von B.,

1753.

Weil ich nicht mehr weiß, was ich dem Herrn Baron nachdrückliches sagen soll, so bin ich ganz erschöpft und verzweifle bey ihm etwas auszurichten. Ich sehe mich noch täglich genöthigt, ihn lateinisch lesen zu lehren, und immer das zu wiederholen, was ich schon den ersten Tag meines Unterrichts gesagt habe. Ich habe eine menschliche Säule vor mir, die Augen und Ohren hat, ohne sie zu brauchen, an deren Seele man zweifeln sollte, weil sie immer mit kindischen und läppischen Neigungen beschäftigt und daher zu den kleinsten Geschäften unbrauchbar ist. Ich verdenke es Ew. Gnaden nicht, wenn Sie diese Nachrichten als Verleumdungen und Lügen ansehen. Es kostet mir genug, die Wahrheit derselben stündlich zu erfahren, und es giebt Augenblicke, in denen ich des Hrn. Barons künftiges Schicksal mehr als mein jetziges beklage. Ich wünsche nicht, daß die Zeit und eine traurige Erfahrung meine gute Absicht bey Ihnen rechtfertigen möge. Ich bin genöthigt, weder an Rechnen, worin der Hr. Baron so weit gekommen, daß ich ihn habe Zahlen schreiben und aussprechen lehren müssen, noch an Französisch und andere Nebendinge zu denken, weil er nur immer zerstreuter werden würde, je verschiedenere Dinge ich mit ihm vornähme. Ein Mensch, der nicht eine Sprache lesen kann, die nach den Buchstaben ausgesprochen wird, ist nicht im Stande, eine andere zu lernen, die nach Regeln ausgesprochen werden muß, wie die Französische. Ich nehme mir daher die Freyheit, Ew. Gnaden um einige Hülfe bey meiner Arbeit anzusprechen. Man wird dem Hrn. Baron ein wenig Gewalt anthun müssen, weil er die Vernunft oder Neigung nicht besitzt, seine eigene Ehre und Glückseligkeit aus freyer Wahl zu lieben. Gewissenhafte Eltern erinnern sich bey Gelegenheit der

Rechenschaft, die sie von der Erziehung ihrer Kinder Gott und der Welt einmal ablegen sollen. Diese Geschöpfe haben menschliche Seelen und es steht nicht bey uns, sie in Puppen, Affen, Papageyen oder sonst etwas noch ärgeres zu verwandeln. Ich habe Ursache, die Empfindungen und Begriffe einer vernünftigen und zärtlichen Mutter bey Ew. Gnaden vorauszusetzen, da ich von dem Eifer überzeugt bin, den Sie für die Erziehung eines einzigen Sohnes haben. Sie werden seinem Hofmeister nicht zu viel thun, wenn Sie ihn als einen Menschen beurtheilen, der seine Pflicht mehr liebt, als zu gefallen sucht. Setzen Sie zu dieser Gesinnung noch die aufrichtige Ergebenheit, mit der ich bin u. s. f.

3. An seinen Vater.

1753.

— — Den 14ten d. M. am Freytage, an dem die Frau Baronin fastet, bekam ich gleich nach dem Essen folgenden eigenhändigen Brief durch die Hausjungfer, nachdem der junge Herr wie eine Leiche eine Viertelstunde vorher herunter gekommen war; ich hatte unten gespeist.

Herr Hamann,

Da die Selben sich gahr nicht bey Kinder von Condition zur information schicken, noch mir die schlechte Briese gefallen, worin Sie meinen Sohn so auf eine gemeine und niederträchtige Ahrt abmalen vielleicht kennen Sie nicht anders judiciren als nach Ihrem Eugenem pohtré, ich Sehe Ihnen auch nicht anders an als eine Seuhle mit vielen Büchern umbhangen welches noch gahr nicht einen geschickten HoffMeister ausmacht, und mir auch schreiben Ihre Freuheit und Gemüthsruhe zu lieb haben sie auf eine Anzahl von Jahre zu verkauffen, ich will weder Ihre so vermeinte Geschicklichkeit noch Ihre Jahre verkauft in meinem Hause sehen, ich verlange Ihnen gahr nicht bey meinen Kindern, machen Sie sich fertig Montag von hier zu reisen.

Man hatte den jungen Baron sogleich oben rufen lassen, als ich meinen Laufzettel bekam. Die Frau Baronin war in die Badstube gegangen; ich wußte nicht, warum mein junger Herr nicht herunter kam. Ich ließ ihn daher, als sie sich badete, herunter rufen. Er kam mit weinenden Augen zu mir und entschuldigte sich; er hätte einigemal die Frau Baronin gebeten, ihn unten zu lassen, sie hätte ihm aber verboten, mich ferner zu sehen. Er fiel mir mit Thränen um den Hals und seine Treuherzigkeit machte mich weich. Ich wendete diese Viertelstunde so gut mit ihm an, als ich konnte, und ließ ihn noch all die Redlichkeit und Zärtlichkeit sehen, die ich für seine Erziehung gehabt hatte. Er drückte mich mit Thränen auf das stärkste an sich. Die Frau Baronin bekam zu hören, daß ihr Sohn bey mir wäre. Sie ließ ihn sogleich rufen und verbot ihm von neuem, mich zu sehen. Er kam durch den Garten unvermuthet an das Fenster, klopfte an, und wünschte mir mit einer Wehmuth, die ich für aufrichtig halten kann, eine gute Nacht. Den Sonnabend schrieb er mir aus seinem Gefängnisse zwey Briefe, davon ich einen beantwortete. Montags sollte ich abreisen; ich schickte meinen Bedienten hinauf, um mich bey der Frau Baronin zum Abschiede anzumelden, ging ihm aber auf dem Fuße nach, weil ich meinen Baron noch zu sprechen hoffte. Ich kam in das Vorhaus, wo sich ein musikalischer Landläufer mit den Fingern und dem Munde in Gegenwart der Fräulein und Hofmägde hören ließ. Der Bediente brachte mir die Antwort, daß die Frau Baronin sich Geschäfte wegen entschuldigen und mir alles Gute anwünschen lasse. Ich gab dem Baron einen Wink, der oben in der Stube stand; er kam zu mir gelaufen und ich umarmte ihn. Wie ich schon im Wagen saß, kam er noch zu mir und fiel mir einigemal um den Hals.

Hr. Belger ist so gut gewesen, mich in Riga aufzunehmen. Seine Prophezeyung, die er mir gleich bey meiner Ankunft that, der kleine Verweis, den er dem Hrn. Pastor Blank gegeben, da er ihm erzählte, daß er mich für die Baronin geworben, sind theils erfüllt, theils gerechtfertigt worden.

Ich

Ich bin bey dem Hrn. Regierungsrathe von C. gewesen; er steht mit seiner Schwägerin nicht gar gut, und giebt ihre Kinder als verloren auf. Selbst auf meinen jungen Herrn will er mehr Verdacht werfen, als ich mit gutem Gewissen haben kann. Wenn er boshaft gegen mich gewesen, warum ist ihm mein Abschied so nahe gegangen? Alle seine Fehler sind durch seine Liebe zu mir erträglich für mich geworden, und sind nur Folgen der unverantwortlichen Erziehung, in der er aufgewachsen ist. — —

Leben Sie wohl. Ich werde vielleicht einen Hirtenbrief für die meinigen, mit denen ich mich gegen die Frau Baronin versündigte, zu erwarten haben. Nicht zu viel Mißtrauen, wenn ich bitten darf, und nicht gar zu viel Antheil. Sie müssen mich jetzt schon dem lieben Gott und mir selbst überlassen. Gott wird Ihre Stelle vertreten und ich will der Ueberlegung und dem Gewissen folgen. Ich küsse Ihnen tausendmal die Hände und bin Zeitlebens

Ihr gehorsamer Sohn.

4. An Johann Gotthelf Lindner.

Grünhof 1754.

Liebster Freund, Sie haben mich in Ihrem neulichen Briefe ich weiß nicht in welchem

Winkel der Welt gesucht; da ich geglaubt hätte, daß ich ganz nahe immer bey Ihnen und Ihrem Andenken zur Hand wäre. Sie werden schon längst durch Ihren Herrn Bruder wissen, wo ich bin, den ich ehestens bey mir zu haben denke, um Erzählungen der alten Weiber durch den Augenschein zu widerlegen, daß es mir hier nach Wunsch geht. Ich wollte, daß es ihm eben so ginge, und traue anderen Berichten nicht. Der Tod des Dr. Bornwasser hat eine ganze Trift Aerzte nach Mietau gezogen; und er wird nichts als seine Gesundheit nöthig haben, um alle auszustechen. Diese soll im ziemlichen Stande wieder seyn, und also hoffe ich, daß sein Glück unsern Wünschen und seinen Verdiensten bald die Stange halten wird. Gott weiß, er hat unsäglich viel an seinem Leibe ausgestanden, und kann sich mit seiner Jugend trösten. Sein Kreuz hat ihm den lieben Gott kennen gelehrt. Er hat den Vortheil gehabt, eine schöne Bibliothek bey seinem Wirth brauchen zu können, der ein ehrlicher Mann ist. Er gestand mir, daß sie ihm viel Einsichten gegeben hätte, die für ihn nicht unbrauchbar und überflüssig wären, und er urtheilte von seiner jetzigen Erkenntniß besser als von derjenigen, die ihm in Königsberg hinlänglich geschienen hätte. Sehen Sie, lieber Freund, wie klug uns die Erfahrung, und wie unwissend und eitel uns die Schule macht!

Meine Umstände sind sehr gut hier, 100 Thlr. und auch mit dem Neujahrs-Geschenk kann ich zum Anfange zufrieden seyn. Die Frau Gräfin ist eine Dame von vielem Verstande. Sie liest gerne, hat eine artige Bibliothek, die ich aber noch nicht selbst zu sehen bekommen habe, sie hat mir aber selbige zum Gebrauch angeboten. Sie schreibt artige Verse. Sie ist die Seele ihres Hauses, und besitzt eben so viel Sanftmuth als Entschließung. Sie wird von ihrem Gemahl und von allen denjenigen, die sie kennen, bewundert und verehrt.

Herr M. Hase ist eine halbe Meile von mir. Ein Mann von Ihren Jahren, der eine ungemeine Stärke auf dem Clavier, Violoncello und ein großes Genie zu allem besitzt, Linguist, Philosoph, Mathematiker, Maler und alles ist. Er ist Hofmeister bey einem Herrn von B..., der ein reicher Cavalier von sechzehn Jahren, aber überdem ein Klotz ist, aus dem der beste Praxiteles keinen Mercur schnitzen wird. Sein Gehalt ist wie meines, er wird, wie man mir erzählt, von seiner Herrschaft auf den Händen getragen. Er ist ein Abgott der lieben Dummheit und läßt sich zu viel herunter, um ihr zu gefallen. Dieß ist das einzige, was mir an ihm nicht ansteht. Das Alter wird vielleicht seiner Eigenliebe bessere Augen geben.

5. An seinen Vater.

Grünhof den 6ten März 1754.

Herzlich geliebtester Vater, ich war in Mietau und suchte voll Ungeduld Briefe auf der Post. Ein Bote aus dem Wirthshause kam mit einer für mich betrübten Antwort zurück. Den Sonntag ging ich frühe vor der Kirche selbst nachzufragen, und ich fand leider nichts. Den Montag kam Hr. Dr. Lindner von einer Patientin auf dem Lande zu Hause und händigte mir die Erfüllung meiner sehnlichen Wünsche ein. Der Anfang Ihres Briefes und die ungewöhnliche Länge desselben machten mich sehr unruhig. Sie gaben mir gleichwohl Hoffnung zu einer sich anlassenden Besserung, die in dero zweitem lieben Briefe nicht so bestätigt wird, wie ich darum gebetet habe. Ich danke unterdessen Gott aufrichtig mit Ihnen, daß er Ihnen Geduld giebt. Sein gnädig Antlitz läßt uns die Schmerzen weniger empfinden, die sein strafender Arm uns verursachen könnte. Verzeihen Sie, liebster Vater, wenn ich die Absicht dieser Krankheit zu Ihrem Besten auslege. Vielleicht dient sie Ihnen, Ihrem Körper inskünftige liebreicher zu begegnen und ihn nicht der Verkältung und Entkräftung auszusetzen, die Sie selbst für die Ursachen Ihrer Zufälle angeben. Man hat sich bey einer Ruhe, die man sich aus einer billigen und vernünftigen Liebe zu sich selbst von den Geschäften giebt, weniger Vorwürfe zu machen, als bey derjenigen, welche uns eine selbstgemachte Unvermögenheit bisweilen auflegt. Jene ist angenehmer und süßer, weil sie willkührlich ist, wenn uns die letztere unruhig macht, weil sie gezwungen ist. Genießen Sie, herzlich geliebtester Vater, besser Ihres Geistes und Gemüthes, und lassen Sie auch die Ihrigen desselben inskünftige mehr genießen. Ziehen Sie nicht alles zu Ihrem Beruf; Gott besitzt mehr Billigkeit gegen die Menschen, daß ich so sagen darf, als sie gegen sich selbst haben; er fordert das nicht von uns, was uns diese öfters zumuthen, und er befiehlt uns unsern Nächsten nicht mehr zu lieben als uns selbst. Die Vorstellungen und zärtlichen Sorgen meiner liebreichen Mutter werden diesen Betrachtungen mehr Nachdruck geben. Ich danke Ihnen tausendmal, gütiger Vater, daß Sie sich auf Ihrem Siechbette mit meinem Andenken die Zeit vertreiben. Wenn es Ihnen doch so viel Zufriedenheit mittheilte, als ich aus dem Ihrigen bisweilen schöpfe! Ich bin Gottlob gesund und lebe hier recht zufrieden. Das Wachsthum meines ältesten Herrn macht den Vater entzückt, stolz auf ihn und gegen mich erkenntlich. Er redet mit nassen Augen bisweilen von uns beiden gegen Andere, und er giebt mir auf alle mögliche Art zu verstehen, wie viel er von mir hält. Vielleicht glückt es mir bald genug Ihren Wunsch zu erfüllen, und Sie auf ein Paar Tage zu sehen. Wie herzlich vergnügt wollen wir dann seyn! Jetzt lassen Sie, lieber Vater, Ihre einzige Sorge Ihre Gesundheit seyn, wie dieß mein einziger Wunsch und Bitte an Gott ist.

6. An seine Eltern.

Grünhof den 4ten Mai 1755.

— — Hr. B. hat (im Vertrauen) noch Lust, eine kleine Reise zu thun und mich als seinen Begleiter mitzunehmen. Ich habe niemals geglaubt, einen so beflissenen und mir recht ergebenen Freund an ihm zu behalten. Wenn es dazu käme, so würde ich geschwind genug Ihr Verlangen, mich wieder zu sehen, erfüllen können, und ich würde mich um so weniger Ihren Wünschen entziehen, weil ich mich alsdann freuen könnte, die Absicht, warum ich Sie verlassen, einiger Maßen erreicht zu haben. Wann ich einen kleinen Umweg in der Welt werde genommen haben, werde ich dann nicht mit mehr Genugthuung, Nutzen,

Ehre und Zufriedenheit den besten Eltern mich zeigen können?

Ich überlasse mich und mein Schicksal der göttlichen Vorsehung gänzlich. Sie hat Triebe in unsere Natur gelegt, die, wenn sie nicht lasterhaft sind und mit unseren Pflichten streiten, nicht selten als unsere Bestimmung, als der Ruf zu ihren Absichten angesehen werden können. Mit wie viel Ruhe und Zufriedenheit kann derjenige leben, der keinen andern Endzweck hat als, wie ein vernünftiges und wie ein theuer erlöstes Geschöpf, als Mensch und Christ, seinen Verbindlichkeiten ein Genüge zu thun. Mit viel Vergnügen habe ich mir bey dem Lebenslauf meines Lehrers, den mir mein Bruder zugeschickt, seine Gemüthsart vorgestellt. In einem kleinen Bezirk der Welt nützlich, zu einem größern geschickt; ihr unbekannt und verborgen; der aber sich, die Natur und ihren Schöpfer desto besser kannte; sich selbst verleugnete, der Natur bescheiden und unermüdet nachging, und den Schöpfer in kindlicher Einfalt verehrte.

7. An seine Eltern.

Riga den 25ten October 1755.

Herzlich geliebteste Eltern, Mein letzter Brief war in einem Augenblicke geschrieben, in dem mich meine Hypochondrie mehr als jemals quälte. Seit 14 Tagen hat sie mich ziemlich verschont, ungeachtet ich mehr als sonst gesessen. Sie sehen selbige vermuthlich, geliebtester Vater, für Anfälle des Heimwehes an. Und Ihre Bitte, umzukehren, soll vermuthlich das Hülfsmittel seyn, welches Sie mir für meine Krankheit vorschlagen. Beruhigen Sie sich, daß ich gesund und kein Müssiggänger bin. Würde ich Ihnen lieb seyn, wenn ich zu Hause das Gegentheil von beidem wäre? Entschlagen Sie sich der Sorgen, die Ihrer und meiner Ruhe nachtheilig sind; der Sorgen für ein Glück, das ich nicht dafür erkennen kann. Die Erde ist des Herrn; seine Gegenwart und die Vorstellung meiner Pflichten, denen ich lebe, möge mir allenthalben gleich nahe seyn.

Vergeben Sie mir, herzlich geliebteste Eltern, wenn Ihnen meine Denkungsart etwas zu hart und eigensinnig zu seyn scheint. Ich erkenne die Zärtlichkeit, die der Grund Ihrer Vorstellungen und Wünsche ist. Wohlthaten, die unsere Leidenschaften andern aufdringen, wo wir nicht den Sinn des Andern, sondern allein unsere Liebe zu Rath ziehen, kann man solche Wohlthaten nicht verbitten, ohne undankbar und ungehorsam zu seyn? Sie wissen meine Absichten, warum ich Sie, liebste Eltern, verlassen; ich sage nicht, mein Vaterland verlassen, weil ich hierin mit Ihnen in gleichem Falle bin. Sie wissen, daß selbige noch nicht erreicht worden. Wenn derjenige, der sich etwas vornähme, nach einigen Versuchen sich sein Vorhaben gleich vereiteln ließe, würden Sie ihm, wenn er nicht Ihr Sohn wäre, dieß zum Guten auslegen?

Ich bin der Welt nicht unnütz gewesen; ich habe einen guten Samen wenigstens in jungen Gemüthern auszusäen gesucht, der vielleicht später meine Redlichkeit belohnen wird. Mit voriger Post habe ich aus Curland einen Brief erhalten, der mich ein wenig aufgemuntert. Man wünscht nicht nur meinen Nachfolger los zu werden, sondern soll sehr oft sagen: wenn doch Hamann noch bey uns wäre! Vielleicht würde mein Glück schon gemacht seyn, wenn ich nachläßiger gegen Andere und mich selbst hätte seyn können. Mein weniges Vertrauen auf mich selbst, meine Furchtsamkeit, meine Schwierigkeit, mir und Andern genug zu thun, der Eindruck, den ich von Menschen bekommen habe, die ich nicht anders als bedauern, verachten und hassen konnte — daß ich selbst unter diese Menschen gehöre, daß man so oft aus Schwäche wider seinen Willen ihnen nachgeben muß — haben mich leutscheu, unumgänglich gemacht, demüthigen und nähren wechselweise meinen Stolz und entfernen mich von der Welt, gegen andere Triebe, die mich zu ihr anziehen.

Würden Ihren Sohn Freunde noch lieben, die in ihrer Wahl so zärtlich sind, die ihn seiner Fehler wegen so wenig genießen können, daß er sich selbst wundert, wie er welche haben und erhalten kann; die ihn aufsuchen, wenn er sich ihnen entziehen will? Sehen Sie, womit ich mich tröste, wenn ich mir selbst unerträglich bin. Da ich mir selbst so viel Unruhe auflege, warum vermehren Sie, liebste Eltern, selbige durch Vorwürfe, durch Klagen nnd Zumuthungen, die mich noch verlegner machen, weil ich nicht weiß, womit ich selbige beantworten soll? Ich habe noch Herz genug, mehr zu erfahren, mehr zu leiden, mehr zu übernehmen. Unterdrücken Sie selbiges nicht. Ihr Beyfall soll mich beleben und Ihr guter Rath auf dem Wege, den ich mir gewählt, mir forthelfen und nicht mich aufhalten.

Gott erhalte meine liebsten Eltern gesund. Ich verspreche mir von meinem lieben Vater einen Brief, in dem er einen Widerruf seines letzten thun wird. Möchte er gleich kürzer als der letzte seyn, so würde ich mich freuen, wenn der Inhalt dieser wäre: „Mein „lieber Hans, ein eigensinniger Junge bist du „allemal gewesen; wenn es nun aber dein Ernst „ist, ein ehrlicher Kerl zu bleiben, so kannst

„du von deinen Eltern versichert seyn, daß sie „so einen Sohn lieber in der Fremde haben „wollen, als in Schanden in ihrem Hause er„nähren. Dein Exempel soll uns wenigstens „lehren, daß wir deinen Bruder nicht eher los„lassen, bis er diejenige Freude erfüllt, die wir „an dir zu sehen wünschten. Halte Wort und „lebe wohl.“ Ich will beides thun, liebste Eltern, indem ich Ihrem Andenken und Ihrer Liebe mich empfehle.

8. An seine Eltern.

Grünhof den 28. Febr. 1756.

Gestern Abends habe ich Ihre letzte zärtliche Zuschrift erhalten, in welcher mir die Nachricht von Ihrer beiderseitigen Besserung sehr tröstlich gewesen. Wir haben vor acht Tagen ein Schrecken gehabt, das übel hätte ablaufen können. Der Schornstein brannte in unserm hölzernen Schlosse. Die Frau Gräfin lag zu Bett und wir waren ohne die geringsten Anstalten dem Zufall ausgesetzt, der mit Gottes Hülfe nicht wider uns ausfiel. Wie viel gehört dazu, ein Hausvater, ein Wirth, ein Herr zu seyn! Ich habe mich weniger erschrocken als geärgert und verkältet, doch ohne Schaden für meine Gesundheit, die auch jetzt leidlich ist. — Sie richten mich mit der Hoffnung eines gesunden Alters auf. Ich glaube, daß man niemals zu früh sich alt und reif zu werden wünschen kann, wenn man nicht umsonst lebt oder gelebt hat. Wenn dieß nur an mir erfüllt würde! Traurige Beyspiele umgeben mich, bey denen ich für mich selbst zittere. Vielleicht bist du eben das, was du an Andern verabscheust; eben der Gräuel vielleicht in einer andern Gestalt; oder sie haben dem Schein nach den traurigen Vortheil, ruhiger und sorgloser bey ihrer Gefahr und Schande zu seyn.

Den 29ten

Hier habe ich des Abends der heißen Stube wegen aufhören müssen, die mir Kopf und Rumpf ganz mürbe gemacht. Zur Schule gehören jetzt zwey Stuben; die eine ist vor zwey Jahren ganz neu angebaut worden, im Winter aber nicht zu heitzen, und dient, die andere ungesund zu machen wegen des Zuges, der durch alle mögliche Ritzen durchweht. Ein kurscher Bauer ist Hof-Calefactor und mein Bedienter ein kalmuckischer Mursa oder Edelmann, der sein höchstes Gut im Trunk oder Schlaf findet, auch schlecht gehalten wird. Außer einem treuen Freunde hier im Hause, der ein Türke ist, würde ich jetzt von allem menschlichen Umgange abgeschnitten seyn. Ich erhole mich also mehrentheils von einer Arbeit an einer andern, von der schweren an der leichteren, von der verdrießlichen an der angenehmeren, von der nothwendigen an der freywilligen. Diese einförmige Ruhe oder Anstrengung nutzt den Geist und den Leib ab oder macht wenigstens beide schläfrig. Vielleicht würden Sie also, lieber Vater, einen eben so trägen Socius an mir haben, als mein Bruder ist; ich unterstehe mich wenigstens nicht, mir mit mehr Munterkeit und Feuer zu schmeicheln. Dreißig Jahre kommen mir schon als eine ungeheure Frist des menschlichen Lebens vor. Ich freue mich, daß die Zeit verfließt, und wenn ich zurückrechne, erstaune ich, wie ein Schuldner vor seinem Termin. So widersprechend sind wir in unsern Wünschen. Wenn wir Meister derselben wären, wie schlecht würde uns dadurch geholfen seyn!

Gott erhalte meine liebsten Eltern. Ihr Glaube, Ihre Geduld, Ihr Muth sey mir ein Beyspiel in guten und bösen Tagen! Wir wollen uns mit unserem Gebet einander beystehen, und unsere Hoffnung auf einen Herrn setzen, der uns befiehlt, alle Vortheile dieses Lebens für unsern Schaden anzusehen. Wehe uns, wenn wir unser Gutes hier genießen! Wehe uns, wenn uns hier nichts fehlt! Erfreuen Sie mich bald, liebste Eltern, mit guten Nachrichten. Ich küsse Ihnen tausendmal die Hände.

9. An seinen Vater.

Grünhof den 17ten März 1756.

Ihre Erinnerungen, liebster Vater, haben mich sehr aufgerichtet. Sie haben meine Hypochondrie gemerkt und erklären mir Ihre Gesinnungen auf eine Art, die mir zu einer großen Aufmunterung gereicht. Der Himmel behüte, daß ich die zärtlichen Sorgen meiner liebsten Eltern mit Undankbarkeit und Verdruß aufnehmen sollte. Alle Leidenschaften, die mit der Religion bestehen und durch das Christenthum eingeschränkt werden, können uns weder beschwerlich noch nachtheilig seyn. Wie leicht können wir aber nicht durch diejenigen Triebe selbst verführt werden, welche die Natur uns vorzüglich geschenkt, und welche die Vernunft auf ihrer Seite haben! Ich stelle mir meine lieben Eltern bisweilen in einer Verlegenheit, in einer aufgebrachten Unruhe vor, mit der sie sich fragen: wo bleibt denn unser Sohn? was wird denn aus ihm? Wohin gehen seine Absichten? Straft der schlechte Fortgang sie nicht ihrer Eitelkeit? Ohne mir die Zeit lang werden zu lassen, wünschte ich bisweilen, alle diese Zweifel mit einer Nachricht beantworten zu können, die meine liebsten Eltern zufrieden spräche: Hier ist das, was ich durch meine Geduld zu verdienen gewartet!

Es kann seyn, daß die Krankheit meine Hypochondrie vermehrt; es kann seyn, daß selbige zum Theil in meinen Umständen liegt. Ich verzweifle hier daran, meinen Endzweck zu erreichen. Der älteste ist gesund, man schont seine Gesundheit nicht, und die Unmäßigkeit macht sie sehr mißlich. Die Fähigkeit seines Kopfes, die Lebhaftigkeit und Geschmeidigkeit seiner Einbildungskraft hintergeht die Eltern. Man legt mir alle Hindernisse, die ehedem meine Mühe vereitelt haben, und ich liege denselben wider Willen unter. Die Welt will betrogen seyn; es ist nicht jedermanns Sache, sich diesem Verlangen zu bequemen. Was sagt Gewissen, Pflicht dazu? Sieget über alles! Der eine Theil weiß gar nicht, was Erziehung ist; der andere weiß nicht, was Söhne sind. Brauchet zu einer Tochter Schminke und Eitelkeit. Wenn ihr nicht Tugend haben wollt, so lasset wenigstens Ehre in das Herz eines Kindes, weil ein Mann aus ihm werden soll. Man hat mich gekannt; bin ich nicht lange genug hier gewesen, um mich kennen zu lernen? Da man mich wieder verlangt, konnte ich nicht muthmaßen, daß man meinen Absichten Recht widerfahren lassen würde? Glaubt ihr, daß ich für euch lebe, und euch zu Gefallen auf dem Kopf gehen soll, weil ihr desselben euch so wenig als eurer Füße gehörig bedienen könnt? Ich sehe zu, schweige und wundere mich. Mit diesem Monat ist mein erstes Vierteljahr zu Ende. Die Zeit wird mehr lehren.

Sie sehen hieraus, geliebtester Vater, daß ich meinen Beruf mit Ernst treibe. Der äußerliche Beyfall genügt mir nicht, der Schein auch nicht. Ich kann weder kalt noch lau seyn. Ich schütte mein Herz gegen Sie aus, damit Sie mich desto richtiger beurtheilen können. Mein Gemüth ist übrigens ruhiger, als Sie vielleicht denken. Auf die Woche erwarte ich einen werthen Freund, den Regiments-Feldscherer Parisius, einen sehr vernünftigen und behutsamen Arzt. Ich empfehle meine besten Eltern der göttlichen Vorsehung, die über uns alle wacht.

10. An seinen Bruder.

April 1756.

Gott Lob, mit meiner Arbeit so gut als fertig. Der Termin, der letzte Augenblick thut bey mir große Wirkung. Wenn ich auch arbeiten will, die Vorstellung, daß ich Zeit habe, macht mich so schwierig, so kalt, daß ich nicht von der Stelle kommen kann. Ist aber kein Rath mehr aufzuschieben, nun dann muß es, und eine Stunde bringt mir bisweilen verlorne Wochen ein. Die Arbeit ist weit unter der Anlage gerathen; die Idee davon ist lange nicht

in

in der Ausführung erreicht. Dergleichen Betrug seiner selbst muß sich der Mensch gefallen lassen; er dient zu vielem Guten. Fontenelle sagt: Man würde das nicht thun, was man kann, wenn man nicht die Hoffnung hätte, mehr zu thun, als man kann. So hängt der Gebrauch unserer Kräfte mehr von unserer falschen Einbildung, als von unserem Willen ab. Ich bin in zwey Abenden mit der Abschreibung fertig geworden. Die letzte Hand fehlt noch, die wird mein B. dazu thun. Er hat zu viel Antheil an meinem Entschluß das Werk selbst zu übersetzen, so wie an dem Inhalt des Anhangs. Du wirst eine Rhapsodie von Ein- und Ausfällen zu lesen bekommen, die dich vielleicht so bald als mich ermüden wird. Wenn mir Gott Gesundheit giebt, so möchte ich wohl eine andere Arbeit mehr nach meiner Neigung unternehmen. Muß sehen, ob die Aufnahme dieser mich dazu aufmuntern wird. Ein Theil eines guten Urtheils wird auf meiner Dunkelheit und Unwissenheit meines Namens beruhen. Sorge dafür, daß ich nicht verrathen werde.

Eben jetzt habe ich eine heilige Rede in Massillon's Fastenpredigten gelesen über die Versuchungen der Großen. Der Anfang, den ich gemacht habe, giebt mir viel Geschmack für diesen Schriftsteller. Seine Reden sind kurz, aber sehr reich an Gedanken und Empfindung. Eine besondere Freymüthigkeit, die nichts zurückhält, oder halb sagt, welche die Wahrheit mehr liebt, als diejenigen fürchtet, welche sie beleidigen kann. Eine tiefe Kenntniß des menschlichen Herzens, die mehrentheils gebraucht wird, die Rechte des Amtes mit mehr Klugheit als Nachdruck zu handhaben. Dieß ist die Parrhesie, welche die Boten des Geistes von den weltlichen Rednern mehr als andere Eigenschaften unterscheiden sollte, und welche sie seltener als diese ausüben.

Auch des Buffon Naturgeschichte beschäftigt mich; ein großes Werk von einer ungeheuren Unternehmung. Man hat eine Bibel der Natur, die ein Mißbrauch dieses Titels ist. Das, wovon ich rede, möchte ich eher ein apocryphisches Buch derselben nennen. Ich will es mit dem andern Theile von Hume's vermischten Schriften abwechseln, den ich heute erhalten.

Ich fürchte, daß unsere Eltern über meine hypochondrischen Grillen unruhig seyn möchten. Gieb ihnen so viel zu thun mit deinem eigenen Glück und ihrem Antheil daran, daß sie desto ruhiger an mich denken. Die Natur hat uns Menschen an der äußerlichen Gestalt und dem inneren Sinn unterschieden. Ihre Mannigfaltigkeit ist so gut Weisheit als ihre Einfalt; sie bedient sich beider zu ihren Absichten, die immer das gemeine Beste zum Augenmerk haben. Ich weiß, daß mein Sinn ziemlich unbiegsam ist, der sich so wenig in seine eigene Denkungsart als in Anderer ihre allemal schicken kann. Er hat aber auch seine Schneide und seinen Rücken. Man kehre mich um, sagt ein äsopisch Messer zu seinem Herrn, die andere Seite wird dir mehr Bissen schneiden, als du brauchst, um satt zu werden. —

11. An seine Eltern.

Grünhof, den 10ten April 1756.

Herzlich geliebteste Eltern, die Gesundheit und Zufriedenheit ist der einzige Wunsch, mit dem ich meine Briefe anzufangen und zu schließen weiß. Ich genieße jetzt Gott Lob beider wieder, und bin heute durch das Andenken eines Freundes erfreut worden, an dem Sie auch Antheil nehmen werden. Ich habe nämlich einen Brief von Hrn. Karstens erhalten, der mir seine Niederlassung zu Lübeck und sein dortiges Glück meldet. Es ist eine große Beruhigung für mich, daß mich ehrliche Leute auf der Welt noch würdigen, sich meiner zu besinnen, wenn es ihnen wohl geht; und wenn sie es mir auch wünschen, so glaube ich es nicht nur zu verdienen, sondern auch alles schon zu besitzen, was mir noch zu fehlen scheint.

Erkennen Sie, herzlich geliebtester Vater, hieran Ihren Sohn, der sich eben so leicht zu trösten als zu beklagen versteht. Es giebt Menschen, die sich selbst das Ziel mit so viel Bequemlichkeit setzen und von Andern setzen lassen, daß es eine Schande ist; es giebt hingegen welche, die weder so feig gegen sich selbst sind, noch diesen Schimpf Anderer Willkühr überlassen. Ich bin hier in einem Hause, wo man mir die Laufbahn meiner Pflichten so leicht und kurz machen möchte, als man sich selbst selbige eingeschränkt hat. Vergeben Sie es mir, daß ich diese Seite meines Zustandes, die vielleicht für die Augen die fröhlichste ist, niemals bisher geschildert. Es ist deßwegen geschehen, weil ich sie am wenigsten liebe, und weil sie mir weniger am Herzen liegt als jene rauhe, die ich bearbeiten soll. Es ist vielleicht eine Thorheit, treuer zu seyn in fremden Angelegenheiten, als man uns verlangt. Ich will aber diese Verantwortung lieber auf mich nehmen, als die Schuld derer, die in ihrem eigenen Antheil gleichgültig sind; die den Schutt häufen, den sie selbst sorgen sollten, aus dem Wege zu schaffen; die aus der Pflicht aufzumuntern sich eine verkehrte machen, diejenigen einzuschläfern, an deren Munterkeit ihnen gelegen seyn sollte.

Meine Gesundheit wird der Frühling mit Gottes Hülfe wieder herstellen. Ich lese jetzt

Schaarschmidt's Diätetik und wünschte über einige Dinge Ihre Erfahrungen, liebster Vater, zu Rath ziehen zu können. Das bevorstehende Fest sey Ihnen ein Sabbat von Ruhe und Segen! wie glücklich sind wir alle, wenn wir mit Ihm leiden können, um mit ihm zu leben!

12. An J. G. Lindner, nach Riga.

Grünhof, den 12. April 1756.

Herzlich geliebtester Freund! Nachdem ich Sie schon so oft umarmt in Gedanken, als ich den Buffon zugemacht, so ist es jetzt Zeit es auch schriftlich zu thun. Jetzt befinde ich mich Gottlob! leidlicher; vorige Woche hatte ich mich mit einem neuen Fluß am Gesicht und einem damit verbundenen Flußfieber quälen müssen. Der April macht sich zum Mai; wenn man nur bald der Luft und der Natur genießen könnte. Und Sie, liebster Freund, befinden sich nicht besser? freuen Sie sich nur, wie ich, auf den Frühling, er wird alles wieder gut machen. Wie sieht es mit der Veränderung Ihrer Schule aus? Neid und Bosheit machen uns Ehre, sie geben uns den Genuß unserer Tugenden. Ich glaubte, Sie wären schon so bekannt mit diesen Feinden, daß Sie ihre Schwäche ruhiger verachten könnten. Es kostet, sagen Sie; ja, es bringt aber auch was ein. Ob wir unser Leben so oder so abnutzen. Ohne Klippen thun wir diese Fahrt nicht. Laß uns an unsern Gütern Schiffbruch leiden, wenn wir unser Leben retten und damit erkaufen können. Meine Eltern haben mir viel Sorge gemacht. Sie lösen sich beide in ihrem Siechbette ab. Gott helfe ihnen; ich hoffe sie noch zu sehen auf der Welt. Sie denken in ihren Briefen immer an Sie, diese ehrlichen Alten. Es ist mir lieb, daß sie auch von Ihnen nicht vergessen werden.

Vorige Woche ist mein Anhang und alles übrige zur Uebersetzung, dem Himmel sey Dank, abgegangen. Die letzte Stunde hat mir noch einige Dienste gethan. Meine Krankheit, die beynahe drey Wochen gedauert, war nicht in Ueberschlag der Zeit gebracht. Ich habe mich übereilen müssen, und darum Ihnen auch die Durchsicht meiner Arbeit weder mittheilen können, noch wollen. Zu gewissenhaft, meinen Stunden etwas abzubrechen, habe ich beynahe zwey Nächte daran setzen müssen, die ich noch nicht scheine ausgeschlafen zu haben. Bey diesem etwas zu anhaltendem Fleiß habe ich die Wirkung der Hypochondrie recht sichtbar gefühlt, recht schmecken können. Die Augen hielten aus, der Kopf die letzte Nacht auch besser, als ich dachte.

Dieß ist zugleich die Ursache, warum ich nicht eher habe schreiben können. Gestern wollte ich. Massillon mein Früh- und Buffon mein Vesperprediger bis auf den Abend, da ich nicht mehr konnte. Wie sehr danke ich Ihnen für den letzteren. Eine Zeit von vierzehn Tagen ist der Termin, den Sie mir setzen. Acht Tage hab ich ihn jetzt. Diese Woche feyre ich halb. Wenn ich unsere Ostern dazu nehme, so möchte ich reichlich gerechnet gewiß auskommen. Dann bekommen Sie ihn wieder und dann erwarte ich von Ihrer Freundschaft den zweyten Theil.

Seine Theorie, von deren Beweisen ich die Hälfte schon gelesen, hat mich gestern bald rasend gemacht. Trifft ihn aber nicht eben der Tadel, den er über die Sündflutherklärer ausstreut? Ist die Schöpfung ein weniger Wunder als diese? Was wird aus dem Werde, das Gott sprach? Warum leidet die Schöpfung der Erde eine Theorie, wenn die Sündfluth keine leiden soll? Die Eifersucht gegen die Systeme anderer, die seinem an Erfindung und Witz nichts nachgeben, hat ihn hierauf nicht aufmerksam gemacht. Doch der kleine Kläffer, ich meyne Kästner in seinen Noten, hat ihn hierüber verschont, und ich will ihn nicht suppliren. Hallers Vorrede über den Nutzen der Hypothesen ist ein Meisterstück. —— Wenn die

Poeten die Kunst besitzen, die Lügen wahrscheinlich zu machen, so ist es vielleicht ein Vorrecht der Philosophen, der Wahrheit ihre Glaubwürdigkeit zu entziehen, oder sie selbst unwahrscheinlich zu machen. Sie erfüllen ihr groſses Versprechen, unsere Augen aufzuthun, mit verbotenen Früchten, die unklug machen.

13. An denselben.

Grünhof, den 20. May 1756.

So oft ich auch die Briefe meiner Freunde zu überlesen gewohnt bin, so hat doch keiner diese Probe mehr ausstehen müssen, liebster Freund, als Ihr letzter. Die Empfindungen gegen mich und meine Eltern haben mich sehr gerührt, mit denen Sie selbigen einweihen. Der Saame des Gerechten; noch ruht Davids Segen auf ihm; noch erfüllt Gott, was er durch seine Propheten ihm versprochen. Es ist kein Tag, an dem mich nicht die Begeisterung, eine Viertelstunde wenigstens, unter die Meinigen versetzt. August konnte zwischen seinen zwey ewigen Dichtern nicht zufriedner seyn, als mich diese Augenblicke der Schwermuth machen, die ich zwischen den Thränen und Seufzern meiner zwey Alten zubringe. Mein Vater hat mir wieder geschrieben, mit mehr Ruhe als neulich. Dieser Brief ist abgegangen, ehe mein letzter angekommen, in dem ich sie zu besuchen versprochen. — Nun Sie haben an meinen Sorgen Theil genommen; Sie nehmen es auch an meiner Zufriedenheit und an den Anschlägen, die Ihnen ein großmüthiger Freund meinetwegen entdeckt. Hören Sie, lieber Freund, ich verstehe, was Sie gesagt haben und sagen wollen. Laß uns alles absondern, so bleibt die Wurzel und der Stamm desto ehrwürdiger und schöner. Kurz ich beneide diejenigen, die im Stande sind, so edel zu handeln, und ich ehre diejenigen, die verdienen, ein Gegenstand der ersteren zu seyn. Gönnen sie mir diese Eigenliebe, auf die sich mein Werth gründet. Es ist mir immer leichter geworden, mich ein wenig zu erheben, als herunter zu lassen. Der Grund dieses Antrages legt mir also schon alle Verbindlichkeit auf, und ich bin wenigstens schuldig, einen eben so sichern Grund entgegen zu setzen. Das ist eins. Wir machen Schlüsse als Dichter, als Redner und Philosophen. Jene sind öfter der Vernunft näher als die in der logischen Form. Wenn sich das Herz erklärt, so ist unser Verstand nichts als klügeln, wenigstens entscheidet jenes eben so laut, als dieser zweifelt. Wenn ich nichts als meine Gesinnung zu Rath gezogen hätte, so würde ich selbst gekommen seyn, anstatt der Mühe mich schriftlich zu erklären. Wenn wir Menschen nichts mehr als den Willen nöthig hätten, so könnten wir fast der mühsamen Nothwendigkeit, zu überlegen, überhoben seyn. Das ist Numer zwey. Ich bin ein freyer Mensch, der keine andern Gesetze als Pflichten und Umstände erkennt. Von meinen Entschließungen hängt niemand sonderlich ab; meine Ehre von meinem Gewissen, mein Glück von meiner Wahl. Ich kann niemanden als mir selbst nachtheilig seyn. Bey der Freyheit ist jeder Schaden zu ersetzen und jeder Versuch macht uns klüger. Das ist Numer drey. Sie werden sich selbst erinnern, wie oft ich bedauert, nicht eine Nebensache aus den Wissenschaften gemacht zu haben, und wie oft ich gewünscht, ein Kaufmann geworden zu seyn, noch ehe ich gewußt, wie viel Einsichten dazu gehörten. Vielleicht ist dieser Wunsch nicht von ohngefähr geschehen. Vielleicht ist dieß der Knoten, den mein Schicksal auflösen wird. Sie haben einen alten Mann auch erzählen gehört, der sein Glück in einem Lande gefunden, von dem er niemals gut zu reden gewohnt gewesen, und der auch nicht die beste Meynung von einem Orte hatte, wo sein Sohn vielleicht das seinige von ohngefähr finden kann. Das ist das vierte. Mein Eigensinn übrigens, in so ferne er aus meiner Gemüthsart fließt, beruht auf zwey Stücken. Nichts oder alles zu thun; das mittelmäßige ist meine Antipathie;

eher eines von den äussersten. Das andere ist dieß: ich bin entweder zu gut oder nicht groß genug, mich in jede willkührliche Lage zu schicken. Auf alle Hauptpunkte habe ich mich übrigens gegen Hrn. B. selbst erklärt. Das Englische macht mir Sorge; wenn ich aber bedenke, daß zu einem bloßen Briefwechsel in Geschäften nicht eben die größte Stärke in der Sprache erfordert wird, daß ich noch Zeit habe, mich darin zu üben rc. Ist seine Reise nach England festgesetzt? Er beruft sich darauf. Erinnern Sie ihn doch selbst daran. Doch er will nach Mietau kommen — — und ich verlasse mich auf sein Wort, wenn es ihm möglich ist.

Meine Stunden sollten angehen. Ich eilte. Der Besuch eines Gastes, der sich hier aufhält, hat mich verhindert, auf die Gelegenheit Acht zu geben. Man vertröstet mich auf eine morgende, die abgehen soll. Ich bin der Gelegenheiten wegen bisweilen sehr verlegen. Drey, wenn ich nichts zu bestellen habe, oder nichts erwarte. Ist mir daran gelegen, so findet sich keine. Doch ein ganzer halber Bogen, wie will ich den füllen und womit haben Sie die Strafe verdient, liebster Freund, den Verstand zusammen zu suchen? Meine Hand verträgt sich schlecht mit meinem Project. Auch diesen Einwurf habe ich mir schon gemacht.

Das Schreibgeräth ist aber auch darnach. Nicht Zeit, Buchstaben zu malen, wenn ich es auch könnte. Lassen Sie mich noch ein wenig von dem schwatzen, wo ich in der Hälfte gestört worden bin. Aus meinen Numern haben Sie ersehen, daß ich abstract genug die Sache untersucht habe. Ich entferne mich nicht ganz von meinem Beruf. Der junge Berens ist immer mit ein Augenmerk von denjenigen Diensten, die ich dort erzeigen könnte. Man ist bisweilen glücklicher, wenn man nicht alles zu verantworten übernehmen muß. Das Vorurtheil der übrigen nimmt mich für seine Gemüthsart und Fähigkeit ein; überdieß habe ich gemerkt, daß er ein Liebling des unsrigen ist. Sollte ich in Ansehung der Correspondenz nicht alles ausführen können, so glaube ich ihnen doch wenigstens auch nicht ganz unnütz zu seyn. Und gesetzt, nichts gelingt, so weiß ich und kenne diejenigen, mit denen ich zu thun habe. Ich würde auch nicht so dumm seyn, meine Unvermögenheit gar nicht zu merken und mir von andern die Augen erst hierüber öffnen zu lassen. Ich erinnere Sie noch einmal an meinen Wunsch, den Sie öfters gehört, daß ich die Wissenschaften nur als eine Gemüthsergötzung treiben könnte. Ein purus putus in einem einzigen Zweige der Gelehrsamkeit zu seyn, widerspricht eben so sehr meiner Neigung, als die Möglichkeit, mich hinlänglich auszubreiten, meinen Kräften. Ich weiß das wenigste, was man der Schande wegen mehr als des Nutzens wegen wissen muß. Das verdrießt mich und ich kann mich als ein Studirender niemals selbst deßwegen rechtfertigen. Die Zeit dazu ist versäumt und die Kosten würden der Mühe nicht werth seyn. Wie viele Dinge, die ich jetzt mitnehmen muß, um mich in dem Gleise zu erhalten, worin ich bin; wie viele andere, denen ich mich nicht genug nahen darf, weil sie mich gleichfalls darin zu sehr entfernen würden. Aus allen diesen entgegengesetzten Kräften müssen nicht nur sehr krumme Linien, sondern selbst solche entstehen, die keine Gleichung erklären kann. Meine Bereitwilligkeit, alles einzugehen, wird Sie desto weniger befremden, wenn Sie überlegen, wie viel ich bey dem Tausch meines Zustandes gewinne. Für wenig Menschen gemacht, schreiben Sie mir; wenn ich es doch für die wenigsten wäre! Meinen Freunden gehöre ich gewiß ganz zu. Sie wissen als ein Philosoph und als ein Christ, wer die wenigsten sind. Ich gehe nicht wie ein Diogenes dem gemeinen Mann entgegen, wenn er von der Schaubühne kommt; ich erlaube mir aber mit dem Horaz: O d i profanum vulgus et a r c e o zu sagen.

14. An X. Berens, nach Riga.

Meyhof, den 15ten Jun. 1756.

Der freundschaftliche Besuch des Herrn Bruders hat mich von der Verlegenheit befreyt, worein mich die Schuldigkeit einer mündlichen Abrede setzte, zu welcher Sie neulich so geneigt waren mich einzuladen. Außer den Unbequemlichkeiten meiner Stelle beschäftigen mich der ganz nahe Termin meiner Abreise und die damit verknüpften Zerstreuungen zu sehr, als daß ich nicht hätte befürchten sollen, dasjenige in Ihrer guten Meynung persönlich zu verlieren, was ich mir jetzt versprechen kann durch meines Freundes Unterhandlungen gewonnen zu haben.

Ich unterschreibe alle die Bedingungen, die Sie mir, höchstzuehrender Herr, haben bestimmen lassen, ungeachtet meine Verbindlichkeiten sich jetzt nicht weiter als auf den Wunsch erstrecken, künftig für Ihre Vortheile aus Pflicht, Neigung und Erkenntlichkeit so aufmerksam seyn zu können, als Sie im Voraus aus Freundschaft auf die meinigen gewesen. Ein Mensch, der bisher u n t e r seiner Arbeit sich hat müssen besolden lassen, bringt eine gewisse Blödigkeit des Gewissens in eine Verbindung mit, die ihn auf einmal ü b e r seine Ansprüche und Verdienste belohnen soll. Schonen Sie selbige wenigstens so lange, bis ich mit meinen Geschäften bekannter seyn werde.

Die Ausflucht, wodurch Sie mich auf meine neue Lebensart vorzubereiten bedacht sind, wird gewiß einen Einfluß auf meine Gesundheit und Gemüthsverfassung haben.

Wir sind also hierin richtig, und ich bequeme mich mit Vergnügen Ihren ferneren Maßregeln, die ich am füglichsten in meinem Vaterlande werde erwarten können, wo ich ihrer Ausführung näher als hier bin.

Die Vertraulichkeiten, deren mich der Herr Bruder gewürdigt, nehmen mich übrigens immer mehr für meinen gefaßten Entschluß ein. Ich weiß für einen Märtyrer seines guten Willens keine fürtrefflichere Zuflucht, als eine Familie, deren Absichten und Erfahrungen eine ähnliche Quelle gehabt.

Vielleicht hat dieß der letzte Knoten seyn sollen, von dessen Entwicklung mein Glück abhängt. Kaum daß ich mich zu den Wissenschaften bekannt, und ungeachtet meiner allgemeinen Neigung zu denselben, für die ich so viel Schwachheiten als ein Stutzer für das Geschlecht begangen, hat es mir öfters leid gethan, nicht ein Kaufmann geworden zu seyn; bisweilen ernsthaft genug, um diese Gedanken nun wie eine Ahndung, und den günstigen Anlaß ihrer Erfüllung mit einem kleinen Aberglauben anzusehen. Ich gebe Ihnen bis auf meine Ausschweifungen Rechenschaft. Ein wenig Thorheit ist zu allen menschlichen Anschlägen nöthig; das heißt den Boden füttern, auf dem sie gedeihen sollen. Scheint es nicht, als wenn ich mich rechtfertigen will, daß ich mein Wort von mir gegeben? Um es wahr zu machen, werde ich niemals aufhören, mit der aufrichtigsten Ergebenheit zu seyn 2c. 2c.

15. An seinen Bruder.

Riga, im August 1758.

„Mit Mutterhänden leitet Er die Seinen stetig hin und her; gebt unserm Gott die Ehre.“ Gott erzeigt dir viel Gnade, und ein größeres Glück wird dir angeboten, als du hattest erwarten können. Danke ihm von Herzen, und nimm es nicht an, als bis du dich seinem Willen ganz gewidmet hast und dir seinen Beystand von Oben dazu versprechen kannst. Wenn es sein Wille ist und dein Ernst, dich demselben zu ergeben, so wird dir alles gewährt werden; ja selbst das, was uns entgeht, dient dann zu unserem Besten. Ich schreibe dir nicht als ein Schwärmer, nicht als ein Pharisäer, sondern als ein Bruder, der dich nicht eher hat lieben können, so lange er Gott nicht erkannte und liebte; der dir aber jetzt von ganzem Herzen

zen wohl will, und, seitdem er beten gelernt hat, nicht vergißt auch für dich zu bitten. Alle Zärtlichkeiten des Blutes, der Natur sind leere Schalen, die denen nichts helfen, die wir lieben. Wir können unserem Nächsten nichts als Schaden thun, und sind wissende oder unwissende Feinde desselben. Durch Gott allein liebt unser Herz die Brüder, durch ihn allein sind wir reich gegen sie. Ohne Jesum zu kennen sind wir nicht weiter gekommen als die Heiden. In dem würdigen Namen, nach dem wir Christen heißen, wie der Apostel Jacobus sagt, vereinigen sich alle Wunder, Geheimnisse und Werke des Glaubens und der wahren Religion. Dieser würdige Name, nach dem wir genannt sind, ist der einzige Schlüssel der Erkenntniß, der Himmel und Hölle, die Höhen und Abgründe des menschlichen Herzens eröffnet. Lies das herrliche Lied: Beschränkt, ihr Weisen dieser Welt rc. und laß dir den Ton meiner Briefe nicht anstößig seyn. Du wirst mich als keinen Kalmäuser antreffen, wenn ich die Freude haben sollte dich zu sehen. Ich lebe jetzt mit Lust und leichtem Herzen auf der Welt, und weiß, daß die Gottseligkeit die Verheißung dieses und des zukünftigen Lebens hat und zu allen Dingen nützlich ist.

Mit deiner Antwort, welche die Ehre gehabt dem hiesigen Magistrat zu gefallen, bin ich zufrieden bis auf die kritischen Züge, die dir darin entfahren. Unterdrücke dergleichen Einfälle so viel als möglich. Du weißt, wie sehr ich an der Laúsesucht des satyrischen Witzes siech gelegen.

Wenn es Gottes Wille ist, dich hier zu haben, so beschleunige deine Abreise so viel als möglich. Sende alle deine Bücher mit einem Schiffer ab, um so leicht als möglich zu Land zu gehen. Bringe meine zwey Lauten mit; ich hoffe, daß aus Lübeck die zerbrochene mit meinen Büchern angekommen. Wenn dir unser lieber Vater Luther's Schriften überlassen will, so laß diesen Schatz nicht zurück.

Gott lenke alles nach seinem gnädigen Willen. Ich zweifle nicht, daß Er viel Gutes zum Besten seines Hauses und seiner Heerde durch deine Hand ausrichten wolle.

16. An Gottlob Emanuel Lindner nach Grünhof.

Riga, im September 1758.

Ich habe gestern Abend an Ihre jungen Herren geschrieben. Durch diesen Briefwechsel habe ich keine Absicht Ihnen beschwerlich zu fallen. Mit dem jüngsten Baron wird es nur ab und zu nöthig seyn, anstatt einer Schreibstunde mir zu antworten. Den ältesten werden Sie ihm selbst und mir ganz allein überlassen. Er hat mit einer schlechten Feder, und mit einer Symmetrie geschrieben, die ich in des jüngsten Briefe berührt. Lassen Sie nur alle Fehler, die er thut, begehen, ohne sich damit zu quälen. Ich werde ihm nichts schenken. Wenn Sie eine Viertelstunde mit ihm über den Inhalt desjenigen, worüber er schreiben will, reden und darüber raisonniren, so ist das alles, was Sie von Ihrer Seite dazu nöthig haben. Sie werden dieß als eine Bedingung bey Ihro Excellenz, die ich Ihnen gegeben, anzubringen wissen, und sich besonders im Anfange darnach richten und daran binden. Sehen Sie mit der Zeit, daß es der Mühe lohnt, ihm ein wenig zu helfen, so können Sie es allemal so viel thun, als Sie Lust haben. Ich will jetzt aber durchaus Meister in diesem Spiel seyn und freye Hand darin haben. — Die Ursachen, warum ich dieß fordere, werden Sie selbst einsehen, ohne mich darüber weitläuftig erklären zu dürfen. Mehr Nutzen für den jungen Herrn. Und wir beide mehr Freyheit gegeneinander. Sie würden mir zu Gefallen Ihren Jüngling und sich selbst zwingen, und ich mehr zurückhalten, oder unrecht treffen.

Was machen Sie denn? Ich hoffe gesund. Nicht eine Zeile, noch einen Gruß von Ihnen erhalten. Ich bin in ziemlicher Unruhe meines Bruders wegen gewesen und noch. Er geht erst in acht Tagen von Hause ab. Halten Sie ihn daher ja nicht auf, sondern lassen Sie ihn in

Gottes Namen ungestört durchreisen. Da ich ihn selbst zu sehen gewiß diese Woche hoffe, und dadurch allein sein langes Stillschweigen entschuldigen konnte, kommt ein Brief, von dunkel schlüpfrigen Ausdrücken, den man sich quälen kann zu erklären, und davon man sich bey jetzigen Umständen allerhand ängstliche Auslegung machen kann. Gott helfe ihm gesund bald und glücklich her. Die Schule wartet auf ihn. Der Subrector ist diese Woche schon beerdigt. Ein Grund mehr, der seine Ankunft hier nöthig macht.

Wie weit sind Sie in Ihrem Bücherschmause gekommen? Ich werde als ein Tellerlecker zu Gast kommen, und Ihre besten Bissen, die Ihnen am meisten gefallen haben, vor der Nase wegnehmen. Die Keulen für das Volk, die Knochen für die Hunde. Wenig und was gutes gefällt dem Geschmack und bekommt am besten. Die unersättlichen sind immer die unfruchtbarsten.

Geben Sie mir einmal in einem Briefe einen Extract von dem, was Ihnen so viel kostbare Stunden und süße Nächte und heitere Tage gestohlen. Geht es unserer Seele wie dem Leibe, der ohne Stuhlgang und Ausdünstung nicht Blut machen kann? Nun so laßt uns das ausschwitzen, was wir mit so vieler Lust gekaut und mit so viel Mühe verdaut haben —— durch alle mögliche Poren. Wer der Natur gemäß lebt, braucht keine leidigen Aerzte. Die durch die Arzney leben müssen, die Gott aus der Erde wachsen läßt, sind selten im Stande sie selbst zu sammlen.

17. An den Baron von W...

Riga, den 15. September 1758

Mein gütiger Herr Baron, ich habe alle Tage an Sie geschrieben; weil es aber nicht mit der Feder in der Hand geschehen, so ist nichts aufs Papier, und folglich eben so wenig Ihnen zu Händen gekommen. Darüber erhielt ich Ihren schmeichelhaften Brief mit letzter Post, worin Sie meine Bedingungen unterzeichnet haben.

In dem Gewühl von Gegenständen, die sich zur Unterhaltung unsers abgeredeten Briefwechsels anboten, ist mir die Wahl schwer geworden. Wir wollen das Faß erst wo anzapfen; wenn die erste Probe ein wenig trübe aussieht, so wird es bald klarer laufen. Es fiel mir unter andern ein, Ihnen einige Gedanken über den Beruf eines Curländischen Edelmannes mitzutheilen. Da ich aber im Begriff war, mir selbige abzufragen, so fühlte ich mich zu schwach, mich an diese Materie zu agen. Die Sache selbst schien mir doch einer Aufmerksamkeit und Untersuchung würdig zu seyn. Helsen Sie mir die Zweifel auflösen, die ich mir selbst gegen meine Aufgabe machte.

Kann man dem Edelmanne wohl einen Beruf zuschreiben, oder paßt sich dieser Begriff bloß auf den Bauer, oder Handwerker, oder Gelehrten? Um hierauf zu antworten, müssen wir uns einander erklären, was wir durch den Beruf verstehen. Ist dieß ausgemacht, daß der Edelmann einen Beruf hat, der ihn von andern Ständen und gesellschaftlichen Ordnungen unterscheidet, und zu einer besonderen Art derselben macht und bestimmt, so wollen wir unsere Neugierde weiter treiben, bis wir finden, worin denn der Beruf eines Edelmannes bestehe?

Jetzt würden wir einen guten Weg zu unserm Ziele zurückgelegt haben. Meine Gelehrigkeit, meine Freude, Ihnen nachzugehen, wird Sie aufmuntern, sich die andere Hälfte Ihrer Arbeit nicht verdrießen zu lassen. Sie werden einige Hauptzüge entwerfen, wodurch sich der Adel Ihres Vaterlandes von dem Bilde eines Edelmannes überhaupt und von den Kennzeichen besonderer Völker und Staaten unterscheidet. Hier würden Sie einige historische Nachrichten und politische Beobachtungen nöthig haben, die Sie aus der besten Bibliothek nicht so geschwind sammeln würden, als die Belesenheit Ihres würdigen Hofmeisters Sie Ihnen im Vorbeygehen anbieten wird.

Nun würden Sie meinen Vorwitz, lieber Herr Baron, so weit gegängelt haben, daß wir das Augenmerk desselben erreicht hätten. Sie würden aus den vorangeschickten Sätzen im Stande seyn, meiner Anfrage ein ziemlich hinlängliches Genüge zu thun, und mir Ihren Sinn über den Beruf eines Curländischen Edelmannes erklären können.

Hier haben Sie den Zuschnitt zu einer Reihe von Briefen, die ich von Ihnen erwarte: Sie werden über den Inhalt eines jeden, den Sie mir schreiben wollen, eine kleine Unterredung mit Ihrem Herrn Hofmeister anstellen, und seine Begriffe mit Ihrem eigenen Nachdenken zu Hülfe nehmen. Es wird aber Ihre eigene Arbeit seyn, selbige aufzusetzen und auf eine deutliche Art in Worten auszudrücken. Aufmerksamkeit und Ordnung in Ihren Gedanken wird sich wenigstens durch einen natürlichen Verstand desjenigen, was wir sagen wollen, und eine gehörige Rechtschreibung der Wörter zeigen.

Sie sehen, wie der Satz, über den wir beide unsern Kopf und unsere Feder ein wenig üben wollen, die Frage ist: worin der Beruf eines Curländischen Edelmannes bestehe? Diese läßt sich ohne Mühe in gewisse Theile spalten, absondern und stückweise ansehen. 1.

Was ist ein Beruf? 2. Was ist der Beruf eines Edelmannes? 3. Was ist ein Curländischer Edelmann? 4. Was ist der Beruf desselben? Die ganze Kunst zu denken besteht in der Geschicklichkeit, unsere Begriffe zergliedern und zusammensetzen zu können. Das beste Uebungsmittel unserer Vernunft besteht darin, Schule in sich selbst zu halten. Die Fertigkeit, zu fragen und zu antworten, ertheilt uns das Geschick eines Lehrers und ernährt zugleich die Demuth eines Schülers in uns. Der weiseste Bildhauer und Meister der griechischen Jugend, der die Stimme des Orakels für sich hatte, frug wie ein unwissendes Kind, und seine Schüler waren dadurch im Stande, wie Philosophen zu antworten, ja Sitten zu predigen, ihm und sich selbst.

Sie werden sich keine Gebirge von Schwierigkeiten in der Uebung vorstellen, die ich Ihnen aufgebe. Muth und Geduld gehören zu den Schularbeiten, und durch diese werden jene reif, wenn sie zu Kriegsexercitiis und Feldzügen einmal da seyn sollen. Livius wird Ihnen erzählt haben, womit Hannibal die Alpen schmelzte. Die Geduld ist eine Tugend, die uns sauer zu stehen kommt, und aus mißlungenen Versuchen entsteht, wie der Essig aus umgeschlagenen Getränken. Die Tapferkeit selbst ist nichts als die Blüthe der Geduld. Haben

Sie welche mit meinem Briefe, der die Gesprächigkeit eines Alten nicht uneben nachahmt. Ich werde zu diesem Charakter keine Maske nöthig haben.

18. An dessen Bruder.

Riga, den 15. Sept. 1758.

Mein lieber Baron, fahren Sie fort in Ihrer Denkungsart, und lassen Sie sich zum Voraus zu Ihrem künftigen Wachsthume Glück wünschen. Ein ehrlicher Mann sey Ihnen immer schätzbar! Hören Sie ihn gern, so rauh auch seine Stimme, so gerädert auch seine Aussprache seyn mag. Der Nutzen, den Sie von seiner Rechtschaffenheit ziehen können, ist ganz der Ihrige. Wer Schmeichler zu entbehren weiß, ist werth, Freunde zu haben. Ein einziger überwiegt die Schätze Indiens.

Wo liegt Indien? wird Sie der Hr. Hofmeister fragen. Sagen Sie nur auf meine Verantwortung: In der alten und neuen Welt.

Ihr Brief, mein kleiner Herr Baron, ist so ordentlich, regelmäßig und rein geschrieben, daß ich mich schäme, meinen eigenen dagegen zu halten. Ich schreibe mit meinen dunkeln Augen bey Licht, und zwar noch ohne Brille, weil ich mir durch ihren Druck nicht meinen Sinn des Geruchs schwächen will. Wie würde ich dieß gegen die Blumen und den Wein verantworten können?

19. An Gottlob Emanuel Lindner, nach Grünhof.

Riga, den 16. Sept. 1758.

Geliebtester Freund, Von meinem Bruder noch keine Nachrichten; ich habe heute ganz gewiß einige erwartet. Gott wolle ihn bald und gesund herbringen. Ich weiß, daß Sie diesen Wunsch mir nachbeten.

Warum vergessen Sie mich ganz. Heißt dieß die Pflichten der Freundschaft erfüllen? Ich habe nicht Zeit, sagen Sie — — Schaffen sie sich welche durch eine bessere Anwendung derselben, und durch eine größere Herrschaft über Ihre Begierden. So werden Sie niemals zu viel noch zu wenig, sondern immer genug haben. Wie viel kann der Weise entbehren, der nicht mehr zu wissen verlangt, als er zu seiner Nahrung und Nothdurft nöthig hat, und nicht zu Steinen spricht, daß sie Brodt werden sollen; dabey aber glaubt, daß Gott aus Steinen uns Kinder erwecken kann.

Ehe es mir entfällt, versäumen Sie doch nicht mit erster Gelegenheit mir meine Laute, meine Schlüssel, Klopstocks Lieder und das schon erbetene Leipziger Journal zu schicken. Die Frau Rectorin hat uns heute einen Staatsbesuch abgelegt; Sie sowohl als Ihr Herr Bruder haben mir immer einen sehr argen Begriff von Ihrem Glück und Gedächtniß in Kleinigkeiten und Commissionen zu machen gewußt. Eine alte Serviette klagt ihre Noth über Sie, demungeachtet bleiben Sie unerbittlich — Ich nehme mir die Freyheit eine Fürbitte für ihre Loslassung und Heimsendung einzulegen. Sie werden mich als einen eben so unbarmherzigen Treiber und Presser erfahren, wie Sie ein zurückhaltender und aufschiebender Erfüller sind.

Ich überlasse es Ihnen, und ich hoffe nicht, daß Ihnen diese Arbeit beschwerlich seyn wird, aus Freundschaft für mich und Gefälligkeit gegen Ihren jungen Herrn, Noten und Kreuze zu meinen Briefen zu machen, als Dollmetscher und Kunstrichter mit meinen Einfällen und Schreibart umzugehen.

So toll Ihnen auch der Eingang meines Briefwechsels vorkommen mag, so könnte doch vielleicht derselbe mit der Zeit klüger werden, und ein Zusammenhang wie von ungefähr darin entstehen, wenn ich einigen Beystand von Ihrem Jüngling erhalte. Werden Sie also so gütig seyn, selbige lieber selbst aufzuheben — auf allen Fall, daß ich weiter käme, als ich jetzt noch absehe.

Bleiben Sie nur genau bey den Puncten, die ich mir ausgebeten. Ich will mir gern dafür diejenigen Gesetze gefallen lassen, denen Sie mich unterwerfen wollen.

Es ist mir lieb, daß ich jetzt geschrieben, weil ich Arbeit bekomme, von der ich nicht weiß, wie lange sie mich beschäftigen wird. Gott wolle mir Kräfte geben, und alle die guten Hoffnungen erfüllen, die er uns von weitem zeigt. Er muß uns Gutes und Böses tragen helfen; erlösen von der Gefahr des Glückes und stärken zur Arbeit des Leidens.

Ich bin Gottlob! gesund und zufrieden; und wünsche Ihnen gleichfalls beydes zu seyn.

Was macht mein ehrlicher Bassa? Reden Sie bisweilen von mir? Doch in allen Ehren —— denn ich bin auf meinen guten Namen so zärtlich als eine Jungfer; aber zugleich so großmüthig als jener Feldherr gegen das, was im Gezelt gesprochen wird.

20. An den Baron von W....

Riga, den 22. Sept. 1758.

Ich werde Sie in diesem Briefe mit der Nachricht eines berühmten Streites unterhalten, der vor ein paar Jahren in Frankreich über die Frage entstand: ob der französische Adel eines Berufs zum Handel fähig wäre? Ein gewisser Abt Coyer, der Verfasser einiger moralischen Tändeleyen, gab eine Schrift heraus, die den

Titel führte: De la noblesse commerçante. Hier sind die Hauptbegriffe derselben.

Der Adel in Frankreich hat das Vorurtheil, daß nur zwey Stände mit der Ehre desselben bestehen können. Miles aut Clerus sind die gebahnten Wege, um ein Glück zu machen, wie es öfters die letzten Entschließungen der Verzweiflung sind. Diese beiden Stände, welche eigentlich auf Unkosten des Staats leben, und von den Reichthümern desselben unterhalten werden müssen, haben nicht Stellen genug im Verhältniß des ganzen Adels überhaupt, und des dürftigern unter demselben besonders. Ein Ueberwuchs dieser beiden Aeste entvölkert ein Land, und erschöpft die öffentlichen Einkünfte desselben. Man vergleiche hingegen den großen Einfluß des Kaufhandels auf die Stärke, das Glück und den Ruhm einer solchen Monarchie, als Frankreich wegen seiner Lage an der See, seines fruchtbaren Bodens, seines Umfanges, seines Interesse mit den Nachbaren desselben ist: so wird die Ehre, die Macht, der Glanz und Ueberfluß, die durch den Handel dieser Monarchie zuwachsen müssen, die Begriffe und Triebe der Ehre in ihrem Adel besser bestimmen. Hat der Umfang zweyer Meere, deren Wellen an euern Ufern brüllen, nicht mehr Gefahren, um euern Muth zu üben, als das größte Schlachtfeld? Hat die Ruhe, womit ein nützlicher Kaufmann Unternehmungen und Unterhandlungen zwischen den Bedürfnissen ganzer Familien, Städte und Nationen entwirft, und seinen Gewinn dabey berechnet, nicht mehr Reiz, als die unfruchtbare Muße und die vom Aberglauben öfters erbettelte Ueppigkeit eines Klosterlebens? Ist es nicht mehr Ehre und Lust, die Wirthschaft und den Nutzen großer Waarenlager und Capitalien zu ziehen, und ist es nicht Bauernstolz, eure Ahnen, eure verwünschten Schlösser dem Verdienst und der reinlichen Pracht eines Handelsmannes entgegenzusetzen, wenn ihr euch nicht schämt, selbst euer Vieh und Aerndte zu Markte zu führen? Seht den Adel in England an, fährt der Hr. Coyer fort; der Bruder eines Abgesandten an unserm Hofe lernte zu gleicher Zeit in Amsterdam aus. Die Geschichte und die tägliche Erfahrung, Klugheit und Noth, die Ehre eures Adels und die Unmöglichkeit, denselben ohne Mittel zu behaupten, das Vaterland und eure häuslichen Umstände rücken dem französischen Adel die Thorheit und den Schaden seines Vorurtheils gegen den Handel vor.

Der Verfasser dieser Schrift, von dessen Gründen und Denkungsart ich Ihnen hier eine kleine Probe mitgetheilt, machte so viel Aufsehen, daß er sich genöthigt sah, im vorigen Jahre ein Développement et Défense du Sysstème de Noblesse commerçante in zwey Theilen herauszugeben, die mir noch nicht zu Händen gekommen.

Unter der Menge von Abhandlungen, zu denen gegenwärtige Anlaß gegeben, will ich nur 3 anführen. La noblesse militaire, ou le patriote français, die Aufschrift erklärt den Inhalt: sie hat den Fehler und den Eckel der Declamation, und ist ihres Verfassers unwürdig, wenn es der Chevalier d'Arc seyn sollte, dessen Lettres d'Osman ich Ihrer künftigen Neigung zu lesen sowohl, als Ihrem Geschmack empfehlen möchte. Die zweite ist La noblesse oisive, von der ich Ihnen nichts zu sagen weiß. Die letzte heißt: la noblesse commerçable, ou ubiquiste, worin der Einfall, den Adel selbst zu einer Waare zu machen, und die Ahnen, wie das Papiergeld, mit Wucher circuliren zu lassen, mit einem munteren und leichtfertigen Witze von allen möglichen Seiten gedrehet und gewendet wird. — Es ist eine Mode des jetzigen Alters, über den Handel so philosophisch und mathematisch zu denken, als Newton über die Erscheinungen der Natur, und Fontenelle über die Wirbel des Descartes. Einzelne Menschen und ganze Gesellschaften und Geschlechter derselben sind gleichem Wahn unterworfen. In der Fabel vom Hute lesen wir die treue Geschichte unserer Erkenntniß und unsers Glücks.

Aegypten, Carthago und Rom sind untergegangen. Der Eroberungsgeist hat seinen Zeitlauf gehabt; die im Finstern schleichende Pestilenz eines Macchiavell hat sich selbst verrathen; wie weit die heutige Staatskunst durch die Grundsätze der Wirthschaft und die Rechnungen der Finanzen kommen möchte, wird die Zeit lehren. Die beste Kunst zu regieren gründet sich, wie die Beredtsamkeit, auf die Sittenlehre. Alle Entwürfe hingegen der Herrschsucht entspringen aus einer Lüsternheit nach verbotenen Früchten, die den Saamen des Unterganges mit sich führen.

Unsere Erziehung muß nach dem herrschenden Geschmacke der Zeit, des Landes und des Standes, zu denen wir gehören, eingerichtet werden; dieser herrschende Geschmack muß aber durch gesunde Einsichten und edle Gesinnungen geläutert werden.

Die Frage also, die ich Ihnen vorgelegt, ist unserer Untersuchung würdig. Der Inhalt des gegenwätigen Briefes zeigt, daß der Adel so gut als andere Stände seinen Beruf habe, daß derselbe gleichfalls Unwissenheit und Vorurtheilen aufgeopfert wird; daß die Wirkungen davon unter verschiedenen Völkern gleichfalls so verschieden sind, als die Denkungsart des englischen und französischen Adels in Ansehung des Handels. Die Verdienste eines spanischen Edelmannes

sind

sind lange auf eine romanhafte Liebesritterschaft und eine Neigung für Guitarre eingeschränkt gewesen; des Polen Adel besteht mit der Liverey und dem Pfluge. Zweifeln Sie also nicht, daß sich etwas Gründliches, wenigstens zu unserer Anwendung, über meine Aufgabe denken und sagen ließe. Lassen Sie sich durch gegengenwärtige Anmerkungen dazu aufmuntern.

21. An denselben.

Riga, den 4ten October 1758.

Fehlt es Ihnen, lieber Herr Baron, an Lust oder Herz, zu denken? Sind der Stand und das Vaterland, zu dem Sie gehören, der Mühe nicht, werth, einige Betrachtungen oder Untersuchungen darüber anzustellen? Giebt es keine Pflichten, die aus diesen doppelten Verhältnissen unserer Geburt herfließen? Oder wollen wir solche nicht wissen, damit wir mit desto mehr Ruhe selbige aus den Augen setzen, oder ihnen entgegen handeln können? — —

Verzeihen Sie diesen ungeduldigen Ausbruch meinem Schreibepulte. Ich muß seit einigen Tagen ein ziemlich starkes Flußfieber auf dem Bette abwarten. Es fängt sich Gott Lob! an zur Besserung anzulassen, und ich mache den Versuch, ob ich schon die Feder für die lange Weile hin und herführen kann.

Lassen Sie sich, mein Herr Baron, den

Schwung nicht befremden, den ich meinem Briefwechsel gegeben habe. Brauchen Sie nicht die Ausflucht gegen mich, daß Sie demselben noch nicht gewachsen sind. Ein guter Vorsänger zieht mit Fleiß seine Stimme einen halben Ton höher, weil er aus der Erfahrung weiß, daß seine Gemeinde geneigt ist, zu tief herunter zu sinken.

Erlauben Sie mir, Sie an ein häuslich Beyspiel zu erinnern, um Ihnen dadurch meine Meynung desto deutlicher zu machen. Wie das gnädige Fräulein noch auf den Armen ihrer Wärterin getragen wurde, ersuchte sie durch einen Wink Ihren Herrn Bruder, in ihrem Namen einen kleinen Brief zu schreiben. Er bediente sich darin ihrer selbst gemachten Sprache und ahmte ihre willkührlichen Wörter und die Idiotismen der ersten Kindheit so gut als möglich nach. Fragen Sie ihn, wenn er jetzt im Namen seiner Fräulein Schwester schreiben sollte, ob er seine Schreibart nicht so einrichten würde, daß man sie nach selbiger einige Jahre älter beurtheilen würde, als sie wirklich ist.

So lange Kinder noch nicht reden können, läßt man sich zu ihrer angenommenen Sprache herunter. Diese Gefälligkeit hört aber auf, sobald sie recht reden lernen sollen. Eben diese Bewandtniß hat es mit dem Denken. Sie sind schon in dem Alter, lieber Herr Baron, wo man Ihrem Verstande zumuthen kann, sich ein-wenig auszustrecken, und daß ich so sage, mit selbigem auf die Zehen zu stehen, um das zu erreichen, was man Ihnen vorhält.

Ich kann Ihnen diese Uebung desto sicherer geben, da Sie das Glück haben, einen Hofmeister zu genießen, dem nicht nur seine Einsichten, sondern auch die Sympathie unserer Gesinnung den Schlüssel zu meinen Briefen mittheilen, der Unpartheylichkeit und Freundschaft genug gegen Sie und mich hegt, um die Lücken meiner Gedanken auszufüllen, die Schwäche meiner Urtheile und Einfälle aufzudecken, und selbst über die Fehler meiner Schreibart Erinnerungen zu machen. Sie wissen, daß ich im Fall der Noth mich gern dazu brauche, mein eigener Kunstrichter zu seyn.

Arbeiten Sie also, so viel Sie können, an der Aufgabe, die ich Ihnen vorgelegt. Von ihrer Auflösung könnte vielleicht der Plan meiner übrigen Briefe abhängen. Ein wenig Vorrath habe ich in meinem letzteren Schreiben Ihnen an die Hand gegeben. Es war ein Auszug eines fremden Schriftstellers, dessen Gedanken ich Ihnen mitgetheilt, deren Wahrheit und Last ich aber nicht auf mich genommen.

Sind darin Dinge, die den curländischen Adel eben so sehr als den französischen treffen, so ist es nicht meine Schuld. Sollte der erstere wohl ein kitzlicheres Ohr haben, oder empfindlicher über den Fleck der Ehre als der letztere denken? Dann würde es nicht rathsam seyn, in Curland dasjenige zu übersehen, was ein Pabst Pius II. in seinen Werken hat über den Adel überhaupt einfließen lassen. —

Genug für einen Kranken. Ich sage Ihnen noch dieß als eine vorläufige Anmerkung, daß kein vernünftiger Mensch ein Bilderstürmer der in der Welt eingeführten Vorurtheile ist; daß er die Nothwendigkeit, den Werth und Nutzen derselben erkennt, und selbst von den Mißbräuchen in ihrer Anwendung mit Anstand und Mäßigkeit denkt, redet und schreibt. Entschuldigen Sie die Runzeln dieses Briefes, und lassen Sie den Verfasser desselben Ihrem geneigten Andenken empfohlen seyn.

22. An dessen Bruder.

Riga, den 4. Oct. 1758.

Mein lieber Baron, Apollo aurem vellit, sagt ein römischer Dichter. Das heißt nicht: Apollo kratzt sich hinter die Ohren. Solche Sitten lassen sich an einem ehrlichen Bauer, einem kranken Briefsteller, oder unachtsamen

Schüler übersehen; schicken sich aber für keinen Apoll. Apollo aurem vellit, heißt: Apollo zupft den Dichter beym Ohr. Ist denn dieß artiger? werden Sie sagen. Sie haben freylich nicht ganz unrecht. Ist aber Apoll allein zu tadeln, wenn es der Poet darnach macht? Diese Leute, ich meyne die Poeten, haben bey ihren großen Gaben auch ihre lieben Mängel. Sie sind zerstreut, gutherzig in ihren Versprechungen, aber auch vergessen, sie zu erfüllen — Können Sie es nun dem Apoll verargen, wenn er ein wenig vertraut mit seinen Freunden umgehen muß?

Wollen Sie wohl so gut seyn und im Namen des Apollo, aber auf eine liebreichere Art, Ihren Herrn Bruder fragen: warum er mir mit dieser Gelegenheit nicht den Topf mit Honig geschickt, zu dem er mir den Mund in Grünhof wässerig gemacht hat? Apoll wird sich rächen und ihm seine Eingebung zu den Briefen versagen, die er mir schuldig ist. Apoll wird ihn durch mich züchtigen, und mir anstatt Süßigkeiten, herbe und bittere Worte einflüstern. Ich werde ihm wider meinen Willen gehorchen müssen, und Ihr Herr Bruder wird sehen, mit wem er es zu thun hat. Apoll möge sich selbst für Ihre gute Unterhandlung in dieser Sache, mein lieber Baron, gegen Sie erkenntlich und gefällig bezeigen! Die Bildsäule der schönen Künste und Wissenschaften führt seinen Namen.

23. An G. E. Lindner, nach Grünhof.

Riga, im October 1758.

Sie wollen des Hobbes Werke lesen; ich habe sie nicht, und wenn ich solche hätte, so würde ich ein Bedenken tragen, sie Ihnen mitzutheilen. Wie wenig wollen Sie sich durch mein Beyspiel warnen lassen? Sie werden den Schaden davon tiefer als ich empfinden, und er wird bey Ihnen vielleicht schwerer zu ersetzen seyn. Sie haben ein größer Genie, das Sie schonen müssen, und das weniger fremden Zusatz nöthig hat, als ich. Sie haben einen stärkeren Beruf und gezeichnetere Gaben zu einem Amte und zu einem öffentlichen Stande, als ich habe. Hören Sie, wenn es möglich ist, Sie aus dem Schlummer Ihrer Hypochondrie zu ermuntern. Schonen Sie Ihre Gesundheit — — dieß ist eine Pflicht, zu deren Erkenntniß und Ausübung Sie keinen Leviathan nöthig haben; von der die jetzige Anwendung Ihrer Selbst und der künftige Gebrauch Ihres Lebens und der Wucher Ihrer Pfunde abhängt. Ersparen Sie sich die Mühe des Grabens, und den Aufwand eines Tuches — — nehmen Sie zur Wechselbank Ihre Zuflucht, wo wir all das unsrige anbringen und umsetzen können.

Denken Sie an Ihren Beruf; denken Sie, daß Sie einen zwiefachen haben. Hast du mich lieb? Weide meine Lämmer. Hast du mich lieb? Hast du mich lieb? Weide meine Schafe, weide meine Schafe. Wem viel vergeben ist, liebt viel. Socrates vergaß mitten unter den Wirkungen des Gifts, die ihn zu lähmen anfingen, des Hahns nicht, welchen er dem Aesculap zu opfern versprochen hatte. Denke an den, dessen Gekrähe dich an meine Verleugnung erinnerte, und an den Blick der Liebe, der dein Herz schmolz. Thun Sie alles dasjenige, was zu Ihrer Pflicht gehört? Woher entstehen alle die Lüste nach fremden Gewächsen — — das Murren des Volks — — — ?

Ich komme Ihnen vielleicht allzu gerecht und allzuweise vor — Sitzen aber die Pharisäer selbst nicht auf Moses Stuhl, und gesetzt, ich strafte mich jetzt selbst, hört dasjenige, was ich Ihnen sage, auf, wahr und recht zu seyn? Sagen Sie also nicht in Ihrem Herzen zu mir: Arzt hilf dir selber! — An dieser Krankheit sterben alle Aerzte, und der größte litt diesen Vorwurf auf seinem Siechbette, dem Kreuz. Thu das hier, auf diesem Grund und Boden, was man in Capernaum von dir erzählte. Laßt uns arm werden — — Wittwen werden — — wie Naeman den Rath eines Dienstmädchens nicht für gering achten, um eine Reise zu thun, den Rath unserer Unteren nicht für zu schlecht, um den Jordan zu besuchen. Ist es was großes, was der Prophet von uns fordert? Ist es eine Lüge, was der Apostel sagt, daß alles Koth — — ja Schaden ist? hat es Moses jemals gereut, die Schmach seines Volks für die Weisheit und Ehre in Aegypten vertauscht zu haben?

Fragen Sie den gelehrten Heumann, was Xantippe für eine Frau war? Um in dieser Verkleidung einen Freund zu beurtheilen, fühlen Sie sich recht nach dem Puls — — Verzeihen Sie mir, ich rede in lauter Brocken an Sie, an denen Sie wiederkäuen mögen.

Gott hat mir Muße und Ruhe geschenkt. Ich suche die Zeit, die ich jetzt habe, wie ein Altflicker anzuwenden. Zwo Stunden sind bisher für mich besetzt gewesen, davon ich eine wieder verloren. Die erste war gewidmet, ein Kind lesen zu lehren, die andere einen jungen Menschen, den ich als meinen Freund und Bruder ansehe, ein wenig französisch. Ich habe den letzten jetzt nur, und habe die Hoffnung, das erste wieder zu bekommen, und will, so bald ich mit Gottes Hülfe wieder ausgehen kann, einen Besuch thun, darum zu betteln, daß man es mir höchstens ein paar Stunden des Tages wieder anvertraut. Wollen Sie mir glauben, daß ich ganze halbe Stunden herum gehen kann, um mich zu den Lectionen, welche die möglichst leichtesten sind, vorzubereiten und nachzubereiten, daß ich so sage?

Sie werden mich verstehen und so viel davon als nöthig anwenden auf das, was ich sagen will. Als ein Freund von Ihnen erlaube ich mir gegenwärtige Freyheiten, und suche die Vorwürfe einer Naseweisheit zu mildern. Als mein Nachfolger bey denjenigen Kindern, die ich ehemals gehabt, werden Sie das Spiel, das ich mit ihnen angefangen, nicht auf die strengste Art wie einen Vorwitz um ganz fremde Dinge beurtheilen können.

24. An seinen Vater.

Riga, den 8ten October 1758.

Ich wünsche und hoffe, daß Sie sich gesund und zufrieden befinden. Gott erhalte oder schenke Ihnen beides nach seinem gnädigen Willen.

Mein Bruder wird jetzt schon unterwegs seyn. Sie beten, herzlich geliebtester Vater, für ihn, und ich auch. Im Namen desjenigen, der uns geliebt hat, ehe der Welt Grund gelegt war, und sein Wort beym Abschiede von sich gab, bey uns zu seyn bis an das Ende derselben, wird uns alles gewährt, und über unser Bitten überschwenglich mehr zugestanden.

Ich sehne mich recht, meinen Bruder bald

zu umarmen. Weil ich jetzt einige Arbeiten unter Händen habe, so will ich selbige gegen die Zeit seiner Ankunft aufzuräumen suchen, damit ich das Vergnügen darüber mit desto mehr Geschmack und Muße genießen kann. Er wird bey dem Hrn. Rector Lindner logiren; das einzige Haus, das ich hier sehe. Die Liebe meiner Freunde ist mir ein so süßer und reicher Segen, daß ich nicht mehr Bekanntschaften verlange, geschweige suche. Mein lieber Christoph Berens aus Petersburg fehlt uns noch; Gott wolle ihn gleichfalls bald in unsere Arme werfen.

Gott segne und erhalte Sie, herzlich geliebtester Vater. Ist es sein Wille, so sehen wir uns noch. In Ihrer jetzigen Einsamkeit werden Sie die Gnade seiner Gemeinschaft, seiner vertraulichen Gegenwart, und den Segen seiner Einwohnung mehr als jemals schmecken und erfahren können. Wie entbehrlich, wie überlästig ist uns die Welt, selbst dasjenige, was sonst unser Schoßkind in derselben gewesen, wenn dieser hohe Gast einen Blick der Zufriedenheit mit unserer Bewirthung, so kümmerlich sie auch ist, uns sehen läßt! Ich küsse Ihnen mit kindlicher Ehrerbietung die Hände.

25. An den Baron von W...

Riga, im October 1758.

Gütiger Herr Baron, Ich danke Ihnen für die Gefälligkeit, womit Sie sich zu meinen Einfällen bequemen. Da ich mir Ihren Nutzen zum Endzweck unseres Briefwechsels gesetzt, so werden Sie mir eine freye Beurtheilung desjenigen Schreibens, das ich die Ehre gehabt von Ihnen zu erhalten, nicht übel deuten können.

Erlauben-Sie mir, lieber Herr Baron, bey dem Aeußerlichen den Anfang zu machen. Dieß ist das leichteste und einfachste bey einem Briefe; der Wohlstand und der Gebrauch hat darin eine gewisse Ordnung eingeführt, worin wir nicht unwissend noch nachläßig seyn müssen. Nach diesem Handwerksleisten und Schlendrian allein zu schreiben, ist aber mehr Schulfüchserey denn Wissenschaft. Der gute Geschmack besteht sehr oft in der bloßen Geschicklichkeit, Ausnahmen von Regeln anzubringen zu wissen; und es gehört zu Ihrem Stande, sich bey Zeiten zu einem feinen Urtheil im Anständigen und in Achtsamkeiten zu gewöhnen.

Wenn sich der Inhalt meiner Briefe, und der vertrauliche, offenherzige, freundschaftliche Ton, in dem ich mir vorgenommen, Ihnen zu schreiben, mit dem förmlichen Zwange und Zuschnitte der Curialien zusammen reimte, so würde ich ein Muster von Ihnen nehmen. Jetzt muß ich selbiges aber zu Ihrem und meinem Nachtheil auslegen. Entweder Sie sind zu steif, sich in die unschuldige Freyheit und Ungebundenheit zu schicken, in der ich mit Ihnen umgehen will, oder Sie haben mir einen künstlichen Vorwurf daraus machen wollen, daß ich mir selbige gegen Sie herausnehme, und ohne rechte Titel, auch viel zu hoch nach meinem Stande, meine Briefe an Sie anfange; oder Sie wollen mir einen kleinen Betrug spielen, um mich die Kürze Ihres Schreibens nicht merken zu lassen.

Ich habe Ihnen schon gesagt, daß die Sprache, die wir in unsern Briefen mit einander führen wollen, sich nicht zu den Schaugerichten gedrechselter Höflichkeiten schicke. Sie sollen ein Beyspiel davon aus den ersten Zeilen Ihres eigenen Briefes haben. Ist ein hochedelgeborner Herr wohl vermuthend, mit einer Nachricht von offenem Munde angeredet zu werden? Ich traue Ihnen so viel Geschmack zu, das darin liegende Mißverhältniß empfinden zu können. Dieser Einfall würde seine rechte Stelle gehabt haben, wenn er auf einen: Mein Herr, oder auch: Werther Freund, gefolgt wäre. In dem Mangel eines solchen Urtheils und Empfindlichkeit über das Anständige liegt der Grund, daß man einem Schmeichler und bloß höflichen Menschen so selten eine gute Lebensart zuschreiben kann. Wer wird nach den Schönheiten des Witzes und der Beredsamkeit auf Stempel-Papier suchen?

Jetzt komme ich auf Ihr Schreiben selbst, und muß mich gleich Anfangs darüber beschweren, daß Sie mir zu hoch schreiben. Ungeachtet aller meiner Mühe ist es mir nicht möglich gewesen, Sie zu verstehen, wenn Sie zur Entschuldigung Ihres Stillschweigens einen Schlag anführen, der anders wohin traf, als Sie sichs vorstellten. Ich weiß nicht ein lebendig Wort von dem, was Sie mir hiemit sagen wollen. Sie wollen mir entweder Absichten und Gedanken aufbürden, die mir niemals in den Sinn gekommen, oder sich vor der Zeit in witzigen Wendungen üben. Was die ersteren anbetrifft, so werden Sie so gütig seyn, mir immer die besten und unschuldigsten zuzutrauen, besonders gegen Sie, lieber Herr Baron; was die letzteren anbetrifft, so glauben Sie nicht, daß die Güte einer Schreibart, hauptsächlich in Briefen, darin besteht. Deutlichkeit, Einfalt des Ausdruckes, Zusammenhang sind mehr werth als drey seltene Worte und noch einmal so viel sinnreiche Einfälle. Was für ein Aufheben machen Sie mir von einer Schulfüchserey, die man analysiren nennt? Sie geben mir bey dieser Gelegenheit die Ehre, mich einen Freund zu nennen, sehen mich als einen Bürgen für den Nutzen dieser Uebung an, und ich als ein Freund soll desto mehr Antrieb seyn, dem Analysiren zu folgen. In allem dem ist weder rein deutsch noch ein rechter Sinn. Endlich heißt es: Meine Meynung ist — — und anstatt derselben kommt ein kleines rundes Unding zum Vorschein, das man, wo ich nicht irre, eine Definition nennt. Und mit diesem Geripppe von einer Maus, (Sie wissen, daß jener kreischende Berg eine hervorbrachte, die wenigstens Fleisch und Fell hatte,) ist die Frage beantwortet, worin der Beruf bestehe? Das übrige, was Sie mir sagen, läuft auf entferntere Betrachtungen hinaus, davon einige eine so trotzige Miene haben, als des Euclides Axiomata und Theoremata. Uns Schulmeistern müssen Sie ein wenig Gelehrsamkeit und den Gebrauch der Kunstwörter eher als sich selbst erlauben. — Wer mit Hintansetzung seines Berufes sich um fremde Sachen bekümmert, kann leicht lächerlich oder lasterhaft werden; oder kann sich leicht lächerlich und unglücklich machen. Das Wort „abscheulich" ist zu hart. — Das erste traf einen Abt St. Pierre — — Ich habe weniges von seinen Schriften gelesen, weiß aber, daß selbst Staatsmänner mit Bescheidenheit und Hochachtung von seinem Herzen geurtheilt haben; daher würde ich mich unbestimmter ausdrücken, und lieber sagen: Das erste soll an einem Abt eingetroffen seyn — — das letzte an einem andern Gelehrten, dessen Name mir jetzt nicht beyfällt, der aber vor seinem Ende ein Distichon hinterließ, worin er die Lehre gab: Fuge Polypragmosynen. Ich habe nicht mehr Raum, muß daher abbrechen. Entschuldigen Sie meine freye Beurtheilung, und sehen Sie solche als eine Wirkung der Freundschaft an.

26. An G. E. Lindner nach Grünhof.

Riga, im October 1758.

— Mein Bruder und Freund Bassa haben Thee mit mir getrunken. Der erste hatte nicht Zeit zu schreiben. Der Herr Rector, der niemand beleidigen will, hat ihn rechtschaffen die Runde gehen lassen. Ich bin mit alle dem sehr zufrieden, wenn es mir auch als überflüssig vorkommen sollte. Er lernt doch seine Oberen kennen, und kann dadurch vielleicht einen künftigen Vortheil ziehen, an den unser bestgesinnter Freund jetzt selbst nicht denken mag. Gott wird meinem Bruder gnädig seyn und ihm alles zum Besten dienen lassen. Unsere eigenen Fehler und die Fehler anderer sind öfters ein Grund von unserm Glück; so wie wir bisweilen so sehr durch unsere Selbstliebe als Freundschaft anderer gezüchtigt und geprüft werden müssen.

Freund Bassa lebt hier mit mehr Verdruß als Vergnügen, weil er seine Waaren nicht anbringen kann. Gott hat mir Gnade gegeben, auch mit ihm richtig zu machen. Um wie viel Pfund mein Herz dadurch leichter geworden, mögen Sie selbst berechnen — — Ich sehe von meinen Wünschen einen nach dem andern in Erfüllung gehen, ohne selbst das Wunderbare darin begreifen zu können. Die Thränensaat einer Nacht verwandelt sich öfters in ein Erndte- und Weinleselied des darauf folgenden Morgens.

Ich will mich einmal dumm anstellen, oder ein wenig blödsinnig, und die Schmeicheleyen, die Sie mir in Ansehung meiner Briefe machen, nach dem Buchstaben nehmen. Nach dieser Voraussetzung geht es füglich an, Sie um die Prüfung meines letzten Packs ein wenig zu ersuchen. Ich habe Kinder, Eltern und Hofmeister vor Augen gehabt, und mich selbst nicht vergessen. Dieß wären vier Seiten, nach denen Sie solche in Augenschein nehmen müssen, um meinen ganzen Entwurf zu übersehen.

Daß „mein Schlag anders wohin getroffen" — — — Der Verstand dieses Einfalls ist mir nicht entwischt; ich kann Ihrem jungen Herrn noch nicht die Stärke zutrauen, in wenig Worten so viel zu sagen. Meine Mühe, sie zu errathen, ist mir schlecht vergolten worden. Anstatt diese Einbildung aus dem Sinn und der Feder Ihres Jünglings auszureden, nehmen Sie an selbiger Antheil und bestärken ihn auf eine feine und witzige Art darin. Das heißt ein Kind der Schönheit wegen schielen zu lehren. Ich habe mich daher so weitläuftig dabey aufhalten müssen, ihm seinen künstlichen Irrthum zu benehmen, der mir Schande macht, und mit meinen Absichten nicht im geringsten bestehen kann.

Ich habe nicht den Vorsatz gehabt so viel Philosophie zu verschwenden, und fast über meine Kräfte und Neigung den zweiten Brief geschrieben. Ihr Ton hat mich dazu verführt.

Sentimens bey Kindern herauszubringen, die Hebammen-Künste, die Bildhauergriffe, welche Socrates von seinen zwey Eltern vermuthlich abgestohlen — — Dieß muß immer der Endzweck unseres Amtes seyn, und wir müssen dieß mit eben so viel Demuth und Selbstverleugnung treiben, als er die Weltweisheit — — —

Daß alle Sprünge nichts helfen, um Kinder zu lehren, wissen Sie aus der Erfahrung. Daß sie unsere Lehrer sind, und wir von ihnen lernen müssen, werden Sie je länger je mehr finden. Wenn solche nichts von uns lernen wollen noch können, so liegt allemal die Schuld an uns, weil wir so ungelehrig oder so stumpf sind, sie nicht in der rechten Lage anzugreifen. Je mehr ich mich selbst in Ansehung des jüngsten Herrn untersuche, je mehr finde ich, daß die Schuld an mir gelegen. Ich möchte Ihnen anrathen, dasjenige auszuführen, was ich Ihnen hier vorschlage. Sie werden auf manche Entdeckung kommen — — —

Gewöhnen Sie Ihren jungen Herrn, so viel Sie können, an eine bescheidene Sprache. Der entscheidende, zuversichtliche Ton gehört nur für Sophisten. „Meine Meynung ist: Ein Beruf ist rc." Er muß weder römische Gesetze noch italiänische Concetti schreiben lernen. Fast nicht ein einziger Period, der nicht das harte der ersteren und das gedrehte und gewundene der andern an sich hat.

Ihre Aufnahme und der Gebrauch dieser Anmerkungen wird mich so oder so bestimmen; ich werde mich dabey winden, so gut ich kann. Sie müssen eben so aufrichtig seyn, als ich, und mir sichere Data geben — — nach denen ich mich gerne bequemen will.

Ich habe bey meinem Urtheil das Consilium des lieben Herrn Bruders zu Hülfe genommen, weil ich meinen eigenen Geschmack für zu eigensinnig halte. Er schien mehrentheils gleicher Meynung mit mir zu seyn. Erfahrungen, deren Eindrücke bey mir tief seyn müssen, und deren Beyspiele mir noch immer gegenwärtig sind, sollten mich vielleicht behutsamer machen. Ich halte Sie für gesetzter und gründlicher, als daß Sie gegen mich zurückhalten sollten. Falls Ihnen meine ganze Arbeit als eine Frucht des Eigendünkels vorkommt, falls Sie an der Wendung derselben zu viel Antheil nehmen sollten, so sagen Sie mir es. Ich werde für diese Probe Ihrer Freundschaft Ihnen verbindlich seyn und auf eine Art abbrechen, die Ihnen alle Genugthuung schaffen soll.

27. An den Baron von W...

Riga, den 17ten Oct. 1758.

Mein lieber Herr Baron, Es heißt in dem berühmten Autore classico, auf dessen Bekanntschaft sich der kleine Herr Bruder freuet:

Wie grausam ist der wilde Bär,
Wenn er vom Honigbaum kommt her.

Sie wundern sich vielleicht, warum der Bär so viel Geschmack am Honig hat. Wie kann ich Ihnen das nun sagen, da ich nicht einmal von meinem eigenen daran, Ihnen Red und Antwort geben könnte? Vielleicht braucht seine Zunge diese Erquickung deßwegen, weil man erzählt, daß seine Jungen so unförmlich zur Welt kommen, daß er nöthig hat selbige erst durch das Lecken zu bilden. Bey dieser Gelegenheit fällt mir ein Mährchen von einer Bärin ein, die sich mehr Mühe gab, als sich eine Mutter von diesem Geschlecht jemals gegeben. Endlich verging ihr die Geduld, und sie sprach zu dem kleinen lebenden Klumpen von Kinde, das vor ihr lag: Geh, Unart, wenn ich mir auch an Dir die Zunge aus dem Schlunde leckte, so wirst Du doch niemals so artig als ein Affe werden.

Um nichts umsonst zu hören und zu sehen, suche ich aus jeder Sache, die mir vorkommt, etwas zu lernen und einen Nutzen für mich daraus zu ziehen. Nachdem ich mich also lange genug gefragt hatte, wie ich diese kleine Fabel auf mich selbst anwenden möchte, gab ich mir endlich folgende Antwort: Du würdest nicht klüger als diese Bärin handeln, wenn Du die Rauhigkeit und Unförmlichkeiten deines Naturells zu verwandeln dich bemühen wolltest. Es würde mir niemals gelingen, den mürrischen Ernst meiner Vernunft in den gaukelnden Witz eines Stutzers umzugießen. Laß diejenigen, die zu den Höfen großer Herren geboren sind, weiche und seidene Kleider tragen; derjenige, welcher zu einem Prediger in der Wüste berufen ist, muß sich in Kameelhaare kleiden und von Heuschrecken und wildem Honig leben.

Werden Sie es auch so machen, wie ich, mein lieber Baron, und mir dasjenige mittheilen, was Sie für sich selbst aus meinem Mährchen für eine Sittenlehre gesogen haben? Sie wußten ehemals einige Verse, in denen Sie sich anheischig machten die Bienen nachzuahmen:

O möcht' ich doch wie ihr, geliebte Bienen, seyn
An innerm Geiste groß, obschon am Körper klein rc

Da Sie sich so dreist an die gnädige Gräfin gewandt haben, um die Vergessenheit Ihres Versprechens gut zu machen, so werden Sie so gut seyn, auch die Entschuldigung dieser Freyheit auf sich zu nehmen, und meinen unterthänigen Dank für die Herunterlassung zu unsern kleinen Angelegenheiten, in meinem Namen mit aller Ehrfurcht bekennen.

28. An den Baron von W...

Riga, den 28. Oct. 1758.

Lieber Herr Baron, Ich weiß die Zufriedenheit mit Ihrem letzten Briefe nicht besser auszudrücken, als durch eine geschwinde Beantwortung desselben. Wegen der Aufnahme meines letzten Packs bin ich etwas besorgt gewesen, weil ich weiß, daß man mit den besten Absichten zuweilen in der Art, selbige zu erreichen, sehr ungeschickt oder unglücklich seyn kann.

Sie werden wohl thun, sich immer zu erinnern, daß Sie, vermöge Ihres Standes, Gott, dem Nächsten und sich selbst Pflichten schuldig sind, und in die Ausübung derselben Ihren Ehrgeiz und Ihre Wollust setzen.

Ich habe Sie ersucht, lieber Herr Baron, die zwey Briefe ins Reine zu schreiben, mit Verbesserung meiner Fehler, und mir selbige mit Ihrer Unterschrift zuzuschicken, falls Sie solche derselben nicht für unwürdig erkennen, und bitte Sie nochmals darum, weil ich Ihnen von dieser Mühe einigen Nutzen versprechen kann. Sie werden darin auf eine reine Rechtschreibung sehen, und Ihre Hand so abzumessen suchen, daß Sie mit jedem auf einem halben Bogen auskommen, wie ich es gethan. Die Frage vom Beruf möchte jetzt zu unserer Materie hinlänglich erschöpft seyn. Wir wollen also auf den Edelmann jetzt kommen, und ich erwarte davon Ihre Gedanken nach Gelegenheit, wenn Sie mit der ersteren Arbeit fertig sind, nämlich, die beiden ersten abzuschreiben.

Namen und Ort mit deutschen Buchstaben. Der Monat November wird mit keinem w geschrieben, sondern mit einem v. Sollten wir nicht schon lange über dergleichen Kleinigkeiten hinweg seyn? Und wird es uns nicht leicht werden, denken zu lernen, so bald wir im

Stande seyn werden, aufmerksam zu seyn? Was können wir von unserm Verstande fordern, wenn uns unsere Sinne nicht einmal gehören? Diese drey Fragen lassen Sie sich nicht umsonst geschehen. Sie füllen das übrige Leere meines Briefes aus.

Ist es ein bloßer Gedächtniß-Irrthum, oder haben Sie Ursachen, von der gewöhnlichen Rechtschreibung des Wortes überzeugen abzugehen, welches bey Ihnen überzeigen aussieht. Wir haben zwey Wörter im Deutschen, die einen sehr ähnlichen Laut haben, in der Bedeutung und Buchstabierung aber unterschieden sind. Zeigen, wenn es die Handlung eines Fingers, der davon auch seinen Namen führt, und die Verrichtung eines Theils von der Zahlscheibe einer Uhr bedeutet, wird mit dem i geschrieben. Zeugen aber, wenn es die Aussage eines Menschen, der etwas gesehen oder gehört, in sich schließt, mit einem u. Wir werden am besten thun, wenn wir es bey dem Alten bewenden lassen und das Wort überzeugen von dem letzteren herleiten. Den ich überzeugen will, muß von meiner Meinung abweichen. Es kommt also auf Gründe an, wie bey Gericht auf Zeugen, und wie fern ich meinem Gegner an der Menge und dem Ansehen derselben überlegen bin. Es liegt also ein sehr lehrreiches Bild von der Art, jemand zu überzeugen, in der Etymologie dieses Worts. Man sagt aber auch überweisen oder beweisen, wie im lateinischen demonstrare et probare. Ich könnte Ihnen noch mehr Schulfüchsereyen hier sagen, die hieher nicht gehören. Ich erwarte die Abschrift so gut und rein, wie Ihnen möglich. Sie werden sich einen Zeitvertreib daraus machen.

Meinen unterthänigen Respect an Dero gnädige Eltern beiderseits nebst meiner verbindlichen Empfehlung an Dero sämmtliches Hochwohlgebornes Geschwister.

29. An G. E. Lindner, nach Grünhof.

Riga, im November 1758.

Geliebtester Freund, Sie erhalten einen zurück, den ich immer um mich zu haben wünsche. Erinnern Sie sich meiner in Ihren vertrauten Gesprächen, und quälen und lieben Sie sich, wie es zärtlichen Eheleuten und Freunden zukommt.

Ich habe Ihnen unzählig viel zu schreiben. Abbitte, Ehrenerklärung und was Sie wollen. Es hat mir an Angst so wenig als Ihnen selbst gefehlt. Hat es nicht eben dieß unsere Mütter gekostet — und doch waren sie uns gut, so bald wir da waren — ja vergaßen solche, und gaben uns Brüder, die ihnen eben so theuer zu stehen kamen. Sie haben selbst schlecht von sich gedacht — Sie sind unwillig auf sich selbst gewesen — daher kommt die Voraussetzung in Ansehung meiner. Ich kenne diese Redefiguren. Ich unterstand mich nicht so laut als Ihr Herr Bruder von dem Briefe des ältesten Barons zu denken, den ich weder lesen noch verstehen können, daher auch nicht beantworten kann. Er glaubte Galle darin zu finden — ich widersprach ihm, ohne ihn widerlegen zu können. Er machte mir den Einwurf einer Polypragmasie, Naseweisheit, Oberklugheit und Obergerechtigkeit, eines Sichelgebrauches auf fremden Aeckern — — kurz alle die vernünftigen Gründe, die dem David von seinem älteren Bruder geschahen, wie er sich um Dinge bekümmerte, die ihn nichts angingen — Sie haben sich durch Ihre letzte freundschaftliche Zuschrift gegen Ihren Herrn Bruder legitimirt, und mir Muth und Herz eingeflößt. Ich danke Ihnen dafür, daß Sie diese Probe meiner Freundschaft ausgehalten haben. Man fühlt als ein Christ täglich, was Paulus sagt: auswendig Streit, inwendig Furcht. Die Kinder sind da, klagte Hiskias, aber es fehlt an Kraft sie zu gebähren. Er klagte nicht umsonst, sondern erhielt eine entzückte Liebeserklärung, anstatt einer Antwort. Die Gedanken und Empfindungen zittern und beben darin; so wußte der Prophet die Freude Gottes nachzuahmen und sinnlich zu machen.

Ich bin jetzt unendlich mehr gedemüthigt durch einen, der mir am nächsten ist. Gott sey uns allen gnädig! und vergebe uns die Sünden unserer guten Absichten und guten Werke. Es muß ja — — es muß ja Aergerniß kommen. So unvermeidlich dieß ist, so wahr ist das Wehe! Gottlob! daß dieser Spieß nicht uns, sondern die Wand trifft. So viel ich auch leide und noch leiden soll, so lasse er mir den Trost derjenigen Gerechtigkeit, auf welche Hiob pochte — —

Ich werde mich so gut schicken, wie ich kann. Sehen Sie auf nichts als auf das Buchstabiren des ältesten Barons. Das ist alles! Sein eigener Brief ist abscheulich geschrieben, ich mag an den nicht denken. Die Abschrift meines ersten Briefes ist eben so voll Fehler und ohne Unterscheidungszeichen, ohne alles Augenmaaß. Da Sie mir jetzt ein wenig Luft gemacht haben, will ich sehen, wie ich ihm am besten beykommen kann. Ich weiß noch selbst nicht; so viel weiß ich, daß ich weder schonen noch hinken kann; so viel weiß ich, daß man so am sichersten fährt, wenn es auch noch so schief geht.

Folgen Sie meinem Rath — Lassen Sie Lessing und Rapin liegen. Geben Sie Ihr Geld, (Kräfte und Zeit) nicht für Dinge aus, die kein Brodt sind. Gehen Sie zu Ihrer

Theologie zurück, und bleiben Sie in Ihrem Beruf. Der Arbeiter sind wenig und die Erndte ist groß. Hören Sie Jacobs Stimme und lassen Sie sich durch Esaus Hände nicht irre machen. Es steht bey Ihnen mich zu richten — — ich mache mir aus dem Urtheil der Menschen nichts, sagt der Apostel. Ich weiß, daß ich mich selbst verdamme — — immerhin, wenn es nicht anders seyn kann, es kann mir auch nicht schaden; nicht Sie, nicht mein Nächster, nicht ich selbst, sondern der Herr ist Richter. So werden wir durch dasjenige aufgerichtet, was uns niederschlägt und durch den getröstet, der uns betrübt.

30. An den Baron von W....

Riga, im November 1758.

Lieber Herr Baron, Hier haben Sie die verlangten Verse, an deren Wiedererinnerung Ihnen scheint gelegen zu seyn:

O möcht' ich, so wie ihr, geliebte Bienen, seyn,
An innerm Geiste groß, obwohl von Körper klein!
Möcht' ich, so schnell wie ihr, so glücklich im Bemühen,
Der Wissenschaften Feld, so weit es ist, durchziehen:
So stark durch Emsigkeit, als fähig durch Natur,
Von Kunst zu Künsten gehn, wie ihr von Flur auf Flur;
Bemüht den treuen Freund durch Nutzen zu ergötzen,
Bereit dem kühnen Feind den Angel anzusetzen.

Wie sehnlich wünscht mein Herz, daß jetzt mein Schulgebäu
An Kunst und Ordnung reich, wie eure Celle sey,
Daß meines Umgangs Mark, wie euer Honig, fließe,
So nahrhaft für den Geist, als für die Sinnen süße.

Erinnern Sie sich, mein lieber Baron, daß von Ihrem jetzigen Schulfleiß das künftige Gebäu Ihres Glücks abhängt, der späteste Genuß Ihres Lebens, welchen Sie selbst und andere einmal daran haben sollen. Derjenige, von dem jene kleinen Insecten ihre Baukunst und Cellen-Ordnung her haben, lege den sehnlichen Wunsch des Dichters auch in Ihr Herz, und erhöre denselben aus Ihrem Munde! Ich wage es diese Erinnerung Ihrem Gemüth noch etwas tiefer einzudrücken, gesetzt daß ich Ihnen auch vorkommen sollte seit meinem jüngsten Briefe, auf einmal um ein Jahrhundert älter und ernsthafter geworden zu seyn. Die Schule, in der an Gott gedacht wird, ist so gesegnet als das Haus des Aegypters, wo Joseph aus und einging. Sonst arbeiten umsonst, die an uns bauen, mein lieber Baron; sonst wachen die Wächter umsonst über unsern Seelen. Gott hilft einem Noah an seinem Kasten, einem Mose an seiner Stiftshütte, und einem Salomo an seinem Tempel. Als ein Mensch unter uns, hieß er des Zimmermanns Sohn. Ich könnte Ihnen mein eigen Beyspiel zum Beweise anführen, daß Er den Wehmüttern, die ihn fürchten, noch heute Häuser baue. Lassen Sie Ihn daher an Ihrem Schulgebäu Antheil nehmen, so wird die Mühe Ihres treuen Lehrers anschlagen, und die Erndte für Sie desto einträglicher und gesegneter seyn.

Folgen Sie mir jetzt, mein lieber Baron, in Aesops Garten, dessen Anmuth an keine Jahreszeiten gebunden ist. Ein kleiner Spaziergang wird uns gut thun auf die starken Wahrheiten, womit ich Sie unterhalten habe. Wir kommen eben zu rechter Zeit, um ein Gespräch der Frau Gärtnerin mit einem Honig-Fabrikanten abzulauschen:

Eine kleine Biene flog
Emsig hin und her, und sog
Süßigkeit aus allen Blumen.

„Bienchen! spricht die Gärtnerin,
„Die sie bey der Arbeit trifft,
„Manche Blume hat doch Gift,
„Und du saugst aus allen Blumen?"

„Ja" — sagt sie zur Gärtnerin,
„Ja — das Gift laß ich darin."

Sie werden so gütig seyn sich dieser Biene bey Lesung meiner Briefe zu erinnern, und gegenwärtige Fabel als eine Antwort auf einige Stellen Ihrer letzten Zuschrift anwenden.

Ihre Briefe sind so gut buchstabiert, daß ich mich darüber freue. Ich wünsche Ihnen, mein lieber Baron, von Herzen Glück dazu, und verspreche Ihnen, wenn Sie darin fortfahren, eben einen so guten Erfolg in der Kunst zu denken, Ihre Gedanken auszudrücken — — ja in der wichtigern und größern Kunst zu leben. Sapienti sat — wird ein Gönner von mir in seinem Herzen sagen, und mit Augenmaaß, aufmersamen Sinnen, zu einer anderen Abschrift sich Zeit nehmen.

31. An seinen Vater.

Riga, den 1. Dec. 1758.

Herzlich geliebtester Vater, Wir sehnen uns nach guter Nachricht von Ihrer Besserung. Gott erhöre unser Gebet und erhalte Sie nach seinem gnädigen Willen, und helfe Ihnen das Joch und die Last dieses Lebens tragen. Schonen Sie Ihr schwaches Haupt so viel als möglich, und seyen Sie wegen Ihrer zärtlichen Zuschriften an Ihre Kinder unbekümmert. Wir verstehen selbige vollkommen, und ich für mein Theil kann nicht die geringste Spur der Zerstreuung, worüber Sie klagen, entdecken.

Ich bin heute auch zum erstenmale diese Woche ausgegangen, weil ich seit acht Tagen mit starken Flüssen beschwert gewesen. Ich danke aber Gott, daß ich jetzt an meinen letzten Feind und Wohlthäter eben so oft und mit eben so viel Freude als in meiner ersten Jugend denken kann. Wir wollen uns durch dieses finstre Thal, liebster Vater, an einem Stab und Stecken halten, der uns beide trösten soll, und mit dem unsere selige Freundin vor uns über diesen Jordan gegangen ist.

Meine kleine Schülerin, die den Sonnabend und Sonntag in ihrer Eltern Hause zubringt, klagt heute über fieberhafte Zufälle. Gott erhalte mir dieses liebe Kind!

Mein Bruder hat sein Schulexamen überstanden und möchte wohl künftige Woche in sein Amt eingeführt werden. Es ist wichtiger, als er es sich vielleicht vorgestellt, weil er zur Verbesserung der ganzen Schule gerufen worden, und sowohl den Kindern als Lehrern zum Gehülfen gesetzt wird. Er hat Ursache, sein Unvermögen wie Salomo zu erkennen, und sich selbst als ein Kind anzusehen, das weder seinen Ausgang noch Eingang weiß, damit er um ein gehorsam und verständig Herz bitte, die Heerde, die ihm anvertraut ist, zu weiden mit aller Treue und zu regieren mit allem Fleiß. Ich habe zu viel Ursache, ihn auf den zu weisen, der sogar unser Gebet, das wir im Schlafe und in den Träumen desselben thun, erhört, der Weisheit giebt, ohne es jemand vorzurücken; und suche ihm alle die bunten Stäbe mitzutheilen, die Er mich darin machen gelehrt.

Menschenfurcht und Menschengefälligkeit sind die zwey gefährlichen Klippen, an denen unser Gewissen am ersten Schiffbruch leiden kann, wenn unser Lehrer und Meister nicht am Ruder sitzt.

Ich freue mich von Grund des Herzens, daß mein Bruder anfängt, wie es scheint, sich von der Gleichgültigkeit aufzumuntern, die mich anfänglich bey ihm ein wenig beunruhigt hat, und der ich all mein natürlich Feuer entgegenzusetzen gesucht habe. Ich habe für ihn sowohl als mich selbst gezittert, weil es leicht ist, von einer Gleichgültigkeit in eine Fühllosigkeit zu verfallen, und selbige bey dem Eintritt unseres Berufs am wenigsten zu entschuldigen, auch am gefährlichsten ist, da wir ohnedieß Anlaß genug in der Folge bekommen, auf selbige zu wachen, und uns von unserem natürlichen Hange zur Trägheit und Schläfrigkeit und dem reizenden Beyspiele Anderer nicht täuschen zu lassen. Mit unserem Eifer hingegen geht es uns wie Mose, daß wir leicht beide Gesetztafeln darüber entzweybrechen. Wir werden aber von demjenigen getröstet, der uns demüthigt, und fröhlich gemacht durch eben die, welche von uns vielleicht betrübt werden.

32. An seinen Vater.

Riga, den 9ten Jänner 1759.

Gott hat mich den letzten Tag des vergangenen Jahres mit vielem außerordentlichem Segen beschließen, und das neue eben so denkwürdig anfangen lassen. Er läßt meinen Becher überlaufen. Er wird mir alles schenken, was mir selig und nöthig ist; er wird mich alles genießen, aber auch alles verleugnen lehren, wenn es sein gnädiger Wille ist.

Ich erhielt den 27ten Dec. Ihren lieben Brief, in dem Sie mir erlaubten zu heirathen und mir Glück dazu versprachen, wenn ich es mit Gott anfinge. Den Tag darauf schrieb ich also meine Liebeserklärung, und zwar in einem Briefe an meinen Freund in Petersburg, dem ich meldete, daß ich seine Schwester heirathen wollte. Ich schickte denselben hinunter, und ersuchte sie, entweder die zerrissenen Stücke davon mir zuzuschicken oder ihn unter Couvert einzuschließen. Sie hat das letztere gethan. — . . . .

Wird sie meine Frau, herzlich geliebtester Vater, so wird sie es durch und nach Gottes Willen, und ich habe eben so viel dabey gethan, als daß Sie mein Vater geworden; ich wiederhole es Ihnen, ich habe eben so wenig dazu beygetragen, als daß Sie unsere selige Mutter zu Ihrem und unserem Besten gewählt haben. Ich weiß, daß dieser gnädige Gott auch diejenige Liebe in mein Herz pflanzen wird, die er selbst fordert, nach der ein Mann seinen Vater und seine Mutter verlassen soll, um seinem Weibe anzuhangen, und sie werden seyn Ein Fleisch.

Sie bekommt nichts mit mir, ich fordere aber auch nichts von ihr. Wir haben beide nicht nöthig an ein eigen Etablissement zu denken. Sie soll die Haushälterin ihres Bruders Carl bleiben, und ich sein Handlanger. Wenn es Gott gefällt, eine Aenderung zu machen, dann wird es auch meine Schuldigkeit seyn, sie zu ernähren, und dafür wird Er auch Rath schaffen.

Sie möchte mit mir von gleichem Alter seyn. Ob sie ein paar Jahre jünger oder ein halb Jahr älter, dieß habe ich ihr niemals ansehen können, viel weniger jetzt, da ich auf gutem Wege bin, in sie verliebt zu werden. Sie ist in meinen Augen schöner als die stolzeste Lilie; wenn sie es nicht wäre, so würde sie meine Liebe dazu machen.

Ungeachtet ich heute im Stande wäre den Ring zu bestellen, so wird mir doch Gott auch im Gegentheil die Gnade geben, Hand und Herz zurückzuziehen, wenn er mir seinen Willen dazu zu erkennen geben wird. Er wird mich denselben lehren lieben, und Kräfte schenken, ihn zu erfüllen.

33. An G. E. Lindner, nach Grünhof.

Königsberg, den 9ten März 1759.

Geliebtester Freund, Ich habe vorige Woche erst Ihr freundschaftliches Schreiben erhalten. Sie werden die Absicht meiner schleunigen Abreise schon längst erfahren haben. Gott Lob! mein geschwinder Gehorsam auf den Wink meines lieben Vaters ist dadurch belohnt worden, daß ich ihn über Vermuthen besser gefunden. Er hat auch schon einen Versuch auszugehen gemacht, womit er aber einhalten müssen; heute mit Gottes Hülfe einen neuen, wo ich wie ein Pappelbaum ihm zur Seite gehen muß. So weit von meinen hiesigen Angelegenheiten; ich weiß, daß Sie an dem Leben meines Alten Antheil nehmen, und an meiner Zufriedenheit darüber.

Ihre liebe Mutter habe ich sogleich bey meiner Ankunft besucht und bin gestern gleichfalls bey ihr gewesen. Sie befindet sich Gott Lob! munter, ist sehr vergnügt, über Ihren Entschluß, zur Theologie zurückzukehren, schien aber etwas über die Heftigkeit, womit Sie sich auf die entgegengesetzte Seite Ihrer bisherigen Denkungsart zu werfen scheinen, besorgt zu seyn. Ich habe sie deßwegen so gut ich konnte beruhigt, und es war mir lieb, daß unsere Gedanken übereintrafen. Erlauben Sie mir, geliebtester Freund, noch eine kleine Erörterung derselben hinzuzufügen, weil dadurch ohnedieß eine Beantwortung einiger Stellen in Ihrer werthen Zuschrift geschieht.

Ich habe gehört, Sie wollen Ihre jetzige Stelle verlassen und sich nach Riga begeben, weil Sie glauben, daß die gegenwärtige Verfassung Ihrem Entschlusse, zur Theologie zurückzukehren, im Wege stände. Es ist eine Pflicht, mit der Stellung zufrieden zu seyn, worin wir uns finden, und je schwerer sie uns wird, desto größer der Sieg über uns selbst, und der Beystand Gottes, ihn zu erhalten. Ohne die wichtigsten Gründe verlassen Sie also Ihren gegenwärtigen Posten nicht. Wenn Ihnen eine andere Verfassung nöthig und nützlich seyn wird, so wird Sie Gott wohl darein versetzen, wie Sie an meiner jetzigen Verrückung ein Beyspiel haben.

Die Frau Consistorialräthin war schon für ein wenig Schwärmerey bey Ihnen besorgt, und ich weiß an mir selbst, daß wir diese Klippen vorbey müssen, daß aber keine Gefahr dabey ist, so lange der Meister auf unserem Schifflein ist, gesetzt, daß er auch wider seine Gewohnheit schlafen sollte. Lassen Sie ihn schwärmen, sagte ich; der liebe Gott wird es wohl seinem Feinde und Freunde verbieten, einen Schwärmer aus ihm zu machen.

Hier muß ich eine Lehre mir selbst sowohl als Ihnen sagen. Wir müssen uns des Menschensohnes und seines Bekenntnisses nicht schämen, aber auch nicht die Perlen seiner Lehre jedermann vorwerfen. Eilen Sie daher nicht, Ihr Licht aufzudringen, bauen Sie nicht auf die Empfindung Ihres Glaubens, denn die ist öfters ein Betrug unseres Fleisches und Blutes, und hat die Vergänglichkeit desselben mit dem Grase und den Blumen des Feldes gemein; noch weniger beurtheilen Sie andere nach den ersten Erfahrungen, durch welche Gott Sie geführt hat und führen wird.

Sie haben mir erlaubt und mich zum Theil aufgemuntert, ernsthaft an Sie zu schreiben; ich habe es daher gethan, und Sie werden mir die Ihnen mitgetheilten Erinnerungen, so leicht und gering sie auch sind, als wohlgemeynt zu gut halten.

Sie schreiben mir von Ihrem Wege in Wüsteneyen. Der Psalmist aber sagt: die Wohnungen in der Wüste sind auch fett, daß sie triefen. Ps. 65.

Wenn Sie auch ohne Frucht arbeiten müssen, so fahren Sie nur getrost fort in Ihrem jetzigen Berufe. Entschlagen Sie sich aller Vereckelungen, die Sie anwandeln, und glauben Sie, daß Ihnen dasjenige, was Sie jetzt thun, von Gott befohlen worden. Eine selbstgewählte Ordnung zu leben, die man sich zu erschwingen bemüht, ist, wie ein selbstgewählter Gottesdienst, dem Herrn ein Gräuel. Sie werden sehen, wie viel Zeit Sie übrig behalten werden, wenn Sie sich aller Nebendinge, selbst in Ihrem jetzt erneuerten theologischen Studium, entschlagen.

Sie haben mir viele dunkle Betrachtungen gemeldet, die sich auf facta zu gründen scheinen, wovon ich nichts weiß. Was wollen Sie sagen, daß es schwer sey, die Unschuld zu retten? Wer hat Ihnen das schwere Geschäft aufgetragen? Das gehört für irrende Ritter, wie mir ein guter Freund öfters vorgerückt hat. Wessen Unschuld meynen Sie? Ihre eigene? Sind Sie derselben so gewiß, oder ist Ihnen so viel daran gelegen, unschuldig zu leiden? Sokrates sagte zu seiner Frau: Wünschest du lieber, daß ich schuldig leiden sollte? Anderer Leute Unschuld? Diese geht Sie noch weniger als Ihre eigene an.

Sie wissen, daß mein Briefwechsel längst aufgehört hat. Warum fällt es Ihnen so spät ein, mich darum zu ersuchen? Zu was hat er Veranlassung gegeben? Haben Sie etwa den Dienst schon aufgesagt, und meynt man, daß ich Sie aufrührerisch gemacht? Gesetzt, daß man mir auch dieß aufbürdete, was wäre mir daran gelegen? Es wird mir lieb seyn, etwas von Ihren Verlegenheiten und Ihrer jetzigen Stellung in dem Hause zu wissen, wenn es der Mühe lohnt, die Feder dazu anzusetzen.

Was wollen Sie für große Anstalten zu Ihrem neuen Studium haben? Drey Leibbücher wären für mich hinlänglich. Das erste lesen Sie und schmecken Sie schon, und wenn Sie solches als ein Christ lesen, so wird es Ihnen als einem Gottesgelehrten mehr zu Statten kommen, als ein Auszug der besten Ausleger. Das zweite Buch wäre Rogall's und Schulzens Gesangbuch. Sie kennen noch zu wenig unsere Kirchenpoesie; dieser Schatz liegt auf einem offenen Felde; demungeachtet wenigen entdeckt und noch von wenigeren recht gebraucht. Da Sie ein Dichter sind, so sey dieß Ihr classischer. Das dritte ist die Sammlung von Luther's kleinen Schriften, die Rambach herausgegeben. In diesem Buche finden Sie, über die Hauptlehren unseres Glaubens, dieses Vaters unserer Kirche auserlesenste Gedanken und Erklärungen, die zugleich polemisch und praktisch sind. Was für eine Schande für unsere Zeit, daß der Geist dieses Mannes, der unsere Kirche gegründet, so unter der Asche liegt. Was für eine Gewalt der Beredsamkeit, was für ein Geist der Auslegung, was für ein Prophet! Wie gut wird Ihnen der alte Wein schmecken, und wie sollten wir uns unseres verdorbenen

Geschmacks schämen! Was sind Montaigne und Baco, diese Abgötter des witzigen Frankreichs und tiefsinnigen Englands, gegen ihn!

Carpzovii Critica Sacra ist in Ihres Nachbars Bibliothek. Verbinden Sie die Lesung desselben mit einem guten Buche über die Kirchengeschichte und besonders die Reformation, Mosheim und Seckendorf etwa. Das hebräische und griechische möchte ich Ihnen gern, so viel ich kann, empfehlen, aber in beyden Sprachen nicht weiter zu gehen, als man nöthig hat, die Bibel fertig lesen zu können. Wenn Sie höchstens vier Stunden die Woche diesen Sprachen widmen, so werden Sie spielend bey anhaltendem Fleiße stärker darin werden, als Sie gedacht. Er fördert das Werk unserer Hände ja das Werk unserer Hände fördert Er, wenn wir in Seinem Namen daran gehen, und nicht unsern Namen zum Endzweck unserer Mühe machen. Ein Auge zugemacht, wenn wir scharf sehen und treffen wollen, mit Einfalt, das heißt mit Einem Auge gearbeitet, das auf den gerichtet ist, welcher der überaus große Lohn derselben seyn wird.

Sie verlangen von mir einen Aufsatz von französischen Redensarten. Soll ich Ihnen Collectaneen geben? Die habe ich nicht, und nützen nicht, daher will ich auch keine machen. Das müssen Sie selbst durch eine kleine Aufmerksamkeit im Lesen, und daran wird es Ihnen nicht fehlen, sobald Sie weniger lesen werden. Ich glaube, daß es Ihnen noch mehr an den Grundsätzen der französischen Sprache als an Redensarten fehlt. Ich habe einen Anfang einer Sprachlehre zu Riga gemacht, bin aber nur bis auf die Lehre vom Pronomen gekommen, und ich hätte wohl Lust, diese Arbeit, die ich dem jungen Hrn. Berens mitgetheilt, zu Ende zu bringen.

Halten Sie mir meine Geschwätzigkeit zu gut, und glauben Sie, daß die Quelle davon eine wahre und herzliche Freundschaft ist. Ihre Briefe werden mir sehr angenehm seyn; die Nachläßigkeit darin, die Sie sowohl, als mein unartiger Bruder, gegen Ihre Freunde haben, ist immer ein Fehler gewesen, worüber ich mich aufgehalten. Wir wollen uns nicht auf Einfälle oder große und seltene Empfindungen in unseren Briefen zu Gast bitten, sondern uns Scherz und Ernst einander gerade heraus schreiben, wie uns die Feder denselben eingiebt.

34. An J. G. Lindner, nach Riga.

Königsberg, den 10. März 1759.

Ich danke für Ihre gütige Zuschrift, die mich recht sehr erfreut. Mein Vater ist heute zum erstenmal allein ausgegangen und läßt Sie auf das zärtlichste grüßen. Ihre liebe

Mutter habe ich vorgestern Morgen besucht, zum Theil in Angelegenheiten Ihres Herrn Bruders in Mietau; ich konnte nicht viel mit ihr reden, weil der Pastor da war. Sie hat mich gestern bitten lassen, sie mit nächstem Nachmittags zu besuchen, wo sie immer allein, welches ich auch thun werde. Ihre beiden Brüder haben an mich geschrieben, und ich habe ihnen mit dieser Post geantwortet. Ich freue mich herzlich über des Herrn Doctors Besserung und wünschte den Grünhöfer zufriedner — Helfen Sie mit dazu. Nun Ihr Haus voll ist, muß die Wirthin nicht kränklich seyn. Ich wünsche, daß sie sich jetzt besser befinde. Gott schenke Ihnen beiderseits gute Gesundheit und helfe Ihnen alle Bürden sowohl des Amts als der Haushaltung tragen.

Ich freue mich über Herrn Berens Ankunft; und wünsche herzlich, daß seine eigene Zufriedenheit und des ganzen Hauses ihre dadurch vollkommen seyn möge. Ich habe keine Ursache von meinem Entschlusse abzugehen, den ich gefaßt, an ihn nicht zu schreiben — und seine Briefe weder zu erbrechen noch zu beantworten. Ich erkenne alle seine Freundschaft, — daß sie ihm fruchtlos und überlästig von meiner Seite gewesen und noch ist, ist meine Schuld nicht, auch nicht einmal meine Sorge. Als einen Freund hasse ich ihn und fürchte ihn gewissermassen; als einen Feind liebe ich ihn. Es ist wahr, ich habe Dinge gethan, die mir selbst unerklärlich sind, und ihm noch unverständlicher. „Ich sage aber so viel: Wenn ihrs „begreifen könntet, so wollt' ich ungern der Sa„chen theilhaftig seyn, vielweniger wollt' ich ein „Anfänger dazu seyn. Gott hat sie an einen „Ort gesetzt, den ihr in eurer Rhetorik nicht „findet, auch nicht in eurer Philosophie noch „Politik; derselbe Ort heißt Glaube, in wel„chem alle Dinge stehen, die wir weder sehen „noch begreifen können. Wer dieselben will „sichtbar, scheinlich und begreiflich machen, wie „ihr thut, der hat das Herzeleid und Heulen zu „Lohn, wie ihr auch habt, ohne unsern Wil„len." Dieß sind Worte unsers Vaters Luther an Melanchthon; ich lese diesen Kirchenlehrer mit ungemeiner Vertraulichkeit, und habe mir vorgenommen, alle seine Werke durchzugehen — weil ich hier nichts anders zu thun habe und nichts besseres für mich bey langer Weile zu thun weiß. Mein Gemüth ist Gottlob! sehr ruhig und heiter, und in einem Gleichgewicht — — An diesem Gleichgewicht ist mir aber auch nicht gelegen — —

Freylich, geliebtester Freund, ist unser Herz der größte Betrüger, und wehe dem, der sich auf selbiges verläßt. Diesem gebornen Lügner zum Trotz bleibt aber Gott doch treu. Unser

Herz mag uns wie ein eigennütziger Laban so oft täuschen, als es will; so ist Er größer als unser Herz. Unser Herz mag uns verdammen und schelten, wie es will, ist es denn Gott, daß es uns richten kann? Ich will diese Materie einmal für allemal mit einem Verse schließen, den ich Sonntags mitgesungen:

Hält mir mein Gott die Augen zu,
Kann ich nicht weiter sehen,
Als was ich gegenwärtig thu, (auch das nicht immer)
So laß ich's gern geschehen.
Kommt die Vernunft mit ihrer Zunft,
In ausgeschmückten Gründen
So muß ich überwinden.

Viel Glück zu Ihrem neuen Kostgänger! — Ich danke für richtige Bestellung des aufgetragenen Grußes an Herrn Arend. Die Bedeutung seiner Aufnahme schickt sich gut zu der Absicht, warum ich es Ihnen aufgetragen. Es ziehen Wolken zusammen, an Zeichendeutern fehlt es nicht. Man lebt in einer Erwartung wichtiger Dinge. Gott wolle uns allen gnädig seyn. Unser Wunsch geht sie vielleicht so nahe an als uns.

Cramer hat Passionsreden ausgegeben, deren Absicht ist, das ganze Leben unsers Heilandes als ein beständiges Leiden vorzustellen. Ich habe allein die erste gelesen und sie nur gestern vom Buchbinder erhalten. Die Abschnitte derselben waren wie die Theile einer Chrie oder die Uebergänge einer Ode in einander geflochten.

Ich werde mir Hiller's System aller Vorbilder von Christo im alten Testament kaufen. Ein Prediger in Schwaben, dem Gott die Stimme zu seinem Amt entzogen und der in diesen betrübten Umständen seine Zuflucht zu Gottes Wort genommen. Das allgemeine in seinem System ist gründlich und brauchbar, die Gründe darin müssen noch mehr entwickelt werden oder könnten es seyn, dieß würde zu einer bessern Anwendung und Beurtheilung seiner Gedanken dienen. Die Ehrfurcht, die Bescheidenheit und Aufrichtigkeit machen mir das Herz dieses Schriftstellers schätzbar; er schreibt dabey mit viel Kürze und Nachdruck. Er hat mich nach des seeligen Bengels Schriften neugierig gemacht, um die ich mich auch bekümmern möchte bey Gelegenheit.

Besorgen Sie nicht, liebster Freund, daß ich mich zum Theologen studiren werde; ungeachtet ich gestehen muß, daß ich mich freue, wenn ich hie und da ein Buch zu meiner Erweckung und zur Erweiterung auch meiner geistlichen Erkenntniß ausklauben kann. Ich schone meine Zeit, meine Augen und Gesundheit, so viel ich kann; und weil ich nicht nach meiner jetzigen Verfassung für Brodt oder den Leib arbeiten darf, so wird die Mühe nicht ganz verloren seyn, die ich auf Dinge wende, welche in den Augen der Welt für müssige und unbrauchbare Leute gehören.

Leben Sie wohl, ich umarme Sie herzlich und Ihre wertheste Frau, meine Freundin. Seyn Sie gesund und zufrieden. Man hat Sie für todt und mißvergnügt hier ausgeschrieen. Ich habe alle diese Lügen so nachdrücklich als möglich widerlegt, indem ich Sie noch einmal so gesund und glücklich ausgeschrieen, als Sie sich selbst halten mögen. So muß man Lügen mit Lügen vertreiben. Es wird mir allemal lieb seyn, daß meine die Oberhand behalten mögen.

35. An seinen Bruder nach Riga.

Königsberg, den 14. März 1759.

— Ich denke heute zu Hrn. von Charmois zu gehen. So ungern ich es thue, so wünsche ich doch einige Nachricht bey ihm von dem jungen Berens zu haben, der sich hier aufhalten soll. Erfahre ich etwas, womit seinen Herren Brüdern gedient seyn möchte, so würde ich Anlaß nehmen, an Hrn. Carl zu schreiben; sonst nicht. Ich danke dir für deine gutgemeynte Erinnerung, und werde sie in allen Dingen jederzeit gut aufnehmen; du wirst mir aber dabey verstatten, daß ich ihr nur in so weit folge, als mein Herz und die Umstände es mir erlauben werden. Gehe, mein lieber Bruder, deinen Weg gerade fort und mache dir aus keinen fremden Angelegenheiten einige Bedenklichkeit. Gesetzt, daß man mich für undankbar und grob, oder was man will, auch allgemein erklärte, so laß dich nichts anfechten. Gewöhne dich frühe als ein Christ gegen Menschenfurcht und Menschengefälligkeit zu streiten. Warte dein Amt um Gottes willen ab, diene deinem Nächsten um Christi willen; dulde, entschuldige, lehre, strafe, ermahne — donnere und träufele — sey ein brausender Nord und ein säuselnder West. Erkennen wir uns immer als Werkzeuge einer höheren Hand, die ohne Ihn und Seinen Geist nichts thun können, so mögen wir uns selbst und Andern vorkommen, wie wir wollen. Wenn eine Mutter nicht einmal weiß, was die Natur in ihren Eingeweiden bildet, wie sollte unsere Vernunft etwas davon begreifen können, was Gott in uns wirkt, wirken kann und will?

Mir gefällt es in meines Vaters Hause so gut, als in meiner Freunde. Ich kann dem ersteren so wenig helfen und zur Hand gehen, als den letzteren. Demungeachtet glaube ich dem ersteren lieber und nöthiger zu seyn, als diesen; und ich kann und werde ihn nicht verlassen. Er ist nicht neugierig, alle meine Verknüpfungen zu wissen, und ich bin nicht im Stande, ihm mehr davon zu sagen, als er weiß. Es ist mir lieb, daß er darüber so gleichgültig und ruhig ist, als ich bin.

Ich sagte gestern dem Diaconus B.. ganz gleichgültig, daß es mir nicht leid thäte, herüber gereist zu seyn. Er sagte mir kurz, aber mit viel Nachdruck: Ach, das gehört in einen ewigen Plan! Das Unvermuthete dieser Antwort rührte mich recht tief. Freylich ist unser Leben ein ewiger Plan, und alle Handlungen desselben termini medii einer Schlußfolge. Freylich hat er uns von Ewigkeit her geliebt. — Laß alle unsere Anschläge als Sperlinge auf die Erde fallen.

36. An J. G. Lindner, nach Riga.

Königsberg den 21. März 1759.

— Ich habe mir Mühe genug gegeben, den jungen B. zu sprechen, habe ihn aber noch nicht auffinden können. Es ist mir unendlich viel daran gelegen, ihn selbst zu sehen, und mich nach seinen Umständen zu erkundigen. Ich habe gehört, daß er alle seine Zeit an öffentlichen Oertern zubringe. Er hat durch einen Irrthum seinen Bruder Christoph gewaltig beweint, weil er die Nachricht von des jungen

Schwarz

Schwarz Tode auf den ersteren mißverstanden. Dieser Umstand von seiner Zärtlichkeit macht mir noch einige Hoffnung, da ich weiß, daß dieser Bruder ihn gleichfalls vorzüglich geliebt.

Sie sehen, liebster Freund, warum ich heute noch nicht an die Herren B.... schreiben kann; weil ich noch nichts in Ansehung ihres Bruders Ihnen melden kann, dessen Schicksal mir sehr zu Herzen geht. Ich werde nicht eher schreiben, als bis ich Ihnen einige Genugthuung über seine Umstände geben kann. — Für Ihre Einleitung in seine Briefe bin ich Ihnen sehr verbunden. Was Sie Heftigkeit in unseres Freundes Zuschriften nennen, kenne ich nicht. Ich sehe alles als eine Wirkung seiner Freundschaft an, und diese als ein Geschenk sowohl als eine Prüfung Gottes. Er droht oder verspricht mir, mich nicht aus dem Gesichte zu verlieren; ich ihn und sein Haus auch gewiß nicht. Er soll sich aber um mich so wenig bekümmern, als ich um ihn. Ich gönne ihm seine Geschäfte, und er soll mir meine Muße gönnen. Laßt ihn Gott danken, daß er arbeiten kann, und ich bin ihm für die Ruhe, die er mir giebt, eben so viel schuldig. Pralen und triumphiren muß er nicht. Doch diesen Spruch versteht er eben so wenig mitten im Gewühl seiner Arbeiten, als Croesus unter seinen Reichthümern, was ein wahnsinniger Grieche zu ihm sagte.

Alle seine Briefe, die er mir geschrieben hat, und noch schreiben kann, selbst diejenigen, die er nicht im Stande ist, zu Papier zu bringen, habe ich schon gelesen und auswendig gewußt, ehe ich einen Schritt aus England gesetzt. Also bedaure ich recht sehr die Nächte, die er darüber zugebracht, sie sind für mich verloren — für ihn selbst aber nicht. Sie werden ihm vergolten werden, und er wird den Nutzen selbst davon einmal genießen können, den er mir jetzt zugedacht hat. Sein eigener Gewinn aber wird immer der meinige seyn.

Unser Freund ist ein guter Botanist; er versteht sich auf Blumen und Pflanzen. Seine Augen und Nase sind für dieses Feld gemacht — seine Decocte und Säfte sind herrlich in ihrer Art. Im mineralischen Reich aber ist er ein Fremdling, und ein Chymist wird er niemals werden. Wozu man Stoffe und Pfunde von den erstern nöthig hat, das kann der letzte mit Granen und Quentchen von Mercur und Antimonium ausrichten. Wahrheiten sind Metalle, die unter der Erde wachsen. Graben mag er nicht — das allein heißt arbeiten, man mag es mit einem Pfluge oder Spaten thun, ungeachtet diese Arbeit in nichts besteht, als Wegräumen der Erde und Schwitzen des Antlitzes. —

Unser Freund verlangt, ich soll alle seine Briefe nach dem Buchstaben nehmen. Was er mir vom Loch vorsagt, wo nicht Sonne nicht Mond scheint, und wohin er mich zu meiner Besserung will setzen lassen — wenn ich das auch nach dem Buchstaben nehmen soll, so wäre das alberner und kindischer von ihm gedacht und geschrieben, als mir je etwas in meinem ganzen Lebenslauf entfahren seyn mag. Lieber Herr Magister, wie heißt folgende Figur in der Rhetorik: „Um nicht Hunger zu sterben, hat„ten Sie die Bibel nöthig, um sich zu überwinden, herzukommen." Soll das nicht ein hysteron proteron von einer Metathesis seyn? Hat er nicht schreiben wollen: Um nicht Hungers zu sterben, hätte ich nöthig gehabt, wieder zurückzukommen; um mich zu überwinden aber, die Bibel. Dieß hat er in Gedanken gehabt. — Das ist auch wahr. Was er in der Figur redet aber, noch wahrer, und ich lasse es bey den Worten, so falsch des Autors Sinn gewesen seyn mag: daß meinen Hunger nichts anders als dieses Buch gestillt, daß ich es wie Johannes geschluckt, und die Süßigkeit und Bitterkeit desselben geschmeckt habe — und daß ich mehr Ueberwindung zu meinem Entschluß nöthig gehabt, als ihm mein Lebenslauf sagt, ich ihm selbst jemals sagen kann und werde. Das weiß derjenige besser, der nicht nur Herzen, sondern auch Nieren prüft — diese Absonderungsgefäße unserer natürlichen Unreinigkeiten rc. — besser sage ich, als ich selbst und er.

Ob meine Gedanken mit den seinigen nicht besser hätten einschlagen können ohne Verletzung meines Gewissens? Wenn das eine Aufgabe ist, so laßt ihn einen Preiß darauf setzen, daß ich weiß, wie viel ich mit meiner Arbeit verdiene. Ich soll mich rechtfertigen — — das werde ich nicht, wenn ich es auch noch so gut könnte. Mit seinen Anklagen kommt er auch zu spät, und wird nichts damit für sich selbst noch wider mich ausrichten. Ein Geist zum niederreißen, nicht zum bauen, darin besteht der Ruhm eines Hume. Unser niederreißen und bauen — alles hat seine Zeit, so eitel wie es ist.

Ein frommer Mensch ist also ein unbrauchbarer und undankbarer — weil ich es bin. Undankbarkeit wurde nur in Aegypten wie ein Verbrechen bestraft; große Leute lassen ihre undankbaren Clienten mit einem gedruckten Briefe jetzt laufen und bekümmern sich nicht um sie. Unbrauchbar — schrieen die Glieder über den Magen. Wenn ich zu Journalen, Pränumerations-Werken und Handlungsbüchern unbrauchbar bin — wenn mich die Welt wie ihren Auskehricht ansieht; desto besser für mich. Ohne die Mühe einer Martha, das beste Theil!

Ich kann und will arbeiten — und habe

gearbeitet — aber wie ein unnützer Knecht: am liebsten für meine Freunde und Wohlthäter — nicht wie ein Heide und Zöllner — die haben ihren Lohn dahin: Ehre und Undank.

Weil man das Vertrauen zu Ihnen hat mich auszuholen oder deutlicher zu verstehen, so will ich noch einige Erinnerungen bitten unserm Freunde zu Gemüth zu führen. Er bleibt immer bey seinem Gesichtspunkt und fürchtet sich, so bald er denselben verliert, daß alles dabey mit verschwinde, weil er sich selbst darin nicht mehr zurückgeworfen findet. Ich kenne seine Lage so genau, weil ich selbst darin gewesen bin; ich kenne die Befremdung, die Wüste, worein wir gerathen, wenn wir aus der Sclaverey unserer Leidenschaften ausgehen, und durch wie viel Fratzengesichter wir eingeschreckt werden. — Laßt ihn doch nur bey allen den gründlichen Entdeckungen, die er über mein Herz gemacht, in seinen eigenen Busen fühlen, und sich so gut für einen Mischmasch von großem Geiste und elendem Tropfe erkennen, als er mich mit viel Schmeicheley und Treuherzigkeit erklärt. Ist er nicht ein Mensch so gut wie ich — und dazu mein Freund, der nächste? Sollten ihn diese einfältigen Vorstellungen nicht zurückführen — Wenn ich ihm zu schlecht zu dieser Parallel bin, hat er nicht Brüder, deren Bruder er ist, und die er lobt und schilt? Sein

Lob und Tadel ist aber parteyisch, er liebt Geschenke so gern, als er sie giebt.

Laßt ihn aufhören so einen großen Lärm mit meinem Beten, Händefalten, Beichten ꝛc. zu machen. Arbeite; was hast du mit der Moralität meiner Handlungen zu thun? So reden nicht Freunde untereinander, sondern der Herr mit seinen Sclaven. Wahrheiten kommen uns grob vor, wie die Zeichnungen der Natur, ohne es zu seyn; Lügen hingegen sind gedrechselt und polirt für das Auge, wie die Werke der Kunst, und sind ungehobelt.

Behalten Sie nur so viel Religion zur Noth — — dieß ist ein weiser Rath, wie Hiobs Weibes ihrer, die nicht Gott wollte gefllucht, sondern gesegnet haben. Cartes kannte die Kunst, er vergaß und leugnete alles und hielt nichts für Wahrheit —— ausser dem schlauen Kunstgriff, einen Catechismum und sein eigen Selbst als zwey wichtige Wahrheiten zum Grunde zu legen. Cartes hat die Wahrheit nicht gefunden, niemals geliebt, auch niemals erkennen können. Diese Methode, wie er sie nennt, ist gut zu einem Project und Wirbelsystem.

Arbeiten zu suchen — die Mühe darf man sich nicht geben. Aus Gefälligkeit habe ich sie gesucht, oder mich suchend gestellt. Arbeit suchen ist ein eben so ängstlich Ding als die Luft erst suchen wollen, die man schöpfen soll.

Laßt unsern Freund doch zurück denken auf die Begriffe, die er ehemals von Handelssachen gehabt. Wenn es uns in irdischen Dingen so geht, wie wird es in geistlichen Dingen gehen? Der irdische Mensch, der natürliche, vernimmt nichts vom Geist Gottes, es ist ihm eine Thorheit — ein Aergerniß. Die Gottseligkeit ist zu allen Dingen nütze und hat die Verheißung auch des gegenwärtigen Lebens, gesetzt, daß uns jenes nur alsdann anginge, wenn wir keinen andern Rath mehr in diesem wüßten. Ich kenne Gichtel und Böhme so wenig, wie unser Freund; sie sind Menschen gewesen, das ist genug für mich. Gottes Wort und Gottes Werk ist alles, worauf ich mich gründe, dem ich glaube. — Lucrez singt: die Götter sind Schlafmützen, und Spinoza: Mechanismus, was ihr Gott zuschreibt. Anstatt daß Mose schreibt: Am Anfang schuf Gott, beweist Buffon: Am Anfang fiel ein Comet auf die Sonne, daß die Stücke davon flogen.

Wenn unser Freund meine jetzige Gemüthsverfassung für sehr bedauernswürdig ansieht, so soll er meine Schwärmerey nicht als ein alienum quid ansehen, das ihn nicht befallen könne. Unruhig darf er für mich nicht seyn; ist ihm mit meiner Zufriedenheit gedient, so genieße ich sie jetzt, und werde sie in jeder Veränderung meines Schicksals haben, das ich

Gott empfohlen seyn lasse, und in dessen Schooß alle meine Sorgen liegen. — Ein Pardel bin ich, seine Seife wird meine Flecken nicht anders machen. Ein Hofmann, wie er, erniedrigt sich sehr bis auf meine Geschwüre, seine Hunde werden mir selbige nicht heil lecken. Wenn man nichts anders als Sonden zu brauchen weiß; es gehören auch Pflaster und Balsam dazu. Alle Schmeicheleyen, die er mir macht, thun mir weher, als seine beißenden Einfälle. Das sind Sonden, mit denen er fühlen will, ob ich noch bey gesunder Vernunft bin und Ehrgeiz besitze. Wenn ein Enthusiast ein Thor ist, so fragen Sie ihn bey guter Laune, ob er nicht bisweilen sich selbst in seinen Absichten und besten Werken dafür erkennen muß. Ob ich die neueste Secte — oder Er das größte Haus aufrichtete: sottise de deux parts. Die Menschen lieben — das heißt für sie leiden, um ihrentwillen gekreuzigt werden. Die beste Partey also, die man ergreifen kann, ist, um Gottes willen arbeiten; leben, weil er es so haben will, arbeiten weil er es so haben will; ruhen — Wenn er ja wissen will, was ich jeßt thue; so sagen Sie ihm, daß ich lutherisire; es muß doch was gethan seyn. Dieser ebentheuerliche Mönch sagte zu Augsburg: Hie bin ich — ich kann nicht anders. Gott helf mir, Amen!

Mein alter Vater erholt sich Gottlob; von

Tage zu Tage. Ungeachtet ich ihm zu nichts nütze bin, kann er meiner nicht entbehren. Ich kann und werde ihn daher nicht verlassen. Dieß ist jetzt mein Beruf, ihn zu warten und ein wenig durch meine Gesellschaft zu pflegen. Ist es Gottes Wille, so werde ich eben so geschwind zu meinen Freunden zurücklaufen, als ich ihnen entwischt bin — sie mögen mich gerne sehen oder nicht — daran ist mir nichts gelegen. Wollen sie mich einlassen — gut — wollen sie nicht — geh ich weiter. Ist es nicht Gottes Wille, so werden alle Stricke nichts helfen. Nicht mein Bogen, der reicht nicht bis zu Gottes Thron, wenn ich auch Gebet auf Gebet abdrücken könnte, nicht mein Arm — nicht seine Briefe, nicht seine Executions-Befehle — werden mir hier ein Stück Erde erwerben, geschweige jenes Land der Verheißung. Sein Gebet und das meinige, seine Arbeitsamkeit und Freygebigkeit, und meine Unbrauchbarkeit und Undankbarkeit, seine Gerechtigkeit und meine Beichten sind nicht die Schlüssel weder zu Hölle noch zu Himmel. Die sind in Davids Hand. Bitten Sie ihn, daß er davon künftig nicht ein Wort rede. Hat er Recht, so laßt ihn den Lohn davon erwarten. Hab ich Unrecht, so verlasse ich mich auf Gnade. Gnade geht bey großen Herren vor Recht — er lobt den ungerechten Haushalter, weil er klug war;

und Er allein macht die Albernen klug — und lehrt die Elenden recht.

Daß ich an keine Träume glaube, kann ihm meine ganze Aufführung zeigen. Wenn er sich darum erkundigen will, und unparteyisch davon urtheilen, so würde er leicht urtheilen können, daß ich ganz entgegengesetzt gehandelt haben würde, wenn ich mich auf Dinge gründete, die über meine Sinne und Begreiflichkeit sind. Ich bin ein Myops — das muß mir nahe kommen, was ich sehen soll — alles, was ich noch sehe, geschieht aber Gottlob! noch durch natürliche Augen. Mein Gesicht ist kurzsichtiger, aber aushaltender — — es könnte besser seyn. Ich will es lieber schonen und kein Autor werden, als mich auf die Künste eines Hilmers und Taylors verlassen, mich dazu vorzubereiten, oder den Schaden zu ersetzen.

Mein Lebenslauf läßt sich nicht durchblättern — und mit Eckel lesen. Einem Freunde zu Gefallen, muß man nicht so eckelhaft seyn. Er kann von meinem Vertrauen schließen, daß ich selbigen dem Zufall, ihm in die Hände zu gerathen, überlassen. Herr B... wird noch Zeit nöthig haben und ganz andere Erfahrungen, als er bisher gehabt oder kennt, ehe er vieles darin, so wie in meinen Briefen, verstehen kann. Fleisch und Blut sind Hypothesen — Der Geist ist Wahrheit.

Ihre Geduld wird ausreißen, geliebtester Freund! Ich werde Sie künftig mit dergleichen Briefen verschonen. Kurz und rund. Der Bescheid ist der. Ich bin ihnen bisher unbrauchbar gewesen und bin es noch; daher ist es mir lieb, daß ich wenigstens nicht im Wege bin — und dieß würde gewiß seyn, wenn mich Gott nicht herausgerissen hätte. Jetzt gehe ich meinem alten Vater zur Seite, und frage nicht darnach, wie viel Abbruch oder Vortheil ich ihm schaffe. Gott erhalte ihn; so lange er in den jetzigen Umständen ist, fehlt ihm ein Sohn, ein solcher Müssiggänger und durchfahrender Kopf, wie ich bin. In dieser Verfassung kann ich nichts ordentliches anfangen, und werde es auch nicht. Was mir Gott jeden Tag zuschneidet, will ich thun, wie es mir in die Hand fällt. Ich bete und arbeite, wie ein Christ, wie ein Pilgrim, wie ein Soldat zu Friedenszeiten. Meine Bestimmung ist weder zu einem Kauf- Staats- noch Weltmann. Ich bin nichts und kann zur Noth Allerley seyn. Bibellesen und Beten ist die Arbeit eines Christen, wie Romane und der Putztisch, eines Stutzers. Jedes Buch ist mir eine Bibel und jedes Geschäft ein Gebet. Dieß sind keine Einfälle — Das Pfund ist von Gott, der Gebrauch desselben von Gott, der Gewinn gehört ihm. Meine Seele in seiner Hand mit allen moralischen

Mängeln und Grundkrümmen derselben. Ihre Richtigkeit ist das Werk eines Geistes, eines Schöpfers, eines Erlösers; und sie gerade und gesund zu machen, gehört weder für mich noch meinen Freund; gehört auch nicht für diesen Leib und für dieses Leben. Staub, Erde und Asche werden wir drey werden und sind es schon. Ich sterbe täglich.

Ihre liebe Mama habe ich gestern besucht. Sie ist gesund. Sie meldete mir, daß der jüngere Herr Bruder aus Grünhof fort wäre — Ich zweifle daran. Melden Sie mir doch.

Ich umarme Sie herzlich in Gesellschaft meines lieben Alten, der Ihren Brief mit Vergnügen selbst gelesen.

37. An seinen Bruder nach Riga.

Königsberg, den 31 März 1759.

Herzlich lieber Bruder, dein Brief macht mich unruhig. Ich kann die Ursache davon nicht verstehen. Erkläre mir selbige und schütte dein ganzes Herz gegen mich aus, wenn du dich meines Rathes bedienen kannst und willst. Du siehst zu viel auf Nebendinge. Vertraue Gott, und ob es dir gleich sauer wird mit deinem Ackerwerk, so laß dich es nicht verdrießen. Das ist dein Wille gewesen, da du ein Amt gesucht; und Gottes Ordnung: im Schweiß deines Angesichts. Ich habe dich immer gewarnt, dich nicht zu überhäufen. Wie lange hast du gearbeitet, und du siehst schon auf Belohnung? Bitte doch Gott, daß er dich mit seinem guten Geiste führe und regiere. Du hast einen Feind mehr wie ich; es fehlt dir nicht an Hochmuth, so vergraben er auch unter der Asche liegt; aber denke, daß der Geiz, die Liebe des Goldes und dergleichen Kleinigkeiten, eine Wurzel alles Uebels sey. Gieb auf gar zu merkliche Ausbrüche desselben Acht; so viel kann Vernunft und Klugheit thun; das Herz, das Innere davon zu läutern, ist allein Gottes Werk.

Melde mir, ob du meines Freundes Briefe an mich gelesen. Man ist sehr neugierig, meine Antwort zu lesen; man wird sich sehr betrogen finden. Wenn ich nicht einen Gott glaubte, ohne dessen Willen kein Sperling vom Dache fällt, der unsere Thränen uns versprochen hat selbst abzutrocknen, — wie würde ich ohne diesen Glauben fortkommen? Ich würde hundert thörichte Dinge anfangen, mich irre machen und dem großen Haufen auf der großen Straße nachlaufen; jetzt bin ich ruhig, erwarte, was mir Gott noch auflegen will, und hoffe, daß er mir die Last jedes Tages werde tragen helfen.

38. An J. G. Lindner nach Riga.

Königsberg, den 31. März. 1759.

Ich habe meinem Freunde nicht antworten, noch Sie beschweren wollen, sich in fremde Händel einzulassen. Er will, wegen seiner Geschäfte, sich mit mir einzulassen verschont seyn, und Sie sollen sich, ich weiß nicht mit was, in Ansehung meiner abgeben. Wenn es auf die Wichtigkeit und Menge von Arbeit ankommt, so weiß ich nicht, wie die Wagschale ausfallen möchte. Aus sehr vielen Umständen sehe ich leider viel zweydeutige Schritte, die ich nicht berechtigt bin, ihm vorzuhalten, weil sie mich nichts angehen, und weil diese Aufrichtigkeit ihn zu sehr aufbringen würde, ohne ihm zu helfen. Er übertrifft mich in dem Eifer Gottes, er ist aber ohne Erkenntniß, wie es bey den Juden unter den Römern war; er will mich der Welt nutzbar und zu einem Bekehrer der Freygeister machen; er will meine Religion von Aberglauben und Schwärmerey sichten; er will — welcher Meßkünstler kann alle die radios zählen, die aus Einem Puncte gezogen werden können? Seine Absichten, die er mit mir und seinen beyden ältesten Brüdern hat, sind sehr unter einander verschieden, und alle sehr gut und löblich. Ich sage ihm aber mit viel Zuversicht zum voraus, daß er mit keinem seinen Endzweck erreichen wird, wenn er nicht vernünftiger, klüger und langsamer zu Werk gehen will. — —

Alles was Sie thun können, um meinen Freund in Ansehung meiner zu beruhigen, thun Sie aus Liebe für uns beide. Wenn ich keine andere Ursache habe, nach Riga zurückzukommen, so wird mich die Noth, wie aus England, wieder zurücktreiben. Wer kann bey den jetzigen Umständen für seinen Weinberg sicher seyn, und welcher Kluge wird jetzt, wie Elias zu Gehasi sagte, an Weinberge und große Dinge denken?

39. An seinen Bruder nach Riga.

Königsberg, im April 1759.

Gott schenke dir Gesundheit und Kräfte zu deinem Beruf. Sey in Ansehung meiner in keiner Verlegenheit. Gott wird es wohl machen. Ich wünschte dein ganzes Vertrauen zu haben; sey nicht zurückhaltend noch scheu gegen mich. Alles, was dich angeht wird zugleich meine Freude und Sorge seyn. Ich bin Gott Lob leidlich gesund. Den jungen Berens habe ich zu meinem großen Vergnügen gestern bey uns gehabt. Ich wünschte, daß er den ganzen Sommer hier bleiben könnte, und habe noch viel Hoffnung von ihm. Ich habe gestern Abend ein neu Trauerspiel, Philotas, gelesen und heute schon Wagner gebeten, es für den Hrn. Rector beyzulegen. Ein wunderschön Ding! Er wird es dir und meinem Freunde B.. mittheilen.

An Hauskreuz fehlt es unserem lieben Alten nicht; deßwegen freue ich mich, daß ich hier bin, und bitte Gott um Klugheit und Geduld für ihn sowohl als mich. Ich trug jetzt eben einem Bettler sein Gebühr entgegen, der mir dafür das Evangelium von der wunderbaren Speisung vorlas. Der Schluß davon heißt: Er entwich beyseit, allein. Cramer's Passions-Reden sind zuweilen unser Abendbuch. Etwas zu viel vom Schulredner und Schulgelehrten.

Verschweige mir deine beyläufigen Gedanken über vorfallende Umstände nicht. Ich habe an Hrn. Carl geschrieben, und werde bey ein wenig mehr Muße an meinen Freund kurz oder lang, lustig oder ernsthaft, heulend oder pfeifend antworten. Lebe wohl, vergiß mich nicht, habe in Gedächtniß Jesum Christum den Gekreuzigten; Bruder, Vater, Freund, Weiberliebe, alles fließt in ihm zusammen. Dein Thun und Lassen segne Gott!

40. An J. G. Lindner, nach Riga.

Königsberg, den 27. April 1759.

Lieber Herr Rector, unter dieser Courtoisie hatte ich Ihnen einen Brief zugedacht, den ich aber nicht Willens war, so bald an Sie zu schreiben, weil mir manch hartes Wort hätte entfahren müssen. Die Zärtlichkeit aber hat der Gerechtigkeit ihre Augenbinde abgenommen, und sie, wo nicht entwaffnet, doch den Nachdruck ihres Armes gelähmt. Wie es von drey Männern Gottes in der Schrift heißt: daß Gott ihnen vergab und ihr Thun strafte, Ps. 99. — zwey entgegengesetze Begriffe, die sich einander aufzuheben scheinen; — so werden Sie mir erlauben, nicht nur die Formeln, sondern auch die Empfindungen einer redlichen Geflissenheit zu erneuern und zu befestigen, wie folgt:

Geliebtester Freund,

Haben Sie wohl an die Rechte und Verbindlichkeiten dieses Titels gedacht, da Sie sich zu einem Unterhändler und Boten solcher Briefe brauchen lassen, deren Ton Sie selbst so verlegen gemacht? Mit was für einem Herzen haben Sie mich versichern können, daß Sie neutral sind? Heißt das neutral seyn, wenn ich geharnischte Männer unter dem Dache meiner Briefe einnehme, und mein Couvert zum hölzernen Pferde mache? Wer zieht andern Gerichte zu; derjenige, welcher sagt:

es ist nicht recht, was ihr thut, oder, welcher den Leuten Kissen unter die Arme und Pfühle zu den Häuptern macht? Sind Sie nicht ein Priester, der jetzt in den Augen der Leute im Gesetz nicht irren kann, ein Weiser, der nicht fehlen kann mit rathen, und ein Prophet, der nicht unrecht lehrt? Und ist durch Ihren Beytritt nicht der Entschluß in ihnen gestärkt worden: Kommt her, lasset uns ihn mit der Zunge todt schlagen und nichts geben auf alle seine Rede? Jerem. 18.

Sie haben mich in einem Ihrer Briefe versichert, daß Sie mich bisweilen gerne gehört, und, ohne sich an dem Eigenen meiner Lebens- und Denkungsart zu ärgern, erbauliche Einfälle unterhalten haben. Johannes war heftig, er vergaß die Achtsamkeit, die man dem Wohlstande, der Gesellschaft, den Fürsten schuldig ist. Das Gefängniß war eine gnädige Strafe, die er sich selbst zugezogen, und das Schicksal seines Hauptes die Wirkung eines Gastgebotes, eines zu breiten Versprechens, einer natürlichen Aufwallung, einer gewöhnlichen Achtsamkeit eines guten Wirths, der seinen Charakter seinen Gästen empfehlen will, und endlich einer seltenen Gewissenhaftigkeit gegen die Religion eines Eides. Wie ist es möglich, daß ein solch Ungeheuer als die Herodias eine so tugendhafte Tochter hat zur Welt bringen können? Wo würden wir jetzt ein Beyspiel von ihr antreffen, die, bey dem Verdienste einer guten Tänzerin, doch erst ihre Mutter um Rath fragen würde, und ein halbes Königreich einem solchen Gericht aufopfern möchte, als das Haupt eines so ebentheuerlichen Staatsgefangenen war? Ihr Vater dachte: was werden die Leute sagen? Hätte die Tochter nicht mehr Recht gehabt, sich diese Frage zu machen? Wie viel Herz gehört dazu, eine so lächerliche und zugleich grausame Bitte zu thun, als diese war: Gieb mir des Täufers Haupt in der Schüssel. Und doch that sie es — als ein gehorsames und gefälliges Kind.

Es ist eines Christen Pflicht, sich nicht fremder Sünden theilhaftig zu machen, und etliche Sünden sind offenbar, daß man sie vorhin richten kann, etliche aber werden hernach offenbar; also auch umgekehrt von guten Werken.

Zu Nutz und Dienst des Nächsten — das heißt nicht, ein Bote eines jeden seyn, der mich schicken will, und das Werkzeug eines jeden, der mich brauchen will. Ich muß ja wissen, was mein Nächster thun will, das verstehen, was er von mir haben will, ob es mit meinem Verhältniß gegen Gott und andere bestehen kann, und die Schultern wenigstens fragen, wie viel die tragen können. Wenn ich bey jedem Antrage, den mir jemand thut, denken will: das kannst du sacht thun ihm zu Gefallen, so wird die ganze Welt Lust kriegen, mit mir zu handeln, ich werde aber nichts recht thun können, und das Ende des Liedes wird seyn, entweder, alle meine Kunden für Schelme zu erkennen, oder von ihnen dafür mit allem Recht gescholten zu werden. Ein solches Schicksal ist in crisi gut, und macht einen fürtrefflichen Knoten im Laufe einer Sache; aber für die letzte Entwicklung wünsche ich Ihnen so wenig als mir selbst ein solches Loos.

Sie können leicht denken, daß ich weder aus Frevel, noch Kitzel, noch Leidenschaft solche Saiten berühren muß, welche den Ohren wehe thun; ich setze mich durch diese Freymüthigkeit einem Schaden und Abbruche an Ihren guten Gesinnungen aus, die mir immer unendlich schätzbar seyn werden. Kann ich wissen, ob Sie stark genug seyn werden, solche Wahrheiten zu hören? Und wie kann man Thorheiten an seinen Freunden zu nahe treten, ohne selbst zu leiden, und sich in ihnen zu erkennen? Aus diesen zwey Ursachen wählen Sie lieber, mit Ihren Freunden zu heucheln, und ich würde Sie bewundern und nachahmen, wenn wahre Klugheit in einer solchen Aufführung Statt finden könnte. Daß Sie mir durch Ihre Neutralität haben heucheln wollen, den Beweis davon will ich Ihnen nicht führen, ich begnüge mich, bloß darauf angespielt zu haben.

Möchte nicht Ihre Furcht, daß ich durch meine unerkenntlichen und mürrischen Handlungen das Ansehen des Christenthumes verdächtig mache und die Ehre der Bibel Preis gebe, die so edel aussieht — ein sehr feiner Sauerteig der Pharisäer und Sadducäer seyn?

Von einer so weitläufigen, vermischten und verwickelten Sache, als die Angelegenheiten des Hauses überhaupt und zum Theil in Beziehung auf mich sind, läßt sich ohne ein genaues Detail kein Begriff machen, geschweige, ein gesundes Urtheil fällen. Die Spieler darin sind eigene Leute, — das ist alles, was Sie von ihnen zu sagen wissen, und näher möchten Sie mit Ihrer Untersuchung ihnen kaum jemals kommen. Wenn dieses Eigene eine qualitas occulta ist, so ist nichts damit erklärt, und möchte auf das hinauslaufen, was der gemeine Mann wunderliche Heilige nennt. Daß Sie mich so beurtheilen, kann ich auf eine handgreifliche Art aus dem Dialog sehen, den Sie mir über den Antrag, Ihnen einige Bücher auszusuchen, in den Mund legen. Das Eigene mag also seyn, was es wolle, Lob oder Tadel, so sage ich in einem Falle mit David: ich danke dir darüber, daß ich wunderbarlich gemacht bin, und im andern Falle: Bewahre meine Seele, denn ich bin heilig; d. i., nach

Luther's Glosse, ich werde verdammt und verachtet als ein Ketzer. Ps. 86.

Daß Hr. B. mir wie ein Bär begegnet, dem seine Jungen geraubt sind, und daß jene mich wie Bienen umgeben und mich wie ein Feuer in Dornen dämpfen und löschen wollen — Was bewegt aber Sie, in Schaafskleidern zu mir zu kommen? Ich habe die Ströme seines guten Herzens in Blut verwandelt, daß sie ihre Bäche nicht trinken können, und das hat er durch Kunst nachthun wollen. Ist das Religion? — Stolz, Einfalt, Betrug. Das ist seine eigene Religion, die natürliche, und so fern meine Fleisch und Blut ist, gebe ich ihm darin Recht. Durch diesen Beweis verdammt er sich aber selbst, und macht seinen ganzen Gottesdienst und Sittengebäude zu Schanden, wie jene Zauberer ihre Mitbürger durch ihre Kunst selbst straften. Was bewegt Sie aber und was haben Sie für einen Grund für sich, daß Sie mir seine Prügelsuppe selbst überreicht und seine Verachtung meiner redlichen Absichten zu Ihrer eigenen Sache gemacht haben? Alles, was Sie ihm zu Gefallen haben thun können, und mir zum Nachtheil, haben Sie genau erfüllt, und da ich nicht mehr als eine einzige Bitte an Sie gewagt, eine Kleinigkeit in Ansehung der Gefahr, in welche Hr. B. Sie gesetzt, so haben Sie mich nicht einmal gewürdigt, darauf zu antworten. Ich muß daher noch einmal förmlich Sie darum befragen: Haben Sie mir die grosse Freundschaft erwiesen, dem Hrn. B. den Brief vorzulesen, weil er übel geschrieben war, und meiner Härte und Grobheit, ja seinen Mißdeutungen derselben, nicht als ein gelehrter, vernünftiger, christlicher Mann, sondern als ein alter, gefälliger Freund von mir, nicht als ein Arzt und Mittelsmann, sondern in Einfalt des Herzens und aus ungefärbter Liebe abzuhelfen gesucht? Das haben Sie nicht gethan, dieß will ich Ihnen beweisen. Das sind nicht des Hrn. B. Worte, sondern Ihre eigenen, die Sie mir überschrieben: ich hätte hart und grob geschrieben. Wenn Sie die Wahrheit niederschlucken wollen, als wenn es Ihr Speichel wäre, so muß uns beiden freylich nichts als die Schalen derselben übrig bleiben. Und in dieser Theilung sind Sie freylich neutral.

Lassen Sie mich albern in Reden seyn. Sind das Schlüsse? der eine hat Recht, der andere hat Recht — der eine hat Unrecht, der andere hat Unrecht; urtheilen mußt du; du willst nicht richten, du kannst doch aber etwas thun. Du mußt beiden den Pelz waschen, weil sie beide Narren sind, du mußt dich aber hüten, keinen naß zu machen, weil sie beide so klug sind wie du. Richten Sie, was ich sage, und sehen Sie das Gericht Ihres Nächsten als eine Züchtigung des Herrn an, auf daß wir nicht sammt der Welt verdammt werden. Der Mann, der nicht zuschlagen wollte, da ihn der Prophet darum bat, wurde von Löwen gefressen. Zeigen Sie Ihre Wunden, die ich Ihnen schlagen muß, dem Manne, den es angeht, und zürnen Sie nicht mit mir, sondern vergeben Sie mir als ein Christ den Schmerz, den ich Ihnen machen muß.

„Nichts natürliches in Ihrer Denkungsart,“ sagen Sie. „Ihre Einbildungskraft macht ein „Geschlecht von Geschöpfen zu Enakim und Heu„schrecken.“ Das war nicht Einbildungskraft, sondern Unglaube. Das natürliche Auge sieht freylich an den mikroscopischen Rissen der Insecten, des Schnees u. s. f. grobe Lügen, Hyperbeln, die kein Maler und Dichter wagen darf. Was dem Auge Lügen scheint, sind dem Verstande Entdeckungen, medii termini einer höheren als bloß sinnlichen Erkenntniß. Ziehet nicht am fremden Joche, spricht der Herr, und der Apostel der Liebe befiehlt uns, hart zu seyn gegen diejenigen, die nicht in der Lehre Christi bleiben. Sagen Sie mir, liebster Freund, wie der gute Name eines höflichen Mannes mit dem Bunde eines guten Gewissens bestehen kann, den wir in der Taufe mit Gott gemacht haben, und ob Sie nicht der Religion so vielen Schaden durch Ihren menschenfreundlichen

Wandel thun, als ich durch meine cynische Denkungsart?

Warum redete David, als wenn er Messias wäre, und der Messias eignete sich die Worte Davids zu? Antworten Sie mir, wenn Sie ein Lehrer in Israel seyn wollen. Wie konnte Paulus sagen: Ich lebe nicht, sondern, was ich lebe, alles ist euer, es sey Paulus oder Apollo, es sey das gegenwärtige oder das zukünftige, alles ist euer; ihr aber seyd Christi, Christus aber ist Gottes? Mußte ihn Paulus nicht erst durch eine wunderbare Erscheinung kennen lernen, und sind die nicht seliger, die an ihn glauben ohne dergleichen sinnliche Begebenheiten? Und sind unsere Zeiten nicht eines größeren Lichtes fähig, als Luther's seine waren? Niemand also verachte meine Jugend. 1. Tim. IV, 12. Ist die Wolke der Zeugen nicht größer geworden für mich, als sie für jene war, und unsere Verbindlichkeit stärker zu laufen? Wie denn? Durch Schaffen, Arbeiten, gute Werke, Liebesdienste? Nein, zu laufen durch Geduld in dem Kampfe, der uns verordnet ist.

Wenn ich so lange über einen Tyrier schwatzte, der vom Gärtner zum Könige durch Alexander erhoben wurde, so würde Ihnen mein Geschwätz vielleicht erlaubter und erträglicher vorkommen. Doch nein, liebster Freund, Sie erfahren in Ihrem Umgange tägliche Uebungen der Verleugnung, daß ich den Verlust einer Stunde über Lesung dieses labyrinthischen Briefes als ein klein Opfer der Freundschaft von Ihnen fordern kann; und Ihnen pflegt ein Glas Wasser zur Arzney zu dienen, wie ich mich durch ein Glas Wein des Tages stärken muß.

Cäsar wollte nicht abergläubisch seyn. Ein Astrolog hatte ihn für die Idus gewarnt. Dem zum Trotz ging er auf das Rathhaus, nicht zum Tode, sondern zur höchsten Würde, zu deren Erreichung er so viel angewendet. Hatte er im Leben die Träume der Sterndeuter verachtet, wie fluchte er, als er seinen Lügenpropheten in den elysäischen Feldern ankommen sah! Wenn du mir nicht deine Grillen mitgetheilt hättest, so würde ich nicht meinen Eigensinn gegen selbige zu brauchen nöthig gehabt haben. Ich kann es eher dem Brutus, als einem solchen Narren wie du, vergeben. — Wenn du Lügen geglaubt hättest, sagte der Astrolog, so würdest du selbige nicht wahr gemacht haben. Jetzt hast du dir selbst den größten Schaden gethan, und den Ruf meiner falschen Kunst bey Abergläubigen vermehrt. Wenn du geglaubt hättest, so hättest du deine Absicht erreicht, meinen Credit zu Schanden gemacht, und dich selbst erhalten. An deinem Leben hätte dir wenigstens mehr gelegen seyn sollen, als an der Eitelkeit, meine

Träumereyen zu widerlegen, an meinem Namen zum Ritter zu werden und über meine Schemata zu spotten. Was hatte also Cäsar für Ursache, die Ursache seines Todes dem Astrologen zur Last zu legen? Und doch behaupten Sie mir, daß die Rede eines Thoren dem vernünftigen und herzhaften Cäsar das Schicksal des merkwürdigen Tages zugezogen. War es denn so eine große Sache für Cäsar, einen Tag zu Hause zu sitzen? Besuche, zu denen uns Vernunft und Ehre antreibt, lassen sich nicht gerne aufschieben, und Tage zu wählen ist alter Weiber Kram.

Meine Feder würde nicht so überfließen können, wenn mein Herz nicht voll wäre. Freunde sind eine Gabe Gottes; ich habe meinen Köcher derselben voll gehabt. Soll er leer werden, so werde ich ihren Verlust, wie ihren Besitz mit Dank annehmen, und mich vor niemand, als Gott, demüthigen. Es ist nicht gut, sich auf Menschen verlassen, soll die eine Seite meiner Erfahrungen zur Aufschrift haben. Was können mir Menschen thun? wird die andere bekommen. Ich will rühmen Gottes Wort, ich will rühmen des Herrn Wort. Nimm ja nicht von meinem Munde das Wort der Wahrheit, denn ich hoffe auf deine Rechte. —

Ich werde mit dieser Seite hierüber schließen. Legen Sie bis auf die Fehler meiner

Schreibart alles zum Besten aus. Ich habe viel und über schwere Dinge zu schreiben gehabt; daher habe ich mich bemüht, kurz zu seyn, und nicht erreichen können, meine Gedanken deutlicher zu machen, als daß ich die Grundzüge derselben so stark als möglich ausdrücke und sie auf fremde Gegenstände übertrage. Ich werde mit Gottes Hülfe der Fesseln, unter denen ich jetzt schreiben muß, entledigt seyn, wenn meine Freunde mit mehr Liebe zur Wahrheit, den Grund meiner Handlungen zu erkennen, Verlangen bezeigen werden. — Alle die Spaltungen zielen darauf, Eine Heerde und Einen Hirten hervorzubringen; wann und wie dieß geschehen soll, gebührt uns nicht zu wissen.

* * * * *

Jetzt erlauben Sie mir, geliebtester Freund, mit leichteren Zügen die Feder an Sie zu führen. Ihrer Bitte um einige Schriften bin ich zuvorgekommen und habe einige Kleinigkeiten für Sie abgeben lassen. Außerordentliches ist mir bisher noch nichts in die Hände gefallen. Philotas ist das beste, was Sie erwarten können. Zwey Programme des M. Hähn habe ich der Mühe werth geachtet, über Subtilität in Schulsachen; einige Stellen des Comenius, die er anführt, sind merkwürdig. Das Verdienst dieses alten Philosophen und Schwärmers und

Schulmeisters ist ziemlich ausgestorben. Chladenius hat biblische Untersuchungen herausgegeben, die ich ihnen gerne zugedacht hätte, weil sie etwas außerordentliches sind an Gründlichkeit und analytischer Kunst. Zwey Abhandlungen über Projecte stehen darin, die ich dem Hrn. B. gewünscht hätte mitzutheilen. Ich habe sie gelesen, als wenn sie mein Gewissensrath aufgesetzt hätte, und mir daher als Regeln ausgezogen.

Wir haben hier zwey merkwürdige actus gehabt. Der Lausonsche auf Simon Dach wird gedruckt, er war ein weinerliches Lustspiel. Der Watsonsche Actus ist nicht zu beschreiben, daß seine Rede gedruckt werden soll, nicht zu begreifen. Ein jämmerlicher Auszug aus Stockhausens Bibliothek, die er seinen hohen Zuhörern und ihrem Comitat vorschlug. Dieser Comitat bestand aus Damen. Hierauf kam sein Lebenslauf, worin er alle die Akademieen erzählte, und die Höfe nannte, die er gesehen hat. Der Gebrauch der vielen französischen Wörter ist an einem politischen Redner wo nicht eine Zierde, doch ein Brandmark, an dem man ihn erkennen sollte und beurtheilen als einen solchen.

Hr. Trescho hat versprochen, morgen zu schreiben. Ich habe einigen Umgang mit ihm, der aber, wie es scheint, bloß in einer Art von Handwerksvertraulichkeit bleiben wird. Arbeiten läßt sich bey meinen Umständen nicht. Gott wolle meinen alten Vater erhalten!

Bey aller meiner Trägheit, der ich hier nachhänge, kann ich Gott Lob manchen Abend mit aller Zueignung mir ins Ohr schreyen: Herz! freu' dich! du sollst werden vom Elend dieser Erden und von der Sünden Arbeit frey. Ich genieße in gleichem Maße die Leere und die Fülle der Menschlichkeit. Ich habe mich auf diesen Frühling mit einer Neugierde gespitzt, als wenn er der erste wäre, den ich erleben sollte; ich wünschte ihn als den letzten schmecken zu können. Die Einsamkeiten meiner Gartenhütte und Kürbislaube sind kein Tausch gegen den Jahrmarkt der Rigischen Höfchen. Ich scheue meine Wünsche als Sorgen, und verwandle meine Sorgen in Wünsche; so verfließt eine Stunde nach der andern ohne Leyer, ohne Pinsel und Freund. Mein Vater ist mein einziger Wohlthäter und Zuchtmeister, den ich jetzt lieben und fürchten darf. Ich biege mich sieben mal zur Erde vor ihm, ehe ich mich unterstehe, ihm ins Gesicht zu reden. Ich esse mein Brodt bald mit dummem, ernstem Tiefsinn oder im Springen, wie ein Ochs oder Kalb Gras und Heu frißt; ich gehe auf Raub mit Grimm und Großmuth wie ein Löwe, und weil ich ein Zaunkönig bin, so trägt mich mancher Adler von starken Flügeln und Augen weiter als er selbst eicht; ich diene auch meinen Nächsten, wenn ich kann, am liebsten ohne Körper und Schatten, und nicht auf meine Rechnung, sondern wie es einem dienstbaren Geiste anständig ist, wie Wind und Feuer dem Menschen. Dachte der kluge Bauer an den Handel, der besser Wetter machen wollte, als Jupiter? oder hinderten die Flüche des Schiffers den Segen seiner Erndte? Geduldiges Element! man sieht, man fühlt dich nicht. Jeder Körper trägt dich in seinem Schooß. Wenn der Dornbusch dich zum Bundsgenossen hat, so sind die Cedern Libanons Asche und Staub für ihn.

41. An seinen Bruder nach Riga.

Königsberg, den 5. Mai 1759.

Deine Briefe haben mir ungemeine Zufriedenheit gegeben, da ich deinetwegen eine Zeit lang recht schwermüthig gewesen. Zu deinem bevorstehenden Examen wünsche ich dir herzlich Glück. Wenn du eine Rede zu halten hast, so rede so, daß dich die Kinder verstehen können, und sieh mehr auf den Eindruck, den du ihnen mittheilen kannst, als auf den Beyfall gelehrter und witziger Maulaffen. Du nennst deine Arbeit ein Joch — Es ist ein köstlich Ding einem Manne, daß er das Joch in seiner Jugend trage. Thren. III. Vielleicht hättest Du die Erinnerung deines und meines Lehrmeisters, Beichtvaters und Vormünders nicht so bald vergessen sollen, dich ja nicht im Anfange mit Arbeit zu überhäufen. Ich weiß und habe es gewußt, wie viel ich dir an Hänschen schon aufgegeben, und die hätte dich entschuldigen können. Doch alles muß uns zum Besten dienen, wenn wir nur unsere Fehler erkennen und auf Gott uns verlassen, der Andere und uns regiert, und ihnen und uns öfters den Zügel schießen läßt, nicht uns zu stürzen, sondern Ehre an unserer Schwachheit einzulegen.

Daß Hr. Christoph an mich nicht denkt, ist mir ein Gefallen. Er wird schon wieder an mich denken, wenn es Zeit ist. Gott Lob ich bin sehr ruhig und zufrieden, und habe die besten Tage. Meinem Vater ist ein Sohn zur Seite unentbehrlich, und es würde ein Fluch für mich seyn, wenn ich jetzt an etwas anderes als an ihn denken wollte.

Wenn Bassa des Hrn. B. Haus verläßt, so laß ihn kein anderes wählen, als das Vertrauen zu ihm hat und ihn zu schätzen weiß. Ich habe ihm eine Kleinigkeit vorgeschossen; denkt er daran, so nimm das Geld; hat er es vergessen, so habe ich es auch vergessen.

Vom Sergeanten habe ich nichts erfahren. Laß ihn seine Runde laufen; das müssen wir alle,

bis

bis Gott sich unserer erbarmt. Wenn alte Leute sich recht kennten, so würden sie nicht über Kinder die Schultern zucken.

42. An J. G. Lindner, nach Riga.

Königsberg, den 1. Jun. 1759.

— Aus Vorwitz habe ich alle Schriften des Chladenius durchblättert, und nur seine Predigten, und ein paar kleine Abhandlungen darunter gefunden, die Ihnen anständig seyn möchten. Seine Logica sacra ist gewaltig scholastisch, und seine Anweisung zur Auslegung der Schriften und Reden ist eben so eckel durch die Methode. In der ersten sind einige neue Theorien oder essays als Außenwerke angebracht, die Sie aus seiner Philosophia definitiva, die unter meinen Büchern ist, zum Theil kennen lernen können. Seine Abhandlungen vom Wahrscheinlichen sind nicht mehr zu haben; wenn sie wie seine Hermeneutik und Auslegungskunst geschrieben, so verlange ich sie nicht zu lesen. Unter seinen philosophischen Werken möchten also wohl seine Philosophia definitiva und Allgemeine Geschichtswissenschaft die stärksten und ausgearbeitetsten seyn. Ob Sie diese bey Gelegenheit künftig einmal haben wollen, können Sie sich allemal melden. Ich habe noch seine opuscula gelesen, die mehrentheils in Programmen und kleinen Abhandlungen bestehen, deren Inhalt den Leser neugierig macht, nicht aber gleich befriedigt. Es ist eine darunter über eine Stelle des Augustinus, worin er seine Gedanken über die Schreibart Moses und der heil. Schrift überhaupt entdeckt. Sie stehen in seinen Confessionen, und sind wirklich so außerordentlich, daß man diesen Kirchenlehrer entweder durch Empfindung verstehen muß, oder noch so viel über seine Worte commentiren kann, ohne ihren Sinn hinlänglich zergliedern zu können. Er bittet Gott um eine solche Beredtsamkeit, daß der Unglaubige nicht seine Schreibart verwerfen könne, weil sie ihm zu schwer zu verstehen wäre, der Glaubige hingegen, wenn seine Denkungsart noch so verschieden wäre, doch einen Zusammenhang und eine gewisse Uebereinstimmung derselben mit den Worten des Schriftstellers erriethe.

Mit dieser Stelle vergleicht Chladen eine andere aus eben dem Buche: Ego certe, si ad culmen autoritatis scriberem, sic mallem scribere, ut quid veri quisque de his rebus capere posset mea verba sonarent, quam ut unam veram sententiam ad hoc apertius ponerem, ut excluderem ceteras, quarum falsitas me non posset offendere. Chladenius scheint mir noch lange nicht bis auf den Grund desjenigen gekommen zu seyn, was Augustin hat sagen wollen. Er nimmt einen Einfall des Catulus zu Hülfe, den Cicero in seinem Buche de Oratore anführt, welcher gesagt: malo non intelligi orationem meam, quam reprehendi, und des Lucilius, der weder von ganz unwissenden noch gar zu gelehrten gelesen werden wollen, weil die erstern ihn gar nicht verstehen, und die letztern ihm über den Kopf wegsehn würden. Ein solcher Mensch und eine solche Schreibart gehört für einen Staats- und Schulredner, der nichts als Beyfall und Händeklatschen sucht, und zu so einer witzigen oder geschwätzigen Redekunst wird man in Schulen und im Umgange geübt. Darin fehlt es weder an Lehren noch an Mustern, weder an Ciceronen noch Atticis. Sollte aber nicht ein ehrlicher Mann bisweilen eine Schreibart nöthig haben, die er lieber getadelt als gemißbraucht wünschen möchte, und wo er genöthigt ist zu wünschen: ich will lieber gar nicht als unrecht verstanden werden?

Die Begriffe, die Augustinus annimmt, widersprechen gewissermaßen den ersten Grundgesetzen, die wir an einer guten Schreibart anzunehmen gewohnt sind. Er nimmt an, daß die Wahrheit bestehen könne mit der größten Mannigfaltigkeit der Meynungen über eine und dieselbe Sache, indem er sich so zu schreiben wünscht, daß diejenigen, welche durch den Glauden einen Begriff von der Schöpfungskraft Gottes hätten, in quamlibet sententiam cogitando venissent, eam non praetermissam in paucis verbis tui famuli reperirent, et si alius aliam vidisset in luce veritatis, nec ipsa in iisdem verbis intelligenda deesset; das würde ohngefähr heißen: daß, er möchte ein Cartesianer oder Newtonianer seyn, Burnet's oder Buffon's Hypothesen aufgenommen haben, und die Natur in dem geborgten Lichte dieses oder jenes Systems ansehen, er gleichwohl in den kurzen Worten des begeisterten Geschichtschreibers Spuren einer möglichen Erklärung nach seinen Schooßlehren darin fände, und Anspielungen darauf entdeckte. Die Wahrheit ist also einem Samenkorn gleich, dem der Mensch einen Leib giebt, wie er will; und dieser Leib der Wahrheit bekommt wiederum durch den Ausdruck ein Kleid nach eines jeden Geschmack, oder nach den Gesetzen der Mode. Es ließen sich unzählige Fälle erdichten, die einen neuen Schwung der Schreibart bestimmen könnten. Ein kleiner Zusatz neuer Begriffe hat allemal die Sprache der Philosophie geändert; wie die Reizbarkeit in medicinischen Büchern und Dissertationen zu circuliren anfing. Ebenso wird ein diplomatischer oder pragmatischer Schriftsteller, der gleichfalls gewissermaßen ad culmen autoritatis schreibt, sich an die Worte der Urkunden und Vollmachten halten, Mönchsschrift und Runische Buchstaben in ihrem Werthe lassen, und nicht mit dem Donat, sondern mit seinem Kaiser schismam reden. Unter eben so einem Zwange befindet sich ein Autor, der in einer Sprache schreibt, die nicht mehr geredet wird, weil sie todt ist. Er wird seinen Zeitverwandten als Verfälschern nicht trauen, den genium seiner Muttersprache oder der lebenden, die er gelernt hätte, verleugnen, und nichts als seine Bekanntschaft mit der Alten, sein Urtheil und sein Glück, ihre Formeln anzubringen und zusammen zu leimen, den Kennern zeigen können. Wenn ein solcher gekünstelter Römer von einem ehrlichen Manne sagen wollte, der dem öffentlichen Besten vorstände: optime sentit, sed nocet interdum Reipublicae, loquitur enim, tanquam in republica Platonis, nec tanquam in faece Romuli oder saeculi; würde man an dieser Schreibart etwas auszusetzen finden, und dem Briefsteller vorrücken, daß er dem Cato sein Lob gestohlen, und dadurch einen Narren entschuldigte, an den kein einziger Römer in seinen epistolis familiaribus gedacht hätte?

Nach den Gedanken des Augustinus von der Schreibart sollte man den größten Fehler in eine Schönheit verwandelt sehen; die Klarheit in einen unbestimmten vieldeutigen Sinn. Der Philosoph aber, der gar zu klar von der größten Wahrheit, nämlich der Unsterblichkeit der Seelen, redete, brachte den Entschluß des Selbstmordes, des größten Lasters, in seinen Zuhörern zu Wege. Wenn man also nichts anders als eine verkehrte Anwendung deutlicher Wahrheiten versprechen kann, so erfordert es die Klugheit, sie lieber einzukleiden, und den Schleier der Falschheit wie Thamar auf Unkosten seiner Ehre zu brauchen, und sie mit der Zeit desto nachdrücklicher zu rächen.

Ich theile Ihnen nur die zufälligsten Gedanken mit, weil Sie in einigem Zusammenhange mit meiner französischen Grammatik stehen, in der ich einige allgemeine Betrachtungen über die menschliche Sprache überhaupt zum voraus anzubringen gedenke; zu denen ich einigen Stoff gesammelt, den ich aber Mühe haben werde in Ordnung zu bringen. Erinnern Sie doch, geliebtester Freund, meinen Bruder, daß er die angefangenen Bogen den Musicalien beylegt.

Leben Sie gesund und zufrieden, geliebtester Freund. Ein gesegnetes Pfingstfest; Ich habe alle Lust verloren, aufs Land zu gehen; mein kleiner Garten ist mein Gut; mit Hrn. Trescho habe ich den Morgen darin zugebracht und schreibe jetzt darin. Mein Vater läßt Sie herzlich grüßen, ist ziemlich gesund und gutes Muthes.

43. An J. G. Lindner, nach Riga.

Königsberg, den 5. Jun. 1759.

Herzlich geliebter Freund, Ich habe Ihren Brief gestern erhalten, und sehe denselben als das schätzbarste Denkmal Ihrer Redlichkeit an. Was für ein göttliches Geschenk ist Freundschaft, wenn sie alle die Prüfungen aushält, die unsere schon durchgegangen, und wenn alles dasjenige, was auf ihre Vernichtung zu zielen scheint, nichts als ihre Läuterung und Bewährung hervorbringt. Sie ist alsdann eine Frucht des Geistes, der auch Freund und Tröster heißt. Er, den wir nicht sehen, ob er gleich mit uns, in uns und unter uns ist, Er, der den Raum füllt, der uns beide von einander trennt, wolle unsere Herzen auch seinen Gruß hören lassen: Friede sey mit euch! uns senden zu seinem und seines Vaters Geschäft, und unser ganzes Leben mit der Würde und Treue seiner Bothschafter und Gesandten uns führen lassen. Er lasse uns auch durch das Blasen seines Othems, so verborgen uns auch der Aus- und Eingang desselben bleiben mag, den heiligen Geist hinnehmen, und in Kraft desselben Sünde erlassen, und die Vergebung derselben denjenigen zu genießen geben, denen wir sie erlassen, Sünde hingegen behalten, und den Zorn derselben diejnigen schrecken lassen, denen wir sie behalten. Dieses schrieb ich am letzten Tage des Festes, welcher der herrlichste war.

Wie schlecht verstehen Sie mich noch, liebster Freund, wenn Sie sich im Ernste Mühe geben, sich gegen mich zu rechtfertigen. Wenn nur von uns beiden die Rede wäre, so sind Sie in jedem Stücke gerechter als ich; so haben Sie die größte Freyheit und Befugniß, mir alle mögliche Vorwürfe zu machen, die ich nicht anders als mit Stillschweigen und Scham zu beantworten wüßte.

Ich bin der vornehmste unter den Sündern, sagte der größte Apostel; nicht, ich war, sondern: ich bin es noch. Und in dieser Empfindung seiner Schwäche lag eben die Stärke des Trostes, den er in der Erlösung genoß. Was kann uns mehr drücken und unser Gewissen mehr beschweren, als ein unzeitiger Eifer für Gott, ein unreifer Enthusiasmus. Gott! dein Name wird durch denselben mehr gelästert als geheiligt, dein Reich mehr aufgehalten, als die Ankunft desselben befördert. Wie feyerlich übergab der Apostel im ersten Briefe einen Sünder dem Satan zum Verderben des Fleisches; wie ungleich ist er sich im andern Briefe, da er seine Gemeine ermahnt, daß sie diesen Sünder trösten sollte. War dieß Leichtsinn, oder ein Widerspruch fleischlicher Anschläge, die aus seinem Temperament flossen? Nein — daß ich euch in so einem harten und seltenen Tone geschrieben, das ist nicht geschehen um dessen willen, der beleidigt hat, auch nicht um dessen willen, der beleidigt worden ist, sondern darum, daß eure Neigung, euer Herz gegen uns offenbar würde vor Gott. Gott wollte versuchen, was in meinem Herzen die Liebe Christi gegen euch für Bewegungen hervorbringen würde, und was die Liebe Christi in euch gegen uns hervorbringen würde. Was für ein Gemisch von Leidenschaften hatte dieß in dem Gemüthe Pauli sowohl als der Corinther zuwege gebracht? Erschrecken Sie nicht, liebster Freund!

Verantwortung, Zorn, Furcht, Verlangen, Eifer, Rache. Wenn der natürliche Mensch fünf Sinne hat, so ist der Christ ein Instrument von zehen Saiten, und ohne Leidenschaften einem klingenden Erz ähnlicher als einem neuen Menschen. Kein besser Schwerdt als Goliaths; so braucht der Christ die Ironie, um den Teufel damit zu züchtigen. Diese Figur ist die erste in seiner Redekunst gewesen, und mit dieser Figur führte Gott die ersten Eltern zum Paradiese heraus, nicht sie, sondern ihren Verführer damit zu spotten.

Zur Unzeit reden. So zerbrach ein Weib ein Glas mit köstlichem Wasser zur Unzeit und ärgerte die Jünger mit ihrem Unrath. Die Weiber aber, die frühe aufgestanden waren, glaubten die rechte Zeit getroffen zu haben. Die Engel sagten ihnen aber: was suchet ihr den Lebenden unter den Todten?

Ich führe dieß bloß an, um von weitem zu zeigen, wie mißlich unser Urtheil ist über das, was uns als Unzeit und Unrath vorkommt. Daß selbst Jünger Christi falsch denken, und daß alles, was im Glauben geschieht, Gott gefällt; daß es im Geistlichen schwer ist, die Geister zu prüfen, da es in natürlichen Dingen öfters den scharfsinnigsten Kennern mißlingt; daß wir alle diese Künste nicht nöthig haben, wenn wir glauben, daß alle Dinge denen, die Gott lieben, zum Besten dienen müssen.

Sie haben mir einen Gefallen gethan, liebster Freund, in Entdeckung einiger Glossen, mit denen Sie bisher so zurückhaltend gewesen. Hätten Sie nicht dieses mit lauterer Freundschaft eher thun können? Je mehr ich Ihren Brief lese, desto mehr bewundere ich Ihren Witz, mit dem Sie sich in meinen Schwung zu setzen wissen. Ich weiß, wie natürlich Ihnen dieses ist, und daß Sie bald besser allegorisiren würden als ich. Gott hat mich zum bibelfesten Mann gemacht. — Aus Ihrem Munde sollen Sie gerichtet werden. — Und Sie werden bibelfest, um mich zu versuchen, und richten sich selbst, indem Sie mich anklagen.

Ich soll Ihnen beweisen, daß ich in aller meiner bisherigen Aufführung alles Recht auf meiner Seite gehabt. — Ist es meine Schuld, daß Gott irdische schwache Gefässe zu seinen Werkzeugen wählt, die durch ihre Thorheit die Weisheit der Schriftgelehrten zu Schanden machen sollen?

Ich soll göttliche und menschliche Dinge unterscheiden. — Der Christ thut alles in Gott; Essen und Trinken, aus einer Stadt in die andere reisen, sich darin ein Jahr aufhalten und handeln und wandeln, oder darin still sitzen und harren, sind alles göttliche Geschäfte und Werke. Die größte Stuffe des Gottesdienstes, den Heuchler Gott bringen, besteht in der Verfolgung wahrer Bekenner.

Lassen Sie mir meinen Stolz in den alten Lumpen. Diese alten Lumpen haben mich aus der Grube gerettet, und ich prange damit wie Joseph mit seinem bunten Rocke.

Die Leute haben niemals die Bibel gelesen; und daß sie jetzt nicht lesen werden, daran soll mein Mißbrauch derselben Schuld seyn?

Mache dich auf, zeuch mit den Männern, sagte Gott zu Bileam. Der Prophet war gehorsam; und doch ergrimmte der Zorn des Herren über ihn, weil sein Weg verkehrt war. Die Eselin wird scheu; hatte sie nicht Ursache, auszuweichen? Sie sah, was der Mann nicht sah, der den Lohn der Ungerechtigkeit liebte. Sie drückt ihm den Fuß, weil sie nicht anders konnte, an die Mauer der Weinberge. Er liest ihr einen neuen Text aus der Moral, mit der man Roß und Mäuler zieht. Jetzt fällt sie auf die Kniee, da kein Weichen statt hatte. Beten willst du? rief der Prophet; gehen sollst du. Du hörst mich. Wie beweglich fing die Eselin an zu reden, und ihm die Dienste vorzustellen, die sie ihm als Eselin gethan hatte. Philosophen wundern sich nicht, daß Thiere reden; so dumm ihnen ihre Sprache auch vorkommt, lassen sie sich doch in ein kurzes Gespräch mit ihnen ein. Und der Engel des Herrn sprach zu ihm: warum hast du deine Eselin geschlagen dreymal? —— Als Könige noch auf Eseln ritten, und kaltes Blut die erste Tugend der Helden, selbst der cholerischen war, so prangten sie in den Metaphern der Dichter. Jetzt würde das eben so abgeschmackt seyn, als mit einem begeisterten Apostel über so eine weltliche und bürgerliche Sache, als der Kopfputz des Frauenzimmers ist, Gründe aus der Geisterlehre und dem Recht der Natur zu klügeln.

Bin ich nicht furchtsamer, als Sie, liebster Freund? Wankelmüthiger als Sie? Habe ich mich in das Haus meiner Freunde eingeschlichen, oder aufgedrungen? Wie sollte ich mich denn, jetzt in unendlich höhere Angelegenheiten aus eigenem Durste mischen? Meynen Sie nicht, daß zu dem Werke außerordentliche Prüfungen nöthig sind, Offenbarungen göttlicher Kräfte, und Faustschläge des Satans? Unser Leben ist verborgen — es ist noch nicht erschienen, was wir seyn werden. Davon weiß kein Agrippa, kein „beynahe ein Christ." Die Furcht vor den Christen ist das Uebel, was einen Jünger Christi drückt, wie damals die Furcht vor den Juden. Die Namen werden bloß verändert, die Sache ist dieselbige.

Soll nun meine Vernunft das Licht seyn, darnach sie sich richten sollen? Das wäre gefährlicher, als da sie jetzt ihre eigene zur Richtschnur und zum Bleygewichte göttlicher Wege machen.

Ich weiß, daß ich unnütz bin, aber es ist Sünde, auch über den Geringsten: Racha! zu schreyen. Gott kann uns Narren schelten, aber kein Bruder den andern. Ich predige nicht in Gesellschaften, weder Catheder noch Kanzel würden meiner Länge etwas hinzufügen. Eine Lilie im Thal, und den Geruch des Erkenntnisses verborgen auszuduften, wird immer der Stolz seyn, der im Grunde des Herzens und in dem innern Menschen am meisten glühen soll.

Wenn es auf eine Rechtfertigung ankäme,

so könnte ich Gott dafür danken, daß er mir eine Aufmerksamkeit und Gegenwart auf seine Gegenstände gegeben, die in seinem Licht am meisten erkannt werden, und die er durch ihre Beziehung auf mich und andere nicht ohne Frucht seyn lassen.

Der Geist der Liebe sucht die Einsamkeit, gleich irdischen Liebhabern, das Dunkle, die Schatten, das Geheimniß. Er spricht durch Blicke, durch Winke und Seufzer. Die Spiele seines Witzes sind gleich den Namenszügen, die beym ersten Schnitte der Rinden kaum ins Auge fallen und mit den Jahren der Bäume auswachsen, daß jeder, der vorüber läuft, sie lesen kann. Ferne vom Weltgetümmel, wo Stille, Ruhe, Friede, Einigkeit, und Liebe herrscht,

Da ist sein Tempel aufgericht't,
Da dient man ihm nach rechter Pflicht,
Da giebt er Klugheit und Verstand,
Da wird der Sprachen Grund erkannt.
Der Zungen Feuereifer glimmt.
Er zeigt, was niemand sonst vernimmt.
Schenkt das Vermögen, auszusprechen,
Was der Vernunft, dem Witz der Frechen,
Und aller List
Zu mächtig ist.

Sie werden sich mit dieser tumultuarischen Antwort auf Ihren Brief begnügen, und mir unter allen Gestalten Ihre Freundschaft zu erhalten suchen, die mir immer verehrungswürdig und theuer seyn wird. Mose war der sanftmüthigste Mann, und der Apostel der Liebe hieß der Donnersohn.

44. An J. G. Lindner, nach Riga.

Königsberg, den 22. Jun. 1759.

Herzlich geliebter Freund, Ich habe vorigen Dienstag Ihre Einlage durch Ihre Frau Mutter erhalten. Durch Jacobi's Predigten werde ich künftig behutsamer seyn; unterdessen wird es Ihnen leicht seyn, sie dort anzubringen, Forstmann's Schriften werden mir sehr schätzbar seyn, den ich jetzt aus seinen erfreulichen Nachrichten für die Sünder kennen lerne; und der Name eines Herrenhuters, mit dem man ihn gebrandmarkt, soll mich nicht irre machen, die Wahrheiten dieses Mannes und seine rührende Schreibart zu schmecken. Der bekannte Dichter Gisecke hat zwey Predigten herausgegeben, die Cramer's Beredtsamkeit ausstechen, so eckel mir auch die Zueignung an ihn vorgekommen, die mit der citeln Vertraulichkeit eines französischen Abbé geschrieben ist. „Jesus als die eine, wiedergefundene, köstliche Perle von A. L. Giese." Diese Perle in ihrer Mutter möchte ein Kenner gegen neun Schnüre eines nordischen Chrysostomus vertauschen. Tantum.

Lesen Sie denn gar keine Dichter mehr? werden Sie mir zulächeln. Ja, liebster Freund, ich lese sie nicht nur, sondern gehe auch jetzt mehr als sonst mit Poeten um. Von 7 bis 10 heute mit Hrn. Trescho, und von 10 bis 12 mit Lauson zugebracht.

Haben Sie die geraubte Europa von Moschus und eben dieselbe von Nonnus, zwey Bogen, mit einer Vorrede, die man Bodmern zuschreibt? Sie verdienen gelesen zu werden. Man könnte über diese zwey ungleichen Stücke ein ganzes Collegium der Poesie lesen, und den Unterschied des wahren, natürlichen, und des verdorbenen, künstlichen Geschmacks im Ganzen und in jedem Theile derselben zeigen. Wenn ein Moschus mit so viel Anstand ein mythologisch Mährchen zu erzählen weiß, woran liegt es doch, daß ein Wieland den geprüften Abraham nicht mit eben der Sittsamkeit; sondern so viele ariostische Episoden, alcoranische und talmudische Zierrathen, die nichts als das Vorurtheil der Mode und der einmal angegebene Ton rechtfertigen kann? Hat man die Erdichtungen nöthig, wo die Geschichte reich genug ist? und soll man Dinge nachahmen, die schon dadurch um ihre ganze Anmuth gekommen, daß sie jedermann nachahmt? Von denen sollte man sich e n t f e r n e n und seinen Mustern entgegen arbeiten. Endlich, wenn man sich ohne Erdichtung nicht behel-

behelfen kann, so sollte man doch den besten Gebrauch davon machen. Wozu wird Ismael zu so widersinnigen und unnatürlichen Auftritten von ihm gebraucht? Wozu wird der Charakter eines Spötters ihm mit so viel Unverschämtheit geraubt, und in einen Helden kindlicher und brüderlicher Liebe verdreht? Ich halte mich bey dem geprüften Abraham so weitläufig auf, weil es der Mühe lohnt, einen solchen Verfasser zu beurtheilen. Nichts als eine blinde Gefälligkeit gegen die herrschenden Sitten unserer jetzigen Dichtkunst, oder eine durch Gewohnheit erlangte Fertigkeit, die unser Urtheil partheyisch macht und unsere Sinne bezaubert — und der Trieb zu gähnen, weil wir andere gähnen sehen — können dergleichen Gaukeleyen so ansteckend machen, daß die besten Köpfe davon hingerissen werden. Geben die Beywörter, welche den Parasiten gleich sich bey jedem Hauptworte zu Gast bitten, nicht dem Ohre eine weit ärgere Monotonie, als die man dem Geklapper der Reime zugeschrieben? Wird nicht die geistige Maschinerie gröber angebracht, als das Spiel der Knechte bey den alten, und des Scapin bey den neueren Römern?

Fragen Sie mich also nicht mehr, ob ich keine Dichter lese. — Hr. B. ist vorige Woche angekommen. Ich habe ihn weder den ersien noch den zweiten Jahrmarktstag zu Hause finden können. Mein Vater ist ihm begegnet, dem er versprochen, uns zu besuchen; das will ich also abwarten. Ich fand hier von ungefähr eine Uebersetzung eines platonischen Gespräches zwischen Sokrates und Alcibiades, das ich ihm zu lesen gebracht, weil die jetzigen Conjuncturen darin sehr genau mitgenommen sind.

45. An J. G. Lindner, nach Riga.

Königsberg, den 3ten Jul. 1759.

Herzlich geliebter Freund, Ich habe heute frühe die Einlage durch Hrn. Wagner erhalten, und danke Ihnen für die Zeit, die Sie sich nehmen, mich Ihres gütigen Andenkens zu versichern. Jedes Denkmal und Wahrzeichen davon ist mir unendlich schätzbar.

Ich habe heute eine Kur angefangen, die sich auf eine Flasche Seidlitzer Wasser erstrecken wird und also diese Woche geschlossen werden dürfte. Gestern die Zubereitung dazu gemacht — ich werde eilen, um nicht die Erdbeeren-Zeit zu versäumen.

Wie angenehm der gestrige Abend für mich gewesen, können Sie selbst leicht erachten, da ich ihn in der Gesellschaft unsers Freundes, des Herrn Berens, zugebracht, der mich unvermuthet beschlich. Er hat nicht gewußt, daß ich ihn drey Tage nach einander aufgesucht; und ich nicht, daß er mich zu sehen wünschte. Heute komme ich eben von ihm, aber ohne ihn zu Hause angetroffen zu haben.

Ich weiß, liebster Freund, daß eine Unwissenheit von beiden Theilen über gewisse Dinge uns zu einem Mißverständnisse vieler Kleinigkeiten und zu einem frevelhaften Urtheil über amphibische Dinge verleitet hat. Eine Appellation an Cäsar, den großen Eroberer — menschlicher Vorurtheile und Anschläge — die Zeit — ist meine erste und letzte Zuflucht. Sie lieben mich noch — mein Freund auch noch — Zufriedenheit genug für mich; wofür ich Gott danke.

Schwung, Witz und all das Zeug sind entzückende Dinge, und sehr willkommene Vorzüge, wenn wir die erste, die beste Leiche oder Schönheit zu besingen haben; wenn Witz, Schwung und all das Zeug aber zu höheren Gegenständen gebraucht wird, und zu mehr als Theaterfabeln: so ist es eine vernünftige Raserey und eine extatische Selbstliebe — ein excentrischer Stolz. Wie ich mit Wörtern spiele, so giebt es Leute, die mit Begriffen spielen.

Der Geist der Liebe — ist ein Geist der Wahrheit, die im verborgenen liegt. Wenn derselbige kommt, steht in meiner Bibel, der wird die Welt strafen — — Ich habe euch noch viel zu sagen, ihr könnets aber jetzt nicht tragen; sind Worte, wie Sie wissen, des Menschensohns, der Sünder aufnimmt und mit ihnen isset.

Herr Lauson hat mich heute besucht, ich habe ihm vorgelesen, daß ihm die Stille vortheilhafter seyn wird als der vorige Tumult. Er ist der einzige von meinen alten Freunden, der mir hier übrig geblieben, und nimmt alles von mir für lieb.

Herr Trescho ist vorige Woche abgereiset nach Hause, der Gesundheit wegen. Er hat im Intelligenzblatt mit allgemeinen Gedanken eines christlichen Weltweisen über die Zufriedenheit Abschied genommen. In seiner Schreibart sind mehr Farben als Zeichnung. Wir haben öfters uns einander die Frage aufgeworfen von der Unverträglichkeit der schwesterlichen Künste, Poesie und Rhetorik. Cicero war ein schlechter Dichter, und das an Poeten fruchtbare England zählt wenige Redner.

Ich freue mich, daß Sie mit überschicktem zufrieden sind. Wagner hat einiges nach seinem Geschmack beygelegt. Von Swift haben Sie vergessen, daß ich den ersten Theil als ein Geschenk bekommen und Ihnen versprochen die Last der Fortsetzung dabey zu übertragen, wenn Sie den ersten Theil als eine Kleinigkeit annehmen wollen.

Ich bin mit Hume's zweitem Theil fertig, den ich ohne Sulzer gelesen. Seine Versuche habe ich mehrentheils zum Frühstück gelesen. Wie die Natur den Boden giftiger Kräuter mit Gegengiften in der Nähe beschenkt, und der Nil den Crocodil mit seinem Meuchelmörder zu paaren weiß: so fällt Hume in das Schwerdt seiner eigenen Wahrheiten. Zwey davon sind allein genug, das ganze Gewebe seiner Schlüsse in seiner wahren Schwäche zu verrathen.

1) „Die letzte Frucht aller Weltweisheit ist „die Bemerkung der menschlichen Unwissenheit „und Schwachheit." Derjenige Theil, der sich auf unsere Verstandeskräfte und Erkenntniß bezieht, zeigt uns, wie unwissend, der sittliche, wie böse und seicht unsere Tugend ist. Dieser Eckstein ist zugleich ein Mühlstein, der alle feine Sophistereyen zertrümmert. Unsere Vernunft ist also eben das, was Paulus das Gesetz nennt — und das Gebot der Vernunft ist heilig, gerecht und gut. Aber ist sie uns gegeben — uns weise zu machen? eben so wenig als das Gesetz der Juden, sie gerecht zu machen, sondern uns zu überführen von dem Gegentheil, wie unvernünftig unsere Vernunft ist, und daß unsere Irrthümer durch sie zunehmen sollen, wie die Sünde durch das Gesetz zunahm. Man setze allenthalben, wo Paulus von Gesetz redet — das Gesetz unsers Jahrhunderts

und die Losung unserer Klugen und Schriftgelehrten — die Vernunft: so wird Paulus mit unsern Zeitverwandten reden; und seine Briefe werden nicht mehr einer Trompete ähnlich seyn, nach deren Schall sich keiner zum Streit rüstet, weil sie unverständlich das Feldzeichen giebt.

2) Ein Versuch von den Wunderwerken. „Die christliche Religion ist nicht nur mit Wun„derwerken am Anfange begleitet gewesen; son„dern sie kann auch selbst heut zu Tage von „keiner vernünftigen Person ohne ein Wunder„werk geglaubt werden. Die bloße Vernunft „ist nicht zureichend, uns von der Wahrheit „derselben zu überzeugen; und wer immer durch „den Glauben bewogen wird, derselben Bey„fall zu geben, der ist sich in seiner eigenen „Person eines beständig fortgesetzten, ununter„brochenen Wunderwerkes bewußt, welches al„le Grundsätze seines Verstandes umkehrt, und „demselben eine Bestimmung giebt, das zu glau„ben, was der Gewohnheit und Erfahrung zu„wider und entgegengesetzt ist.“ — Hume mag das mit einer höhnischen oder tiefsinnigen Miene gesagt haben; so ist dieß allemal Orthodoxie, und ein Zeugniß der Wahrheit in dem Munde eines Feindes und Verfolgers derselben — Alle seine Zweifel sind Beweise seines Satzes. —

Hat das Gesetz nicht mit der Vernunft einen gleichen Ursprung? Jenes waren Ritus, Satzungen, entlehnte Gebräuche, wie Spencer will, von andern Völkern; sind unsere Vernünfteleyen und Erkenntniß was anders als Traditionen der Sinne, der Väter — — —?

Da ich den dritten Theil von Hume nicht Gelegenheit gehabt, zu bekommen, so ist jetzt Baco mein Philosoph, den ich gleichfalls sehr schmecke. Da ich die Encyclopädie und einige der französischen Neulinge Schriften kenne, so ist mir angenehm, die Quelle selbst zu versuchen, aus der jene geschöpft, und die Anwendung zu sehen, die sie von seinen Einfällen gemacht. Vielleicht hievon künftig mehr.

Alle Musicalia, liebster Freund, wenn nicht mit der bequemsten, doch mit der geschwindesten Gelegenheit. Was das übrige anbetrifft, so brauche ich nichts. Es liegt dort so gut als hier. Alles was man damit anfängt, wird mir unterdessen angenehm und willkommen hier seyn. Grüßen Sie Herrn Carl, sein sämmtliches Haus und das Arendsche auf das ergebenste von mir, so bald Sie Gelegenheit haben, dahin zu gehen. Das erste Wiedersehen des Herrn Berens ist ein Glück für mich gewesen, das ich mit aller möglichen Empfindlichkeit genossen. Ich kann die Elegie des Dichters in einen Paean übersetzen oder in einen andern Schlüssel transponiren und den Refrain umkehren:

Den Freund, den hab ich funden.

Nicht Zeit, nicht Entfernung, nicht Fehler, nicht Umstände haben bisher unseren Neigungen geschadet, und alles künftige wird uns gleichfalls zum besten dienen müssen. Adieu.

46. An seinen Bruder nach Riga.

Trutenau, den 12. Jul. 1759.

Ich bin heute frühe in Gesellschaft Zöpfel's hieher gegangen, um des Sommers zu genießen. Mein Vater hat mir Hoffnung gemacht, mich abzuholen. Gott Lob, leidlich gesund, aber von häuslichem Verdruß so umringt, daß er kaum Luft schöpfen kann. Heute wird hoffentlich ein Brief von dir ankommen, auf den du uns schon lange hast warten lassen. Bete und arbeite! Die Menge deiner Geschäfte und Stunden suche dir durch Ordnung und Mäßigkeit zu erleichtern. Ordnung ist die innere Oeconomie, Mäßigkeit die äußere; jene muß regelmäßig, diese sittlich seyn.

Am Anfange dieser Woche bin ich in Gesellschaft des Hrn. B. und Mag. Kant in der Windmühle gewesen, wo wir zusammen ein bäurisch Abendbrod im dortigen Kruge gehalten; seitdem uns nicht wieder gesehen. Unter uns — unser Umgang hat noch nicht die vorige Vertraulichkeit, und wir legen uns beide dadurch den größten Zwang an, daß wir allen Schein desselben vermeiden wollen. Die Entwicklung dieses Spieles sey Gott empfohlen, dessen Regierung ich mich überlasse.

47. An J. G. Lindner, nach Riga.

Trutenau, den 16. Jul. 1759.

Herzlich geliebtester Freund, Ich habe gestern Ihre liebreiche Zuschrift erhalten und die Nachricht, daß ein Paket von Ihnen gleichfalls zu Hause auf mich wartet. Ich denke morgen oder übermorgen von meinem Vater hier abgeholt zu werden. Anstatt Scenen in der Natur zu meiner Aussicht zu haben oder zu machen, liegen Hogarthsche Zeichnungen zu Sirach's Haus- und Sittenbuch um mich herum, die meine Aufmerksamkeit von der ersteren abziehen. Ich würde vielleicht in der gaukelnden Lüsternheit des Müssigganges hier ausschweifen, ohne diesen monadischen Kappzaum von Betrachtungen — über Familienhändel und den Umgang meines Wirths mit unserm großen Mühlenbaumeister Dietrich. Der letztere hat jetzt Wälder in Polen auf sechs Jahre gekauft und ein Gut gepachtet — Der erste Versuch in dieser Art. Weil unsere Erfahrung (die im gewißen Verstande die wahre

Philosophia atomistica ist) durch dergleichen kleine Beobachtungen wächst; so will ich immerhin die Augenweide des Landlebens etwas weniger hier genießen. Ich weiß, herzlich geliebtester Freund, daß ich Ihnen noch eine Antwort in Ansehung meines Bruders schuldig bin. Da Sie jetzt selbst auf die Spur kommen, ist es mir lieb, mit wenigem mich zu erklären. Um Geduld Sie zu bitten, würde vielleicht jemanden der Sie kennte, lächerlich vorkommen; gleichwohl habe ich es im letzten Briefe gethan, und thue es noch. Sein letzter Brief ist sehr gut geschrieben; aber so künstlich und in Falten gelegt, daß die Furcht und Scham einer Blöße sich durch seinen gesetzten Witz verräth, und ich finde allenthalben Beweise von dem, was Sie mir sagen, und Spuren, aus denen ich, wie der weise Memnon, merken kann, was für Ohren das Hündchen trägt, das man sucht rc. Ich thue das beynahe in jedem Briefe, warum Sie mich ersuchen — und ich werde mich näher erklären, da er mir selbst Anlaß dazu gegeben. Weil ich aber auch den Verdacht bey ihm schon mehr als einmal erweckt, daß ich mich zu viel um fremde Dinge bekümmere, und von dem gemeinsten Lauf der Dinge und Geschäfte nicht anders als übertrieben denken kann; so thue ich durch dieses Vorurtheil nichts als Fehlschläge.

Da Sie Amtswegen und aus Gewissenspflicht, ja selbst aus Hausvater-Recht und Freundschaft, so frey und rund mit ihm reden können, als Sie es für nöthig finden, da Sie ein Augenzeuge seiner Nachläßigkeiten und Nebenwege sind, und im Stande, ihn alle Augenblicke auf der That zu ertappen; da Sie übrigens die gute Meynung der Mäßigkeit und Lindigkeit für sich haben: so werden Sie es mir um so viel weniger verdenken, wenn ich Sie ersuche, sich gegen ihn ernsthaft zu erklären, und ein wenig Gewalt dazu zu brauchen, um ihn zur Selbsterkenntniß und Selbstprüfung zu bewegen.

Ich werde fortfahren aufrichtig gegen ihn zu seyn, und Ihnen für alle die Winke herzlich danken, die Sie mir von seiner Aufführung geben, solche auch zu seinem Besten ohne jemandes Nachtheil anzuwenden suchen. Sein Phlegma und kalt Blut ist nichts als eine falsche Brustwehr seines Stolzes und seiner Bequemlichkeit — und so gut Blendwerk als meine aufwallende Hitze.

Königsberg, den 20ten.

Ich habe Ihrer lieben Mutter die Einlage eingehändigt. Ihr Herr Bruder aus Kurland hat mir geschrieben. Er steht jetzt in dem Hause sehr gut, wie ich auch durch Bassa gehört, worüber ich mich herzlich freue. Ich habe mich herzlich gewundert, daß man dort ein ander Wort in meinen Briefen, das nicht weit vom Adel gestanden, für Canaille gelesen, und darüber so böse geworden; und muß Ihren Herrn Bruder für seine Treuherzigkeit ein wenig auslachen, daß er sich dieser Einfalt so heftig angenommen. Ich bin dergleichen Mißverständnisse schon gewohnter als er. Es war ein kitzlicher Witz in meinen Briefen, den weder Eltern noch Kinder verstehen, der aber freylich am meisten auf ihren Hofmeister gemünzt war, wie er es auch selbst bemerkte, und wodurch seine Eitelkeit des witzigen Studirens und die unterlassene Anwendung davon zur Hauptsache, nämlich der Erziehung, ein wenig gestraft werden sollte. Ich nahm mir zugleich die Freyheit, meinen Muthwillen als eine Gelegenheit Ihnen an die Hand zu geben, sich an meinem eigenen Bruder zu rächen auf gleiche Art.

Ich danke Ihnen für Ihre kleine Rhapsodie von gelehrten Neuigkeiten. Für mich ist Saft und Mark genug darin. Keine Entschuldigung mehr von der Art für mich. Jedes Wort ist ein Urtheil für mich, und jede Kleinigkeit, womit mich ein Freund unterhält, unendlich kostbar. Nicht das Gepränge, sondern die aisance der Empfindung ist meine Sache; und mit gleichen Gesinnungen wird Ihnen die

Geduld, mein Geschmiere zu lesen — wie ich mir schmeichele — zu einem Zeitvertreib. Freundschaft — unter jedem Contrast — Harmonie — die im Gebrauch der Dissonanzen besteht und wie die Italiener halbe Töne liebt — dieß sind die Quellen, die mich so briefreich an Sie allein machen, unterdessen ich andern, wie eine libysche Wüste, auf den Scheitel und unter den Fußsohlen brenne — ohne Schönheiten der Aussicht und ohne Früchte weder der Sonne noch des Monds.

Wenn Sie die lyrischen, elegischen und epischen Gedichte nicht haben, die zu Halle ausgekommen, so haben Sie das neuste in dieser Messe noch nicht kennen gelernt. Ich schicke sie Ihnen auf Gerathewohl. Besitzen Sie solche, so könnten Sie selbige an Herrn Carl Berens oder seine Schwester anbringen. Die Gedichte gehören zu Meisterstücken; in der Theorie ist der Verfasser auf guter Spur und überläuft beynahe seinen Liebling Batteux. Die Eitelkeit, gleich Systeme zu machen, und der verfluchte Mechanismus unserer neueren Philosophie, die Ungeduld seine Eyer auszubrüten und den Termin des Sitzens auszuhalten, der zur Reife und Zeitigung der Natur gehört! Vorn sind Anmerkungen, hinten sind Briefe. Die letzten widerlegen und ergänzen zugleich die ersten. In seinen Briefen ist eben der Fehler und πρῶτον ψεῦδος, das in den Anmerkungen herrscht. Sie werden hier meine Beobachtung in einem Beyspiel sehen, wie eine Reihe neuer Begriffe eine neue Wendung der Sprache hervorbringt. Ich habe das Buch in einem Othem gelesen, daß ich mehr davon keichen als reden muß. Sie werden selbst die Schwärmereyen und die üppigen Aeste dieses zu fruchtbaren Genies ihrer Aufmerksamkeit würdigen.

Ich habe den ersten Theil des Nordischen Aufsehers durchblättert. Klopstocks Stücke unterscheiden sich darunter und erheben allein das Werk. Eine Ode über die Allgegenwart Gottes, die sich ohne einen heiligen Schauer nicht lesen läßt. Es ist wahr, daß er ein eben so fürtrefflicher prosaischer Schriftsteller ist. Luther, Opitz und Haller ist sein deutsches Triumvirat. Gedanken über die beste Art von Gott zu denken 1) nach metaphysischen Begriffen 2) in Betrachtungen 3) in Begeisterung; als ein Sophist, Philosoph und Christ oder Poet. Wundern Sie sich nicht, daß dieß Synonyma sind. Das zweyte Stück von ihm sind Anmerkungen über den poetischen Ausdruck, Sprache oder Period. Lauson erschrack, daß so ein Geist wie Klopstock auf den Ort Achtung giebt, wo eine so nichts bedeutende Interjection als das Ach! ist, stehen soll. Dafür hat er heute erfahren müssen, daß er noch lange nicht so viel als Gottsched von der Poesie versteht, den er so verächtlich beurtheilt. Endlich hat er einige Betrachtungen über das Publicum gemacht, nämlich das gelehrte, welches er in Richter und Kenner eintheilt, und worin er seine eigene Geschichte mit dem bescheidenen Stolz eines Richters und Kenners seiner eigenen Werke emblematisch erzählt.

Dieses Publicum, was für ein Proteus ist es? Wer kann alle die Verwandlungen erzählen, und alle die Gestalten, unter denen es angebetet wird, und durch die abergläubische Leser betrogen werden? Ein blessirter Officier, der für die lange Weile — ich weiß nicht was? lieset. Dieß ungenannte sind die Briefe die neueste Litteratur betreffend, die ich mit so viel Vergnügen gelesen, als man einem Patienten Laune zutrauen kann, der seinen Arm in der Schärpe trägt. Sollte aber wohl das Publicum von Richtern und Kennern dergleichen Einfälle billigen, die gar zu deutlich verrathen, daß nicht der Mann, an den diese Briefe gerichtet sind, sondern der Schriftsteller ein solcher temporärer Invalide ist, der seine eigene lange Weile vertreibt — und seine gesunde Urtheilskraft zur Lust oder aus eigennützigen Absichten, wie die Bettler, zum Krüppel macht? Kein Bergmann wird durch diese Briefe gebessert werden; der ist zu dumm, sie zu lesen; kein

Wieland an seinem guten Namen viel verlieren, vielleicht dadurch für sich und seine Leser oder Anhänger gewinnen — kein Philosoph einem Witzling mehr zutrauen als einer privilegirten Academie. Der wie Pythagoras den olympischen Spielen zusieht, hat so wenig Lust als Geschick mitzulaufen; er sieht aber auch ohne Neid den Sieger und ohne Mitleiden seine Nebenbuhler und sich selbst an.

Forstmann soll diesen Mai gestorben seyn. Seine erfreulichen Nachrichten für die Sünder sind nicht mehr hier, werden aber wieder verschrieben; alsdann sollen Sie selbige haben. Ich kenne keinen grösseren Redner unter den Neueren. Kein Wunder; was sind die Angelegenheiten eines Demosthenes und Cicero gegen das Amt eines Evangelisten, eines Engels, der nichts weniger und nichts mehr seinen Zuhörern zu sagen hat und weiß, als: Lasset euch versöhnen mit Gott; und sie mit der Liebe, mit der Gewalt, mit der Niedrigkeit dazu ermahnet, als wenn er Christus selbst wäre? Und zu diesem königlich priesterlichen Geiste wird, wie Petrus sagt, jeder Christ geweiht und gesalbt, ein Prediger der Gerechtigkeit, ein Zeuge und Märtyrer der Wahrheit, mitten unter dem unschlachtigen und verkehrten Geschlecht der Sünder; hier wie der König der Juden verworfen und mit Dornen gekrönt, dort Sohn

und

und Erbe, als Richter über die zwölf Stämme, eine Krone der Herrlichkeit auf dem Haupte. Dieß sind Empfindungen, die mit zu denen gehören, an die sich, wie Klopstock sagt, kein prosaischer Schriftsteller wagen kann noch darf. Wer kann Dinge nachahmen, die durch keinen von den fünf Sinnen geschöpft werden können? Dieß sind Empfindungen, die in kein ander Feld gehören, als in die Poesie, und in keiner andern als der Göttersprache allein ausgedrückt werden können. Sie kommen aus dem Munde Gottes und gehen in Gottes Ohr zurück. Wie das Opferfeüer des Herrn vom Himmel fällt und gen Himmel steigt — Gedanken, die der Christ im Schlummer und in den Träumen seiner Ruhe — mitten unter den Gefahren der Nacht und eines offenen Feldes — ungeachtet des Steines, des harten Polsters — wie Engel auf der Leiter Jacobs von Gott und zu Gott steigen sieht.

Den Begriffen des Klopstock zu Folge besteht das physische Wachen in demjenigen Zustande eines Menschen, da er sich seiner selbst bewußt ist; dieß ist aber der wahre Seelenschlaf. Unser Geist ist nur alsdann wachend anzusehen, wenn er sich Gottes bewußt, ihn denkt und empfindet; und die Allgegenwart Gottes in und um sich erkennt, wie die Seele eines wachenden ihre Herrschaft über den

Leib, und der Leib die Eindrücke eines geistigen Willens ausdrückt. Ein Mensch, der in Gott lebt, wird sich daher zu einem natürlichen Menschen verhalten, wie ein wachender — zu einem schnarchenden in tiefem Schlaf — zu einem Träumenden — zu einem Mondsüchtigen. Ein tiefer Schlaf ist dem Tode am nächsten, ohne alles Nachdenken, ohne alle Thätigkeit. Ein Träumender kann lebhaftere Vorstellungen als ein Wachender haben, mehr sehen, hören, denken als er; sich derselben bewußt seyn, mit mehr Ordnung träumen, als ein wachender denkt, ein Schöpfer neuer Gegenstände, großer Begebenheiten. Alles ist wahr für ihn und doch ist alles Betrug. Alles was um ihn vorgeht, derjenige, der mit ihm redet, die Gefahr, die ihn umringt, das Glück, das auf sein Aufwachen wartet, ist ihm aber nicht gegenwärtig und Nichts für ihn. Er sieht, er hört, er versteht nichts; in der Theorie seiner Träume vielleicht unendlich mehr als der wachende an seinem Bett. Der Mondsüchtige ist vollends das Bild eines praktischen, geschäftigen Mannes, der mit aller Vorsichtigkeit, Ueberlegung und Zusammenhang redet, handelt, gefährliche Unternehmungen mit mehr Sicherheit ausführt, als er mit offenen Augen thun könnte und thun würde.

Es giebt Träumende, die sich ausfragen

lassen, und mit Verstand antworten. Wenn ein Wachender in diesem Fall es mit dem ersten versuchen möchte, und ihn über seinen eigenen Zustand um Rath früge: so wäre die Verwechselung der Ideen sehr leicht, daß er das von sich selbst sagte, was den Wachenden angienge, und umgekehrt. Gesetzt, der Wachende ließe in der Hitze das Wort entfahren: Du träumst, lieber Freund, so könnte vielleicht ein großer Wortwechsel zwischen diesen Beiden entstehen — Ist jetzt die Frage, ob es wohl in aller Welt möglich wäre, daß ein Wachender den Träumenden, so lange er nämlich schliefe, davon überführen könnte, daß er schliefe? Nein — wenn Gott selbst mit ihm redete, so ist er genöthigt, das Machtwort zum voraus zu senden und es in Erfüllung gehen zu lassen: Wache auf, der Du schläfst —

Ich wundere mich über Ihre Gleichgültigkeit in Ansehung unsers gemeinschaftlichen Freundes. Er besuchte mich den Tag nach meiner Rückkunft vom Lande. Ich habe kein Mißtrauen in Ihre Redlichkeit und Freundschaft, daß ich nicht mein Herz in Ansehung seiner ein wenig entledigen sollte. Mein Urtheil über seine Verfassung kann nicht richtig seyn, weil ich keine völlige Einsicht von seinen hiesigen Absichten habe. Er beschuldigt mich, daß ich mir nicht zu nahe will kommen lassen; und das ist vielleicht seine eigene Furcht für sich selbst, die ihn von jeder ernsthaften Untersuchung über unsere Angelegenheiten entfernt. Ich zittere für seine Gesundheit — bey der jetzigen Jahreszeit arbeitet er wie ein Taglöhner den ganzen Morgen in Papieren — den ganzen Nachmittag in gesellschaftlichen Zerstreuungen. Er hat in beiden eine Heftigkeit, der ich nicht fähig bin, weil ich einen schwächlicheren Leib und feigere Triebe habe. Eine Legion von Zweifeln im Kopf, für deren Auflösung er sich fürchtet. — Die Weisheit hat sich ihm fürchterlich gemacht, weil sie sich unter ihrem Schilde für ihn verdeckt; und dieser Schild, wie Sie wissen, trägt einen Medusenkopf. — Die Weisheit hat sich bey ihm verächtlich und lächerlich gemacht, weil sie einen schlechten Geschmack und zu wenig Urtheil in der Wahl ihrer Lieblinge unter den Vögeln zu erkennen giebt. Da er, wie ein artiger Mann, den Göttinnen ihren Geschmack lassen sollte, wie die Götter den Sterblichen hierin ihren freyen Willen lassen.

Ein heimlicher Groll gegen mich, den der stärkere Genius unserer Freundschaft in Fesseln hält — ein bitterer Gram um seinen hiesigen Bruder, den er für verloren hält, und im Widerspruch mit dieser Einbildung, retten will und zu retten glaubt. — — Bey so viel Schmerzen ist es kein Wunder, daß man seine Tage im Wälzen nnd im Laufen der Hände zubringen muß, wie ein Kranker seine Nächte — die halbe Nacht auf harten Matrazen, und die andere Hälfte auf stachlichten Rosen.

Gieb Deinen Bruder auf; so bist Du ruhig. Willst Du ihn nicht aufgeben: so glaube, daß ihm zu helfen ist und brauche die rechten Mittel; so wird Dir nach Deinem Glauben geschehen und die Mittel werden gesegnet werden.

Ich besuchte ihn einen Abend, wo er in großer Unruhe war, die er mir immer ins Gesicht leugnete, ungeachtet er gegen seinen Bruder eiferte. Ich suchte ihn damit zu beruhigen, daß Gott sich um unsere Wege bekümmere und unserer am meisten auf krummen wartete und hütete. Er fuhr darüber so auf, daß ich ihm unbegreifliche und unverständliche Einfälle vorsagte, daß ich mich freute, mit gesunden Gliedern die Treppe herunter zu kommen. — Bey einem solchen Haß und erbitterten Gemüthe, über die unschuldigsten Worte, die mir in der Angst entfahren, kann mir, liebster Freund, freylich bey seinem Umgange nicht gut zu Muthe seyn. Ich muß aus Furcht die Thüren meines Herzens verschließen, und meinen Mund hüten und versiegeln lassen, als wenn er das Grab eines Betrügers und Verführers wäre. Ich muß mich, wie die ersten

Jünger, bis in das dritte Stockwerk meines Witzes verkriechen, wo mir Gott die Gnade giebt, Paulum zu hören, bey dessen langen Briefen mancher junge muntere Christ, doch ohne seinen Schaden, sich des Schlafes nicht erwehren kann. Act. XX.

Ich weiß nicht mehr, liebster Freund, welcher an den Erklärungen Ihrer Rhetorik alle Farben auslöschen, und sie dafür in reines Licht verwandelt zu sehen wünschte — weil ihm in den meisten ein feyerlich Wort und uneigentliches Zeichen eines Begriffs zu seyn schien. Wenn Sie diesen Fehler an meinen Perioden, an einigen ausgesuchten, heben, und ihnen das tropische, das dichterische und schwärmerische abschälen — sie in reine, flüssige, deutliche, — aber nicht sinnliche, sondern bloß den Verstand überzeugende — auch nicht pathetische und herzliche — sondern sanft kitzelnde und die Oberhaut des Herzens gleichförmig berührende Curialien übersetzen könnten: so wäre dieß; ein recht freundschaftlich Sendschreiben an Ihren alten Zuhörer.

— — — currente rota, cur urceus exit?

werden Sie mir, liebster Freund, zulächeln. Wenn Sie auch noch so erträgliche Wahrheiten sagen, werden Sie mir vorwerfen, so kann Ihnen Ihr Werk nicht anders als mißlingen, da Sie über kleine Nebendinge gern Anlaß nehmen zu spotten — Nun so will ich mich mit dem Töpfer über meine Ungeschicklichkeit oder Unglück trösten. So geht es allen, die in Leim arbeiten. Jedes Ding bey seinem alten Namen zu lassen, ist das sicherste.

Das Publicum, der blessirte Officier und ein guter Freund wollen vielleicht auf gleiche Art amüsirt seyn. — Unter den Bedingungen werde ich in Ewigkeit kein Autor. Ich will lieber wie ein einsamer Vogel auf dem Dache leben und mit David verstummen und still seyn, selbst meiner Freuden schweigen und mein Leid in mich fressen. Mein Herz ist entbrannt in meinem Leibe, und wenn ich dran denke, werd' ich entzündet. Laß sie daher gehen wie ihre Schemata, und sich viel vergebliche Unruhe machen. — Mein Alter läßt Sie herzlich grüßen nebst Ihrer lieben Hausehre. Ich umarme Sie beiderseits.

48. An seinen Bruder nach Riga.

Königsberg, den 16. Jul. 1759.

Ich bin vorgestern unter göttlicher Hülfe mit einer Arbeit zu Ende gekommen, die ich hier aus Muße angefangen und mit vielem Eifer fortgesetzt, nämlich, das Neue Testament im Griechischen zu durchgehen, wozu ich mich durch eine flüchtige Wiederholung der Grammatik zubereitet. Zu diesem Gebrauche fand ich ein durchschossen leusdenianisch Testament und habe Daries Wörterbuch, das Prof. Kypke herausgegeben, mit Nutzen gebraucht. Es ist Schade, daß es nicht mit mehr Ordnung und Aufsicht geschrieben ist; so würde es um die Hälfte kleiner und viel nutzbarer seyn. Mit dem Ende dieser Arbeit bin ich so zufrieden gewesen, daß ich gestern mir einen ganzen Feyertag gemacht und Nachmittags eine kleine Kindergesellschaft in unserm Garten zusammengebeten und bewirthet habe.

Du wirst mir nicht übel nehmen, mein lieber Bruder, daß ich dir neulich eine so kurze und übel geschriebene Einlage durch den Herrn Rector habe einhändigen lassen. Nimm meine brüderlichen Erinnerungen mit Sanftmuth auf. Du hast mir den Anfang deines Gespräches deßwegen geschickt, daß ich darüber urtheilen soll. An den Sprachfehlern ist mir nichts gelegen, sondern ich habe mein Augenmerk auf die Gemüthsverfassung gerichtet, die aus dem Schwunge oder der Bildung und der Tracht deiner Gedanken sich verräth. Wenn du auf die Empfindungen und Bewegungen deines Gemüthes Achtung gegeben, womit du meinen Brief gelesen, so wirst du vielleicht erkennen, daß ich mich in meinen Vermuthungen nicht geirrt. Nimm an den Urtheilen Anderer über mich keinen Antheil; als ein Bruder entschuldige mich wenigstens in deinem Herzen und kehre alles zum Besten. Laß dich kein Ansehen und keine Vernunft und keinen Namen der Freundschaft verführen noch mit hinreißen. Warte nicht auf mehr Erfahrungen und denke durch künftige klug zu werden; wenn dich die vergangenen und gegenwärtigen nicht klüger gemacht haben, so werden alle künftige gleich verloren seyn. Dem Unwissenden oder Unglaubigen kommt alles übertrieben vor, was aus der größten Einfalt fließt und mit derselben bestehen kann; der Weise, der Gott fürchtet und Gott zu gefallen sucht, erreicht auch das nil admirari, das der Welt- und Schulmann affectirt.

Ist es nicht ein alter Einfall, den du oft von mir gehört: Incredibile sed verum? Lügen und Romane müssen wahrscheinlich seyn, Hypothesen und Fabeln; aber nicht die Wahrheiten und Grundlehren unseres Glaubens. Was für ein schaler Glaube, der aus der Begreiflichkeit und Sinnlichkeit der Predigt entsteht! „Mir geschehe, wie du gesagt hast" — wie widernatürlich den Begriffen eines Mädchens, das von den Wind-Erzeugungen eines Hills nichts wußte — wie nachtheilig ihrer Tugend und ihrem guten Namen; und doch glaubte sie nicht nur, sondern wünschte auch die Erfüllung des Unsinns und Spottes, den Engel reden, die vor Gott stehen. Ihre philosophische Neugierde: wie mag das zugehen?

war bis zum Stillschweigen durch den alltäglichen Grundsatz aufgelöst: Bey Gott ist kein Ding unmöglich. Was ist an meiner Ehre gelegen? Die Ehre der Menschen ist ein Spiel ihrer Einfälle und Bosheit. Der Schimpf, den meine Brüder nach dem Fleische, meine Glaubensgenossen, mir nachreden, wird durch die abgöttische Ehre einer Stadt, die ich nur aus dem Scepter kenne, welches sie mein Land fühlen läßt, zu einem Gleichgewichte der Eitelkeit und des Nichts gebracht. Die Sage der Hirten zu Bethlehem und die Reisebeschreibung der Weisen aus dem Morgenlande: hier liegt das Zeugniß von der Herrlichkeit meiner Niederkunft. — In solchen Erscheinungen des Glaubens thun sich die Gräber der Heiligen und der Propheten für Christen auf, und in solchen Prosopopöien reden die Züge ihrer Gemälde in den heiligen Schriften zu uns. So werden die Brocken derselben in Körbe verwandelt, und die Monosyllaben der Sprache des Heiligen Geistes so sach- und sinnreich, daß wir mit Johannes die Unmöglichkeit fühlen, das zu erzählen, was wir gewiß wissen, weil die Welt die Bücher nicht begreifen würde, die zu beschreiben wären.

Laß dich, mein lieber Bruder, aufmuntern, aus eben der Quelle zu schöpfen, aus welcher ich Trost, Ruhe und Zufriedenheit trinke. So eigen dir und Andern meine Verfassung vorkommen mag, so giebt mir Gott Kräfte im Verhältniß der Versuchungen, denen ich ausgesetzt bin, und ich will mir an seiner Gnade genügen lassen, die nicht aufhören wird, seine Kraft in meiner Schwachheit zu offenbaren.

Du wirst also meine Briefe ansehen, wie Horaz in einer Stelle, die ich nicht finden kann, die Tafeln des Lucilius beschreibt:

Quum flueret lutulentus, erat quod tollere velles.

Ich wünschte, daß du einigen Gebrauch von den Empfindungen, die meine Feder so dromedarisch machen, auf deine gegenwärtigen Umstände ziehen könntest.

Schäme dich weniger deiner Fehler, so wirst du dein Gutes mehr mittheilen können. Es ist mein eigen Ich, das ich dir verrathe. Dein Umgang ist daher so zurückhaltend und kalt, und deine Briefe haben ein gleiches von diesem Zwange, den der Witz nicht übertünchen kann. Daher schreibst du nicht gern, weißt nicht, was du schreiben sollst, und willst wenigstens gleichthun, wenn du nicht übertreffen kannst. Denke an deine Kindheit und an deine Buchstaben, und laß dich gerne von Andern, wenn es auch deine eigenen Schulbrüder wären, ausschelten und auslachen; gieb aber dein krumm schreiben nicht gar aus Verzweiflung auf; so wirst du zeitig genug mit Gottes Hülfe deutlich und schön schreiben lernen.

Wenn wir an das Ende dächten, sagte Diac. Buchholz bey dem besondern Todesfalle des Jagemann hier, wie klug würden wir Menschen in allen unsern Angelegenheiten handeln!

Semper ad eventum festinat, et in medias res,
Non secus ac notas, auditorem rapit, et quae
Desperat tractata nitescere posse, relinquit.

So schreibt der Dichter, der für die Ewigkeit schreibt; so lebt der Mensch, der für die Ewigkeit lebt. Er weiß Schönheiten, Vortheile aufzuopfern; durch seine Nachläßigkeiten, Fehler, Schwachheiten gewinnt er, wie Homer durch den Schlummer seiner Muse. Der Zorn des Achill, der sich auf seinem Ruhebette wälzt, dem Heerführer seinen Gehorsam entzieht, und die Liebe zu seinem Volke und der Ehre desselben verleugnet, — dieß ist sein Mittelpunct, in den er seinen Leser versetzt, als wenn er die Geschichte der Belagerung von Troja schon erzählt hätte. Solch ein lehrreich Geschwätz, solch einem göttlichen Mährchen ähnlich wird unser Leben, wenn eine höhere Muse den Faden desselben von der Spindel der ersten Schicksalsgöttin an bis zur Scheere der letzten regiert und in das Gewebe ihrer Entwürfe einträgt.

Unser alter Vater hat selbst an dich geschrieben. Gott Lob für all das Gute, was er ihm erweist und ferner erweisen wolle! Ich umarme dich und empfehle dich göttlicher Obhut.

49. An Kant.

Königsberg, den 27ten Jul. 1759.

Höchstzuehrender Herr Magister, Ich lege es Ihnen nicht zur Last, daß Sie mein Nebenbuhler sind und Ihren neuen Freund ganze Wochen genießen, unterdessen er sich bey mir auf wenige zerstreute Stunden wie eine Lufterscheinung oder vielmehr wie ein schlauer Kundschafter sehen läßt. Ihrem Freunde aber werde ich diese Beleidigung nachtragen, daß er sich unterstanden, Sie in meine Einsiedlerey selbst einzuführen; und daß er mich nicht nur der Versuchung, Ihnen meine Empfindlichkeit, Rache und Eifersucht merken zu lassen, sondern Sie so gar dieser Gefahr ausgesetzt, einem Menschen so nahe zu kommen, dem die Krankheit seiner Leidenschaften eine Stärke zu denken und zu empfinden giebt, die ein Gesunder nicht besitzt. Dies wollte ich Ihrem Buhler ins Ohr sagen, als ich Ihnen für die Ehre Ihres ersten Besuchs dankte.

Sind Sie Socrates und will Ihr Freund Alcibiades seyn: so haben Sie zu Ihrem Unterricht die Stimme eines Genii nöthig. Und diese Rolle gebührt mir, ohne daß ich mir den Verdacht des Stolzes dadurch zuziehe. Ein Schauspieler legt seine königliche Maske, seinen Gang und seine Sprache auf Stelzen ab, so bald er den Schauplatz verläßt. Erlauben Sie mir also, daß ich so lange Genius heißen und als ein Genius aus einer Wolke mit Ihnen reden kann, als ich Zeit zu diesem Briefe nöthig haben werde. Soll ich aber als ein Genius reden, so bitte ich mir wenigstens die Geduld und die Aufmerksamkeit aus, womit ein erlauchtes, schönes, witziges und gelehrtes Publicum jüngst die Abschiedsrede eines Irdischen über die Scherben einer alten Urne, auf der man mit Mühe die Buchstaben BIBLIOTEK entziffern konnte, überhorchte. Es war ein Project, schöne Leiber denken zu lehren. Das kann nur ein Socrates, und kein Herzog, keine Landstände werden durch die Kraft ihres obrigkeitlichen Berufs und Vollmacht ihrer Wahl einen Watson zum Genie creiren.

Ich schreibe episch, weil Sie die lyrische Sprache noch nicht lesen können. Ein epischer Autor ist ein Geschichtschreiber der seltenen Geschöpfe und ihres noch seltenern Lebenslaufes; der lyrische ist der Geschichtschreiber des menschlichen Herzens. Die Selbsterkenntniß ist die schwerste und höchste, die leichteste und eckelhafteste Naturgeschichte, Philosophie und Poesie. Es ist angenehm und nützlich eine Seite des Pope zu übersetzen — in die Fibern des Gehirnes und des Herzens — Eitelkeit und Fluch hingegen, einen Theil der Encyclopédie durchzublättern. Ich bin noch gestern Abend mit der Arbeit fertig geworden, die Sie mir in Vorschlag gebracht. Der Artikel über das Schöne ist ein Geschwätz und Auszug von Hutchinson. Der von der Kunst ist seichter, also süßer als das Gespräch des Engländers über nichts als ein Wort. Bliebe also noch ein einziger übrig, der wirklich eine Uebersetzung verdiente. Er handelt von dem Schaarwerk und Gehorcharbeitern. Jeder verständige Leser meines Heldenbriefes wird die Mühe aus der Erfahrung kennen, über solche Leute gesetzt zu seyn, aber auch das Mitleiden mit allen Gehorcharbeitern haben, was der Verfasser meines Artikels mit ihnen hat, und die Mißbräuche zu verbessern suchen, wodurch es ihnen unmöglich gemacht wird, gute Gehorcharbeiter zu seyn. Weil ich aber selbst keiner zu werden Lust habe, und kein Amt von der Art auf der Welt verwalte, wo ich von der Laune derjenigen, die unter mir sind, abhangen darf: so wird dieser Artikel Uebersetzer genug antreffen, die einen Beruf dazu haben. Ein Mann von der Welt, der die Kunst Visiten zu machen versteht, wird immer einen guten Intendanten über Entreprisen abgeben.

Auf unsern lieben Vetter wieder zu kommen. Aus Neigung können Sie diesen alten Mann nicht lieben; aus Eitelkeit oder Eigennutz. Sie hätten ihn kennen sollen zu meiner Zeit, da ich ihn liebte. Damals dachte er wie Sie, Höchstzuehrender Herr Magister, über das Recht der Natur, er kannte nichts als großmüthige Neigungen in sich selbst und mir.

Sie treffen es, diese schielende Verachtung ist auch ein Rest von Liebe gegen ihn. Lassen Sie sich warnen und mich der Sappho nachgirren:

At vos erronem tellure remittite nostrum
Nisiades matres, Nisiadesque nurus.
Neu vos decipiant blandae mendacia linguae;
Quae dicit vobis, dixerat ante mihi.

Ich glaube, Ihr Umgang ist noch unschuldig, und Sie vertreiben sich bloß die langen Sommer und August Abende. Können Sie mir nicht die Verwirrung und die Scham eines Mädchens ansehen, das ihre Ehre ihrem Freunde aufgeopfert, und der mit meinen Schwachheiten und Blößen, aus denen ich ihm unter vier Augen kein Geheimniß gemacht, seine Gesellschaften von gutem Ton unterhält? Frankreich, das Hofleben und sein jetziger Umgang mit lauter Calvinisten sind an allem Unglücke schuld. Er liebt das menschliche Geschlecht wie

wie der Franzmann das Frauenzimmer, zu seinem bloßen Selbstgenuß und auf Rechnung ihrer Tugend und Ehre. In der Freundschaft, wie in der Liebe, verwirft er alle Geheimnisse. Das heißt den Gott der Freundschaft gar leugnen, und wenn der Ovid, sein Leibdichter, ad amicam corruptam schreibt, ist er noch zärtlich genug, ihr die Vertraulichkeit eines dritten vorzurücken über Ihre Liebeshändel.

Haec tibi sunt mecum, mihi sunt communia tecum;
In bona cur quisquam tertius ista venit?

Daß er anders denkt als er redet, anders schreibt als er redet, werde ich bey Gelegenheit eines Spazierganges Ihnen einmal näher entdecken können. Gestern sollte alles öffentlich seyn, und in seinem letzten Billet doux schrieb er mir: „Ich bitte mir aus, „daß Sie von all dem, was ich Ihnen als „ein redlicher Freund schreibe, nicht den geringsten Mißbrauch zu unserm Gelächter machen „— Unsere Haussachen gehen Sie gar nichts „mehr an — wir leben hier ruhig, vergnügt, „menschlich und christlich.“ Ich habe mich an diese Bedingung so ängstlich gehalten, daß ich mir über unschuldige Worte, die mir entfahren und die keiner verstehen konnte, ein Gewissen gemacht. Jetzt soll alles öffentlich seyn. Ich halte mich aber an seine Handschrift. Es wird zu keiner Erklärung unter uns kommen. Es schickt sich nicht für mich, daß ich mich rechtfertige, weil ich mich nicht rechtfertigen kann, ohne meine Richter zu verdammen, und dieß sind meine liebsten Freunde, die ich auf der Welt habe.

Wenn ich mich rechtfertigen sollte, so müßte ich beweisen,

1. Daß mein Freund eine falsche Erkenntniß seiner selbst hat,

2. Eben so falsch einen jeden seiner Nächsten beurtheilt,

3. Eine falsche von mir gehabt und noch hat,

4. Die Sache unter uns, im Ganzen und ihrem Zusammenhange, ganz unrichtig und einseitig beurtheilt,

5. Von demjenigen weder Begriff noch Empfindung hat, was ich und Er bisher gethan und noch thun.

Daß ich ihn in dem übersehen kann, was ich weiß und nicht weiß, was er gethan und noch thut, weil ich alle die Grundsätze und Triebfedern kenne, nach denen er handelt, da er nach seinem eigenen Geständniß, aus meinen Worten und Handlungen nicht klug werden kann; dieß muß Ihnen als eine Prahlerey vorkommen, und geht gleichwohl nach dem Lauf der Dinge ganz natürlich zu. Ich bin noch zu bescheiden, und kann ganz sicher gegen einen Staarigen mit meinen triefenden rothen Augen prahlen.

Gegen die Arbeit und Mühe, die ich mir gemacht, würde es also eine Kleinigkeit seyn, mich losgesprochen zu sehen. Aber unschuldig zum Giftbecher verdammt zu werden! so denken alle Xantippen, alle Sophisten — Socrates umgekehrt; weil ihm mehr um sein Gewissen der Unschuld, als den Preis derselben, die Erhaltung seines Lebens, zu thun war.

An eine solche Apologie mag ich also nicht denken. Der Gott, dem ich diene, und den Spötter für Wolken, für Nebel, für Vapeurs und Hypochondrie ansehen, wird nicht mit Bocks- und Kälberblut versöhnt; sonst wollte ich bald mit dem Beweise fertig werden, daß die Vernunft und der Witz Ihres Freundes, wie meine, ein geil Kalb, und sein gutes Herz mit seinen edlen Absichten ein Widder mit Hörnern ist.

Was Ihr Freund nicht glaubt, geht mich so wenig an, als ihn, was ich glaube. Hierüber sind wir also geschiedene Leute, und die Rede bleibt bloß von Geschäften. Eine ganze Welt von schönen und tiefsinnigen Geistern, wenn sie lauter Morgensterne und Lucifers wären, kann hierüber weder Richter noch Kenner seyn, und ist nicht das Publicum eines lyrischen Dichters, der über den Beyfall seiner Epopöe lächelt und zu ihrem Tadel still schweigt.

Peter der Große war vom Olymp eingeweiht, die schöne Natur anderer Nationen in einigen Kleinigkeiten an seinem Volk nachzuahmen. Wird man aber durch ein geschoren Kinn jünger? Ein bloß sinnlich Urtheil ist keine Wahrheit. Der Unterthan eines despotischen Staats, sagt Montesquieu, muß nicht wissen, was gut und böse ist. Fürchten soll er sich, als wenn sein Fürst ein Gott wäre, der Leib und Seele stürzen könnte in die Hölle. Hat er Einsichten, so ist er ein unglücklicher Unterthan für seinen Staat; hat er Tugend, so ist er ein Thor, sich selbige merken zu lassen.

Ein Patricius einer griechischen Republik durfte in keiner Verbindung mit dem Persischen Hofe stehen, wenn er nicht als ein Verräther seines Vaterlandes verwiesen werden sollte.

Schicken sich denn die Gesetze der Ueberwundenen für die Eroberer? Der Unterthan ist durch selbige unterdrückt worden. Gönnst du ein gleiches Schicksal deinen Mitbürgern?

Abraham ist unser Vater — — Wir arbeiten nach Peters Entwurf? wie der Magistrat eines kleinen Freystaats in Italien Commercium und Publicum lallen gelernt hat. — Thut eures Vaters Werke, versteht das, was ihr redet, wendet eure Erkenntniß recht an und setzt euer Ach! am rechten Ort. Durch Wahrheiten thut man mehr Schaden als durch Irrthümer, wenn wir einen widersinnigen Gebrauch von den ersten machen und die letzten durch Routine oder Glück zu modificiren wissen. Wie mancher Orthodox zum Teufel fahren kann, trotz der Wahrheit, und mancher Ketzer in den Himmel kommt, trotz dem Bann der herrschenden Kirche oder des Publici.

In wie weit der Mensch in die Ordnung der Welt wirken kann, ist eine Aufgabe für Sie, an die man sich aber nicht eher wagen muß, bis man versteht, wie unsere Seele in das System der kleinen Welt wirket. Ob nicht harmonia praestabilita wenigstens ein glücklicher Zeichen dieses Wunders ist, als influxus physicus den Begriff davon ausdrückt, mögen Sie entscheiden. Unterdessen ist es mir lieb, daß ich daraus abnehmen kann, daß die kalvinische Kirche unsern Freund so wenig zu ihrem Anhänger zu machen im Stande ist, als die lutherische.

Diese Einfälle sind nichts als Aepfel, die ich wie Galathea werfe, um Ihren Liebhaber zu necken. Um Wahrheit ist mir so wenig als Ihrem Freunde zu thun; ich glaube wie Socrates alles, was der andere glaubt — und gehe nur darauf aus, andere in ihrem Glauben zu stören. Dieß mußte der weise Mann thun, weil er mit Sophisten umgeben war und Priestern, deren gesunde Vernunft und guten Werke in der Einbildung bestanden. Es giebt eingebildete gesunde und ehrliche Leute, wie es malades imaginaires giebt.

Wenn Sie aus den Recensionen des Herrn B. und meinem Schreiben mich beurtheilen wollen, so ist dieß ein so unphilosophisch Urtheil, als Luther aus einer Broschüre an den Herzog von Wolfenbüttel von Kopf zu Fuß übersehen zu wollen.

Der eines andern Vernunft mehr glaubt als seiner eigenen, hört auf ein Mensch zu seyn, und hat den ersten Rang unter dem servum pecus der Nachahmer. Auch das größte menschliche Genie sollte uns zu schlecht dazu seyn. Natur, sagt Batteux; man muß kein Spinozist in schönen Künsten noch Staatssachen seyn.

Spinoza führte einen unschuldigen Wandel, im Nachdenken zu furchtsam; wenn er weiter gegangen wäre, so hätte er die Wahrheit besser eingekleidet. Er war unbehutsam in seinen Zeitverkürzungen, und hielt sich zu viel bey Spinneweben auf; dieser Geschmack verräth sich in seiner Denkungsart, die nur klein Ungeziefer verwickeln kann.

Was sind die Archive aller Könige — und Jahrhunderte wenn einige Zeilen aus die sem grossen Fragment, einige Sonnenstäubchen von diesem Chaos im Stande sind, uns Erkenntniß und Macht zu geben? Wie glücklich ist der, welcher das Archiv desjenigen, der die Herzen aller Könige wie Wasserbäche leiten kann, täglich besuchen kann, den seine wunderbare Haushaltung, die Gesetze seines Reichs rc. nicht umsonst einzusehen gelüstet. Ein pragmatischer Schriftsteller sagt davon: Die Rechte des Herrn sind köstlicher denn Gold, und viel fein Gold, süßer denn Honig und des Honigseims tröpfelnde Faden. — Das Gesetz deines Mundes ist mir lieber denn viel tausend Stück Gold und Silber. — Ich bin gelehrter, denn alle meine Lehrer, denn deine Zeugnisse sind meine Rede — Ich bin klüger denn die Alten, denn ich halte — Du machst mich mit deinem Gebot weiser denn meine Feinde sind — denn es ist ewiglich mein Schatz.

Was meynen Sie von diesem System? Ich will meinen Nächsten und mich glücklich machen. Ein reicher Kaufmann ist glücklich. Daß Sie reich werden können, dazu gehören Einsichten und moralische Tugenden.

In meinem mimischen Styl herrscht eine strengere Logik und eine geleimtere Verbindung als in den Begriffen lebhafter Köpfe. Ihre Ideen sind wie die spielenden Farben eines gewässerten Seidenzeuges, sagt Pope.

Diesen Augenblick bin ich ein Leviathan, der Monarch oder der erste Staatsminister des Oceans, von dessen Othem Ebbe und Fluth abhängt. Den nächsten Augenblick sehe ich mich als einen Wallfisch an, den Gott geschaffen hat, wie der größte Dichter sagt, in dem Meere zu scherzen.

Ich muß beynahe über die Wahl eines Philosophen zu dem Endzweck, eine Sinnesänderung in mir hervorzubringen, lachen. Ich sehe die beste Demonstration, wie ein vernünftig Mädchen einen Liebesbrief, und eine Baumgartensche Erklärung wie eine witzige Fleurette an.

Man hat mir gräuliche Lügen aufgebürdet, höchstzuehrender Herr Magister. Weil Sie viele Reisebeschreibungen gelesen haben, so weiß ich nicht, ob Sie dadurch leichtglaubig oder unglaubig geworden sind. Den Urhebern derselben vergebe ich, weil sie es unwissend thun, und wie ein comischer Held Prose reden, ohne es zu wissen. Lügen ist die Muttersprache unserer Vernunft und Witzes.

Man muß nicht glauben, was man sieht — geschweige was man hört. — Wenn zwey Menschen in einer verschiedenen Lage sich befinden, müssen sie niemals über ihre sinnlichen Eindrücke streiten. Ein Wächter auf einer Sternwarte kann einem im dritten Stockwerk viel erzählen. Dieser muß nicht so dumm seyn und ihm seine gesunden Augen absprechen: komm herunter, so wirst du überzeugt seyn, daß du nichts gesehen hast. Ein Mann in einer tiefen Grube, worin kein Wasser ist, kann am hellen Mittag Sterne sehen. Der andere auf der Oberfläche leugnet die Sterne nicht, er kann aber nichts als den Herrn des Tages sehen. Weil der Mond der Erde näher ist als der Sonne, so erzählen Sie Ihrem Monde Mährchen von der Ehre Gottes. Es ist Gottes Ehre, eine Sache verbergen: aber der Könige Ehre ist, eine Sache erforschen.

Wie man den Baum an den Früchten erkennt, so weiß ich, daß ich ein Prophet bin, aus dem Schicksal, das ich mit allen Zeugen theile, gelästert, verfolgt und verachtet zu werden.

Ich will auf einmal, mein Herr Magister, Ihnen die Hoffnung benehmen, sich über gewisse Dinge mit mir einzulassen, die ich besser beurtheilen kann, wie Sie, weil ich mehr Data darüber weiß, mich auf Facta gründe, und meine Autoren nicht aus Journalen, sondern aus mühsamer und täglicher Hin- und Herwälzung derselben kenne; nicht Auszüge, sondern die Acten selbst gelesen habe, worin des Königs Interesse sowohl als des Landes debattirt wird.

Jedes Thier hat im Denken und Schreiben seinen Gang. Der eine geht in Sätzen und Bögen wie eine Heuschrecke; der andere in einer zusammenhängenden Verbindung wie eine Blindschleiche im Fahrgleise, der Sicherheit wegen, die sein Bau nöthig haben soll. Der eine gerade, der andere krumm. Nach Hogarths System ist die Schlangenlinie das Element aller malerischen Schönheiten, wie ich es aus der Vignette des Titelblattes gelesen habe.

Der attische Philosoph, Hume, hat den Glauben nöthig, wenn er ein Ey essen und ein Glas Wasser trinken soll. Er sagt: Moses, das Gesetz der Vernunft, auf das sich der Philosoph beruft, verdammt ihn. Die Vernunft ist euch nicht dazu gegeben, dadurch weise zu werden, sondern eure Thorheit und Unwissenheit zu erkennen; wie das mosaische Gesetz den Juden, nicht sie gerecht zu machen, sondern ihnen ihre Sünden sündlicher. Wenn er den Glauben zum Essen und Trinken nöthig hat: wozu verläugnet er sein eigen Principium, wenn er über höhere Dinge, als das sinnliche Essen und Trinken, urtheilt!

Durch die Gewohnheit etwas zu erklären — die Gewohnheit ist ein zusammengesetzt Ding, das aus Monaden besteht. Die Gewohnheit heißt die andere Natur, und ist in ihren Phaenomenis eben so räthselhaft, als die Natur selbst, die sie nachahmt.

Wenn Hume nur aufrichtig wäre, sich selbst gleichförmig. — Aller seiner Fehler ungeachtet ist er wie Saul unter den Propheten. Ich will Ihnen eine Stelle abschreiben, die Ihnen beweisen soll, daß man im Scherz und ohne sein Wissen und Willen die Wahrheit predigen kann, wenn man auch der größte Zweifler wäre, und wie die Schlange über das zweifeln wollte, was Gott sagt. Hier ist sie: „Die „christliche Religion ist nicht nur mit Wunder„werken am Anfange begleitet gewesen, son„dern sie kann auch selbst heut zu Tage von „keiner vernünftigen Person ohne ein Wunder„werk geglaubt werden. Die bloße Vernunft „ist nicht zureichend, uns von der Wahrheit „derselben zu überzeugen, und wer immer durch „den Glauben bewogen wird, derselben Bey„fall zu geben, der ist sich in seiner eigenen „Person eines beständigen, fortgesetzten, ununter„brochenen Wunderwerkes bewußt, welches alle „Grundsätze seines Verstandes umkehrt, und „demselben eine Bestimmung giebt, das zu „glauben, was der Gewohnheit und Erfahrung „am meisten zuwider und entgegen ist."

Bitten Sie Ihren Freund, daß es sich für ihn am wenigsten schickt, über die Brille meiner ästhetischen Einbildungskraft zu lachen, weil ich mit selbiger die blöden Augen meiner Vernunft waffnen muß.

Ein zärtlicher Liebhaber läßt sich bey dem Bruche einer Intrigue niemals seine Unkosten gereuen. Wenn also vielleicht nach dem neuen Naturrecht alter Leute die Rede vom Gelde wäre, so sagen Sie ihm, daß ich jetzt nichts habe, und selbst von meines Vaters Gnade leben muß; daß ihm aber alles als eigen gehört, was mir Gott geben will — wornach ich aber nicht trachte, weil ich sonst den Segen des vierten Gebots darüber verlieren könnte. Wenn ich sterben sollte, so will ich ihm obenein meinen Leichnam vermachen, an dem er sich, wie Aegyptier, pfänden kann, wie in dem angenehmen Happelio Griechenlandes, dem Herodot, geschrieben stehen soll.

Das Leirische der lyrischen Dichtkunst ist das Tireli der Lerche. Wenn ich wie eine Nachtigall schlagen könnte, so muß sie wenigstens an den Vögeln Kunstrichter haben, die immer singen, und mit ihrem unaufhörlichen Fleiß prahlen.

Sie wissen, hochzuehrender Herr Magister, daß die Genii Flügel haben, und daß das Rauschen derselben dem Klatschen der Menge gleich kommt.

Wenn sich über unsere Vorstellungen von Gott mit Anmuth und Stärke spotten lässet;

warum soll man mit Götzen nicht seine Kurzweil' treiben können? Mutter Lise singt:

Die falschen Götzen macht zu Spott. — Ein Philosoph sieht aber auf die Dichter, Liebhaber und Projectmacher, wie ein Mensch auf einen Affen, mit Lust und Mitleiden.

Sobald sich die Menschen einander verstehen, können sie arbeiten. Der die Sprache verwirrte, und die Schemata des Stolzes aus Liebe und politischen Absichten, zum Besten der Bevölkerung, wie ein Menschenfreund, strafte — vereinigte sie an dem Tage, da man Menschen mit feurigen Zungen, als Köpfe berauscht vom süßen Wein, lästerte. Die Wahrheit wollte sich von Straßenräubern nicht zu nahe kommen lassen; sie trug Kleid auf Kleid, daß man zweifelte, ihren Leib zu finden. Wie erschracken sie, da sie ihren Willen hatten, und das schreckliche Gespenst, die Wahrheit, vor sich sahen!

Ich werde diesen Brief ehester Tagen in Person abzuholen kommen.

50. An G. E. Lindner, nach Grünhof.

Königsberg, den 3. Aug. 1759.

Ich habe Ihre gütige Zuschrift vom 13. Juni erst vor vierzehn Tagen ungefähr erhalten, da ich mich in Trutenau aufhielt. Wie selbige über einen Monat alt geworden, weiß ich nicht.

Weil ich aber lange darauf gewartet, ist sie mir desto angenehmer gewesen. Ich habe, um Sie zu entschuldigen, nichts mehr nöthig als, an meinen leiblichen Bruder zu denken.

Sie haben mir geschrieben, laut dem Anfange Ihres Briefes, um mich aus einer Unruhe zu ziehen, die ich über einige zweydeutige Worte Ihres vorigen Schreibens bezeigt. Wenn ich darüber unruhig gewesen, ist es nicht eine kleine Grausamkeit, einen guten Freund so lange darin zu lassen?

Ich mache mir aus den Urtheilen über meine Briefe nichts, und sehe das darüber entstandene Mißverständniß der Eltern als eine wohlverdiente Züchtigung an. Die sind zu alt, um durch Vorstellungen gebessert zu werden; und ihre Kinder zu jung, um meine Moral zu verstehen. Meine ganze Absicht war, meinen lieben Freund und Nachfolger, ihren Hofmeister, ein wenig aus der Schlafsucht aufzumuntern; und die Eltern haben ein ganz verdienstlich Werk gethan, sich Ihrer Ehre gegen meinen Unfug anzunehmen und mich dafür ein wenig zu strafen.

So lieb es mir unterdessen gewesen wäre, das Wort zu wissen, was man für ein gemeines Schimpfwort gelesen, dergleichen ich nicht brauche, so lange ich witzige Umschreibungen machen kann: so gleichgültig bin ich darüber, daß Sie es vergessen. Daß Sie sich aber meiner Unschuld angenommen, dafür bin ich Ihnen Dank schuldig, doch nur in so weit, daß ich dabey die Erinnerung anhängen darf, Ihre Nächstenliebe nicht weiter zu treiben, als Sie sich selbst zu lieben schuldig sind.

Ueber Ihren Entschluß, so lange in Grünhof auszuhalten, als es Gott gefällt, bin ich sehr zufrieden. Wenn wir um Gottes Willen leben und arbeiten, ist beides am gesegnetsten.

Ich habe meinem Nachbar von Luthers kleinen Schriften gesagt; er zweifelte, daß sie noch da wären. Sind sie es gewesen, so erhalten Sie selbige mit dem ersten Fuhrmann, der die Woche abgegangen. Kommen sie nicht mit, so fehlen sie; und mein Bruder würde Ihnen mit seinem Exemplar eine Zeitlang dienen. Lilienthals Gesangbuch habe ich bestellt — Spruchkästchen vergessen; Spener mit Fleiß nicht mitschicken wollen, weil er neu zu viel kosten wird. Herr Rector erhält einige Sachen von Forstmann, die ich Ihnen empfehle. Dieser evangelische Prediger soll diesen Mai gestorben seyn.

Die hinterlassenen Schriften der Margaretha Klopstock gehören gleichfalls für Sie, geliebtester Freund. Sie ist als eine Heldin im Kindbette oder vor demselben an den Wehen und Operationsschmerzen gestorben. Sollte es unserm Heldendichter auch so gehen, daß seine Muse an der Messiade unterläge? Dieses kleine Werk, das aus Fragmenten von Briefen zum Theil besteht, ist aus mehr als einem Gesichtspunct merkwürdig.

Ich lebe hier so ruhig und zufrieden, als möglich. Es fehlt mir hier an Prüfung nicht. Die Welt mag die beste seyn oder nicht — Wenn nur Gott darin regiert, oder in unserm Herzen vielmehr, so werden seine Wege unsern Augen allemal wohl gefallen. Dieses Wohlgefallen an den Wegen der mütterlichen Vorsehung sey auch Ihr Trost und Trotz! und sein heiliger Name Ihre Sonne und Schild!

Weil ich hier keine Amtsgeschäfte habe, fiel es mir ein, das Griechische vorzunehmen. Ich bin mit dem neuen Testament einmal zum Ende gekommen, und wiederhole es jetzt. Sind Sie auch schon so weit? Unstreitig weiter? Wenn Gott hilft, kommt die Reihe vielleicht an das hebräische.

Ich habe noch zu wenig Kenntniß von der griechischen Sprache; den Mangel ihrer Grammatiken möchte ich aber bald beurtheilen können. Ihre Abweichungen kommen von der Ungeschicklichkeit der angenommenen Regeln her. Je weniger Regeln, desto weniger Ausnahmen. Eine Sprache, welche die größten Anomalien hat, sollte die nicht die allgemeinsten Principia

zu

zu ihrer Bildung angenommen haben? Weil man nicht auf die letzteren gekommen, hat man mehr ihre Analogie mit andern Sprachen als ihre innere Natur zum Fundament der Grammatik gemacht. Dialecte und Figuren muß man kennen, um griechisch zu verstehen; hierin besteht ihre Schönheit uud Schwierigkeit. Dialecte gründen sich auf eine philosophische oder experimentale Kenntniß der Laute; Figuren auf eine logische Etymologie.

Wenn Sie diese kurze Beobachtung nicht für ein Galimathias halten wollen, so denken Sie in Ihren griechischen Stunden daran, die Ihnen behülflich seyn werden, das zu erklären, was ich sagen will. In der Sprache jedes Volkes finden wir die Geschichte desselben. Da das Geschenk zu reden unter die unterscheidenden Vorzüge des Menschen gehört; so wundert mich, daß man noch nicht die Geschichte unsers Geschlechts und unserer Seele von dieser Seite näher zu untersuchen einen Versuch gemacht hat.

Das unsichtbare Wesen unserer Seele offenbart sich durch Worte — wie die Schöpfung eine Rede ist, deren Schnur von einem Ende des Himmels bis zum andern sich erstreckt. Der Geist Gottes allein hat so tiefsinnig und begreiflich uns das Wunder der sechs Tage erzählen können. Zwischen einer Idee unserer Seele und einem Schall, der durch den Mund hervorgebracht wird, ist eben die Entfernung als zwischen Geist und Leib, Himmel und Erde. Was für ein unbegreiflich Band verknüpft gleichwohl diese so von einander entfernten Dinge? Ist es nicht eine Erniedrigung für unsere Gedanken, daß sie nicht anders sichtbar gleichsam werden können, als in der groben Einkleidung willkührlicher Zeichen; und was für ein Beweis göttlicher Allmacht — und Demuth — daß er die Tiefen seiner Geheimnisse, die Schätze seiner Weisheit, in so kauderwelsche, verworrene und Knechtsgestalt an sich habende Zungen der menschlichen Begriffe einzuhauchen vermocht und gewollt. So wie also ein Mensch den Thron des Himmels und die Herrschaft desselben einnimmt: so ist die Menschensprache die Hofsprache — im gelobten — im Vaterlande des Christen. Heil uns! Freylich schuf er uns nach seinem Bilde — weil wir das verloren, nahm er unser eigen Bild an — Fleisch und Blut, wie die Kinder haben, lernte weinen — lallen, reden — lesen — dichten wie ein wahrer Menschensohn; ahmte uns nach, um uns zu seiner Nachahmung aufzumuntern.

Der Heide, der Philosoph erkennt die Allmacht, die Hoheit, die Heiligkeit, die Güte Gottes; aber von der Demuth seiner Menschenliebe weiß er nichts. Als ein schöner Stier, als ein Adler, Schwan und güldener Regen theilte sich Jupiter seinen Buhlerinnen mit.

Wenn ich in meiner Einbildungskraft ausgeschweift, so ist die Aussicht meines verwilderten Gärtchens Schuld daran, in dem ich schreibe. Daß er auch der Heiden Gott ist, dafür haben wir Gelegenheit ihm auch zu danken, wenn wir mit Thomas ihm ganz allein uns zu eigen machen, und ihm nachsagen: Mein Herr und Mein Gott.

Ueberlassen Sie sich der Führung des guten Hirten, der sein Leben läßt für seine Schaafe, und aus dessen Hand uns kein Feind rauben kann.

51. An einen Ungenannten.

Königsberg, den 7ten Aug. 1759.

Ich will Ihnen eine kurze Liste der Zerstreuungen hersetzen, aus denen seit meinem letzten Briefe die Arbeit meiner Tage bestanden. Diesen Donnerstag vor 14 Tagen erhielt ich einen wichtigen Besuch zween guter Freunde, ging den folgenden Tag wider Vermuthen auf eine Hochzeit; die nächste Nachbarschaft machte es zu einer Pflicht und die Neugierde, die Braut kennen zu lernen, zu einer Eitelkeit. Vorige Woche mußte ich die Leiche einer Bernsteindreherin begleiten, die eine alte Bekannte meiner seligen Mutter gewesen. Am Ende derselben habe ich an alle meine guten Freunde nach Curland geschrieben.

Gestern Nachmittag habe ich meinen Bauch ermüdet mit Durchblätterung einiger Neuigkeiten, davon Sie eine bey Gelegenheit sollen zu lesen bekommen, weil sie die einzige ist, die ich Ihrer Aufmerksamkeit würdig halte. Heute Morgen habe ich den Lucas in meiner griechischen Stunde Gott Lob zu Ende gebracht, die immer die erste meines Tagwerks ist, und hierauf ein Paar Abschnitte in Baco Sermonibus fidelibus voll von fremden Gedanken überlaufen, weil ich an meinen Schreibe-Pult dachte. Hier haben Sie meine Memoiren von beynahe 14 Tagen. Schreiben muß ich Ihnen, das ist eine Pflicht und ein Vergnügen für mich. Ich weiß aber nicht, was ich schreiben soll. Regeln wissen Sie besser als ich, und Exempel darnach zu machen, dazu haben Sie nicht Lust. Einfälle verstehen Sie nicht, und Wahrheiten sind nicht nach Ihrem Geschmack. Mit Ihnen zu lachen, will ich auf Ihren Hochzeittag versparen; es wird aber Zeit genug seyn, an den zu denken, wenn Sie erst eine Braut haben. Personalien auf Sie zu machen, ist bey Ihrem Eloge funèbre Zeit genug; und das muß der Schreiber der Akademie thun, dem ich nicht als ein illiteratus ins Amt fallen will. Ihr Nachruhm würde ohnedieß dadurch verlieren, weil ich nicht Witz genug habe, Romane zu schreiben, nicht einmal mehr zu lesen, und nicht Herz genug, Geschichten zu erzählen, weil es mir jetzt an Neugierde und Geduld fehlt, ihren nöthigen Detail zu wissen. Was soll ich armer Jürgen also thun? Schreiben muß ich und ich weiß und fühle nicht, was. — Doch jetzt fällt es mir ein, was ich thun will. Ein fauler Laborator, ein stolzer Bettler ist verloren. Doch Faulheit und Stolz schaden nicht dem Handwerk, wenn man nur klug ist und Witz hat, wie ein Kind der Welt. Es meldete sich ein ehrlicher Mensch zum Todengräberdienst; weil er sah, daß er zum Graben so wenig als zum Predigen geboren war, so wurde er ein Küster, und hatte so viel Ehre hinter dem Pfarrer herzugehen, als ein geschickter Uebersetzer hinter seinem Original. Dieser Mensch hatte sehr gute Gedanken so lange er den Kanzelmann nach seinem Ort begleitete; so bald aber die Predigt anging, erlaubten ihm seine Küstersorgen nicht aufs Wort zu merken. Unterdessen lag ihm sein mißlungener Todtengräber-Versuch immer so sehr im Kopfe, daß er auch sein Küsteramt darüber schlecht verwaltete. Graben mag ich auch nicht; vielleicht läge in meinem Herzen eben die Ader, die andere Aecker reich macht. Graben mag ich wohl, wenn es darauf ankommt, mein Pfund in einem Schweißtuch zu verbergen, um einen strengen Richter wenigstens von meiner

Treue zu überführen, wenn es nicht durch meinen wuchernden Fleiß geschehen kann. Zu betteln schäme ich mich, wie ein alter Mensch in die Schule zu gehen, und ungeachtet ich Dichter lese, so sind die ältesten und besten nicht eben meine Sache, weil man in ihnen wohl Sprüche, aber nicht die Gemälde und Schildereyen meiner Zeitgenossen findet. Z. E.

Cur male pudens — —

Anderen ihre Empfindungen nachzuahmen, ist gleichwohl nichts als Betteley, und die Sprache der Liebe ist ein Galimathias einer monotonischen Saite; wie der Apostel Petrus dieses selbst an der schweren Schreibart paulinischer Briefe zu tadeln scheint, und ihr Verfasser selbst sich für ein Allerley ausgiebt; das Allerley zu seyn drung ihn aber die Liebe. Weil ich also wie ein Schulknabe — wenn Sie, mein Herr, kein Schulmann sind, so werden Sie doch aus Erfahrung wissen, daß Sie ein Schüler gewesen sind, und wie einem solchen zu Muthe ist — zu bequem bin, zu graben, und zu stolz, zu lernen, so weiß ich mir nicht anders zu rathen, als daß ich mich an die Schuldner meines Herrn mache, und in sie dringe, die Zahlen ihrer Schuldbriefe herunterzusetzen. Weil mein Herr dadurch nicht arm wird, sie aber am meisten dabey gewinnen, so wird mich ihr Glaubiger für meinen

Witz loben, und seine Schuldner, wenn sie anders ihr Bestes kennen und lieben, mit der Zeit dafür danken. Da Sie in einer Ruhe leben, mein Herr, die einem tiefen Schlafe näher kommt als einem Schlummer, ich hingegen in lauter Zerstreuungen, so bin ich nicht im Stande, meine Gedanken so ordentlich wie Sie zu sammeln. Unterdessen wird es keine vergebliche Uebung für Ihre Lunge seyn, meine langen Perioden und pneumata laut zu lesen, so laut, bis Sie im Stande sind, sich selbst zu hören.

Es fiel mir also vor einer halben Stunde ein, aus Noth, aus äußerster Noth an Materialien, Sie mit einem Briefe meines einzigen Bruders, den ich auf der Welt habe, zu unterhalten. Da Sie aber bey dieser Abschrift durch meine Schuld seine Calligraphie einbüßen, so werde ich dieses durch die Anmerkungen eines Anonym ersetzen, der ihn, wie Gott, liebt, weil er ihn züchtigt.

Riga, den 7ten Jul. 1759.

Herzlich geliebtester Bruder,

Deine beiden Briefe sind mir richtig eingehändigt worden, die mir desto angenehmer gewesen, da sie mich von unseres alten Vaters und deiner eigenen Gesundheit versichert. Gott erhalte dieses unser bestes Geschenk, was wir noch mit einigem Grunde von ihm bitten können, wenn wir es wohl anzuwenden suchen.

So andächtig der Briefsteller auch redet, so leuchtet doch nichts mehr als die Andacht eines Heiden aus seinem Gesichte. Ist er ein Theolog, so studirt er wenig oder gar nichts in den symbolischen Büchern. Was will er damit sagen: Die Gesundheit ist unser bestes Geschenk? Gieb uns Gesundheit, für die Tugend wollen wir schon selbst sorgen, war das Gebet eines stoischen Heuchlers oder epicurischen Dichters. Was will er sagen: mit Grund? Ist Christus deßwegen gestorben und in die Höhe gefahren? — Da er nicht einmal seine Kehle braucht, um Gott zuweilen ein Morgen- und Abendliedchen zu singen: Gesunden Leib gieb mir, und daß in diesem Leib ein' unverletzte Seel' und rein Gewissen bleib. Wenn ihm nun Gott einen ganzen gesunden Leib giebt, und nicht Kehle allein, wie sieht es mit seinem Gewissen aus in Ansehung des Gebrauches, den er von jedem Gliede desselben macht? Sind es Waffen der Gerechtigkeit oder der Ungerechtigkeit? Wer da weiß, daß Gott Gesundheit giebt als ein Geschenk, das wir gut anzuwenden suchen sollen, wird für diese Erkenntniß doppelte Streiche leiden müssen. Was macht er mit seiner Gesundheit? Wie brauchst du deine Augen, deine Ohren, deine Zunge, deine Hände, deine Schulstunden, deine Nebenstunden? Bereitest du dich und wiederholst du so fleißig als deine schlechtesten oder besten Schüler thun? Würdest du nicht von beiden beschämt werden, wenn sie gegen dich auftreten sollten?

Was hilft es dich, daß beide Briefe deines Bruders dir eingehändigt worden, wenn du auf keinen zu antworten verstehst noch Lust hast? Wenn du sie umsonst liesest, meynst du, daß sie umsonst geschrieben werden? Anstatt zu fragen: wie schreibt der Mensch? solltest du dich selbst fragen: wie liesest du was er schreibt, und was im Gesetz geschrieben steht? Wenn du auf die Frage verstummst, wie du deine Gesundheit zu deinem Berufe als Schulmann und Candidat der Gottesgelehrtheit brauchst, wie wirst du die andere beantworten: wie brauchst du deine Gesundheit zu ihrer Erhaltung? Du machst dir aus deiner Schande einen Ruhm. Du willst besser als andere Leute seyn, und brauchst den Sommer nicht wozu er andern Menschen gegeben ist: die Freundlichkeit Gottes zu sehen und zu schmecken. Was Narren schreiben, darum bist du neugieriger, als was Gott thut; ja, wenn du auch nur jene zu verstehen und anzuwenden wüßtest. So bleibt aber alles todt und unfruchtbar in dir. Anstatt deine Seele zu nähren, nährst du ihre Krankheiten. Bist du nicht deinem Berufe nach zum Umgang, zum bürgerlichen Leben, zum

Wohlstande verbunden? Fehlt es dir nicht daran, daß du dich eher dazu drängen, als zu viel zurückziehen solltest? Wird deine Gesundheit nicht bald bey deinen verstohlenen Frohndiensten und bey dem Wurm, den du dadurch in deinem Gemüth nährst, verbraucht werden?

Gott lasse mich dasselbe niemals durch Unordnungen, Ausschweifungen und Mißbrauch des Guten von sich stoßen, sondern bey mannigfaltigen Gelegenheiten desselben die Vernunft immer unsere Führerin seyn.

Deine Vernunft redet noch schlecht deutsch mit dem lieben Gott. Sie kann daher eine schlechte Führerin abgeben. Von sich sollte heißen: von mir. Menschen können wir Lügen, Complimente und Wendungen vorsagen, aber dem nicht, der das Ohr gemacht hat und auf die Stimme unseres Herzens besser horcht als auf das hölzerne Clavier unserer Lippen. Die Uebersetzung des Grundtextes würde so lauten: Gott sieht die Unordnungen, die Ausschweifungen, den Mißbrauch des Guten, die Blindheit meiner Vernunft und die Thorheit derselben. Er wird aber seinen Namen nicht verleugnen, denn er ist langmüthig, geduldig und von großer Güte und Treue. Er giebt mehr als wir bitten, unaussprechlich mehr, als wir Verstand haben zu beten. Er wird mir seinen Geist geben, der mein finstres Herz erleuchte; dann wird meine Vernunft und mein Gewissen erleuchtet werden und nicht mehr im Finstern bleiben; denn in keinem andern Lichte, als seinem Lichte und dem Lichte seines Wortes und des Glaubens an einen Fürsprecher, sehen wir das Licht und die Farben unserer eigenen Gestalt und der Dinge die uns umgeben.

Ich habe meine Johannisferien auf der Stube zugebracht, und, da fast die ganze Stadt ihr Vergnügen im Freyen sucht, das meinige zwischen den vier Wänden gehabt.

Dieser Ruhm ist nicht fein. Das ist Strafe der Sünde. Wenn Andere mit gutem oder bösem Gewissen sagen können: Deus nobis haec otia fecit, so weißt du, daß du selbige nicht verdienst, und thust daher Hausbuße und legst dir selbst einen Stubenarrest auf. Diese Hausbuße und diese willkührliche Pönitenz ist aber eine neue Sünde; womit willst du die büßen? ....

52. An J. G. Lindner, nach Riga.

Königsberg, den 8ten Aug. 1759.

Herzlich geliebtester Freund, Meinem Vater und seinen guten Freunden schmeckt Ihr Lachs recht sehr gut. Ich habe mich kaum getraut davon zu kosten, weil ich nicht wußte, ob alle 4 Stücke für uns seyn sollen. Heute würden Sie Ihre Lust sehen, wenn Sie unser Gast wären. Sie müßten aber als Freund und Zuschauer kommen, nicht als Richter, sonst würde ich für einen großen Fresser von Ihnen gescholten werden, wie geschrieben steht. Dafür kann ich auch Briefe schreiben und Tischreden halten, — die so lang als Ihre Lächse sind — und auf die ein Trunk schmeckt, wie Wagner sagt.

Womit ich Ihre Lächse verdient, das weiß ich eben so wenig, liebster Freund, als was ich Ihnen wieder dafür schicken soll. Beides mag Ihre Sorge seyn; die ganze Welt meiner Freunde wird mich zuletzt als einen durchtriebenen Schuldner brandmarken. Meine Schuld ist es nicht, daß sie gutherziger sind als ich; dafür muß ich aber klüger als meine Gläubiger oder Wohlthäter seyn.

Sehen Sie, liebster Freund, die Abwartung meines Briefwechsels als kein Gesetzwerk an. Ich bitte Sie recht sehr darum. Der Fall mit uns beiden ist sehr ungleich. Ich habe nichts zu thun und kann Ihnen ich weiß nicht wie viel hinschreiben, und Ihre Geduld, es zu lesen und zu ertragen ist schon ein Opfer der Freundschaft. Sie mögen gegen alle andere mit Ihren Antworten pünktlich seyn; ich erlasse Sie hiemit förmlich davon, und werde deßwegen nicht mehr nicht weniger schreiben, als was mir meine Muse, die Erinnerung Ihrer Freundschaft, dictirt.

Ich werde mich jetzt bloß bey einigen Punkten Ihres Briefes aufhalten, woran mir am meisten gelegen; warum mir daran gelegen, hievon künftig. Daß mir aber wirklich daran gelegen, müssen Sie vor der Hand glauben.

Sie wissen nichts von dem Mißverständnisse meiner Briefe in Grünhof? Gut. Mein Nachfolger dort hat mir jüngst geschrieben und scheint Ihnen darin zu widersprechen. Dieß kann aber ein bloßer Schein seyn, wie es auch ist. Es kostet Mühe, wenigstens für mich, seine Briefe zu verstehen. Meine entfernte Absicht für Ihren Herrn Bruder ist nicht ganz fruchtlos gewesen. Das n i c h t g a n z f r u c h t l o s kann ich aus seiner Denkungs- und Schreibart sehr gut erklären. Aber daß dieses eine entfernte Absicht von mir gewesen; hierin muß ich Ihnen widersprechen; insbesondere da Sie es noch einmal sagen: daß Sie dieses Nebenaugenmerk meines Muthwillens damals nicht hätten errathen können, oder so weit herholen. Sagen Sie mir um Gottes willen, liebster Freund, wie ich mit Ihnen reden soll, und was das für eine neue Zunge oder Sprache oder Schreibart seyn soll, in der Sie mich verstehen werden? Rede ich fein, so sind es

Dinge, die man hat errathen oder weit herholen müssen. Rede ich klar, so sind es Personalien, Anzüglichkeiten, Humor. Bin ich aufrichtig und sage: das ist meine wahre Absicht gewesen; so werde ich Lügen gestraft und man sagt mir: Nein! das ist eine entfernte Absicht, ein Nebenaugenmerk deines Muthwillens gewesen. Bin ich als ein Verführer und doch wahrhaftig; so ärgert man sich an meinem Muthwillen, Unlauterkeit, Heftigkeit und Schlangengestalt. Wenn Sie Richter über mich wären, oder im Stande wären, es zu seyn; so würde der Teufel den Freund und Zuschauer bald holen.

Dieses Nebenaugenmerk meines Muthwillens haben Sie damals nicht errathen oder so weit herholen können. Ich muß es Ihnen hier sagen: daß nicht ein wahres Wort von Ihnen geschrieben ist.

Sie haben dieß Nebenaugenmerk meines Muthwillens recht sehr gut empfunden, ohne daß Sie nöthig hatten, darauf als ein Räthsel zu studiren oder es weit herzuholen. Warum waren Sie damals auf meine Briefe empfindlich, bitter, lasen Sie halb mit einem Schalksauge, halb mit einem Auge der Freundschaft und des Geschmacks? Warum rückten Sie mir vor, daß ich mich in fremde Händel mischte, und weissagten mir mit Frohlocken den Undank der Eltern? Sehen Sie das Vertrauen, die Offenherzigkeit, die Unerschrockenheit, die Verleugnung seines guten Namens und seiner Gemüthsruhe u. d. g. auch für Sächelchen an, und die Pflichten eines Nachfolgers, ihm zu rathen, ihn aufzuwecken, für Nebenaugenmerke, zu denen nichts als ein wenig Witz und Muthwille gehört? Sie lassen gern an solchen Sächelchen jeden ungebunden und nach seinem Gutdünken handeln; ob einer mit Vertrauen oder Zurückhaltung, falsch oder heimtückisch mit Ihnen handelt. Diese Denkungsart ist witzig und tändelnd, scheint demüthig und großmüthig; schickt sich aber für keinen Rector, für keinen Magister, für keinen, der ein Freund seyn will, und es durch Opfer beweiset, für keinen Pythagoras, der den olympischen Spielen zusieht.

Homo sum, nil humani a me alienum puto. Ihres Herrn Bruders Gemüthsverfassung, damals und jetzt, seine Lage in dem Hause, worein ich ihn gebracht, sein künftig Glück, sein künftig Gewissen, zu dem seine gegenwärtige Einsicht und Treue eine Stufe ist, sind keine fremden Händel für mich. Wenn Sie dieß an Ihrem leiblichen Bruder für fremde Händel ansehen, wie kann ich Ihnen meinen leiblichen Bruder, und Ihren Urtheilen und unverhohlenen und liebreichen Ermahnungen vertrauen. Gott hat mir Gnade gegeben, den Götzen in seinem Herzen anzugreifen, dem Sie nicht das Herz haben nahe zu kommen, weil er Ihr eigener Abgott ist.

Ungeachtet Sie also das Räthsel selbst trafen, ohne es weit herzuholen; so habe ich doch noch zum Ueberfluß es Ihnen selbst auf meiner Stube sowohl als in Ihrem Hause — am Spiegel, ich weiß die Stelle noch — gethan, und Sie darum gefleht: Thun Sie an meinem Bruder, was ich an Ihrem gethan. Sie haben mehr Recht zu meinem Bruder, als Untergesetzten, wie ich zu Ihrem als bloßem Freunde und Nachfolger.

Ich lasse mich nicht durch Namen, so wenig als durch Wörter hintergehen. Meine Menschen sind nicht elfenbeinerne; Sie müßten mich denn für einen Elephanten selbst schelten. Nicht Cadavera, nicht Klötze, nicht todte Bäume — sie fühlen und schreyen Gottlob und überführen mich, daß ich sie nicht von fern ausspeculire, sondern sie mit meinem Dolch so gut als Bogen treffe. Gott ist in den Schwachen mächtig; das sind aber keine schwachen Leute, die ihre Nächsten so lieblos beurtheilen, und anstatt als Hirten lebendiger Lämmer sich anzusehen, sich für Pygmalions halten, für große Bildhauer, deren liebreiches Herz den Othem des Lebens ihnen mittheilen wird, si Diis placet.

Treue

Treue ist da; ich sage: nein, und leugne rund aus, daß sie so wenig im Tummeln und Herumschmeißen, noch lassen Händen und schlaffen Linien besteht. Was Sie Treue nennen, ist für mich ein unbekanntes Wort, ein ens Ihrer Vernunft und guten Herzens. Wo Treue ist, da hört nicht nur eine gewisse, sondern auch alle Läßigkeit, Schlendrian und Vergessenheit auf. Der Geist der Wahrheit erinnert uns an alles.

Ein Fonds von Misanthropie und ein steifes Wesen kann nicht gut seyn bey einem Schulmann, besonders bey einem öffentlichen. Ein Menschenfeind und Freund dieser Welt ist beides ein Feind Gottes.

Ich lache Sie dafür aus, daß Sie ihm mehr Bequemlichkeit einräumen, als Sie Selbst haben, oder ich glaube Ihnen auch nicht. Du sollst deinen Nächsten lieben als dich selbst. Ein Gemisch von Pathos und Schwulst ist nicht die erhabene Moral unsers Fürsprechers.

Sie verderben ihn durch Ihre Gefälligkeit; lassen Sie ihn selbst für sein Examen und meine Grammatik sorgen. Wir müssen nicht in allem dienen, sondern das als unnütze Knechte thun, was uns befohlen ist.

Durch den Diebstahl kleiner nöthiger Ausgaben sich die Strafe größerer zuziehen, heißt in Ihrer Sprache eine zu gekünstelte Sparsamkeit; bey mir eine dumme und nachtheilige.

Daß unsere Urtheile nicht übereinkommen, ist sehr gut und daran kehre ich mich nicht. Ich prophezeye Ihnen aber, daß sie am Ende unsers Briefwechsels und unserer Reise übereinkommen werden.

Stark und schön ist alles, was ich bey einem Gedichte fordere, und ein solches nenne ich ein Meisterstück. Die Uebersetzungen der Psalmen mögen sehr edel seyn; sie kommen mir aber nicht genau genug vor, und ich sehe mehr bey einer Uebersetzung auf das letztere denn auf das erstere.

Die hinterlassenen Schriften der Meta sind ein sehr philosophisch Werk, das nicht für die Welt geschrieben, und dafür sie desto mehr danken sollte, daß es ihr mitgetheilt wird, weil dergleichen Arbeiten die seltensten und originalsten sind. Nußknicker und galanthommes sind nicht das Klopstockische Publicum. In seiner Sprache heißt Nußknicker ein Richter, und galanthomme ein Kenner.

53. An J. G. Lindner nach Riga.

Königsberg, den 18. Aug. 1759.

Meine Briefe sind vielleicht schwer, weil ich elliptisch wie ein Grieche und allegorisch wie ein Morgenländer schreibe. Ungelehrigkeit, die keine Anwendung von meinen Figuren machen und meinen Fleiß im analysiren auf sich deuten will, ist eben so eine schlechte Exegesis als Leichtfertigkeit, wodurch der Sinn meiner Einfälle nur noch mehr vereitelt wird! Der comische Dichter mag immer lachen, so geht seine satyrische Nase nicht den Zuhörer an; sondern zu dem sagt er: Ich arbeite bey meinem Lachen. Warum lachst Du aber? Du bist selbst der Mann der Fabel, die meiner Nase Runzeln giebt.

Ein Laye und Ungläubiger kann meine Schreibart nicht anders als für Unsinn erklären, weil ich mit mancherley Zungen mich ausdrücke, und die Sprache der Sophisten, der Wortspiele, der Creter und Araber, Weißen und Mohren und Creolen rede, Critik, Mythologie, rebus und Grundsätze durch einander schwatze, und bald κατ᾽ ἄνθρωπον bald κατ᾽ ἐξοχήν argumentire.

Der Begriff, den ich von der Gabe der Sprachen hier gebe, ist vielleicht so neu, als der Begriff, den Paulus vom Weissagen giebt, daß nämlich selbiges in der Parrhesie und ἐξουσία also zu strafen und zu richten bestände, daß das Verborgene des Herzens offenbar würde und der Laye auf sein Angesicht fiele, Gott anbetete und bekennete, daß Gott wahrhaftig in uns sey.

Sie hoffen nicht, daß B. hart gegen mich

seyn wird, weil dieß seine Art nicht ist. Hier scheint eine freundschaftliche Unruhe hervor zu leuchten. Wenn Ihnen im Ernst Angst dafür ist, daß mir hart sollte von ihm begegnet werden — — so ist es kein Wunder, daß nach der falschen Kenntniß, die Sie von meiner Art haben, Ihre Freundschaft einen ganz falschen Geschmack und Farbe annehmen muß. Ich wünschte nichts mehr, als daß Herr B. hart gegen mich wäre und die Maske der Freundschaft niederlegen wollte, daß ich nach den Gesetzen der Maskerade nicht länger unter meiner schwitzen dürfte. Ich werde aufhören sein Widersacher zu seyn, so bald er den Glanz eines Engels des Lichts ausziehen wird. So lange wir aber unter unserer Verkleidung bleiben, ist es gut, daß wir uns einander meiden, und ganz natürlich, daß ich Kohlen rede und er sanft säuselnde Wahrheiten und Sittensprüche, ich einen Pferdfuß, bald des Bucephali, bald des Pegasi, zu meiner Rolle borge; er hingegen mehr Gefallen als Aristoteles an seinen eigenen Beinen haben kann. Wenn er so hart gegen mich seyn wollte, als ich gegen ihn gewesen, so hätten wir uns schon lange einander erkannt und wir würden schon im fünften Actu unseres Lustspiels seyn. Als ein Engel des Lichts, wissen Sie, kann er mir keine Gewaltthätigkeit thun, so große

Lust er unter dem Theaterkleide auch dazu öf- ters hat; unterdessen mich das meinige zu al- lem nöthigen Unfug berechtigt.

Er besuchte mich sehr lange — ich weiß die Zeit nicht, daß ich ihn gesehen — mit dem Herrn Magister Kant, durch den er meine Be- kehrung wie durch Sie versuchen wollte. Es war eben Feyertag für mich, an dem ich mei- ne Maske nicht brauchen wollte; und die Wahr- heit zu sagen, ich hatte auch nichts weniger nöthig, denn die seinige war so zerlumpt, daß der weiße Engel beynahe von dem durchschlagen- den schwarzen Schatten eclipsirt wurde. Ich versprach mich bey seinem neuen Freunde in der Zeit von zwey Tagen zu einem Colloquio einzustellen. Anstatt selbst zu kommen, rief meine Muse den Kobold des Sokrates aus dem Monde herab, und schickte ihn in meinem Na- men mit einer Granate, die aus lauter klei- nen Schwärmern bestund. Weil ich seinen klei- nen Magister so sehr liebe und hochschätze, als Ihr Freund: so machte ich ihm dieß Schrecken, um zu verhindern, daß er sich nicht weiter ein- lassen sollte. Sie sagen ganz recht: Mund ge- gen Mund; dann ist freylich die dritte Person nicht nöthig. Und dieß gab ich auch dem klei- nen Sokrates und großen Alcibiades so gut zu verstehen, als ich konnte. Alle meine Sirenen- künste sind umsonst; mein Ulysses hört nicht, die Ohren voll Wachs und am Mastbaum angebunden. Ich will also Ihrem guten Exempel folgen und weiter nichts stimmen.

Wenn er Ihnen klagt, daß ich heimlich stolz bin — so hintergeht er Sie. Ich habe nicht nöthig, heimlich stolz zu seyn, als einer der sich seines eigenen Stolzes schämt oder mit selbigem andern Schaden thun will. Ich habe nicht nur eingestanden, daß ich stolz bin; sondern auch die guten Gründe, die ich habe es zu seyn und mit Gottes Hülfe darin zu verharren. Eigensinnig war sein Vater; eigensinnig heißt eine Frau, die sich nicht für einen Stutzer auf den Rücken werfen will; eigensinnig heißt alles, was uns im Wege steht. Einer auf dem breiten Wege findet vielleicht weniger Eigensinn, noch hat selbiger ihn so nöthig als ein Mensch, der auf einem schmalen Pfade geht, und ohne Lebensgefahr nicht ausweichen noch um sich gaffen kann, sondern widerstehen 1. Pet. V. und auf seinen Weg wachen muß.

Ich habe hier den Anfang gemacht zu einem kleinen Aufsatz über einige Denkwürdigkeiten in Sokratis Leben. Sollte ich mit selbigen weiter kommen, so möchte ich mir die Freyheit nehmen, sie Ihnen zur Durchsicht zu überschicken. Vielleicht den ersten halben Bogen mit erstem, aber ich müßte ihn wieder zurück haben. Sie wissen, wie schwerfällig ich arbeite, und daß ich mehr mit umgekehrtem Griffel als mit dem spitzen Ende desselben schreiben muß. Drey Bogen wären stark genug.

54. An J. G. Lindner, nach Riga.

Königsberg, den 31. Aug. 1759.

Herzlich geliebtester Freund, Auf die Woche wird Ihre geehrte Frau Mutter Ihnen einige Sachen überschicken, worunter Reichel's Jesaias. Der Anfang davon hat mir so gefallen, daß ich an der Zufriedenheit, die ich daraus geschöpft, Sie gerne habe wollen Antheil nehmen lassen. Von Forstmann hätte ich Ihnen weit lieber die Nachrichten für die Sünder zugedacht; sie sind aber nicht mehr zu haben, und aus Neigung gegen diesen evangelischen Mann habe ich die Unkosten des größeren Werks gewagt. Ich hoffe, sie werden Ihnen nicht leid thun. Einige Personalien müssen, in Ansehung ihres Inhalts, nach der Liebe ausgelegt werden. Ich lese jetzo noch den ersten Theil. In seinen Zueignungsschriften findet sich ein neuer und freymüthiger Schwung, der mir sehr gefällt.

Ich bin jetzt mit einem Werke beschäftigt, das in Ihre Bibliothek gehört; des Präsidenten Goguet de l'origine des loix, des arts et des Sciences. Es ist ein Zwilling von Rollins alter Geschichte. Gelehrsamkeit, ein gesunder Gebrauch davon; und das Alte ist durch den gegenwärtigen Zustand der wilden Völker immer erklärt. Weder in Betrachtungen noch Einfällen ausschweifend. Kurz, recht sehr brauchbar, und ein cornu copiae für einen Philosophen so wohl als Leser von Geschmack.

Der Sergeant ist gestern zur Armee abgegangen und besuchte uns noch, um einen ziemlich wehmüthigen Abschied zu nehmen. Ich begleitete ihn nach Ort und Stelle, wo ich seinen Bruder fand, den ich mich herzlich freute wiederzusehen. Machte mir auf seine Gesellschaft den Nachmittag Staat; es fiel ihm aber ein in der Kanzley anzusprechen. Künftige Woche denke ich ich ihn zu besuchen; weil ich mit meiner Arbeit fertig, und bloß die Abschrift dann noch einmal unternehmen möchte. Meinem Nachbar habe ich heute selbige gebracht, der sehr geneigt schien sie zu übernehmen.

Weil ich den Anfang des Persius O curas hominum — Quis leget haec? vel duo vel nemo, so habe ich zwey Zuschriften an Niemand und Zween dazu gemacht. Das ganze Werk ist mimisch und besteht in einer Einleitung, drey Abschnitten und einer Schlußrede. Ich habe die vornehmsten Umstände aus Sokrates Leben mitgenommen, und mich bey einigen besonders aufgehalten, die ich von so viel Seiten als möglich untersuchen wollen, und zugleich eine Probe von einer lebendigeren Art die Geschichte der Philosophie zu studiren geben wollen. Es wird mir aber wie den Poeten gehen, welche durch das Vergnügen, was sie ihren Lesern zu geben suchen, den Unterricht derselben verlieren. Sind die Poeten schuld daran? War Ezechiel einer, daß Gott zu ihm sagen mußte: Du bist für dein Volk der Liebesgesang eines Menschen, der eine gute Stimme hat, und wohl auf einem Instrument spielen kann; denn sie hören deine Worte, und wollen sie nicht thun. Wenn es aber geschehen wird, (siehe es wird geschehen) dann werden sie wissen, daß ein Prophet unter ihnen gewesen. Cap. 33.

Eine Stelle in Ihrer letzten Zuschrift giebt mir zu dieser Anführung Anlaß. Ich danke Ihnen herzlich für die Geduld, die Sie bisher mit mir gehabt, und werde selbige nicht länger mißbrauchen. Sie werden mir erlauben, geliebtester Freund, mit einer nochmaligen Wiederholung und Erklärung über einige Punctezu beschließen.

Die Freundschaft soll geradezu sprechen, wenn sie lehren will, ist Ihre Methode, die ich wünschte, daß sie immer von Ihnen getrieben würde, und für die ich Ihnen vor allen Ihren Freunden Dank wissen wollte. Ich will Ihnen meine Gedanken über diesen Lehrsatz mittheilen. Wir sind Freunden unter allen übrigen die meisten Achtsamkeiten schuldig; daher müssen wir unsern Unterricht gegen sie mit mehr Achtsamkeit treiben als gegen andere. Freundschaft legt uns Hindernisse in den Weg, die ich bey Fremden und Feinden nicht habe; und hiezu gehören neue Regeln, wodurch Ihre Methode ziemlich verdächtig gemacht wird, oder es ist eine Methode, die Sie selbst so wenig gebraucht haben, daß Sie ihre Natur nicht kennen.

Was hat aber die Freundschaft mit lehren, unterrichten, umkehren und bekehren zu schaffen? Ich sage: nichts. Was hätte ich Ihren Bruder lehren können, was er nicht selbst gewüßt hätte; was kann ich meinen lehren, das er nicht eben so gut wissen mag, als ich? Ich glaube, daß keiner den Catechismus so schlecht weiß, wie ich, und daß, wenn es aufs Wissen ankäme, ich die wenigste Ursache hätte, aufgeblähet zu seyn. Ein Lügner weiß besser als ich es ihn überführen kann, daß er lügt; er weiß eben so gut als ich, daß er nicht lügen soll. Ist hier also die Rede vom Lehren und Unterrichten? Guter Freund, sey so gut und lüg nicht, und schneid nicht auf, und thu dieß und jenes nicht, was du nicht lassen kannst — — Sieh, sieh die Folgen davon haarklein — — höre was der und jener davon urtheilt, was Vernunft, Gewissen, Welt ꝛc. davon sagt. Rede Folianten mit deinem Freunde, unterrichte ihn, widerlege ihn; du zeigst, daß du ein gelehrter, vernünftiger, witziger Mann bist, aber was hat die Freundschaft an allen diesen Handlungen für Antheil? Eine Empfindnng seines Gewissens predigt überzeugender als ein ganz System. Ist lehren also nicht das Augenmerk der Freundschaft, was denn? Lieben, empfinden, leiden. — Was wird Liebe, Empfindung, Leidenschaft aber eingeben und einen Freund lehren? Gesichter, Mienen, Verzuckungen, Figuren, redende Handlungen, Stratageme — Schwärmerey, Eifersucht, Wuth —

Aus eben dem methodischen Herzen Ihrer Freundschaft fließt Ihr guter Rath, geschiedene Leute zu werden, wenn ich nicht an einem Joch mit ihm ziehen will. So klug bin ich alle Tage; und es ist kein Freund dazu nöthig. Der Weg ist eben so leicht. Ich würde aber der niederträchtigste und undankbarste Mensch seyn, wenn ich mich durch seine Kaltsinnigkeit, durch sein Mißverständniß, ja selbst durch seine offenbare Feindschaft so bald sollte abschrecken lassen, sein Freund zu bleiben. Unter allen diesen Umständen ist es desto mehr meine Pflicht Stand zu halten: und darauf zu warten, bis es es ihm gefallen wird, mir sein voriges Vertrauen wieder zu schenken. Es fehlt an nichts als hieran, daß wir uns einander so gut und besser als jemals verstehen.

55. An J. G. Lindner, nach Riga.

Königsberg, den 11. Sept. 1759.

Herzlich geliebtester Freund, ich habe mir zur Ader lassen und mich ein wenig arzneyen müssen; wünsche, daß Sie beides nicht nöthig haben oder zu rechter Zeit thun mögen wie ich. Befinde mich leidlich, arbeite aber an Congestionen. Eine junge Frau, die ihre Sechswochen überstanden und — — daß etwas ähnliches mit mir vorgegangen, werden Sie aus folgendem Skelett ersehen, das Sie wie die Aegypter zu Ihrem Nachtische brauchen werden, um sich auch Ihrer Sterblichkeit dabey zu erinnern.

Sokratische Denkwürdigkeiten

für die lange Weile des Publikums zusammengetragen

von einem Liebhaber der langen Weile.

Nebst einer doppelten Zuschrift

an Niemand und an Zween.

Einleitung. Schicksale der philosophischen Geschichte. Critik über Stanley, Brucker und Deslandes. Verbindung der Philosophie und ihrer Geschichte. Project, die philosophische Historie zu schreiben. In Ermangelung desselben, ein ander Project, sie besser zu studiren und zu brauchen, als bisher geschehen.

Erläuterung davon: Was die Geschichte überhaupt für einen Endzweck habe. Der Unglaube macht Dichter und Romanschreiber; in der Geschichte an zwei berühmten Beyspielen bewiesen. Ob ein Denkmal der vorigen Zeiten verloren gegangen, woran uns etwas gelegen seyn könne? Abfertigung und Trost der Gelehrten, die über verlorne Werke klagen. Baco und Bolingbroke angeführt. Was des Autors Absicht ist. Mangel einer guten Lebensbeschreibung von Sokrates. Kleine Anekdote von dem Umgange dieses Weisen, mit einem Ausrufe des Verfassers.

Erster Abschnitt. Wer des Sokrates Eltern gewesen. Was er von seiner Mutter gelernt? Was von seinem Vater? Sokrates wird ein Bildhauer. Betrachtungen über seine Statuen. Ob Sokrates als ein Bildhauer des Zimmermannes Sohne vorgezogen werden müsse? Sein Geschmack an wohlgewachsenen Jünglingen. Von Widersprüchen. Von Orakeln und Meteoren.

Zweiter Abschnitt. Kriton, des Sokrates Wohlthäter. Hat viele Lehrmeister und Lehrmeisterinnen zu besolden. Vergleichung eines Menschen, der nichts hat, und, der nichts weiß. Vergleichung der Unwissenheit des Sokrates mit der Hypochondrie. Sokrates Sprüchwort zusammengehalten mit der Ueberschrift des delphischen Tempels. Anmerkungen über die Didaskalie des Apollo, oder seine Methode zu unterrichten. Kunstgriff der Hermeneutik. Einerley Wahrheiten können mit einem sehr entgegengesetzten Geiste ausgesprochen werden. Mannigfaltigkeit des Sinnes, mit dem Sokrates sagte: ich weiß nichts, nach der verschiedenen Beschaffenheit der Personen, zu denen er es sagte. Versuch einer Umschreibung der Gedanken eines Menschen, der uns sagt: ich spiele nicht, wenn er zu einer l'Hombre-Partie aufgefordert wird. Sokrates Unwissenheit mit der Skeptiker ihrer zusammengehalten. Unterschied zwischen Empfindung und einem Lehrsatze oder Beweise desselben. Glauben geschieht eben so wenig durch Gründe, als Schmecken und Sehen. Phantasie ist nicht Glaube. Ein Siegel und Schlüssel zu des Sokrates Zeugniß von seiner Unwissenheit. Beweis, daß es Leuten von Genie allemal erlaubt gewesen, unwissend und Uebertreter der Gesetze zu seyn. Ueber den Dämon des Sokrates. Sonderbarkeiten seiner Lehr- und Denkart als Corollaria seiner Unwissenheit. Palingenesie der Geschichtschreiber. Einige Wahrzeichen, daß Sokrates für die Athenienser gemacht war.

Dritter Abschnitt. Von des Sokrates drey Feldzügen. Von seinen öffentlichen Aemtern. Warum Sokrates kein Autor geworden? 1. Grund der Uebereinstimmung mit sich selbst. 2. Unvermögenheit. 3. Seine Haushaltung. 4. Aus Muthmaßungen über seine Schreibart. Eine von seinen Parabeln und Anspielungen angeführt und auf unsere Zeit angewandt. Sokrates wird als ein Missethäter verdammt. Seine Verbrechen. Wie er sich vertheidigt. Ein Einfall erleichtert das Gewissen seiner Richter. Ein Fest giebt ihm dreißig Tage Zeit, sich zum Tode zu bereiten. Erscheinung nach dem Tode. Spuren seiner göttlichen Sendung, nach Platons Meynung, in seiner freywilligen Armuth, noch mehr aber in seinem Ende, und der Ehre, die allen Propheten nach ihrem Blutgerichte widerfahren.

Die Schlußrede besteht aus einigen kurzen Lehren für diejenigen, die zum Dienste der Wahrheit geschickt sind, und aus einem Prognostico, was sie sich zum Lohne ihrer Arbeiten versprechen können.

Ich habe mich auf das Exempel des Aristoteles bezogen, der eine Schrift ausgab, von der er gestand, daß sie so gut als nicht ausgegeben wäre; bin also nicht der erste, der das Publicum äfft. Meine Gesinnungen habe ich gegen dasselbe offenherzig ausgeschüttet und neige mich bloß wie Naeman vor dem Götzen seines Herrn, wenn er ihn aus Pflicht in den Tempel desselben begleiten mußte.

Zweydeutigkeit und Ironie und Schwärmerey können mir nicht selbst zur Last gelegt werden, weil sie hier nichts als Nachahmungen sind meines Helden und der sokratischen Schriftsteller, besonders Bolingbroke's und Shaftesbury's. Der attische Patriotismus des ersten und die platonische Begeisterung des letzten sind die Muster und Antipoden, auf die ich meine zween hiesigen Freunde gewiesen. In meiner Zuschrift an zween habe ich noch eine Muthmaßung gewagt über das, was Sokrates unter Lesern verstanden, die schwimmen könnten, auch ihnen die Methode desselben in Beurtheilung dunkler Schriften angepriesen, daß man darin unterscheiden müsse dasjenige, was man verstände, von demjenigen, was man nicht verstände.

Als einem Freunde kann ich Ihnen sagen, daß ich an dieser ganzen Abhandlung mit Lust gearbeitet und daß sie mir nach Wunsch gerathen. Da ich also mit mir selbst zufrieden seyn kann, so ist mir an der öffentlichen Aufnahme wenig gelegen. Man mag den Wahrheiten widersprechen, so ist dieser Widerspruch ein Beweis für sie. Man mag über ihre dunkle Einkleidung spotten oder eifersüchtig thun, so ist dieß das Schicksal aller Moden, daß man sie

weder

weder versteht zu beurtheilen noch nachzuahmen.

Ich mache mir eben so wenig Gewissen daraus, mit meinem Witz zu scherzen, als Isaac mit seiner Rebecca, ohne mich an das Fenster des lüsternen Philisters zu kehren. Meine Frühlingsfreude an Blumen, und die gute Laune meines Herzens hat mich nicht gehindert, an meinen Schöpfer zu denken, an den Schöpfer meiner Jugend und ihrer Scherze. Ich sitze unter dem Schatten, deß ich begehre, sagt meine Muse; und seine Frucht ist meiner Kehle süß. Er führt mich in den Weinkeller und die Liebe ist sein Panier über mir. Er erquickt mich mit Blumen und labt mich mit Aepfeln. Bald sind es Berge, bald Hügel, auf die ich wie ein flüchtiges Reh springe und Staub mache. Sie wissen, daß meine Denkungsart nicht zusammenhängend und so wenig als meine Schreibart κατὰ τὸ βουστροφηδὸν, nach der Methode des Pfluges, geht.

Sie warnen mich, liebster Freund, für meinen Geist. Es ist mir lieb, an meine Sünden und Thorheiten erinnert zu werden, weil selbige mir immer, wie dem Mundschenk des Pharao, Joseph ins Gemüth bringen.

Ist es kein guter Geist, der mich auf die Zinne des Tempels gepflanzt, so werde ich mich von derselben auf Ihre Zumuthung nicht herunterlassen, sondern mit Paulo sagen: Kein Hohes, kein Tiefes kann uns scheiden rc. Oder mit David: Bettete ich mich in die Hölle, so bist du da. Nehme ich Flügel der Morgenröthe, so führt mich seine Linke und seine Rechte hält mich.

Sie werden also mit meiner Schwachheit des Fleisches Geduld haben. Alles, was ich Ihnen schreibe, fließt aus einem Vertrauen auf Ihre Freundschaft, an deren Stärke ich nicht verzweifle.

56. An J. G. Lindner, nach Riga.

Königsberg, den 28. Sept. 1759.

Mein wahrer, alter Freund, Ich habe vorige Woche meinen Jesaias vom Buchbinder bekommen, und habe selbigen jetzt durchlesen können. Da ich aus dem bloßen Anfange von der Güte dieses Werkes urtheilte, so bin ich jetzt desto mehr zufrieden, daß ich es Ihnen überschickt, und empfehle es Ihrem Gebrauche. Es ist mir eine große Zufriedenheit, meine eigenen Empfindungen und Gedanken in Anderer Schriften zurückgeworfen zu sehen. Wenn ich diese Werke und Männer, welche ich jetzt kennen gelernt, vor meiner Reise nach England gelesen hätte, so würde ich immer die Furcht haben, meine Erkenntniß als eine bloße Frucht einer menschlichen Belesenheit anzusehen oder wenigstens in ungleich mehr Zweifel zu ziehen. Jetzt sind alle meine Betrachtungen von ihnen gewesen, ohne daß ich gewußt, daß sie meine Vorgänger waren. Ich habe besonders in dem Commentar dieses Dieners des Evangelii viele Wahrheiten in starkem Lichte gefunden, die ich mir vor einigen Wochen Mühe gegeben zu schattiren, weil ich mir die Kühnheit dieses gesalbten Mannes nicht erlauben konnte noch wollte. Wenn ich das Buch wenige Wochen eher gekannt hätte, so würde ich vielleicht dreister gewesen und weiter gegangen seyn.

Was unsere Controvers, alter, wahrer Freund, betrifft, so sehe ich selbige nicht als einen Anhang meiner Briefe an. Glauben wir einen Gott im Himmel und am Kreuz, eine unsterbliche Seele und ein ewig Gericht, so hat die Controvers mit allen den Dingen den genauesten Zusammenhang. Da ich heute sterben, und Sie morgen mir nachfolgen können, so will ich nicht mehr durch Gleichnisse mit Ihnen reden. Paulus ermahnte seine lieben Brüder bey den Barmherzigkeiten Gottes, sich nicht dieser Welt gleich zu stellen, und zu *prüfen*, welches da sey der *gute*, der *wohlgefällige* und der *vollkommene Wille Gottes*.

Meine Angelegenheiten mit jenen gehen Sie im *strengen Verstande* nichts an, oder höchstens nur so weit, als es Ihnen wie einem alten Freunde beliebt, sich selbiger anzunehmen. Und dieses wie weit? dürfen Sie sich weder von mir noch von der Gegenpartey vorschreiben lassen. Es bleibt also immer von beiden Theilen ein Mißbrauch der Freundschaft, wenn wir Ihnen den geringsten Nothzwang darin anthun; und wenn ich an Ihrer Stelle wäre, so hätte ich mir darin von keinem zu nahe kommen lassen. Ungeachtet dieser Grundsätze, die ich mich immer bestrebt nicht aus dem Gesichte zu verlieren, bin ich doch derjenige, welcher selbige am meisten übertreten hat oder zu haben scheint. Meine Verdammung würde daher im Gerichte der Vernunft größer als jener ihre seyn, die sich nicht diese Gesetze der Vernunft und Billigkeit vorgeschrieben. Hier muß ich Ihnen aber ein Rad in dem anderen entdecken. Ich bin Ihnen deßwegen wider mein Gewissen und Gefühl so überlästig in unserer Privatsache gewesen, weil ich gehofft und gewünscht, daß Sie mehr Anwendung davon auf sich selbst machen würden, und nicht bey mir und meinen Antipoden stehen bleiben. Wie oft bin ich aber an das Leiden unseres Erlösers erinnert worden, da seine Nächsten, seine Tischfreunde der keines vernahmen, und nicht wußten, was er redete und was er ihnen zu verstehen geben wollte.

Man hat mich hart beschuldigt, daß ich Mittel verachtete, und von Gott, ich weiß nicht auf was für eine unmittelbare Art, geholfen zu werden suchte. Verachtete ich Mittel, so wäre ich ein Verächter göttlicher Ordnung. Wenn ich Mittel verachtete, so würde ich keine Briefe schreiben uud kein Wort mehr verlieren. Ich will ruhig, aber nicht unthätig seyn; ich will wuchern, aber nicht in der Erde graben. Wer ist aber ein Verächter der Mittel? Braucht Gott kein Mittel, uns zu bekehren? Und was für ein besser Mittel, als ein glaubiges Weib für einen unglaubigen Mann, oder umgekehrt, wie St. Paulus sagt? Was für ein besser Mittel hätten sich meine Freunde von Gott selbst erbitten können, als mich, den man für einen alten, wahren Freund ansieht und immer angesehen hat, wenn er in eigenem Namen kommt? Weil man aber den nicht kennt, der mich gesandt hat, so bin ich auch verworfen, so bald ich in seinem Namen komme. Wer ist also ein Verächter der Mittel? Ich setze etwas an den Mitteln aus, die sie zu ihren irdischen Absichten wählen; und sie verwerfen den, den Gott versiegelt hat zum Dienste ihrer Seelen.

Mein erster Brief, den ich aus England schrieb, war mit der fröhlichen Botschaft angefüllt: Ich habe den funden, von welchem Mose im Gesetz und die Propheten geschrieben haben; des Menschen Sohn ist der Schöpfer, Regierer und Wiederbringer aller Dinge, der Erlöser und Richter des menschlichen Geschlechts. Ich bin also nicht wie ein Mörder oder Dieb, sondern durch die rechte Thür eingegangen.

Ich bin meinem Freunde mit meinen Religionsgrillen lange nicht so beschwerlich gewesen in meinem Umgange, als ich von seinen Handlungs — und Staatsideen aushalten mußte, da ich noch keinen Begriff von diesen Schwarzkünsteleyen hatte, bis ich auch diese Geheimnisse und ihre Eitelkeit ihm zu Gefallen kennen lernte, und vielleicht eben so weit in der Theorie davon als er hätte kommen können, wenn ich Lust und Liebe zur Praktik gehabt hätte.

Ich weiß, daß meinen Freunden eckelt vor der losen Speise, die sie in meinen Briefen finden. Was lese ich aber in ihren? nichts als die Schlüsse meines eigenen Fleisches und Blutes, das verderbter ist als ihr eigenes, nichts als das Murren und die Heucheley meines eigenen alten Adams, den ich mit meinen eigenen Satyren geißle, und die Striemen davon eher als sie selbst fühle, länger als sie selbst behalte und mehr darunter brumme und girre als sie, weil ich mehr Leben, mehr Affect, mehr Leidenschaft besitze, nach ihrem eigenen Geständniß.

.... Glauben Sie nicht, liebster Freund, daß ich allein unerkannte Sünden begehe. Ist mein übertriebener Ernst und Eifer eine? Was denkt Gott von Ihrer Lauigkeit, Furchtsamkeit und zurückhaltendem Sinne, wenn man mit Posaunen reden muß? Der Schade, den ich mir durch meine Heftigkeit zuziehe, ist ein bloß sinnlicher Betrug; ich gewinne dabey. Die Vortheile, die Sie durch Ihre Menschenfurcht und Leutseligkeit zu ziehen glauben, sind Scheingüter, die aber für Sie Schaden zur Folge haben.

Ueberlegen Sie selbst, ob es mir nicht gleichgültig, daß ich menschlich rede, seyn kann, man mag mein Zeugniß von Christo oder mein Christenthum für Schwärmerey, einen Deckmantel des Stolzes, und ich weiß nicht wofür halten. Richten die aber nicht und lästern, die so urtheilen und auf dieses gefährliche Urtheil trauen? Ist denn die Bibel ein Pasquill, die das menschliche Herz als unergründlich böse beschreibt, und ist diese Wahrheit eine Satyre auf das menschliche Geschlecht?

Habe ich irrige Grundsätze, so will ich aus der Schrift belehrt seyn, und sehr gerne von Ihnen. Daß man aber ins Gelag hinein schreyt: Er geht in allem zu weit, ist für mich nichts geredet. Soll ich den Krebsgang gehen? Davor wird mich Gott behüten. Was nennt ihr denn zu weit? Soll mir eure Vernunft die Grenzen meiner Pflichten setzen? Das leide ich nicht von meiner eigenen, und die ist mir doch immer die nächste. Wenn ich der nicht glaube, wie könnte ich einer fremden glauben? Fehlt es mir denn an Licht auf meinem Wege? Es brennt wie die Sonne, und es liegt an euch, daß ihr die Augen nicht muthwillig verschließet, oder Gott so lange anrufet, bis er euch sehend macht. Einem Sehenden wird es aber nicht so leicht fallen, Gott um erleuchtete Augen zu bitten, und die Gesunden brauchen keinen Arzt. . . . . .

57. An seinen Bruder nach Riga.

Königsberg am Michaelistage 1759.

Mein lieber Bruder, du hast deinem Vater nicht geschrieben, ungeachtet es dir würde leichter gewesen seyn, an ihn als an mich zu schreiben. Du hast meiner Bitte und der Erinnerung deines Freundes nicht nachgegeben, und an ihn die Aufschrift gemacht, und gleich mit deiner Apologie angefangen, wodurch er sowohl als ich beunruhigt worden, durch deinen Grillenbrief, wie er ihn nannte. Du kennst mein Gefühl für meine Freunde, und bringst jemand mit ins Spiel, der gar nicht zu dem Inhalte meines Briefes gehört, der allemal so oft von dir die Rede hier gewesen, deine Partey gehalten und dir ein gutes Zeugniß gegeben. Wenn es darauf ankäme, wer seine Zunge am meisten zähme, so weiß ich nicht, ob du hierin gerechtfertigt seyn würdest. Ich bin nicht gekommen zu richten, sondern das Verlorene zu suchen; und wenn ich das erste thue, so ist es ein fremd Werk für mich, und nichts als die Stimme eines Predigers in der Wüste, der den Weg bereiten will dem Könige unserer Herzen und Neigungen.

Mein Urtheil ist über Dinge gegangen, denen ich gewissermaßen mehr gewachsen bin, als du. Es fehlt dir an Detail in unsern Händeln, und wenn du auch das hättest, an Kopf und Herz in der Art, ich sage, in der Art, daß du keine Beleidigung darin findest.

Dein Gleichniß von zwey Quecksilberröhren will nichts sagen. Ich rücke es deßwegen auf, weil du damit scheinst viel sagen zu wollen. Zwey Quecksilberröhren werden nicht von selbst zusammen gestoßen, sondern ihr Zusammenstoß muß von einem Zufalle oder Willen herkommen. Wir sind beide in Gottes Hand, und der geht mit uns nicht ungeschickt, nicht unvorsichtig, nicht blindlings um.

Du sprichst mir die christliche Bruderliebe ab; dann ist mein Glaube todt, ein gemaltes, und kein brennendes und scheinendes Licht. Liebst du deine Kinder auch so, daß du ihrer Nachlässigkeit, Unachtsamkeit, Unart durch die Finger siehst? Ja, nach den Begriffen der Kinder heißt das lieben, aber nicht nach den Begriffen eines vernünftigen und redlichen

Vaters und Lehrers, der die am meisten an Gottes Stelle züchtigt, die er lieb hat.

.... Der Unglaube an Christum macht unsere Herzen kalt, verwirrt alle Begriffe unserer Vernunft, unterdessen wir, ich weiß nicht was für ein, gutes Herz in unserm Busen und eine vernünftige Denkungsart in unsern Handlungen träumen. Worin besteht denn dieß alles? Bloß in der Uebereinstimmung mit andern Menschen, die auch so denken, so reden, so urtheilen, so handeln wie wir, und in deren Gesellschaft wir schreyen: Hier ist des Herrn Tempel! Hier ist Christus? Warum? Ich vergebe, ich liebe, ich beleidige nicht. — Ist alles gelogen; Gott gelogen, der da sagt: alle Menschen sind Lügner; Christo gelogen, der da sagt: ich bin kein Arzt für Gesunde.

58. An J. G. Lindner, nach Riga.

Königsberg, den 12. Oct. 1759.

.... Magister Weymann hat hier de mundo non optimo disputirt. Ich habe bloß hineingeguckt in seine Dissertation, und die Lust verging mir sie zu lesen; ich ging ins Auditorium, und die Lust verging mir zu hören. Bleib zu Hause, dachte ich, damit du dich nicht ärgern darfst, und sich andere an dir nicht ärgern. Herr Mag. Kant ist zu oppeniren ersucht worden, hat es aber verbeten, und dafür eine Einladungsschrift zu seinen Vorlesungen, über den Optimismus, drucken lassen, die ich für Sie aufhebe. Er hat mir auch ein Exemplar davon zugeschickt. Seine Gründe verstehe ich nicht; seine Einfälle aber sind blinde Jungen, die eine eilfertige Hündin geworfen. Wenn es der Mühe lohnte, ihn zu widerlegen, so hätte ich mir wohl die Mühe geben mögen, ihn zu verstehen. Er beruft sich auf das Ganze, um von der Welt zu urtheilen. Dazu gehört aber ein Wissen, das kein Stückwerk mehr ist. Vom Ganzen also auf die Fragmente zu schließen, ist eben so, als von dem Unbekannten auf das Bekannte. Ein Philosoph also, der mir befiehlt, auf das Ganze zu sehen, thut eine eben so schwere Forderung an mich, als ein anderer, der mir befiehlt, auf das Herz zu sehen, mit dem er schreibt. Das Ganze ist mir eben so verborgen, wie mir dein Herz ist. Meynst du denn, daß ich ein Gott bin? Du machst mich dazu durch deine Hypothese, oder hältst dich selbst dafür. Ob der Stolz nicht öfters ein Kind des Leichtsinns ist, gehört für die Kenner des menschlichen Herzens; um wie viel aber ein leichtsinniger Stolz besser oder schlechter als ein steifer ist, damit mag sich ein Seelmesser abgeben. Die Unwissenheit oder Flüchtigkeit im Denken macht eigentlich stolze Geister; je mehr man aber darin weiter kömmt, desto demüthiger wird man, nicht im Styl, sondern am inwendigen Menschen, den kein Auge sieht und kein Ohr hört und keine Elle ausmißt.

Die Predigten des Baumgarten über die Lüsternheit sich selbst zu helfen, habe ich vorher selbst gelesen, ehe sie Ihnen beygelegt worden. Sie werden sich 14 Tage zu seinen Anmerkungen Zeit nehmen. Wer denken will, und sich auf die Gabe zu denken beruft, muß so denken, wie dieser philosophische Gesetzprediger des Evangelii, und sich doch noch immer Schwäche und Unwissenheit bewußt seyn. Wer, wie die Kinder, hintennach denken und andern nachplappern will, und sich doch auf das Forum der Vernunft beruft, der muß gegeckt und nicht widerlegt werden, muß mit der Schule der Rosse und Mäuler für lieb nehmen, muß zum Narren gemacht werden, und sich schämen lernen, wenn er nicht denken lernen will.

.... Sie üben sich in Gottes Wort und sind ein Schriftgelehrter, ohne „schrifttoll" zu seyn. Sie beweisen Ihren Glauben durch Tugend, und in Ihrer Tugend Bescheidenheit und Mäßigkeit, und brüderliche Liebe und allgemeine Liebe. So bald können die Armen reich werden und die Hungrigen mit Gütern überfüllt. Hüten Sie sich vor den Klippen, vor denen Sie mich so treuherzig gewarnt.

Es fehlt nicht viel, so fallen Sie in Offenbarungen. Sie sind nicht Herr mehr von Ihrem Geiste, ungeachtet Paulus den Propheten dieses beylegt. Sie wissen nicht, warum Sie schreiben oder wozu? aber Sie sollen es schreiben? und was denn? daß ich in Armen-Schulen auftreten soll. Sie kommen mit diesem Einfalle zu spät, aufrichtig zu sagen. In der Abschiedspredigt, die mir ein Knecht des Herrn in England halten mußte, hieß es: Iß dein Brod mit Freuden, und trink deinen Wein mit gutem Muthe 2c. Mein Vater giebt mir alles reichlich, was zur Leibes Nahrung und Nothdurft gehört, und hat mich nicht hergerufen, mich in die Armen-Schulen zu verpflanzen, sondern zu seiner Handreichung. Wer frey ist und seyn kann, soll nicht ein Knecht werden, und wem Gott ein Erbtheil unter den Häuptern seines Volkes und Eigenthumes zugedacht, soll nicht ein Gibeoniter aus Demuth werden. David verließ nicht seinen Thron bey seinem Thürhüterdienst im Tempel. Daß mich Gott in ein Feld getrieben hat, das Disteln und Dornen trägt, erkenne ich mit Dank und Demuth.

Ihre Anmerkung ist sehr richtig, daß der Leichtsinn uns nicht erlaubt, stolz zu seyn. Er macht uns aber desto eitler. Die Eitelkeit ist ein Affe des Stolzes.

Ein Herz ohne Leidenschaften, ohne Affecte, ist ein Kopf ohne Begriffe, ohne Mark. Ob das Christenthum solche Herzen und Köpfe verlangt, zweifle ich sehr. Wie Sie beten können: Ich bin blind, lehre mich, o Gott, deine Rechte, und doch dabey so klare Augen haben, Licht und Finsterniß in mir auf ein Haar zu unterscheiden, was der Geist und das Fleisch in Ihnen sowohl als in mir thue, begreife ich nicht. „Treiben Sie die Verleugnung Ihrer Vernunft und Phantasie nicht zu weit. Vernunft und Phantasie sind Gaben Gottes, die man nicht verwerfen muß." Das Salz ist eine gute Sache, es muß aber nicht dumm seyn, sonst ist es Salz und kein Salz. Ein ungesalzen Salz und ein christlicher Sokrates gehören in eine Klasse. Der Sokrates, dessen Denkwürdigkeiten ich geschrieben, war der größte Idiot in seiner Theorie, und der größte Sophist in seiner Praxis. Lesen Sie nur das Gespräch mit Alcibiades. Verstehen Sie eben den Sokrates, oder vielleicht einen andern, der ein Prahlhans der weisen und klugen Leute ist, und die Maske starker Geister? Mein Sokrates bleibt als ein Heide groß und nachahmungswürdig. Das Christenthum würde seinen Glanz verdunkeln.

Zu Hirtenbriefen gehören zwey Griffel, der Griffel Wehe und der Griffel Sanft. Wir müssen die Bibel nicht nach Paragraphen, sondern ganz lesen; es ist ein zweyschneidig Schwert, und Gott muß uns Gnade geben, es recht zu theilen, zur Rechten und zur Linken damit umzugehen. 1. Cor. 4, 21.

Ja, dieß ist meines Herzens Wunsch, mit dem Mag. Kant nicht Paragraphenweise, sondern das Ganze, was man geschrieben und gelebt, zu überlegen, damit das Tumultuarische nicht das Gute ersticke. Sind wir aber nicht Kinder am Verstande? Wir ersticken am Ungeziefer, und getrauen uns Kameele zu verschlucken. Wir sind zu ungeduldig und flatterhaft, seidene Fäden durch das Nadelöhr zu treffen, und fordern Schiffseile.

Ich will nichts erklären. Ihr gutes Herz ist der beste Exeget meiner schweren Stellen, und Sie haben einen schnellen Zeugen an Ihrem Gewissen.

Ob es eitle Schulweisheit ist, in Gleichnissen und Sprüchwörtern zu reden, mögen Sie als ein Prediger dieser Weisheit am besten wissen. Wenn die Moral durch äsopische Larven eckel gemacht wird, warum haben die Evangelienbücher so viele Parabeln?

Da unser Briefwechsel immer mehr ausarten möchte, und man weder auf die Schranken Acht geben kann noch will, die ich mir setze; da ich die Grenzen ehre, vor denen sich die Wellen meines Stolzes legen müssen; da mir meine Briefe Arbeit kosten, die Tage kurz und die Nächte lang für mich werden, ich Beschäftigungen sowohl als Nebendinge nach dem Maße meiner Zeit und Kräfte habe; so wünschte ich, daß wir uns eine Weile ausruhten. Wollen Sie noch hierauf antworten: gut; lieber nicht, doch wie Sie wollen. Haben Sie mir etwas aufzutragen oder zu melden, so bin ich zu Ihren Diensten der nächste und schuldigste. Fällt mir etwas vor, so bediene ich mich gleicher Freyheit.

Sie sind vielleicht zu bescheiden, mir einen Waffenstillstand unter der Bedingung eines gänzlichen Stillschweigens aufzulegen; ich will mein Werk durch diese Grobheit krönen. Da Ihre Antworten mehr aus einer gesetzlichen Gefälligkeit zu fließen scheinen, so sind dieß keine Pflichten der Freundschaft, die alle Menschensatzungen, wie die Noth und die Liebe, bricht, und keine Gesetze kennt, sondern wie die Luft, der Othem unseres Mundes, frey seyn will. Ein natürlicher Hang zur Freyheit ist mir gewissermaßen mehr natürlich als Ihnen; ich liebe also auch in dieser Absicht das Christenthum als eine Lehre, die meinen Leidenschaften angemessen ist, die nicht eine Salzsäule, sondern einen neuen Menschen verlangt und verspricht. Wo der Geist Gottes ist, da ist Freyheit. Und die Wahrheit macht uns frey. Die Gerechtigkeit in Christo ist kein Schnürleib,

leib, sondern ein Harnisch, an den sich ein Streiter, wie ein Mäcenas an seine lose Tracht, gewöhnt.

Ich habe Ihren Hrn. Schwager noch nicht gehört und wähle mir keine Prediger mehr, sondern nehme für lieb mit dem, welchen der liebe Gott giebt. Baumgarten, Forstmann, Reichel, Paulus und Kephas sind Menschen, und ich höre öfters mit mehr Freude das Wort Gottes im Munde eines Pharisäers, als eines Zeugen wider seinen Willen, als aus dem Munde eines Engels des Lichts.

Für Leute, die blöde Augen haben, ist die schwarze Farbe eines Predigers erträglicher, als ein glänzender Talar; und mit Ihrer pragmatischen Regel, kranke Augen durch das Licht zu stärken, bin ich nicht einig. Schirme, Vorhänge, gefärbte Gläser, Wolken und ein Wiederschein im Wasser, sind Methoden der Natur, der Vernunft und des Geschmacks.

So bald ich meine sokratischen Denkwürdigkeiten erhalte, schicke ich ein Exemplar. Wer sich daran ärgert, thut sich selbst Schaden. Wahrheiten, Grundsätzen, Systemen bin ich nicht gewachsen. Brocken, Fragmente, Grillen, Einfälle. Ein jeder nach seinem Grund und Boden. Ich warte mit Ungeduld auf den Abdruck. Ich bin jusqu'à revoir

Ihr Freund in petto.

59. An seinen Bruder nach Riga.

Königsberg, den 24. Oct. 1759.

.... Am Montage bekamen wir einige Paar Haselhühner von Tilse geschickt, davon ich die Hälfte gern mit meinem abreisenden Freunde B. verzehren wollte. Auf morgen Mittag Hoffnung bey meinem heutigen Morgenbesuche, von dem ich jetzt eben komme. Er reist diese Woche ab. Du warst besorgt, mit was für einem air du ihn wiedersehen solltest. Als den Freund und Wohlthäter deines einzigen Bruders.

Ich hoffe, künftige Woche die griechische Grammatik mit allen möglichen Hülfsmitteln anzufangen, und werde den jungen Tr. zu meinem Mitarbeiter darin wählen.

Ich habe des berüchtigten Bernds Leben gelesen und ein Paar von seinen Schriften durchblätttert, die mir das übrige zu sehen keine Lust machen. Das erste ist das einzige Buch in seiner Art. Ich urtheile nach dem Bilde des Mannes von sich selbst. Es fehlte ihm an Urtheilskraft 1. in der Erkenntniß seiner selbst, 2. in seinen Sätzen und in seinem Styl. Geiz und Eitelkeit guckt allenthalben hervor, ungeachtet er beide Eigenschaften niemals an sich erkannt. Aufrichtig ist er gewesen, daß er nichts von sich verschwiegen. Was ein Mann nicht weiß, kann er nicht sagen. Sein schwach Judicium hat ihn wider Willen zu einem Heuchler gemacht. Und was offenbare Lügen sind, ist in ihm bloß Schwäche des Verstandes. Ein gesetzlich Christenthum kann man gleichfalls in dem Leben dieses Mannes sehen, und die mühsamen Wege, die es uns stolpern lehrt; die Furcht des Todes, in der uns dasselbe sitzen läßt rc. Durch das ganze Buch bin ich bestätigt worden in meiner alten Hypothese, daß Hypochondrie in Leidenschaften ihren Ursprung nimmt. Diese Memoiren sind sehr brauchbar, wenn man Kleinigkeiten mit Verstand ansehen und anwenden kann, sonst bleibt es ein langweiliges oder albernes Buch, das weder Vergnügen noch Nutzen geben kann, einem leichtsinnigen Leser Eckel und Gelächter erweckt, einem hypochondrischen aber angst und bange macht, ohne ihn klüger zu machen. Fällt es dir einmal in die Hände und du hast Lust es zu lesen, so können dir diese kurzen Anmerkungen zum Leitfaden dienen.

60. An seinen Bruder nach Riga.

Königsberg, den 30. Okt. 1759.

Des Hrn. Rectors Brief habe ich gestern erhalten, der mir dein Wohlbefinden berichtet. Ich werde ihm nicht antworten. Es bleibt bey meinem Vorsatz, unsern Briefwechsel zu unterbrechen auf eine Zeit lang. Außer vielen äusserlichen Gründen, an deren Erklärung niemand gelegen ist, hören die beiden inneren Bestimmungen meines Briefwechsels auf. Meine Commission an ihn ist zu Ende; ich habe ihm nichts mehr zu sagen. Die andere Ursache hat gleichfalls aufgehört. Mein Freund ist Sonntags abgereist, und schickte gestern den Magister Kant, uns nochmals grüßen zu lassen. Ich preise Gott für alle die Gnade, die Er mir erwiesen. Herr B. hat mir alle die Achtsamkeit, Redlichkeit und Zärtlichkeit erwiesen, die gute Freunde sich schuldig sind, wenn sie sich gleich genöthigt sehen, nach verschiedenen Entwürfen zu leben. Ich kann ihm nichts darin zur Last legen, muß aber die Ehre davon auch dem Geber aller guten Gaben, worunter auch das tägliche Brod der Freundschaft gehört, allein zuschreiben.

Ich lese jetzt den Chrysostomus, und werde dir eine Stelle abschreiben, die ich heute gelesen. „Du mußt dir Freunde machen? Mache dir Freunde Gott zur Ehre. Du mußt dir Feinde machen? Mache dir Feinde Gott zur Ehre. Wenn wir uns auch nicht solche Freunde gewinnen, durch welche wir Reichthümer erlangen, deren Tisch wir genießen, und durch welche wir mächtig werden können, so wollen wir diejenigen aufsuchen und uns zu Freunden machen, die unsere Seelen immer in Ordnung halten, die uns zur Erfüllung unserer Pflichten ermahnen, die uns bestrafen, wenn wir sündigen, die uns aufrichten, wenn wir straucheln, und die uns mit Gebet und Rath beystehen, um uns zu Gott zu bringen. Wiederum dürfen wir uns um Gottes willen Feinde machen. Wenn du einen Schwelger und Unreinen siehst, einen Menschen voll Bosheit, voll irriger Lehren, der dich zum Fall zu bringen und dir zu schaden sucht; so weiche von ihm und fliehe zurück. Das verlangt Christus von dir: wenn dich dein rechtes Auge ärgert, so reiß es aus. Er befiehlt dir deine liebsten Freunde, die dir so theuer als deine Augen, und bey den Geschäften dieses Lebens eben so unentbehrlich sind, auszureißen und wegzuwerfen, wenn sie dir an deiner Seligkeit hinderlich sind."

Ich habe gestern seine sechs Bücher vom Priesterthum mit viel Zufriedenheit gelesen. Weil das Christenthum in einem königlichen Priesterthum besteht, so ist dieß ein Buch für jeden Christen. Ein Kunstrichter wird mehr Hypochondrie als Beredsamkeit darin finden. Was für ängstliche, schwülstige, übertriebene Begriffe machte sich dieser Mann von seinem Stande, und wie furchtsam und schlecht dachte er von sich selbst! Ich habe eine schwache, kleine Seele, schreibt er, die nicht allein vielen Leidenschaften, sondern der bittersten unter allen, der Mißgunst, leicht unterworfen ist, die weder die Schmach noch die E h r e gelassen ertragen kann, sondern von dieser über die Maßen aufschwillt und von jener allzu sehr erniedrigt wird. —

Meine Entschuldigung, unsern Briefwechsel bis auf längere Tage auszusetzen, ist nicht zum Schein. Es fehlt mir gewiß an Zeit, unnütze Briefe zu schreiben, von denen ich Rechenschaft ablegen soll, und mein Gemüth ist durch allerhand Sorgen seiner ersten Munterkeit beraubt, zu der ich mich sammeln will und muß. Ich habe nicht aufs ungewisse gelaufen noch in die Luft gefochten, sondern ein Ziel und Gegenstand gehabt, die ich erreicht. Wenn der Ackersmann seine Saat ausgestreut, so findet er seine Ruhe in kleinen Hausgeschäften und überläßt sein Ackerwerk dem Segen Gottes.

Chrysostomus hat fünf Predigten über die U n b e g r e i f l i c h k e i t G o t t e s geschrieben, durch deren Lesung sich die Philosophen ein wenig unterrichten können, welche aus den E i g e n s c h a f t e n des höchsten Wesens so viel problematische Wahrheiten herzuleiten im Stande sind. Die Idee, welche sich Schulgelehrte von Gott und seinen Eigenschaften machen, ist vielleicht schlechter als der Athenienser Altar, auf dem sie einem unbekannten Gott dienen. Doch wenn der Philosoph nur weiß, daß Gott das höchste Wesen ist, so fließt aus diesem Begriffe seine höchste Weisheit und Güte, das U r t h e i l über seine Werke, wie eine Zigeunerin aus den Zügen der Hand den ganzen Lebenslauf eines Menschen, oder wie ein Moralist aus dem gegebenen Charakter den ganzen Mechanismus sittlicher Handlungen herleiten kann. Wer also den Beweis einer besten Welt auf die Eigenschaften eines unsichtbaren und unbegreiflichen Wesens gründen will, der versteht seine Frage nicht, und in welches Fach sie gehört.

Ich habe gestern das griechische Testament Gott Lob wieder anfangen können, und eine griechische Grammatik von ein Paar Bogen gefunden, wie ich sie gewünscht. Der Verfasser heißt Wagner. Man muß sie mit ein wenig viel Aufmerksamkeit lesen, wenn man ihren Nutzen und Gebrauch einsehen will. Ein Grundriß von der Art hat mir immer im Kopf gelegen. Es hat alle die Vollkommenheiten in sich, die ich an einem Schulbuche wünschte; k u r z, r u n d und t r o c k e n. Es gehört aber beynahe eben so viel Mühe dazu, dergleichen Bogen zu lesen, als sie zu schreiben.

Ich las jüngst Opitzens Büchlein von der deutschen Poeterey, das er in fünf Tagen geschrieben. Dieß ist leicht möglich bey einem Manne, der seiner Materie Meister ist. Ich habe auch dabey die G e n ü g e u n d R u h e empfunden, w e l c h e m a n s c h ö p f t a u s d e m g e h e i m e n G e s p r ä c h u n d G e m e i n s c h a f t d e r g r o ß e n S e e l e n, d i e s e i t hundert, ja tausend Jahren mit uns reden, wie er selbst sich ausdrückt.

61. An J. G. Lindner, nach Riga.

Königsberg, den 7ten Nov. 1759.

Die Einlage hat mir Ihre Frau Mutter zugeschickt. Sie ist auf dem Lande, und war so gütig, mich noch den Tag ihrer Abreise zu besuchen und mit mir Abrede zu nehmen. Sie werden also so gütig seyn, alles was von Briefen oder Sachen an sie kommen soll, an mich zu adressiren.

.... Hr. Mag. Kant wird erst heute Ihren Brief erhalten; ich werde zu ihm gehen. Wir stehen so mit einander, daß ich bald eine sehr nahe, bald eine sehr entfernte Verbindung mit ihm zu haben voraussehe.

62. An Kant.

1759.

Geehrter Freund! Dieser Name ist nicht ein leeres Wort für mich, sondern eine Quelle von Pflichten und Entzückungen, die sich auf einander beziehen. Aus diesem Gesichtspuncte werden Sie die Beylage beurtheilen. Es gehört nicht immer ein Scheffel Salz zu dem Bündnisse, das man Freundschaft nennt. Ich schmeichle mir also, daß ich mit dem Handvoll abkommen werde, womit ich gegenwärtigen Brief habe würzen müssen.

Ihr Stillschweigen über gewisse Dinge, wo die Redlichkeit einem Stummen die Zunge lösen würde, ist eine Beleidigung für mich, die ich eben so wenig erklären kann, oder so schlecht erklären muß, als Sie meine auffahrende Hitze.

Ich habe Lust, an dem Werke zu arbeiten, davon die Rede unter uns ist. Für einen einzigen ist es zu schwer, und zwey sind besser als drey. Wir möchten auch vielleicht von einigem Geschicke dazu seyn, und von einem Zuschnitte, der zusammenpaßte. Wir müssen aber unsere Schwächen und Blößen so genau kennen lernen, daß keine Eifersucht noch Mißverständniß unter uns möglich ist. Auf Schwächen und Blößen gründet sich die Liebe, und auf diese die Fruchtbarkeit. Sie müssen mich daher mit eben dem Nachdruck zurückstoßen, womit ich Sie angreife, und mit eben der Gewalt sich meinen Vorurtheilen widersetzen, womit ich die Ihrigen angreife; oder Ihre Liebe zur Wahrheit und Tugend wird in meinen Augen so verächtlich als Buhlerkünste aussehen.

Einigkeit gehört also zu unserem Entwurfe. Die darf nicht in Ideen seyn und kann darin nicht gesucht noch erhalten werden, sondern in der Kraft und dem Geiste, dem selbst Ideen unterworfen sind; wie die Bilder des rechten und linken Auges durch die Einheit des Gesichtsnervs zusammenfließen.

Ich wünschte daher, daß Sie mich über meine zwey Briefe von dieser Materie zur Rede gesetzt hätten. Es ist Ihnen aber nichts daran gelegen mich zu verstehen oder nicht zu verstehen, wenn Sie mich nur so ungefähr erklären können, daß Sie dabey nicht zu Schanden werden und ich nicht alle gute Meynung verliere. Das heißt nicht philosophisch, nicht aufrichtig, nicht freundschaftlich gehandelt.

Meine Anerbietung war, die Stelle des Kindes zu vertreten. Sie sollten mich daher ausfragen: wie weit ich gekommen? Wie und was ich wüßte? und Ihr Gebäude darnach einrichten. Sie setzen aber schon zum Voraus, daß das Kindereyen sind, was ich gelernt. Dieß ist gegen alle Menschenliebe eines Lehrers, der sich auch den schlechtesten Grund bey seinem Schüler gefallen läßt, und ihn durch das, was er schon weiß, und wodurch er ihn überführt, daß er es schon weiß, aufmuntert, mehr und weiter und besser zu lernen. Sapienti sat. Wissen Sie nun, warum die Jesuiten so gute Schulmeister und feine Staatsleute sind?

Soll ich nicht b r e n n e n, wenn jemand an mir geärgert wird? Und woran denn? An meinem Stolz. Ich sage Ihnen, Sie müssen diesen Stolz fühlen, oder wenigstens nachahmen, ja übertreffen können; oder auch meine Demuth um Muster wählen und die Lust der Autorschaft verleugnen. Oder beweisen Sie mir, daß Ihre Eitelkeit besser ist, als der Stolz, der Sie ärgert, und die Demuth, die Sie verachten.

Es ist ein Zug des Stolzes an Cäsar, meines Wissens, daß er sich nicht eher zufrieden gab, bis er alles gethan hatte und nichts übrig blieb. Wo Andere zu schwach sind, Hindernisse zu machen, wirft er sich selbst Alpen in den Weg, um seine Geduld, seinen Muth, seine Größe zu zeigen. Ehre ist ihm lieber als Leben. Ein kluger Geist denkt nicht so und handelt ganz anders; viel weniger ein weiser Mann.

Wenn Sie sich schämen, oder vielleicht unvermögend sind, stolz zu seyn, so lassen Sie Ihre Feder schlafen, wenigstens zu dem Werk, woran ich Antheil nehmen soll. In diesem Fall ist es über Ihren Gesichtskreis und Ihren Schultern überlegen.

Fürchten Sie sich nicht vor Ihrem Stolz. Er wird genug gedemüthigt werden in der Ausführung des Werks. Wie würden Sie aber ohne diese Leidenschaft die Mühe und Gefahr Ihres Weges übersehen können?

Es gehört Stolz zum Beten; es gehört Stolz zum Arbeiten. Ein eitler Mensch kann weder eines noch das andere, oder sein Beten und Arbeiten ist Betrug und Gaukeley. Er schämt sich zu graben und zu betteln; oder er wird ein betender Battologist und polypragmatischer Faullenzer. d'Alembert und Diderot haben den Namen ihrer Nation zur Ehre eine Encyclopädie aufführen wollen; sie haben nichts gethan. Warum ist es ihnen mißlungen? die Fehler ihres Planes können uns mehr unterrichten, als die guten Seiten desselben.

Wenn wir an Einem Joche ziehen wollen, so müssen wir gleich gesinnt seyn. Es ist also die Frage, ob Sie zu meinem Stolz sich erheben wollen, oder ob ich mich zu Ihrer Eitelkeit herunterlassen soll? Ich habe Ihnen schon im Vorbeygehen bewiesen, daß wir Hindernisse finden werden, denen die Eitelkeit zu schwach ist ins Gesicht zu sehen, geschweige, sie zu überwinden.

Mein Stolz kommt Ihnen unerträglich vor; ich urtheile von Ihrer Eitelkeit weit gelinder. Ein Axiom ist einer Hypothese vorzuziehen; die letztere aber ist nicht zu verwerfen; man muß sie aber nicht wie einen Grundstein, sondern wie ein Gerüst gebrauchen.

Der Geist unseres Buchs soll moralisch seyn. Wenn wir es selbst nicht sind, wie sollen wir denselben unserem Werke und unsern Lesern mittheilen können? Wir werden, als Blinde, Leiter von Blinden zu werden uns aufdringen, ich sage, uns aufdringen, ohne Beruf und Noth.

Die Natur ist ein Buch, ein Brief, eine Fabel (im philosophischen Verstande) oder wie Sie sie nennen wollen. Gesetzt, wir kennen alle Buchstaben darin so gut wie möglich, wir können alle Wörter syllabiren und aussprechen, wir wissen sogar die Sprache, in der es geschrieben ist — Ist das alles schon genug, ein Buch zu verstehen, darüber zu urtheilen, einen Character davon oder einen Auszug zu machen? Es gehört also mehr dazu als Physik um die Natur auszulegen. Physik ist nichts als das A B C. Die Natur ist eine Aequation einer unbekannten Größe; ein hebräisch Wort, das mit bloßen Mitlautern geschrieben wird, zu dem der Verstand die Puncte setzen muß.

Wir schreiben für eine Nation, wie die französischen Encyclopädisten, aber für ein Volk, das Maler und Dichter fordert.

Mediocribus esse poetis
Non homines, non Di, non concessere columnae.

Das ist kein Einfall des Horaz, sondern ein Gesetz der Natur und des guten Geschmacks. Alle Ideen aber stehen in Ihrem Verstande wie die Bilder in Ihrem Auge umgekehrt; Einfälle sehen Sie für Wahrheiten, und diese für jene an. Mit dieser umgekehrten Denkungsart werden wir unmöglich zusammenkommen können.

Sie haben auf meine Einwürfe nichts geantwortet, und denken vielleicht auf einen neuen Plan. Der Plan, auf den ich gehe, gehört mir nicht, sondern ist das Eigenthum jedes Kindes und hat Mose zum Urheber, dessen Ansehen ich besser im Nothfall vertheidigen will, als mein eigenes.

Wenn Sie ein Lehrer für Kinder seyn wollen, so müssen Sie ein väterlich Herz gegen sie haben, und dann werden Sie, ohne roth zu werden, auf das hölzerne Pferd der mosaischen Mähre sich zu setzen wissen. Was Ihnen ein hölzern Pferd vorkommt, ist vielleicht ein geflügeltes — — — Ich sehe, leider, daß Philosophen nicht besser als Kinder sind, und daß man sie ebenso in ein Feenland führen muß, um sie klüger zu machen oder vielmehr aufmerksam zu erhalten.

Ich sage es Ihnen mit Verdruß, daß Sie meinen ersten Brief nicht verstanden haben; und es muß doch wahr seyn, daß ich schwerer schreibe, als ich es selbst weiß und Sie mir zugeben wollen. Es geht meinen Briefen nicht allein so, sondern mit dem platonischen Gespräch über die menschliche Natur kommen Sie auch nicht fort. Sie saugen an Mücken und schlucken Kamele.

Steht nicht darin geschrieben, und ist es nicht gründlich genug bewiesen, daß keine Unwissenheit uns schadet, sondern bloß diejenige, die wir für Erkenntniß halten? Ich setze noch hinzu, daß keine Unwissenheit uns verdammen kann, als wenn wir Wahrheiten für Irrthümer verwerfen und verabscheuen. Ist es dir nicht gesagt? wird es dann heißen; ja, es ist mir gesagt, ich wollte es aber nicht glauben, oder es kam mir abgeschmackt vor, oder ich hatte meine Lügner lieber.

Sehen Sie immer meine Parrhesie für den Frevel eines Homeromastix oder für eine cynische

Unverschämtheit an. Sie sind Herr, Dingen Namen zu geben, wie Sie wollen. — Nicht Ihre Sprache, nicht meine; nicht Ihre Vernunft, nicht meine; hier ist Uhr gegen Uhr; die Sonne aber geht allein recht, und wenn sie auch nicht recht geht, so ist es doch ihr Mittagsschatten allein, der die Zeit über allen Streit eintheilt.

Wenn Sie ein gelehrter Eroberer, wie Bacchus seyn wollen, so ist es gut, daß Sie einen Silen zu Ihrem Begleiter wählen. Ich liebe nicht den Wein des Weins wegen, sondern weil er mir eine Zunge giebt, Ihnen in einem Taumel auf meinem Esel die Wahrheit zu sagen.

Weil ich Sie hochschätze und liebe, bin ich Ihr Zoilus, und Diogenes gefiel einem Mann, der gleiche Neigungen mit ihm hatte, so ungleich die Rollen waren, die jeder spielte.

Wer eine beste Welt vorgiebt, wie Rousseau, und eine individuelle, atomistische und momentane Vorsehung leugnet, der widerspricht sich selbst. Giebt es einen Zufall in Kleinigkeiten, so kann die Welt nicht mehr gut seyn noch bestehen. Fließen Kleinigkeiten aus ewigen Gesetzen, und wie ein Säculum aus unendlichen Tagen von selbst besteht, so ist es eigentlich die Vorsehung in den kleinsten Theilen, die das Ganze gut macht.

Ein solches Wesen ist der Urheber und Regierer der Welt. Er gefällt sich selbst in seinem Plan und ist für unsere Urtheile unbesorgt. Wenn ihm der Pöbel über die Güte der Welt mit klatschenden Händen und scharrenden Füssen Höflichkeiten sagt und Beyfall zujauchzt, wird er wie Phocion beschämt, und fragt den Kreis seiner wenigen Freunde, die um seinen Thron mit bedeckten Augen und Füssen stehen: ob er eine Thorheit gesprochen, da er gesagt: Es werde Licht? weil er sich von dem gemeinen Haufen über seine Werke bewundert sieht.

Nicht der Beyfall des gegenwärtigen Jahrhunderts, das wir sehen, sondern des künftigen, das uns unsichtbar ist, soll uns begeistern. Wir wollen nicht nur unsere Vorgänger beschämen, sondern ein Muster für die Nachwelt werden.

Wie unser Buch für alle Classen der Jugend geschrieben seyn soll, so wollen wir solche Autoren zu werden suchen, daß uns unsere Urenkel nicht für kindische Schriftsteller aus den Händen werfen sollen.

Ein eitles Wesen schafft deßwegen, weil es gefallen will; ein stolzer Gott denkt daran nicht. Wenn es gut ist, mag es aussehen, wie es will; je weniger es gefällt, desto besser ist es. Die Schöpfung ist also kein Werk der Eitelkeit, sondern der Demuth, der Herunterlassung. Sechs Worte werden einem großen Genie so sauer, daß er sechs Tage dazu braucht und den siebenten sich ausruht.

Ex noto fictum carmen sequar, ut sibi quivis
Speret idem, sudet multum frustraque laboret
Ausus idem,

Ex noto fictum carmen sequar; wenn du einen Heidelbergischen Catechismus schreiben willst, so fange nicht mit einem Philosophen vom Herrn Christo an, denn er kennt den Mann nicht. Und wenn du deinen Zuhörern einen Beweis geben willst, so weise sie nicht auf das Ganze, das übersieht keiner, noch auf Gott, denn das ist ein Wesen, das nur ein Blinder mit starren Augen ansehen kann, und dessen Denkungsart und moralischen Charakter sich nur ein eitler Mensch zu erkennen getraut. Ein aufrichtiger Sophist sagt, je länger ich daran denke, desto weniger kann ich aus ihm klug werden.

Ich will meinen Beweis noch mit einem Dilemma schließen, und Sie dadurch zur Freymüthigkeit und Offenherzigkeit gegen mich aufmuntern. Warum sind Sie so zurückhaltend und blöde mit mir? und warum kann ich so dreist mit Ihnen reden? Ich habe entweder mehr Freundschaft für Sie als Sie für mich, oder ich habe mehr Einsicht in unsere Arbeit als Sie. Sie fürchten, sich selbst zu verrathen, und mir die Unlauterkeit Ihrer Absichten oder den Mangel Ihrer Kräfte zu entblößen. Denken Sie an den Bach, der seinen Schlamm auf dem Grunde jedem zeigt, der in denselben sieht. Ich glaube; darum rede ich. Ueberzeugen können Sie mich nicht, denn ich bin keiner von Ihren Zuhörern, sondern ein Ankläger und Widersprecher.

Glauben wollen Sie auch nicht. Wenn Sie nur meine Einfälle erklären können, so argwohnen Sie nicht einmal, daß Ihre Erklärungen närrischer und wunderlicher als meine Einfälle sind. Ich will gern Geduld mit Ihnen haben, so lange ich Hoffnung haben kann, Sie zu gewinnen, und schwach seyn, weil Sie schwach sind. Sie müssen mich fragen und nicht sich, wenn Sie mich verstehen wollen.

63. An seinen Bruder nach Riga.

Königsberg, den 20. Nov. 1759.

Βῆ δὲ κατ' οὐλύμποιο καρήνων ἀΐξασα. Sie stieg von den Scheiteln des Olympus und stracks war sie da. Mit eben so einem ἀΐξασα melde ich dir heute das dritte Buch der Odyssee angefangen zu haben. Homer ist also mein erster Autor, und es thut mir nicht leid, ihn gewählt zu haben. Ich könnte dir schon einen ganzen Brief von den zwey Büchern schreiben; ich will aber so lange warten, bis du die dreybogige griechische Grammatik erhalten wirst, die mit den übrigen Büchern abgehen soll. Des sonderbaren Inhalts wegen habe ich noch Luther's merkwürdigen Brief vom Dollmetschen, den Peucer mit nicht zu verwerfenden Anmerkungen herausgegeben, für den Hrn. Magister beygelegt. Mit was für Recht ein alter Gottesgelehrter dieses Sendschreiben göttlich genannt, und jedes Wort darin erhoben, möchte manchem ein Räthsel seyn.

Es ist recht lustig theologisch geschrieben. Luther wäre eher ein Abraham a St. Clara geworden, aber kein Melanchthon ein Luther, weil Philipp ein gelehrter, feiner Mann war, aber ohne Leidenschaften, oder von sehr mannigfaltigen, die sich untereinander selbst vernichteten.

So wenig ich aus des Helvetius Schrift de l'Esprit mache, so sind doch einige Capitel über die Leidenschaften nicht zu verachten. Der Franzose hat eine Geschichte seines eigenen Geistes uns beschrieben, der im Gedächtniß und in einer physischen Empfindlichkeit besteht, die den herrschenden Ton der Modeschriftsteller in Frankreich ausmacht. Er weiß angenehm zu erzählen, und überhebt seine Leser der Mühe nachzudenken, weil diese Mühe mit seiner physischen Empfindlichkeit vermuthlich streitet.

Was das für eine ungezogene Moral ist, die die Leidenschaften verwerfen will, und ihrer Tochter die Herrschaft über sie einräumt. Die Leidenschaften müssen schon die Schule ausgelernt haben, wenn sie der zarte Arm der Vernunft regieren soll. Doch diese Moral wird eben so bewundert, wie die Politik, welche das Eigenthum der Güter aufzuheben sucht, von Papageyen, die ihr χαῖρε und sonst nichts dem Kaiser zu sagen wissen. Brauch deine Leidenschaften, wie du deine Gliedmassen brauchst, und wenn dich die Natur zum longimanus oder Vielfinger gemacht, so wird sie und nicht du verlacht; und deine Spötter sind lächerlicher und mehr zu verdammen, als du mit deiner längeren Hand oder mit deinen sechs Fingern.

Trescho hat mir wieder geschrieben; nichts als witzige Wendungen. Er trägt mir immer eine Liste von Titeln auf, über deren Inhalt er mein Urtheil wissen will, so wenig ich Lust habe, selbige zu lesen. Ich werde mir Zeit lassen, an ihn zu schreiben, weil ich einem solchen Briefwechsel wohl das Beywort ἀτρύγετον geben möchte, was Homer dem Meere anhängt, wo weder Erndte noch Weinlese Statt findet, nichts für die Tenne, nichts für die Kelter; nichts für den Geschmack, nichts für das Herz; nichts für das Gedächtniß, nichts für die sinnliche Empfindlichkeit.

64. An seinen Bruder nach Riga.

Königsberg, den 22. Dec. 1759.

Es freut mich herzlich, daß du das Neue Testament gleichfalls vorgenommen. Jeden Tag drey Capitel ist mein Pensum, und du kannst nicht glauben, wie ein langsamer, anhaltender Fleiß fördert. Fahre nur fort, du wirst den Nutzen davon selbst erkennen. Ich bin auch mit meiner Odyssee zu Ende, daß ich also mit dem alten Jahre frohen Feyerabend machen kann. Giebt Gott Gnade zum neuen, so denke ich mein griechisches Studium fortzusetzen, und die vornehmsten alten Autoren nach der Reihe durchzugehen, doch so, daß mit dem Frühling das Griechische auf den Nachmittag verlegt werden dürfte, und ein anderer Hauptzweck meine Morgenstunden füllte. Kommt Zeit, kommt Rath. Sollte ich das Glück haben, euch wieder zu sehen, so freue ich mich, einen Vorrath neuer Kenntnisse erworben zu haben, und dieselben mit euch theilen zu können, brüderlich und freundschaftlich. Ich bin der letzte aufgewacht, las ich heute im Syrach, wie einer, der im Herbste nachliest, und Gott hat mir den Segen dazu gegeben, daß ich meine Kelter auch voll gemacht habe, wie im vollen Herbst. Schauet, wie ich nicht für mich gearbeitet habe, sondern für alle, die gern lernen wollten.

Was Gerundia und Supina heißen soll, kann ich dir nicht sagen. Ich habe Goclenii Problemata grammatica nachgeschlagen, da eine weitläufige Auflösung der wichtigen Frage steht, ob diese beiden Redetheile zu den Zeit- oder Nennwörtern zu rechnen? worüber Frischlin und Crusius einen bittern Krieg geführt; über die Benennung aber habe ich nichts darin gefunden. Ist dir mehr daran gelegen als mir, so bitte deinen Wirth um Sanctii Minerva. Ich habe mir Bengel's kleine Ausgabe des N. T. und Hederich's griechisches Wörterbuch nach Ernesti's Ausgabe zugedacht zum Weihnachtsgeschenk. Ob sich mein Vater das wird gefallen lassen, weiß ich nicht. Für dich ist gleichfalls gesorgt. Hänschen möchte ich gern mit einer Grammaire des Dames erfreuen, muß erst sehen. Erinnere dich, daß du aus keiner andern Absicht, als mir zu Liebe diese Information unternommen.

Der jüngere Tr. hat schon einige Wochen nicht bey uns gespeist, weil er unpäßlich gewesen. Er ist in eben dem Labyrinth, worin sein Bruder, und von gleichem Schlage. Ich habe auch Gelegenheit gehabt, ihn auf die Probe zu stellen, sie hat ihm aber wenig Ehre, und mir noch weniger Zufriedenheit gemacht. Es fehlt hier auch an allem. Er bot sich an, mir etwas abzuschreiben, weil er nichts zu thun hätte und mir gern gefällig seyn möchte. Er hat mich aufgehalten, und was er gethan, ist nichts nütze. Wenn man bey den Leuten ein wenig nach dem Grunde sucht, so findet man Sand, Triebsand, worauf nichts zu bauen ist. Wer kann sich an gemachtem Feuer wärmen, oder ein Licht anstecken? Nichts als Nachläßigkeit, Untreue und Betrug ist der sich selbst gelassene Mensch bey den besten Naturgaben und Neigungen. Lesen, Denken und Handeln sind nichts als lebhafte Träume eines Wachenden. Der Seelenschlaf und das Fegefeuer sind ein Zustand, der in diesem Leben wahr genug ist. Herr, wecke uns auf, daß wir bereit sind, wenn dein lieber Sohn kömmt, ihn mit Freuden zu umfangen, und dir mit reinem Herzen zu dienen.

Ende des ersten Theiles.

Gedruckt zu Augsburg durch A. Geiger.